《로미오와 줄리엣》 카플렛 가의 정원 샤를르 에두아르 에드몽 들로

《로미오와 줄리엣》 발코니에서 연인을 애타게 기다리는 줄리엣 프랭크 딕시 경. 1877.

《로미오와 줄리엣》 연극의 유명한 발코니 장면 프랭크 딕시 경. 1884.

《로미오와 줄리엣》 로미오와 줄리엣의 죽음 존 에버렛 밀레이. 1848.

영화 〈로미오와 줄리엣〉 젊은 두 연인의 시신을 베로나로 옮기는 장면 프랑코 체피렐리 감독. 1968.

《티투스 안드로니쿠스》 5막 2장, 무어인 아론·데메트리우스·유모와 아이 토머스 커크

연극 《티투스 안드로니쿠스》 마이클 펜티먼 연출, 스티븐 복서(티투스 역)·로즈 레이놀즈(라비니아 역) 출연. 어폰 에이 번 극장. 2013.

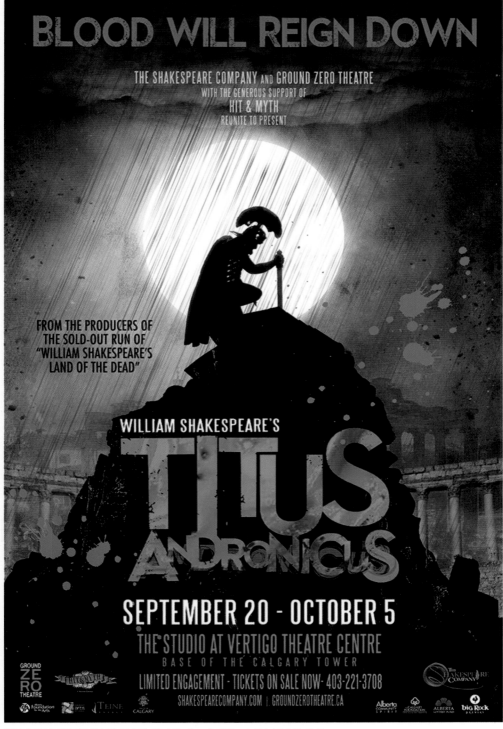

연극 〈티투스 안드로니쿠스〉 포스터 하이삼 카드리 연출, 로버트 클라인 출연. 2013.

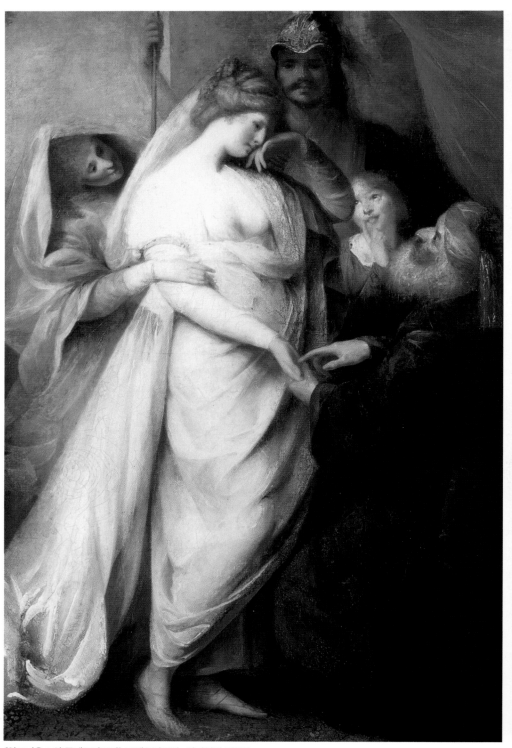

《안토니우스와 클레오파트라》 클레오파트라, 차미언과 예언자

《안토니우스와 클레오파트라》 부분 앨머 태디마. 1883.

《안토니우스와 클레오파트라》 악티움 해전 카스트로 로렌조. 1672.

《안토니우스와 클레오파트라》 클레오파트라의 죽음 레지날드 아서. 1892.

《코리올라누스》 프랜시스 부르주아 경. 1797.

▲《코리올라누스》
로마를 공격하지 말라
고 간청하는 어머니,
아내와 아들 소마 올
라이 페트리치. 1869.

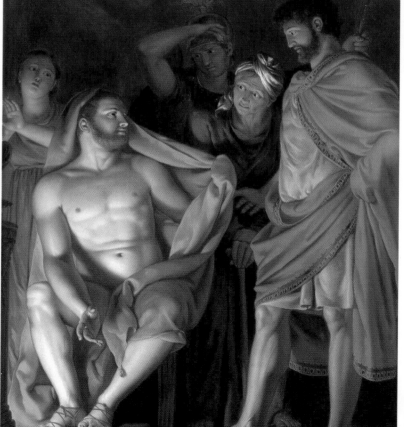

◀《코리올라누스》
피에르 조셉 셀레스탱
프랑수아

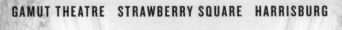

GAMUT THEATRE STRAWBERRY SQUARE HARRISBURG

STRAWBERRY
SQUARE

CULTURAL
ENRICHMENT
FUND

PENNSYLVANIA
COUNCIL
ON THE
ARTS

Towne House
APARTMENTS

NOVEMBER 2-24   FRIs & SATs @ 7:30 PM
                SUNs @ 2:30 PM

CORIOLANUS

$27 General Admission, $17 Students: FRIDAYS are Buy One, Get One Free SATURDAYS are Buy One
Ticket, Bring a Bottle of Wine, get your second ticket FREE! SUNDAYS are BYOP (Bring Your Own Price)

WARNING: GRAPHIC VIOLENCE – NOT RECOMMENDED FOR YOUNG CHILDREN   717-238-4111 GAMUTPLAYS.ORG

연극 〈코리올라누스〉 포스터 해리스버그 셰익스피어 페스티벌, 개멋 시어터그룹. 미국. 2013.

연극 〈아테네의 티몬〉 랄프 리처드슨(티몬 역)에게 황금을 달라고 조르는 창부 프리니아와 티만드라. 티몬은 손님들에게 성병을 옮겨주자고 그녀들을 부추긴다. 런던, 올드 빅 극장. 1955.

연극 〈아테네의 티몬〉 루시 베일리 연출·출연, 티몬(사이먼 페이즐리)이 욕심 많은 산적(조나단 본드·샘 파크·애덤 버튼)에게 금을 뿌리는 장면(위 사진). 런던, 글로브 극장. 2008.

연극 〈아테네의 티몬〉 로이드 리차드 연출, 제임스 얼존스·해리스 율린 출연. 1979.

연극 〈아테네의 티몬〉 트레비스 스미스 연출, 마우리스 랄스톤 출연. 2010.

World Book 285
셰익스피어전집4 [비극Ⅱ]
William Shakespeare
ROMEO AND JULIET/TITUS ANDRONICUS/ANTONY AND CLEOPATRA
CORIOLANUS/TIMON OF ATHENS

로미오와 줄리엣/티투스 안드로니쿠스
안토니우스와 클레오파트라/코리올라누스/아테네의 티몬

셰익스피어/신상웅 옮김

동서문화사

디자인 : 동서랑 미술팀

셰익스피어전집 4 [비극Ⅱ]
로미오와 줄리엣/티투스 안드로니쿠스
안토니우스와 클레오파트라/코리올라누스/아테네의 티몬
차례

Romeo and Juliet
로미오와 줄리엣

[등장인물]

에스칼루스 베로나의 영주

파리스 청년 귀족, 영주의 친척

몬터규, 카풀렛 원수 사이인 두 집안의 가장(家長)

노인 카풀렛의 친척

로미오 몬터규의 아들

머큐시오 영주의 친척, 로미오의 친구

벤볼리오 몬터규의 조카

티볼트 카풀렛 부인의 조카

로렌스, 존 프란체스코파(派) 수사

발타자르 로미오의 하인

삼손 카풀렛 집안의 하인

그레고리 카풀렛 집 하인

피터 줄리엣 유모의 하인

아브라함 몬터규 집의 하인

약방 주인

악사 3명

파리스의 시동, 또 1명의 시동, 관리 1명

몬터규 부인

카풀렛 부인

줄리엣 카풀렛의 딸

유모 줄리엣의 유모

그 밖에 해설자, 베로나 시민들, 두 집안의 친척들, 야경꾼들, 하인들, 시종들

[장소]

베로나와 만토바

로미오와 줄리엣

해설자 등장.

해설자 세도 있는 두 집안이 아름다운 베로나를 무대로 대대로 이어져 온 오랜 원한에서 또다시 싸움의 불꽃을 튀기니 평화로운 시민의 피를 흘리게 합니다. 이 숙명적인 두 원수 집안에서 한 쌍의 불운한 연인이 태어납니다. 슬프고 불운한 그 사랑의 파멸은 죽음으로써 두 집안 부모들의 갈등을 파묻습니다. 죽음으로 끝나는 그들의 애절한 사랑 이야기와 자식들이 죽고서야 풀어진 두 집안 부모들의 끈질긴 불화가 이제부터 두어 시간 상연됩니다. 여러분이 참고 보아주신다면 모자라는 점은 배우들이 힘써 메울 것입니다. (퇴장)

〔제1막 제1장〕

베로나 광장.
카풀렛 집안의 하인 삼손과 그레고리, 칼과 방패를 들고 등장.

삼손 이봐, 그레고리, 이젠 더 못 참겠어.
그레고리 그래, 못 참겠으면 석탄 짐이나 날라 먹어야지.
삼손 아냐, 화가 나면 칼을 뽑겠단 말이야.
그레고리 글쎄, 살아 있는 동안 자네 모가지나 뽑히지 않도록 조심하게.
삼손 나는 손이 빨라. 화가 났다 하면 당장 칼을 뽑을 거야.

그레고리 웬걸, 자네가 어디 그렇게 쉽사리 화가 나야 말이지.

삼손 아냐, 몬터규네 개만 봐도 화가 나는걸.

그레고리 화가 나면 법석을 떨게 되고, 용기가 나면 버티게 마련이야. 그러니 자네는 화가 나면 법석을 떨고 뺑소니칠밖에.

삼손 그 집 개만 봐도 화가 나서 못 견디겠다니까. 몬터규네 것들이라면 연놈 할 것 없이 길 가운데 진창으로 밀어내고, 나는 담 쪽 좋은 길을 차지할 테야.

그레고리 그게 자네가 약하다는 증거지. 가장 약한 자가 담 쪽으로 가거든.

삼손 맞아, 그래서 약한 여자는 담 쪽으로 밀려나게 마련이로군. 그럼 난 몬터규네 녀석들은 담에서 밀어내고 여자들은 담 쪽으로 밀어붙이겠네.

그레고리 이 싸움은 주인은 주인끼리, 하인은 하인들끼리, 즉 남자들끼리 하는 싸움이 아니던가.

삼손 마찬가지야. 난 실컷 행패를 부리겠어. 녀석들하고 싸움이 끝나면 여자들도 맛 좀 보여줘야지. 그것들, 급소를 찔러 놓고 말 테다.

그레고리 여자들의 급소를?

삼손 암, 그것들의 급소, 처녀들의 거기 말야. 자네 맘대로 생각하게나.

그레고리 고것들이 재미를 톡톡히 보겠군그래.

삼손 내가 버티고 서는데 고것들이 아프지 않고 배기겠어? 이래 봬도 내 물건은 굉장하거든.

그레고리 물고기가 아닌 게 다행이군. 물고기였다면 기껏해야 말라비틀어진 명태였을 테니까. 자, 칼을 뽑게. 저기 몬터규 것들이 오네.

몬터규네 하인 아브라함과 또 한 명의 하인 등장.

삼손 자, 칼을 뽑았네. 시비를 걸어. 내가 거들 테니.

그레고리 흥, 뒤로 도망치려고?

삼손 내 걱정은 말아.

그레고리 천만에. 내가 자네 걱정까지 하겠어?

삼손 그럼 우리는 가만히 있고, 저쪽에서 시비를 걸게 해.

그레고리 그럼 내가 저 녀석들 옆을 지나가면서 얼굴을 찡그릴게. 그러면 지

작품 속 카풀렛가의 발코니　정원에 줄리엣 동상이 마치 집으로 들어가려는 듯 서 있다.

　　들 멋대로 생각하겠지.

삼손　아냐, 그건 저 녀석들의 배짱 나름이야. 나는 엄지손가락을 씹어서 녀
　　석들을 모욕해 줘야지. 그래도 가만있다면 자기네 체면 문제니까.

아브라함　이봐, 왜 우릴 보고 손가락을 씹는 거요?

삼손　내가 내 손가락을 씹는데 왜 그러오?

아브라함　아니, 우리를 보고 손가락을 씹는 게 아니오?

삼손　(그레고리에게) 그렇다고 말해 줘도 별 탈 없을까?

그레고리　안 돼.

삼손　천만에요. 난 당신을 보고 씹은 게 아니고 그저 내 손가락을 씹었을 뿐
　　이오.

그레고리 당신, 시비 거는 거요?

아브라함 시비라고요? 천만에.

삼손 해볼 테면 해보시오. 나도 당신네만큼 훌륭한 주인을 섬기는 사람이니까.

아브라함 우리만 못할걸.

삼손 글쎄.

벤볼리오 등장.

그레고리 (삼손에게) 더 훌륭하시다고 그래. 마침 주인 한 분이 오신다.

삼손 암, 더 훌륭하고말고.

아브라함 거짓말하지 마!

삼손 대장부라면 칼을 빼보시지. 그레고리, 자네의 날랜 솜씨 좀 부탁하네. (그레고리와 함께 몬터규네 하인들과 싸운다)

벤볼리오 갈라서라, 바보 같은 녀석들! 거두어라. 무슨 짓을 하는지도 모르는구나.

티볼트 등장.

티볼트 아니, 이 비겁한 하인 녀석들 틈에 끼어 칼을 빼들고 있어? 벤볼리오, 돌아서라. 내가 너를 죽여주마.

벤볼리오 난 싸움을 말리고 있을 뿐이다. 네 칼이나 거두어라. 아니면 그 칼로 나와 함께 이들을 뜯어말리든지.

티볼트 뭐, 칼을 빼들고 싸움을 말려? 지옥도, 몬터규네 족속도, 그리고 너도 다 밉살스럽다. 자, 칼을 받아라. 이 비겁한 놈아! (벤볼리오와 싸운다)

두 집안 사람 몇몇 등장하여 싸움에 끼어든다. 이어서 몽둥이를 쥔 시민들 등장.

시민 1 몽둥이다. 단창이다. 도끼다! 놈들을 때려눕혀라. 몬터규 놈들이건 카풀렛 놈들이건 때려눕혀라!

실내복 차림으로 카풀렛 노인이 부인과 함께 등장.

카풀렛 이게 웬 소동이냐? 내 장검을 어서 주시오!

카풀렛 부인 지팡이, 지팡이를 가져와요! 칼은 왜 찾으세요?

카풀렛 칼을 달라니까! 늙은 몬터규 놈이 나 보란 듯이 칼을 휘두르며 오고 있잖소.

몬터규 노인과 그의 부인 등장.

몬터규 이 악당 카풀렛 놈…… 이거 놔요. 잡지 마시오.

몬터규 부인 싸우시겠다면 한 발짝도 못 떼게 붙들겠어요.

영주 에스칼루스가 시종들을 거느리고 등장.

영주 치안을 어지럽히는 불온한 것들! 이웃의 피로 칼을 물들이는 것들아! 내 말을 듣거라! 에이 짐승만도 못한 것들! 흉악한 분노의 불을 너희 핏줄에서 흐르는 붉은 피로 끄겠단 말이냐! 고문이 두렵거든 그 피에 젖은 손에서 흉기를 땅에 던지고, 성난 너희 영주의 말을 듣거라. 카풀렛과 몬터규, 두 사람은 실없는 말로 세 번이나 싸워서 조용한 이 거리를 시끄럽게 했소. 그때마다 베로나 노인들은 그 몸에 어울리는 지팡이를 내던지고 평화에 녹슨 낡은 창을 늙은 손으로 휘둘러 그대들 마음속에 녹슨 증오를 없애려 애를 쓰곤 했소. 앞으로 또다시 마을을 시끄럽게 하는 날이면, 치안을 어지럽힌 죄를 그대들의 목숨으로 갚게 될 것이오. 이번만은 다들 그대로 물러가라! 그러나 카풀렛, 그대는 나와 함께 가고, 몬터규, 그대는 오늘 오후 프리타운의 법정에 나와서 이번 사건에 대해서 좀 더 나의 생각을 듣도록 하시오. 한 번 더 일러두거니와, 죽음이 무섭거든 다들 썩 물러가거라! (몬터규, 몬터규 부인, 벤볼리오만 남고 모두 퇴장)

몬터규 대체 누가 이 묵은 싸움을 또다시 터뜨려 놓았느냐? 너는 처음부터 있었느냐? 말해 보아라.

벤볼리오 저 원수의 하인들과 큰아버님의 하인들이 이곳에서 막 싸우고 있을 때 제가 왔습니다. 그래서 제가 칼을 빼들고 말리자, 바로 그때 성깔이 불같은 티볼트가 칼을 들고 와 대들면서 머리 위에서 바람을 가르며 칼을 휘두르기 시작했습니다. 그러나 그 칼에 아무도 다치지 않고 비웃듯 바람 소리만 났습니다. 그렇게 우리가 한창 칼로 치고받는 사이에 자꾸만 사람들이 모여들어서 떼를 지어 싸우게 되었지요. 그때 마침 영주님이 오셔서 말리셨습니다.

몬터규 부인 아, 로미오는 어디 있느냐? 오늘 그애를 보았느냐? 로미오가 이 싸움에 끼지 않아서 참으로 다행이구나.

벤볼리오 큰어머니, 숭고한 태양이 동쪽 하늘의 황금빛 창문에서 얼굴을 내밀기 한 시간 전, 저는 마음이 어지러워 밖으로 나가서 거닐었는데, 이 도시 서쪽의 우거진 단풍나무 숲 아래로 그 이른 시간에 로미오가 거닐고 있었습니다. 제가 가까이 다가가니 알아채고 숲속으로 슬쩍 숨어버렸습니다. 저는 로미오의 마음을 제 경우에 비추어 짐작했지요. 괴로운 몸은 홀로 있어도 너무나 스산해서 인기척 없는 곳만 찾게 마련이거든요. 그래서 저는 그의 뒤를 쫓지 않고 제 뜻에 따라, 저를 피하려는 사람을 기꺼이 피해 주었습니다.

몬터규 그 애는 새벽이면 그곳에 가서 신선한 아침이슬 위에 눈물을 뿌리고, 땅이 꺼질 듯한 한숨으로 하늘을 한결 더 찌푸리게 한단다. 하지만 만물에 기쁨을 주는 태양이 저 머나먼 동녘 새벽 여신의 침상으로부터 검은 휘장을 젖히기 무섭게, 우울한 아들 녀석은 빛을 피하여 살며시 돌아오지. 그러고는 혼자 제 방에 틀어박혀서 창문을 모두 닫아 밝은 햇빛을 가로막고 일부러 밤을 만든단다. 이런 마음은 좋지 못한 징조임에 틀림없다. 잘 타일러서 그 뿌리를 없애버렸으면 좋겠다만.

벤볼리오 큰아버님, 그 이유를 아십니까?

몬터규 모른다. 어디 알 도리가 있어야지.

벤볼리오 어떻게든 물어보셨습니까?

몬터규 나뿐 아니라 여러 친구들도 물어보았지. 그러나 그 녀석은 제 의논 상대는 자기뿐인 양―그게 어디까지 진실한지는 알 수 없지만―저 혼자 비밀을 꾹 간직하고 있으니, 도저히 알아낼 길이 없구나. 꽃봉오리가 향기로운 꽃잎을 대기 속에 피우고 그 아름다운 자태를 태양에 바치기도 전에 심술궂은 벌레에게 먹히고 마는 것 같구나. 그 슬픔의 뿌리만 알 수 있다면 아는 대로 당장 치료를 해주겠다만.

로미오 등장.

벤볼리오 저기 로미오가 옵니다. 잠깐 비켜주세요. 거절당할지 모르지만 무엇 때문에 고민하는지 알아보겠습니다.

몬터규 네가 여기 머물러 있다가 그 아이 마음속 고민을 들을 수 있게 된다면 오죽이나 좋겠느냐. 부인, 우리는 물러갑시다. (아내와 함께 퇴장)

벤볼리오 일찍 나왔구나!

로미오 지금이 그렇게 이른 시각이야?

벤볼리오 이제 막 9시를 쳤어.

로미오 아, 슬픈 시간은 지루하기도 하구나. 방금 바쁘게 나가신 분은 아버지였어?

벤볼리오 그래. 그런데 무슨 슬픔이 너를 그처럼 지루하게 할까?

로미오 내 것이 되면 시간도 짧아질 텐데, 그걸 못 가지니 그렇지.

벤볼리오 사랑을 하고 있나?

로미오 아냐, 사랑은…….

벤볼리오 이루지 못하고 있나?

로미오 사랑하는 여자의 마음을 얻지 못하고 있어.

벤볼리오 보기엔 그토록 상냥한 사랑이 알고 보니 그렇게도 포악하고 무정하단 말인가!

로미오 아, 눈이 가려져 있는 그 사랑이란 놈은 눈 없이도 제 길을 잘 찾아가거든. 식사는 어디서 할까? 아니, 여기서 무슨 소동이 일어났지? 아냐, 말하지 않아도 좋아. 나도 다 알고 있으니까. 이건 미움 때문에 일어난 소동이지만 사랑과도 깊은 관계가 있지. 그렇다면 아, 미워하면서 하는 사랑. 아, 사랑하면서 하는 미움. 본디 무(無)에서 생겨난 유(有)! 아, 침울한 경쾌함, 진지한 허영, 겉으로는 좋아 보여도 그 안은 일그러진 혼돈, 납덩이 같은 솜털, 빛나는 연기, 차가운 불꽃, 병든 건강, 늘 깨어 있는 잠, 그러면서도 그렇지 않은 것! 이게 내가 하는 사랑이란 말이야. 사랑하면서 사랑받지 못하는 사랑. 우습잖아?

벤볼리오 아니, 오히려 울고 싶어.

로미오 울고 싶다니, 왜?

벤볼리오 네 착한 마음이 고민하고 있어서.

로미오 그거야말로 사랑의 죄악이야. 내 슬픔만으로도 이 가슴에 벅찬데, 네 것마저 덧붙여서 짓눌러 줄 참인가. 그런 네 우정은, 그렇잖아도 큰 내 슬픔을 더 크게 만들 뿐이야. 사랑이란 한숨의 김이 서린 연기, 그 연기가 가시면 연인의 눈 속에서 불꽃이 번쩍이고, 고이면 바다는 연인의 눈물로 넘치게 되지. 그게 사랑 아닌가? 가장 분별 있는 미치광이 짓, 또한 숨막히는 쓴 약인가 하면 생명을 간직하는 달콤한 음료이기도 해. 그럼 잘 있어.

벤볼리오 잠깐, 같이 가! 나를 두고 간다면 너무하잖아.

로미오 쯧쯧, 나 자신도 어디다 두고 와서 없는걸. 난 여기 없네. 이 사람은 로미오가 아니야. 그는 어디 다른 데 가 있다고.

벤볼리오 솔직히 말해 봐. 네가 사랑하는 여자가 누구야?

로미오 뭐야? 고통으로 끙끙 앓고 있는 나에게 뭘 말하라는 거야?

벤볼리오 끙끙 앓다니, 무슨 소리야? 정말 상대가 누군지 말해 보란 말이야.

로미오 슬픔으로 앓고 있는 환자에게 유서를 쓰라는 거나 다름없지. 다 죽어가는 환자에게 하는 말이라기엔 잘못된 게 아닐까! 사실 난 어떤 여자를 사랑하고 있어.

벤볼리오 나도 그렇게 짐작했지. 내 생각이 어지간히 들어맞는 것 같군.

로미오 용케 알아맞혔군. 내가 사랑하는 여자는 빼어난 미인이야.

벤볼리오 그렇게 확실한 목표라면 단번에 활로 쏘아 맞혀야지.

로미오 아무 소용 없어. 그녀는 큐피드의 화살에도 맞지 않아. 또 디아나의 지혜를 가지고 있는 데다, 순결이란 갑옷으로 단단히 무장하고 있으니, 애들 장난감 같은 보잘것없는 사랑의 화살에 상처를 입어야 말이지. 달콤한 구애의 말에도 끄떡없고, 사랑의 눈빛으로 줄곧 찔러봐도 태연하거든. 그뿐인가, 성자도 눈이 머는 황금에도 무릎을 안 꿇으니. 아, 그녀는 미모로는 부자이지만 결국은 가난해. 죽으면 그 아름다움도 함께 사라져 버릴 테니 말이야.

벤볼리오 그럼 그 여자는 독신으로 지낼 맹세라도 했단 말이야?

로미오 그래, 하지만 그런 인색은 오히려 큰 낭비지. 그런 아름다움이 금욕으로 굶주리면 대대손손의 아름다움까지 끊게 되잖아. 그녀는 참으로 아름답고 더없이 영리해. 한데 그렇게 아름답고 영리한 여자가 나를 이렇게 절망 속에 몰아넣고 복을 받을 수 있겠어? 그녀는 사랑을 하지 않기로 맹세했다는데, 그 맹세 때문에 지금 말하고 있는 난 산송장이나 다름없어.

벤볼리오 내 말을 잘 듣고, 그녀를 완전히 잊어버려.

로미오 아, 어떻게 하면 잊을 수 있는지, 좀 가르쳐 줘.

벤볼리오 네 눈에 자유를 줘. 다른 아름다운 여인들을 살펴보는 거야.

로미오 그건 그녀의 뛰어난 미모를 더 생각나게 할 뿐이야. 아름다운 여인의 이마에 입맞춤하는 저 복된 가면도 검기 때문에 도리어 그 속에 가려진 미모를 생각하게 되는 거잖아. 갑자기 눈이 먼 자는 잃어버린 그 귀한 시력을 못 잊는 법이야. 절세미인이 있다면 보여줘. 그러나 그까짓 미모가 무슨 소용이 있겠어? 오히려 그 절세미인보다 더 뛰어난 미인을 생각케 하는 방법밖에는 안 될 테니. 그럼, 잘 있어. 넌 내게 그녀를 잊을 방법을 가르쳐 주지 못할 거야.

벤볼리오 그 말을 내가 꼭 갚고 말겠어. 빚지고 죽지는 않을 테니까. (모두 퇴장)

〔제1막 제2장〕

어느 거리.

카풀렛, 파리스 백작, 카풀렛의 하인 등장.

카풀렛 나뿐 아니라 몬터규 또한 같은 벌을 받았소. 하기야 우리 같은 늙은 이들은 조용히 지내는 게 어렵지 않을 거요.

파리스 두 분 모두 이름 높은 어른들인데, 긴 세월을 두고 그렇게 불화하시니 유감스럽습니다. 한데, 제 청혼은 어떻게 되었습니까?

카풀렛 이제껏 해온 말을 되풀이할 수밖에 없군요. 딸아이는 아직 세상을 모르고, 게다가 열네 살이 다 차지도 않았소. 적어도 앞으로 두어 여름쯤 넘겨야 온전한 신붓감이 될 듯 하오.

파리스 그보다 더 어린 나이에 행복한 어머니가 된 여자도 있습니다.

카풀렛 지나치게 일찍 자식을 낳으면 쉽게 늙는 법이오. 다른 자식들은 다 죽고 남은 것은 그 애뿐, 하나밖에 없는 나의 희망이라오. 그러니 파리스 백작이 직접 딸아이의 마음을 사보구려. 그 애가 승낙하면 내 의향은 들으나 마나고, 그렇게 되면 내 또한 그 애가 선택한 대로 기꺼이 찬성할 수밖에요. 오늘 밤 내 집에서 연회를 열게 되어 가까운 분들을 많이 초대했으니, 백작도 귀빈으로 참석해 준다면 그만큼 연회도 더욱 성황을 이룰 테고, 한결 더 빛나는 모임이 될 것이오. 보잘것없는 집이지만 오늘 밤 참석해서 컴컴한 하늘도 환하게 빛낼 아름다운 여인들을 보시오. 화려하게 차려입은 4월이 절뚝거리는 겨울 뒤꿈치를 쫓아오고 있을 때 팔팔한 젊은이들이 느끼는 기쁨 같은 것을, 오늘 밤 내 집에서 꽃봉오리 같은 처녀들 사이에서 맛보게 되리다. 두루 듣고 본 다음, 으뜸가는 여자를 사랑하시오. 잘 눈여겨보면 내 딸도 그 가운데 하나일 테니까 머릿수에는 들겠지만, 어디 손꼽힐 만할라고요. 자, 그럼 함께 갑시다. (하인에게) 여봐라, 어서 아름다운 베로나를 뛰어다녀라. 여기 이름이 적혀 있으니, (하인에게 쪽지를 준다) 찾아가서 내 집에 와 주시기 바란다고 전해라. (파리스와 함께 퇴장)

하인 (종이쪽지를 만지작거리면서) 여기 적혀 있는 분들을 찾아가라고! 구두장이는 줄자를, 재단사는 구두틀을, 낚시꾼은 붓을, 화가는 그물을 만지작거리는 꼴이지. 여기 적힌 분들을 찾아가라고 하지만 제기랄, 누구 이름이 적혀 있는지 알 수가 있어야지. 글을 아는 사람한테 가봐야겠군. 아, 마침 잘 됐다!

벤볼리오와 로미오 등장.

벤볼리오 쯧쯧, 이봐. 새로운 불이 타오르면 이제까지 타던 불이 꺼지듯이, 하나의 고통도 다른 괴로움이 생기면 덜해지게 마련이야. 한쪽으로 돌다가 어지러울 때는 거꾸로 돌면 나아지는 법이고, 하나의 고민도 다른 고민을 만나면 나아지는 법이지. 네 눈에 새로운 병이 걸리게 해봐. 묵은 병의 고약한 독소는 곧 사라질 테니까.

로미오 그런 것에는 질경이 잎이 묘약이지.

벤볼리오 그런 것이라니?

연회 초대 명단을 가진 카풀렛 집안의 하인

로미오 정강이 다친 데는 말이야.

벤볼리오 아니, 로미오. 미쳤어?

로미오 미치다니, 천만에! 하지만 미치광이 이상으로 묶여 있지. 감옥에 갇혀서 얻어먹지도 못하고 매를 맞고 고문을 당하고 있단 말이야…… 아, 뭔가?

하인 안녕하십니까, 나리. 글 읽을 줄 아시죠?

로미오 그래, 내 불행한 운명쯤은 읽을 수 있지.

하인 그거야 책을 읽지 않아도 다 아는 일입죠. 그런 것이 아니라, 글을 보시고 읽을 줄 아시느냐 말씀인뎁쇼.

로미오 그래, 읽을 수 있다. 아는 글자와 말이라면.

하인 옳은 말씀입니다. 그럼 안녕히 계십쇼. (돌아선다)

로미오 이봐, 거기 멈춰. 읽을 줄 안다. (명단을 읽는다) 마르티노 씨와 그의 아내 및 딸들, 안셀름 백작과 그의 아름다운 누이들, 비트루비오 미망인. 플라첸시오 씨와 그의 사랑스런 조카딸들. 머큐시오와 동생 발렌타인. 카풀렛 숙부님과 숙모님, 그리고 사촌누이들. 조카 로잘린과 리비아. 발렌시오 씨와 사촌 티볼트. 루시오와 헬레나 양. 성대한 모임이군. 어디로 모이나?

하인 저기요.

로미오 어디?

하인 저희 집입죠. 만찬회가 있습니다.

로미오 어느 댁인데?

하인 주인네 댁입니다.

로미오 참, 그걸 먼저 물었어야 했구나.

하인 안 물으셔도 말씀드리죠. 저희 주인네는 위대하신 갑부 카풀렛 댁입니다. 나리들도 몬터규네 사람들만 아니시라면, 부디 오셔서 술 한 잔 드시죠. 그럼 안녕히 계십쇼. (퇴장)

벤볼리오 카풀렛 집안 잔치엔 네가 그처럼 사랑하는 로잘린도, 베로나의 널리 알려진 미인들도 모두 참석할 거야. 거기 가서 맑은 눈으로 그녀의 얼굴과 내가 보여주는 얼굴을 비교해 봐. 네가 백조라고 생각한 여인이 까마귀로 보일 테니.

로미오 경건한 신앙처럼 우러러보는 내 눈이 그런 거짓을 간직한다면, 거짓말쟁이로서 불타 죽어라. 나의 연인보다 아름답다고? 만물을 내려다보는 태양도 세상이 창조된 이래 그만한 미인은 못 보았을걸.

벤볼리오 쯧쯧, 옆에 아무도 없고, 두 눈이 그 여자만 보아서 미인으로 보인 거야. 하지만 오늘 밤 모임에서 빛나는 다른 미인을 보여줄 테니, 너의 그 수정 같은 눈저울에 네가 사랑하는 여자와 함께 올려놓고 비교해 보란 말이야. 지금은 으뜸으로 보이는 그 여자도 별것 아닐 테니까.

로미오 함께 가기로 하지. 하지만 그런 미인들을 보기 위해서가 아니라, 내 연인의 아름다움을 즐기기 위해서야. (모두 퇴장)

〔제1막 제3장〕

카풀렛의 집.
카풀렛 부인과 유모 등장.

카풀렛 부인 유모, 줄리엣은 어디 있지? 좀 불러줘.

유모 제가 열두 살 때 숫처녀의 표적을 두고 맹세하지만, 오라고 일렀는데요. 새끼 양 아가씨! 무당벌레 아가씨! 어머, 나 좀 봐! 이 아가씨가 어디 갔지? 줄리엣 아가씨!

줄리엣 등장.

줄리엣 왜, 누가 나를 찾으서?

유모 어머니께서요.

줄리엣 어머니, 저 여기 있어요. 왜 그러세요?

카풀렛 부인 다른 게 아니라…… 유모는 잠깐 자리를 비켜줘. 우리끼리 이야기 좀 해야겠으니. 아냐, 유모. 그냥 있어. 유모도 우리 이야기를 같이 듣는 게 좋을 것 같아. 유모도 알지만 이 애도 이럭저럭 결혼할 나이가 됐어.

유모 그럼요, 따님 나이라면, 시간까지도 댈 수 있습죠.

카풀렛 부인 열네 살이 아직 안 됐지.

유모 제 이 열네 개를 두고 맹세해도 좋지만, 아가씬 열네 살이 안 되죠. 슬프게 제 이는 네 개밖에 없네요. 그런데 수확제까지는 며칠이나 남았죠?

카풀렛 부인 2주일 하고 며칠 더 남았지.

유모 더 남았거나 덜 남았거나 1년 모든 날 가운데 이번 수확제 전날 밤에 아가씬 열네 살이 되죠. 수잔과 아가씨는, 하느님, 죽은 자의 영혼에 은총을 내리소서! 동갑이죠. 글쎄, 수잔은 천국에 가 있지만 제게는 과분한 애였어요. 말씀드렸듯이 수확제 전날 밤이면 아가씬 열네 살이 되지요. 정말이에요. 제가 잘 기억하고 있는걸요. 지진이 일어난 지 11년이 되는데, 아가씬 바로 그날 젖이 떨어졌어요. 그 일은 잊히지도 않아요. 1년 열두 달, 하고많은 날 가운데에서 바로 그날이었어요. 전 젖꼭지에 약쑥즙을 발라 놓고 비둘기집 담 밑에서 햇볕을 쬐고 있었지요. 주인어른과 마님께서는 만토바에 가 계시고, 그래요, 전 아직도 기억력이 좋죠. 그런데 글쎄 아가씬 젖꼭지에서 약쑥 맛이 나니까, 귀엽게 칭얼거리며 젖꼭지와 씨름을 하잖겠어요? 그때 비둘기집이 덜컹덜컹 흔들린 거예요! 그러니 나가라는 말 들을 것도 없이 냉큼 도망쳤죠. 그리고 벌써 11년이 지났어요. 그때 아가씬 혼자서 곧잘 서기도 하고, 아니 아장아장 걸음마도 하고 뛰어다니기도 했죠. 그 전날만 해도 이마에 생채기가 났는데, 우리집 그이가—하느님, 그이의 영혼과 함께하소서. 그인 재미있는 사람이었죠—아가씨를 번쩍 안아들고서 하는 말이 "아이고, 앞으로 넘어졌군요. 나이가 차면 뒤로 넘어지겠죠. 안 그래요, 우리 아가씨?" 말하니까 글쎄, 귀여운 아기가 울다 말고 "응" 하잖아요. 그때 농담이 정말이 되다니! 참말이지 내가 천 년을 살더라도 그 말만은 잊지 않을 거예요. 우리집 그이가 "안 그래요, 아가씨?" 말하니까 귀여운 아기가 울다 말고 "응" 하던 것을요.

카풀렛 부인 이제 됐어. 제발 좀 그만해.

유모 네, 마님. 하지만 아기가 울다 말고 "응" 하던 것을 생각하니 웃지 않을 수 없잖아요. 아가씬 이마에 병아리 불알만 한 혹이 생겼지요. 참 심하게 다쳤어요. 아가씬 울었지요. 우리집 그이가 "아이고, 앞으로 넘어졌군요. 나이가 차면 뒤로 넘어지겠죠. 안 그래요, 우리 아가씨?" 말하니까, 아가씨가 울다 말고 "응" 하고 대답을 하더라고요.

줄리엣 유모, 그만해. 제발 좀.

유모 화내지 말아요. 이제 끝났어요. 아가씨의 축복을 빌겠어요! 아가씬 제가 기른 아기 가운데서 가장 귀여웠죠. 살아 있는 동안 아가씨가 시집가는

영화 〈로미오와 줄리엣〉 프랑코 제피렐리 감독, 레오나르도 화이팅(로미오 역)·올리비아 핫세(줄리엣 역) 출연. 1968.
줄리엣에게 파리스의 구혼을 전하는 카풀렛 부인과 유모

것만 본다면 제가 뭘 더 바라겠어요.

카풀렛 부인 그래, 내가 말하고 싶은 것도 바로 그 '결혼' 이야기야. 얘, 줄리엣, 말해 보렴. 결혼에 대한 네 생각은 어떠냐?

줄리엣 그건 꿈에도 생각 못한 명예예요.

유모 명예라고요! 아가씨의 유모가 저 혼자만이 아니었더라면, 그런 말재주는 아가씨가 유모 젖꼭지에서 받은 것이라 말하고 싶어요.

카풀렛 부인 그럼, 이제 결혼을 생각해 보아라. 이 베로나에는 너보다 어린 명문댁 아가씨들이 벌써 어머니가 되어 있다. 너는 아직 처녀이지만, 네 나이에 나는 네 어미가 되어 있었어. 간단히 말하마. 늠름한 파리스 백작이 너를 아내로 맞이하겠다는구나.

유모 그분이, 아가씨! 온 세상에서 그분은—정말 인형 같은 분이에요.

카풀렛 부인 그래, 베로나의 여름에도 그런 꽃은 피지 않는다.

유모 그럼요. 그분은 꽃, 참말로 꽃 가운데 꽃이죠.

카풀렛 부인 어떠냐, 그를 사랑할 수 있겠니? 오늘 밤 잔치 때 보게 될 테니 책을 읽듯 젊은 파리스 백작의 얼굴을 잘 살펴서, 아름다움의 붓 끝이 그려

놓은 기쁨을 찾아내 보렴. 얼굴 생김이 어떻게 조화되어 있나 살피고, 서로가 어떻게 도와서 그 알맹이를 돋보이게 하고 있는지 보아라. 그 예쁜 얼굴의 책에도 나타나 있지 않은 것은, 눈이라는 여백에서 찾아보려무나. 이 소중한 사랑의 책은 제본이 안 된 연인 같은 것, 표지만 붙이면 그의 아름다움은 완벽한 것이 된다. 물고기가 바다에 사는 것은 마땅한 일이지. 아름다운 겉모습이 속에 아름다움을 감추고 있는 건 자랑스러운 일이란다. 많은 사람의 눈에 찬양받는 책이란 황금 고리로 황금의 이야기를 담고 있는 책이야. 그러니 그를 남편으로 모시면 네 것은 조금도 줄지 않고 그의 것은 모두 네 것이 될 게다.

유모 줄다뇨? 아녜요, 더 커지죠. 여자는 남자로 해서 커진답니다.

카풀렛 부인 한마디만 해봐라. 파리스 백작을 사랑할 수 있을 것 같으냐?

줄리엣 먼저 만난 뒤에 좋아하도록 해보겠어요. 이 눈이 마음을 움직일 수 있다면요. 하지만 제 눈은 어머니가 허락하신 곳까지만 보고, 그보다 더 깊이는 제 눈의 화살을 날리지 않겠어요.

하인 등장.

하인 마님, 손님들이 오셨습니다. 음식은 다 준비되었고, 사람들은 마님을 찾으시고, 안에선 젊은 아가씨를 찾고, 주방에선 유모를 욕하고, 온통 야단법석입니다. 저는 가서 접대를 해야겠습니다. 얼른들 가보십시오.

카풀렛 부인 곧 가마. (하인 퇴장) 줄리엣, 백작이 기다리고 계신다.

유모 자, 아가씨. 가서 행복한 낮에 이은 행복한 밤을 찾도록 하세요. (모두 퇴장)

〔제1막 제4장〕

어느 거리.
로미오, 머큐시오, 벤볼리오, 가면을 쓴 대여섯 사람, 횃불 든 사람, 그 밖의 많은 사람들 등장.

로미오 무슨 핑계를 대면 될까? 아니면 변명 없이 그냥 들어가 버릴까?

벤볼리오 그런 수작을 부릴 시대는 지났어. 큐피드 흉내를 내어 수건으로 얼굴을 가린 채 타타르인의 얼룩덜룩한 장난감 활을 들고 허수아비처럼 여자들을 놀라게 할 필요는 없어. 들어가기 위해 무대 뒤에서 읽어주는 대사를 겨우 따라 외는 개막사 따위도 그만둬. 그들 맘대로 생각하게 두고 우린 실컷 춤이나 추고 나오는 거야.

로미오 횃불 이리 줘. 난 그럴 기분이 안 나. 마음이 우울하니 횃불이나 들겠어.

머큐시오 아니야, 로미오. 자네는 춤을 춰야 하네.

로미오 나는 안 돼, 정말이야. 자넨 바닥이 가벼운 무도화를 신고 있지만 내 마음의 바닥은 납덩어리처럼 무거워. 땅에 딱 달라붙어서 옴짝달싹할 수가 있어야지.

머큐시오 자네는 사랑을 하고 있잖나. 그러니 큐피드의 날개라도 빌려 타고 하늘 높이 활짝 날아보게나.

로미오 나는 큐피드의 화살에 너무 아프게 맞아서 가벼운 날개로는 하늘 높이 날 수가 없어. 게다가 워낙 꽁꽁 묶여서 이 나른한 슬픔을 뛰어넘을 수도 없고, 사랑의 무거운 짐에 깔려 가라앉을 뿐이야.

머큐시오 자네가 그 짐에 깔려 가라앉는다면 그 사랑은 너무 벅찬 짐이야. 그러면 가냘픈 사랑에겐 너무나 커다란 압박이 될 뿐이야.

로미오 사랑이 가냘프다고? 사랑은 아주 거칠고 무례하며 모질어서, 가시처럼 사람을 찌를 뿐이야.

머큐시오 사랑이 거칠거든 자네도 사랑을 거칠게 다루고, 찌르거든 자네도 찔러주는 거야. 그리고 때려눕히는 거야. 내 얼굴에 쓸 가면을 줘. 보기 흉한 얼굴에 보기 흉한 가면! 상관있어? 이 못난 얼굴이 그토록 신기하다면 얼마든지 보라지. 불룩 나온 가면의 이마빼기가 나 대신 얼굴을 붉혀주겠지.

벤볼리오 자, 노크하고 들어가자. 들어가서 다들 춤을 추자.

로미오 횃불을 줘! 속 편한 놈팡이들이나 무심한 골풀을 뒤꿈치로 간질이게 하라지. 옛 속담에도 있듯이, 난 촛대를 들고 구경이나 하겠어. 분위기가 한창 무르익었지만 내 기분은 가라앉아 있으니.

머큐시오 쯧쯧, 순경 나리가 잘 쓰는 말투로군. 그렇다면 우리가 수렁에서 자네를 건져내 주겠어. 미안한 말이지만 귀밑까지 빠진 사랑의 수렁에서 말이야. 자, 이건 대낮에 등잔불 켜는 격이잖아. 어서 들어가자.

로미오 아냐, 그렇지 않아.

머큐시오 내 말은 우물쭈물하고 있으면 대낮의 등잔 격으로 불이 아깝다는 뜻이야. 말을 새겨서 받아들이라고. 인간의 판단력은 선의로 받아들일 때 어떤 지혜보다 현명한 법이니.

로미오 우리가 무도회에 가는 것은 좋은 뜻에서이지만 그다지 현명한 일은 아니야.

머큐시오 어째서?

로미오 지난밤에 꿈을 꾸었네.

머큐시오 나도 꾸었어.

로미오 그래, 어떤 꿈을 꾸었나?

머큐시오 꿈을 꾸는 사람은 흔히 거짓말쟁이라던데.

로미오 침대에 누워서 꾸는 꿈은 믿어도 돼.

머큐시오 오, 그럼 자네는 요정의 여왕 맵의 꿈을 꾸었다는 거야?

로미오 요정의 여왕 맵? 그게 누군데?

머큐시오 그녀는 꿈을 꾸게 하는 요정들의 산파, 시장 나리의 집게손가락에 반짝이는 마노 알보다도 작은 꼴을 하고서 난쟁이 떼에 끌려, 자는 사람의 코 위를 지나가지. 그 수레는 개암 껍질, 아득한 옛날부터 요정들의 수레를 만들어 온 다람쥐나 늙은 풍뎅이가 만들었어. 수레바퀴 살은 기다란 거미 다리이고 포장은 메뚜기 날개, 밧줄은 가장 가느다란 거미줄, 목걸이는 물기어린 달빛, 회초리는 귀뚜라미 뼈, 채찍은 엷은 막, 마부는 잿빛 외투를 입은 모기인데, 크기는 게으른 젊은 여자의 손가락에서 비집고 나오는 조그만 구더기의 절반도 안 된다고. 이렇게 해서 여왕은 밤마다 나들이를 하는데, 그녀가 연인들 머릿속을 지나가면 그들은 사랑의 꿈을 꾸고, 궁정인들의 무릎 위를 지나가면 당장 넙죽 절하는 꿈, 법률가 손가락 위를 지나가면 곧 사례금을 받는 꿈, 숙녀들 입술 위를 지나면 당장에 입 맞추는 꿈을 꾸지. 그런데 여왕은 숙녀들 입에서 사탕과자 냄새가 난다고 화를 내며 입술에 물집을 만들어 주는 거야. 이따금 여왕이 궁정인의 콧잔등을 달리며 지나가면 소원을 이루는 꿈을 꾸고, 어쩌다 돼지 꼬리로 잠자는 사제의 코를 간질이면 사제는 교회가 부흥하는 꿈을 꾸지. 때로 병사의 목덜미를 달리면 그는 적병의 목을 자르는 꿈을 비롯해 돌격, 복병, 스페인 명검의 꿈, 나아가서는 난잡한 축배의 꿈을 꾼다고 해. 커다란 북소리가 갑자기 귓전에 울리면 깜짝 놀라 잠을 깨고는 두려운 생각에 한두 마디 기도를 중얼거리고 다시 잠이 들지. 바로 이 여왕이 밤중에 망아지 갈기를 땋아 놓고 추한 계집의 헝클어진 머리칼도 뭉쳐 놓곤 하는데, 이게 풀리면 굉장한 불행이 찾아온대. 그리고 처녀들이 반듯이 누워 자고 있을 때 가슴 위에서 짓눌러서 답답해도 참도록 해주고, 아기를 잘 낳는 여자로 만들어 주는 것도 이 여왕의 장난이야. 또 이 여왕은……

로미오 그만, 그만해, 머큐시오, 그만해! 부질없는 소리 좀 그만해.

머큐시오 사실이야, 꿈에 대한 이야기니까. 터무니없는 공상에서 나오는 꿈은 빈둥거리는 머리에서 태어난 아이들이지. 공기처럼 실속 없고 주책없기로는, 금방 북쪽의 언 가슴에 사랑을 속삭이다가 발끈 화를 내고 획 돌아서서 이슬로 촉촉이 젖는 남쪽으로 방향을 돌리고 마는 바람보다 더하지.

벤볼리오 자네가 말하는 그 바람에 날려서 우리는 할 일을 잊고 있어. 만찬도 끝나고, 너무 늦지 않았는지 몰라.

로미오 오히려 너무 이르지 않을까…… 어쩐지 불길한 생각이 드는군. 아직도 운명의 별에 서리어 있는 어떤 큰일이 오늘 밤 연회를 기회로 무서운 운행을 시작해서, 내 가슴속에서 경멸스러운 삶을 예기치 않은 죽음이라는 흉한 형벌로 끝나게 할지도 모른다는 생각이 드네. 그래도 내 인생 항로의 키를 잡으신 하느님께 앞날의 항해를 맡길 수밖에! 자, 우리 씩씩하게 들어가자.

벤볼리오 북을 쳐라, 북을. (모두 집 안으로 들어간다)

〔제1막 제5장〕

카풀렛의 집.
악사들이 기다리고 있다. 하인들이 냅킨을 들고 등장.

하인 1 설거지도 안 거들고, 포트판은 어디 갔어? 나무 쟁반 하나 치우길 했
　　　나! 나무 쟁반 하나 닦기를 했나!

하인 2 예절을 아는 사람은 한둘뿐이고, 게다가 그들은 손도 씻지 않았으니
　　　더러울 수밖에.

하인 1 의자는 걷어서 치우고, 찬장도 들어내고, 그릇도 잘 치워 놔. 내가 먹
　　　을 아몬드 과자 한 조각 남겨둬. 그리고 또 한 가지 부탁은 문지기한테 가
　　　서 수잔 그린드스톤과 넬을 좀 들여보내 달라고 전해 줘. (하인 2 퇴장) 이
　　　봐, 안토니, 포트판!

　　　하인 두 사람 등장.

하인 3 아, 여기 있어.

하인 1 큰 홀에서 자넬 찾고, 부르고, 어디 갔느냐 어디 있느냐 야단들이야.

하인 4 한꺼번에 여기 있고 저기 있고 할 수야 있나. 자, 기운을 내게. 잠시니
　　　까 열심히 일하라고. 그리고 오래 살아야 다 차지하는 거야. (하인 3과 함께
　　　퇴장)

　　　카풀렛과 그 부인, 줄리엣, 티볼트, 유모, 그 밖의 모든 남녀, 손님들과 함께 등장해
　　　가면 쓴 사람들을 맞이한다.

카풀렛 잘 오셨습니다. 신사 여러분! 발가락에 티눈이 안 박힌 숙녀들께서
　　　여러분과 춤을 추어주실 것입니다. 자, 숙녀 여러분, 여러분 가운데 춤을 추
　　　지 않으시겠다는 분은 없지요? 얌전 빼는 분은 틀림없이 티눈이 있는 겁니
　　　다. 내 말이 맞지요? 잘 오셨소. 신사 여러분! 나도 한창때는 가면을 쓰고
　　　아름다운 여인의 귓전에 달콤한 이야기를 속삭였다오. 다 먼 옛날, 옛날 일
　　　이죠. 잘들 오셨소. 자, 악사들. 연주를 시작해요. 자리를 넓히시오, 자리를
　　　넓혀요! 비켜서 주시오! 아가씨들은 춤을 추시고. (음악이 연주되고 춤이 시작
　　　된다) 여봐라, 불을 더 밝혀라. 그 탁자도 치우고, 난롯불은 꺼라. 방이 너무
　　　덥다. 어허, 뜻밖에 흥겹게 됐군. 아이고, 아저씨. 어서 오십시오. 자, 앉으십
　　　시오. 앉으세요. 아저씨와 나는 이제 춤을 출 때가 지났군요. 아저씨하고 같

이 가면을 쓰고 마지막으로 춤을 춘 지가 몇 해나 되었지요?

노인 글쎄, 30년은 됐을걸.

카풀렛 예? 그렇게는 안 됐어요. 그렇게는 안 됐어. 루첸시오 결혼 뒤부터니까, 성령 강림절이 아무리 빨리 온다 해도 25년쯤 됐겠지요. 우리가 함께 가면무도회에 나간 지가.

노인 더 되지, 더 돼. 지금 루첸시오 아들이 그보다 더 나일 먹었으니까. 아마 서른 살은 됐을걸.

카풀렛 설마요! 그애는 2년 전만 해도 아직 미성년이었는걸요.

로미오 (하인에게) 저기 저 기사와 손을 잡고 있는 여인은 누구냐?

하인 모르겠는뎁쇼.

로미오 아, 저 아름다운 여자는 횃불이 더 밝게 타오르는 방법을 알고 있는 것 같구나! 에티오피아인의 귀에 반짝이는 보석처럼, 밤의 볼에 매달려서 반짝이는 보석 같구나. 저 아름다움은 그저 평상시에 쓰기에는 너무 값지고 속세의 것이라기엔 너무 고귀하다! 다른 여자들 속에 섞인, 아름다운 까마귀 떼에 흰 눈 같은 비둘기를 보는 것 같구나. 저 여자가 서 있는 곳을 잘 봐뒀다가 춤이 끝나면 거친 이 손으로 그녀의 손을 잡는 기쁨을 누려보자. 내 가슴이 이제껏 사랑을 하고 있었냐? 내 눈아, 제발 아니라고 부정해라! 오늘 밤에야 비로소 나는 참된 아름다움을 보았으니 말이다.

티볼트 저 목소리는 틀림없이 몬터규 집안 놈이다. 내 칼을 가져오너라. 이 망할 놈, 감히 가면을 쓰고 나타나서 우리 잔치를 우롱하자는 심보냐? 가문의 명예를 위해서 저놈을 죽여야겠다.

카풀렛 너, 왜 그렇게 화가 났지?

티볼트 고모부님, 원수 몬터규 집안 놈입니다. 오늘 밤 잔치를 우롱하려고 뻔뻔스럽게 나타났습니다.

카풀렛 젊은 로미오냐?

티볼트 네, 로미오입니다.

카풀렛 진정해라, 애야. 그리고 내버려 둬라. 점잖지 않다. 사실 베로나에서는 저 애가 자랑거리이니라. 품행이 좋고 얌전한 청년이라고 말이다. 이 도시의 전 재산을 다 준다고 해도 내 집에서 저 사람을 해칠 수는 없다. 그러니 꾹 참고 못 본 체해라. 이게 내 뜻이다. 내 뜻을 존중한다면, 좋은 얼굴을 하고 이맛살을 펴도록 해라. 잔치에는 어울리지 않은 얼굴이다.

티볼트　저런 망할 자식이 손님이라고 와 있으니, 걸맞지 않은 얼굴 표정을 지을 수밖에요.

카풀렛　참아야 한다. 원, 참아야 한다니까. 대체 주인이 누구냐? 나냐, 너냐? 바보같이 못 참겠다고? 별일을 다 보겠구나. 손님들 앞에서 난장판을 벌이겠다는 거냐! 뒤죽박죽을 만들겠다는 거냐! 그러는 게 사내대장부라고 생각한단 말이냐?

티볼트　하지만 고모부님, 그건 치욕입니다.

카풀렛　바보 같은 소리, 오히려 네가 버릇없는 놈이구나. 그게 정말 치욕이란 말이냐? 그러다가 네게 화가 올라. 내가 그냥 안 있을 게다. 내 말을 거스르다니—이제 시간이 어지간히 되었구나—여러분, 좋아요!—글쎄, 잠자코 있지 않으면—불을 더 켜라, 더!—부끄러운 줄 알아라! 혼을 내줄까 보다!—자, 여러분 즐겁게들······.

티볼트　억지로 참으려니 부아가 나서 온몸이 부들부들 떨리는구나. 나는 물러가야겠다. 이번 침입이 오늘은 달콤하겠지만, 머잖아 쓰디쓴 맛을 보여줄 테다. (퇴장)

로미오　(줄리엣에게) 만일 내가 이 천한 손으로 당신의 성지(聖地)를 더럽히고 있다면, 가벼운 죄가 될 것입니다. 내 입술은 얼굴을 붉힌 두 순례자인데, 부드러운 입맞춤으로 그 추한 자국을 깨끗이 씻어내기 위해 이렇듯 수줍게 기다리고 있습니다.

줄리엣　착한 순례자님, 그것은 손에게 너무 하신 말씀. 순례자님의 손은 이처럼 점잖게 신앙심을 보여주고 있잖아요. 본디 성자의 손은 순례자가 만지기 위해서 있는 것이니 손바닥을 서로 맞대는 것이 거룩한 순례자들의 입맞춤이 아니겠어요.

로미오　성자나 거룩한 순례자에게도 입술이 있지 않습니까?

줄리엣　아이, 순례자님. 그것은 기도를 올리기 위한 입술이지요.

로미오　아, 성녀님. 손으로 하는 입맞춤을 입술로 하게 해주십시오. 내 입술이 기원합니다. 허락하소서, 내 신앙이 절망으로 변하지 않도록.

줄리엣　성자의 마음은 움직이지 않는답니다. 설령 기도를 들어주는 일이 있더라도.

가면무도회에서 줄리엣을 만나는 로미오

로미오 그럼, 내 기도의 효험을 받는 동안 움직이지 마십시오. (줄리엣에게 키
　　스한다) 이렇게 내 입술의 죄는 당신의 입술로 깨끗이 씻어졌습니다.

줄리엣 그럼 내 입술이 그 죄를 짊어지게요?

로미오 내 입술의 죄? 아, 달콤한 꾸짖음! 그럼 내 죄를 돌려주십시오. (줄리
　　엣에게 다시 키스한다)

줄리엣 입맞춤에 일일이 이유를 붙이시는군요.

유모 아가씨, 어머님이 잠깐 하실 말씀이 있으시대요.

로미오 어머님이라니, 누구신가요?

유모 어머나, 도련님도! 어머님은 이 댁 마님이시죠. 착하고 얌전하신 마님이
　　시죠. 이제까지 이야기하신 그 따님을 제가 길렀답니다. 아가씨를 차지하는
　　분은 정말 돈 보따리를 안는 거예요.

로미오 카풀렛의 딸이라? 아, 비싼 거래를 했구나! 내 목숨은 원수의 손에
　　있는 채권이 되었구나.

벤볼리오 잔치의 흥이 한창이니 이제 돌아가자.

로미오 그래, 그런 것 같아. 그래서 더욱 불안하구나.

카풀렛 아니오, 여러분. 그렇게 서두르지 마십시오. 하찮은 다과나마 마련해

놓았으니, (가면 쓴 사람들이 카풀렛의 귀에 속삭이며 사과한다) 아, 그러십니까? 그럼 여러분, 고맙습니다. 감사합니다. 신사 여러분, 안녕히 가십시오. 여봐라, 여기 불을 더 밝혀라! 자, 슬슬 자러 가볼까. 이런, 정말 밤이 깊었군. 그럼 나는 가서 자련다. (줄리엣과 유모만 남고 모두 퇴장)

줄리엣 이리 좀 와봐, 유모. 저기 저 신사는 누구지?

유모 티베리오 노인 맏아들이죠.

줄리엣 지금 막 문을 나가시는 분은?

유모 글쎄요, 페트루치오 도련님인가?

줄리엣 춤도 안 추시고, 지금 그 뒤를 따라가는 분은?

유모 모르겠는데요.

줄리엣 가서 이름 좀 물어봐. 만일 그분이 결혼하셨다면 무덤이 나의 신방이 될 거야.

유모 저분 이름은 로미오라고, 몬터규 집안이에요. 아가씨댁 원수의 외아들이랍니다.

줄리엣 오직 하나의 내 사랑이 오직 하나의 내 미움에서 싹트다니! 모르고 너무 일찍 보아버렸고, 알고 나니 너무 늦었네! 원수를 사랑해야 하다니, 나로서는 앞날이 걱정되는 사랑의 탄생이야!

유모 뭐라고요? 뭐라고 하셨죠?

줄리엣 방금 배운 노래 가사야. 함께 춤춘 분이 가르쳐 주셨어. (안에서 "줄리엣" 하고 부른다)

유모 네, 네, 곧 갑니다. 자, 안으로 들어갑시다. 손님들은 모두 돌아갔어요. (모두 퇴장)

〔막을여는말 2〕

해설자 등장.

해설자 이제 묵은 정열은 무덤 속에 누워버리고 새로운 애정이 그 뒤를 이으려고 싹이 틉니다. 목숨을 걸고 사랑한 미인도 아름다운 줄리엣에 비하면 미인도 아닙니다. 이제는 로미오와 사랑을 주고받는 몸, 서로의 아름다움에

발레 〈로미오와 줄리엣〉 래스타 토머스 연출. 에드리안 캔터나·제임스 보이드 출연. 2014.
이 공연에서 프로코피예프의 곡과 현대음악을 혼합했다.

매혹당한 까닭입니다. 그러나 로미오는 원수의 딸에게 애태워야 하고, 줄리
엣도 무서운 낚싯바늘에서 달콤한 사랑의 미끼를 훔쳐야 합니다. 원수의 몸
이라, 그는 가까이 가서 연인들이 늘 하는 맹세를 속삭일 길이 없고, 그녀
또한 사랑하는 마음 못지않으나 연인을 만날 길은 더욱 까마득합니다. 하
지만 정열은 힘을, 시간은 수단을 그들에게 주어 만나게 하여 지극한 사랑
의 기쁨이 커다란 고난을 위로합니다. (퇴장)

〔제2막 제1장〕

카풀렛 집의 과수원 담장 옆길.
로미오 등장.

로미오   내 마음이 여기 있는데, 어떻게 이대로 지나갈 수 있는가? 이 둔한
    흙덩이 같은 몸뚱이야, 돌아서서 네 생명의 중심을 찾아가거라. (담에 기어올

라가 과수원 안으로 뛰어내린다)

벤볼리오와 머큐시오 길에 등장. 로미오는 담 안에서 듣고 있다.

벤볼리오 로미오! 로미오! 로미오!

머큐시오 영리한 녀석이야. 아마 지금쯤 집에 가서 누워 자고 있을걸.

벤볼리오 이쪽으로 달려와서 이 과수원 담을 뛰어넘어갔어. 이봐, 머큐시오,
좀 불러봐.

머큐시오 아냐, 주문을 외어서 불러내야겠어. 로미오! 변덕쟁이! 미치광이! 정
열가! 연인아! 한숨짓는 모습으로 나타나거라. 한마디 노래라도 불러라. 그
러면 충분해. 아아, 한마디만 소리쳐라. '사랑아'라든지 '비둘기야'라든지 한
마디만이라도 해라. 나의 수다쟁이 베누스에게 한마디 상냥한 말이라도 건
네다오. 베누스의 눈먼 맏아들인 저 활의 명수 젊은 큐피드에게 별명이나
하나 지어주려무나. 코페투아 왕은 큐피드의 화살에 정통으로 맞아 거지
아가씨를 사랑하게 되었잖은가. 이 녀석, 듣지도 않고 꼼짝도 않고 나타나지
도 않는구나. 이 원수 놈이 죽었나? 정말로 주문을 외어야겠군. 자, 로미오,
나타나거라. 내가 너를 부르노라. 로잘린의 반짝이는 두 눈으로, 그 빼어난
이마와 빨간 입술로, 그 예쁜 발과 그 곧은 다리와 바르르 떠는 넓적다리와
그 언저리의 으슥한 금단(禁斷)의 안뜰로 그대를 부르노니, 자, 본디 모습으
로 어서 나타나거라.

벤볼리오 그 말을 들으면 화를 내겠는걸.

머큐시오 이건 괜찮아. 이를테면 자기 여자의 둥근 원 속에 이상한 남자의
혼령을 불러 세워 놓고, 그 여자가 주문을 외어 쓰러뜨릴 때까지 서 있게
한다면 틀림없이 화를 내겠지. 거기에는 악의가 있으니까. 그러나 내 주문
은 정당해. 난 그녀의 이름을 빌려 그 녀석더러 나타나라고 주문을 외고 있
는 것뿐이니까.

벤볼리오 자, 로미오는 이 수풀 속에 몸을 숨기고 밤이슬에 촉촉이 젖고 싶
은 모양이지. 사랑에 눈이 멀었으니 어둠이 가장 알맞을지도 몰라.

머큐시오 사랑에 눈이 멀었다면, 사랑의 화살은 과녁을 맞힐 순 없지. 지금
쯤 그는 비파나무 아래 앉아 자기 연인이 비파나무 같았으면 좋으련만 하

고 생각하고 있을걸. 처녀들은 비파 이름을 불러보며 혼자 웃는다나. 아! 로미오, 네 여인은, 아, 그녀는 벌어진 비파 열매가 되고, 너는 길쭉한 배(梨)가 됐으면 좋겠다. 로미오, 잘 자거라. 나는 바퀴 달린 내 침대에 가서 자련다. 이런 야전 침대는 너무 추워서 어디 잘 수가 있겠나. 자, 가볼까?

벤볼리오 그래, 가자. 들키지 않으려고 숨은 사람을 찾아봐야 헛수고니까. (모두 퇴장)

〔제2막 제2장〕

카풀렛 집의 과수원.
로미오 등장.

로미오 상처의 아픔을 모르는 자는 남의 상처를 비웃는 법이지.

줄리엣이 2층 창문에 등장.

로미오 그런데 쉿, 저기 저 창문에서 흘러나오는 빛은 무엇일까? 저기는 동쪽, 그렇다면 줄리엣은 태양이다. 아름다운 태양이여, 떠올라 시샘하는 달을 죽여다오. 달의 시녀인 당신이 달보다 훨씬 아름다워, 달은 이미 슬픔에 병들어 창백해졌소. 제발 달의 시녀 노릇은 하지 마오. 달님은 시샘이 많아 달의 처녀가 입는 옷은 창백하게 병든 초록빛이오. 어릿광대가 아니면 누가 그걸 입겠소. 벗어버리시오. 오, 그대는 나의 연인, 나의 사랑! 아, 그대가 나의 사랑임을 알아주었으면! 입을 여는구나. 그래도 아무 말이 없네. 그게 무슨 상관인가? 저 눈이 말하지 않는가. 그럼 대답을 해야지. 그건 너무 뻔뻔스러워. 내게 말을 건넨 것도 아닌데. 온 밤하늘에서 가장 빛나는 별 둘이 볼일이 있어, 저 두 눈에 청하여 자기들이 돌아올 때까지 대신 자기들 별자리에서 반짝여 달라고 부탁한 것 같구나. 만일 저 두 눈과 그 두 별이 자리를 바꾼다면 어떻게 될까? 저 밝게 빛나는 그녀의 볼을 보고, 두 별은 햇빛 아래 등불처럼 빛을 잃고 말겠지. 하늘에 간 두 눈은 한껏 빛날 테니, 지저귀는 새들도 밤이 아닌 줄 알고 노래를 부를 거야. 저것 봐, 볼을 두 손에 갖다 대는군. 아, 내가 저 손에 낀 장갑이라면 저 볼에 닿을 수 있을 텐데!

줄리엣 어쩌나!

로미오 말을 하는구나. 아, 빛나는 천사여. 한 번 더 말해 주오! 오늘 밤 내 머리 위에서 빛나는 당신 모습은, 천천히 흘러가는 구름을 타고 허공을 두둥실 떠가는 모습을 보려고 뒷걸음질치며 우러러 쳐다보는 인간의 눈에 비치는 날개 가진 하늘의 천사 같구나.

줄리엣 아 로미오, 로미오! 왜 당신은 로미오인가요? 아버지와 관계없다고, 그 이름이 아니라고 말씀하세요. 그렇게 못하신다면, 나를 사랑한다고 맹세만이라도 해주세요. 그러면 나는 카풀렛이라는 성을 버리겠어요.

로미오 (혼잣말로) 좀더 듣고 있을까, 말을 걸어볼까?

줄리엣 당신의 이름만이 내 원수예요. 몬터규 집안이 아니라도 당신은 당신. 대체 몬터규가 뭐예요? 손도 아니고, 발도 아니고, 팔도, 얼굴도 아니고, 사람의 몸 어느 부분도 아니잖아요. 오, 다른 이름이 되어주세요. 이름에 뭐가 있죠? 우리가 장미라고 부르는 꽃을 다른 이름으로 불러도 향기로울 거예요. 그러니 로미오 또한 로미오라 부르지 않더라도, 그 이름과는 관계없이 고귀하며 완벽한 모습은 그대로 남을 거예요. 로미오, 그 이름을 버리고 당신의 몸과는 아무 관계도 없는 그 이름 대신 이 몸을 고스란히 가지세요.

로미오 그 말씀대로 당신을 갖겠습니다. 나를 연인이라고만 불러주십시오. 그러면 새로 세례를 받은 듯이 나는 이제부터 로미오가 아닌 딴사람이 될 겁니다.

줄리엣 당신은 누구신가요. 이렇게 어둠 속에 숨어서 남의 비밀을 엿듣는 분은?

로미오 이름으로는, 내가 누구라고 해야 할지 알 수 없습니다. 성녀님, 나도 내 이름이 밉습니다. 그것은 당신의 원수이니까요. 어디에 적혀 있는 이름이라면 갈기갈기 찢어버렸을 것입니다.

줄리엣 당신 입에서 나온 말을 들은 것은 아직 백 마디도 안 되지만, 그래도 나는 그 목소리를 알아요. 몬터규 집안의 로미오 님 아니세요?

로미오 아름다운 당신이 싫다면 그 어느 쪽도 아닙니다.

줄리엣 여길 어떻게, 그리고 무얼 하러 오셨어요? 담은 높아서 기어오르기

달밤, 발코니에 나타난 줄리엣

　어렵고, 당신 신분으로 봐서 우리집 사람들에게 들키시면 이곳은 죽음의
　장소가 될 터인데.

로미오　이까짓 담은 사랑의 가벼운 날개를 타고 뛰어넘었지요. 돌담이 어떻
　게 사랑을 막을 수 있겠습니까? 사랑을 할 수만 있다면 무엇이든 해낼 것
　이오. 그러니 당신 가족들도 나를 막지 못할 겁니다.

줄리엣　하지만 우리집 사람들이 보면 당신을 죽일 거예요.

로미오　아아, 그들의 칼 스무 자루보다도 당신의 눈이 더 무섭습니다. 당신만
　정다운 눈짓으로 보아준다면, 그들의 악의쯤 아무렇지도 않습니다.

줄리엣　무슨 일이 있어도 이곳에서 들키지 않도록 하세요.

로미오　나는 밤의 외투로 몸을 가렸으니 그들의 눈에 띄지 않을 것입니다.
　그러나 당신의 사랑을 못 받는다면 차라리 이대로 들키고 싶습니다. 당신
　의 사랑 없이 쓸쓸히 살다 죽느니, 차라리 그들의 미움으로 목숨을 끊는 것
　이 낫겠습니다.

줄리엣　누구의 안내로 여기에 오셨나요?

로미오 사랑의 안내지요. 당신을 찾으라고 먼저 재촉한 것도, 지혜를 빌려준 것도 사랑입니다. 난 눈만 빌려주었지요. 내가 수로 안내인은 아니지만 당신 같은 보물을 찾아서라면 바닷물이 출렁거리는 아득한 해안처럼 머나먼 곳이라도 기어이 찾아갈 것입니다.

줄리엣 이렇게 밤의 가면이 내 얼굴을 덮고 있으니망정이지, 그렇지 않았더라면 이 볼은 수줍은 처녀의 마음으로 빨갛게 물들었을 거예요. 오늘 밤 당신이 내 말을 엿들으셨으니까요. 나도 체면을 차리고 싶고, 아까 한 말은 거짓말이라고 부정도 하고 싶어요. 하지만 이제 격식은 싫어요. 나를 사랑하세요? "그렇다" 대답해 주시겠지요. 그 말씀을 믿겠어요. 하지만 아무리 맹세를 하시더라도 거짓일지 모르잖아요. 연인들의 거짓말에는 유피테르 신도 웃고 만답니다. 아, 그리운 로미오 님, 나를 사랑하신다면 진정으로 그렇다고 말씀해 주세요. 혹시 너무 쉽게 나를 손에 넣었다고 생각하시나요? 그렇다면 나는 얼굴을 찡그리고 토라져서 당신을 거절할래요. 그래도 당신은 사랑을 애걸해 오셔야 해요. 그렇지 않으면 나도 않겠어요, 절대로. 그리운 몬터규 님, 진정 나는 너무나 사랑하고 있어요. 그런 나를 당신은 가벼운 여자라고 생각하실 거예요. 하지만 나를 믿어주세요. 나는 쌀쌀한 척 잔꾀를 부리는 여자들보다 훨씬 더 진실한 여자임을 증명해 보이겠어요. 참다운 사랑의 고백을 나도 모르게 당신이 엿듣지만 않으셨더라도, 나는 좀더 쌀쌀하게 굴었을 거예요. 그러니 용서하시고, 행여 들뜬 사랑에서 이처럼 마음을 허락한 것이라고 꾸짖지는 마세요. 밤의 어둠 때문에 드러난 사랑이니까요.

로미오 아가씨, 이곳 과일나무 가지를 온통 은빛으로 물들이고 있는 저 밝은 달을 두고 맹세하겠습니다.

줄리엣 아, 저 변덕스러운 달을 두고 맹세하지 마세요. 둥근 궤도를 돌면서 다달이 변하는 달이라 당신의 사랑마저 그처럼 변할까 두려워요.

로미오 그럼 무엇에 두고 맹세할까요?

줄리엣 아예 맹세하지 마세요. 기어이 맹세를 하시려거든, 당신 자신을 두고 맹세하세요. 당신은 내가 섬기는 하느님과 같은 존재이니, 당신을 믿겠어요.

로미오 만약 내 가슴에 사무치는 사랑이……

줄리엣 글쎄, 맹세하지 말라니까요. 당신의 마음을 알아 기쁘기는 하지만

영화 〈로미오와 줄리엣〉 바즈 루어만 감독, 레오나르도 디카프리오(로미오 역)·클레어 데인즈(줄리엣 역) 출연. 1996.
무도회에서 줄리엣은 천사의 날개를, 로미오는 기사의 빛나는 갑옷을 입었다.

오늘 밤의 이런 맹세는 즐겁지 않아요. 너무나 당돌하고, 너무나 경솔하고, 말할 새도 없이 사라져 버리는 번갯불 같아요. 그럼, 안녕히 가세요! 사랑의 꽃봉오리가 여름날 입김에 마냥 부풀어 다음에 우리가 만날 때에는 아름답게 꽃피어 있기를 바라겠어요. 안녕히 가세요. 안녕히! 달콤한 안식이 내 가슴속과 마찬가지로 당신의 마음속에도 깃들기를!

로미오 이렇게도 섭섭하게 나를 두고 들어가시렵니까?

줄리엣 어떻게 하면 섭섭하지 않으시겠어요?

로미오 서로 진실한 사랑의 맹세를 나누는 것입니다.

줄리엣 그건 청하시기도 전에 벌써 난 당신께 드렸는데요. 물론 되돌려 받고 싶지만요.

로미오 그걸 취소하고 싶다는 건가요? 왜 그러시지요?

줄리엣 아낌없이 한 번 더 드리고 싶어서예요. 하지만 이건 내가 가지고 있는 것을 내가 탐내고 있는 거나 같네요. 내가 드리고 싶은 마음은 바다처럼 끝이 없고, 사랑도 바다처럼 깊어요. 당신께 드리면 드릴수록 더 많아져요. 두 가지 모두 끝이 없으니까요. 안에서 무슨 소리가 나요. 그럼 안녕히! (유모가 안에서 부른다) 응, 곧 갈게, 유모! 그리운 몬터규 님, 변치 마세요. 잠깐만 계세요. 곧 돌아올게요. (안으로 들어간다)

로미오 아, 참으로 행복한 밤이구나. 지금은 밤이라 이게 모두 꿈이 아닐까 두렵다. 너무나 기뻐서 사실이 아닌 것만 같구나.

줄리엣 다시 2층 창문에 등장.

줄리엣 한마디만 더요, 로미오! 그리고 안녕히 가세요. 당신의 애정이 진실되고 나와 결혼하실 생각이라면 내일 사람을 보내겠으니, 어디서 언제 결혼식을 올리겠는지 알려주세요. 그러면 운명을 송두리째 당신 발아래에 내던지고, 내 남편인 당신을 따라서 세계 어느 곳이라도 가겠어요.

유모 (안에서) 아가씨!

줄리엣 응, 갈게—하지만 진심이 아니시라면, 제발 나는…….

유모 (안에서) 아가씨!

줄리엣 곧 갈게—이런 수고는 그만하시고, 나 혼자 슬픔에 잠겨 있도록 내버려 두세요. 내일 사람을 보낼게요.

로미오 내 영혼에 맹세코!

줄리엣 부디, 부디, 안녕히 가세요! (들어간다)

로미오 그대의 빛을 잃으니 조금도, 조금도 즐겁지가 않구나. 사랑을 보러 갈 때에는 학교 수업이 끝난 어린애처럼 날아갈 듯이 기쁘더니, 연인과 헤어질 때에는 침울한 얼굴빛으로 학교에 가는 것 같구나.

줄리엣, 다시 2층 창문에 등장. 로미오는 이곳을 떠나고 있다.

줄리엣 저기요, 로미오 님, 잠깐만요! 아, 매사냥꾼 목소리로 저 고귀한 매를 다시 불러들였으면! 갇힌 몸이, 목소리마저 쉬어 큰 소리를 낼 수 없네. 그렇지만 않으면 허공에 울리는 메아리가 내 목소리보다 더 크게 될 때까지,

영화 〈로미오와 줄리엣〉　조지 큐거 감독, 레슬리 하워드(로미오 역)·노마 시어러(줄리엣 역) 출연.
1936.
이 영화를 위해 할리우드에 이탈리아 르네상스를 막대한 비용을 들여 재현하였다.

메아리 요정이 사는 동굴이 떠나가도록 큰 소리로 되풀이해서 "나의 로미오" 하고 불러보련만.

로미오 내 이름을 부르는 것은 나의 영혼, 밤에 듣는 연인의 목소리는 은방울 소리처럼 영롱하구나. 부드러운 음악처럼 내 귀에 울린다!

줄리엣 로미오 님!

로미오 예?

줄리엣 내일 몇 시에 사람을 보내면 될까요?

로미오 9시까지 보내주십시오.

줄리엣 꼭 보내겠어요. 스무 해나 앞날처럼 먼 것 같아요. 그런데 내가 왜 당신을 불렀는지 깜빡 잊었어요.

로미오 다시 생각나실 때까지 여기 서 있지요.

줄리엣 그대로 거기 서 계시도록 나도 잊고 있을래요. 당신 곁에 있는 것이 얼마나 좋은지 생각하면서요.

로미오 그러면 당신이 그냥 잊고 있도록 나도 이 자리에 이대로 서 있지요. 여기 말고 다른 곳은 다 잊어버리고.

줄리엣 벌써 날이 새나 봐요. 이제 돌아가셔야지요. 하지만 멀리 보내드리지는 않겠어요. 장난꾸러기 계집아이가 사슬에 매인 가엾은 죄수 같은 새를 손에서 좀 놓아주었다가도, 새의 자유로운 퍼덕임이 귀여우면서도 샘이 나서 비단실을 다시 잡아당기는 것처럼요.

로미오 당신의 그 새가 되었으면.

줄리엣 나도 그랬으면 좋겠어요. 하지만 너무 귀여워하다가 죽게 할지도 몰라요. 안녕, 안녕히 가세요! 헤어지는 것이 이처럼 달콤하고 슬프니 날이 샐 때까지 안녕이란 인사를 계속하고 싶어요. (퇴장)

로미오 당신의 두 눈엔 잠이, 가슴에는 평화가 깃들기를! 내가 그 잠이 되고 평화가 되어 고요히 당신의 눈과 가슴에서 쉬고 싶소! 이 길로 나는 수사님이 계신 곳으로 가서 도움을 청하고 내 행운을 알려드려야겠다. (퇴장)

〔제2막 제3장〕

로렌스 수사의 수도실.

로렌스 수사가 바구니를 들고 등장.

로렌스 수사 회색 눈을 한 아침이 찌푸린 밤에 희미하게 미소짓고, 동녘 하늘의 구름을 빛줄기로 물들이고 있다. 얼룩진 어둠은 주정뱅이처럼 비틀거리며 밝은 해의 길에서 태양신의 수레바퀴에 쫓겨 흩어져 달아난다. 자, 태양이 그 불타는 눈을 쳐들고 낮에 기운을 불어넣어 주어 축축한 밤이슬을 말리기 전에 독초와 귀한 약즙이 든 꽃잎을 이 바구니에 가득 꺾어 담자꾸나. 자연의 어머니인 대지는 자연의 무덤이기도 하고, 자연의 무덤인 그 대지는 또한 자연의 모태이기도 하지. 그리고 그 모태에서 갖가지 자식들이 태어나 다정한 대지의 가슴에서 젖을 빤다. 그 풀과 나무 가운데에는 훌륭한 여러 약효를 지닌 것이 많고, 어느 것 하나 약효를 지니지 않은 것이 없으며, 그 약효 또한 모두 다르다. 아, 나무와 풀과 돌 할 것 없이 그 본질 속에는 신기하고도 강력한 약효가 들어 있으니 참으로 놀랍다. 무릇 이 세상의 생물로서 아무리 해로운 것일지라도 무언가 특수한 이로움을 세상에 주지 않는 것이 없고, 아무리 좋은 것도 그릇되게 쓰이면 본성에 어긋나 해를 면치 못하는 법. 덕도 잘못 쓰면 악으로 변하고, 악도 쓰기에 따라서는 선이 될 수 있다.

로미오, 등장하여 엿듣는다.

로렌스 수사 이 가련한 꽃봉오리 속에는 독도 들어 있고 약의 힘도 들어 있다. 맡으면 몸 여러 부분이 상쾌해지지만 먹으면 모든 감각이 심장과 함께 멎는다. 약초뿐 아니라 사람의 마음속에도 미덕과 악의 두 왕이 맞서고 있어, 악이 성하면 죽음이라는 독벌레에게 바로 먹히고 만다.

로미오 (앞으로 나서며) 수사님, 밤새 안녕하세요.

로렌스 수사 축복을 받으시라. 이렇게 이른 아침에 정다운 목소리로 나에게 인사하는 분이 누구시오? 아, 너로구나. 이렇게 일찍 잠자리를 벗어난 것을 보니 네 마음이 꽤나 괴로운가 보구나. 늙은이들의 눈은 근심 걱정으로 밤을 새지. 걱정이 있는 곳엔 잠이 없기 마련이거든. 하지만 정신과 마음에 상처가 없는 젊은이가 온몸을 펴는 곳에는 황금의 잠이 지배하는 법이야. 이렇게 일찍 일어난 것을 보니, 무슨 고민으로 잠을 이루지 못한 것이 분명하구나. 그렇지 않다면 우리 로미오가 간밤에 잠자리에 들지 않은 거지. 어때, 맞았지?

로미오 예, 맞습니다. 하지만 잠보다 더 달콤한 휴식을 가졌지요.

로렌스 수사 하느님 맙소사! 그럼 로잘린하고 함께?

로미오 로잘린요? 아닙니다, 수사님. 저는 그 이름도, 그 이름이 주는 고민도 다 잊어버렸습니다.

로렌스 수사 그것 기특하구나. 그럼 어디에 가 있었느냐?

로미오 다시 물으시기 전에 말씀드리겠습니다. 실은 원수의 집 연회에 나갔었는데, 어떤 자가 갑자기 저에게 상처를 입혀서 저도 그에게 상처를 주었습니다. 우리 두 사람의 치료는 수사님의 도움과 거룩한 손길에 달려 있습니다. 수사님, 저는 아무 원한도 없습니다. 보십시오, 저의 애원은 원수 편에도 약이 됩니다.

로렌스 수사 얘야, 똑똑하게 말해라. 수수께끼 같은 고해는 수수께끼 같은 용서밖에 받지 못하느니라.

로미오 그럼 똑똑히 말씀드리겠습니다. 저는 그 재산 많은 카풀렛 댁의 아름다운 따님에게 제 사랑을 바치기로 굳게 마음먹었습니다. 제가 그렇듯이 그녀도 저를 사랑하게 되었습니다. 우리의 마음은 완전히 맺어졌습니다. 다만 수사님께서 이제 하느님 앞에서 저희들을 맺어주시는 일만 남았습니다. 저희들이 언제, 어디서, 어떻게 만나 사랑을 속삭이고 맹세를 나누었는가는 가면서 이야기하겠습니다만, 부디 오늘 안으로 저희들을 결혼시켜 주시겠다고 승낙해 주십시오.

로렌스 수사 아, 하느님 맙소사! 이게 웬일이냐! 네가 그토록 사랑하던 로잘린을 이렇게도 쉽사리 잊었단 말이냐? 젊은이들의 사랑은 과연 마음속이 아니라 눈 속에 있나 보구나. 허, 기가 막히는구나! 네가 로잘린 때문에 그 얼마나 많은 눈물로 파리한 뺨을 적셨더냐? 맛없는 사랑에 간을 하려고 얼마나 많은 소금물을 헛되이 쏟았더냐! 태양은 아직 네 한숨을 하늘에서 거두지 않았고, 신음 소리도 아직 이 늙은 귀에 울리고 있다. 보아라, 네 볼에는 묵은 눈물 자국이 아직도 지워지지 않고 남아 있지 않느냐. 네 자신도 변함이 없고 그 슬픔도 네 슬픔이었을진대, 너 자신도 그 슬픔도 모두 로잘린 때문이 아니었더냐. 아니, 사람이 변했느냐? 이런 속담이라도 들었느냐? 사나이도 못 믿을 세상일진대 여자의 변심쯤이야 탓할 것도 못된다는 속담 말이다.

로미오 로잘린을 사랑한다고 수사님은 자주 꾸짖으셨잖습니까?

로렌스 수사 사랑에 빠지지 말라고 했지, 사랑하지 말라고는 하지 않았다.

로미오 그리고 사랑을 파묻어 버리라고 하셨습니다.

로렌스 수사 다른 하나를 파내기 위해서 그것을 묻으라고는 하지 않았다.

로미오 제발 꾸짖지 마십시오. 이번에 제가 사랑하는 여자는 성의에는 성의로, 사랑에는 사랑으로 보답해 주는 여자입니다. 로잘린은 그렇지 않았습니다.

로렌스 수사 로잘린은 네 사랑이란 것이 내용 없이 겉핥기로 외어 대듯 하는 사랑임을 잘 알고 있었거든. 아무튼 가자, 이 젊은 바람둥이야. 나와 함께 가자. 나도 생각이 있으니, 너를 도와주겠다. 이 연분으로 다행히 두 집안의 원한을 진정한 애정으로 바꿀 수 있을지도 모르니까.

로미오 아, 어서 가세요. 저는 안절부절못하겠습니다.

로렌스 수사 슬기롭게 천천히. 급히 달리는 자가 넘어지게 마련이니라. (모두 퇴장)

〔제2막 제4장〕

어느 거리.
벤볼리오와 머큐시오 등장.

머큐시오 로미오 녀석, 대체 어디 갔지? 간밤에 집에 안 들어왔나?

벤볼리오 안 들어왔대. 로미오의 하인한테 물어보았지.

머큐시오 그 창백하고 무정한 여자 로잘린 때문에 너무 고민하다가 끝내 미쳐버릴지도 모르겠구나.

벤볼리오 카풀렛 노인의 처조카 티볼트가 로미오의 집에 편지를 보내왔대.

머큐시오 도전장일 거야, 틀림없어.

벤볼리오 로미오는 물론 응답할 거야.

머큐시오 그야 글을 아는 사람이라면 편지에 답하는 것이 마땅하지.

벤볼리오 그게 아니라, 도전을 받은 이상 그 도전에 응하겠다는 답장을 도전 장의 주인에게 보낼 거란 말이야.

머큐시오 아, 가엾은 로미오, 그는 벌써 죽은 거나 다름없어! 허연 계집의 새 까만 눈에 찔렸지. 사랑의 노래로 귀는 꿰뚫렸지. 심장 한가운데에는 눈먼 큐피드의 화살이 박혀 있거든. 이런 인간이 티볼트를 상대할 수 있겠나?

벤볼리오 티볼트가 대체 어떤 녀석인데?

머큐시오 고양이 왕자보다 한술 더 뜨는 녀석이지. 아, 그 녀석, 용감한 무예 의 달인이야. 악보를 보고 노래라도 부르듯이 시간과 거리와 박자를 맞춰서 싸우지. 잠깐 쉬었다가 하나, 둘, 셋으로 대뜸 상대의 가슴을 찌르는 식이야. 비단 단추를 떨어뜨리는 데는 명수지. 굉장한 녀석이야. 칼 쓰기로는 일류 요, 집안의 신사라 결투에도 일일이 첫째 이유, 둘째 이유를 들먹이는 인간 이지. 아, 그 앞찌르기의 묘기! 반전 뒤찌르기! 그리고 다시 한 수!

벤볼리오 다시 뭐?

머큐시오 되지못한 말을 괴상하게 혀짤배기소리로 떠벌리는 녀석들, 점잖을 빼며 신식 말을 지껄여대는 꼴 좀 보라지! "거참, 훌륭한 칼이외다. 참으로 훌륭하시외다! 참으로 훌륭한 창녀이외다!" 이봐, 아저씨, 정말 한탄할 일이 잖아. 그런 괴상한 파리 같은 녀석들한테 우리가 이렇게 시달려야 하다니. 밤낮 유행만 쫓아다니고 같은 말이라도 외국어라야 하고 무엇이나 신식이 어야 되고, 낡은 걸상에는 엉덩이가 아파 편히 앉아 있지도 못하는 인간들 한테 말이야. 아, 녀석들의 외국 숭배가 이만저만이라야지!

로미오 등장.

벤볼리오 로미오가 온다, 로미오가 와!

머큐시오 알을 빼 비쩍 말린 청어 같군. 아, 고기야, 고기야, 어쩌면 그렇게 생선 꼴이 되었나! 저 친구 페트라르카처럼 시라도 짓겠다는 표정이잖아. 그의 애인 라우라도 자기 애인에 비하면 부엌데기나 다름없다는 듯이—하 지만 라우라는 자기에게 노래를 불러주는 더 나은 연인을 가졌지—디도 는 초라한 여자, 클레오파트라는 집시, 헬레네와 헤로도 하찮은 매춘부, 푸

브로드웨이 뮤지컬 〈웨스트 사이드 스토리〉 '로미오와 줄리엣' 현대판. 뉴욕 빈민가를 무대로 개작. 1961년 로버트 와이즈 감독 레너드 번스타인 음악 배우 나탈리 우드, 리차드 베이버, 조지 자키리스 러스 탬블린 시몬 오클랜드 리타 모제노 등이 출연 영화로 만들어졌다.

른 눈인가를 가졌다는 티스베 또한 명함도 내밀지 못한다는 식이야. 로미오
님, 봉 주르! 자네가 프랑스식 바지를 입었으니 인사도 프랑스식으로 해야
지. 그런데 자네 간밤에 우리를 톡톡히 골탕 먹였지.

로미오 아, 다들 잘 있었나. 그런데 내가 무슨 골탕을 먹였지?

머큐시오 바람을 맞혔단 말이야, 바람을.

로미오 용서해 줘, 머큐시오. 매우 중대한 일이었어. 그런 경우에는 조금 실례
할 수도 있잖아.

머큐시오 그럼 자네 같은 경우, 나도 억지로 무릎을 꿇어야 한다는 말이군.

로미오 예절을 지켜야 한다는 거야, 내 말은.

머큐시오 알아듣긴 잘하는군.

로미오 가장 점잖은 해석이야.

머큐시오 이래 봬도 난 점잖기론 완벽한 본보기인 분홍이라고.

로미오 꽃 빛깔 분홍?

머큐시오 맞았어.

로미오 하긴 내 신발에도 꽃무늬가 잔뜩 있지.

머큐시오 멋있는 재치다! 그럼 이런 내 익살을 따라와 봐. 자네 신이 닳아빠질 때까지. 그때는 얄팍한 신 바닥은 다 닳고 닳아도 익살만은 얄팍하게 남을 거야.

로미오 아, 한 꺼풀 남은 얄팍한 익살!

머큐시오 나 좀 도와줘, 벤볼리오! 내 재치는 이제 기진맥진이야.

로미오 채찍질을 해서 박차를 가하라고! 그렇지 않으면 결판이 났다고 외칠 거야.

머큐시오 자네와의 바보 같은 거위 쫓기에는 두 손 다 들었다. 자네는 그 거위 같은 재치를 내가 가지고 있는 지혜보다 다섯 배나 더 많이 가지고 있으니까. 내가 자네에겐 거위쯤 됐단 말인가?

로미오 자네가 거위가 아니었다면 나하고 상대가 안 되었을 거야.

머큐시오 그따위 소리 다시 해봐라. 귀를 깨물어 줄 테니까.

로미오 착한 거위님, 제발 깨물지 말아요.

머큐시오 말재주치고는 몹시 맵군. 제법 톡 쏘는 양념이야.

로미오 그렇다면 거위 요리엔 알맞지 않겠나.

머큐시오 아, 양가죽 같은 기지 좀 봐. 한 치를 한 자로 늘여놓는군.

로미오 그럼 어디 실컷 늘여볼까? 거위 말이 나왔으니 말인데, 자네는 아무리 보아도 이 세상에 다시없는 바보 거위라니까.

머큐시오 그래도 실연으로 끙끙 앓는 것보다는 낫잖아? 오늘은 제법인데. 이제 자네다워졌어. 가문으로 보나, 천성으로 보나, 진짜 로미오로 돌아왔구나. 사랑에 빌빌거리며 뻣뻣이 세운 작대기를 구멍 속에 감추려고 혀를 늘어뜨리고 어쩔 줄 몰라 뛰어다니는 녀석은 바보지 뭐야.

벤볼리오 그만둬, 그만둬!

머큐시오 이만큼 기분을 돋우어 놓고 그만두라니, 내 이야긴 뭐야?

벤볼리오 그냥 뒀다간 이야기가 끝이 없겠는걸.

머큐시오 아, 잘못 봤어! 난 간단히 끝내려는 거야. 이제 내 이야기도 바닥이 나서 더 이상 늘어놓을 생각이 없으니까.

로미오 거 잘됐군!

유모와 피터 등장.

머큐시오　배다, 배가 온다!

벤볼리오　두 척이다. 두 척! 셔츠와 고쟁이다.

유모　피터!

피터　예.

유모　내 부채 이리 줘, 피터.

머큐시오　피터, 얼굴을 가리려는 거야. 부채가 얼굴보다 곱거든.

유모　좋은 아침이에요, 도련님들.

머큐시오　좋은 오후입니다, 아름다운 부인.

유모　벌써 오후인가요?

머큐시오　암요, 저 음탕한 해시계의 손이 지금 정오의 거기를 꼭 누르고 있 거든요.

유모　원, 저속하게도! 무슨 사람이 이럴까?

로미오　부인, 이 사람은 자기 자신을 부수기 위해 태어난 사람이랍니다.

유모　참, 농담도 잘하셔. '자기 자신을 부수기 위해' 태어났다고요? 그런데 여 러분께서 혹시 어딜 가면 로미오 도련님을 만날 수 있는지, 알고 계세요?

로미오　내가 알지요. 그러나 로미오 도련님을 찾았을 때는 지금보다 더 늙어 있을 겁니다. 그 이름으론 내가 가장 젊지요. 그다지 신통하지 않지만.

유모　재미있는 말을 하시네.

머큐시오　아니, 신통치 못하다는데 재미있다고요? 참 이해를 잘하시는군요. 똑똑하셔, 똑똑해.

유모　댁이 로미오 도련님이시라면, 친히 여쭐 이야기가 있어 그러는데요.

벤볼리오　억지로 만찬에 초대할 모양이로군.

머큐시오　포주다, 포주다, 포주! 자, 나왔다!

로미오　뭣이 나왔어?

머큐시오　나오기는 나왔는데 토끼가 아냐. 사순절 파이에 들어가는 토끼가 아니라 먹기도 전에 상해서 곰팡이가 피는 토끼야. (걸어 나가면서 노래 부른 다)

곰팡이 핀 늙은 토끼,
곰팡이 핀 늙은 토끼,
사순절 음식으론 맛있지만
곰팡이 핀 토끼는
먹기도 전에 상하여
돈을 치르기에는 너무 아까워.

로미오, 집에 돌아갈 건가? 자네 집에 가서 식사나 함께해야겠다.

로미오 나중에 갈게.

머큐시오 안녕히 가십시오, 할머니. (노래조로) '부인이여, 부인이여, 부인이여.' (벤볼리오와 함께 퇴장)

유모 잘 가세요. 천박한 소리만 늘어놓고 무슨 사람이 저래. 어쩌면 저리도 천연덕스럽죠?

로미오 자기가 떠드는 소리를 듣기 좋아하는 사람입니다. 한 달이 걸려도 못 다할 말을 1분이면 다 지껄일 사람이지요.

유모 내 욕만 해봐, 가만 안 둘 테니까. 아무리 힘이 세더라도 스무 명은 문제없어. 내가 못 당하면 해낼 사람을 불러오지 뭐, 망할 녀석! 나를 제 놀이 감인 줄 아나봐. 나는 그런 녀석을 상대할 천한 여자가 아니라고요. (피터를 보고) 너도 그렇지, 어쩌자고 멀거니 보기만 하는 거냐? 그 녀석 맘대로 나를 놀리는데.

피터 아무도 아주머닐 놀리지 않았는데요. 그렇다면야 벌써 칼을 번개같이 뺐지요. 싸움판이 벌어지고 우리 쪽에 잘못만 없다면 정말 칼 빼기론 남에게 뒤질 내가 아니니까요.

유모 참말 너무 분해서 온몸이 부들부들 떨리는구나. 망할 녀석! 한데 도련님, 아까도 말씀드렸듯이 저희집 아가씨가 저더러 도련님을 찾아가 보라고 했어요. 아가씨 말씀은 저 혼자만 알고 있어요. 도련님이 저희집 아가씨를 바보의 천국으로 꾀어 가시겠다면, 세상 사람들 말마따나 그건 못된 짓이죠. 저희 아가씨는 아직 어려요. 그런 아가씨를 농락한다면 참말로 부녀자 한테 못된 행패를 부리는 것이지요. 아주 비열한 짓이고요.

로미오 아가씨에게 이렇게 전해 주시오. 유모 앞에 맹세하지만, 나는……

심부름 보낸 유모를 기다리는 줄리엣

유모 예. 예, 꼭 그렇게 전할게요. 아, 아가씨가 얼마나 기뻐하실까!

로미오 아니, 대체 뭐라고 전하겠다는 겁니까? 내 말은 아직 듣지도 않고서.

유모 제가 보기엔 도련님은 참 신사답게 맹세하시더라고 전하죠.

로미오 자, 이렇게 전해 주시오. 오늘 오후 어떻게 해서든지 고해성사에 나오면 로렌스 수사님의 수도실에서 고해성사를 마치고 난 다음 곧 결혼식을 올리겠다고요. 자, 받아요. 이건 수고비입니다.

유모 아네요, 한 푼도 안 받겠어요.

로미오 자, 받아두시오.

유모 오늘 오후라고 하셨죠? 네, 꼭 그렇게 전하겠어요.

로미오 그리고 유모는 성당 담 뒤에서 기다려 주시오. 한 시간 안으로 내 하인이 사다리같이 얽은 줄을 가지고 갈 것입니다. 밤중에 은밀히 나를 행복의 절정으로 올려다 줄 사다리요. 그럼 안녕히 가시오. 잘 부탁합니다. 사례는 하지요. 아가씨께 안부 전해 주시오.

유모 하느님의 축복 있으시기를! 그런데 도련님⋯⋯.

로미오 뭡니까, 유모?

유모 도련님 하인은 믿을 수 있나요? 속담에도 두 사람의 비밀은 새지 않지만 세 사람의 비밀은 샌다잖아요.

로미오 걱정 마시오. 내 하인은 강철처럼 믿을 수 있는 사람이니까요.

유모 그런데 저희 아가씬 정말 귀여운 처녀랍니다. 정말이지 아가씨가 아직 귀여운 아기였을 때를 생각하면! 아 참, 이 도시의 귀족 파리스라는 분이 아가씨한테 홀딱 반해 있지만, 귀엽게도 아가씬 그분을 보니 차라리 두꺼비를 보는 게 낫겠다고 하잖겠어요. 저는 가끔 파리스 님이 더 미남이 아니냐고 말해서는 아가씨를 화나게 만든답니다. 하지만 그런 말만 하면 이건 어찌 된 셈인지, 얼굴이 하얀 천처럼 새하얘지고 마는 거예요. 그런데 '로즈메리'와 '로미오'는 같은 글자로 시작되는 게 아닌가요?

로미오 그건 왜 묻지요? 둘 다 R로 시작되지요.

유모 어머 농담을 다! 그건 개 이름인데 R자는 저⋯⋯ 아냐, 뭐 다른 글자로 시작할 거예요. 저도 안답니다. 한데 아가씨는 도련님의 이름자와 로즈메리 꽃을 붙여서 훌륭한 글귀를 지었죠. 그걸 꼭 한번 들어보세요.

로미오 그럼, 아가씨께 안부 전해 주시오.

유모 예, 천 번이라도 전하죠. (로미오 퇴장) 이봐, 피터!

피터 예.

유모 앞서거라, 어서 가자. (모두 퇴장)

〔제2막 제5장〕

카풀렛 집의 과수원.
줄리엣 등장.

줄리엣 유모가 나갈 때 9시였지. 30분 뒤면 꼭 돌아오겠다고 했는데, 혹시 그
이를 만나지 못한 건 아닐까? 그렇지 않을 거야. 아, 절름발이 같은 유모! 사
랑의 심부름꾼은 생각이 해야 해. 생각은 어두운 산 저편으로 그림자를 몰
아내고 달리는 햇빛보다 열 배나 빠르거든. 그러기에 날개가 가벼운 비둘기
들이 사랑의 수레를 끌고, 큐피드에겐 바람처럼 빠른 날개가 있는 거야. 이
제 태양은 하룻길의 맨 꼭대기에 올라가 있고, 9시부터 12시까지는 벌써 세
시간이나 지나갔는데 아직도 유모는 돌아오지 않고 있어. 유모도 애정과 뜨
거운 젊은 피를 가졌다면 공처럼 재빨리 움직이며 나의 말로 사랑하는 그
이에게 날아가고, 그이 말로 다시 나에게 날아오고 할 것을. 그런데 늙은 사
람들은 거의가 죽은 이처럼 다루기 힘들고, 느리고, 둔하고, 납처럼 창백하
거든.

유모와 피터 등장.

줄리엣 어머나, 돌아왔어! 아, 착한 유모. 소식은? 그이를 만났어? 저 사람은
좀 나가 있으라고 해.

유모 피터, 넌 문에서 기다려. (피터 퇴장)

줄리엣 자, 착한 유모…… 아니, 왜 그렇게 슬픈 얼굴빛이지? 슬픈 소식이라
도 기쁘게 이야기해 줘. 좋은 소식도 그렇게 슬픈 얼굴로 이야기해서야, 음
악처럼 달콤한 소식을 망치잖아.

유모 아, 고단해요. 잠깐만 내버려 두세요. 원, 뼈마디가 왜 이렇게 아프지!

무던히 뛰어다녔네!

줄리엣　내 뼈를 대신 주겠으니, 어서 소식을 전해 줘. 자, 얼른 말해 봐. 착한 유모, 얼른.

유모　맙소사, 성미도 급하셔라! 잠시도 못 기다리시나요. 제가 이렇게 숨이 찬 것도 안 보이세요?

줄리엣　숨이 차다고 말할 숨이 있으면서 어떻게 숨이 차? 미적미적 변명하는 시간이 대답하는 시간보다 더 기네. 좋은 소식이야, 나쁜 소식이야? 어서 대답해 봐. 어서 말 좀 해봐. 딴 이야기는 나중에 들어도 좋으니, 빨리 궁금증을 풀어달라니까. 좋아, 나빠?

유모　글쎄요, 아가씨는 너무 쉽게 선택을 했어요. 아가씬 남자를 고를 줄 모르셔. 로미오라고요? 그 사람은 안 돼요. 얼굴은 누구에게도 안 빠지고, 다리도 누구보다 훌륭하지만, 또 손발과 몸도 말할 나위 없으니 이것 또한 어디다 비할 바가 없어요. 예의범절의 꽃이라고는 할 수 없어도 어린양처럼 얌전하더군요. 아가씨, 어서 가서 하느님께 열심히 기도를 드려요. 그래, 점심은 드셨어요?

줄리엣　아니, 아직. 그런 이야기는 나도 다 알고 있어. 우리 결혼 말이야, 그이가 뭐라고 했어, 응? 뭐라고 하더냐고?

유모　아이고, 골치야! 왜 이렇게 골치가 쑤실까? 스무 조각이라도 난 것처럼 골치가 아프군. 그리고 내 등. 아이고, 등이야, 아이고, 등 아파라! 내 참, 아가씨 심부름하느라고 이곳저곳 뛰어다니다가 죽게 됐네.

줄리엣　아프다니 미안해. 내가 가장 좋아하는 착한 유모, 그이가 뭐라고 하셨지?

유모　아가씨의 연인은 참 솔직한 신사답게 말씀하시더군요. 얌전하고, 친절하고, 미남이고, 또 참말로 예의 바르고 신사답고요. 그런데 어머님은 어디 계시죠?

줄리엣　어머니가 어디 계시냐고? 안에 계시지 뭐, 다른 데 계실라고? 대답도 참 이상하네. "아가씨의 연인은 참 솔직한 신사답게 말씀하시더군요. 어머님은 어디 계시죠?"라니.

유모　아이고, 맙소사! 그렇게도 몸이 다시나. 아니, 어찌 된 거예요? 이게 저의 쑤시는 뼈마디에 대한 보답인가요? 앞으로 아가씨 심부름은 아가씨가

〈줄리엣과 유모〉 존 로댐 스펜서 스탠호프. 1863.

하세요.

줄리엣 어지간히 수선 떨고 있네. 그래, 로미오 님이 뭐라고 하셨어?

유모 아가씨는 오늘 고해성사에 나갈 승낙을 얻어놓았나요?

줄리엣 응.

유모 그럼 얼른 로렌스 수사님의 수도실로 가보세요. 거기에 아가씨를 아내로 삼을 서방님이 기다리고 계실 테니까요. 저것 봐, 벌써 두 볼이 붉게 물드네. 저 볼은 무슨 말만 들어도 금방 빨개지거든. 아가씨는 얼른 성당으로 가세요. 저는 줄사다리를 가지러 다른 길로 가봐야겠어요. 아가씨의 서방님은 어두워지면 그 줄사다리를 타고 새의 보금자리로 올라가시게 돼요. 저는 아가씨를 기쁘게 해드리기 위해선 어떤 고생도 마다 않겠어요. 하지만 곧 밤이 되면 아가씨가 책임져야 해요. 어서 가세요. 저는 뭘 좀 먹어야겠어요. 얼른 수도실로 가보세요.

줄리엣 행복을 찾아 어서 가자! 착한 유모, 안녕.

〔제2막 제6장〕

로렌스 수사의 수도실.
로렌스 수사와 로미오 등장.

로렌스 수사 하느님, 이 거룩한 식을 축복해 주시고, 뒷날 슬픔으로 우리를
나무라지 마시옵소서.

로미오 아멘, 아멘. 그러나 어떤 슬픔이 닥쳐오더라도 그녀를 보는 순간 서로
가 나누는 기쁨을 이기지는 못합니다. 수사님, 거룩한 말씀으로 저희들의
손을 맞잡게 해주십시오. 그런 다음 사랑을 잡아먹는 죽음에게 무슨 짓이
고 하라지요. 그녀를 내 것이라 부를 수 있는 것만으로 충분하니까요.

로렌스 수사 그와 같이 격렬한 기쁨은 격렬하게 끝날 것이며, 불과 화약이 닿
자마자 폭발하듯 승리의 순간 죽는 법. 지나치게 단 꿀은 달기 때문에 도리
어 질리고, 그 맛을 보면 입맛을 잃는다. 그러니 사랑은 적당히 해야 한다.
그래야 그 사랑이 오래간다. 너무 서두르면 천천히 가는 것보다 오히려 더
디니라.

줄리엣 등장.

로렌스 수사 아가씨가 오는구나. 아, 저토록 가뿐한 걸음걸이에는 저 단단한
바닥들은 조금도 닳지 않겠구나! 사랑을 하는 자는 여름날 바람에 하늘거
리는 거미줄 위를 걸어도 안 떨어진다던데, 사랑이란 그렇게도 헛되고 가벼
운 것일까!

줄리엣 수사님, 안녕하세요?

로렌스 수사 로미오가 우리 둘 몫의 인사를 할 테지.

줄리엣 그럼, 로미오 님도 안녕하세요? 그렇지 않으면 로미오 님의 인사가
너무 많을 거예요. (로미오와 껴안는다)

로미오 아, 줄리엣. 당신과 내 기쁨의 양은 같더라도 그 표현에 있어 당신이

위라면, 제발 당신의 호흡으로 우리 언저리의 공기를 향기롭게 해주시오. 그
리고 지금 이렇게 즐거이 만나 서로가 나누는 꿈같은 행복을 풍성한 음악
같은 당신의 말로 표현해 주시오.

줄리엣　말보다 내용이 충실한 생각은 겉치레보다 실속을 자랑하는 거예요.
가난한 사람만이 가진 재산을 헤아릴 수 있어요. 나의 참된 사랑은 너무나
커서 그 절반도 헤아릴 수 없어요.

로렌스 수사　자, 나와 함께 가서 어서 일을 마치자. 좀 안된 이야기다만, 성당
이 두 사람을 하나로 맺어주기 전에는 자네들끼리만 놔둘 수가 없구나. (모
두 퇴장)

〔제3막 제1장〕

어느 거리.
머큐시오, 벤볼리오, 그리고 하인들 등장.

벤볼리오　제발, 머큐시오. 우린 이제 돌아가자. 날씨는 무덥고, 카풀렛네 것
들은 나다니고 있어. 마주치면 싸움을 피하지 못할 거야. 이렇게 더운 날씨
에는 피도 미칠 듯이 끓을 테니까.

머큐시오　술집에 들어서면 칼을 탁자 위에 내던지면서 "너 같은 건 필요 없
다" 하고서는 두 잔째 술이 돌자마자 이유도 없이 칼을 빼는 자가 있는데,
자네가 바로 그런 사람이로군.

벤볼리오　내가 그런 자와 같다고?

머큐시오　이봐, 이봐, 이 이탈리아에 자네처럼 화를 잘 내는 친구도 없을 거
야. 금방 성이 나서 발끈하고, 금방 발끈해서 성을 내거든.

벤볼리오　뭣에 말이야?

머큐시오　뭣이고 간에, 자네 같은 친구가 둘만 있다면 맞잡이일 테니, 곧 둘
다 없어지고 말 거야. 자네 같은 자는, 상대편 턱수염이 자네보다 털이 하나
더 많다고, 아니면 하나 더 적다고 시비를 걸 테고, 호두 까는 사람만 봐도
자네 눈이 호두 같다는 이유로 승강이를 벌일 거야. 그런 눈이 아니고서야

어디 그런 시비를 캐낼 수 있겠나? 자네 머리는 달걀에 속이 가득 차 있듯이 싸움할 생각만 가득 차 있는 데다가, 싸울 때마다 얻어맞아 곪은 달걀처럼 터져 있단 말이야. 언젠가도 거리에서 누가 기침을 해서 햇볕에 졸고 있는 자네 개를 깨웠다고 그자와 싸웠잖아. 또 재봉사가 부활제 전에 새 옷을 맞춰 입었다고 시비를 걸지 않았나? 누구하곤 새 신발에 헌 끈을 맸다고 싸웠지. 그러고서도 나더러 싸우지 말라고 설교를 해!

벤볼리오　내가 자네처럼 싸우기 좋아한다면, 그리고 누가 내 생명을 산다면 한 시간 십 오 분어치도 안 될걸.

머큐시오　자네 생명을 사? 바보 같은!

티볼트와 그 밖의 사람들 등장.

벤볼리오　저것 봐, 카풀렛네 것들이 온다.

머큐시오　그렇군. 올 테면 오라지.

티볼트　내 뒤에 바싹 따라와. 저것들한테 말을 건네볼 테니까. 여러분, 안녕하시오! 자네들 가운데 누구와 한마디 이야기를 나누고 싶은데.

머큐시오　우리들 가운데 누구와 이야기를 나누고 싶어? 한마디 더 보태지 그래? 말 한마디에 싸움 한 판이라고.

티볼트　자네들 쪽에서 기회를 마련해 준다면야, 그냥 물러설 나도 아니지.

머큐시오　이쪽에서 마련해 주지 않더라도 그쪽에서 마련할 수는 없나?

티볼트　머큐시오, 너 로미오 놈과 어울려 다니면서…….

머큐시오　어울려 다녀? 우리가 거지 악사 패거리인 줄 아나. 그래, 거지 악사로 봐도 좋다. 그렇다면 시끄러운 불협화음을 들려주마. 자, 춤을 추게 해주지. 제기랄, 어울려 다닌다고?

벤볼리오　여기는 사람이 많이 모이는 큰길이야. 어디 조용한 곳에 가서 자네의 불만을 차분히 따지든지, 아니면 이대로 그냥 헤어지든지 하세. 사람들 눈이 모두 우리를 보고 있네.

머큐시오　사람의 눈은 보라고 달려 있는 거야. 마음대로 보라지. 난 남의 비위를 맞추자고 물러설 생각은 없어.

연극 〈로미오와 줄리엣〉 피터 길 연출, 매튜 라이스(로미오 역)·탐 모투(티볼트 역) 출연. 스트랫퍼드 로열셰익스피어 극단 공연. 2004.
머큐시오가 티볼트에게 살해당했을 때 사회적 관습이 로미오를 복수로 몰아넣는다.

로미오 등장.

티볼트 자, 자네와는 화해하겠다. 저 녀석이 나타났으니.

머큐시오 건방진 소리! 로미오가 언제 네 종놈 옷이라도 입었더냐? 어서 앞장서서 결투장으로 나가보시지. 그러면 로미오가 따라갈 테니까! 그렇게 해서나 로미오를 저 녀석이라고 부를 수 있겠지.

티볼트 로미오, 내가 네놈에게 아첨한다 해도 이보다 더 좋은 말은 할 수 없을 거다. 너는 악당이다.

로미오 티볼트, 나는 자네를 아껴야 할 까닭이 있으니 그 무례한 인사에도 화를 낼 수가 없네. 나는 악당이 아니야. 그러니 잘 가게. 자네는 나를 잘 모르는 것 같아.

티볼트 그걸로 네가 나한테 준 모욕이 씻어질 줄 아느냐? 그러니 이쪽으로 돌아서서 칼이나 뽑아라.

로미오 분명히 말하지만 나는 자네를 모욕한 적이 없어. 오히려 나는 자네가 상상도 못할 만큼 자네를 사랑한다고. 그 까닭은 차츰 알게 될 거야. 그리고 카풀렛, 이제 그 이름부터가 내 이름만큼이나 소중하게 여겨지니 그만 진정하게.

머큐시오 뭘 그토록 얌전하고 비굴하게 비위를 맞춰? 한 방이면 끝장날 텐데. 티볼트, 이 쥐잡이야. 기어 나와보겠나?

티볼트 날 어떡하자는 건가?

머큐시오 이 고양이족의 왕아, 네 아홉 개 목숨 가운데에서 하나만 갖자는 거다. 앞으로 네 태도에 따라서는 나머지 여덟 개의 목숨마저 때려잡을 거다. 자, 칼자루를 쥐고 칼집에서 칼을 뽑아보겠나? 어서 해라, 그렇지 않으면 이 칼이 네놈 귀 밑으로 날아간다.

티볼트 좋다. 상대해 주마. (칼을 뺀다)

로미오 이봐, 머큐시오. 칼을 치워.

머큐시오 자, 덤벼라. 찌르는 솜씨 좀 보자. (티볼트와 맞싸운다)

로미오 벤볼리오, 칼로 이 친구들의 칼을 쳐서 떨어뜨려. 창피하잖나, 자네들! 이런 난폭한 짓을 하면 안 돼! 티볼트, 머큐시오, 베로나 거리에서 이런 소동을 벌이지 말라고 영주님이 엄명하셨다. 그만해라, 티볼트! 머큐시오! (티볼트가 로미오의 팔 밑으로 머큐시오를 찌르고 달아난다)

머큐시오 난 다쳤다. 너희들 두 집안 다 전염병에 걸려버려라! 난 가망이 없어. 그놈은 달아나 버렸나, 상처도 안 입고?

벤볼리오 다쳤어?

머큐시오 그래, 할퀴었어, 할퀴었어. 그래도 무시하지 못할 상처야. 내 하인은 어디 있나? 이놈아, 가서 의사를 모셔 와. (하인 퇴장)

로미오 머큐시오, 기운을 내. 상처는 깊지 않아.

머큐시오 그래, 이 상처가 샘만큼 깊지 않고 교회 문만큼 넓지야 않지. 그러나 상처치곤 큰 걸세. 곧 증상이 나타날 거야. 내일 나를 찾아봐. 점잖게 무덤 속에 있을 거야. 그래, 마침내 이 세상도 끝이다. 두 집안 모두 망해 버려라! 제기랄, 개, 쥐, 생쥐, 고양이가 사람을 다 할퀴어 죽이나. 수학책을 들여다보듯 하면서 칼싸움하는 허풍선이, 악당, 왈패 녀석 같으니. 자네는 어쩌자고 그 사이에 뛰어들었지? 난 자네 팔 밑으로 찔렸어.

로미오 다 좋게 하자는 것이었는데.

머큐시오 벤볼리오, 어디 근처 집으로 날 좀 데려다줘. 기절할 것 같아. 두 집 안 다 망해 버려라! 그놈들이 나를 구더기 밥으로 만들어 버렸어. 나는 다 쳤어. 그것도 꽤 깊이. 네놈들 두 집안 다! (벤볼리오가 그를 부축해서 나간다)

로미오 영주님의 친척이자 내 친한 친구인 머큐시오는 나 때문에 저렇게 치명상을 입었다. 내 명예도 티볼트의 욕설로 흐려져 버렸다. 한 시간 전에 내 친척이 된 티볼트인데. 아, 줄리엣, 당신의 아름다움이 나를 나약하게 만들고 강철 같은 나의 용기를 무디게 해놓았구나!

벤볼리오 등장.

벤볼리오 아, 로미오, 로미오. 용감한 머큐시오가 죽었어! 그 늠름한 영혼은 너무나 일찍 이 세상을 떠나 구름 위로 올라가 버렸네.

로미오 오늘의 불행은 두고두고 화근이 되겠구나. 이것은 재앙의 시작. 재난도 반드시 끝이 오고 말리라.

티볼트 다시 등장.

벤볼리오 티볼트가 불같이 화가 나서 돌아온다.

로미오 머큐시오를 죽이고도 살아서 의기양양해하는구나! 관용이고 뭐고 다 하늘에 팽개치고, 이제 눈에서 불을 뿜는 분노에 몸을 맡기련다. 야, 티볼트, 아까 나를 '악당'이라고 불렀지? 자, 도로 찾아가거라. 머큐시오의 영혼이 우리 머리 바로 위에서 너와 함께 가려고 기다리고 있다! 너 아니면 내가, 또는 둘 다 그를 따라가리라.

티볼트 이 풋내기야, 이 세상에서 네가 그놈과 잘 어울려 다녔으니, 저승에도 같이 가거라.

로미오 그것은 이 칼이 정해 줄 거다. (티볼트와 맞싸우다 티볼트가 쓰러진다)

벤볼리오 로미오, 어서 피해! 사람들이 웅성거리기 시작했어. 티볼트는 쓰러졌어. 멍하니 서 있지 말고. 체포되면 영주가 사형을 내릴 거야. 어서, 달아나!

로미오 아, 나는 운명에 희롱당하는 바보로구나.

벤볼리오 뭘 꾸물거리고 있어? (로미오 퇴장)

　시민들 등장.

시민 1 머큐시오를 죽인 녀석은 어디로 도망쳤지? 살인자 티볼트는 어디로 달아났어?

벤볼리오 저기 누워 있소.

시민 1 이봐, 일어나서 같이 가자. 영주님의 이름으로 명령한다.

　영주, 몬터규, 카풀렛, 이들의 부인들, 시민들 등장.

영주 이 소동을 먼저 일으킨 못된 녀석은 어디 있느냐?

벤볼리오 오, 영주님, 이 무서운 싸움의 불행한 경위를 제가 말씀드리겠습니다. 저기 쓰러져 있는 자는 로미오가 죽였습니다. 그리고 영주님의 친척인 용감한 머큐시오는 저자가 죽였습니다.

카풀렛 부인 티볼트, 내 조카! 아, 오빠의 아들! 아, 영주님. 아아, 조카야! 여보, 우리 일가의 피가 쏟아졌어요. 공정하신 영주님, 저희의 피값으로 몬터규네 피도 쏟아주세요. 아, 티볼트, 티볼트!

영주 벤볼리오, 이 피비린내 나는 싸움을 누가 먼저 시작했느냐?

벤볼리오 여기 쓰러져 있는 티볼트입니다. 그는 로미오의 손에 죽었습니다. 로미오는 싸움이란 쓸데없는 것이라며 점잖게 타이르고 영주님의 노여움을 사게 될 거라 간곡히 말했습니다. 상냥한 말과 부드러운 낯빛으로 무릎을 꿇어 가며 달랬지만, 그런 화해의 말은 들은 척도 않고 막무가내로 덤벼드는 티볼트의 분노를 가라앉히지는 못했습니다. 그리고 갑자기 티볼트는 예리한 칼로 용감한 머큐시오의 가슴에 일격을 가해 왔습니다. 마찬가지로 흥분한 머큐시오도 칼을 빼들고 비웃으면서 한 손으로 싸늘한 죽음의 칼날을 쳐내고 다른 손으로 되받아쳤는데, 티볼트도 대단한 솜씨라 그 칼끝을 피했습니다. 이때 로미오가 "그만해라! 친구들아, 그만 떨어져!" 외치며 날쌘 팔로 그들의 필사적인 칼끝을 쳐 내리고는 그들 사이에 뛰어들었습니다. 이

때 로미오의 팔 밑으로 티볼트의 흉측한 칼이 머큐시오에게 치명적인 일격을 준 것입니다. 티볼트는 달아났다가 곧 되돌아왔는데, 이제 로미오도 복수심에 불타올라 두 사람은 번개처럼 맞붙어 싸웠습니다. 그리하여 제가 칼을 빼들고 말릴 겨를도 없이 티볼트는 쓰러지고 로미오는 돌아서서 이 자리를 떠났습니다. 이상이 이 일의 진실입니다. 거짓이 있다면 이 벤볼리오를 죽이십시오.

카풀렛 부인 이 사람은 몬터규 집안사람이에요. 인정으로 그편을 두둔해서 거짓 진술을 하고, 진실을 말하지 않습니다. 영주님, 부디 공정하게 판결해 주십시오. 로미오는 티볼트를 죽였으니, 그를 살려둘 수 없습니다.

영주 로미오는 티볼트를 죽였고, 티볼트는 머큐시오를 죽였소. 그럼 머큐시오의 값진 피의 대가는 누가 치를 것인가?

몬터규 그것은 로미오가 아닙니다. 영주님, 로미오는 머큐시오의 친구였습니다. 로미오가 티볼트를 죽인 것은 잘못이지만 그는 법률이 처단할 일, 바로 티볼트의 목숨을 끊는 일을 대신했을 뿐입니다.

영주 그럼 그 죄로 당장 로미오를 추방한다. 그대들 두 집안의 갈등에 나까지 말려들어서, 그 망측한 싸움으로 이렇게 우리 일가의 피까지 흘리게 하고 말았다. 이제 그대들 모두가 내게 입힌 손실을 뉘우치게끔 엄벌을 내릴 것이다. 간청이나 변명 따위는 절대로 듣지 않을 것이다. 울고 빌어도 용서하지 않을 터이니 그런 수작은 아예 하지 말아라. 곧바로 로미오를 여기서 추방해라. 그렇지 않고 만약 들키는 날이면 그것이 마지막인 줄 알아라. 이 시체는 치우고 내 처분을 기다려라. 살인자를 용서하는 너그러움은 살인을 부추기는 것과 같으니라. (모두 퇴장)

〔제3막 제2장〕

카풀렛 집의 과수원.
줄리엣 등장.

줄리엣 훨훨 타는 불의 발을 가진 말들아, 어서 태양신의 잠자리로 달려가라! 그 신의 아들 파에톤 같은 마부라면 너희들을 채찍질하여 서쪽으로 몰아서 당장에 캄캄한 밤을 가져다주련만. 사랑을 이루는 밤의 어둠이여, 빈 틈없는 장막을 둘러쳐 다오. 떠돌이의 눈이 가려져서 로미오가 남의 눈에 띄지 않고 남의 입에도 오르내리지 않고 곧장 이 가슴에 뛰어들 수 있도록. 연인들은 그들의 아름다움을 등불 삼아 사랑을 누릴 수 있는 법. 만일 사 랑이 맹목적인 것이라면 밤의 어둠이 가장 어울리지. 점잖은 밤이여, 노부 인처럼 검은 옷을 수수하게 차려입은 밤이여, 순결한 처녀와 총각이 씨름 하여 이기고도 지는 법을 좀 가르쳐 다오. 이 볼에 울렁이며 가볍게 떨리는 순정의 피를 너의 검은 망토로 가려다오. 그러면 지금은 수줍은 사랑도 대 담해져서 참된 사랑의 행위를 아무렇지 않게 여기게 되겠지. 어서 와다오. 밤이여, 어서 와다오! 밤의 날개를 타고 오는 사랑은 까마귀 등 위에 갓 내 린 눈보다 더 흴 테지. 어서 와다오, 부드러운 밤이여. 나의 로미오를 데려다 다오. 그리고 그이가 죽으면 가지고 가서 작은 별들을 만들어 다오. 그러면 하늘이 참으로 아름답게 빛날 것이고, 온 세계는 밤과 사랑을 하여 저 찬 란한 태양을 숭배하지 않게 되겠지. 아, 나는 사랑의 집을 사놓고도 살아보 지 못하고, 팔린 몸이면서 아직도 귀염을 받아보지 못하는구나. 오늘 낮은 왜 이렇게 지루할까? 명절날 밤에 새 옷을 받아 놓고서 입어보지도 못하는 어린애처럼 안타깝구나. 어머나, 유모가 돌아오네.

유모가 줄사다리를 들고 등장.

줄리엣   무슨 소식을 가지고 왔을 거야. 누구든 로미오의 이름만 말해 주어
   도 그 혀는 하늘 위의 말을 전하는 거나 같지. 유모, 무슨 소식을 가지고
   왔어? 들고 온 건 뭐지? 그이가 들고 가라고 준 사다리야?
유모   예, 예. 줄사다리예요. (줄사다리를 아래로 던져 놓는다)
줄리엣   아니, 그런데 왜 그렇게 손을 비벼대는 거야?
유모   끔찍해라! 그이가 죽었어요. 그이가 죽었어요. 그이가! 우린 이제 다 틀
   렸어요. 아가씨, 이제 다 틀렸어요! 아아, 그이가 세상을 떠났어요. 살해당했
   어요. 죽었어요!
줄리엣   설마 하늘이 그렇게 무정할 수 있을까?
유모   하늘은 그럴 수 없어도, 로미오는 그럴 수 있지요. 아, 로미오, 로미오!

그렇게 될 줄을 누가 상상이나 했겠어요. 로미오, 글쎄!

줄리엣 망할 유모, 나를 이렇게 괴롭힐 수 있어? 그런 잔인한 말은 어두운 지옥에나 가서 떠들어. 그래, 로미오가 자살이라도 했어? "예"면 "예"라고만 대답해 봐. "예"라는 그 한마디가 나에게는 단번에 사람을 죽인다는 독사 코카트리케보다 더 무서운 독이 될 테니까. 만일 그런 "예"가 있다면 나는 이제 내가 아니고, 유모더러 "예" 대답하게 하는 그 눈은 감겨 있을 거야. 만일 그이가 살해되었다면 "예", 그렇지 않으면 "아니"라고 해. 그 짧막한 한마디로 나의 행복과 불행이 결정되니까.

유모 저는 상처를 보았어요. 그 남자다운 가슴에서, 아, 끔찍해라! 제 눈으로 보았어요. 불쌍한 시체, 가엾게도 피에 젖은 시체, 잿빛처럼 창백해지고 피투성이가 되어 온몸에 피가 말라붙어 있었어요. 저는 그걸 보고 기절했어요.

줄리엣 아, 이 가슴아, 터져라! 가엾은 파산자야. 당장 터져버려라! 이 눈은 감옥으로 가서 다시는 자유를 보지 말아라! 더러운 흙 같은 이 육체는 흙으로 돌아가서 여기서는 삶을 멈추어라. 그리하여 로미오와 함께 하나의 관을 무겁게 만들어라!

유모 아, 티볼트, 티볼트, 나의 가장 친한 친구! 얌전하고 착한 티볼트, 내가 살아남아 그의 죽음을 보게 되다니!

줄리엣 아니, 갑자기 거꾸로 부는 폭풍은 뭐지? 로미오는 살해되고 티볼트는 죽었다고? 나의 가장 사랑하는 오빠와 그보다 더 사랑하는 남편이? 그렇다면 나팔아, 최후의 심판을 알려라! 두 분이 없는 세상에 누가 살 의욕을 갖는단 말이냐!

유모 티볼트는 죽고, 로미오는 추방되었어요. 그를 죽인 로미오는 추방당했어요.

줄리엣 오, 맙소사, 로미오의 손이 티볼트의 피를 흘리게 했단 말이야?

유모 그래요! 그렇답니다.

줄리엣 아, 꽃 같은 얼굴에 감춰진 독사의 마음, 무서운 용이 그렇게도 아름다운 동굴 속에 산 적이 있었을까? 아름다운 폭군! 천사 같은 악마! 비둘기 깃털을 가진 까마귀! 늑대처럼 탐욕스런 양! 고귀한 겉모습과 달리 추악한 실체! 겉과 속이 정반대로구나. 저주받은 성자! 고결한 악당! 아, 자연이여,

너는 이 세상의 낙원 같은 그 아름다운 육체 속에 악마의 혼을 깃들게 했으니, 지옥에서는 대체 무엇을 하고 있느냐? 그토록 아름다운 장정에 그렇게도 추악한 내용을 담은 책이 일찍이 있었던가. 아, 그토록 호화로운 궁전에 그런 거짓이 살 줄이야!

유모 남자는 신용도 명예심도 없고, 믿을 수도 없어요. 모든 맹세는 거짓이고, 모든 맹세는 안 지켜지고, 모두 진실하지 않고 위선자이거든요. 그런데 하인 녀석은 어디 갔지? 술 좀 다오. 이런 비탄과 불행과 슬픔 때문에 내가 늙는다니까. 로미오란 녀석, 망신이나 당해라!

줄리엣 그런 악담을 하는 유모의 혓바닥이나 썩으려무나. 그이는 그런 수치를 당할 분이 아니야. 그이 이마에는 수치가 부끄러워서 감히 앉지도 못해. 그것은 세상을 홀로 다스리는 군주의 명예에 알맞은 옥좌니까. 아, 몹쓸 내가 어쩌자고 그이를 나무랐을까!

유모 그럼 아가씬 외사촌 오빠를 죽인 사람을 좋게 말하겠어요?

줄리엣 그럼, 내 남편인 그이를 내가 욕해야 하는 거야? 아, 가엾은 나의 낭군. 세 시간 전에 당신의 아내가 된 내가 당신의 이름을 더럽혀 놓았으니 무슨 말로 그것을 회복시킬 수 있을까요? 하지만 나쁜 사람, 무엇 때문에 오빠를 죽였어요? 그러나 그러지 않았더라면 못된 오빠가 로미오 님을 죽였을지도 모르지. 눈물아, 그만 네 우물로 돌아가거라. 네가 흘려야 할 눈물방울은 본디 슬픔을 위한 것, 그것을 잘못 알고 기쁨에 바치고 있구나. 티볼트가 죽였을 내 남편은 살고, 내 남편을 죽였을 티볼트는 죽었어. 이건 기쁨인데 어쩌자고 내가 울지? 티볼트의 죽음보다 나쁜 한마디가 나를 죽인 거야. 그 한마디를 잊어버렸으면. 그러나 아, 죄지은 마음을 무서운 죄악이 자책하듯, 그 한마디가 내 머릿속에 붙어 다니는구나. "티볼트는 죽고 로미오는 추방되었어요." 그 '추방되었다'는, '추방'이라는 한마디는 1만 명의 티볼트를 죽인 것이나 다름없는 것. 티볼트의 죽음은 그것만으로도 안된 죽음이지만, 쓰라린 슬픔이 벗을 좋아하여 다른 슬픔과 꼭 짝을 지어야 하겠다면 "티볼트가 죽었다"고 유모가 말했을 때, 왜 아가씨의 아버님이라든가, 어머님이라든가, 아니면 두 분 다라는 말이 뒤따르지 않았을까? 그랬으면 흔히 있는 비탄만으로 그칠 게 아니야. 하지만 티볼트가 죽었다는 말끝에 "로미오는 추방되었다"고 했으니, 그런 말은 아버지도, 어머니도, 티볼트도, 로미오도, 줄리엣도 모두 죽임을 당하고 모두 죽었다고 하는 거나 다름없어. "로미오는 추방되었다" 이 한마디가 뜻하는 죽음의 무서움에는 밑도 끝도 없고, 한계도 양도 없어. 그런 슬픔을 달리 표현할 말이라곤 없어. 그런데 유모, 아버지와 어머니는 어디 계시지?

유모 티볼트 님의 시체를 붙들고 울고 계세요. 가보시겠어요? 데려다드릴게요.

줄리엣 두 분은 오빠의 상처를 눈물로 씻으시려나 보군. 두 분의 눈물이 마르거든 내 눈물은 로미오의 추방을 위해서 흘리겠어. 그 줄사다리는 치워 줘. 가엾은 줄사다리, 너와 나는 속았구나. 로미오 님은 추방되셨단다. 그이는 너를 내 침실로 통하는 길로 만드셨지만, 나는 처녀 과부로 죽을 거야. 자, 줄사다리야, 자, 유모, 나는 신방으로 가겠어. 그리고 로미오가 아닌 죽음에 내 처녀를 바치겠어.

유모 아가씨, 어서 방으로 가요. 제가 로미오 님을 찾아서 아가씨를 기쁘게 해드릴게요. 그분이 계신 곳을 알고 있어요. 아시겠어요? 아가씨의 로미오 님은 틀림없이 오늘 밤 여기 오시게 돼요. 그분한테 갔다 올게요. 그분은 로렌스 수사님의 수도실에 숨어 계세요.

줄리엣 아, 그이를 찾아줘! 그리고 그리운 그이에게 이 반지를 드리고 마지막 작별을 하러 꼭 오시라고 전해 줘. (모두 퇴장)

〔제3막 제3장〕

로렌스 수사의 수도실.
로렌스 수사 등장.

로렌스 수사 로미오, 이리 나오너라. 자, 겁에 질린 사람아, 이리 나오너라. 재앙이 네 재간에 반해서, 넌 재앙과 인연을 맺었구나.

로미오 등장.

로미오 수사님, 무슨 소식이 있습니까? 영주님의 선고는요? 제가 아직 모르는 어떤 슬픔이 저와 사귀려고 하나요?

로렌스 수사 넌 그런 슬픔과 너무 깊이 사귀어 왔어. 영주님의 선고는 알아
왔다.

로미오 영주님의 선고는, 사형 말고는 없겠지요?

로렌스 수사 그보다 너그러운 판결을 내리셨어. 사형이 아니라 추방이야.

로미오 아니, 추방요? 제발 자비롭게 '사형'이라고 말씀해 주십시오. 추방은
사형보다 훨씬 더 무겁습니다. 제발 추방이라고 말씀하지 말아주십시오.

로렌스 수사 넌 이 베로나에서 쫓겨난 거야. 꾹 참아라, 세상은 넓고 크단다.

로미오 베로나성 밖에는 세상이 없고 오직 연옥과 고문과 지옥이 있을 뿐입
니다. 이곳에서의 추방은 세상에서의 추방이고, 세상에서의 추방은 곧 죽
음입니다. 그러므로 '추방'은 사형의 허울 좋은 이름이지요. 사형을 '추방'이
라고 부르는 것은 금도끼로 목을 치고, 저를 죽인 솜씨에 빙그레 웃는 격입
니다.

로렌스 수사 이런, 무서운 죄받을 소리! 이런 무례한 배은망덕을 보게. 네 죄
는 법으로는 마땅히 사형이지만 인자하신 영주님이 네 편을 들어 법을 굽
히시고 '사형'이라는 불길한 말 대신에 추방이라는 말을 하셨다. 이것은 참
으로 관대하신 자비야. 너는 그것을 모르는구나.

로미오 이것은 고문이지 자비가 아닙니다. 줄리엣이 사는 이곳이 천국입니
다. 모든 고양이와 개와 생쥐들과 온갖 하찮은 것들도 이곳 천국에 살면서
줄리엣을 볼 수 있는데, 로미오에게는 그것이 허락되지 않습니다. 썩은 살에
날아드는 파리 떼들이 로미오보다 훨씬 더 큰 가치, 더 명예로운 지위, 더
의젓한 신분을 누립니다. 그것은 줄리엣의 하얀 손 위에도 앉을 수 있고, 순
진하고 순결한 처녀의 수줍음으로 위아래 입술이 서로 닿는 것조차 죄스러
워, 언제나 빨개져 있는 그 입술에서 영원의 축복을 훔치곤 합니다. 파리들
에게조차 허락되는 행복을 로미오는 버리고 도망쳐야 합니다. 그래도 수사
님은 추방을 사형이 아니라고 하십니까? 로미오는 그 행복을 누리지 못하
고 추방됩니다. 파리들은 허락된 행복을 누릴 수 있는데 저는 거기에서 달
아나야 합니다. 파리들은 자유의 몸, 저는 추방되는 몸입니다. 조제한 독약
이든, 날카롭게 간 칼이든, 그 밖에 아무리 비루한 방법이건 당장에 생명을
끊을 무슨 방법이 없어서 수사님은 저를 '추방'으로 죽이려 하십니까? 오,

그것은 저주받은 자가 지옥에서 쓰는 말입니다. 그 말에는 울부짖는 소리가 따릅니다. 성직에 몸을 두시고, 참회를 들으시고, 저를 용서하시며, 더구나 저의 친구라고 공언하신 수사님께서 어찌 '추방'이라는 말로 저를 갈기갈기 찢어 놓으십니까?

로렌스 수사 어리석게 그 무슨 미친 소리냐. 내 말을 좀더 들어보아라.

로미오 아, 또 추방 말씀을 하시겠지요.

로렌스 수사 그 말을 막아낼 갑옷, 바로 역경의 달콤한 젖인 철학을 줄까 해서 그런다. 추방당하더라도 네게 위로가 될 수 있도록.

로미오 또 '추방'입니까? 철학은 필요 없습니다. 철학이 줄리엣을 만들 수 있고, 도시를 옮겨 놓을 수 있고, 영주님의 선고를 뒤집을 수 있다면 또 모르지만, 그렇지 않다면 그건 아무 소용도 없고, 아무런 힘도 되지 않습니다.

로렌스 수사 이런, 미친 자는 귀도 없나 보구나.

로미오 그야 물론이죠. 똑똑한 사람에게도 눈이 없지 않아요?

로렌스 수사 어디, 네 처지를 함께 이야기해 보자꾸나.

로미오 수사님이 직접 겪어보지 않으시고는 말씀하실 수 없습니다. 수사님이 저처럼 젊고, 줄리엣 같은 애인과 결혼한 지 한 시간 만에 티볼트를 죽이고, 저처럼 사랑에 넋을 잃은 데다가 또한 저처럼 추방돼 보십시오. 그때는 수사님도 말씀하실 수 있고, 머리칼을 쥐어뜯으면서 저처럼 이렇게 땅바닥에 나자빠져서 아직 파 놓지도 않은 무덤의 크기를 재실 수 있습니다. (무대 뒤에서 문 두드리는 소리)

로렌스 수사 일어나라. 누가 문을 두드린다. 자, 로미오, 어서 숨어라.

로미오 싫습니다. 이 비통한 신음의 입김이 안개처럼 저를 둘러쳐서 사람의 눈으로부터 가려준다면 모르지만요. (또 문 두드리는 소리)

로렌스 수사 저것 봐라, 저렇게 문을 두드리고 있다—거, 누구시오?—자, 로미오, 일어나라. 붙잡히겠다—잠깐 기다리시오!—어서 일어나라니까. (더 크게 두드리는 소리) 얼른 서재로 피해라—예, 곧 갑니다!—허, 이런 어리석게도!—예, 갑니다, 가요! (그래도 계속 문 두드리는 소리) 누가 이렇게 요란스레 문을 두드리시오? 어디서 오셨소? 무슨 일로 오셨소?

유모 (밖에서) 문을 열어주세요. 들어가서 이야기하겠습니다. 줄리엣 아가씨의 심부름을 온 사람이에요.

로렌스 수사 그럼, 어서 들어오시오.

유모 등장.

유모 아, 수사님, 말씀해 주세요. 저희 아가씨의 서방님이 어디 계신지요? 로미오 님이 어디 계시죠?

로렌스 수사 저기 저 땅바닥에서 제 눈물에 취해 있소.

유모 어머나, 아가씨와 똑같구먼! 아가씨가 꼭 저 모양인데. 슬픈 마음이 일치하는군. 참으로 가엾은 신세들이로구나. 아가씨도 꼭 저렇게 엎드려서 울고 흐느끼고, 또 흐느끼며 울고 야단이랍니다. 일어나세요, 일어나! 대장부답게 일어나세요. 줄리엣 아가씨를 위해서 제발 일어나세요. 어쩌자고 그렇게 엎드려서 끙끙 앓고 있어요?

로미오 (일어나면서) 유모!

유모 아, 예, 예! 죽으면 모든 일이 다 끝장이랍니다.

로미오 줄리엣 이야기를 했죠? 그녀는 지금 어떻게 하고 있어요? 갓 싹이 튼 우리의 행복을 그녀 친척의 피로 얼룩지게 해놓았으니, 나를 상습적인 살인자로 알고 있겠죠. 그녀는 어디 있어요? 잘 있나요? 내 비밀의 아내는 우리의 깨진 사랑에 대해 뭐라고 말하던가요?

유모 아, 아가씨는 아무 말 없이 그저 울고만 있어요. 침대에 쓰러졌다가는 벌떡 일어나서 티볼트를 부르고, 로미오를 부르짖고 또다시 쓰러지곤 해요.

로미오 나는 잘 겨눈 무서운 총구에서 튀어나온 총알처럼 그녀를 죽인 셈이구나. 그 이름을 가진 자의 손이 그녀의 오빠를 죽였으니. 아, 말씀해 주십시오, 수사님. 제 몸의 어느 망측한 곳에 제 이름이 들어 있는지 말씀해 주십시오. 그 밉살스런 것을 당장 도려내 버리겠습니다. (칼을 뽑는다)

로렌스 수사 절망의 손을 멈추어라! 네가 대장부냐? 겉모습은 대장부 같다만 그 눈물은 여자의 눈물, 이 흉포한 짓은 분별없는 짐승의 흥분이 아니냐. 겉보기는 남자이다만 속은 꼴사나운 여자로구나. 인간의 모습을 하고서도 근성은 창피스런 짐승이구나. 정말 네가 그런 인간인 줄 몰랐다. 네가 티볼트를 죽였지? 그런데 자살을 하겠단 말이냐? 그렇게 네 저주스런 마음으로 자신을 죽여서 너를 생명으로 아는 네 아내마저도 죽이겠단 말이냐? 어쩌

로렌스 수사에게 찾아가 혼란스러워하는 로미오

자고 너는 너의 출생과 하늘과 땅을 저주하느냐? 출생과 하늘과 땅, 이 셋이 하나로 어우러져 곧 너라는 인간이 존재하게 된 것인데, 그것들을 한꺼번에 팽개치겠단 말이냐? 허허, 너의 모습과 너의 사랑과 너의 지혜가 부끄럽구나. 고리대금업자처럼 이것들을 모두 충분히 가지고 있으면서 네 모습과 사랑과 지혜를 빛내줄 올바른 곳에는 쓰지 않는구나. 대장부의 용기에서 벗어나면 네 훌륭한 모습도 한낱 밀랍 세공품에 지나지 않는다. 네가 소중히 하겠다고 맹세한 사랑도 그 연인을 죽인다면 거짓 맹세를 한 것에 지나지 않는 법이지. 네 모습과 사랑을 꾸며주는 네 지혜도 그 둘을 제대로 가르치지 못할 때는, 서툰 병사가 지닌 화약통 속의 화약처럼 자기 자신의 어리석음으로 불이 붙어 자신을 지키는 무기로 스스로를 파멸시키는 법이다. 정신 차려라, 로미오! 금방 네가 죽어도 좋을 듯이 사랑한 줄리엣은 살아 있으니 그나마 다행한 일이 아니냐. 티볼트는 너를 죽일 뻔했으나 오히려 네가 티볼트를 죽였으니, 이 또한 다행한 일이다. 사형을 내려야 할 법도 네 편을 들어 추방으로 바뀌었으니, 마찬가지로 다행한 일이다. 축복의 보따리가 네 등 위에 쏟아지고 행복의 여신도 옷을 차려입고 네게 추파를 던지고 있다고나 할까. 그런데도 부루퉁한 계집아이처럼 너는 네 행운과 사랑을 향해 입을 삐죽거리고 있구나. 아서라. 그러다간 비참하게 죽는다. 자, 정해진 대로 어서 연인에게로 가거라. 그녀의 방에 올라가서 위로해 줘라. 그러나 경비가 돌 때까지 있다가는 만토바로 떠날 수 없게 되니 명심해야 한다. 너는 만토바에 가서 살아라. 그러면 우리가 때를 보아 너희들의 결혼을 발표하고, 두 집안을 화해시켜 영주님의 용서를 얻어서 너를 부르겠다. 그때는 네가 슬픔 속에서 떠난 것보다 20만 배나 더 기쁠 게 아니냐. 유모는 먼저 가서 아가씨에게 안부를 전하오. 그리고 집안 식구를 다 일찌감치 잠자리에 들게 하도록 아가씨에게 말하시오. 아무튼 깊은 상심에 젖어 있으니 모두들 곧 잠이 들 테지만. 로미오는 곧 갈 것이오.

유모   아, 밤이 새도록 여기 앉아 좋은 말씀을 듣고 싶네요. 참으로 지식이란 좋기도 해라. 도련님, 그럼 오신다고 아가씨께 전하겠어요.

로미오   그렇게 하시오. 그리고 날 꾸짖을 준비도 하고 계시라 전해 주시오.

유모   (나가려고 하다가 다시 돌아선다) 저, 아가씨가 도련님께 전해 드리라는 반지예요. 밤도 무척 깊었으니 어서 서두르세요. (퇴장)

로미오　이제 기분이 아주 좋아졌습니다.

로렌스 수사　자, 가봐라. 잘 가거라. 이제부터의 네 처지는 이렇다. 오늘 밤 야경이 돌기 전에 떠나거라. 아니면 내일 새벽에 변장을 하고 빠져나가야 한다. 잠시 만토바에 가 있으면 내가 네 하인을 찾아 여기서 일어난 일을 빠짐없이 알려주마. 네 손을 이리 다오. 밤이 깊었다. 그럼 잘 가거라. 잘 가라.

로미오　기쁨보다 더한 기쁨이 저를 부르지 않는다면, 이처럼 섭섭하게 수사님과 헤어지는 것이 얼마나 슬픈 일이겠습니까! 그럼 안녕히 계십시오. (모두 퇴장)

〔제3막 제4장〕

카풀렛의 집 어느 방.
카풀렛, 그의 부인, 그리고 파리스 등장.

카풀렛　뜻밖에 너무나 불행한 일이 일어나서, 딸아이와 이야기할 틈도 없었군요. 아시다시피 그애는 제 외사촌 오빠 티볼트를 무척 사랑했지요. 나도 물론 그렇지만요. 하기야 인간은 누구나 태어나서 한 번은 죽게 마련이죠. 밤도 꽤 깊었으니 이제 그애는 내려오지 않을 거요. 정말 당신이 와주지 않았다면 나는 벌써 한 시간 전에 잠들었을 거요.

파리스　이렇게 불행한 때고 보니 청혼을 할 수도 없지요. 그럼 부인, 안녕히 주무십시오. 따님에게 안부 전해 주십시오.

카풀렛 부인　네, 그러죠. 그리고 내일 아침 딸의 마음을 떠보겠어요. 오늘 밤에는 온통 슬픔에 파묻혀 있어서요. (파리스가 나가려고 하자 카풀렛이 그를 다시 불러들인다)

카풀렛　파리스 백작, 난 무슨 일이 있어도 내 딸을 당신에게 드리기로 결심했소. 내 말이라면 그 아이는 무엇이든 다 들어줄 것이오. 그 점은 조금도 걱정하실 것 없소. 여보, 자러 가기 전에 그 애에게 가서 우리 사위 파리스의 사랑을 알려주구려. 그리고 이렇게 이야기하오. 오는 수요일에, 그런데 가만있자, 오늘이 무슨 요일이더라?

파리스　월요일입니다.

카풀렛 월요일이라고! 하, 하! 그럼 수요일은 너무 이르군. 목요일로 하지. 그 럼 그 애에게 목요일에 이 백작님과 결혼식을 올린다고 일러놓으시오. 백작 님 쪽 준비는 되겠습니까? 이렇게 서둘러도 괜찮으신지. 너무 부산스럽지 않게, 몇몇 친구만 초대하겠소. 티볼트가 죽은 지 얼마 되지도 않아 너무 성대하게 잔치를 벌이면 집안에서 죽은 이를 소홀히 한다는 비난도 있을 테니, 친구들을 대여섯쯤만 청하는 것으로 그치겠소. 그런데 댁에서도 목요 일이 괜찮을는지요?

파리스 그 목요일이 내일이었으면 좋겠습니다.

카풀렛 좋소. 안녕히 가시오. 그럼 목요일로 정합시다. 여보, 당신은 자러 가 기 전에 줄리엣에게 가서 결혼을 준비하게 하시오. 그럼, 살펴 가시오. 여봐 라, 내 방에 불을 밝혀라. 허, 밤이 이렇게 깊었으니 조금만 있으면 날이 새 겠는걸. 그럼 안녕히 주무시오. (모두 퇴장)

〔제3막 제5장〕

카풀렛 집의 과수원.
로미오와 줄리엣이 2층 창문 쪽에 등장.

줄리엣 벌써 가시려고요? 날이 밝으려면 아직 멀었는데. 겁먹은 당신의 귀를 뚫고 들려온 저 소리는 종달새가 아니라 밤꾀꼬리 소리였어요. 밤꾀꼬리는 밤마다 저기 저 석류나무 가지 위에 앉아서 노래를 불러요.

로미오 그건 밤꾀꼬리가 아니라 아침을 알리는 종달새였소. 저것 보시오. 심 술궂은 빛줄기가 저기 저 동녘 하늘에서 구름들 사이로 내쏘고 있소. 밤의 촛불들도 다 타고 즐거운 아침이 안개 깊은 산마루에서 발돋움을 하고 있 소. 나는 여기를 떠나서 살든가, 아니면 그냥 머물러 있다가 죽든가 하는 수밖에 없소.

줄리엣 저기 저 빛은 아침 햇살이 아니에요. 내가 더 잘 알고 있어요. 태양이 토해 내는 어떤 빛인데, 오늘 밤 당신에겐 횃불잡이가 되어 만토바로 가시 는 길을 비춰 줄 거예요. 그러니 좀더 계세요. 서두르실 필요 없어요.

로미오 그렇다면 나는 잡혀도 좋고, 죽어도 좋소. 그것이 당신의 뜻이라면

〈로미오와 줄리엣〉 포드 매독스 브라운. 1870.

나는 만족하오. 저기 저 뿌연 빛도 아침의 눈이 아니라 달의 여신 이마에
서 반사하는 창백한 빛이라고 해둡시다. 우리 머리 위 높은 창공을 울려대
는 저 소리도 종달새가 아니지요. 나도 이대로 더 있고 싶다오. 떠나기 싫소.

자, 죽음이여, 오너라. 너를 기꺼이 맞이하리라. 그것이 줄리엣의 소원이란
다. 어떻소, 줄리엣? 이야기나 합시다. 아직 날이 밝지 않았으니까.

줄리엣 밝았어요. 밝았어요. 떠나세요, 어서. 어서 떠나세요! 저렇게 제멋대
로 마구 지저귀는 건 종달새예요. 종달새 소리는 아름답다고 사람들이 그
러는데, 저 소리는 그렇지가 않군요. 우리를 떼어놓는걸요. 종달새와 징글
맞은 두꺼비는 서로 눈을 바꾸었다지요. 아, 그렇다면 소리까지 바꾸었으면
좋았을 것을! 저 소리는 껴안은 우리의 팔을 갈라놓고 일어나라는 아침의
신호가 되어 당신에게 어서 떠나도록 재촉하고 있잖아요. 자, 이제 떠나세
요! 점점 더 밝아와요.

로미오 점점 더 밝아올수록 우리의 마음은 점점 더 어두워지는구려.

유모 등장.

유모 아가씨!

줄리엣 유모?

유모 어머님께서 지금 이리로 오고 계십니다. 날이 밝았어요. 잘 살피고 조
심하세요. (퇴장)

줄리엣 그럼, 창문이여, 빛을 넣어주고 생명을 내보내다오.

로미오 잘 있어요, 잘 있어! 한 번 더 입맞춤을. 그리고 나는 내려가겠소. (줄
사다리를 타고 내려간다)

줄리엣 그렇게 가버리시는 거예요? 내 사랑, 나의 주인, 아니 내 남편, 나의
벗! 날마다, 시간마다 소식 주셔야 해요. 나에게는 1분이 며칠이나 다름없
으니까요. 아, 그렇게 헤아리다가는 이다음 당신을 만날 때 나는 무척 늙어
있을지도 모르겠어요.

로미오 잘 있어요! 기회만 있으면 줄리엣, 반드시 소식을 전하겠소.

줄리엣 아, 하지만 다시 만날 수 있을까요?

로미오 물론, 나는 확신하오. 그리고 그때는 지금의 슬픔이 모두 지나간 달
콤한 이야깃거리가 될 것이오.

줄리엣 아, 왜 이렇게 마음이 어수선할까? 그 아래 서 계시는 당신이 꼭 무
덤 속 시체처럼 보여요. 내 눈이 약해서 그런지, 당신 낯빛이 창백해서 그

런지.

로미오 그러고 보니 정말, 내 눈에는 당신이 그렇게 보이오. 메마른 슬픔이 우리의 피를 빨아 마신 것이오. 잘 있어요, 그럼 안녕히! (퇴장)

줄리엣 아, 운명의 여신이여, 사람들은 당신의 변덕이 심하다고 그러더군요. 그러나 그러기로서니 성실하기로 이름난 그이와 당신이 무슨 관계가 있나요? 변덕을 부릴 테면 부려요. 운명의 여신이여, 그러면 당신도 그이를 오래 붙들어 놓지 않고 곧 돌려보내 주겠지요.

카풀렛 부인 (문밖에서) 애, 줄리엣, 일어났니?

줄리엣 (줄사다리를 끌어 올려 감춘다) 누가 부를까? 어머니로구나. 아직도 안 주무셨나, 아니면 벌써 일어나셨을까? 무슨 일로 오셨을까?

카풀렛 부인 등장.

카풀렛 부인 줄리엣, 이제 좀 어떠니?

줄리엣 어머니, 몸이 좋지 않아요.

카풀렛 부인 여지껏 오빠의 죽음을 슬퍼하고, 아니 눈물로 무덤의 오빠를 떠내려가게 할 참이냐? 만일 그럴 수 있다 하더라도 다시 살릴 수는 없다. 이제 그만 울어라. 알맞게 슬퍼하는 것은 깊은 애정의 표시이지만, 지나치게 슬퍼하는 것은 분별이 부족하다는 증거다.

줄리엣 그래도 실컷 울게 해주세요. 이 쓰라린 이별의 슬픔을요.

카풀렛 부인 네 마음을 알겠다만 그렇다고 죽은 사람이 살아나는 것도 아니잖니.

줄리엣 그 슬픔이 너무나 커서 울 수밖에 없어요.

카풀렛 부인 그래, 너는 오빠의 죽음이 슬퍼서라기보다 오빠를 죽인 악당이 살아 있는 것이 분해서 우는 거지?

줄리엣 (혼잣말로) 악당과 로미오는 하늘과 땅 차이지—오, 하느님, 그이를 용서해 주세요! 저도 진정으로 용서하겠어요. 하지만 그이만큼 제 마음을 슬프게 하는 사람은 없어요.

카풀렛 부인 그 배신자, 그 살인자가 버젓이 살아 있기 때문이지?

줄리엣 그래요, 어머니. 그가 이 손이 안 닿는 곳에 살아 있기 때문이에요.

오빠의 죽음을 저 혼자서 복수했으면 좋겠어요.

카풀렛 부인 염려 마라. 원수는 갚고 말 테니까. 그러니 그만 울어라. 쫓겨난 그 도망자가 살고 있는 만토바에 사람을 보내 확실히 효력이 있는 독약을 그놈에게 먹여 곧 티볼트를 따라가게 할 참이다. 그러면 너도 만족하겠지.

줄리엣 그를 제 눈으로 볼 때까지는 결코 만족하지 않을 거예요…… 죽은 것을요…… 가엾게도 제 가슴은 그 사람 생각으로 가득 차 있어요. 어머니, 독약을 가져갈 사람만 구하시면 로미오가 그걸 마시자마자 곧 잠들어 버릴 독약을 제가 조제하겠어요. 아, 분해라, 그 이름을 들으면서도 곁에 가서 오빠에 대한 애정의 분풀이를 한껏 그 살인자에게 해주지 못하다니!

카풀렛 부인 조제는 네가 하렴, 사람은 내가 구할 테니. 줄리엣, 그건 그렇고 이제 기쁜 소식을 전해 주겠다.

줄리엣 어머나, 이렇게 슬픈 때에 기쁜 소식이라니 반가워라. 무슨 소식인데요, 어머니? 얼른 말씀해 주세요.

카풀렛 부인 그래, 그래. 너는 참으로 좋은 아버지를 가졌어. 아버지는 네 슬픔을 덜어주시려고 갑자기 너나 나나 생각지도 않은 기쁜 날을 택하셨단다.

줄리엣 아이 좋아, 어머니! 무슨 날인데요?

카풀렛 부인 실은 다음 목요일 아침 일찍 그 늠름하고 젊고 고귀한 파리스 백작이, 성 베드로 성당에서 너를 행복한 신부로 맞이하게 되었단다.

줄리엣 성 베드로 성당과 성 베드로를 두고 단언하지만, 저는 그분과 결혼하지 않겠어요! 왜 그렇게 서두르시는지 모르겠군요. 남편 될 사람이 청혼도 해오기 전에 결혼을 해야 하다니. 어머니, 제발 아버지께 여쭈어 주세요. 전 아직 결혼할 생각이 없어요. 어쩔 수 없이 하게 된다면, 분명히 말씀드리지만, 파리스보다는 차라리 어머니도 아시다시피 제가 미워하는 로미오와 결혼하겠어요. 그런 걸 다 기쁜 소식이라고요!

카풀렛 부인 마침 아버지가 오신다. 네가 직접 말씀드리고, 네 말을 아버지가 어떻게 생각하시는지 들어보려무나.

카풀렛과 유모 등장.

카풀렛 해가 떨어지면 땅에 이슬이 내리게 마련이지만, 조카가 세상을 뜨고 나니 마구 비가 쏟아지는구나. 어찌 되었느냐? 네가 무슨 분수탑이란 말이냐? 여태까지 울고 있으니, 그칠 줄 모르는 소나기란 말이냐? 너의 그 작은 몸에 배와 바다와 바람을 간직하고 있구나. 네 눈을 바다라고 해야겠다. 눈물이 썰물과 밀물을 이루고 있어. 네 몸뚱이는 배, 그 짜디짠 눈물의 홍수 속에서 떠다니고 있구나. 그리고 한숨은 바람, 바람은 눈물의 파도로 사나워지고, 눈물은 바람에 흩날려서 거칠게 일고 있으니, 당장에 바람이 가라앉지 않으면 폭풍에 시달리는 네 몸뚱이는 뒤집히겠구나. 여보, 우리 결정을 이야기했소?

카풀렛 부인　네, 했어요. 하지만 고맙기는 해도 싫답니다. 바보 같으니, 차라리 무덤하고나 결혼하라지.

카풀렛　음, 그럼 여보. 좀더 알아듣게 말해 봐요. 알아듣게. 뭐, 싫다고? 고맙지 않다고? 명예가 아니라고? 변변찮은 것이 우리가 애써서 훌륭한 신랑을 마련해 주는데도 행복하게 생각지 않는단 말이지?

줄리엣　아버지의 수고를 명예롭게는 생각지 않아도 고맙게는 생각해요. 싫은 것을 명예로 여길 순 없지만 싫어도 호의니까 고맙게는 생각해요.

카풀렛　저런, 저런, 저런, 저런 궤변을 봤나. 뭐야? '명예'라느니, '고맙다'느니, '고맙지 않다'느니, '명예가 아니라'느니. 건방진 것, 고마워할 것도 없고 명예로워할 것도 없다. 가녀린 팔다리나 잘 단련해서 오는 목요일에 성 베드로 성당에서 파리스와 결혼할 준비나 해라. 정 싫다면 죄수를 나르는 수레에라도 싣고 갈 테다. 꺼져, 이 썩은 송장 같은 것아! 꺼져버려, 이 쓸모없는 것! 이 겁쟁이!

카풀렛 부인　아니 여보, 당신 미쳤어요?

줄리엣　아버지, 이렇게 무릎 꿇고 빌겠어요. 부디 참으시고 제 말을 한마디만 들어주세요.

카풀렛　듣기 싫다! 이 불효막심한 것 같으니! 분명히 말해 둔다. 목요일에 성당으로 가든가, 싫다면 다시는 내 앞에 나타나지 마라. 변명이나 대꾸, 대답다 소용없다. 손끝이 근질근질하군. 여보, 하느님께서 이 딸년 하나만 주신 것을 원망도 했는데, 이제 보니 하나도 너무 많소. 이런 한심스런 딸년을 갖다니! 꼴도 보기 싫다, 못된 것 같으니.

유모　어머나, 가엾은 아가씨! 아가씨를 그렇게 꾸짖으시면 안 됩니다.

카풀렛 이건 또 뭐야, 똑똑한 체 나서다니! 잘난 체하지 말고 입 닥치지 못해? 자네는 가서 수다쟁이들하고나 노닥거려!

유모 저는 해로운 말씀을 드리지는 않았습니다.

카풀렛 아, 저리 가라니까?

유모 말도 못합니까?

카풀렛 듣기 싫다! 누구 앞에서 뭘 중얼거리고 있어, 바보 같으니! 그런 소리는 수다쟁이들한테 가서 술이나 홀짝이면서 뇌까려. 여기서는 소용없으니까.

카풀렛 부인 당신 너무 흥분했어요.

카풀렛 당연하잖소. 미칠 노릇이군. 밤낮없이 자나 깨나 언제고, 일할 때나 놀 때나, 혼자 쉴 때나 사람들 속에 끼어 있을 때나 내 딸의 혼인만을 걱정해 왔소. 그런데 집안 좋고, 재산 있고, 젊고, 교양 있고, 또 사람들 말대로 지덕을 두루 갖추어 어느 것 하나 나무랄 데 없는 사람을 신랑으로 골라주니까, 어리석게도 분에 넘치는 복인 줄도 모르고 징징 울면서 '결혼이 싫다'는 둥, '사랑할 수 없다'는 둥, '너무 어리다'는 둥, '용서해 달라'는 둥 말도 안되는 소리를 늘어놓는단 말이야! 그래, 정 결혼하기 싫다면 그렇게 해라. 그러나 네 맘대로 나가서 살아라. 이 집에서 함께 살 수는 없다. 그러니 잘 생각해 봐라. 농담이 아니니. 목요일은 금방이다. 가슴에 손을 얹고 잘 생각해 봐라. 네가 내 딸이라면, 내가 고른 사위에게 너를 주겠다. 네가 내 자식이 아니라면, 길에 나가서 목을 매든 빌어먹든지 죽든지 상관없다. 나는 결코 너를 내 자식으로 인정하지 않을 것이고, 단 한 푼도 너를 위해 쓰지 않을 것이다. 그렇고말고. 잘 생각해 봐라. 무슨 일이 있어도 내가 방금 한 말을 취소하지 않겠다. (퇴장)

줄리엣 이 슬픈 마음속을 들여다보아 주시는 자비의 신은 저 구름 속에도 계시지 않나요? 아, 정다운 어머니, 저를 버리지 마세요. 이 결혼을 한 달만이라도, 일주일 만이라도 미루어 주세요. 그것도 안 된다면 제 신방을 티볼트가 자고 있는 저 컴컴한 무덤 속에 마련해 주세요.

카풀렛 부인 아무 말 하지 마라. 너하고 말하고 싶지 않다. 네 맘대로 하려무나. 너하고는 이제 다 끝장이니까. (퇴장)

줄리엣 오, 하느님! 아, 유모, 이 일을 어떻게 하지? 내 남편은 이 세상에 살

줄리엣에게 결혼을 재촉하는 아버지 카풀렛

아 있고 내 맹세는 하늘에 가 있는데. 그 남편이 세상을 떠나 하늘에 가서 돌려보내 주지 않는 한, 그 맹세가 어떻게 이 세상에 되돌아올 수 있겠어? 나를 위로해 줘. 어떻게 하면 좋은지 가르쳐 줘. 아, 아, 하느님도 무정하셔라. 이렇게 연약한 나에게 이런 짓궂은 짓을 하시다니! 유모는 어떻게 생각해? 내가 기뻐할 만한 말 없어? 나 좀 위로해 줘, 유모.

유모 예, 있어요. 로미오 님은 추방됐으니 무슨 일이 있어도 다시 아가씨를 찾으러 오지 못해요. 만일 온다 해도 남몰래 올 수밖에요. 그렇다면 아무래도 아가씨는 백작님과 결혼하는 게 좋을 것 같아요. 참, 그 어른 잘생긴 청년이더군요. 그분과 비교하면 로미오 같은 분은 마른행주밖에 안 되죠. 아가씨, 파리스 님의 눈은 얼마나 푸르고 재빠르고 아름다운지 독수리 눈도 어림없어요. 정말 이 두 번째 결혼은 행복하실 거예요. 첫 번째보다 훨씬 낫거든요. 그렇지 않더라도 첫 번째 남편은 돌아가셨잖아요. 살아 계셔도 아가씨에게는 아무 소용없으니 이 세상에 없는 거나 마찬가지지요.

줄리엣 유모, 진심으로 하는 말이야?

유모 진심이고말고요. 진심이 아니라면 천벌을 받죠.

줄리엣 그랬으면 좋겠어?

유모 예?

줄리엣 아냐. 유모는 정말 좋은 말로 나를 위로해 주었어. 들어가서, 나는 아버지의 노여움을 샀으니 참회를 하고 죄를 용서받으러 갔다고 어머니께 말씀드려 줘.

유모 예, 그럴게요. 잘 생각하셨어요. (퇴장)

줄리엣 저주받을 늙은이! 아, 망측한 마귀 같은 것! 그렇게 해서 나더러 맹세를 깨뜨리게 하려 하다니. 비할 사람이 없다고 몇천 번이나 침이 마르도록 칭찬하던 바로 그 혀로 내 남편을 욕하다니. 이 둘 가운데 어느 쪽이 더 큰 죄일까? 가버려! 여태까지는 유모에게 일일이 의논했지만 이제부터는 유모와 내 마음은 남남이야. 수사님을 찾아가서 무슨 좋은 방법이 없는지 알아보자. 길이 다 막히더라도 아직 자살할 힘만은 남아 있어. (퇴장)

로렌스 수사의 수도실.
로렌스 수사와 파리스 백작 등장.

로렌스 수사 목요일이라고 하셨지요? 시간이 촉박하군요.

파리스 카풀렛 장인어른이 그렇게 바라시는군요. 저 또한 그걸 뒤로 미룰 만한 아무런 이유가 없고 해서요.

로렌스 수사 아가씨의 마음은 모른다고 하셨지요? 흔치 않은 일이군요. 걱정스럽네요.

파리스 티볼트의 죽음을 너무나 슬퍼하고 있어서 사랑에 대한 이야기는 별로 해보지 못했습니다. 아름다움의 여신 베누스도 눈물의 집에서는 웃지 않는다고 하지 않습니까. 아버지께서 딸이 그렇게까지 슬픔에 잠겨 있는 것을 위험하다 보고, 또한 딸의 홍수 같은 눈물을 멈추게 하자는 뜻에서 현명하게도 저희의 결혼을 서두르신 겁니다. 넘치는 눈물도 혼자 있으면 점점 더할 뿐이지만, 친구라도 생기면 거두어질 것입니다. 이젠 이렇게 서두르는 까닭을 아시겠지요.

로렌스 수사 (혼잣말로) 그것을 미루어야 할 까닭을 몰랐으면 좋으련만. 아, 마침 아가씨가 이곳으로 오는구려.

줄리엣 등장.

파리스 이거 내 아가씨를, 내 아내를 마침 잘 만났습니다.

줄리엣 혹시 제가 백작님의 아내가 될 때나 그렇게 말씀하세요.

파리스 그 '혹시'가 오는 목요일엔 반드시 이루어집니다.

줄리엣 반드시 이루어질 일이라면 이루어지겠지요, 뭐.

로렌스 수사 그거 명답이군.

파리스 수사님께 고해를 하러 오셨습니까?

줄리엣 그 말씀에 대답하면 백작님께 고해하는 게 되게요.

파리스 나를 사랑하고 있다는 사실을 수사님께 숨기지 마십시오.

줄리엣 당신에게 고백하지만 저는 수사님을 사랑하고 있어요.

파리스 그럼 나를 사랑하고 있다는 것도 고백하시겠지요.

줄리엣 고백을 하더라도 앞에서 하는 것보다는 모르게 하는 편이 더욱 값질 거예요.

파리스 가엾게도 당신 얼굴은 눈물로 온통 얼룩져 있군요.

줄리엣 그렇더라도 눈물로서는 그리 큰 자랑거리가 못될 거예요. 눈물로 더럽히기 전부터도 어지간히 볼품없는 얼굴이었는걸요.

파리스 그건 눈물 이상으로 당신 얼굴을 모욕하는 것이오.

줄리엣 모욕이 아니라 사실이 그래요. 그리고 그 말은 제 얼굴에 대해서 한 말이에요.

파리스 당신 얼굴은 내 것이오. 그런데 당신은 그 얼굴을 모욕했소.

줄리엣 그럴지도 모르죠. 이 얼굴은 내 것이 아니니까요. 수사님, 지금 틈이 있으세요? 아니면 저녁 미사 때 뵐까요?

로렌스 수사 깊은 수심에 잠겨 있구나. 마침 지금 한가하다…… 백작님, 우리는 좀 실례해야겠습니다.

파리스 물론 수사님의 성사를 방해할 생각은 없습니다. 줄리엣, 목요일 아침 일찍 깨우러 가겠습니다. 그럼 그때까지 안녕히. 그리고 그때까지 이 거룩한 키스를 간직해 주시오. (줄리엣에게 입맞춤하고 퇴장)

줄리엣 아, 문을 닫아주세요! 닫으시거든 이리 오셔서 저와 함께 울어주세요. 이제 희망도, 수단도, 구제하는 방법도 없어요.

로렌스 수사 아, 줄리엣, 네 슬픔은 나도 이미 알고 있다. 나도 여간 걱정이 아니지만 내 지혜로는 어쩔 도리가 없구나. 오는 목요일에 백작과 결혼해야 하고, 미룰 방법이 없단 말이지?

줄리엣 수사님이 이 일을 막아낼 방법을 가르쳐 주시지 못한다면, 이 이야기를 들었다고 말씀하지 마세요. 수사님의 지혜로도 저를 도와주실 수 없다면, 제 결심을 기특하다고나 말씀해 주세요. 이 칼로 당장 해결을 짓겠어요. 하느님은 제 마음과 로미오의 마음을 맺어주시고, 수사님은 저희들의 손을 맞잡게 해주셨어요. 그리고 수사님을 통해 로미오와 맺어진 이 손이 다른 증서에 도장을 찍거나, 또는 저의 참된 마음이 딴마음을 먹고 다른 사람에게로 가느니 차라리 이 칼로 손과 마음을 둘 다 없애버리겠어요. 그러니 긴

줄리엣에게 약을 건네는 로렌스 수사

인생의 경험으로 어서 좋은 방법을 가르쳐 주세요. 그렇지 않으시면, 보세요. 수사님의 오랜 경험과 지혜로도 해결책을 찾을 수 없다면, 제 어려운 문제를 이 잔인한 칼에게 결말지어 달라겠어요. 어서 말씀해 주세요. 수사님이 그렇게 못하신다면 저는 차라리 죽어버리고 싶어요.

로렌스 수사 가만있어, 줄리엣. 한 가닥 희망이 없는 것은 아니다. 하지만 우리가 막아낼 일이 절박한 것인 만큼 그 실행에도 필사적인 결심이 필요하다. 파리스 백작과 결혼하느니 차라리 자살하겠다는 비장한 각오라면, 이 치욕을 면하기 위해서는 죽음과도 같은 이 일을 해낼 수 있겠군. 죽음과 맞부딪쳐서라도 치욕을 면하자는 너니까. 그래 너에게 그럴 용기가 있다면, 그 해결 방법을 가르쳐 주지.

줄리엣 아, 파리스와 결혼하느니 차라리 저더러 저 높은 탑 꼭대기에서 뛰어내리라고 하세요. 아니면 도둑이 득실거리는 길을 걸어가라고 말씀하세요. 그것도 아니면 뱀의 소굴에 가서 살라고 명령하세요. 으르렁거리는 곰과 함께 저를 매어두시든지, 덜거덕거리는 송장의 뼈라든가 악취가 코를 찌르는 정강이뼈, 턱이 떨어져 나간 누르스름한 해골들이 잔뜩 쌓여 있는 납골당에 밤마다 찾아가서 숨어 있으라고 하세요. 또는 막 만들어진 새 무덤 속에 들어가서 수의에 싸인 송장과 함께 누워 있으라고 하세요. 예전엔 이야기만 들어도 무서워서 벌벌 떨었지만, 이제는 사랑하는 남편에게 정조를 지키기 위해서는 아무 불안이나 두려움 없이 할 수 있어요.

로렌스 수사 그럼, 내 말 잘 들어. 집에 돌아가서 파리스와 결혼하겠다고 말해라. 내일은 수요일, 내일 밤은 혼자 자는 거야. 유모와 한방에서 자면 안 돼. 이 약병을 가지고 가서 잠자리에 들거든 약을 따라 마셔라. 마시자마자 싸늘한 졸음이 온 핏줄에 퍼져서 여느 때 뛰던 맥박은 멈추고, 체온과 호흡도 전혀 산 사람 같지 않을 것이며, 장밋빛 입술과 볼은 바래서 허연 잿빛이 될 테고, 죽음이 생명의 빛을 닫아버리듯 두 눈의 창문도 닫아버리게 되지. 온몸이 생기를 잃고 굳어서 차디찬 시체처럼 될 거야. 그렇게 위축된 가사(假死) 상태를 42시간 겪은 다음, 너는 상쾌한 잠에서 깨어나듯 눈을 뜨게 돼. 그래서 아침에 신랑이 깨우러 왔을 때 너는 죽어 있을 게야. 그러면 이 나라 풍습대로 가장 좋은 옷을 입혀서 뚜껑을 덮지 않은 관에 넣어 카풀렛 집안의 조상들이 잠들어 있는 오랜 묘소로 메고 가겠지. 한편 나는 네가 깨어날 시각에 맞추어서 로미오에게 편지로 우리 계획을 알리겠다. 그러고는 로미오가 이곳으로 오게 하여 나와 둘이서 네가 깨어나기를 기다리고 있다가, 그 밤으로 곧 너를 로미오와 함께 만토바로 떠나게 할 생각이다. 그러면 너는 이 치욕을 벗어날 수 있겠지. 하지만 변덕이나 여자의 불안으로 막상 실행에 옮길 때 용기를 잃어서는 안 된다.

줄리엣 그 약을 주세요. 어서 주세요! 아, 무서워한다는 말씀은 하지도 마세요.

로렌스 수사 좋아, 그럼 가거라. 결심을 단단히 하고, 잘해야 한다. 나는 믿을 만한 수도사 한 사람을 급히 만토바로 보내 네 남편에게 편지를 전하게 하마.

줄리엣 사랑이 저에게 용기를 주고, 용기가 저를 도와줄 거예요. 그럼 수사님, 안녕히 계세요. (모두 퇴장)

〔제4막 제2장〕

카풀렛의 집.
카풀렛, 카풀렛 부인, 유모, 하인 둘 등장.

카풀렛 여기 적혀 있는 손님을 초대하도록 해라. (하인 1이 받아들고 퇴장) 여봐라, 너는 가서 솜씨 좋은 일류 요리사를 스무쯤 불러오너라.

하인 2 엉터리는 한 명도 불러오지 않겠습니다. 나리, 자기 손가락이나 빨줄 아는가 시켜보고 데려오겠습니다.

카풀렛 그걸로 어떻게 알 수 있단 말이냐?

하인 2 제 손가락도 못 빠는 놈은 엉터리 요리사입죠. 그래서 손가락을 빨지 못하는 녀석은 불러오지 않겠습니다.

카풀렛 어서 가거라. (하인 2 퇴장) 이번에는 준비가 충분하지 못하겠는걸. 그런데 그 애는 로렌스 수사님에게 갔나?

유모 예.

카풀렛 음, 그분이 잘 지도해 줄지도 모르겠군. 고집쟁이 같으니.

줄리엣 등장.

유모 저것 보세요. 아가씨가 고해를 하고 즐거운 표정으로 돌아왔습니다.

카풀렛 웬일이냐, 이 고집쟁이야! 어디를 헤매다 오느냐?

줄리엣 아버지 말씀을 거스른 불효의 죄를 뉘우치고 왔습니다. 로렌스 수사님은 아버지 앞에 이렇게 무릎 꿇고 용서를 빌라고 말씀하셨어요. 제발 저를 용서하세요! 앞으로는 말씀대로 따르겠어요.

카풀렛 백작에게 사람을 보내 내일 아침에라도 식을 올려야겠다고 전해라.

줄리엣 그 백작님은 로렌스 수사님의 수도실에서 보았어요. 그래서 지나치지 않게 제 마음의 애정을 보여드렸어요.

카풀렛 잘했다, 잘했어. 일어나거라. 암, 그래야지. 백작을 곧 만나봐야겠다. 여봐라, 얼른 가서 파리스 백작을 모시고 오너라. 이 도시 사람들은 그 거룩한 수사님의 덕을 톡톡히 보고 있거든.

줄리엣 유모, 내 방에 함께 가서 내일 치장하는 데 필요한 장식물을 좀 골라주지 않겠어?

카풀렛 부인 아니, 그건 목요일에 해도 된다. 시간은 얼마든지 있으니까.

카풀렛 같이 가보게, 유모. 내일은 우리 모두 성당에 가야 하니까. (유모와 줄리엣 퇴장)

카풀렛 부인 준비가 부족할 것 같아요. 벌써 날이 저물었네요.

카풀렛 무슨 소리! 내가 뛰어다니면 다 순조롭게 될 테니 걱정하지 말아요. 당신은 줄리엣에게 가서 치장 준비나 좀 도와주구려. 오늘 밤은 한잠도 안 잘 생각이오. 내 걱정은 마시오. 이번만은 내가 안주인 노릇을 하리다. 여봐라! 아니, 다들 나갔나? 그럼 내가 직접 백작에게 가서 내일을 준비하도록 알려야겠군. 고집쟁이 딸이 마음을 돌리고 보니, 내 마음이 이렇게도 후련하구나. (모두 퇴장)

〔제4막 제3장〕

줄리엣의 방.
줄리엣과 유모 등장.

줄리엣 응, 그 옷이 가장 좋아. 그런데 유모, 부탁이야. 오늘 밤은 부디 나 혼자 있게 해줘. 유모도 알겠지만, 나는 비뚤어진 성격 탓에 죄를 많이 지었으니 하느님께 용서받고 행복을 주십사 빌려면 많은 기도를 올려야 하거든.

카풀렛 부인 등장.

카풀렛 부인 그래, 바쁘냐? 좀 거들어 줄까?

줄리엣 아녜요, 어머니. 내일 식에 필요한 물건은 모두 골라놨어요. 그러니 이젠 제발 저를 혼자 있게 놔두시고, 오늘 밤 유모는 어머니 방에 있게 하세요. 일이 무척 갑작스러워서 어머니가 무척 바쁘실 거예요.

카풀렛 부인 그럼, 잘 자거라. 자리에 누워서 푹 쉬어라. 너는 푹 쉬어야 하니까. (유모와 함께 퇴장)

줄리엣 안녕히 계세요! 언제 또 만나 뵙게 될는지. 현기증 나는 싸늘한 공포가 오싹오싹 핏줄 속을 돌고, 생명의 열기마저 거의 얼어붙는 것 같구나. 어머니와 유모를 다시 불러서 위로나 받아볼까. 유모!—아니, 유모가 지금 무슨 소용이 있담? 이 무서운 장면은 나 혼자 해내야 한다. 자, 약병아. 만일 이 약이 안 들면 어떡하지? 그때는 정말 결혼을 해야 하나? 아니야, 아니야! 그래, 그것은 이 칼이 막아줄 거야. 칼아, 너는 거기 있거라. (칼을 꺼내 밑에 내려놓는다) 하지만 이게 독약이면 어떻게 하지? 수사님이 먼저 나와 로미오를 결혼시켰으니 이번 일로 불명예스런 일을 당하지 않으시려고 나를 죽일 셈으로 은밀히 조제한 독약이면 어쩌지? 걱정이 되는구나. 설마 그럴 리야. 오늘날까지 성자로 이름난 분이신데. 그렇지만 내가 무덤 속에 누워 있을 때, 로미오가 날 구하러 오기 전에 눈을 뜨게 되면 어떡하지? 아이, 무서워! 무덤의 스산한 입구는 공기도 안 통한다던데, 그 무덤 속에서 그이가 미처 오기도 전에 숨이 막혀 죽지나 않을까? 아, 설사 내가 살아 있다 하더라도 죽음과 밤의 무서운 생각, 게다가 장소는 말만 들어도 무서운 무덤이고, 몇백 년 동안 묻힌 조상의 뼈가 가득 차 있는 봉안당 속인 데다가, 묻힌 지 얼마 안 되는 피투성이 티볼트가 수의에 싸여서 썩어가고 있는 곳. 또 밤에는 일정한 시간이 되면 온갖 망령이 모여든다는데, 아, 내가 눈을 너무 일찍 뜨게 된다면, 그 악취와 땅에서 뽑힐 때의 소리만 들어도 사람이 미친다는 맨드레이크의 비명 소리로 눈을 뜨면 온통 그런 두려움에 싸인 채 결국 미쳐버리지나 않을까? 그러고는 미친 나머지 조상들의 뼈를 가지고 놀기도 하고, 칼 맞은 티볼트를 수의 속에서 끌어내기도 하며 있지나 않을까? 어쩌면 어느 훌륭한 조상의 뼈를 몽둥이 삼아 절망한 내 머리통을 내 손으로 부수지나 않을까? 오, 저기 좀 봐! 로미오의 칼끝에 찔린 티볼트의 망령이 로미오를 찾고 있다. 거기 있어, 티볼트, 거기 있으라니까! 로미오, 로미오, 로미오! 여기 약이 있어요. 당신을 위해서 이걸 마시겠어요. (약을 마시고 커튼에 가려진 침대 위에 쓰러진다)

〔제4막 제4장〕

카풀렛 집의 큰 방.
카풀렛 부인과 유모 등장.

카풀렛 부인　유모, 이 열쇠를 들고 가서 향료들을 더 가지고 와.
유모　주방에선 대추와 모과를 더 가져오라는데요.

카풀렛 등장.

카풀렛　자, 서둘러요, 서둘러! 두 번째 닭도 울었고, 새벽종도 쳤다. 3시야. 이봐, 안젤리카. 고기파이 좀 잘 만들어. 돈은 아끼지 말고.
유모　참견 그만하시고 주무세요! 이렇게 밤샘을 하시다간 참말로 내일은 병나시겠어요.
카풀렛　천만에. 전에는 대수롭지 않은 일에도 걸핏하면 밤샘을 했지. 그래도 아무렇지 않았어.
카풀렛 부인　그렇죠. 당신도 한창때에는 여자 꽁무니깨나 쫓아다녔지요. 하지만 이제 그런 밤샘은 내가 감시할걸요. (모두 퇴장)
카풀렛　원, 이런 질투쟁이 좀 보게나!

하인 서너 명이 꼬챙이, 장작, 바구니 등을 들고 등장.

카풀렛 아니, 그게 뭐냐?

하인 1 요리사가 쓸 물건이라는데 저도 뭔지 모르겠는데요.

카풀렛 어서 해라, 어서. (하인 1 퇴장) 여봐라, 더 잘 마른 장작을 가져오너라. 피터를 불러라, 그 녀석이 장작 있는 곳을 아니까.

하인 2 저도 머리가 있으니까 장작쯤은 찾아낼 수 있습니다. 뭐, 이까짓 일로 피터에게까지 수고 끼칠 건 없지요.

카풀렛 그래, 말 잘했다. 재미있는 녀석이군. 통나무 대가리 같은 녀석 좀 보게나. (하인 2 퇴장) 이런! 벌써 날이 밝았구나. 백작이 곧 악대를 데리고 나타나겠다. 그러겠다고 했으니까. (음악 소리가 난다) 아니, 벌써 가까이 온 모양이구나. 유모! 여보, 마누라! 어디 있어! 어디 있어, 유모!

유모 등장.

카풀렛 가서 줄리엣을 깨워. 그리고 옷을 갈아입혀. 나는 가서 파리스와 이야기하고 있을 테니까, 어서 해, 어서! 신랑이 벌써 왔어. 어서, 어서 서두르라니까. (모두 퇴장)

〔제4막 제5장〕

줄리엣의 방.
유모 등장.

유모 아가씨, 아가씨! 줄리엣 아가씨! 원, 아가씨도 잠에 취했나 봐. 어린 양 아가씨! 아가씨, 이런 잠꾸러기 좀 봐! 아, 예쁜 새색시 일어나세요. 어째 아무 말도 없담? 한 푼어치라도 더 자겠다는 건가. 한 주일이라도 자둘 생각이에요? 오늘 밤 파리스 백작님은 단단히 마음먹고 아가씨를 재우지 않을 테니까. 어머나, 나 좀 보게! 한데, 참 잘도 자네. 하지만 깨워야겠어. 아가씨, 아가씨, 아가씨! 응, 백작님을 불러다가 침대에서 껴안게 할까 보다. 그러면 깜짝 놀라 일어나겠지. 안 그래요? (침대의 커튼을 젖힌다) 어머나, 새 옷을 입은 채로 다시 누웠나 봐. 깨워야지. 아가씨, 아가씨, 아가씨! (흔들어 깨운다)

아이코, 사람 살려요, 사람 살려! 아가씨가 죽었어요! 아니, 이게 웬일이람. 정신 깨는 술 좀 가져와요! 마님! 마님!

카풀렛 부인 등장.

카풀렛 부인 웬 소란이지?
유모 아, 슬퍼라!
카풀렛 부인 무슨 일이야?
유모 보세요, 저것 좀 보세요! 아, 가엾어라.
카풀렛 부인 아이고, 아이고머니나! 내 딸아, 내 하나밖에 없는, 내 목숨과도 같은 딸아! 다시 살아나 눈을 떠라. 안 그러면 나도 같이 죽을 테다. 사람 살려요, 사람 살려! 어서 사람을 불러!

카풀렛 등장.

카풀렛 원, 창피하게시리, 어서 줄리엣을 데리고 나와요. 신랑은 벌써 와 있소.
유모 아가씨가 죽었어요. 돌아가셨어요. 아, 아가씨가 죽었다니깐요!
카풀렛 부인 아, 우리 딸애가 죽었어요.
카풀렛 뭣이? 어디 보자. 아, 이런, 차디차구나, 피는 멈추고 손발은 굳었구나. 입술에서 생기가 떠난 지 오래되었구나. 아름다운 한 송이 꽃에 때아닌 서리가 내리듯이 이 아이 위에 죽음이 덮쳤구나.
유모 아, 슬퍼라!
카풀렛 부인 아아, 애통해!
카풀렛 딸을 잡아가고 나를 비탄 속에 빠뜨린 죽음이 내 혀마저도 묶어놓고 말을 못하게 하는구나.

로렌스 수사, 백작, 악사들 등장.

로렌스 수사 자, 신부는 성당에 갈 준비가 다 되었습니까?

카풀렛 다 되었으나 다시는 돌아오지 못하는 여행 준비입니다. 오, 사위여, 결혼 전날 밤에 죽음의 신이 신부와 함께했네. 저것 보게, 꽃 같은 그애를 죽음이 꺾어버렸네. 죽음의 신이 내 사위요, 내 상속자가 되었네. 죽음의 신이 내 딸을 신부로 맞이했다네! 나도 죽어서 그놈에게 모든 것을 물려줄 참이네. 생명이고, 재산이고, 이제 모두 죽음의 것이네.

파리스 그토록 오랫동안 이날이 오기를 기다렸는데, 이런 광경을 보게 될 줄이야.

카풀렛 부인 이 얼마나 저주스럽고 불행하며 망측하고 끔찍한 날인가! 흐르고 흐르는 세월 가운데 이토록 비참한 날이 있을 줄이야! 귀엽고 가엾은 외동딸! 단 하나의 위안거리인 외동딸을 무정한 죽음이 내 눈앞에서 채어가고 말다니!

유모 아, 서러워라! 아, 슬프고 애통하고 비통한 날이다! 이렇게 슬프고 이렇게 애통한 날을 내 생전에 볼 줄이야. 아, 끔찍한 날! 이토록 불행한 날이 어이 또 있을까. 아, 애통하고 애통한 날이로구나!

파리스 속고 버림받고 멸시당하고 미움받아 죽었구나! 밉살스런 죽음아, 네놈한테 속았다. 잔인무도한 네놈 때문에 신세를 망쳤다. 아, 생명 같은 내 사랑이여! 생명 없이 죽어 있는 사랑이여!

카풀렛 멸시당하고, 고통받고, 미움받고, 박해받고, 죽임을 당했구나. 무정한 시간아, 하필이면 이제 와서 이 혼례식을 망쳐놓느냐? 아, 내 딸, 내 딸아! 내 딸이 아니라 나의 영혼아, 너는 죽었구나! 아, 내 딸은 죽었구나. 내 딸과 함께 나의 기쁨도 묻혀버렸구나!

로렌스 수사 제발 진정하십시오. 그렇게 떠든다고 불행이 해결되는 것은 아닙니다. 이 아름다운 따님은 하늘과 당신의 공동 소유였습니다. 그것을 이제는 하늘이 모두 맡아 갔으니, 따님에게는 오히려 잘된 일입니다. 당신은 따님에 대한 당신 몫을 죽음으로부터 막아낼 수는 없지만, 하늘은 그 몫에 영원한 생명을 줄 수가 있습니다. 당신이 가장 바랐던 것은 따님이 잘되는 일이었습니다. 그것은 당신에게 천국인 셈이니까요. 그런데 따님이 구름 위 하늘 높이 올라가는 것을 보고 우신단 말씀인가요? 따님이 천국에 가는 것을 보고 미친 듯이 행동하시다니, 그것은 자식에 대한 진정한 사랑이 아닙니다. 결혼해서 오래 사는 여자가 좋은 결혼을 한 것이 아니라 결혼하여 젊어서 죽는 여자가 오히려 가장 행복한 결혼을 한 것입니다. 눈물을 씻고, 이 아름다운 시체를 로즈메리 꽃으로 꾸미십시오. 그리고 관습대로 가장 좋은 옷을 입혀 성당으로 옮기십시오. 어리석은 인정으로는 슬퍼하지 않을 수 없는 일이지만, 감정의 눈물은 이성의 웃음거리일 뿐입니다.

카풀렛 잔치에 쓰자고 마련한 것들이 모두 불길한 초상에 쓰이게 되었구나. 축하의 음악은 우울한 소리로, 혼례의 잔칫상은 슬픈 장례의 연회로, 결혼 축가는 음울한 장송곡으로, 신방을 꾸미려던 꽃은 매장되는 시체를 꾸미기 위해 쓰게 되었구나. 모든 것이 정반대로 바뀌는구나.

로렌스 수사 자, 안으로 들어가십시오. 부인도 같이. 그리고 파리스 님도 들어가시오. 다들 이 아름다운 시체를 따라 무덤으로 갈 준비를 하십시오. 여러분께 뭔가 잘못이 있었기에 하느님이 노하신 것입니다. 더 이상 하느님의 뜻을 거역해서 노여움을 불러들여서는 안 됩니다. (모두 퇴장하고 유모만 남아 시체 위에 로즈메리 꽃을 뿌린 다음 커튼을 닫는다)

악사들 등장.

악사 1 그럼 우리는 피리를 집어넣고 물러가도 되겠구먼.

유모 여러분들, 집어넣으세요, 집어넣어! 보시다시피 이렇게 딱한 사정이랍니다.

악사 2 정말 그렇군요. 악기라면 고쳐서나 쓰지.

피터 등장.

피터 여러분, 악사 여러분. '마음을 편하게', '마음을 편하게'를 좀 연주해 주게. 날 살리려거든 제발 '마음을 편하게'를 연주해 달라니까.

악사 1 '마음을 편하게'는 왜?

피터 아, 내 마음이 '내 마음은 슬프도다'를 연주하고 있거든. 그러니 명랑한 곡을 연주해서 날 좀 위로해 달라는 거지.

악사 1 싫소. 음악을 연주할 때가 아니라고요.

피터 그럼, 않겠다고?

악사 1　물론.

피터　한 대 먹여줄까 보다.

악사 1　뭘 먹여주겠다는 거요?

피터　돈은 아니고 욕이지. 이 떠돌이 악사야.

악사 1　흥, 이 머슴 녀석이!

피터　그럼 그 머슴 녀석의 칼로 대가리를 한 대 갈겨줄까? 나는 이런 변덕 스런 소리는 싫어한다고. 당신들을 도레미파로 공격해 주지. 내 말 알아듣 겠나?

악사 1　우리를 도레미파로 공격하면 당신도 알겠지.

악사 2　여보게, 칼은 집어넣고 말솜씨로 해보시지.

피터　좋아! 쇠칼을 치운 대신 쇠 같은 말솜씨로 갈겨줄까 보다. 자, 사내답게 받아봐. 쥐어짜는 슬픔에 가슴은 아프고 구슬픈 우수가 마음을 억누를 때 은(銀) 소리 같은 음악은…… 어째서 '은 소리'이지? 어째서 '은 소리 같은 음 악'이냐고? 이봐, 류트 양반. 대답해 봐.

악사 1　그야 은이 아름다운 소리를 내니까 그렇지.

피터　그럴듯하군. 여보게, 류트 양반, 자네는 어때?

악사 2　그야 악사가 은화를 받으니까 '은 소리'지.

피터　그것도 그럴듯해. 그럼 현악기 양반, 자넨?

악사 3　난 모르겠는걸.

피터　거, 미안하게 됐어. 자넨 소리꾼이지. 내가 대신 말해 주지. '은 소리 같 은 음악'은, 악사들이 아무리 연주를 해도 금화를 받지 못하니까 그런 거지. 은 소리 같은 음악에 울적한 마음이 금방 풀어지네. (퇴장)

악사 1　이런, 얄미운 녀석을 봤나!

악사 2　뒈져라, 망할 자식! 자, 우리도 들어가서 조문객들이 올 때까지 기다 렸다가 한 잔 얻어먹기로 하세. (모두 퇴장)

〔제5막 제1장〕

만토바. 어느 거리.

로미오 등장.

로미오 달콤한 꿈을 진실로 믿어도 좋다면, 내 꿈은 틀림없이 기쁜 소식이
올 징조이다. 이 마음의 주인인 사랑의 신은 그 왕좌에 사뿐히 내려앉아 온
종일 전에 없이 즐거운 기분으로 마음을 설레게 하니, 두둥실 하늘로 떠오
르는 것 같구나. 꿈에 줄리엣이 찾아와서 죽은 나를 보고—죽은 사람이 무
엇을 생각할 겨를이 있다니, 이상한 꿈이기도 하지—아무튼 줄리엣이 내
입술에 입 맞추어 생명을 불어넣어 준 덕분에 나는 다시 살아나 제왕이 된
꿈이었지. 아, 사랑의 그림자만으로도 이토록 기쁨에 겨운데 참된 사랑이
이루어진다면야 얼마나 좋을까!

로미오의 하인 발타자르가 승마화를 신은 채 등장.

로미오 베로나에서 소식이 왔구나! 어찌 되었느냐, 발타자르? 수사님의 편지
는 안 가지고 왔느냐? 아가씨는 어떻더냐? 아버지도 안녕하시고? 다시 묻
는다만, 줄리엣 아가씨는 어찌 지내시더냐? 아가씨만 무사하시다면 더 이
상 걱정할 게 없다.
발타자르 예, 아가씨는 무사하시고 모든 일이 잘되고 있습니다. 아가씨 시체
는 카풀렛 집안 묘소에 잠들어 계시고 영혼은 천사님과 함께 계십니다. 저
는 아가씨가 조상의 묘소에 깊이 묻히는 것을 보자마자 이 사실을 도련님
께 알리려고 역마(驛馬)로 급히 달려왔습니다. 이렇게 나쁜 소식을 가져온
저를 용서해 주십시오. 하지만 무슨 소식이든 빠짐없이 전하라는 도련님의
지시대로 따랐을 뿐입니다.
로미오 그게 사실이냐? 그렇다면 운명의 별들아, 너희들도 믿을 수 없구나!
발타자르, 내 숙소 알지? 가서 잉크와 종이를 가져오너라. 그리고 말들을 빌
려놓아라. 오늘 밤에 떠나야겠다.
발타자르 도련님, 제발 부탁입니다. 진정하십시오. 얼굴빛이 창백하시고 심상
치 않으신데, 혹시 불행한 일이 일어나지 않을까 염려됩니다.
로미오 아냐, 네가 잘못 봤어. 상관하지 말고 시킨 일이나 얼른 해라. 수사님
의 편지는 없단 말이지?

약방에서 독약을 사는 로미오

발타자르 예, 없습니다.

로미오 상관없다. 그럼 어서 가서 역마를 구해 놓아라. 곧 가마. (발타자르 퇴장) 그럼 줄리엣, 오늘 밤에는 그대와 함께 잠들겠소. 자, 그 방법을 찾아야겠는데…… 오, 재앙아, 너는 재빨리도 절망한 자의 머릿속에 들어오는구나. 그래, 약제사 노인이 있었지. 이 언저리 어디에 사는지 요전에 보니 누더기 옷에 숭숭한 눈썹을 찌푸리고 약초를 고르고 있었는데, 가난에 지쳐 앙상하게 뼈만 남아 참으로 비참한 몰골이었어. 상점에는 거북이와 박제한 악어, 그 밖에 보기 흉한 물고기 껍질들이 매달려 있고, 선반에는 빈 상자, 푸른 항아리, 갖가지 방광, 곰팡이 핀 씨앗, 끄나풀 부스러기, 말린 장미꽃잎들이 여기저기 흩어져서 겨우 약방 꼴을 이루었다. 그 측은한 모습을 보고 난 생각했었지. '만토바에서 독약을 파는 자는 사형이라지만, 지금 누가 독약이 필요하다면 저 가난뱅이 노인은 팔아줄 거야'라고. 오, 그러고 보니 그런 생각을 한 것은 바로 이런 때를 예고해 준 것이었구나. 그래, 그 가난뱅이 노인에게 독약을 꼭 팔라고 부탁해야겠다. 아마 이 집이었지. 휴일이라고, 이 초라한 가게도 닫혀 있군. 여보시오, 주인장!

약방 주인 등장.

약방 주인 누가 그렇게 큰 소리로 부르오?

로미오 이리 좀 나오시오. 내 보기에 당신은 꽤 형편이 어려운 것 같은데, 자 여기 40더컷이 있소. 이 돈을 받고 독약을 좀 주시오. 먹으면 곧바로 핏줄에 퍼져 마치 불 당긴 화약이 백발백중 대포 배 속에서 맹렬히 터져 나오듯이 육체에서 당장 호흡을 거두어 삶에 지친 나를 금방 쓰러뜨려 줄 독약 말이오.

약방 주인 그런 무서운 독약이 있기는 있죠. 하지만 그걸 파는 사람은 만토바 법에 따라 사형을 당합니다.

로미오 그렇게 궁하고 비참하게 살면서 죽기를 두려워한단 말이오? 당신의 두 볼에는 굶주림이 붙어 있고, 두 눈에는 가난이 덕지덕지 담겨 있으며, 등에는 모멸과 빈곤이 매달려 있소. 여보시오, 세상도, 세상의 법률도 당신 편은 아니오. 세상은 당신이 부자가 될 법률을 만들어 주지는 않소. 그러니 가난에 빠져 있지 말고 법을 무시하시오. 그리고 이것을 받으시오.

약방 주인 그럼 받겠습니다. 가난이 받지 내 마음이 받는 것은 아닙니다.

로미오 나 또한 이 돈을 당신의 마음이 아니라 가난에 치르는 거요.

약방 주인 이것을 아무거나 좋아하는 음료에 타서 마시도록 해요. 그러면 설령 스무 사람을 이겨내는 장사라 할지라도 곧 목숨줄이 끊어지고 맙니다.

로미오 자, 돈 받으시오. 사실 인간의 영혼에는 이게 더 나쁜 독이지요. 당신이 팔지 못하는 이 하찮은 독약보다도 사실 이것이 이 더러운 세상에서 더 많은 살인을 저지르고 있소. 그러니 독약을 판 것은 나이고, 당신은 아무것도 팔지 않았소. 잘 있으시오. 음식을 사서 먹고 그 몸에 살 좀 붙여보시오. (약방 주인 퇴장) 자, 독약아, 아니 강심제야, 나와 함께 줄리엣의 무덤으로 가자꾸나. 그곳에서 너를 써야겠다. (퇴장)

〔제5막 제2장〕

로렌스 수사의 수도실.
존 수사 등장.

존 수사 프란체스코 수도회의 로렌스 수사님!

로렌스 수사 등장.

로렌스 수사 존 수사의 목소리로구나. 만토바에서 오셨군. 수고했소. 로미오가 뭐라 합니까? 답장을 받았으면 이리 주시오.

존 수사 사실은 우리 동문인 맨발의 수도사 한 분과 함께 가려고 찾아갔다가, 마침 시내 어느 환자를 문병하고 나온 자리에서 그분을 만났는데, 그때 검역관들이 우리 두 사람이 그 전염병 환자 집에 머문 줄 알고 문을 닫아버리는 바람에 그만 만토바행이 늦어지고 말았습니다.

로렌스 수사 그럼 내 편지는 누가 로미오에게 전했소?

존 수사 보내지 못하고 이렇게 도로 가지고 왔습니다. 수사님께 돌려보내고 싶어도 병이 옮을까 봐 모두들 두려워하여 아무도 시킬 사람이 없었습니다.

로렌스 수사 이 무슨 불운이오! 그 편지는 매우 중요한 내용이오. 소홀히 다루었다간 앞으로 어떤 위험한 일이 벌어질지도 모르오. 존 수사, 어서 가서 쇠지렛대를 하나 구해서 이곳으로 갖다주시오.

존 수사 예, 곧 가서 구해 오겠습니다. (퇴장)

로렌스 수사 그럼 나 혼자서 묘소에 가봐야겠다. 세 시간 안에 줄리엣이 눈을 뜬다. 이 일을 로미오에게 알리지 못한 것을 알면 줄리엣은 나를 무척 원망할 테지. 아무튼 만토바에는 다시 편지를 보내고, 로미오가 올 때까지 줄리엣을 내 수도실에 숨겨두자. 가엾게도 산송장이 되어 무덤 속에 갇혀 있다니! (퇴장)

〔제5막 제3장〕

카풀렛 집안 묘소.
파리스와 그의 하인, 햇불과 꽃다발을 들고 등장.

파리스 그 햇불을 이리 주고, 너는 저만큼 물러가 있거라. 아, 아니다. 그 불을 꺼라. 남의 눈에 띄고 싶지 않다. 너는 저기 저 주목 밑에 엎드려서 텅 빈 땅바닥에 귀를 대고 있거라. 무덤을 판 뒤라 땅이 무르고 굳지 않아 묘지를 걷는 발소리가 들릴 게다. 들리거든 누가 온다는 신호로 휘파람을 불어라. 그 꽃다발은 나에게 주고, 시킨 대로 해라. 자, 가보아라.

하인 (혼잣말로) 무서워서 이런 묘지에 혼자 못 서 있을 것 같아. 그래도 그렇게 해봐야지. (퇴장)

파리스 꽃 같은 아가씨여, 당신의 신방에 꽃을 뿌려드리겠소! 아, 슬퍼라. 당신의 관 뚜껑은 흙과 돌이구나. 밤이면 내가 향긋한 물로 당신의 신방을 적셔주고, 그것이 없으면 탄식의 눈물을 뿌려드리리다. 내가 당신을 위해서 해드릴 수 있는 추도 행사는 밤마다 당신의 무덤에 꽃을 뿌리고 눈물을 쏟는 것이오. (하인이 휘파람을 분다) 휘파람 소리가 나는 것을 보니 누가 오는 모양이구나. 오늘 밤, 이런 데에 어슬렁 나타나서 남의 추도와 사랑의 의식을 방해하는 자가 누구일까? 아니, 햇불까지 들고? 그럼, 밤의 어둠이여, 잠시 나를 좀 숨겨다오. (물러선다)

로미오에게 칼을 들이대는 파리스

로미오와 발타자르가 횃불, 곡괭이, 쇠지레 등을 들고 등장.

로미오 그 곡괭이와 쇠지레를 이리 줘. 여기, 이 편지를 들고 가서 내일 아침 일찍 아버님께 꼭 전하도록 해라. 횃불은 이리 주고. 내가 단단히 이른다만, 네가 무엇을 듣고 보더라도 모르는 체하고 내가 하는 일을 방해하지 말아라. 내가 이 죽음의 자리로 들어가는 이유는 아가씨의 얼굴을 보기 위해서이지만, 실은 그녀의 손가락에서 귀한 반지를 뽑아다가 중대한 일에 쓰려는 것이다. 그러니 너는 물러가 있거라. 만일 내가 하는 일을 이상히 여기고 들어와서 엿보기라도 하면, 맹세한다만 네 녀석의 팔다리를 갈가리 찢어 이 굶주린 묘지에 흩어놓겠다. 때마침 밤중이라 내 마음도 굶주린 호랑이나 들끓는 바다보다 더 포악해져 있으니, 그리 알아라.

발타자르 예, 저는 물러가서 말씀대로 하겠습니다.

로미오 그래야 내 충직한 하인이지. 자, 이걸 받아라. (돈지갑을 내준다) 가서 잘 살아라. 그럼 잘 가거라.

발타자르 (혼잣말로) 그렇게 말씀하셨지만 이 언저리에 숨어 있어야겠다. 낯빛도 걱정되고 어쩐지 수상하거든. (물러간다)

로미오 너, 보기 싫은 배때기, 죽음을 잉태하는 모태야. 이 세상 으뜸가는 맛난 음식을 삼켰구나. 자, 네놈의 썩은 아가리를 이렇게 벌리고, (무덤 뚜껑을 열기 시작한다) 원한으로 더 많은 음식을 처넣어 주마.

파리스 (혼잣말로) 저건 추방당한 건방진 몬터규다. 저자가 내 연인의 외사촌 오빠를 죽였지. 그 슬픔으로 아름다운 줄리엣도 죽었는데, 저 녀석이 시체한테까지 모욕을 주려고 여기에 나타났구나. 저 녀석을 붙잡아야지. (앞으로 나선다) 너, 이 몬터규 녀석아, 그런 못된 짓을 하지 마라! 죽이고도 모자라 시체에까지 복수를 하겠다는 거냐? 이 벌받을 녀석아, 너를 체포하겠다. 순순히 따라와. 너는 마땅히 죽어야 한다.

로미오 사실 나는 죽어 마땅하기에 여기 온 것이오. 이보시오, 젊은 분, 당신도 신사니까 절망한 인간을 건드리지 말고 여기를 떠나 나를 혼자 있게 해주시오. 이 시체처럼 되지 않으려거든 좀 두려운 줄 아시오. 제발 나를 화나게 하여 내 머리 위에 또 하나의 죄를 이지 않게 해주시오. 아, 어서 가시오! 정말이지 나는 당신을 내 몸보다 더 아끼오. 나는 나 자신을 죽이려고

죽은 파리스를 눕히는 로미오

온 것이니까요. 여기서 머뭇거리지 말고 어서 가시오. 살아남아서, 나중에 어떤 미치광이 덕분에 목숨을 건졌다고 말하시오.

파리스 그따위 부탁을 누가 들어줄 줄 알고? 너를 중죄인으로 곧 체포하겠다!

로미오 기어이 내 울분을 터뜨려 놓겠단 말이냐? 그럼 간다, 받아라! (파리스와 맞싸운다)

하인 아이고 싸움이 벌어졌구나! 경찰을 불러야겠다. (달음질쳐 나간다)

파리스 아, 찔렸다! (쓰러진다) 당신에게 조그만 자비라도 있거든 무덤을 열고 나를 줄리엣 곁에 묻어주오. (죽는다)

로미오 그래 주마. 그런데 어디 얼굴이나 좀 보자. 아니 이건 머큐시오 집안의 귀족, 파리스 백작이 아니냐? 말을 타고 오는 길에 마음이 뒤숭숭해 귀담아듣지 않았지만, 발타자르가 뭐랬더라? 파리스와 줄리엣이 결혼할 뻔했다고 한 것 같은데, 아니면 내가 그런 꿈을 꾸었나? 내가 미쳐서 줄리엣 이야기가 나오는 바람에 그렇게 착각한 것일까? 여보시오, 악수합시다. 당신도 나와 함께 쓰라리고 불행한 운명의 명단에 오른 사람! 내가 영광의 무덤 속에 묻어드리겠소. 무덤? 아니지! 쓰러진 젊은이여, 여기는 무덤이 아니라 빛의 탑이라오. (무덤을 연다) 이곳에는 줄리엣이 누워 있고, 그 아름다움은 이 봉안당을 빛도 찬란한 향연장으로 만들고 있소. 죽은 이여, 죽기로 한 자의 손으로 묻으니 여기 고이 잠드시오. (죽은 파리스를 무덤 속에 누인다) 사람은 죽기 직전에 흔히 명랑해진다는데, 임종을 지켜보는 사람들은 그것을 임종의 섬광이라 부르지. 하지만 아, 이것을 어떻게 섬광이라 부를 수 있겠는가! 아, 나의 연인, 나의 아내여! 꿀처럼 달콤한 당신의 숨을 다 빨아먹은 죽음의 신도, 당신의 아름다움을 파괴할 힘은 아직 없는 것 같소. 당신은 정복당하지 않았소. 두 입술과 볼에는 아름다움의 깃발이 아직도 빨갛게 나부끼고 있으며, 죽음의 파리한 깃발은 아직 여기까지 오지 못했소. 티볼트, 자네도 거기 피 묻은 옷에 감싸여 누워 있구나. 아, 자네의 청춘을 두 동강 낸 바로 이 손으로 자네의 원수인 나 자신의 청춘을 찢어버리려 하는데, 내가 자네에게 이보다 더한 호의를 베풀 수야 없지 않겠나? 용서하게, 티볼트! 아, 사랑하는 줄리엣, 당신은 왜 아직도 이토록 어여쁘오? 혹시 육체를 가지지 못한 죽음의 신까지 당신에게 매혹당해 그 말라깽이 괴물이 당신을 이 암흑 속에 가두어 두고 정부로 삼자는 게 아닐까? 그럴지도 모르니 나는 언제까지나 당신과 함께 있기로 하겠소. 이 컴컴한 밤의 궁전을 다시는 떠나지 않겠소. 나는 당신의 시녀인 구더기들과 함께 여기 이곳에 머물겠소. 오, 나는 이곳을 영원한 안식처로 삼고 세상에 지친 이 몸에서 가혹한 운명의 멍에를 떨쳐버리겠소. 자, 나의 눈아, 마지막으로 보아라! 나의 팔아, 마지막 포옹을 해라! 오, 그리고 호흡의 문, 입술아, 정당한 키스로 도장을 찍어서 만물을 독점하는 죽음과 영원한 계약을 맺어라! 자, 쓰디쓴 길잡이야, 맛없는 안내자야! 너, 절망의 수로(水路) 안내인아! 바다에 지친 너의 배를 당장 바위에 부딪쳐라! 나의 사랑하는 사람을 위해서! (독약을 마신다) 오, 정직한 약제사 노인! 그대 약의 효과는 참 빠르구나. 이렇게 입맞춤하고 나는 죽는다. (쓰러진다)

로렌스 수사가 등불, 곡괭이, 삽을 들고 등장.

로렌스 수사 성 프란체스코여, 저를 도와 빨리 가게 하소서! 오늘 밤에는 왜 이렇게 자꾸만 이 늙은이의 발이 무덤에 걸리는고! 거 누구요?

발타자르 수사님을 잘 알고 있는 사람입니다.

로렌스 수사 너로구나! 그런데, 말해 다오. 구더기와 눈깔 없는 해골들을 쓸데없이 비치고 있는 저 횃불은 무엇이냐? 카풀렛 집안의 묘소에서 타고 있는가 본데.

발타자르 그렇습니다. 수사님이 사랑하시는 저희 도련님이 저곳에 계십니다.

로렌스 수사 누구라고?

발타자르 로미오 님 말입니다.

로렌스 수사 언제부터 거기 있었느냐?

발타자르 반 시간쯤 될 겁니다.

로렌스 수사 나와 함께 저 묘소에 가보자.

발타자르 안 됩니다. 도련님은 제가 떠난 줄로만 알고 계십니다. 만일 제가 여기 머뭇거리고 서서 거동을 엿보기만 하면 죽이겠다고 위협하셨습니다.

로렌스 수사 그럼 여기 있거라. 나 혼자 가겠다. 그런데 왜 이리 불안할까? 꼭 무슨 끔찍한 일이라도 일어난 것 같구나.

발타자르 제가 이 주목 밑에서 졸고 있는데, 그때 누가 도련님하고 싸우더니, 도련님이 그분을 죽이시는 것 같았습니다.

로렌스 수사 로미오! (앞으로 나온다) 아, 아니, 이게 웬 피냐! 이 무덤 어귀를 이렇게 물들이고 있는 피가? 이건 또 웬일이냐, 주인 없는 피 묻은 칼들이 평화의 안식처에 버려져 있다니? (무덤 안으로 들어간다) 로미오! 오, 창백하구나! 저건 또 누군가? 아니, 파리스도? 피투성이가 아닌가! 아, 무정한 시간. 이렇게도 비통한 짓을 한꺼번에 저질러 놓다니! 줄리엣이 깨어나는구나. (줄리엣이 눈을 뜬다)

줄리엣 아, 고마우신 수사님! 그인 어디 있지요? 저는 제가 지금 어디 있는지 잘 알고 있어요. 여기가 그곳이죠? 로미오는 어디 있어요? (밖에서 소리가 난다)

로렌스 수사 아, 밖에서 무슨 소리가 난다. 자, 줄리엣, 죽음과 전염병과 부자연스러운 잠의 자리에서 나가자. 사람의 힘으로 막을 수 없는 그 어떤 커다란 힘이 우리 계획을 망가뜨려 놓고 말았다. 자, 어서 나가자. 그대의 남편은 그대 가슴 위에 쓰러져 죽어 있고, 파리스도 죽었다. 너를 수녀원에 맡겨야겠다. 야경꾼이 오는 모양이니, 아무 말 말고 어서 이곳을 빠져나가자. 착한 줄리엣, (다시 사람 소리) 아, 더 망설이고 있을 수 없다.

줄리엣 수사님이나 가세요. 저는 나가지 않겠어요. (로렌스 수사 퇴장) 이게 뭐지? 사랑하는 로미오 손이 잔을 꼭 쥐고 있네. 아, 독약이구나. 이것으로 로미오는 순식간에 숨을 거둔 거야. 아, 무정한 사람! 다 마시고, 뒤따라가지도 못하게 한 방울도 남겨두지 않았구나. 그럼, 당신 입술에 입맞춤하겠어. 혹시 독약이 아직도 입술에 묻어 있다면 생명의 묘약처럼 나를 죽게 해주겠지. (입맞춤한다) 입술이 따뜻하네.

야경꾼 1 (무대 뒤에서) 안내해라. 어느 쪽이냐?

줄리엣 아, 사람 소리가! 얼른 해야겠구나. 아, 다행히도 단검이 있네. (로미오의 단검을 잡아 뺀다) 이 가슴이 너의 칼집이다. (자기 가슴을 찌른다) 여기 박혀서 나를 죽게 해다오. (로미오의 시체 위에 쓰러져 죽는다)

야경꾼들, 파리스의 하인과 함께 등장.

잠에서 깬 줄리엣과 독약을 마신 로미오

하인 여깁니다. 저렇게 횃불이 활활 타고 있잖아요.

야경꾼 1 땅바닥이 온통 피투성이구나. 묘지를 샅샅이 뒤져라! 몇 명 나가서 어떤 녀석이고 보이는 대로 잡아 와라. (몇몇 야경꾼들 퇴장) 여기 백작님이 칼을 맞고 죽어 있구나! 이틀 전에 묻힌 줄리엣 아가씨는 갓 죽은 것처럼 아직도 따뜻하게 피를 흘리고 있고. 어서 가서 영주님께 전해라. 카풀렛 댁에도 달려가서 알리고, 몬터규댁 사람들에게도 알려라. 나머지 사람들은 이곳을 둘러봐. (몇몇 야경꾼들 퇴장) 이 비참한 시체들이 쓰러져 있는 모습은 눈앞에 보이지만, 이 불행의 진실을 자세히 조사하지 않고서는 알 도리가 없구나.

몇몇 야경꾼들이 발타자르를 데리고 등장.

야경꾼 2 이자는 로미오의 하인인데, 묘지에서 잡았습니다.

야경꾼 1 영주님이 오실 때까지 도망가지 못하도록 붙들어 둬.

다른 야경꾼이 로렌스 수사를 데리고 등장.

야경꾼 3 이 사람은 수사인데, 떨면서 탄식하며 울고 있었습니다. 묘지 저쪽에서 나오는 것을 붙들어서 곡괭이와 삽을 빼앗았습니다.

야경꾼 1 아주 수상하구나! 그도 붙들어 둬.

영주가 시종들을 데리고 등장.

영주 새벽부터 무슨 사건이 일어났기에, 아침 잠도 못 자게 이렇게 불러내는 거냐?

카풀렛과 그의 부인, 그 밖의 사람들 등장.

카풀렛 대체 무슨 일로 밖에서 저렇게 떠들어대지?

카풀렛 부인 아, 사람들이 길에서 "로미오" 소리치고 있어요. 또 어떤 사람은

"줄리엣", 어떤 사람은 "파리스" 불러대며 야단들이군요. 우리 묘소 저쪽으로 달려가고 있어요.

영주 우리 귀를 놀라게 하는 이 무서운 소란은 무엇이냐?

야경꾼 1 영주님, 파리스 백작이 칼에 찔려 쓰러져 있고, 로미오도 죽어 있습니다. 그리고 벌써 죽은 줄리엣도 금방 숨이 끊어진 사람처럼 아직도 몸이 따뜻합니다.

영주 잘 살피고 조사하여 이 참혹한 살인의 진실을 밝히도록 해라.

야경꾼 1 여기에 수사와 살해된 로미오의 하인이 있는데, 이들은 죽은 자의 무덤을 파기에 알맞은 연장을 가지고 있습니다.

카풀렛 아니, 이런! 이것 보오. 딸아이가 쓰러져 피를 흘리고 있소! 이 단검이 뭘 잘못 알았나. 아니, 저것 봐요. 칼집은 몬터규의 허리에 빈 채로 매달려 있고 칼은 엉뚱하게 우리 딸의 가슴에 박혀 있구려!

카풀렛 부인 아, 이 죽음의 비참한 광경을 좀 봐요! 이 늙은 것을 무덤으로 불러내는 소리가 들리는 것만 같아요.

몬터규와 그 밖의 사람들 등장.

영주 몬터규, 그대가 이렇게 일찍 일어난 것이 결국은 한발 먼저 죽음의 자리에 들어간 외아들의 잠든 모습을 보기 위해서일 줄이야!

몬터규 아, 영주님. 간밤에 제 아내가 죽었습니다. 자식의 추방을 슬퍼한 나머지 비탄에 빠져 죽고 말았습니다. 그런데 또 무슨 불행이 이 늙은이를 괴롭히려 하고 있습니까?

영주 보면 알 거요.

몬터규 오, 이 버릇없는 녀석! 아비보다 먼저 무덤으로 뛰어가다니, 이 무슨 짓이냐?

영주 잠시 분노의 입을 다물어 주시오. 먼저 이 의혹을 풀고 그 밑뿌리와 원인과 속사정을 밝혀내야겠소. 그런 다음 나도 그대들과 함께 슬픔을 나누려 하오. 그대들의 처지에 서서 원수를 갚아주겠소. 그러니 그때까지 불행을 잠시 인내에 맡겨주시오. 용의자들을 이리 불러내라. (야경꾼이 로렌스 수사와 발타자르를 앞으로 데리고 나온다)

로렌스 수사 아무 힘도 없는 가장 약한 제가 때와 장소가 불리한 탓으로 이 무서운 죽음의 가장 큰 혐의자가 되고 말았습니다. 마땅한 책임에 대해서는 저 자신을 나무라고, 정당한 사리에 대해서는 스스로를 위해 해명하겠습니다.

영주 그럼 이 사건에 대해서 당장 아는 바를 말해 보시오.

로렌스 수사 간단히 말씀드리겠습니다. 얼마 남지 않은 삶인지라 지루하게 이야기할 이유도 없습니다. 저기 죽어 있는 로미오는 줄리엣의 남편, 또한 저기 죽어 있는 줄리엣은 로미오의 성실한 아내였습니다. 두 사람의 결혼식은 제가 올려주었습니다. 이들이 은밀히 결혼한 날, 티볼트가 죽었습니다. 이 때아닌 살해 사건으로 결혼식을 올린 지 얼마 안 된 로미오는 이 도시에서 추방되고, 티볼트 때문이 아니라 남편 로미오 때문에 줄리엣은 비탄에 잠겼던 것입니다. 그런데 카풀렛 님은 따님의 슬픔을 잊게 해주고자 파리스 백작과 약혼시켜 억지로 결혼식을 올리려 했습니다. 그래서 따님은 제게 찾아와 어쩔 줄 몰라 하는 표정으로 이 두 번째 결혼을 피할 방법을 찾아달라 간청하고, 그렇게 되지 않으면 제 방에서 스스로 죽어버리겠다고 했지요. 그래서 저는 평소에 익혀둔 수면제를 지어주었고, 뜻대로 효력이 나타나서 줄리엣은 마치 죽은 사람처럼 잠들었습니다. 한편 저는 로미오에게 편지를 보내어 간밤에 이곳으로 오게 했습니다. 이 무서운 밤에 약효가 다해지기 때문에 저와 함께 줄리엣을 이 무덤에서 구해 내기로 한 것이지요. 그런데 제 편지를 들고 간 존 수사는 사고로 길이 막혀 어젯밤 그 편지를 제게 다시 가지고 왔습니다. 그래서 저는 줄리엣이 깨어나는 예정 시각에 조상의 봉안당에서 줄리엣을 구해 내려고 혼자서 이곳에 달려왔습니다. 그녀를 얼마 동안 제 수도실에 숨겨두고 로미오에게는 때를 봐서 사람을 보낼 생각이었지요. 그런데 와보니, 줄리엣이 깨어나기 직전인데 뜻밖에도 파리스 백작과 로미오가 죽어 있지 않겠습니까. 마침 줄리엣이 깨어나서 그녀에게 밖으로 나갈 것을 권하고, 모든 것은 다 하늘의 뜻이니 마음을 가라앉히라고 타일렀습니다. 바로 그때 사람 소리가 나서 저는 놀라 무덤에서 뛰어나왔는데, 줄리엣은 절망한 나머지 따라 나오려고 하지 않더니만 끝내 목숨을 끊고 만 것 같습니다. 이것이 제가 아는 모두입니다. 그들의 결혼은 유모도 알고 있습니다. 만일 저에게 잘못이 있다면, 어차피 얼마 남지 않은

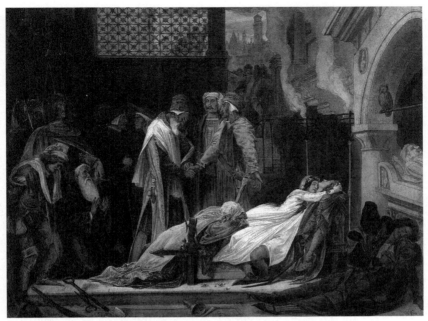

〈몬터규 집안과 카풀렛 집안의 화해〉 프레더릭 레이턴. 1854.

이 목숨, 가을 서릿발 같은 엄한 법으로 알맞은 처단을 내려주십시오.

영주 우리는 평소에 그대를 덕망 있는 사제로 알고 있던 터요. 그러면 로미오의 하인은 어디 있느냐? 네가 할 말은 없느냐?

발타자르 저는 줄리엣 아가씨가 돌아가셨다는 소식을 도련님께 전해 드렸습니다. 그랬더니 도련님은 만토바에서 곧바로 말을 달려 이곳, 이 묘소로 오셨습니다. 그리고 이 편지를 아침 일찍 아버님께 전하라 분부하시고는 무덤 안으로 들어가면서, 만일 제가 도련님을 혼자 있게 내버려 두지 않고 이곳을 떠나지 않는다면 저를 죽이겠다고 말씀하셨습니다.

영주 그 편지를 이리 내놔라. 어디 읽어보자. 야경꾼을 부른 백작의 하인은 어디 갔느냐? 그래, 네 주인은 이곳에서 무엇을 하고 있었느냐?

시동 제 주인님은 아가씨의 무덤에 꽃을 뿌리려고 오셨습니다. 그리고 저더러 저리 가 있으라고 하셨어요. 그래서 저는 그대로 했습니다. 그런데 누가 횃불을 들고 무덤을 열려고 왔는데, 안에 있던 파리스 백작님이 대뜸 그분에게 칼을 빼셨어요. 그래서 저는 야경꾼을 부르러 달려간 것입니다.

영주 이 편지를 보니, 두 사람이 사랑하게 된 과정과 줄리엣의 죽음 등 수사의 증언이 틀림없음을 알겠구나. 또 이 편지에는 로미오가 가난한 약제사에게서 독약을 구해 이 묘소에 와서 죽고, 줄리엣과 한 무덤에 묻히려 한 것도 자세히 쓰여 있구나. 두 원수들은 어디 있소? 카풀렛과 몬터규는 어디 있소? 자, 서로의 증오에 대해 하늘이 어떤 벌을 내렸는가 보시오. 그대들의 기쁨인 자식들을 서로 사랑하게 함으로써 오히려 서로를 파멸시켰소. 나도 그대들의 불화를 모르는 척하고 있다가 친척을 둘이나 잃고 말았소. 우리 모두 벌을 받은 것이오.

카풀렛 오, 몬터규 님, 그 손을 주십시오. 그 손을 딸에게 주는 결혼 선물로 삼겠습니다. 어찌 이 이상 요구하겠습니까.

몬터규 아닙니다, 더 드리리다. 나는 순금으로 따님의 조각상을 세우겠습니다. 베로나가 베로나의 이름으로 남아 있는 한, 진실하고 정숙한 줄리엣의 조각상만큼 찬양받는 상은 없을 것입니다.

카풀렛 그럼 나도 그와 똑같이 훌륭한 로미오의 조각상을 줄리엣 조각상 곁에 세우겠습니다. 우리 두 집안의 갈등으로 말미암은 가엾은 희생의 기념으로!

영주 서글픈 평화를 가져온 아침이오. 태양도 슬픔에 고개를 들지 않는구려. 자, 이제 돌아가서 슬픈 이야기나 더 나눕시다. 더러는 용서하고, 더러는 벌을 주겠소. 이 세상에 줄리엣과 로미오의 이야기만큼 애절한 이야기가 또 어디 있겠소. (모두 퇴장)

Titus Andronicus

티투스 안드로니쿠스

[등장인물]

사투르니누스   전(前) 로마 황제의 큰아들. 뒷날 황제

바시아누스   사투르니누스의 아우. 라비니아와 사랑에 빠짐

티투스 안드로니쿠스   이름난 로마 장군

마르쿠스 안드로니쿠스   호민관, 티투스의 아우

루키우스
퀸투스   } 티투스 안드로니쿠스의 아들들
마르티우스
무티우스

어린 루키우스   루키우스의 아들

푸블리우스   마르쿠스 안드로니쿠스의 아들

셈프로니우스
카이우스   } 티투스의 친척
발렌타인

아이밀리우스   로마 귀족

알라르부스
데메트리우스   } 타모라의 아들들
키론

아론   무어인, 타모라의 정부

광대

타모라   고트족 왕비, 뒷날 로마 황후

라비니아   티투스 안드로니쿠스의 딸

유모 및 흑인 아이

그 밖에 원로원 의원들, 호민관들, 장교들, 사병들, 시종들, 전령 및 로마인들과 고트족 사람들

[장소]
로마와 그 부근

티투스 안드로니쿠스

〔제1막 제1장〕

로마. 유피테르 신전 앞.
나팔 소리. 호민관과 원로원 의원들, 위층에 등장. 아래층 무대 한쪽 문으로 사투르니누스와 그의 추종자들이 나온다. 다른 쪽 문으로는 바시아누스와 그를 따르는 이들이 나온다. 양쪽 모두 북과 나팔을 가지고 있다.

사투르니누스 귀족 여러분, 나의 권리를 보호하시는 여러분, 병력을 보태어 정의를 지켜주십시오. 동포 여러분, 나를 따르는 친애하는 여러분, 여러분의 칼로써 내 상속권을 지켜주십시오. 나는 얼마 전까지도 로마 왕관을 쓰고 있던 군주의 맏아들입니다. 그러니 아버지의 영예를 내가 잇도록 해주시고, 부디 연장자인 나에게 이러한 치욕을 겪지 않게 해주시기 바랍니다.

바시아누스 로마 시민 여러분, 소중한 벗들이여, 나를 따르는 여러분과 내 권리를 옹호해 주시는 여러분, 전(前) 황제 카이사르의 아들인 바시아누스를 나쁘게 생각하지 않는다면, 신전으로 가는 길을 굳게 지켜 미덕과 정의와 극기 정신과 고결함에만 바쳐지는 왕좌가 더럽혀지지 않게 해주시고, 자유 선거에 따라 진실로 덕이 있는 사람을 뽑아주십시오. 로마 시민 여러분, 여러분 자신의 선택의 자유를 위해 싸우는 것을 잊지 마십시오.

마르쿠스 안드로니쿠스가 왕관을 들고 위층에 등장.

마르쿠스 황자들이시여, 왕위를 차지하기 위해 파벌을 만들고 자기 편을 모아서 서로 다투시지만 우리가 대표하는 로마 시민들은, 로마의 새로운 황제 후보로 수많은 공을 세워 애국자라는 이름을 갖게 된 티투스 안드로니쿠스를 선정했습니다. 이 로마시 성벽 안에는 그보다 더 고결한 사람, 그보다 더 용감한 사람은 없습니다. 그는 아들들을 이끌고 이미 여러 해 동안 야만족인 고트족을 토벌하여 언제나 적들이 두려워하는 대상이 되었으며, 마침내는 강력한 적국을 굴복케 했습니다. 원로원에서는 특사를 보내 그를 불러들였습니다. 그가 로마를 위해 저 교만한 적군을 응징해 온 지 십 년이란 세월이 흘렀습니다. 용감한 아들들의 관을 짊어지고 피를 흘리며 싸움터에서 로마로 돌아온 일이 다섯 번이나 됩니다. 마침내 티투스 안드로니쿠스는 많은 명예의 전리품을 가지고 훌륭한 장군으로서 로마로 돌아오고 있습니다. 그의 영예는 마땅히 두 분이 잇기를 바랄 것이나 우리는 그를 영예롭게 받들어야 하니, 두 분께 신전 및 원로원의 권위를 빌려 간곡히 요청합니다. 물러가셔서 무력을 줄이고 부하들을 해산하신 뒤 평화롭고 겸손하게 자신의 권리를 주장하시기 바랍니다.

사투르니누스 호민관의 말이 옳으니, 나는 불만이 없소.

바시아누스 마르쿠스 안드로니쿠스, 나는 당신이 고결하고 정직하다는 것을 믿으오. 당신과 당신 친척들, 당신의 고결한 형 티투스와 그의 아들들을 존중하며, 특히 품위 있는 라비니아는 로마의 귀한 장식이라고까지 경애하고 있소. 그러므로 나는 지금 곧 사랑하는 벗들을 해산하고, 나의 주장은 나의 운과 시민들 뜻에 모두 맡기겠소. (군사들과 함께 퇴장)

사투르니누스 나의 권리를 지켜주기 위해 성심을 다해 준 벗들이여, 나는 여러분 모두에게 감사드리며, 이 자리에서 여러분을 해산하겠습니다. 그리고 나 자신과 나의 주장을 시민의 사랑과 호의에 모두 맡기겠습니다. 로마여, 내가 그대를 믿고 그대에게 호의를 갖고 있듯이, 나에게 공정하고 자비롭게 대해 주오. 자, 문을 열고 내가 들어가게 해 주오. (군사들과 함께 퇴장)

바시아누스 호민관 여러분, 가엾은 경쟁자인 나도 들어가게 해주시오.

나팔 소리. 모두들 원로원 쪽으로 간다. 한 장교 등장.

장교 로마 사람들이여, 길을 비켜주시오. 미덕의 옹호자이며 로마에서 가장 훌륭한 전사인 안드로니쿠스가 전투에서 승리하여 로마의 적을 굴복시키고 적국으로부터 명예와 행운을 손에 거머쥐고 이제 개선합니다.

북과 나팔 소리. 그리고 티투스의 두 아들, 마르티우스와 무티우스 등장. 그들 뒤로 두 남자가 검은 천으로 덮은 관을 들고 나온다. 그 뒤로 또 티투스의 아들인 루키우스와 퀸투스가 나오고, 티투스 안드로니쿠스가 등장. 이어서 고트족 왕비 타모라와 그의 아들인 알라르부스, 데메트리우스, 키론과 무어 사람 아론 및 많은 고트족들이 포로의 몸으로 등장. 티투스, 관을 땅에 내려놓고 말한다.

티투스 상복을 입고 승리에 도취한 로마제국이여! 반갑소, 반갑소! 보십시오, 거대한 범선이 처음에 닻을 올린 항구로 보물을 가득 싣고 돌아와 그 귀한 것들을 내려놓듯이, 안드로니쿠스가 월계수 가지를 머리에 두르고 눈물을, 진실로 기쁨의 눈물을 흘리며 다시금 돌아온 로마여, 인사를 드리오. 오, 이 신전의 위대한 옹호자(유피테르)시여, 우리가 이제 행하려는 의식을 축복해 주소서! 로마 사람들이여, 트로이의 프리아모스 왕 아들들의 숫자와 비교하면 그 반수인 용감한 아들 스물다섯 가운데 이 넷만이 남고, 나머지는 모두 전사했습니다. 이들 생존자에게는 사랑으로 보답해 주십시오. 그리고 주검이 되어 조국으로 돌아온 아들들에게는, 선조들과 함께 묻히는 영예를 주십시오. 이제 고트족들은 나로 하여금 칼을 칼집에 도로 넣게 해주었습니다. 자기 자신에 대해서는 불친절하고 부주의한 티투스여, 전사한 아들들을 묻지도 않고 그들이 저 두려운 저승길 강가를 떠돌게 내버려 두려는가! 자, 그들이 동포 곁에 누울 수 있도록 무덤을 열어주시오. (무덤의 문이 열린다) 나라를 위해 전사한 자들이여, 죽은 사람들의 관례대로 말없이 인사하고, 평화롭게 잠들라. 오, 나의 가장 사랑하는 이들이 머무는 곳이여, 미덕과 고결함을 지니고 있는 그리운 무덤굴이여, 너는 나의 아들 스무남은 명을 그 품에 데리고 있으면서, 그 가운데 단 하나도 돌려주지 않으려는가?
루키우스 고트족 포로들 가운데 가장 신분이 높은 놈을 저에게 넘겨주십시오. 그놈의 팔다리를 잘라, 형제들의 유골을 넣어두는 이 지하감옥 앞에서 불태워 그 영전에 바치겠습니다. 그래야만 망령의 원한이 풀리고, 우리의 마음도 위로받을 것입니다.
티투스 그렇다면 생존자들 가운데 가장 신분이 높은, 비탄에 잠긴 이 왕비의 맏아들을 너에게 넘겨주겠다.
타모라 로마분들이여, 기다려 주십시오! 자비로운 정복자, 승리를 거두신 티투스 장군님, 아들 때문에 눈물 흘리는 어미의 슬픔을 가엾게 여겨주십시오. 장군께 장군의 아드님들이 소중한 존재라면, 저에게도 제 아들들이 소중한 존재임을 헤아려 주십시오. 저희가 포로가 되어 이처럼 끌려와서 장군님의 개선을 빛내는 것만으로도 충분할 터인데, 나라를 위해 용감하게 싸운 아들까지도 거리에서 죽임을 당해야 한단 말입니까? 오! 왕과 나라를 위해 싸우는 것이 당신들이 마땅히 나아가야 할 길이라면, 저희 또한 마찬가지입니다. 안드로니쿠스 장군님, 피로써 무덤을 더럽히지 마십시오. 하느님의 본성을 본받고 싶으십니까? 그렇다면 먼저 하느님의 자비를 본받으십시오. 부드러운 자비는 고결함의 참된 표현입니다. 고결하신 티투스 장군님, 제 맏아들을 살려주십시오.

티투스 안됐지만, 참아주시오. 이들은 고트족이 죽인 사람들의 형제들이오. 그러므로 살해당한 형제들의 종교의식을 위하여 살아 있는 제물을 요구하는 거요. 신음하며 죽어간 아들들의 넋을 달래기 위해서는 당신의 아들을 죽여 바쳐야 하겠소.

루키우스 자, 빨리 데리고 가자! 어서 불을 피워라. 우리의 칼로 팔다리를 잘라 불타는 나뭇더미 위에서 깨끗이 태워버리자. (형제들과 함께 알라르부스를 끌고 퇴장)

타모라 오, 잔인무도하고 종교인답지 않은 신앙심이여!

키론 스키타이족의 야만성도 이렇지는 않았습니다.

데메트리우스 야심 많은 로마는 스키타이와는 비교할 수 없지요. 알라르부스는 안식을 얻으러 가지만, 남은 우리는 티투스의 무서운 눈을 보고 떨면서 살아가야 합니다. 어머니, 마음을 굳게 가지십시오. 트로이 왕비에게 가혹한 복수의 기회를 주어 트라키아의 폭군을 자기 진영에서 죽이게 한 신께서 고트족이라는 이름을 지녔던 시절 훌륭한 왕비였던 타모라를 도와, 이 잔인한 행동에 보복할 수 있는 때가 오기를 기다리십시오.

루키우스, 퀸투스, 마르티우스, 무티우스가 저마다 피 묻은 칼을 들고 다시 등장.

루키우스 아버지, 보십시오, 로마 의식대로 행했습니다. 알라르부스의 팔다리를 자르고, 내장도 불 속에 제물로 바쳤습니다. 그 연기는 향료처럼 향기를

연극 〈티투스 안드로니쿠스〉 피터 브룩 연출, 로렌스 올리비에(티투스 역)·비비안 리(라비니아 역) 출연. 파리 시립극장 공연. 1950.

퍼뜨리며 하늘에까지 올라갔습니다. 이제 남은 일은 큰 소리로 나팔을 불
어 그들의 귀국을 환영하며 형제들을 묻어주는 것입니다.

티투스 그렇게 하여라. 나는 아들들의 넋에게 마지막 인사를 하겠다. (나팔
소리. 관이 무덤에 묻힌다) 나의 아들들아, 평화롭게 이 영광을 누려라. 로마를
위해 앞장서서 싸운 용사들이여, 이곳에서 편히 잠들라. 이제 너희들은 이
세상의 우연이나 불운에 시달리지 않으리라. 이곳에는 반역도 질투도 없다.
독초도 자라지 않고, 거친 비바람도 몰아치지 않으며, 소란도 일어나지 않
는다. 침묵과 영원한 잠이 있을 뿐. 나의 아들들아, 평화롭게 이 영광을 누
리며 편히 잠들어라.

라비니아 등장.

라비니아 티투스 장군님, 평화롭게 영광을 누리며 오래오래 사십시오. 아버
지! 아버지의 명예를 축하드립니다! 아버지, 보십시오! 저는 형제들 장례를
위해서 무덤에 눈물을 바치고, 아버지의 개선을 축복하기 위해 이처럼 아버

지 앞에 무릎 꿇으며 기쁨의 눈물을 흘립니다. 오! 승리하신 귀한 손으로, 로마 귀족까지도 칭찬하는 아버지 손으로 저를 축복해 주십시오.

티투스 친절한 로마여, 나를 기쁘게 하기 위하여 이 늙은이의 강장제를 이처럼 보존해 주었구나! 라비니아, 오래 살아라. 숙녀로서 칭송받으며, 아비보다도 불멸의 명예보다도 오래 살아라!

마르쿠스 안드로니쿠스와 다른 호민관들, 사투르니누스와 바시아누스 및 그 밖의 사람들 등장.

마르쿠스 티투스 장군 만세! 나의 존경하는 형님, 로마 시민이 우러러보는 개선장군!

티투스 고맙네, 호민관! 나의 존경하는 동생 마르쿠스!

마르쿠스 살아남은 조카들과 명예롭게 잠이 든 조카들이여, 그대들의 개선을 축하하네! 오, 귀족 여러분, 이번에 나라를 위하여 칼을 뽑은 여러분은 다 함께 행운을 얻었으나, 이 성대한 장례식 주인공은 이른바 솔론*¹의 행복을 갈망하여 명예롭게 잠이 듦으로써 행운보다 더 고귀한 기쁨을 얻은, 더 안전한 개선자들입니다. 티투스 안드로니쿠스 장군이시여, 형님께선 언제나 로마 시민의 벗으로서 정의를 위해 싸웠습니다. 그러므로 로마 시민은 그들의 호민관인 저에게 모든 권한을 위임하고, 형님께 이 희고 고결한 외투를 보내어 제위를 계승하는 선거에서 선제(先帝) 황자들과 똑같이 지명될 수 있는 후보자가 되게 했습니다. 그러니 이 옷을 입으시고 후보자가 되어, 지도자가 없는 이 로마에 새 지도자가 나오는 데 보탬이 되어주십시오.

티투스 이 빛나는 로마의 지도자로서는 늙고 허약한 자보다 더 훌륭한 이가 나와야 마땅하다. 내가 이런 옷을 입고, 여러분께 괴로움을 끼쳐야 할 까닭이 없다. 오늘은 황제로 뽑힌다 해도 내일 자리를 등지고 세상을 떠나게 된다면 또다시 이 나라가 선거로 떠들썩해질 거다. 로마여, 나는 오늘까지 40년 동안 그대의 군인으로서 나라의 병력을 이끌고 싸움에 나갈 때마다 이겼으며, 스물한 명이나 되는 아들이 싸움터에서 기사로서 당당하게 전사했

---

*1 고대 그리스 아테네의 시인·정치가. 채무로 노예가 된 시민들을 해방시키고 인신 담보의 대부를 금지 했으며, 참정권과 병역 의무를 규정하여 입헌 민주 정치의 기초를 세웠다.

소. 이 늙은 사람을 위한다면 명예의 지팡이를 주시오. 이 세상을 다스리는 왕위는 원치 않습니다. 귀족 여러분! 우리의 이전 황제야말로 훌륭한 분이 었습니다.

마르쿠스 티투스 장군, 요구하시기만 하면 이 나라는 장군 것이 됩니다.

사투르니누스 교만하고 야심에 가득 찬 호민관이여, 어찌 그런 말을!

티투스 참으십시오, 사투르니누스 황자님.

사투르니누스 로마 시민이여, 나의 권리를 인정해 주오. 귀족 여러분, 칼을 뽑아주오. 그리하여 이 사투르니누스가 로마 황제가 될 때까지는 칼집에 넣지 말아주오. 안드로니쿠스, 민중의 마음을 내게서 빼앗아 가려거든, 차라리 지옥에나 빠져버리오!

루키우스 황자님, 너무하십니다. 마음이 고결한 티투스 장군은 호의를 보이려 하는데, 황자님은 그것을 가로막고 계시지 않습니까?

티투스 황자님, 안심하십시오. 민중의 마음을 황자님께 돌리겠습니다.

바시아누스 안드로니쿠스, 나는 당신에게 아첨하지는 않겠소. 나는 당신을 존경하오. 아마 죽을 때까지 존경할 것이오. 당신이 당신의 벗들과 함께 나를 도와준다면 매우 고맙겠소. 고결한 사람들에게 명예로운 보상은 감사이니까요.

티투스 로마 시민 여러분, 그리고 이곳에 계신 호민관 여러분! 여러분의 발언권과 선거권을 이 안드로니쿠스에게 양보하는 호의를 베풀어 주십시오.

호민관 모두 안드로니쿠스 장군에게 감사를 표하고 장군의 개선을 축하하는 뜻에서, 안드로니쿠스 장군이 좋다고 하는 사람이라면 로마 시민들은 누구라도 받아들일 겁니다.

티투스 호민관 여러분, 고맙소. 그렇다면 여러분께 부탁하겠소. 선제(先帝)의 맏아들인 사투르니누스 황자님을 선택하시기 바랍니다. 그분의 덕은 태양신이 쏟아내는 빛이 대지를 드리우듯 온 로마를 비추어, 정의로써 이 공화국을 다스려 주시리라 믿습니다. 내 의견에 찬성하신다면 황자님께 왕관을 바치고, "사투르니누스 황제 만세!"라고 외쳐주시오.

마르쿠스 귀족, 평민 등 모든 계급 사람들이 함께 이구동성으로 환호하며, 황자님을 로마 황제로 모십니다. 사투르니누스 황제 만세! (긴 나팔 소리)

사투르니누스 티투스 안드로니쿠스, 오늘 선거에서 장군이 내게 보여준 호의에, 지금은 다만 그 공로에 감사의 말씀을 드리고, 다음에는 행동으로 장군의 고결한 판단에 보답하겠소. 그리고 가장 먼저 당신의 이름과 당신의 집안을 드높이기 위해 라비니아를 황후로 맞이하겠소. 로마 황제의 아내, 내 마음의 아내로서 신성한 판테온에서 혼례를 올리겠소. 안드로니쿠스, 어떻소, 반대하지는 않겠지요?

티투스 참으로 감사합니다. 제 딸을 황후로 삼으시겠다니, 저로서는 큰 영광입니다. 이제 모든 로마 사람들이 보는 가운데 우리 공화국의 황제요 통솔자이며 온 세계 황제인 사투르니누스 폐하께 저의 칼과 전차와 포로들을 바치겠습니다. 로마 황제께 바치기에 마땅한 것들이라 생각합니다. 제 명예의 상징인 이들 선물을, 폐하의 발아래 바치오니 거두어 주십시오.

사투르니누스 내가 아버지처럼 존경하는 고결하신 티투스 장군, 고맙소! 장군과 장군이 주신 선물을 내가 얼마나 존중하는지 길이 로마의 기록에 남기겠소. 그리고 내가 말로는 다할 수 없는 이들 공로를 조금이라도 잊는 일이 있다면, 로마 시민 여러분은 나에 대한 충성심을 잊어도 좋습니다.

티투스 (타모라에게) 자, 왕비, 당신은 이제부터 황제의 포로가 되었소. 황제께서는 당신의 신분을 봐서 당신과 당신 부하들을 우대할 것이오.

사투르니누스 (혼잣말로) 살결이 매우 곱군. 새로 택한다면 저 여자를 택하고 싶다. (타모라에게) 훌륭한 부인, 안심하오. 패전으로 비록 불행한 몸이 됐지만 그렇게 우울한 표정을 짓지는 마오. 로마로 데리고 왔으나 모욕을 주지는 않을 것이오. 모든 면에서 왕족으로 대우하겠소. 나의 말을 믿고서 결코 절망하지 마오. 당신을 고트족 왕비 이상의 몸으로도 만들 수 있는 내가 위로하는 것이오. 라비니아, 이렇게 말한다고 해서 불쾌하게 생각하지는 않겠지?

라비니아 천만의 말씀입니다. 마음이 고결하신 분이 황제로서의 예의로 그처럼 말씀하시는 거니까요.

사투르니누스 사랑스러운 라비니아, 고맙소. 로마 사람들이여, 자, 갑시다. 배상금은 받지 않고 포로들을 풀어주겠다. 나팔을 불고 북을 쳐서, 나의 영광을 널리 알려라. (앞장서서 몇 발자국 걸어간다)

바시아누스 (라비니아를 잡으며) 티투스 장군, 미안하지만 이 소녀는 나의 사람입니다.

티투스 뭐라고요? 정말입니까?

바시아누스 예, 그렇습니다, 고결하신 티투스 장군. 그리고 정당하고 옳은 일에 대해 내 뜻을 끝까지 굽히지 않겠습니다.

마르쿠스 '모든 이에게 자기 몫을(Suum cuique)'이 로마의 정의(正義)입니다. 이 황자가 라비니아를 자기 사람으로 삼는 게 마땅합니다.

루키우스 그렇습니다. 이 루키우스가 살아 있는 한 그렇게 되고야 말 것입니다.

티투스 에잇, 이 반역자들아, 물러가라! 황제의 호위병은 어디 있는가? 폐하, 반역입니다. 라비니아를 갑자기 빼앗아 가려 합니다.

사투르니누스 뭐, 뺏어가? 누가?

바시아누스 약혼자가 데리고 가는 것이니 다른 사람이 참견할 일이 아닙니다.

무티우스 형님들은 라비니아를 데리고 가도록 도우십시오. 저는 이 칼로 이 문을 지키겠습니다. (마르쿠스와 바시아누스, 라비니아를 데리고 퇴장)

티투스 폐하, 뒤에 오십시오. 제 딸은 곧 데리고 오겠습니다.

무티우스 아버지, 이곳은 지나가실 수 없습니다.

티투스 뭐라고, 고약한 놈! 로마에서 나의 길을 막아? (무티우스를 찌른다)

무티우스 루키우스, 루키우스, 살려주오! (죽는다)

루키우스, 다시 등장.

루키우스 아버지, 이것은 옳지 못합니다. 아니, 그 이상입니다. 아버지는 옳지 못한 일로 아들을 죽였습니다.

티투스 너도, 그놈도 내 아들이 아니다. 내 아들이라면 나에게 그토록 모욕을 주지는 못할 거다. 반역자야, 라비니아를 빨리 황제께 돌려드려라!

루키우스 죽으면 죽었지, 그렇게 할 수는 없습니다. 그녀에게는 약혼자가 있습니다. (퇴장)

사투르니누스 그만두시오, 티투스! 내게는 이제 그녀가 필요 없소. 그녀도, 당신도, 당신 집안 어느 누구도 필요없소. 나를 조롱하는 자는 내가 지나치게 한가할 때나 믿겠소. 당신도, 거만한 반역자인 당신의 아들들도 믿을 수가 없소. 그대들은 모두 이처럼 나를 모욕하려고 함께 일을 꾸민 자들이오. 로마에서 조롱거리가 될 만한 사람이 사투르니누스밖에는 없었소? 안드로니쿠스, 이 행동은 그대의 건방진 말들과 잘 어울리오. 그대는 내가 그대에게 애원하여 제위에 올랐다고 큰소리치고 있었을 거요.

티투스 오, 절대 아닙니다. 이 무슨 당치도 않은 비난의 말씀이십니까.

사투르니누스 그대 마음대로 하오. 그 절조 없는 계집은 칼을 휘두르며 데리고 간 그놈에게나 주시오. 용감한 사위를 맞이하게 되어 좋겠소. 그대의 난폭한 아들들과 싸워서 로마를 시끄럽게 만들기에 안성맞춤인 놈이니.

티투스 아, 그 말씀은 상처입은 이 가슴을 면도날처럼 도려내는군요.

사투르니누스 이렇게 되었으니, 사랑스러운 타모라, 여러 여신들 가운데 위엄 있는 디아나처럼, 이 로마시의 가장 잘난 귀부인들의 빛을 뺏는 고트족 왕비여, 조금 갑작스럽기는 하지만 당신만 반대하지 않는다면 나는 당신을 신부로 맞이하여 로마 제국의 황후로 삼고 싶소. 찬성하는지 어떤지 대답해주시오. 다행히도 성직자와 성수가 가까이 있고, 촛불도 빛나고, 모든 것이 히멘(결혼의 신)을 영접할 수 있도록 되어 있으니, 나는 로마의 모든 신께 맹세하오. 이 신부와 혼례를 마치고 함께 돌아가지 않는 한 다시는 거리에 나가지 않을 것이며, 궁전에도 들어가지 않겠소.

타모라 저도 이곳, 하늘이 내려다보고 있는 곳에서 로마 사람들에게 맹세합니다. 만일 사투르니누스 황제가 고트족 왕비를 아내로 맞이한다면, 황제의 시녀가 되어 그분의 요구에 응하고 또한 젊으신 황제의 보모도 되고 어머니도 되어서 잘 살펴드리겠습니다.

사투르니누스 자, 왕비, 그러면 신전으로 갑시다. 귀족 여러분, 여러분도 함께 갑시다. 하늘이 황제 사투르니누스에게 보내신 이 신부는, 그녀의 지혜 덕분에 이 행운을 얻게 된 것이오. 신전에서 모든 혼례식을 마치겠소. (티투스만 남고 모두 퇴장)

티투스 나는 이 혼례에도 초대받지 못했다. 아, 티투스, 이런 모욕을 당하고, 억울한 말을 듣고, 홀로 거리를 거닐던 적이 있었던가?

마르쿠스, 루키우스, 퀸투스 및 마르티우스 다시 등장.

영화 〈티투스 안드로니쿠스〉 줄리 타이머 연출, 안소니 홉킨스(티투스 역, 오른쪽)·알란 커밍(사투르니누스 역, 왼쪽) 출연. 1999.

마르쿠스 오, 티투스 형님, 이게 어찌 된 일입니까? 형님은 옳지 못한 다툼에서 훌륭한 아들을 죽였습니다.

티투스 이 바보 같은 호민관, 무슨 소리를 하고 있나? 함께 일을 꾸며서 집안 전체를 치욕스럽게 만든 놈들은 내 아들이 아니다. 너도 내 동생으로 생각하지 않고, 이놈들 또한 내 아들로는 생각하지 않는다.

루키우스 그렇지만 무티우스를 적당한 방법으로, 형제들과 함께 묻는 일만은 허락해 주십시오.

티투스 에이, 이 배반자들아, 물러가라! 그놈은 이 무덤에서 쉴 수 없다. 이 무덤은 5백 년이나 된 것을 내가 다시 훌륭하게 만들었다. 이 안에서는 로마를 위해 일을 한 명예로운 용사만이 쉴 수 있다. 싸움에서 비열하게 죽은 놈은 안 된다. 어디 다른 곳에 묻어라. 이곳은 안 된다.

마르쿠스 형님, 그것은 옳지 못합니다. 나의 조카 무티우스의 공로를 생각해 보십시오. 그는 형제들과 같은 곳에 묻어주어야 됩니다.

퀸투스/마르티우스 그렇지 않으면 저희도 그의 뒤를 따르겠습니다.

티투스 "그렇지 않으면!" 어느 몹쓸 놈이 그따위 말을 지껄였느냐?

퀸투스 이곳만 아니라면 어디서라도 그 일을 실행해 보일 남자가 말한 겁니다.

티투스 뭐! 내 말을 어기고서라도 그를 이곳에 묻겠다는 건가?

마르쿠스 티투스 형님, 그런 것이 아닙니다. 그러나 간곡히 요청하노니 무티우스를 용서하시고, 그를 묻게 해주십시오.

티투스 마르쿠스, 너도 내 머리를 치고, 이놈들과 더불어 나의 명예를 해쳤다. 너희들은 모두 나의 원수다. 그러니 더는 귀찮게 굴지 말고 물러가라.

마르티우스 아버지는 제정신이 아니십니다. 물러갑시다.

퀸투스 나는 싫어. 무티우스를 묻을 때까지는 못 간다. (티투스의 아들들과 마르쿠스, 무릎 꿇는다)

마르쿠스 형님! 이렇게 부르며 동생이 애달프게 바라오니…….

퀸투스 아버지! 이렇게 부르며 아들이 간곡히 요청하오니…….

티투스 모두 그래 봤자 소용없으니, 더는 말하지 말아라.

마르쿠스 나의 영혼 못지않게 귀한 티투스 형님…….

루키우스 저희의 영혼이시며 저희 자신이기도 한 존경하는 아버지…….

마르쿠스 제발, 이 마르쿠스에게 저 훌륭한 조카를, 준걸(俊傑)들이 잠자고 있는 이 무덤에 묻는 것을 허락해 주십시오. 그는 라비니아의 정조를 지키기 위해 죽은 겁니다. 형님은 로마 사람이니, 야만적인 행동을 하시면 안 됩니다. 그리스 사람은 스스로 목숨을 끊은 아이아스를 묻는 것을 처음에는 거절했으나, 라에르테스의 아들(오디세우스)이 간절히 변론하자 다시 생각을 바꾸어 묻게 해주었습니다. 그러니 형님의 사랑하는 아들 무티우스를 이곳에 묻도록 허락해 주시겠습니까?

티투스 일어서게, 마르쿠스. 로마 시내에서 내 아들에게 모욕을 당하다니. 아, 오늘은 가장 우울한 날이다! 자, 그를 묻게. 그리고 다음에는 나를 묻어주게. (무티우스의 시신이 무덤에 묻힌다)

루키우스 사랑하는 무티우스, 너의 벗들과 함께 그곳에 누워 있어라. 곧 온갖 기념품으로 네 무덤을 꾸며줄 테니.

모두 (무릎을 꿇고) 훌륭한 무티우스를 위해 누구 하나 눈물 흘린 사람은 없으나, 도의를 위하여 죽었으니 그 아름다운 이름은 영원히 살아남을 것이다.

마르쿠스 형님, 이 우울한 기분을 벗어나기 위해 묻습니다만, 어떻게 그 교활한 고트족 왕비가 갑자기 황후가 되었는지요?

티투스 자세한 내용은 모르지만, 그렇게 된 것만은 사실이다. 계략의 결과인지 아닌지는 하늘만이 알겠지. 그녀가 이 행운을 얻게 된 것은, 결국 자신을 데리고 온 사람 덕분이라고 생각하지 않을까?

마르쿠스 그렇게 생각할 겁니다. 그리고 그 은혜에 훌륭하게 보답할 겁니다.

사투르니누스가 타모라, 데메트리우스, 키론, 아론을 비롯하여 시종들을 데리고 한 쪽에서 등장. 다른 쪽에서 바시아누스, 라비니아와 몇몇 사람들 등장.

사투르니누스 바시아누스, 자네는 경기에 이겨서 상을 얻은 것이네. 하느님이 자네와 그 아름다운 신부에게 기쁨을 내려주시기를 기원하네.

바시아누스 폐하께서도 그리되시기를 바랍니다! 말씀드리는 것도, 바라는 것도 그것뿐입니다. 그러면 물러가겠습니다.

사투르니누스 이 역적아, 로마에 법률이 있고 나에게 권력이 있는 한, 너와 너의 무리들은 오늘의 이 강탈을 반드시 후회하게 될 거다.

바시아누스 저의 것, 제 약혼자, 이제는 이미 아내라고 부르는 여자를 데리고 간 것을 강탈이라고 하십니까? 로마 법률에 따라 재판하십시오. 그때까지는 저의 것을 놓지 않겠습니다.

사투르니누스 알겠다. 아주 무엄하구나. 나도 살아 있는 한 너를 가혹하게 대할 터이니 그리 알아라.

바시아누스 폐하, 저의 행동에 대해서는 최선을 다해 목숨을 걸고서라도 책임을 지겠습니다. 그것은 그렇고, 이것만은 알아두십시오. 로마에 대한 모든 의무를 걸고서 말합니다만, 여기 있는 이 훌륭한 티투스 장군은 딸 라비니아를 되찾으려다 자기 막내아들을 죽인 탓으로, 사람들이 그를 덜 존경하게 되었고 명예가 손상되었지만, 그것은 폐하에 대한 충성심과 숨김 없는 성격 때문에 딸을 바치려는 의도가 좌절되어 화가 나서 한 일입니다. 폐하, 제발 그분을 우대해 주십시오. 그분은 언제나 폐하께는 아버지처럼, 로마에 대해서는 친구로서 행동한 분입니다.

티투스 바시아누스, 내 행동에 대한 변호는 그만두시오. 나를 모욕한 것은 당신과 그놈들입니다. 로마여, 올바른 신들이여, 내가 얼마나 사투르니누스 황제를 존경했는지 판단해 주십시오.

타모라 폐하께서 이 타모라를 점잖은 여자로 보신다면 이곳에 있는 여러분들을 위해 공평하게 말씀드리는 저의 말을 들어주십시오. 부디 지난 일은 용서해 주십시오. 간곡히 청합니다.

사투르니누스 뭐요? 대놓고 모욕을 당하고서도, 보복하지 않고 비굴하게 참으란 말이오?

타모라 아니, 그런 것이 아닙니다. 로마의 여러 신들이여, 제가 어쩌다 폐하께 불명예가 되는 일을 권하지 않도록 해주십시오! 저는 다만 선량한 티투스 장군에게 아무 죄도 없다는 것을, 제 명예를 걸고 감히 보증할 뿐입니다. 장군이 얼마나 슬퍼하는지는 그의 꾸밈없는 분노를 보아도 알 수 있습니다. 간곡히 청하니, 저분에게 인자하게 대해 주십시오. 터무니없는 혐의 때문에 그처럼 훌륭한 분을 잃어버리지 마십시오. 그토록 기분 나쁜 표정으로 그의 부드러운 마음을 괴롭히지 마십시오. (낮은 소리로 사투르니누스에게) 폐하, 제 말씀대로 하시어 최후의 승리자가 되십시오. 불쾌나 불만을 겉으로 드러내지 마십시오. 황제가 되신 지 아직 얼마 안 되니까요. 섣불리 하시다가는 평민과 귀족들이 공정하게 살펴본 뒤에 티투스의 편이 되어, 은혜를 저버린 자라며 폐하를 쫓아낼지도 모릅니다. 은혜를 저버린다는 것을 로마 사람들은 큰 죄악으로 알고 있습니다. 탄원을 하면 그것을 들어주시고, 뒷일은 저에게 맡겨주십시오. 언젠가는 저놈들 무리, 저놈들 일족, 사랑하는 나의 아들을 살려 달라고 간곡히 청했음에도 잔인하게 죽이게 한 아비와 역적인 그의 아들들을 모조리 죽여버리겠습니다. 한 나라의 왕비가 거리에서 무릎을 꿇고 헛되이 간청한 것이 어떤 결과를 낳는지를 알도록 해줘야겠습니다. (큰소리로) 자, 폐하. 자, 안드로니쿠스 (사투르니누스에게) 저 선량한 노인을 일으켜서 위로해 주십시오. 폐하의 노기에 찬 얼굴을 보고서 괴로워하고 있습니다.

사투르니누스 일어서오, 티투스. 황후가 탄원하니 용서하겠소.

티투스 폐하와 황후께 감사드립니다. 폐하의 말씀과 폐하의 얼굴빛이 저에게 새 생명을 불어넣어 줍니다.

타모라   티투스 장군, 나는 오늘부터 로마의 행복한 양녀가 되었으니, 로마와는 한마음 한뜻입니다. 따라서 폐하를 위해 조언해 드려야 합니다. 안드로니쿠스, 모든 다툼은 오늘로써 끝납니다. 폐하, 부디 제가 폐하와 친구들 사이를 화해시킨 것을 저의 명예로 받아주시기 바랍니다. 바시아누스 황자님, 당신을 위해서도 폐하께 여러 가지로 말씀드렸으며, 앞으로는 당신께서 더 온화하고 유순하게 대하실 거라 약속을 드렸습니다. 그리고 귀족 여러분, 염려 마십시오. 라비니아, 당신도 걱정 마시오. 여러분께 조언하겠습니다. 모두 겸손하게 무릎을 꿇고, 폐하께 용서를 구하시오.

루키우스   우리 모두 간절히 용서를 구함과 동시에 하늘과 폐하께 맹세합니다. 저희들은 다만 누이동생과 저희들의 명예를 위해 될 수 있는 한 점잖게 행동한 것입니다.

마르쿠스   저 또한 그것을 제 명예를 걸고서 주장합니다.

사투르니누스   물러가라, 듣기 싫다! 이제 더 말할 필요 없다.

타모라   아니요, 폐하. 우리는 다 같이 화해를 해야 됩니다. 호민관과 그의 조카들이 용서를 빌고 있습니다. 제 말을 들어주세요. 폐하, 돌아봐 주세요.

사투르니누스   마르쿠스, 그대와 여기 있는 그대 형을 위하여, 그리고 내 사랑하는 타모라가 탄원을 하기 때문에 이 젊은이들의 큰 잘못을 용서하겠다. 일어서라. 라비니아, 그대는 나를 비천한 사람 취급을 하고 버렸지만, 나는 다행히도 사랑하는 이를 얻게 되었다. 그리고 성직자와 헤어지기 전에 혼례를 올리겠다고 맹세했지. 자, 로마 황궁이 두 신부를 기쁘게 맞아들이는 잔치를 베풀겠소. 제수(弟嫂) 라비니아와 그 친구들은 나의 손님이오. 오늘을 화해의 날로 합시다, 타모라.

티투스   내일 표범과 사슴 사냥을 나가지 않으시겠습니까? 원하신다면 저희들이 뿔나팔과 사냥개를 준비하여, 아침에 폐하를 모시러 가겠습니다.

사투르니누스   티투스, 그것 참 좋은 생각이오, 고맙소. (나팔 소리. 모두 퇴장)

로마. 황궁 앞.

아론 등장.

아론 이제 타모라는 운명의 신의 화살에 맞을 염려도, 천둥소리와 번갯불의
두려움도 없는 올림포스산 꼭대기에 올라앉아, 창백한 질투의 위협도 더는
받지 않는다. 이른 아침 동쪽 하늘에 솟아올라, 그 빛으로 바다를 물들이
며 반짝이는 마차를 타고 황도대(黃道帶)를 달리는 저 황금빛 해가 멀리 높
이 솟은 산들을 내려다보고 있는 것과 같다. 지상의 영예는 모두 그녀의 종
과 같으니, 그 어떤 영웅호걸도 그녀가 눈살을 찌푸리면 허리를 굽히며 벌
벌 떤다. 그렇다면 아론, 너도 마음 단단히 먹고 황후처럼 드높이 올라가도
록 해라. 그녀는 네가 정복하여 오랫동안 연애의 쇠사슬에 묶어 포로로 삼
아왔던 여자가 아닌가. 캅카스 바위에 묶인 프로메테우스보다도 더 단단
히, 그녀는 나의 매력적인 눈에 묶여 있다. 노예복도 던져버리고 비굴한 생
각도 집어치우자. 새 황후를 시중들기 위해 화려한 옷에 진주와 금으로 장
식하겠다. 아, 시중든다고 말했던가? 그것이 아니지. 이 황후, 이 여신, 이 세
미라미스,*² 이 님프, 이 세이렌*³과 함께 로마 황제인 사투르니누스를 매혹
해 그놈과 공화국을 무너뜨릴 장난치기 위해서지. 어! 이 시끄러운 소리는
뭘까?

키론과 데메트리우스가 서로 다투면서 등장.

데메트리우스 키론, 너는 어려서 분별을 모른다. 분별을 모르는 데다 둔해서
이런 무례한 짓을 하는 거다. 그녀가 나를 귀히 여기고 좋아하는 게 분명한
데도 네가 끼어들려 하다니.

키론 데메트리우스, 형은 모든 일에서 잘난 체하는데, 이것도 힘으로 내리누

---

*2 반인반수(半人半獸)의 여신 데르게토(또는 아타르가티스)의 딸. 싸움과 사랑의 여신.

*3 그리스 신화에 나오는 바다의 요정. 얼굴은 여자, 몸은 새. 아름다운 노랫소리로 뱃사람들
을 홀려 죽게 했다.

르려는 거야? 나이가 한두 살 차이 난다고 해서 내가 형만 못할 리는 없어. 나도 충분히 그녀에게 사랑받을 자격이 있고, 그녀에게 도움이 될 수도 있단 말이야. 이 칼로써 승부를 지어 그 증거를 보여주고, 내가 정말로 얼마나 라비니아를 사랑하는지 보여주겠어.

아론 (혼잣말로) 곤봉(棍棒)이다! 곤봉! 이 두 사람은 여자 때문에 싸울 것 같은데.

데메트리우스 야, 이놈아, 어머니가 어쩌다 무도용(舞蹈用) 칼을 네게 달아주었다 해서, 벗들에게까지 덤벼들 만큼 무모하게 되었느냐? 야, 그 부지깽이 일랑 쓰는 법을 좀더 잘 알 때까지 칼집에 넣어라.

키론 홍, 얼마 안되는 기술로 어느 정도나 할 수 있는지부터 어디 보여주지.

데메트리우스 야, 이놈아, 너 언제 그렇게 무모하게 나올 만큼 커버렸느냐?

(둘이 칼을 뽑는다)

아론 (앞으로 나서며) 아, 이 어찌 된 일입니까? 황궁 바로 옆에서 칼을 뽑고 이처럼 대놓고 싸우시다니. 그 까닭은 제가 잘 알고 있지요. 하지만 어떤 일이 있어도 이 일을 공공연하게 알려서는 안 됩니다. 더욱이 이 사실을 로마 궁정에서 알게 되면 고귀하신 어머니께 헤아릴 수 없을 만큼 커다란 불명예가 될 터이니, 어서 칼을 집어넣으세요.

데메트리우스 그렇게는 절대 못하겠소. 이 칼을 이놈 가슴팍에 찔러넣어, 오늘 나에게 한 무례한 말을 이놈 목구멍 아래까지 쑤셔 넣을 때까지는.

키론 그 정도는 내가 결심하고, 기다리고 있지. 말로만 큰소리치고 무기를 손에 들면 꼼짝 못하는 비겁한 자!

아론 그만두세요! 자, 용감한 고트족들이 숭배하는 여러 신께 걸고 말하지만, 이 시시한 싸움을 계속하면 우리가 망하게 됩니다. 두 분은 로마 황족의 권리를 짓밟는 일이 얼마나 위험한지 모르십니까? 라비니아가 갑자기 타락했나요? 아니면 바시아누스가 타락했다는 말입니까? 재판이나 복수 따위는 생각지도 않고, 그 여자 때문에 주저없이 이런 싸움을 하시다니! 젊은 분들, 조심하세요. 황후께서 이 불화의 원인을 아신다면 매우 언짢아하실 겁니다.

키론 어머니가 알 건, 온 세상 사람들이 다 알 건 나와는 상관없소. 내게는 온 세상보다도 라비니아가 훨씬 더 소중하단 말이오.

데메트리우스 이 햇병아리야! 좀 못한 여자를 택하는 법을 배워라. 라비니아 는 네 형님이 원하는 여자라니까.

아론 아니, 제정신이십니까? 로마 사람들이 얼마나 성미가 급하고 거친지, 더군다나 사랑을 두고서는 결투도 마다하지 않는다는 사실을 모르십니까? 이런 행동은 스스로 자기 무덤을 파는 것입니다.

키론 아론, 사랑하는 여인을 손에 넣기 위해서라면 천만 번 죽어도 좋소.

아론 그 여인을 손에 넣어요? 어떻게 말입니까?

데메트리우스 왜 그것을 이상하게 생각하오? 라비니아는 여자이니 구애할 수 있소. 라비니아는 여자이니 넘겨줄 수도 있소. 그녀는 라비니아이기에 사랑하지 않을 수 없단 말이오. 여보시오! 물방아 물의 양은 물방앗간 주인 이 알고 있는 것보다 많소. 한쪽 빵에서 조금 훔친다는 것은 쉬운 일이오. 바시아누스가 황제의 아우라고는 해도 그것은 문제가 되지 않소. 그보다 더한 자들 가운데서도 불카누스의 표식*4을 단 사람이 얼마든지 있을 테 니까.

아론 (혼잣말로) 그렇다. 사투르니누스도 그렇다.

데메트리우스 그렇다면 말로, 잘생긴 얼굴로, 선물로 구애할 줄 아는 사람은 실망할 것 없소. 여보시오! 당신도 가끔 암사슴을 쏘아 죽여서는 바로 그 관리인 앞에서 당당하게 지나가지 않았소?

아론 그렇다면 어떤 좋은 기회를 이용하시겠다는 거군요?

키론 맞소. 기회만 있다면야.

데메트리우스 아론, 당신이 알아맞혔소.

아론 두 분도 알아맞히실 수 있다면 좋을 텐데요! 그렇게 되면 이렇게 쓸데 없이 떠드시지는 않을 텐데 말입니다. 자, 제 말 좀 들어보세요. 두 분은 이 런 일로 서로 싸우시나요? 그건 어리석은 일이지요. 두 분이 함께 뜻을 이 루는 게 기분 나쁜 일입니까?

키론 천만에, 괜찮소.

데메트리우스 나도 한몫 잡을 수 있다면 괜찮소.

아론 자, 부끄러운 일이니 화해하십시오. 그리고 두 분이 함께 힘을 모아 바

---

*4 뿔. 바람 핀 아내를 둔 남자를 일컫는 말이다.

라는 것을 이루세요. 계략 없이는 원하는 일이 이루어지지 않습니다. 바라는 대로 안 된다면 힘으로라도 해치우려고 해야만 됩니다. 제 말 좀 들어보세요. 루크레티아*5도 바시아누스의 애인인 라비니아보다 정숙하지는 않습니다. 길게 두고 구애하지 말고 더 빠른 길을 취해야 되는데 저는 그 길을 알고 있지요. 머지않아 큰 사냥이 있습니다. 그곳에는 로마의 아름다운 귀부인들이 모두 갈 겁니다. 숲속 산책길은 넓으며, 그곳에는 사람이 오가지 않는, 강간과 나쁜 짓을 하기에 안성맞춤인 곳이 얼마든지 있습니다. 그곳으로 그 아름다운 암사슴만을 데리고 가서, 말로 안 되면 힘으로 해치우세요. 이 방법을 선택하십시오. 다른 방법은 없습니다. 자, 이 모든 생각을 황후께 알려드립시다. 간계와 복수로는 그녀의 지혜를 따를 사람이 없습니다. 우리의 계획이 이루어지도록 해주실 겁니다. 두 분이 굳이 애쓰지 않아도 바람을 충분히 이루시게 될 겁니다. 궁중은 말하는 입과 보는 눈, 듣는 귀가 많아 소문이 쉽게 퍼져 나갑니다. 하지만 숲속에서는 듣는 사람도 없고 아무리 무서운 짓을 해도 막을 사람이 없습니다. 무성한 나무가 하늘의 눈을 가리고 있는 그곳에서, 말을 듣지 않으면 폭력으로 대담하게 보물 라비니아를 마음껏 즐기시지요.

키론 이 권고를 따라도 비겁한 자는 되지 않겠군요.

데메트리우스 옳건 그르건, 나는 이 열을 식힐 냇물과 이 발작을 진정시킬 길을 찾을 때까지는 지옥의 강이라도 건널 것이며, 죽은 사람들의 망령이 있는 곳이라도 가겠다. (모두 퇴장)

〔제2막 제2장〕

로마 근처 숲속.
뿔나팔 소리와 사냥개 소리. 티투스 안드로니쿠스가 세 아들과 동생 마르쿠스를 데리고 등장.

티투스 자, 이제부터 사냥이다. 아침은 맑고 하늘은 푸르다. 들은 향기로 가

---

*5 고대 로마 콜라티누스의 아내. 성폭력을 당한 뒤 자신의 결백을 널리 알리고 그 가해자가 응분의 벌을 받게 했다.

득 차고 숲도 푸르구나. 여기서 개를 풀어놓고 짖게 하여 황제와 황후를 깨우자. 그리고 황자님도 깨우고, 사냥 나팔 소리가 온 궁중에 울려 퍼지도록 큰 소리로 나팔을 불자. 애들아, 너희들은 황제를 잘 호위해야 된다. 그것이 우리의 책임이다. 지난밤에는 꿈자리가 사나웠는데 날이 밝자 기분이 좋아졌다.

개 짖는 소리, 뿔나팔 소리. 사투르니누스, 타모라, 바시아누스, 라비니아, 키론, 데메트리우스 및 시종들 등장.

티투스 황제 폐하, 황후 폐하, 밤새 안녕하셨습니까? 제가 사냥 나팔 소리로 알려드리기로 약속드렸었지요.

사투르니누스 나팔 소리가 아주 대단했소. 그러나 갓 결혼한 부인들에게는 조금 일렀을 것이오.

바시아누스 라비니아, 당신은 어떻게 생각하오?

라비니아 일렀다고는 생각하지 않습니다. 두 시간 전부터 깨어 있었으니까요.

사투르니누스 자, 떠납시다. 말과 수레를 준비해 주게. 그리고 사냥놀이를 하세. (타모라에게) 황후, 이제부터 로마인의 사냥법을 보여주겠소.

마르쿠스 저의 개들은 아주 거만한 표범도 몰아내고, 아주 높은 산 위에도 달려 올라갑니다.

티투스 저의 말은 짐승이 도망치는 곳은 어디든지 따라 달려갑니다. 그가 벌판을 달리는 모습은 마치 제비 같습니다.

데메트리우스 키론, 우리는 말이나 개를 가지고 사냥하는 것이 아니야. 우리는 아름다운 사슴을 넘어뜨려야지. (모두 퇴장)

〔제2막 제3장〕

숲속 외진 곳.
아론, 금화 자루를 들고 등장.

아론 지혜 있는 사람은 이처럼 많은 돈을 헛되이 묻는 것을 보면 나를 지혜가 없는 자라 여기겠지. 하지만 나를 그렇게 얕보는 놈은 이 돈이 계략을 만들어 낸다는 사실을 모르기 때문이다. 그 계략이 뜻대로 되면 아주 훌륭한 악행이 이루어지는걸. 그러니 나의 금화야, 이곳에서 쉬어라. 황후의 금고에서 돈을 꺼내는 놈들을 불안에 떨게 만들어 놓을 테니. (돈자루를 묻는다)

타모라 등장.

타모라 사랑스런 아론, 왜 그렇게 슬퍼 보이지? 모든 것이 신바람이 나서 어깨를 으쓱거리는데 말이야. 덤불마다 새가 아름답게 노래하고, 뱀은 몸을 서리고 햇볕을 쬐며 누워 있고, 푸른 잎은 선선한 바람에 나부끼며 땅 위에 바둑판 무늬로 그림자를 만들고 있어. 아론, 이 좋은 나무 그늘에 앉아. 그리고 종알대는 산울림이 두 곳에서 한꺼번에 울려 나와 사냥개를 놀려대는 저 뿔나팔 소리를 들으며 쉬지 않을래? 우리 둘이 앉아서 저 커다란 외침 소리에도 귀를 기울여 보자. 방랑하는 왕자(아이네이아스)와 디도가 옛적에 행운스럽게도 폭풍우를 만나, 아무도 모르는 동굴 속에서 비바람을 피하며 싸움과 놀이를 즐겼을 텐데, 우리도 그 놀이를 마치고서 서로의 품에 안겨 즐거운 잠에 빠지도록 하지. 유모가 아기에게 들려주는 자장가처럼 개 짖는 소리와 뿔나팔 소리와 아름다운 새소리를 들으면서 말이야.

아론 황후 폐하, 황후께서는 사랑의 여신 베누스의 지배를 받고 계시지만, 저는 농경의 신 사투르누스의 지배를 받고 있습니다. 저의 죽은 듯이 멈춘 눈빛, 침묵과 암울한 표정, 마치 독사가 덤벼들어 깨물려고 서린 몸을 풀 듯 양털 같은 머리칼이 풀리는 것을 보십시오. 이것은 색정을 보여주는 게 아닙니다. 제 가슴속에 있는 것은 복수이며, 저의 손안에 있는 것은 죽음입니다. 제 머리를 떠나지 않는 것은 피를 보는 복수입니다. 제 마음의 황후이신 타모라여, 저의 바람은 황후의 마음을 편안케 해드리고 싶은 것뿐입니다. 오늘은 바시아누스가 무너지는 날입니다. 그의 나이팅게일은 오늘 혀를 잃게 됩니다. 황후의 아들들이 그녀를 강간하고, 그들의 손을 바시아누스의 피로 씻는 날입니다. 이 편지를 보셨나요? 무서운 계획이 적힌 이 편지를 황제께 드리십시오. 이제 더는 아무 말씀도 하지 마십시오. 우리를 본 것 같습니다. 저기에 우리 사냥물 일부가 자기들의 죽음은 꿈에도 모른 채 이리로 오고 있습니다.

바시아누스와 라비니아 등장.

타모라 아, 사랑스러운 무어인이여, 그대는 나에게 생명보다도 더 귀해.

아론 그만하세요. 바시아누스가 옵니다. 그에게 불쾌하게 대하세요. 저는 아드님을 데리고 와서 그 싸움을 돕도록 하지요. 어떤 싸움이건 상관없습니다. (퇴장)

바시아누스 난 또 누군가 했더니, 로마 황후 되시는 분이 호위병도 없이 계셨군요? 그렇지 않으면 달의 여신 디아나가 오늘의 큰 사냥을 보시기 위해 신성한 숲을 떠나셔서 황후 복장을 하고 나타나기라도 하신 겁니까?

타모라 무례하다. 혼자 조용히 산책하는 게 뭐가 그리 나쁘단 말인가? 나에게 디아나가 가졌던 것과 같은 힘이 있다면, 악타이온*⁶처럼 냉큼 너의 관자놀이에 사슴뿔이 돋게 하여, 너의 몸뚱이를 향해 사냥개들이 덤벼들도록 하겠다. 이 무례한 놈아!

라비니아 황후 폐하, 실례입니다만, 뿔을 나게 하는 당신 솜씨가 대단하다고 소문이 나 있습니다. 그 무어인과 단둘이 이곳에 계신 것은, 그 실험을 위한 것일지도 모른다고 의심하는 사람도 있답니다. 유피테르께서 오늘 당신 남편을 사냥개로부터 보호해 주시기를 바랍니다. 개들이 그를 수사슴으로 잘못 알면 가여운 일이니까요.

바시아누스 황후 폐하, 저 검둥이 킴메르족 때문에 당신도 그놈 피부색처럼 더럽고 보기 싫은, 아주 미운 인간이 됩니다. 만약에 더러운 욕정에 끌려온 것이 아니라면, 무엇 때문에 수행원들을 떠나 그 눈처럼 흰 말에서 내려서는 이 침침한 곳을 찾아와 저 무어족 야만인과 헤매고 계시나요?

라비니아 재미가 한창일 때 방해했으니, 당신을 무례한 놈이라 부르는 게 마땅하겠지요. 자, 저쪽으로 갑시다. 저분이 까마귀 빛깔 나는 애인과 만나게 놔둡시다. 이 골짜기는 그런 목적에는 잘 맞는 곳이지요.

---

*6 그리스 신화에 나오는 사냥꾼. 아르테미스가 목욕하는 것을 훔쳐보다 사슴으로 변하여 자기 사냥개에게 물려 죽었다.

바시아누스 형님 폐하께 이 일을 알려야지.

라비니아 그래야지요. 이 일로 폐하께서는 오랫동안 뒷말을 듣고 계십니다. 황제께서 그렇게 심한 모욕을 당하시다니!

타모라 이런 말까지 듣고서는 도저히 참을 수 없다!

데메트리우스와 키론 등장.

데메트리우스 황후 폐하, 어찌 된 일입니까? 어머니 얼굴이 그처럼 창백한 까닭은 무엇입니까?

타모라 내 얼굴이 아무 까닭도 없이 창백해졌겠느냐? 이 둘이, 나를 쓸쓸하고 기분 나쁜 이 골짜기로 끌어들였단다. 여름이라고는 하나, 나무들은 무성한 이끼와 유독(有毒)한 겨우살이에 억눌려 여위고 쓸쓸한 이곳, 햇빛이 내리쬐는 일도 없고 한밤에 올빼미와 불길한 까마귀 말고는 아무것도 없는 이 무서운 곳으로 나를 데리고 왔지. 그러고는 이곳에는 밤만 되면 무수한 악령과 스르륵 소리를 내는 뱀들, 헤아릴 수 없는 많은 두꺼비와 고슴도치가 굉장히 무섭고 어수선한 소리를 내어, 어떤 사람이라도 들으면 곧 정신줄을 놓아버리거나 죽게 된다는 무시무시한 말을 하지 않겠니. 그러더니 나를 저 기분 나쁜 주목에다 묶어서 그처럼 비참하게 죽게 해주겠다고 말했단다. 뿐만 아니라 내게 간악한 계집이니 음란한 고트족이니 하면서 이런저런 모욕을 주었단다. 때마침 너희들이 오지 않았다면 나는 그만 참혹한 꼴을 당하고 말았을 거다. 너희들이 어미 목숨을 귀히 여긴다면 복수를 해다오. 그렇지 않으면 너희들을 이제부터는 나의 아들이라고 부르지도 않겠다.

데메트리우스 이것이 제가 어머니의 아들이라는 증거입니다. (바시아누스를 찌른다)

키론 그리고 이것은 저의 증거입니다. (또한 바시아누스를 찌른다) 내 힘을 보여주려고 푹 찔렀습니다. (바시아누스, 그 자리에서 죽는다)

라비니아 자, 와라! 이 세미라미스 같은 년, 아니, 야만스런 타모라야! 너의 그 이름만이 너에게 알맞구나.

타모라 그 단검을 다오. 너희들은 보라. 어미가 당한 모욕은 어미의 손으로 씻어 보일 터이니.

데메트리우스 기다리세요. 그 여자에게는 더 할 게 남아 있습니다. 마당 청소부터 한 다음, 짚만 태우는 것이 좋겠습니다. 저 바시아누스 놈이 저것을 가지고는 처녀니 약혼이니, 정조가 어떠니 큰소리를 쳤기 때문에, 제가 꽤나 잘난 줄 알고 황후를 모욕하는 겁니다. 그런 생각을 그대로 그녀의 무덤까지 가지고 가게 할 수는 없지요.

키론 내가 내시라면 몰라도, 그건 안될 말. 저 남편을 어디 굴속으로 끌고 가서 그 시체를 베개 삼아 우리의 욕정을 채우자.

타모라 그러나 원하는 꿀을 빼앗은 뒤에는 이 말벌을 절대로 살려두어서는 안 된다. 살려 두면 우리를 쏠 테니까.

키론 염려 마십시오. 안전하게 하겠습니다. 자, 부인, 이리 오시오. 오늘은 당신이 그동안 잘 보존해 두었던 정조를 어쩔 수 없이 즐겨야겠소.

라비니아 오, 타모라, 당신도 여인의 얼굴을 하고 있으면서…….

타모라 떠드는 것이 듣기 싫으니 빨리 끌고 가라!

라비니아 두 분이 어머니에게 제 말을 한 마디만 들어 달라고 말해 주십시오. 부탁입니다.

데메트리우스 황후 폐하, 들어주십시오. 이 여자의 눈물을 보심이 어머께는 명예로운 일이니까요. 그러나 아무리 눈물을 흘릴지라도 부싯돌에 떨어지는 빗방울 정도로 생각하십시오.

라비니아 새끼 호랑이가 어미 호랑이를 가르치는 일이란 없으니, 격분하도록 네가 어미에게 가르칠 필요는 없다. 너의 어미가 너에게 그것을 가르쳤을 테니. 네가 빨아먹은 젖은, 틀림없이 모두 대리석으로 바뀌었을 거다. 젖꼭지를 물고 있을 때부터 너는 그처럼 포학했겠지. 하지만 한배에서 태어난 아들이라고 모두 같은 것은 아니지. (키론에게) 여보세요, 어머니께서 여자다운 동정심을 보이도록 간곡히 청해 주시오.

키론 뭐라고! 너는 나를 사생아로 아느냐?

라비니아 과연, 호랑이는 강아지를 낳지 않지. 그렇지만 옛이야기에 사자도 동정심을 느꼈을 때에는, 그 훌륭한 발톱을 모두 잘라 가게 내버려 두었다고 합니다. 까마귀는 자기 새끼가 둥지 안에서 굶주리고 있어도 버림받은 다른 새끼를 살펴준다 하지 않습니까? 오, 당신의 차가운 심장이 아니라고

2막 3장, 타모라, 라비니아, 데메트리우스 및 키론 사무엘 우드포드. 1805.

말하여 나에게 특별히 친절하게는 못한다 할지라도, 조금은 가엾게 여겨주
십시오.

타모라 무슨 말을 하는지 나는 모르겠다. 어서 끌고 가라!

라비니아 내가 가르쳐 주지요! 당신을 죽이지 않고 살려준 내 아버지를 생각

해서라도 냉혹하게 굴지 마시고 나의 바람을 들어주시오.

타모라 너는 내게 지은 잘못이 없다 해도, 너의 아비를 생각하면 나는 자비와는 멀어지게 된다. 애들아, 잊지 마라! 너희들의 형이 희생되지 않도록 살려 달라고 눈물로 애원했지만, 그 잔혹한 안드로니쿠스는 내 부탁을 들어주지 않았다. 그러니 그년을 끌고 가서 너희들 마음대로 해라. 그년을 혼내주면 혼내줄수록 나에게는 효도를 다하는 것이 된다.

라비니아 오, 타모라, 차라리 당신 손으로 이곳에서 숨통을 끊어주오! 그리하면 사람들은 당신을 착한 황후라 부를 것이오. 내가 이제까지 부탁했던 것은 나의 목숨이 아니오. 나는 바시아누스가 죽었을 때 이미 죽임을 당한 것이나 마찬가지이니.

타모라 그러면 바라는 게 뭐냐? 이 어리석은 계집아, 나는 그만 가야겠다.

라비니아 내가 바라는 것은 지금 곧 죽여 달라는 것이오. 또 한 가지는 여자의 입으로는 차마 말할 수 없는 것이오. 오, 죽이는 것보다도 나쁜 음탕함으로부터 나를 구하여, 어디 더러운 구덩이에라도 팽개쳐서, 다시는 남자의 눈에 띄지 않게 해주시오. 제발 그렇게 해서 자비로운 살인자가 되어주시오.

타모라 그렇게 한다면 사랑스러운 나의 아들들이 헛수고를 한 셈이 될 테니 안될 말이다. 그들은 너를 통해 욕정을 채울 수 있어야 한다.

데메트리우스 자, 가자! 우리는 너무 오래 기다렸다.

라비니아 자비심도 없소? 여자가 아니란 말인가? 오, 짐승 같은 인간! 여자의 수치이며, 원수로다! 어디 두고 보자.

키론 그따위로 입을 놀리면 말을 멈추게 해주지. 형, 이년의 남편을 가지고 와. 이곳이 아론이 시신을 감춰 두라고 말한 곳이야. (데메트리우스, 바시아누스의 시신을 가져다 구덩이에 패대기친다. 그리고 형제가 라비니아를 끌고 퇴장)

타모라 잘들 가라. 그년을 잘 처리해라. 안드로니쿠스 집안의 씨를 말리기 전까지는 나는 정말로 즐거운 기분이 될 수는 없다. 이제 뜨겁게 불타오른 나의 아들들이 그 논다니를 작살내게 내버려 두고, 나는 사랑스러운 나의 무어인을 찾아야지. (퇴장)

다른 쪽에서 아론이 티투스의 두 아들인 퀸투스, 마르티우스와 함께 등장.

아론 자, 어서 오십시오. 빠를수록 좋습니다. 아까 표범이 깊이 잠들어 있던 몸서리나는 구덩이로 곧 안내하겠습니다.

퀸투스 왜 그런지 눈이 잘 보이지 않아.

마르티우스 나도 그래. 체면을 생각지 않는다면 사냥을 그만두고 돌아가서 한참 늘어지게 자고 싶을 정도군. (구덩이에 빠진다)

퀸투스 아니, 빠졌니? 참으로 위험하고 마음 놓을 수 없는 구덩이로구나. 위에는 무성한 찔레 덤불이 덮여 있고, 그 잎에는 새로 맺힌 이슬처럼 뚜렷한 피가 맺혀 있다. 아주 무서운 곳 같다. 얘, 떨어져 다치지나 않았니?

마르티우스 오, 형! 너무 끔찍한 것을 봐서, 뭐라 말이 안 나와.

아론 (혼잣말로) 자, 황제를 불러와서 이놈들을 보게 하자. 그러면 틀림없이 바시아누스를 죽인 게 저 둘이라고 짐작하겠지. (퇴장)

마르티우스 형, 왜 나를 이 피투성이 더러운 구덩이에서 끌어내지 않는 거야?

퀸투스 왠지 무서운 생각이 드는구나. 팔다리가 부들부들 떨리고, 식은땀이 흐른다. 눈에 보이는 것 말고도 뭔가 더 있을 것만 같아.

마르티우스 아론과 형이 이 구덩이를 들여다보면 알게 될 거야. 이곳에는 피투성이가 된 끔찍한 시체가 있어.

퀸투스 아론은 가버리고 없어. 그리고 나는 그 시신을 상상만 해도, 가엾다는 생각에 앞서 몸이 마구 떨리는구나. 그러니 어떻게 들여다보겠니? 얘, 어떤지 말해 봐라! 이제까지 나는 정체 모르는 것을 두려워하지는 않았는데.

마르티우스 바시아누스가 살해되어 이곳에 누워 있어. 어린 양 사체처럼, 이 기분 나쁘고 어두운 피투성이 구덩이 덤불 위에 쓰러져 있어.

퀸투스 어두운데 그 시체가 바시아누스라는 걸 어떻게 알지?

마르티우스 피투성이 손가락에 보석 반지를 끼고 있어서, 구덩이 안이 밝아. 그 반지가 무덤 촛불처럼 구덩이 안에서 죽은 사람의 흙빛 뺨을 비춰서 해체된 장기들을 보여주고 있어. 피라모스*⁷가 처녀의 피에 물들어 쓰러져 있던 날 밤 달빛이 틀림없이 이렇게 창백했을 거야. 오, 형! 나를 이 코키투스('탄식의 강')의 희미한 어귀처럼 무서운 구덩이에서 구해 줘. 형도 나처럼

---

*7 그리스 신화. 청년 피라모스는 부모의 반대로 연인 티스베와 달아나기로 한 날, 티스베가 사자에게 물려 죽은 줄 알고 자살했다. 티스베도 뒤따라 목숨을 끊었다.

두려워서 손의 힘이 다 빠져버렸을지 모르지만.

퀸투스 내가 끌어낼 수 있도록 손을 내밀어봐. 그렇게 하지 않으면 끌어올릴 만한 힘이 없으니까. 사람을 삼켜버리는 그 깊은 구덩이, 가엾은 바시아누스의 무덤 안으로 나도 끌려들어갈 것만 같다.

마르티우스 나도 형의 도움 없이는 올라갈 힘이 없어.

퀸투스 다시 한 번 손을 내밀어봐. 이번에는 내가 구덩이에 빠지는 한이 있어도 너의 손을 놓지 않겠다. 네가 내게로 올 수 없겠니? 그렇다면 내가 너에게로 가지. (빠진다)

아론, 황제 사투르니누스와 함께 등장.

사투르니누스 어디 가보자. 무슨 구덩이일까? 그리고 방금 뛰어든 건 누구일까? 지금 이 구덩이 속으로 뛰어든 것은 누구인가?

마르티우스 안드로니쿠스의 아들입니다. 불행히도 나쁜 때에 이곳에 따라오셔서 아우이신 바시아누스가 살해당한 것을 발견했습니다.

사투르니누스 내 아우가 죽었다고! 농담 말게. 내 동생 부부는 이 즐거운 숲 북쪽 막사에 있네. 내가 그를 그곳에서 만난 지 채 한 시간도 안 되는데.

마르티우스 그가 살아 있는 것을 어디서 보셨는지는 모르지만, 아, 처참해라, 그는 이곳에 죽어 있었습니다.

타모라가 시종들과 함께 등장. 티투스 안드로니쿠스와 루키우스가 뒤따라 등장.

타모라 황제 폐하는 어디 계시오?

사투르니누스 여기 있소. 그러나 견딜 수 없는 슬픔에 잠겨 있소.

타모라 바시아누스는 어디 계신가요?

사투르니누스 그렇게 물으니, 나의 상처가 더욱 아프오. 바시아누스는 살해되어 여기에 내던져져 있소.

타모라 그러면 이미 늦었군요. 무서운 밀서를 가지고 왔건만. 이 생각지도 못한 무서운 계략을 꾸미다니! 얼굴에는 미소를 띠면서 어찌 그런 잔인한 짓을! (사투르니누스에게 편지를 준다)

사투르니누스 (편지를 읽는다)

친애하는 사냥꾼, 우리가 다행히 그 사람, 바시아누스를 만나게 되면 문제가 없겠으나, 그렇지 못하면 먼저 그의 무덤을 파놓게. 자네, 무슨 뜻인지 알겠지. 자네가 수고한 대가는, 바시아누스를 묻기로 한 구덩이 입구로 그림자를 던지고 있는 딱총나무 밑 쐐기풀 속에서 찾아내게. 이 일을 잘 처리하게. 우리는 자네를 두고두고 잊지 않을 터이니.

오, 타모라, 이처럼 끔찍한 일을 들어본 적이 있소? 이것이 지금 말한 그 구덩이요. 그리고 저것이 그 딱총나무. 자, 이곳에서 바시아누스를 죽인 사냥꾼이 있는지 찾아보아라.

아론 폐하, 이곳에 돈 자루가 있습니다.

사투르니누스 (티투스에게) 잔인무도한 두 마리 개새끼 같은 네놈들이, 내 아우의 목숨을 빼앗아갔다. 얘들아, 저놈들을 구덩이에서 끌어내어 감옥에 가둬라. 그리하여 이제까지 들어본 적도 없는 무시무시한 형벌이 생각날 때까지 그냥 내버려 두어라.

타모라 뭐라고요! 그 둘이 이 속에 있어요? 참으로 놀랍습니다. 살인은 이렇게도 쉽게 드러나는군요.

티투스 폐하, 이 늙은이가 무릎을 꿇고, 쉽게 흘리지 않는 눈물로 애원합니다. 제 자식들의 이 큰 죄는, 만일 정말로 그들이 저질렀다면…….

사투르니누스 만일이라고? 두말할 것도 없이 틀림없는 사실이다. 이 밀서는 누가 발견하였는가? 타모라, 당신이오?

타모라 안드로니쿠스 자신이 집었습니다.

티투스 그렇습니다. 폐하, 제가 그들의 보석 보증인이 될 수 있도록 허락해 주십시오. 선조의 무덤을 걸고서 맹세하겠습니다. 그들은 틀림없이 목숨을 내걸고, 혐의에 답할 것입니다.

사투르니누스 보석은 안될 말이오. 자, 티투스, 나를 따라오시오. 그리고 너희들은 시신을 끌어내고, 졸개들도 끌어올려라. 한마디 말도 하지 못하게 해라. 범죄 행위임이 분명하다. 사형보다 더한 처벌이 있다면 나는 맹세코 그것을 그들에게 집행할 것이다.

타모라 안드로니쿠스, 내가 탄원해 드리지요. 아들들은 걱정 마시오. 문제없습니다.

티투스 자, 루키우스, 가자. 그들과 이야기할 필요는 없어. (모두 퇴장)

〔제2막 제4장〕

숲속의 다른 곳.
데메트리우스와 키론이 라비니아를 데리고 등장. 라비니아는 강간당한 뒤 두 손과 혀를 잘렸다.

데메트리우스 자, 그 혀로 말을 할 수 있으면, 돌아가서 누가 혀를 잘랐고 누가 강간했는지를 말해라.

키론 손 없는 팔로 글을 쓸 수 있으면, 네가 생각하고 있는 것을 써서 알려라.

데메트리우스 저것 봐, 온갖 몸짓으로 허공에다 알 수 없는 내용을 쓰고 있군.

키론 돌아가서, 깨끗한 물을 달라고 하여 손을 씻어라.

데메트리우스 물을 달라고 소리칠 혀도 없고, 씻을 손도 없다. 말없이 걸어가게 내버려 두자.

키론 내가 만일 저 꼴이 된다면, 곧장 목을 매어 죽어버릴 텐데.

데메트리우스 새끼를 꼬을 손이 있어야지. (키론과 함께 퇴장)

마르쿠스 등장.

마르쿠스 급히 달아나는 것이 누군가? 나의 조카가 아닌가? 애야, 내 말 좀 들어보아라. 네 남편은 어디 있니? 이것이 꿈이라면 나의 재산을 모두 바쳐서라도 깨어나고 싶다. 내가 깨어 있다면, 어느 떠돌이별이여, 나를 내리쳐서 영원히 잠들게 해다오! 애야, 말해 보아라. 어느 잔인한 놈이 네게서 두 개의 가지, 그 사랑스러운 장식품들을 잘라버렸느냐? 왕들도 그 가지(손) 아래서 그늘에 둘러싸여 잠들고 싶어하며 너에게 사랑받는 것을 무엇보다

연극 〈티투스 안드로니쿠스〉 소냐 리터(라비니아 역)·도널드 섬터(마르쿠스 역) 출연. 로열셰익스
피어 극단 런던 공연. 1988.
혀가 잘리고 두 손이 절단된 조카 라비니아를 발견하고 경악하는 마르쿠스

도 행복으로 여기었는데. 왜 말을 하지 않느냐? 아, 어찌 된 일이냐? 따뜻
한 붉은 피가, 바람이 불어 방울방울 솟아나오는 샘처럼 장미 같은 입술 사
이에서 너의 꿀 같은 입김을 따라 나왔다 들어갔다 하는구나. 분명히 어느
테레우스[8]가 너의 몸을 더럽히고, 그 일이 폭로될까 두려워 네 혀를 잘랐
으리라. 아, 부끄러워서 얼굴을 돌리는구나. 세 곳에서 물이 솟아오르는 것
처럼 피를 흘리면서도 너의 뺨은 구름을 만난 태양신처럼 빨개지는구나.
내가 너 대신 말해 줄까? 이러이러하다고 말할까? 오, 네 마음을 알고 싶다.
그 짐승 같은 놈이 누구인지 알아내어 마음껏 욕을 하고 싶다. 밝힐 수 없
는 슬픔은 덮어놓은 가마솥처럼, 있는 그 자리에서 재가 되어 타버릴 때까
지 심장을 태워 버린다. 그 고운 필로멜라는 혀만 잘렸으므로 지루하게나
마 옷감에다가 그녀의 마음을 수놓았다고 하는데, 너는 그것조차도 할 수
없구나. 네가 만난 더 교활한 테레우스는 필로멜라보다도 수를 더 잘 놓을

---

[8] 그리스 신화에 나오는 트라키아의 왕. 처제 필로멜라를 겁탈한 뒤에 이를 감추기 위해 그녀
  의 혀를 잘랐다.

수 있었을 그 고운 손가락을 잘라버렸구나. 오, 그 극악무도한 인간도, 만일 너의 흰 백합꽃 같은 손이 포플러 나뭇잎처럼 비파 위에서 떨고, 비파의 비단줄이 기뻐하며 네 손에 키스하는 것을 보았다면 결코 그 손을 자르지는 않았을 터인데. 또 너의 예쁜 혀에서 나오는 신성한 음악을 들었다면 자기도 모르게 칼을 떨어뜨리고, 저 케르베로스*⁹가 오르페우스*¹⁰의 발아래 잠든 것처럼 잠들었을 텐데. 자, 가서 아버지 눈을 멀게 하자. 이런 모습을 보게 되면 아버지 되는 사람은 눈이 멀게 될 테니까. 폭풍우가 한 시간만 계속되면 향기로운 들판은 물에 잠겨버리는데, 몇 달이고 계속해서 눈물을 흘리면 네 아버지 눈은 어찌 될 것인가? 애, 도망가지 마라. 다 함께 울자. 오, 우리의 눈물이 비참한 너를 위로할 수 있다면 얼마나 좋겠느냐! (모두 퇴장)

〔제3막 제1장〕

로마. 어느 거리.
원로원 의원들 및 호민관들이, 묶인 티투스의 두 아들을 끌고 등장. 티투스는 앞서 가며 그들에게 애원한다.

티투스 원로 여러분, 제발 들어주십시오. 호민관 여러분, 잠깐만! 청춘을 위험한 전쟁터에서 보내며 여러분을 편히 잠자게 한 이 늙은 몸을 불쌍히 여기소서. 로마를 외적으로부터 방어하기 위해 흘린 나의 피와, 살을 에듯이 추운 겨울밤을 새워 가며 이 나라를 지킨 것을 생각하시고, 또 이 늙은이의 주름진 얼굴 위를 흐르는 쓰디쓴 눈물을 불쌍히 여기시어 아들들의 죄를 용서해 주십시오. 그들은 절대로 남들이 생각하는 것처럼 나쁜 놈들은 아닙니다. 이미 아들을 스물두 명이나 잃었으나 그들은 모두 명예롭게 싸우다가 죽었으므로 나는 울지 않았습니다. (땅 위에 쓰러진다. 나머지 사람들이 그를 지나쳐서 퇴장) 그러나 이 아이들을 위해서는 이 흙에다 내 마음속 번민

---

*9 그리스 신화에 나오는 지옥을 지키는 개. 머리는 셋, 꼬리는 뱀 모양.
*10 그리스 신화에 나오는, 무생물까지도 감동시켰다는 하프의 명수.

과 마음속에서 흘러나오는 슬픈 눈물을 적겠습니다. 내 이 눈물을 마시게 하면, 아무리 말라 있는 흙일지라도 배부르겠지요. 사랑스러운 내 아들들이 피를 흘리면 흙은 부끄러워하며 얼굴을 붉힐 것입니다. 오, 대지여, 봄에 쏟아지는 소낙비보다도 더 많은 눈물의 비를 나의 눈에서 흐르게 해주마. 가뭄이 든 여름에도 내리게 하고, 겨울에는 따뜻한 눈물로 대지의 눈을 녹여 언제나 봄철처럼 만들어 주겠다. 그러니 사랑하는 내 아들들의 피만은 제발 마시지 말아 다오.

루키우스가 칼을 뽑아 들고 등장.

티투스　오, 호민관 여러분! 관대하신 어르신들이여! 내 아들들을 풀어주십시오. 사형을 면케 해주십시오. 전에는 한 번도 울어본 적이 없는 나로 하여금, 내 눈물은 훌륭한 웅변가에 못지않다고 말하게 해주십시오.

루키우스　오, 아버지, 탄원하셔도 소용없습니다. 호민관들은 듣지 않고 있습니다. 옆에는 아무도 없습니다. 아버지는 돌에게 슬픔을 말하고 계십니다.

티투스　아! 루키우스! 너의 동생들을 위해 탄원하겠다. 침착하신 호민관 여러분, 다시 한 번 탄원합니다.

루키우스　아버지, 아버지 말씀을 듣고 있는 호민관은 없습니다.

티투스　없어도 상관없다. 있다 하더라도 들어주지 않는다. 들어준다 하여도 나를 불쌍하게 여기진 않는다. 그러나 비록 헛된 일이라 할지라도 나는 간곡히 요청해야 한다. 그래서 나는 이 돌들에게 나의 슬픔을 말하고 있다. 이들은 나에게 아무런 대답도 없으나, 호민관들보다는 어느 정도 낫다. 이들은 호민관들처럼 내 말을 막으려고 하지는 않는다. 내가 울면 그들은 내 발밑에 겸손하게 내 눈물을 받아들이며 나와 함께 울고 있는 것처럼 보인다. 이놈들에게 위엄 있는 옷을 입힌다면 로마에는 그만한 호민관들은 없을 것 같다. 돌은 밀초처럼 부드러우나, 호민관들은 돌보다도 완고하다. 돌은 말이 없어 아무런 해악도 끼치지 않지만, 호민관들은 자신의 혀로 사람에게 사형을 내린다. 그런데 너는 왜 칼을 들고 서 있느냐?

루키우스　동생들을 사형으로부터 구해 내려 했는데, 재판관들이 저를 영원히 나라 밖으로 추방한다는 선고를 내렸습니다.

티투스 오, 다행이로구나! 그들이 너에게는 친절하게 대했구나. 이 어리석은 놈아, 로마는 호랑이가 우글거리는 황야일 뿐이라는 걸 모르느냐? 호랑이에게는 먹이가 꼭 필요하다. 그런데 로마에는 나와 내 자식들 말고는 그들의 먹이가 없다. 그러니 그 호랑이들이 없는 곳으로 쫓겨난다는 것은 얼마나 다행스러운 일인가 말이다. 저기 나의 아우 마르쿠스와 함께 오는 이는 누구인가?

마르쿠스와 라비니아 등장.

마르쿠스 티투스 형님, 그 늙은 눈으로 울든지, 그렇지 않으면 형님의 심장이 터질 수도 있음을 각오하십시오. 나이 드신 형님을 여위게 할 슬픈 소식을 가지고 왔습니다.

티투스 나를 여위게 해? 어디 그것을 좀 보여주게.

마르쿠스 형님의 딸이 이렇게 되었습니다.

티투스 정말 내 딸이군.

루키우스 아, 차마 눈 뜨고 못 보겠구나!

티투스 에이, 비겁한 놈, 일어나라. 일어나서, 잘 바라보아라. 얘, 라비니아, 어떤 놈의 손이 너의 손을 잘라버리고는 이렇게 아비 앞에 나타나게 했느냐? 바다에다 물을 보태고, 활활 불타는 트로이로 장작을 나르는 바보는 대체 어떤 놈이냐? 나의 슬픔은 네가 오기 전에 이미 절정에 이르렀다. 이제는 나일강 범람처럼 아무 경계조차 없다. 칼을 다오. 내 손 또한 잘라버리겠다. 이 손은 헛되이 로마를 위해 싸우고, 나에게 음식을 먹여주어 이런 슬픔을 맞게 했다. 기도한다고 여러 번 손을 치켜들었지만, 모두 헛된 일이었다. 내게는 아무런 도움도 되지 못한 손이다. 이제 이들에게 명령하는 것은 왼손은 오른손을, 오른손은 왼손을 서로 자르는 것이다. 라비니아, 손이 없어진 것을 슬퍼하지 마라. 로마에 봉사하는 손은 쓸모없는 것이니.

루키우스 얘, 누가 너를 이렇게 만들었니, 응?

마르쿠스 오, 생각을 전달하는 도구여, 자신의 생각을 즐겁게 이야기하던 혀는 그 사랑스러운 목구멍에서 잘려나가 버렸구나. 새장 속에서 달콤하게 노래하는 새처럼 온갖 즐거운 노래를 불러주어 듣는 이들의 귀를 매혹시켰건만!

루키우스 오, 작은아버지께서 대신 말씀하십시오. 어느 놈이 이런 짓을 했습니까?

마르쿠스 라비니아가 이런 모습으로 숲을 떠돌아다니다 나를 보고서는, 치유할 수 없는 상처를 입은 사슴처럼 숨으려 드는 것을 내가 발견했단다.

티투스 내가 그토록 사랑하는 딸인데. 내 딸을 이처럼 만들어 놓은 놈은, 나를 죽이는 것보다 더 지독하게 나를 괴롭히고 있다. 오늘 나의 심정은 거친 바다에 둘러싸인 바위 위에서 차츰 높아지는 파도를 바라보며, 머잖아 악의에 찬 그 파도가 찝찔한 바닷물 속으로 자기를 삼켜버릴 것을 생각하며 서 있는 사람과 같다. 저쪽으로는 내 가엾은 아들들이 사형을 받기 위해 끌려갔다. 여기에는 다른 아들 하나가 추방자 몸으로 서 있다. 그리고 이곳에는 아우가 내 불행을 바라보며 울고 있다. 그러나 나의 마음에 가장 큰 고통을 주는 것은 내 영혼보다도 소중한 라비니아이다. 그런 모습을 하고 있는 너의 그림만 보아도 나는 미쳐버렸을 텐데, 그 꼴을 하고서 살아 있는 네 몸을 보게 되니 나는 어찌하면 좋으냐? 너는 눈물을 닦아낼 손도 없구나. 누가 너를 해쳤는지 말해 줄 혀도 없구나. 네 남편은 피살당하고, 그 죽음 때문에 오빠들은 사형 선고를 받았단다. 지금쯤은 죽었겠지. 오, 마르쿠스, 루키우스! 라비니아를 보아라. 내가 오빠들 말을 했더니 또다시 눈물이 맺히는구나. 시들어 버린 백합 위에 맺힌 이슬처럼.

마르쿠스 아마도 오빠들이 남편을 죽인 탓에 울고 있겠지요. 그렇지 않으면 오빠들에게 죄가 없음을 알고 있기 때문에 울고 있는지도 모르지요.

티투스 만일 오빠들이 네 남편을 죽였다면 기뻐해라. 국법이 원수를 갚아 주었으니. 아니다, 그들이 그런 무도한 짓을 할 리는 없다. 저 아이가 우는 것을 보아라. 라비니아, 너의 입술에 입맞춰 줄까? 어찌하면 너의 마음을 위로할 수 있을지 몸짓이라도 해라. 너의 숙부, 루키우스 오빠, 그리고 너와 내가 다 함께 어느 샘물가에 앉아 내려다보며, 뺨 위에 흘러내리는 눈물로 자신들의 얼굴이 얼마나 더러워졌는지 볼까? 홍수가 남기고 간, 진흙이 아직 마르지 않은 목장과 같은 우리의 뺨을. 그리하여 흘러내리는 눈물 때문에 그 맑은 물이 신선한 맛을 잃고 찝찔한 샘이 될 때까지 오랫동안 서로 바라보고 있을까? 그렇지 않으면 너와 마찬가지로 우리도 손을 잘라버릴까? 혀를 물어 잘라내고, 손짓 몸짓으로 이 살기 싫은 남은 삶을 보낼까? 어떻게 하는 것이 좋을까? 혓바닥이 있는 우리가 더욱 비참하게 되는 방법을 생각하자. 세상 사람들이 보고 놀라 자빠질 만큼 놀라운 방법을.

루키우스 아버지, 눈물을 거두세요. 아버지께서 슬퍼하시니 라비니아가 저리도 흐느껴 울고 있습니다.

마르쿠스 라비니아, 참아라. 형님, 눈물을 닦으세요. (티투스의 눈물을 닦아주려한다)

티투스 마르쿠스, 마르쿠스! 너의 그 손수건은 내 눈물을 닦아내지 못한다. 그 손수건은 이미 네 눈물로 질펀하지 않은가?

루키우스 아, 라비니아, 너의 뺨을 닦아주지.

티투스 마르쿠스, 저것을 보아라! 나는 저 애가 무슨 말을 하고 싶은지 알겠어. 혀가 있었다면, 꼭 내가 방금 너에게 말한 것을 오빠에게 말하려고 하는 거야. 오빠의 손수건은 눈물로 흠뻑 젖었으므로 제 뺨의 눈물을 닦아내지는 못한다고. 오! 우리는 다 함께 슬픔을 겪어야 되는구나. 구원은 지옥의 경계가 천국에서 먼 것처럼 멀기만 하다.

아론 등장.

아론 티투스 안드로니쿠스, 폐하의 뜻을 전하겠소. 당신의 아들을 사랑한다면, 마르쿠스나 루키우스, 또는 나이 많은 티투스 당신이어도 상관없소. 당신들 가운데 누구라도 좋으니 손을 잘라서 폐하께 바치면 그것을 그들의 잘못에 대한 대가로 생각하시어, 당신의 두 아들을 살려서 돌려보내겠다고 말씀하셨소.

티투스 오, 자비로우신 폐하! 오, 친절한 아론! 까마귀가 종달새처럼, 해가 떠오르는 기쁜 소식을 알려주는 종달새처럼 노래한 일이 있던가? 나는 진심으로 기꺼이 나의 손을 폐하께 바치겠다. 착한 아론, 이것 좀 잘라주겠소?

루키우스 아니, 기다리세요! 아버지의 손, 로마의 큰 적(敵)을 무찌른 아버지 손은 절대로 안 됩니다. 제 손을 바치겠습니다. 저는 젊으니까 피를 흘려도 큰일은 없습니다. 그러니 이 손으로 아우들의 목숨을 구하겠습니다.

마르쿠스 너의 두 손 가운데 어느 손이 로마를 방어하지 않았으며, 전투용

도끼를 높이 추켜들어 적을 물리치지 않았단 말인가? 너의 손은 둘 다 큰 공을 세웠다. 내 손은 그다지 한 일이 없으니 이것으로 두 조카를 살리겠다. 그리하면 이 손을 오늘까지 보존한 일이 의미 있는 것이 되니까.

아론 자, 누구 손을 바칠 것인지 빨리 결정하시오. 우물쭈물하다가는 용서를 받기 전에 그들이 죽습니다.

마르쿠스 나의 손을 바치겠습니다.

루키우스 절대로 안 됩니다.

티투스 그렇게들 다투지 마라. 시든 풀 같은 내 손을 자르는 것이 마땅하다. 그러니 나의 손을.

루키우스 아버지, 저를 아들로 생각하신다면, 제가 동생들의 목숨을 구할 수 있게 해주십시오.

마르쿠스 돌아가신 아버지의 노고와 어머니의 보살핌을 생각하시어, 저에게 형님에 대한 우애를 보여드릴 기회를 주십시오.

티투스 그렇다면 둘이서 의논하여 결정하게. 내 손을 자르지 않겠네.

루키우스 그러면 도끼를 가지고 와야지.

마르쿠스 그러나 그것을 쓰는 것은 나야. (루키우스와 함께 퇴장)

티투스 아, 아론, 이리 좀 오게나. 나는 두 사람을 속인 거야. 손을 좀 빌리세. 나의 손을 줄 테니.

아론 (혼잣말로) 이런 것이 속이는 거라면, 나는 정직한 사람이 되어 죽을 때까지 그런 식으로 사람을 속이지는 않겠다. 그러나 나는 다른 방법으로 속이겠다. 그러면 반 시간도 되지 않아 너희들은 속은 사실을 알게 될 거야. (티투스의 손을 자른다)

루키우스와 마르쿠스, 다시 등장.

티투스 이제 다투지들 마라. 자를 것은 잘라버렸어. 아론, 이 손을 폐하께 바치고, 수천 번 위험으로부터 폐하를 보호한 손이니 잘 묻어 달라 말씀드려 주게. 아니, 그 이상의 공이 있으니 그것도 인정받도록 해주게. 나의 사랑하는 아들들을 이로써 살릴 수 있다면, 아비로선 보석을 싸게 산 것과 같지. 하지만 내 아들들이니 비싸다 말할 수도 있다고 전해 주게.

아론 안드로니쿠스, 나는 가보겠소. 이 손 덕분에 당신은 아들들을 곧장 돌려받게 될 거요. (혼잣말로) 아들들의 목을 돌려받는단 말이지. 오, 이 나쁜 짓거리는 생각만으로도 나를 살찌우는구나! 어리석은 놈들은 착한 일을 하고, 얼굴이 흰 놈들은 은총을 구하라. 나, 아론은 내 얼굴과 마찬가지로 사악한 영혼을 갖겠다. (퇴장)

티투스 오, 여기에, 이 한 손을 하늘로 쳐들고, 이 허약한 몸을 땅에 엎드립니다. 이 비참한 눈물을 가엾게 여기는 신이 있다면, 그 신에게 기도드립니다. (라비니아에게) 너도 나와 함께 무릎을 꿇겠니? 그래, 사랑하는 라비니아, 무릎을 꿇어라. 하늘은 틀림없이 우리의 기도를 들어주실 거다. 들어주시지 않는다면, 내뿜는 한숨으로 해를 흐릿하게 만들자. 곧 녹아버리는 구름이 자기 품에 해를 안을 때처럼.

마르쿠스 오, 형님! 할 수 있는 것을 말씀하십시오. 그런 지나친 말씀은 그만두세요.

티투스 나의 이 슬픔은 너무 심하지 않은가? 지나친 슬픔을 서러워하니, 지나친 말을 하는 것이 자연스럽지.

마르쿠스 그렇지만 이성으로써 그것을 다스리셔야지요.

티투스 이 겹겹이 쌓인 불행에 이성이 존재한다면, 나의 슬픔은 참을 수 있을 것이다. 하늘이 울면 땅에는 물이 넘친다. 바람이 마구 휘몰아치면, 바다가 사나워지고 팽창되어 하늘을 위협한다. 그런데 그 소동의 이치를 알겠다는 건가? 나는 바다이고 라비니아의 한숨은 바람이야. 라비니아는 울고 있는 하늘이고, 나는 땅이란다. 한숨의 바람이 심하게 불어대면 나의 바다는 거칠어질 수밖에. 하늘이 계속해서 눈물 흘리면, 대지인 나에게는 큰물이 나서 물에 잠길 수밖에 없단 말이다. 나로서는 도저히 이 배 속에다 저 아이의 슬픔을 감추어 둘 수는 없으니. 술주정뱅이처럼 그것을 내뱉지 않고는 견딜 수 없어. 그러니 참아주게. 패배자는 혹독한 말이라도 내뱉어야만 속이 풀리니까.

전령이 머리 둘과 손 하나를 가지고 등장.

전령 훌륭하신 안드로니쿠스, 폐하께 손을 보내셨건만 헛된 일이 되었습니

3막 1장, 티투스의 손을 절단하는 아론 제라드 반 데르구트. 1740.

다. 여기에 두 아들의 머리와, 비웃음거리가 된 장군 손을 돌려드립니다. 그들에게 장군의 애통은 위안거리이고, 장군의 용기는 비웃음거리입니다. 장군의 슬픔을 생각할 때 제 아버지의 죽음을 생각하는 것 이상으로 슬퍼집

니다. (퇴장)

마르쿠스 오, 시칠리아의 화산 에트나는 식어버리고, 이 가슴은 영원히 불타는 지옥이 되라! 이런 불행이 겹치다니 도저히 견딜 수가 없구나. 함께 울어주는 사람이라도 있으면 조금이나마 위로받겠지만, 슬픔이 조롱거리가 된다면 두 번 죽는 것과 같다.

루키우스 이를 보고 내 마음에 크나큰 상처가 생겼는데, 그대로 살아 있으란 말인가? 그저 기계적으로 숨만 쉬고 있을 뿐인데 왜 이 목숨은 끊어져 버리지도 않는가? (라비니아가 티투스에게 키스한다)

마르쿠스 아, 가여워라! 저 입맞춤도 굶주린 뱀에게 주는 얼음물 같아 위로가 되지 않는구나.

티투스 이 무서운 꿈은 언제 끝나려는가?

마르쿠스 이제, 위로의 말이여, 물러가라! 형님, 죽으시오. 형님은 꿈꾸고 있는 게 아닙니다. 여기 두 아들의 머리가 있고, 용감했던 형님의 손, 병신이 된 딸, 이 쓰라린 광경을 보고 핏기 없이 창백해진, 쫓겨난 신세가 된 아들, 그리고 석상처럼 차고 감각이 없는, 형님의 아우인 내가 이곳에 있습니다. 이제 애통해하지 말라는 말은 않겠습니다. 형님의 흰 머리털을 쥐어뜯으시오. 남은 손 하나를 물어뜯으시오. 이제 이 처참한 광경을 보는 것이 우리들 눈이 하는 마지막 일이 되게 합시다. 지금이 난폭하게 행동할 때입니다. 왜 가만히 계신가요?

티투스 하, 하, 하!

마르쿠스 왜 웃으시나요? 지금은 웃을 때가 아닙니다.

티투스 나에게는 이제 눈물이 없어. 뿐만 아니라 애통함은 나의 적이다. 그는 눈을 침범하여 눈물로써 보이지 않게 한다. 복수의 신 동굴은 어디에 있는가? 아, 이 두 머리는 나에게, 당신은 이 참혹한 행동을 한 놈들의 목을 이처럼 만들어 놓기 전에는 결코 행복해질 수 없다고 말하며 위협하는 것만 같다. 무슨 일을 하면 좋을까? 자, 모두 나를 둘러싸라. 슬픔에 잠긴 한 사람 한 사람을 바라보며 원수를 꼭 갚아주겠다고 맹세할 터이니. 자, 이제 맹세는 끝났다. 마르쿠스, 머리를 하나 들게. 나머지 하나는 이 손으로 들겠다. 라비니아, 너는 너의 이로 내 손을 물고 따라오너라. 루키우스, 너는 어서 내가 너를 볼 수 없는 곳으로 가라. 너는 쫓겨난 몸이니 여기 있으면 안 돼. 고트족에게로 가서, 그곳에서 군사를 모아라. 네가 이 아비를 사랑한다면 어서 입맞추고 떠나라. 우리에게는 할 일이 많다. (마르쿠스, 라비니아와 함께 퇴장)

루키우스 자, 아버지, 안녕히! 예부터 오늘까지 로마에 아버지처럼 가엾은 사람은 없었지. 로마여, 안녕! 루키우스가 다시 돌아올 때까지 생명보다 귀한 담보물을 두고 간다. 나의 누이동생 라비니아, 잘 있어. 오, 네 몸이 전과 같다면 얼마나 좋겠니! 이제부터는 너나 나나 세상 사람들의 망각 속에서, 쓰라린 슬픔 속에서 살아가야 한다. 그러나 이 루키우스가 살아 있는 한 반드시 원수를 갚아주겠다. 그리하여 거만한 사투르니누스와 그의 황후가 타르퀴니우스*¹¹와 그의 황후처럼, 성문에서 애원하게 하겠다. 이제 나는 고트족에게 가서 군사를 모아 로마와 사투르니누스에게 복수하겠다. (퇴장)

〔제3막 제2장〕

로마. 티투스 집의 어느 방.
잔치가 벌어진다. 티투스, 마르쿠스, 라비니아, 그리고 어린 루키우스 등장.

티투스 그래그래. 자, 앉자. 복수를 위한 힘을 지탱하기에 필요한 것 이상은 먹지 말자. 마르쿠스, 그렇게 슬픔에 잠겨 팔짱만 끼고 있지 마라. 라비니아와 나는 비참하군. 손이 없어 아무리 슬퍼도 팔짱을 낄 수가 없으니. 남아 있는 오른손은 나의 이 가슴을 때리기 위한 거라네. 너무도 비참하여 심장이 미친 듯이 육체의 감옥 안에서 뛸 때면 나는 이처럼 때려주지. (라비니아에게) 몸짓으로만 이야기하는 가련한 딸아, 너는 아무리 심장이 마구 뛰어도 이처럼 때려서 잔잔하게 만들지는 못하지. 크게 한숨을 쉬어 심장에 상처를 만들어 주어라. 신음소리를 내어서 심장을 죽게 만들어라. 그렇지 않으면 조그마한 칼을 입에 물고 그 칼로 바로 심장이 있는 곳에 구멍을 만들어라. 그리하여 눈에서 떨어지는 눈물방울이 그 구멍으로 흘러들어가 짭

---

*11 '거만한'이라는 뜻의 '수페르부스' 별명을 지닌 왕. 루크레티아가 그의 아들 타르퀴니우스 섹스투스에게 강간당하여 자살하자, 부도덕한 왕과 그 자식들은 쫓겨나고, 로마 사회에 공화정이 수립되었다.

찔한 눈물로 울보인 바보를 빠져 죽게 해라.

마르쿠스 형님, 이게 무슨 짓입니까? 연약한 라비니아의 몸에다 그처럼 난폭한 손을 대도록 가르쳐서는 안 됩니다.

티투스 슬픔으로 분별력까지 벌써 없어졌느냐? 나 말고 미친 사람은 없어. 라비니아에게는 손이 없는데, 어찌 난폭한 행동을 한단 말이냐? 무엇 때문에 굳이 손 이야기를 하느냐? 아이네이아스에게 트로이성이 불타고, 자신이 비참하게 된 이야기를 두 번 하게 하려는 것이냐? 손 이야기를 하여 손이 없음을 생각나게 하지 말게. 아, 이 무슨 어리석은 말을 하고 있는가? 나는 미친 소리를 하는구나. 마르쿠스가 손 이야기를 안 한다고 해서 우리에게 손이 없다는 것을 어찌 잊어버릴 것인가? 자, 먹자. 라비니아, 이것을 먹어라. 마실 것은 없는가? 아, 마르쿠스, 라비니아가 무슨 말을 하고 있군. 저 고민의 몸짓을 나는 잘 안다. 라비니아는 슬픔 때문에 뺨 위를 흘러내리는 눈물만 마신다고 말하고 있다. 말없이 울고 있는 라비니아, 네가 무엇을 생각하는지 알아내겠다. 나는 너의 몸짓을 완전히 알아내고야 말겠다. 나이 많은 수도사가 산중에서 기도하는 법을 잘 알고 있는 것처럼. 한숨을 쉬고, 팔을 추켜들며 눈을 깜박거리고, 고개를 끄덕이며 무릎을 꿇고, 표정을 지을 때마다 너의 생각을 알아내 차츰 글자를 만들고, 꾸준히 노력하고 연습하여 네가 말하고 싶은 것이 무엇인지를 나는 반드시 알아내겠다.

어린 루키우스 할아버지, 그렇게 슬픈 이야기는 그만두세요. 무슨 이야기든지 재미있게 말씀하셔서 불쌍한 고모를 기쁘게 해주세요.

마르쿠스 아, 어린아이지만 할아버지가 짊어지신 슬픔의 무게를 함께 나누려 크게 애도하며 울고 있구나. 착한 아이로다.

티투스 아가야, 울지 마라. 너는 눈물투성이구나. 그렇게 울면 너의 몸까지도 눈물에 녹아 버린단다. (마르쿠스가 식사용 칼로 접시를 친다) 마르쿠스, 칼로 무엇을 치고 있지?

마르쿠스 제가 잡은 것은 파리입니다.

티투스 에잇, 살생을 함부로 하는군. 너는 내 가슴을 찌르는 거야. 내 눈은 잔학한 행동을 지긋지긋하게 봐왔어. 죄 없는 자를 죽이는 사람은 이 티투스의 아우가 아니야. 나가게. 나와 함께 있을 사람이 못 돼.

마르쿠스 무슨 말씀이십니까? 파리를 죽였을 뿐입니다.

티투스 파리를 죽였을 뿐이라고? 그 파리에게도 아버지와 어머니가 있다면 어떻겠나? 가냘프게 금빛으로 번쩍이는 날개를 처뜨리고, 그는 얼마나 슬퍼하며 붕붕거릴 것인가? 아무런 나쁜 짓도 하지 않은 가여운 파리. 사랑스럽게 붕붕 노래를 불러 우리를 즐겁게 해주려고 왔는데, 그것을 아우가 죽이고 말았군.

마르쿠스 죄송합니다. 그러나 그놈은 보기 싫은 시커먼 파리였습니다. 황후가 좋아하는 무어족처럼. 그래서 그놈을 죽였습니다.

티투스 오, 그렇다면 꾸짖은 것이 오히려 잘못이로군. 착한 행동을 했어. 그 칼을 이리 주게. 무어족이 나를 독살하러 온 것처럼 생각하고 나도 해치울 테니. 자, 이것은 너에 대한 보복이다. 그리고 이것은 타모라에 대한 것이고. 아, 이봐, 우리는 아직 그리 심하게 볼꼴 사나운 신세가 되지는 않았다네. 껌둥이 무어족 모습을 하고 온 파리를 우리는 이처럼 죽일 수 있으니까.

마르쿠스 아, 가여운 분! 지나친 슬픔으로 형님은 거짓 그림자를 실물로 생각하고 계시구나.

티투스 자, 이것을 치워라. 라비니아, 함께 너의 방으로 가자. 그리고 슬픈 옛날 이야기책을 함께 읽자꾸나. 얘야, 너도 함께 가자. 너는 어리니까 눈이 잘 보이지. 내가 읽다가 눈이 피로해지면 나머지는 네가 읽어라. (모두 퇴장)

〔제4막 제1장〕

로마. 티투스 집의 정원.
라비니아가 책을 몇 권 끼고 달아나는 어린 루키우스를 따라 달려온다. 이어서 티투스와 마르쿠스 등장.

어린 루키우스 할아버지, 도와주세요. 할아버지! 라비니아 고모가 어디고 따라옵니다. 왜 그러는지 모르겠어요. 마르쿠스 할아버지, 저것 보세요. 저렇게 빨리 따라옵니다. 아, 고모, 왜 그러세요?

마르쿠스 내 옆에 있으면 괜찮아. 고모를 두려워하지 마라.

티투스 고모가 너를 사랑하고 있으니 겁먹을 것 없다.

어린 루키우스　아버지가 로마에 계실 때는 고모도 나를 사랑해 주셨는데.

마르쿠스　라비니아의 저 몸짓은 무슨 뜻일까?

티투스　루키우스, 고모를 무서워하지 마라. 무슨 말을 하고 싶은 것 같구나. 저것 보아라, 루키우스. 너에게 저렇게 여러 가지로 몸짓을 하는구나. 어디로 함께 가자고 하는 것 같다. 코르넬리아가 자기 아들들에게 온갖 책을 친절하게 읽어주었다고는 하지만, 너에게 달콤한 시(詩)나 키케로의 《웅변론》을 읽어준 너의 고모에 비하면 아무것도 아니지.

마르쿠스　왜, 저렇게 너에게 무슨 부탁이 있는 듯한 태도를 보이는지 모르겠니?

어린 루키우스　모르겠어요. 혹시 정신이상이거나 병이 아닐까요? 그 밖에는 짐작도 가지 않습니다. 할아버지께서 크나큰 슬픈 일을 여러 번 겪으면 사람은 정신줄을 놓게 된다고 말씀하시는 걸 들은 적이 있거든요. 그리고 책에서 읽었는데, 트로이왕 프리아모스의 아내인 헤카베 왕비가 슬픔 때문에 정신줄을 놓았다고 했어요. 그래서 고모가 제 어머니 못지않게 저를 사랑한다는 사실을 알면서도, 정신줄을 놓았다면 몰라도 어린 저를 해치지는 않겠지만, 무서워서 책을 팽개치고 도망쳐 온 거지 다른 까닭은 없어요. 고모, 죄송합니다. 마르쿠스 할아버지가 함께 간다면 어디라도 고모를 따라가겠습니다.

마르쿠스　그래, 루키우스, 내가 함께 가지. (라비니아는 어린 루키우스가 떨어뜨린 몇 권의 책을 손목 없는 팔로 들척거린다)

티투스　왜 그러니, 라비니아? 마르쿠스, 라비니아가 왜 그러느냐? 보고 싶은 책을 찾는가 본데. 라비니아, 이 가운데 어느 책이냐? 루키우스, 책을 하나하나 펼쳐 보아라. 그렇지만 네가 더 잘 읽었고, 잘 알고 있지. 자, 내 서재로 가서 마음에 드는 책을 골라잡아 슬픔을 잊어라. 하늘이 그 나쁜 놈을 알려주실 때까지. 저애가 왜 저렇게 계속해서 양팔을 올릴까?

마르쿠스　한 사람 이상의 사람들이 함께 꾸민 일임을 알려주는 거겠지요. 아니, 그 이상의 사람들이라고 말하는 것 같습니다. 그렇지 않으면 복수해 달라고 하늘에 기도하고 있는 거겠지요.

티투스　루키우스, 고모가 저렇게 넘기려고 하는 책이 무슨 책이냐?

어린 루키우스　할아버지, 그것은 오비디우스의 《변신 이야기》입니다. 어머니

4막 1장, 모래 위에 범죄자의 이름을 쓰는 라비니아

가 저에게 주신 거예요.

마르쿠스　세상을 떠난 네 엄마가 그리워, 특히 그 책을 골라냈겠지.

티투스　가만있자, 부지런히 책장을 넘기고 있군. 무엇을 찾으려 하는지 가서 도와주거라. 라비니아, 내가 읽어줄까? 아, 이것은 필로멜라의 가여운 이야기로군. 테레우스의 배신과 필로멜라를 강간한 사건이 씌어 있다. 그러고 보니 너의 고통이 강간 때문일지도 모르겠구나.

마르쿠스　형님, 저것을 보세요! 저 한두 페이지를 열심히 보고 있습니다.

티투스　라비니아, 그럼 너는 필로멜라처럼 갑자기 잡혀서 강간을 당하고 불구가 되었느냐? 저 무자비하고 아득히 넓으며 어두침침한 숲속에서? 저것 좀 봐! 저것을! 그래, 우리가 사냥을 한 숲속에 그런 곳이 있어. 오, 그런 곳에 사냥을 가지 않았다면 좋았을걸. 이 책 지은이가 쓴 것처럼 그곳은 살인과 강간에 안성맞춤인 곳이다.

마르쿠스　자연은 왜 그렇게 나쁜 악마의 굴을 만들어 놓았을까? 신들은 비극을 좋아하는가?

티투스 라비니아, 이곳에는 가까운 사람들만 있으니, 로마 어느 귀족이 그따 위 짓을 했는지 몸짓으로 알려 다오. 혹시 사투르니누스가 몰래 빠져나간 것이 아니냐? 옛적에 루크레티아의 몸을 더럽힌 타르퀴니우스처럼.

마르쿠스 라비니아, 앉아라. 형님도 앉으세요. 아폴로, 아테네, 유피테르, 메 르쿠리우스 신이시여, 제게 영감을 주어 이 악한 작자를 찾을 수 있도록 해 주십시오. 형님, 이것을 보세요. 라비니아, 이것을 보아라. 이 모래 바닥은 평 평하다. (보행용 지팡이를 발과 입으로 움직여서 자기 이름을 쓴다) 나는 내 손의 도움 없이도 내 이름을 썼다. 아, 이런 짓을 하도록 만든 놈은 저주를 받을 것이다. 라비니아, 할 수 있으면 나처럼 지팡이를 움직여서 써보아라. 그리하 면 너의 복수를 해줄 테니, 그놈 이름을 알려 다오. 하느님께서 결국은 알 려주시겠지만. 오, 하늘이시여, 조카의 붓을 조종하셔서 그녀에게 씻을 수 없는 슬픔을 안겨준 그 나쁜 놈들과 나쁜 짓거리를 우리가 알게 해주십시 오! (라비니아가 지팡이를 입에 물고, 손 없는 팔을 움직여 모래 위에 글자를 쓴다)

티투스 오, 마르쿠스, 라비니아가 쓴 것을 읽었느냐? 강간, 키론, 데메트리 우스.

마르쿠스 뭐라고? 타모라의 음탕한 자식들이 이토록 무자비하고 끔찍한 짓 을 했다고?

티투스 하늘을 다스리는 님이시여, 범죄 짓거리를 왜 그리도 조용히 들으며, 그토록 조용히 바라보십니까?

마르쿠스 오, 형님, 진정하세요. 여기 씌어 있는 것을 보면 아무리 마음이 부 드러운 사람일지라도 난폭하게 되는 것이 자연스럽고, 아무리 어린아이들 일지라도 격분하여 외치게 되겠습니다만, 진정하십시오. 형님, 나와 함께 무 릎을 꿇으세요. 라비니아도 무릎을 꿇어라. 애야, 앞으로 로마의 헥토르*12 가 될 루키우스야, 너도 무릎을 꿇어라. 다 함께 맹세합시다. 저 옛날 강간 당한 열녀 루크레티아의 가여운 남편이나, 그녀의 아버지, 그리고 유니우스 브루투스가 함께 루크레티아를 위하여 복수하겠다고 맹세한 것처럼 우리 도 맹세합시다. 우리가 좋은 계책을 세워 저 간악한 고트족 놈들에게 복수

---

*12 그리스 신화에 나오는 트로이의 영웅. 지략과 용기를 겸비한 고귀한 성품의 장군.

4막 1장, 티투스·마르쿠스·라비니아·어린 루키우스 토마스 커크. 1799.

를 하여 반드시 그들의 피를 보고야 말 것이며, 그렇지 못하면 이 치욕과
함께 죽겠다고 맹세합시다.

티투스 방법만 찾아낸다면 꼭 그렇게 해야지. 그렇지만 그 새끼 곰들을 잡으

려면 조심해야 돼. 어미 곰이 냄새를 맡으면 일어날 테니까. 그 어미는 지금 사자와 사이가 아주 좋아. 누워 놀면서 사자를 잠들게 하고, 그가 잠자고 있는 동안 제멋대로 행동하지. 마르쿠스, 너는 아직 사냥에 익숙지 않으니 그대로 내버려 두는 게 좋을 거다. 자, 나는 어디서 구리판 한 장을 구해서 뾰족한 강철로 이 말을 적어 간직해 두겠다. 머지않아 된바람이 불어와 시빌*13 의 나뭇잎처럼 이 모래를 모두 불어버릴 테니까. 그래, 넌 무엇을 배웠니? 애야, 네 생각은 어떠하냐?

어린 루키우스 할아버지, 제가 어른이라면 그들이 자기들 어미의 침실로 도망친다 해도 결코 용서하지 않겠습니다!

마르쿠스 그렇지, 그렇지, 훌륭하다. 너의 아비는 은혜를 모르는 이 나라를 위하여 여러 번 그렇게 했단다.

어린 루키우스 할아버지, 저도 살아 있는 한 아버지처럼 그렇게 하겠습니다.

티투스 자, 나와 함께 무기고로 가자. 루키우스, 너에게 맞는 것을 찾아주겠다. 그렇게 하고서 너는 그 황후의 아들에게 내가 보내는 선물을 가지고 가라. 어때, 그 심부름을 하겠니?

어린 루키우스 네, 그놈들 가슴을 단검으로 찌르는 건가요, 할아버지?

티투스 아니, 그런 것이 아니다. 다른 것을 가르쳐 주마. 라비니아도 오너라. 마르쿠스, 집을 봐줘. 루키우스와 나는 황궁에 가서 으쓱거리며 돌아다니겠다. 틀림없이 그렇게 하겠다. 그들이 우리를 모르는 체하지는 못할 거다.
(라비니아, 어린 루키우스와 함께 퇴장)

마르쿠스 오, 하늘의 신들이시여! 착한 사람이 신음하는 소리를 들으면서, 가엾고 불쌍하다고는 생각지 않으십니까? 마르쿠스, 반쯤 미쳐 있는 형님을 돌봐 드려라. 형님 마음에는 슬픔의 상처가, 형님 방패에 남겨진 적들의 어지러운 공격의 흔적들보다도 많다. 그러나 형님은 나라 법을 중히 여기기 때문에 마구잡이로 복수하려 하시지는 않는다. 아, 하늘이시여! 늙은 안드로니쿠스 형님을 위해 복수해 주십시오. (퇴장)

---

*13 그리스·로마 신화에 나오는, 예언과 신탁을 전달하는 능력을 가진 12명의 여자 예언자들. '시빌레' 또는 '시빌라'라고도 하는데, 사람들에게 일어날 일을 나뭇잎에 적어 동굴 속에 보관해 두었다.

로마. 궁궐의 한 방.

한쪽에서 아론, 데메트리우스, 키론 등장. 다른 쪽으로는 어린 루키우스와 그의 시종이 무기 한 다발을 들고 등장. 그 무기에는 시구가 씌어진 종이가 감겨 있다.

키론 데메트리우스, 루키우스의 아들이 왔어. 우리에게 전할 말이 있대.

아론 그의 미친 할아버지가 한 미친 말을 전하러 왔겠지요.

어린 루키우스 저의 할아버지 안드로니쿠스의 분부에 따라 두 분께 인사를 드립니다. (혼잣말로) 로마 신들의 벌을 받아 죽어버려라!

데메트리우스 사랑스러운 루키우스, 고맙다. 무슨 다른 일이 있니?

어린 루키우스 (혼잣말로) 너희들이 한 일이 드러났다. 그것이 다른 일이다. 강간을 저지른 악한들이라는 사실을 알게 되었지. (큰 소리로) 실례입니다만, 저희들 무기고에서 가장 좋은 것을 골랐습니다. 로마의 기둥이신 두 분께 바치오니 이것이 두 분 마음에 들었으면 좋겠다고, 저의 할아버지께서 말씀하십니다. 그래서 제가 이것을 가지고 왔습니다. 필요하실 때 사용하시기 바랍니다. 그러면 안녕히 계십시오. (혼잣말로) 이 쓰레기 악당들아! (시종과 함께 퇴장)

데메트리우스 이게 뭘까? 두루마리에다 잔뜩 써놓았군. 어디 읽어보자. (읽는다)

생활이 올바르고 죄에 더럽혀지지 않은 사람은 무어인의 창도 활도 필요 없다.[*14]

키론 오, 이것은 호라티우스의 시로군. 오래전에 라틴어 문법 교과서에서 읽었지.

아론 그렇습니다. 호라티우스의 시입니다. 잘 기억하고 계시군요. (혼잣말로) 바보가 된다는 게 참 고약스러운 일이로군. 이것은 웃어넘길 농담이 아닌데. 그 늙다리가 저 두 사람의 나쁜 짓거리를 알아내고는 저런 시구를 감은 무기를 보낸 거다. 저 둘은 모르고 있지만 급소를 찔린 셈이지. 만일 우리의

[*14] 죄가 없는 정직한 사람은 자기 자신을 방어하는 무기가 필요 없다.

재치 있는 황후가 완쾌되었다면 안드로니쿠스의 공상을 칭찬할 텐데. 그렇지만 황후, 그때까지는 불안 속에서 쉬시오. (그들에게) 두 분은 어떻게 생각하시나요? 우리는 외국인일 뿐 아니라 포로 신세가 되어 로마로 끌려왔는데, 이처럼 출세를 하게 되었으니 정말 다행스러운 일이 아니겠습니까? 궁궐 큰 문 앞 그의 형이 들을 수 있는 거리에서 그 호민관을 꾸짖었을 때는 기분이 좋았지요.

데메트리우스 그보다도, 그렇게 위대한 체하던 장군이 이렇게 아첨하고 선물을 보내니 기분 좋소.

아론 물론 그러시겠지요. 귀하는 그놈의 딸에게 대단히 친절하게 행동하셨으니까요.

데메트리우스 로마 귀부인들이 모조리 그런 환경에 처해서 우리의 음욕을 채울 수 있었으면 좋겠소.

키론 그것 참 자비롭고 사랑이 충만한 바람이로군.

아론 어머니만 이곳에서 아멘이라고 하신다면 완전할 텐데요.

키론 어머니는 2만 명만 더 해치우라고 하실 거요.

데메트리우스 자, 가서 지금 고통을 겪고 있는 어머니를 위해 신들에게 기도를 올리자.

아론 (혼잣말로) 악마들에게 기도하는 편이 나을 거야. 신들은 이미 우리를 포기하셨으니까. (나팔 소리)

데메트리우스 왜 이렇게 황제의 나팔을 불까?

키론 아마, 황자를 낳으셨나봐.

데메트리우스 쉿! 누가 온다.

유모가 흑인 어린아이를 안고 등장.

유모 안녕들 하십니까? 오, 저, 무어족 아론 씨를 못 보셨나요?

아론 글쎄요, 있다면 거의 이곳에 있지요. 그렇지 않으면 어디에도 아예 없지요. 자, 아론은 여기에 있는데 도대체 무슨 볼일인가?

유모 오, 아론 씨! 우리는 이제 다 틀렸습니다. 빨리 어떻게 해주세요. 그렇지 않으면 당신은 영원히 파멸할 것입니다.

아론 아니, 왜 그렇게 고양이 우는 소리를 내는가? 무엇을 그렇게 둘러싸서
　　　는 품에 안고 주물럭거리고 있는가?

유모 오, 이것은 하늘이 보지 않도록 감춰야 합니다. 황후의 부끄러움이며
　　　이 로마의 망신거리니까요. 두 도련님, 어머니께서 아기를 낳으셨습니다.

아론 뭐라고?

유모 황후께서 아기를 낳으셨습니다.

아론 그래, 어떤 아이를 낳았지?

유모 악마를 낳았습지요.

아론 그렇다면 황후는 악마의 어미군. 기쁜 일이야.

유모 기쁜 일이기는커녕 우울하고 슬픈 일입니다. 여기에 그 어린아이가 있
　　　습니다. 이 나라 아름다운 부인들 사이에 내놓을 때, 마치 두꺼비처럼 보기
　　　싫은 아이입니다. 황후께서 당신의 도장이 찍힌 이 아이를 당신께 보냅니다.
　　　당신의 단검 끝으로 세례를 주라고 하십니다.

아론 닥쳐라, 이 나쁜 년! 검은빛이 왜 나쁜가? 오, 귀엽구나. 꼭 아름다운
　　　꽃송이 같구나.

데메트리우스 이 악당 놈아, 네가 무슨 짓을 한 거지?

아론 너야말로 돌이킬 수 없는 짓을 한 악당이야.

키론 네가 우리 어머니를 망쳤구나.

아론 무슨 소리를 하는가? 나는 네 어미를 그저 골탕 먹인 것뿐이야.

데메트리우스 이 개 같은 놈아! 그래서 어머니를 망친 거야. 어머니는 신세를
　　　망쳤다. 얼마든지 상대는 있을 텐데, 하필이면 더러운 놈을 택하셨군. 이런
　　　더러운 새끼를 어떻게 해야 하지?

키론 죽여버리지.

아론 죽일 수는 없어.

유모 아론, 황후의 분부라서 살려둘 수는 없어요.

아론 뭐, 살려둘 수 없다고? 그렇다면 내 핏줄이니 나만이 죽일 수 있다.

데메트리우스 그 올챙이는 나의 이 가늘고 긴 쌍날칼로 찔러 죽이겠다. 유모,
　　　이리 주게. 내 칼로 곧 해치울 테니.

아론 그에 앞서 이 칼로 너의 내장을 뒤집어 놓겠다. (유모 품에서 어린아이를
　　　빼앗고 칼을 뽑는다) 기다려라, 이 살인자인 악한들아! 너희들은 동생을 죽이

려는가? 이 아이가 태어났으니 저 하늘에서 찬란하게 빛나는 별들에게 맹세한다. 어느 놈이고, 나의 첫 아들이며 상속자인 이 아이를 건드리면, 나의 날카로운 칼끝에 죽게 될 거다. 에이, 이 풋내기들아, 비록 거인 엔켈라두스가 저 무서운 티폰족 군사를 모두 이끌고 온다 할지라도, 또는 헤라클레스나 전쟁의 신이 이 아이를 내게서 빼앗아가려고 해도 결코 아이를 내줄 수는 없다. 뭐라고? 이 붉은 얼굴의 인정머리 없는 풋내기들아! 흰 벽 같은 놈들! 맥주 그림 간판 같은 놈들! 석탄처럼 검은빛이 다른 빛보다도 더 낫다. 검은빛은 어떤 빛깔보다도 훌륭하다. 백조의 검은 발은 바다의 물을 다 퍼부어도 희어지지는 않는다. 비록 끊임없이 발을 씻는다 할지라도 그렇다. 황후에게 가서, 나는 나이가 들어서 내 것은 내가 보살필 수 있으니 그리 알고, 변명은 마음대로 하라 전하라.

데메트리우스 너는 우리 어머니를 그토록 인정머리 없게 대하겠다는 거냐?

아론 정부는 어디까지나 정부일 뿐이지만 이 아이는 나 자신이다. 내가 어렸을 때와 꼭 같은 튼튼한 어린아이다. 세상 무엇보다도 사랑스럽다. 어떤 일이 있어도 내놓을 수 없다. 어느 놈이든 방해하면 그냥 두지 않겠다.

데메트리우스 이 일 때문에 어머니는 영원히 부끄러워하실 거야.

키론 로마 사람들이 이 탈선행위를 알게 되면 어머니를 멸시할 거다.

유모 황제는 화가 나서 황후를 사형에 처하실 겁니다.

키론 그런 치욕을 생각하니 얼굴이 붉어진다.

아론 그것이 너희들의 얼굴빛이 하얗기 때문에 얻게 되는 특전이다. 붉어지면 마음속 비밀을 그대로 다 드러내는 믿을 수 없는 역겨운 빛깔. 그러나 이 아이는 얼굴빛이 완전히 달라. 이 검둥이가 아비를 쳐다보고 미소를 짓는 것을 보라. "여보세요, 나는 당신의 아들이에요"라고 말하는 것 같다. 이 녀석은 너희들의 아우이며, 너희들에게 생명을 준 바로 그 피 덕분에 훌륭하게 자라난 거다. 너희들이 갇혀 있던 배 속에서 해방되어 빛을 보게 된 거라고. 어머니가 같다는 점에서 비록 얼굴은 제 아비를 닮아 검더라도 이 아이는 너희들의 아우다.

유모 아론 씨, 황후께는 무어라 말하면 좋을까요?

데메트리우스 아론, 어떻게 하면 좋을까? 생각해 보게. 그러면 우리는 그 의견을 따를 테니. 우리에게 위험만 없다면 어린아이를 살려도 좋다.

타모라가 낳은 아이를 보호하는 아론

아론 그렇다면 앉아서 다 같이 상의하자. 나와 내 아들은 좋은 자리에 앉겠
　　　다. 당신들은 그쪽에 앉게. 자, 어찌하면 좋을지 마음껏 의논해 보도록! (모
　　　두 앉는다)

데메트리우스 이 어린아이를 본 여자가 몇이나 되는가?

아론 그래그래, 그렇게 해야지. 다 함께 일을 할 때에는 나는 어린 양이지만,
　　　나를 적으로 대할 때에는 이 무어족은 성난 곰이고 산에 사는 사자다. 바

닷물이 불어난다 해도 성난 아론만은 못할 거다. 방금 물어본 이야기인데, 이 어린아이를 본 사람은 몇이나 되느냐?

유모 조산사 코르넬리아와 저, 몸을 푸신 황후뿐입니다.

아론 황후와 조산사, 그리고 당신이군. 당신만 없어지면 두 사람은 비밀을 지킬 수 있겠지. 자, 황후에게 가서 내가 말한 것을 전하라. (유모를 칼로 찌른다) 꾸이익, 꾸이익! 돼지가 고기 굽는 불꼬챙이에 꽂힐 때 그렇게 소리를 내지.

데메트리우스 아론, 어떻게 된 건가? 왜 이런 짓을 했지?

아론 이것이 지혜로운 자가 하는 행동이지. 혀가 긴 수다스러운 여편네를 살려두면 우리의 죄과를 분명히 떠들어댈 거다. 그러니 살려둘 수는 없잖나? 안될 말이다. 이제 내 의도를 모두 알려주지. 이곳에서 멀지 않은 곳에 같은 고향 사람인 물리우스가 살고 있다. 그 남자의 아내가 어젯밤에 애를 낳았는데, 그의 아이는 당신들 어머니와 비슷하게 당신들처럼 금발이지. 그놈에게 가서 함께 이야기를 꾸미는 거야. 아기 엄마에게 돈을 주면서 사정을 말하고, 자신들의 아이가 출세하여 황제의 뒤를 잇게 된다고 말한다면 내 아이와 바꿔치기할 수 있어. 그리하면 궁중에서 이는 폭풍우는 잦아들게 되지. 그리고 황제는 그 아이를 자기 자식으로 알고 귀여워할 거야. 자, 내 말을 들어보게. (유모를 가리키면서) 저 유모를 처치한 건 나지만, 땅에 묻는 것은 당신들 몫이다. 들판은 가까이 있고 당신들은 힘이 장사이니 부탁하네. 그것이 끝나면 되도록 빨리 조산사를 나에게 보내주게. 조산사와 유모를 잘 처리하면 부인들이 뭐라고 주둥아리를 놀려대든 상관없다.

키론 아론, 소문까지도 믿을 수 없다는 거군.

데메트리우스 어머니를 염려하는 것에 대해서, 어머니와 우리는 고맙게 생각할 것이네. (키론과 함께 유모의 시신을 끌고 퇴장)

아론 자, 제비처럼 빨리 고트족을 찾아가자. 그곳에 가서 내 품 안에 있는 이 보물을 맡기고, 아무도 모르게 황후 친구들에게 인사를 올려야지. 자, 이 입술 두꺼운 놈아, 너를 데리고 가겠다. 네 덕분에 이렇게 되어버렸구나. 딸기, 초목 뿌리, 응유(凝乳)와 유장(乳漿)을 먹게 하고, 염소의 젖을 빨게 하며, 동굴에서 잠자게 하여 군대를 이끄는 용사가 되도록 길러주겠다. (퇴장)

로마. 광장.
티투스가 끝부분에 편지가 매달려 있는 화살을 등에 지고 나타난다. 뒤이어 마르쿠스, 어린 루키우스, 푸블리우스, 셈프로니우스, 카이우스 및 다른 사람들이 활을 들고 등장.

티투스 자, 마르쿠스, 친척 여러분, 이쪽이라네. 애야, 루키우스, 너의 활쏘기 솜씨를 보여 다오. 자, 그렇게 힘껏 잡아당기면 된다. 정의의 여신은 지상을 떠났다. 마르쿠스, 알겠느냐? 정의의 여신은 지상에서 사라져 버렸어. 달아나 버렸단다. 자, 다 같이 연장을 잡도록. 내 친척들은 큰 바다로 가서 그물을 던져보아라. 다행히 정의의 여신을 바닷속에서 찾을 수도 있을 거다. 하지만 그곳에도 뭍과 마찬가지로 정의가 있는 것 같지는 않다. 아니, 이 일은 푸블리우스와 셈프로니우스 몫이다. 자네들이 괭이와 삽으로 파고 또 파서, 지구의 가장 깊은 곳까지 파내려가야 된다. 그리하여 명부(冥府)의 신 플루톤의 영역에 다다르게 되면 이 탄원서를 그에게 전해 다오. 탄원서 내용은 곧 올바른 판결을 구하는 것이며, 은혜를 모르는 것들이 사는 로마에서 슬픔에 잠겨 있는 이 늙은 안드로니쿠스가 보낸 것이라 말해라. 아, 로마여, 너를 비참하게 만든 것은 나다. 나를 이처럼 학대하는 저자를 황제로 모시라고 한 것은 내 잘못이었다. 자, 어서들 가라. 다들 조심하고. 군함 안도 빠뜨리지 말고 살펴보아라. 저 간사하고 악랄한 황제가 정의의 여신을 배에 태워서 내보냈는지도 모른다. 자, 친척 여러분, 우리는 휘파람을 불며, 정의의 여신을 찾으러 가세.
마르쿠스 오! 푸블리우스, 너의 훌륭한 큰아버지가 이처럼 정신줄을 놓아버리다니, 너무도 가엾구나.
푸블리우스 아버지, 그러므로 밤낮없이 잘 보살펴 드리고, 좋은 치료법이 생각날 때까지는 되도록 친절하게 비위를 맞춰 드려야겠습니다.
마르쿠스 친척 여러분, 형님의 비탄은 위로할 길이 없습니다. 이쯤 되었으니 고트족과 힘을 합쳐 복수전을 벌여서, 은혜도 모르는 것들이 사는 로마에 분풀이를 하고 배반자 사투르니누스에게 원수를 갚읍시다.

티투스 푸블리우스, 어찌 되었나? 여러분, 어찌 되었소? 정의의 여신을 만났는가, 응?

푸블리우스 만나지 못했습니다. 그러나 명부의 신 플루톤에 따르면, 큰아버지께서 바라신다면 지옥에 있는 복수의 신께는 빌 수 있다고 합니다. 정의의 여신은 지금 하늘에서 유피테르의 일을 보고 있거나 어디 다른 곳에 있기 때문에 어쩔 수 없이 좀 기다리셔야 한다고 말했습니다.

티투스 나더러 언제까지나 기다리라고 하니, 너무하군. 나는 지옥의 불타는 호수로 뛰어들어, 아케론강 속에서 정의의 여신 발목을 잡고 끌어내겠다. 마르쿠스, 우리는 떨기나무지 삼나무는 아니야. 키클롭스처럼 거대한 뼈를 가지고 있는 인간이 아니다. 마르쿠스, 우리는 등까지 강철로 되어 있는 쇠붙이야. 하지만 그 등뼈가 구부러질 만큼 억울함을 겪고 있다. 이제 이 지상에도 지옥에도 정의는 없으니, 하늘에 기도하고 신들의 마음을 움직여서 정의의 신을 보내게 하여 원한을 풀자. 자, 일을 시작하자. 마르쿠스! 마르쿠스는 활쏘기 명수이지. (그들에게 화살을 나눠 준다) 유피테르에게 보낼 것은 네가 맡아라. 이것은 아폴로에게. 마르스에게는 내가 보내지. 애야, 너는 팔라스에게 보내라. 이것은 메르쿠리우스에게. 자, 카이우스, 이것은 사투르누스에게 보내는 거야. 사투르니누스에게 보내는 게 아니고. 바람을 등에 지고 쏘는 게 좋다. 자, 애야! 마르쿠스, 내가 쏘라고 하면 놓는 거야. 틀림없이 적절하게 써놓았고, 모든 신에게 간곡히 요청했다.

마르쿠스 여러분, 궁궐 쪽으로 화살을 쏘게. 조금이라도 저 거만한 황제의 마음을 괴롭혀 주고 싶으니.

티투스 자, 활을 당겨라. (모두 화살을 놓는다) 오, 루키우스, 잘했어. 장하다. 처녀자리 무릎에 떨어졌다. 그것은 팔라스에게 주자.

마르쿠스 형님, 나는 달님 너머 1마일 되는 곳을 목표로 삼았습니다. 형님의 편지는 지금쯤 유피테르에게 이르렀을 겁니다.

티투스 야! 푸블리우스, 너, 어찌 된 것이냐? 저것 보아라. 너는 황소자리의 뿔을 하나 쏘아서 떨어뜨렸어.

마르쿠스 이것은 재미있었습니다. 푸블리우스가 쏘았을 때 황소자리의 뿔이 상처를 입고 양자리를 들이받았습니다. 그래서 그 숫양의 뿔 두 개 모두 로마 궁궐에 떨어졌지요. 그것을 줍는 자는 황후가 부리는 악당뿐이니 황후가 웃으며 어서 그것을 황제에게 올리라고 무어인에게 말하고 있습니다.

티투스   그거 잘됐군. 하느님이시여, 황제에게 기쁨을 주소서!

광대가 바구니에 비둘기 두 마리를 담고 등장.

티투스   아, 소식이다! 하늘이 보내신 소식이다! 마르쿠스, 급한 소식을 전하
는 사람이 왔어. 여보게, 무슨 소식인가? 편지를 가지고 왔나? 재판받을 수
있나? 유피테르는 무어라고 하던가?

광대   오, 교도관 말이에요? 다음 주까지는 교수형에 처해서는 안 되므로 그
들을 다시 내려놓았다고 하더군요.

티투스   유피테르가 뭐라고 말했느냐고?

광대   무슨 말씀이신가요? 저는 유피테르가 누군지도 모릅니다. 한 번도 그
와 함께 마셔본 적이 없습니다.

티투스   그런데 자네는 아무것도 가지고 다니지 않는가?

광대   비둘기를 가지고 다닙니다. 다른 것은 없습니다.

티투스   하늘나라에서 오지 않았나?

광대   하늘나라에서요? 무슨 말씀이십니까? 저는 그곳에서 오지 않았습니다.
저는 결코 하늘나라 같은 곳에 가고 싶은 생각도 없습니다. 저는 다만 저의
작은아버지와 황제 하인 사이에 생긴 싸움을 해결하려고 비둘기를 가지고
호민관에게 가는 길입니다.

마르쿠스   그거 참 잘되었습니다. 이 사람을 보내어 저 비둘기를 황제에게 바
치고 형님 말씀을 전하면 좋겠습니다.

티투스   자네가 황제에게 겸손하게 말씀을 잘 드릴 수 있겠나?

광대   천만에요. 겸손인지 뭔지 한 번도 입 밖에 내본 적이 없습니다.

티투스   이리 오게. 더는 여러 말 할 필요가 없네. 그 비둘기를 황제에게 갖다
바치게. 내가 보냈다고 하면 반드시 공정하게 판결해 주실 거야. 잠깐만, 어
쨌든 수고한 값은 주지. 펜과 잉크를…… 자네는 형식을 갖추어 청원할 줄
아는가?

광대   예.

티투스   그렇다면 여기에 청원서가 있다. 황제가 나타나면, 먼저 그 앞에 가서

무릎부터 끓어라. 그의 발에 입을 맞추고 비둘기를 바친 다음에 상을 내려 주실 때까지 기다리거라. 내가 바로 옆에 있을 테니 잘해라.

광대 잘 알았습니다. 염려 마십시오.

티투스 칼은 가지고 있나? 어디 보자. 마르쿠스, 이것을 싸서 그 청원문 속에 같이 넣어주게. 이제 겸손한 청원서가 되었다. 이것을 황제에게 갖다준 다음에는 내 집에 와서 황제가 말한 것을 알려 다오.

광대 그렇게 하겠습니다. 안녕히 계십시오.

티투스 자, 마르쿠스, 가자. 푸블리우스, 따라오너라. (모두 퇴장)

〔제4막 제4장〕

로마. 황궁 앞.
사투르니누스, 타모라, 데메트리우스, 키론, 귀족들과 다른 사람들 등장. 사투르니누스는 티투스가 쏜 화살을 손에 들고 있다.

사투르니누스 귀족 여러분, 이 얼마나 무엄한 일이오! 로마 황제로서 이런 저항에 부딪치거나 이러한 위협으로 고민한 일이 있었소? 공정하게 정치를 하고 있는데 이처럼 경멸 대상이 되다니? 귀족 여러분, 선동자들이 당치도 않은 일을 민중의 귀에 속삭여 평화를 깨뜨려 놓으려 하지만 당신들과 신들이 알고 있다시피, 안드로니쿠스의 난폭한 아들들에 대해서는 어디까지나 나라 법에 따라 처리한 것이오. 지나친 슬픔으로 정신줄을 놓았다 해서 그것이 뭐 어떻단 거요? 그의 복수, 발작, 난폭함과 독설을 받아들여야 한단 말이오? 이제 그는 잘못된 것을 바로잡아 달라는 탄원서를 하늘로 보내어 구조를 요청하고 있소. 보시오, 이것은 유피테르에게, 이것은 메르쿠리우스에게, 이것은 아폴로에게, 이것은 마르스에게 보낸 것이오. 이따위 것이 로마 시내를 날아다닌다는 건 이 나라를 위해 도저히 있을 수 없는 일이오. 이것이 원로들을 비방하는 게 아니고 뭐란 말이오? 여기저기에 나의 부정을 퍼뜨리고 다니는 게 아니고 뭐란 말이오? 여러분, 이걸 잘하는 일이라 말할 수 있겠소? 이는 로마에는 정의가 없다고 말하는 것과 같소. 그러나 내가 살아 있는 한 거짓으로 정신줄 놓은 척하는 이 작자의 난폭한 행동을 그냥 보아 넘기지는 않을 것이오. 사투르니누스가 건강하게 살아 있는 동안은 정의도 살아 있음을, 안드로니쿠스와 그의 무리들에게 똑똑히 알려주겠소. 만일 정의의 신이 잠이라도 자고 있으면 내가 깨우겠소. 그리하여 가장 거만한 음모자일지라도 그대로 목을 잘라버리게 하겠소.

타모라 어지신 군주이시며 사랑스러운 사투르니누스 폐하, 제 생명의 주인이시자 저의 생각을 지배하시는 황제 폐하, 진정하십시오. 늙은 티투스의 잘못은 오롯이 그의 용감한 아들들을 잃어버린 슬픔이 너무도 큰 데서 비롯된 것으로 생각하십시오. 비록 무엄한 짓을 했을지라도 그처럼 비천한 자나 선량한 자는 벌을 주느니보다는 그 딱한 처지를 위로해 주는 게 좋을 듯합니다. (혼잣말로) 영리한 타모라는 이렇게 무엇이든 말로써 한몫 잡는 거다. 티투스, 틀림없이 급소를 다쳤을 테니 너의 삶도 이제 얼마 남지 않았구나. 아론만 현명하다면 모든 것은 안전하다. 배는 이미 항구에 들어와 있다.

광대 등장.

타모라 어이, 순진한 친구! 내게 할 말이 있나?

광대 예, 당신이 황제시라면.

타모라 나는 황후다. 황제께서는 저쪽에 앉아 계시다.

광대 아, 저분이군. 하느님과 성 스테파누스가 당신께 복을 내리시기를. 여기 편지와 비둘기 두 마리를 가지고 왔습니다.

사투르니누스 (편지를 읽고 나서) 이놈을 끌고 가서 곧바로 목을 매달아라.

광대 얼마나 받을 수 있나요?

타모라 이놈아, 네 목을 매다는 거야.

광대 목을 매? 그렇다면 정말 나는 훌륭한 종말을 맺기 위해 이 목을 지녀 왔군. (끌려 나가면서 퇴장)

사투르니누스 도저히 참을 수 없는 무엄한 일이오! 이처럼 나쁜 짓거리를 그대로 내버려 둘 수는 없소! 이 이야기가 어디서 나왔는지 나는 알고 있소. 정말 참기 힘드오. 내 아우를 죽였기에 나라 법에 따라 음모자인 그의 아들들을 죽였을 뿐인데 그것을 내가 부정하게 학살한 것처럼 생각하다니! 어서 그놈을 머리털을 잡고서라도 끌고 오시오. 나이니 관직 따위는 문제가 되지 않소. 거만하게도 왕을 조롱한 대가는 사형뿐임을 보여주겠소. 교활한 미친 늙은이가 나를 도와 왕위에 오르게 한 것도 결국은 자기가 이 나라와 나를 지배하기 위한 것이었구려.

귀족 아이밀리우스 등장.

사투르니누스 아이밀리우스, 무슨 일이오?

아이밀리우스 귀족 여러분, 전쟁 준비를 하십시오! 로마에 이보다 큰일은 없었습니다. 고트족 대군이 약탈을 위해 굳게 뭉친 패거리들과 함께 빠르게 진격해 오고 있는데, 안드로니쿠스의 아들 루키우스가 이끌고 있습니다. 그는 복수를 위해 코리올라누스가 한 것처럼 해 보이겠다고 위협하고 있습니다.

사투르니누스 그 호전적인 루키우스가 고트족 대군의 대장이라고? 그 말을 들으니, 나는 서리 맞은 꽃이나 폭풍우 맞은 풀처럼 힘이 빠져 머리가 수그러드는구려. 이제 우리에게 슬픔이 다가오기 시작했소. 그는 평민들의 사랑을 받고 있소. 나 자신이 평민 차림으로 남모르게 다니고 있을 때 평민들이 루키우스를 추방하는 것은 불법이라고 비난하면서, 그를 로마 황제로 모시고 싶다고 말하는 것을 가끔 들었소.

타모라 왜 두려워하십니까? 로마를 지키기에 충분한 병력이 있지 않습니까?

사투르니누스 그렇지만 시민들은 루키우스를 좋아하니, 그의 편이 되어 그를 도울 것이오.

타모라 폐하, 황제다운 위엄을 지키십시오. 모기가 날아든다고 햇빛이 흐려지겠습니까? 독수리는 작은 새들이 뭐라고 조잘거리든 신경 쓰지 않습니다. 자신이 바란다면 아무 때나 날개를 펼쳐 더는 떠들지 못하게 할 수 있으니까요. 줏대 없는 시민 나부랭이들은 독수리라 할 수 있는 황제에게는 제멋대로 조잘대는 작은 새들일 뿐입니다. 안심하십시오, 폐하. 제가 안드로니쿠스를 꿀보다도 더 달콤한 말로 흘려 놓겠습니다. 그러나 저의 달콤한 말은 고기를 낚는 미끼보다 무섭고, 양이 먹으면 배탈을 일으키는 토끼풀 꽃보다 지독하지요.

사투르니누스 하지만 그놈은 우리를 위해 아들 루키우스를 달래지는 않을 거요.

타모라 그렇지 않습니다. 제가 부탁하면 그는 응할 겁니다. 저는 온갖 듣기
좋은 약속으로 그 늙은이의 귀를 유혹할 테니까요. 그리하면 그의 마음이
아무리 고집스럽고 그 귀가 아무리 안 들린다 할지라도, 제 혀로 그의 귀와
마음을 복종케 할 수 있습니다. (아이밀리우스에게) 자, 그대는 황제가 보내는
사신으로 먼저 가서 루키우스에게 전하오. 황제가 전쟁을 시작하기에 앞서
회담을 갖자고 하신다고. 그리고 그의 아버지 안드로니쿠스의 집에서 만날
날짜와 시간을 받아오시오.

사투르니누스 아이밀리우스, 이 사명을 명예롭게 끝마쳐 주오. 그의 안전을
위한 볼모가 필요하다고 하거든 어떤 조건이든 다 받아들이겠다고 약속해
주어도 좋소.

아이밀리우스 명령대로 따르겠습니다. (퇴장)

타모라 그러면 저는 안드로니쿠스를 찾아가, 있는 재주껏 그의 마음을 움직
여서 거만한 루키우스를 호전적인 고트족에게서 떼어내겠습니다. 그러니 황
제 폐하께서는 밝은 얼굴을 하십시오. 모든 것은 저에게 맡기시고 심려하지
마십시오.

사투르니누스 그를 잘 설득해 뜻을 이루어 주시오. (모두 퇴장)

〔제5막 제1장〕

로마 부근 들판.
나팔 소리. 루키우스, 북을 치고 군기를 휘날리며 고트족 군대를 이끌고 등장.

루키우스 훌륭한 용사들이여, 신뢰하는 나의 전우들이여! 로마에서 보낸 편
지를 받았습니다. 그들이 황제를 아주 증오하며, 하루바삐 우리를 만나고
싶다는 내용이었습니다. 그러하니 귀족 여러분, 여러분의 작위가 증명하는
바대로 여러분이 받은 굴욕에 대해 귀족답게 서슴지 말고 벌을 내리십시오.
로마가 여러분에게 안긴 굴욕에 대하여 그 세 배로 갚도록 하십시오.

고트족 1 위대한 안드로니쿠스의 용감한 아드님, 한때 우리에게는 공포의 대

상이었으며 이제는 우리의 위안인 그분의 공로가 대단했음에도 은혜를 모르는 로마는 심한 모욕으로 보답했습니다. 그러나 안심하십시오. 우리는 마치 쏘는 벌들이 가장 더운 여름날 자신들의 우두머리가 이끄는 대로 꽃이 핀 들판을 찾아가듯이, 어디든 당신이 지휘하시는 대로 따르겠습니다. 그리하여 그 저주받을 타모라에게 복수하겠습니다.

고트족 모두　우리는 모두 같은 생각을 하고 있습니다.

루키우스　여러분께 감사드립니다. 아니, 강건한 고트족이 누구를 끌고 오는군요.

고트족 한 사람이 아론을 끌고 등장. 아론은 자신의 아이를 품에 안고 있다.

고트족 2　훌륭하신 루키우스, 저는 어느 낡은 수도원을 보려고 우리 부대에서 떨어져 나갔습니다. 낡은 건물을 열심히 보고 있었는데 갑자기 벽 아래에서 어린아이 울음소리가 들려왔습니다. 저는 우는 소리가 나는 쪽으로 달려갔습니다. 그러자 곧 어린아이를 달래며 이렇게 말하는 소리가 들렸습니다. "울지 마라, 울지 마. 이 깜둥아, 반(半)은 나, 반은 네 어미로군! 네가 그렇게 얼굴이 검지 않고, 어미 얼굴만 닮아 누구 새낀지도 모르게 태어났다면 황제가 될 수 있었을 텐데. 그러나 아비 소와 어미 소가 둘 다 우유처럼 희면 석탄빛 검은 송아지를 낳지는 않지. 울지 마라, 이놈아, 울지 마!" 그리고 어린아이를 꾸짖으며 "그래서 너를 믿음직한 고트족에게 데리고 가야만 한다. 네가 황후의 아들이라는 사실을 알게 되면 너를 귀히 여길 거다"라고 말했습니다. 저는 그 소리를 듣자마자 칼을 뽑고 재빨리 덤벼들어 붙잡아 왔습니다. 필요에 따라 처분하시기 바랍니다.

루키우스　훌륭한 분, 수고하였소. 이놈은 속임수로 아버지 안드로니쿠스의 손을 뺏은, 인간의 탈을 쓴 악마요. 타모라의 눈을 기쁘게 해준 진주이기도 하지. 이 아이가 그 불타는 음욕의 비천한 열매로군. 이 왕눈이 악한아, 너의 악마 같은 상판대기를 빼다 박은 그 아이를 데리고 어디로 가려던 거냐? 왜 말하지 않지? 귀가 먹었느냐? 한마디도 안 하려는가? 병사들, 밧줄을! 이놈을 이 나무에 매달게. 그 옆에 이 사생아도.

아론　이 아이에는 손대지 마라. 이 아이는 제왕의 아들이다.

루키우스 아비를 너무도 닮아 착한 사람이 될 것 같지는 않다. 먼저 아이를 매달아 허우적거리는 모습을 보여주어서 아비가 괴로워하게 해라. 사다리를 가지고 오너라. (병사들이 사다리를 가지고 와서 아론에게 그 사다리 위로 올라가게 한다)

아론 루키우스, 그 아이는 살려서, 내가 보냈다고 말하고 황후에게 전해 주게. 그리하면 놀라운 것을 여러 가지 말해 주지. 네가 들으면 크게 도움이 될 거다. 그것을 바라지 않으면 네 마음대로 해라. "너희들 몽땅 복수를 당하고 죽어 썩어버리거나 해라!" 이렇게 말해 줄 테니까.

루키우스 말해 보라. 만일 네가 말하는 것이 내 마음에 들면 이 아이를 살려서 키울 수 있도록 해주겠다.

아론 "내 마음에 들면"이라고! 마음에 들긴커녕 내 이야기를 들으면 너는 크게 괴로워할 거다. 내가 말하려고 하는 것은 살인, 강간, 학살, 어두운 밤에 일어난 일들, 끔찍한 행동들, 사악한 공모, 배반과 악행들이다. 듣기만 해도 불쌍하건만 가엾게도 실제 있었던 일이다. 그러나 네가 그 아이를 살려주겠다고 맹세하지 않는 한, 이것은 모두 나의 죽음과 함께 묻혀버리고 말거다.

루키우스 아이 목숨은 살려줄 테니 네 마음속에 있는 것들을 털어놓아라.

아론 맹세하라. 그리하면 시작할 테니.

루키우스 누구를 걸고서 맹세한단 말이냐? 너는 신을 안 믿지 않는가? 어떻게 해서 너는 맹세를 믿지?

아론 내가 신을 믿지 않는다 해서 그것이 뭐 어떻다는 말인가? 나는 정말로 신을 믿지는 않는다. 하지만 네가 종교를 믿고 '양심'을 갖고 있으며, 속임수이기는 하나 의식을 잘 지키는 것을 나는 알고 있다. 그러니 맹세를 굳이 하라고 말하는 거다. (혼잣말로) 바보는 장난감을 신으로 알고, 그 신을 걸고 한 맹세를 지키기 때문에 이렇게 독촉하는 거지. (큰 소리로) 그러니 어떤 신이라도 좋으니, 네가 이 아이를 살려서 기르겠다고, 네가 존경하고 따르는 신에게 맹세하라. 그렇지 않으면 어떤 말도 하지 않겠다.

루키우스 그렇다면 나의 신을 걸고서 그렇게 할 것을 맹세한다.

아론 첫째로, 그 아이는 나와 황후 사이에서 태어났다.

루키우스 오, 만족을 모르는 음란한 여인!

아론 흥! 이봐, 루키우스, 그쯤은 이제부터 말하려는 것과 비교하면 자비로운 행동이라 할 수 있어. 그 여자의 두 아들이 바시아누스를 죽이고 네 여동생을 강간했을 뿐만 아니라 혀와 손목을 잘라서 네가 본 것처럼 다듬어 놓았다.

루키우스 오, 이 가증스러운 작자야! 그것을 다듬어 놓았다고 말하느냐?

아론 너의 누이동생으로 말할 것 같으면, 그놈들이 씻어주고 잘라주면서 보기 좋은 모습으로 다듬어 주었지. 그것은 놈들에게는 가지치기 놀이에 불과하지.

루키우스 오, 잔학하고 짐승 같은 놈들! 바로 너 같은 놈들이구나!

아론 그렇겠지, 내가 그렇게 하도록 가르쳤으니까. 그들의 음란한 성질은 실수 없는 어미로부터 물려받은 것이지만 잔인한 성질은 진실로 앞장서서 싸웠던, 개 같은 나에게서 배웠을 거다. 내가 한 행동을 통해서 나의 가치를 알아보아라. 네 아우들을 바시아누스의 시신이 있는 함정으로 데리고 간 것도, 네 아버지가 주운 밀서를 쓴 것도, 황후와 황후의 두 아들과 공모하여 그 밀서에 언급된 돈을 감춘 것도 모두 나다. 네가 슬퍼하는 것 가운데 어느 것 하나 나와 관련되지 않은 일은 없다. 네 아버지를 속여서 손을 자르게 한 것 또한 나다. 그때 너희들과 헤어지고 나서 너무도 심하게 웃어서, 심장이 터질 뻔했지. 그리고 네 아버지가 자기 손 대신 두 아들의 머리를 받고 우는 것을 담 사이로 보았을 때도 너무나 웃어서 나의 눈에도, 그놈의 눈과 마찬가지로 눈물이 비 오듯 쏟아졌다. 그 일을 황후에게 말했더니 황후는 너무 좋아 기절할 뻔했고, 자기에게 기쁜 소식을 전해 주었다며 내게 스무 번이나 입맞추었지.

고트족 1 지독한 놈이군! 그런 일을 자백하면서 얼굴 한 번 붉히지 않으니.

아론 물론이지. 옛말에 나오듯이 검둥개는 그런 것이니까.

루키우스 그렇게 나쁜 짓을 하고서도 후회하지 않는가?

아론 후회하지. 천 번이고 더 하지 않았던 것을 말이야. 지금도 나는 내 손으로 직접 하거나 다른 사람들을 시켜 사람을 죽이든지, 처녀를 강간하든지, 또는 그렇게 할 방법을 계획하든지, 죄 없는 자를 고발해 거짓 증인이 되든지, 벗 사이를 이간질하여 원수 사이로 만들어 버리든지, 가난한 자가 기르는 가축의 목을 부러뜨려 버리든지, 밤에 헛간과 커다란 마른풀 더미 위에 불을 질러 주인들의 눈물로 그것을 끄게 하는 것 같은 아주 악질적인 짓거리를 전혀 하지 않고 보낸 날을 저주하고 있지. 사실 그런 날은 아주 적지만 그렇다는 거야. 나는 곧잘 무덤에서 시신을 파내어, 죽은 자의 친구가 거의 슬픔을 잊어갈 무렵 그 친구 집 문턱에다 시신을 세워놓았어. 그리고 그 시신 살갗에다 칼로 나무껍질에 새기듯 로마 문자로 '나는 죽었으나 너의 슬픔은 죽어서는 안 된다'라고 새겼지. 흥! 그토록 끔찍한 짓거리들을 수없이 저질러 왔지만 나는 그런 짓을 보통 사람들이 파리 한 마리 정도 죽이는 기분으로 했고, 후회라곤 전혀 없어. 다만 그보다 훨씬 더 여러 번 끔찍한 일을 저지르지 못한 사실이 섭섭할 따름이다.

루키우스 그 악마를 끌어내려라. 목을 매자마자 곧바로 숨이 끊어지는 달콤한 죽음을 그가 느끼게 할 수는 없다.

아론 악마가 실제로 있다면, 나는 그 악마가 되어 지옥불 속에서 타면서 살고 싶다. 그리하면 지옥에서 너희들을 만나 독설로 너희들을 괴롭혀 줄 수 있을 테니까.

루키우스 여러분, 저 주둥아리를 막으시오. 더는 나불대지 못하게 하시오.

고트족 3 각하, 로마에서 온 사신이 각하를 뵙고자 합니다.

루키우스 들어오라고 하시오.

아이밀리우스 등장.

루키우스 어서 오게, 아이밀리우스! 로마 황제가 보내온 소식이 뭔가?

아이밀리우스 루키우스 각하와 고트족 귀족 여러분, 로마 황제가 저를 사신으로 여러분께 보내어 인사를 드립니다. 황제는 여러분이 무장하고 있음을 알고 계시므로, 전쟁을 시작하기에 앞서 먼저 루키우스 각하의 아버님 댁에서 회담을 갖자고 간곡히 요청하셨습니다. 그리고 볼모가 필요하다면 그것도 곧바로 넘기겠다고 하십니다.

고트족 1 장군의 의향은 어떠십니까?

루키우스 아이밀리우스, 황제가 내 아버지와 작은아버지 마르쿠스에게 볼모를 넘기면 가겠소. (모두 퇴장)

로마. 티투스의 집 앞.
타모라와 데메트리우스와 키론, 변장하고 등장.

타모라 이처럼 이상하고 침침한 옷차림으로 안드로니쿠스를 만나, 나는 그
와 힘을 합쳐 그가 겪은 온갖 억울함에 대한 보복을 하기 위해 지옥에서
보내진 복수의 신이라 말하겠다. 그놈은 무서운 복수를 하기 위한 이상한
방법들을 생각해 내려고 언제나 서재에만 파묻혀 있다고 한다. 그러니 그의
서재 문을 두드려, 그와 힘을 합쳐 원수를 갚기 위해 복수의 신이 왔다고
말하라.

그들이 서재 문을 두드리자 티투스가 위층에 등장.

티투스 내 명상을 방해하는 자는 누구냐? 속임수로 문을 열게 하여 열심히
생각한 것들을 날아가 버리게 하고, 나의 모든 연구를 헛된 것으로 만들려
는 것은 쓸데없는 짓이다. 보라! 내가 하려는 것을 이처럼 피로 써놓았다. 적
어둔 이상 반드시 실천에 옮기겠다.

타모라 티투스, 나는 당신과 이야기하고 싶은 것이 있어서 왔소.

티투스 그만두시오. 나에게는 이야기를 행동으로 옮길 손이 없으니, 이야기
를 해서 뭣하겠소? 승산은 당신 편에 있소. 그러니 그만두오.

타모라 내가 누구인지 알게 되면 당신은 나와 이야기를 할 거요.

티투스 나는 정신줄을 놓지 않았다. 나는 너를 잘 알고 있어. 이 손 없는 비
참한 팔, 붉은 글씨, 슬픔과 근심에서 생긴 주름살들, 잠 못 이루는 밤과 지
루한 낮과 이 모든 슬픔이, 네가 우리의 거만한 황후임을 내가 알고 있다고
증명하지. 너는 강대한 권력을 누리는 타모라다. 너는 나의 남은 손마저 뺏
어 가려고 왔지?

타모라 오, 슬픔에 잠긴 티투스, 나는 타모라가 아니오. 타모라는 당신의 원
수이지만, 나는 당신 편으로 지옥에서 파견된 복수의 신이오. 당신의 원수
들에게 복수하여, 밤낮으로 당신의 마음을 쪼아 먹는 독수리를 달래기 위

해 온 것이오. 자, 아래로 내려와서 나를 밝은 인간 세계로 이끌어, 학살과 죽음에 대한 이야기를 하시오. 어떤 동굴도, 은신처도, 어둡고 삭막한 곳도, 안개 짙은 골짜기라 해도, 내가 손만 뻗으면 잔인한 살인자나 아주 미운 강간범이 숨지 못한다오. 그들의 귀에다 '복수의 신'이라는 내 이름을 들려주오. 그러면 그 죄인들은 두려움으로 벌벌 떨 것이오.

티투스 당신이 복수의 신인가요? 나의 원수들에게 고통을 주기 위해 오셨다 말씀하셨소?

타모라 그렇소. 그러니 내려와서 반겨주시오.

티투스 내려가기 전에 부탁할 것이 있소. 당신 옆에 강간과 살인이 서 있소. 그들을 찌르든가, 아니면 전차 바퀴에 묶어 찢든가 해서 당신이 복수의 신임을 내게 증명해 보이시오. 그렇게만 해준다면 나는 내려가서 당신의 마부가 되어, 당신과 함께 이 지구 어느 곳이라도 달려가겠소. 흑진주같이 새까만 좋은 말을 두 마리 마련하시오. 그리하여 당신의 수레를 끌게 하여, 살인자들이 숨어 있는 곳을 찾아냅시다. 그 전차에다 놈들의 머리를 실으면, 나는 전차에서 내려 비천한 마부처럼 차바퀴를 따라 온종일 태양신이 동쪽에서 솟아올라 서쪽 바다에 떨어질 때까지 빠른 걸음으로 걷겠소. 그곳에 있는 강간과 살인을 죽여만 준다면 나는 날마다 힘든 일을 하겠소.

타모라 이들은 나의 부하요. 그래서 함께 온 거지요.

티투스 당신 부하들이라고요? 이름이 뭐지요?

타모라 하나는 강간의 신이고 또 하나는 학살의 신이지요. 그런 짓을 한 놈들에게 보복하는 것이 이들의 일이기 때문에 이렇게 부르는 것이오.

티투스 그래요? 황후의 아들들을 빼다 박았군! 당신은 황후를 닮았군! 인간의 눈이란 제대로 보질 못하니 정말 보잘것없군. 오, 고마우신 복수의 신! 그렇다면 곧 내려가겠소. 한 손이라도 좋다면 지금 곧 포옹하겠소. (위에서 퇴장)

타모라 정신줄 놓은 놈은 이렇게 마무리를 해주는 거야. 내가 저 정신줄 놓은 놈의 비위를 맞추기 위해 무슨 말을 하든지, 너희들은 맞장구쳐야 한다. 저놈은 이제 나를 복수의 신이라 생각하고 있으니 말이다. 그리고 정신줄을 놓았기에 내 말을 잘 믿을 테니까 사람을 보내어 그의 아들 루키우스를 불러들여야겠다. 또 그놈을 잔치 자리에 잡아두고서 재빨리 교묘한 꾀를 생각해 내어, 들떠 있는 고트족들을 흩어지게 해서 쫓아버리거나 그놈의 적으로 만들어 버리겠다. 아, 오는구나. 자, 실행에 옮기자.

티투스 등장.

티투스 오랫동안 나는 비참하게 살아왔는데 모두 당신 때문이오. 복수의 신이여, 이처럼 슬픔에 찬 내 집을 찾아주어 고맙소. 강간의 신과 학살의 신도 잘 오셨소. 당신들은 정말 황후와 그녀의 아들을 빼다 박았군요! 무어족이 당신들과 함께 있다면 좋았을걸. 지옥에 그놈과 닮은 마귀는 없었소? 황후가 나설 때면 언제나 무어족 한 사람이 뒤를 따랐으니 말이오. 황후처럼 보이려면 그런 마귀를 하나 데리고 왔다면 좋았을걸. 그렇지만 어쨌든 잘 왔소. 자, 이제부터 어떻게 할까요?

타모라 안드로니쿠스, 소원을 말해 보시오.

데메트리우스 나에게 살인자를 데려와 주면 내가 그놈을 처치하겠소.

키론 강간한 놈을 알려주기만 하면 곧 보복을 하겠소.

타모라 당신을 괴롭힌 자들의 이름을 대시오. 몇천 명이 되더라도 곧 보복해 줄 터이니.

티투스 (데메트리우스에게) 학살의 신, 그렇다면 이 간악한 로마 거리를 둘러보고 당신을 닮은 놈을 만나거든 푹 찔러주시오. 그놈이 살인자니까. (키론에게) 자, 강간의 신, 당신도 함께 가서 당신을 닮은 놈을 만나거든 푹 찔러주시오. 그가 강간을 저지른 놈이니까. (타모라에게) 당신도 함께 가주시오. 궁궐에 무어족 시중을 받는 황후가 있지요. 그녀는 당신과 빼다 박았으므로 곧 알 수 있을 거요. 그것들은 나와 내 자식들에게 난폭하게 대했으니, 그들을 난폭하게 죽여주오.

타모라 잘 가르쳐 주었소. 그렇게 하겠소. 그런데 안드로니쿠스, 당신의 용감한 아들 루키우스가 지금 호전적인 고트족 대군을 이끌고 로마로 쳐들어오고 있소. 그를 불러서 당신 집에서 잔치를 여는 것이 어떻겠소? 그가 이곳에 오면 잔치를 하는 도중에 내가 황후와 그의 아들들, 황제와 나머지 모든 당신의 적들을 모조리 이곳에 데리고 와서, 그들로 하여금 엎드리게 하여 당신 마음대로 분노를 풀게 하려고 하는데, 어떻소?

5막 2장, 키론과 데메트리우스의 살해 니콜라우스 로우. 1709.

티투스 여보게, 내 아우 마르쿠스! 슬픔에 젖은 티투스가 부르네.

마르쿠스 등장.

티투스 마르쿠스, 조카 루키우스에게 다녀오게. 고트족 부대로 가서 루키우스를 만나 나한테 오라고 전하게. 고트족 귀족 몇 사람도 함께 데리고 오게. 그리고 그의 병사들은 현재 있는 곳에 진을 치고 있으라 말하게. 황제와 황후도 계시다고 내 아들에게 말해 주게. 잘 부탁하네. 효도를 다하는 아들에게 이제 남은 목숨이 얼마 되지 않는 아비의 부탁이라 전해 주게.

마르쿠스 그렇게 하겠습니다. 곧 돌아오겠습니다. (퇴장)

타모라 이제 당신의 일을 시작할 것이고, 부하들은 데리고 가겠소.

티투스 안 돼요, 안 돼. 강간의 신과 학살의 신은 이곳에 두고 가시오. 그렇지 않으면 나는 아우를 도로 불러서 루키우스에게만 복수를 맡기겠소.

타모라 (아들들에게만 들리도록) 너희들, 어떻게 하겠니? 내가 가서 황제에게 우리가 계획한 속임수가 진행되는 상황을 이야기하고 오는 동안 이곳에 있겠니? 비위를 잘 맞추고 듣기 좋은 말을 해주며, 내가 돌아올 때까지 그와 함께 있는 게 어떻겠니?

티투스 (혼잣말로) 저것들은 내가 정신줄을 놓았다고 생각하지만, 나는 저들을 잘 알고 있다. 그들이 계략을 꾸미고 있으나, 나는 한술 더 떠야겠다. 지옥에나 떨어질 밉살스러운 어미와 새끼들!

데메트리우스 (타모라에게만 들리도록) 어머니, 좋도록 하세요. 저희들은 여기 있겠어요.

타모라 안드로니쿠스, 그러면 잘 있소. 복수의 신인 나는 당신의 원수를 잡을 계략을 꾸미기 위해 가보겠소.

티투스 믿고 기다리겠소. 그러면 고마우신 복수의 신이여, 안녕히! (타모라 퇴장)

키론 저희들이 해야 할 일은 뭔가요?

티투스 할 일이야 많소. 푸블리우스, 카이우스, 발렌타인, 이리들 오게나!

푸블리우스와 다른 사람들 등장.

푸블리우스 무슨 일로 부르셨는지요?

티투스 이 두 사람을 아는가?

푸블리우스 황후의 아들들인 키론과 데메트리우스입니다.

연극 〈티투스 안드로니쿠스〉 더글러스 호지 주연. 런던 글로브 극장 상연. 2006.
데메트리우스와 키론이 막 파이로 구워지기 직전 장면이다.

티투스 무슨 소리를 하고 있나, 푸블리우스! 그렇지 않아. 이쪽은 학살의 신
이고, 저쪽은 강간의 신이야. 푸블리우스, 그러니까 이것들을 묶게. 카이우
스, 발렌타인, 이들을 잡아. 이런 때가 오기를 나는 기다리고 있다고 말했
었지. 이제 그때가 온 거야. 그러니 잘 묶고, 소리 지르면 주둥아리를 막게.
(퇴장. 푸블리우스와 다른 사람들이 키론과 데메트리우스를 묶으려 한다)

키론 이게 뭐하는 짓인가? 우리는 황후의 아들이다.

푸블리우스 그래서 시키는 대로 하는 거야. 말을 못하도록 주둥아리를 막아
라. 그놈도 잘 묶었나? 두 놈 다 서둘러서 잘 묶어놓으라고.

티투스와 라비니아 등장. 티투스는 손에 칼을 가지고 있으며, 라비니아는 손 없는
두 팔로 대야를 들고 있다.

티투스 자, 라비니아, 보거라. 너의 적들이 묶여 있다. 자, 그들이 말을 못하게
주둥아리를 막아줘. 이제 내가 그놈들에게 무서운 이야기를 해주겠다. 악
당 키론과 데메트리우스! 여기에 너희들이 진흙으로 더럽힌 샘물이 서 있

다. 좋은 여름날을 겨울날처럼 망쳐버렸지! 이 아이의 남편을 죽이고, 그 큰 죄를 이 아이의 두 오빠에게 뒤집어씌워 사형을 받게 하고, 내 자른 손목을 웃음거리로 만든 나쁜 놈들아! 이 아이의 예쁜 두 손과 혀도, 아니 손이나 혀보다도 오점 하나 없는 순결까지도 너희들이 빼앗았지! 이 개 같은 놈들아, 말을 할 수 있게 해준다면 무슨 말을 하려느냐? 이 나쁜 놈들아, 부끄러워서 신에게 자비를 구하지도 못할 거다. 이놈들아, 맛 좀 보아라! 아직 한 손은 남아 있다. 이 손으로 너희의 목을 잘라주겠다. 라비니아의 손 없는 팔도 대야를 들고서 너희 죄인들의 피를 받을 수 있다. 너희들의 어미는 나를 미친 놈으로 알고 자기를 복수의 신이라 말했고, 머지않아 잔치에 참석하러 이곳으로 오는 것을 너희들도 알고 있지. 나쁜 놈들아, 잘 들어라! 나는 너희들의 뼈를 갈아 가루로 만들고 너희들의 피로 반죽하여 빵 껍질을 만들고, 너희들의 대가리로 고기 빵을 두 개 만들어 그 더러운 갈보인 네 어미에게 먹이겠다. 대지처럼 자기가 낳은 것을 다시 삼켜버리도록. 너의 어미에게 실컷 먹이고 싶은 게 그것이다. 나의 딸을 필로멜라보다도 더 악랄하게 다룬 이놈들아, 프로크네의 보복보다도 더 심한 보복을 할 테니 그리 알아라. 자, 목을 내밀어라. 라비니아, 이리 와서 피를 받아라. 죽어버리거든 뼈를 가루로 만들어, 그 미운 피로 개어서 만든 반죽으로 머리를 둘러싸서 굽겠다. 자, 다들 나를 도와 이 요리를 준비해 주게. 괴물 켄타우로스의 잔치보다 더 무시무시하고 잔인한 잔치를 베풀어 보이겠다. (두 사람의 목을 자른다) 이놈들을 안으로 끌고 가라. 요리는 내가 하겠다. 그들의 어미가 이곳에 올 때까지 준비가 다 되어야 한다. (시신을 끌고 모두 퇴장)

〔제5막 제3장〕

티투스의 집 마당.
잔치 준비가 되어 있다. 루키우스, 마르쿠스 및 고트족 여러 명 등장. 아론은 묶인 몸으로 등장.

루키우스 작은아버지, 로마로 오라는 것이 제 아버지 명령인 이상 저로서는 불만이 없습니다.

연극 〈티투스 안드로니쿠스〉 루시 베일리 연출, 이안 겔더(마르쿠스 역)·윌리엄 하우스톤(티투스 역)·인디라 바르마(타모라 역) 출연. 런던 글로브 극장. 2006.

고트족 1 저희들도 그렇습니다. 어떤 일이 일어난다 할지라도요.

루키우스 작은아버지, 이 야만인 아론을 넘겨 드립니다. 이 사나운 호랑이, 이 저주받을 악마를 받으십시오. 그리고 황후가 보는 앞에 끌어내어, 그녀의 나쁜 짓거리를 증명할 때까지는 아무것도 먹을 것을 주지 말고, 족쇄를 채워 두십시오. 아무래도 황제가 우리에게 좋게 나올 것 같지 않습니다. 우리 쪽 준비는 충분한지요?

아론 어느 악마든지 내 귀에 저주의 말을 속삭여 힘을 내게 해다오. 이 가슴에 가득한 앙심 품은 독기를 마음껏 외칠 수 있도록!

루키우스 에잇, 이 개 같은 더러운 놈아! 여러분, 작은아버지를 도와 저놈을 끌고 가시오. (고트족 여럿이 아론을 끌고 퇴장. 안에서 나팔 소리) 나팔 소리가 나는 것을 보니 황제가 온 모양이군.

사투르니누스와 타모라가 아이밀리우스, 원로들과 호민관들, 다른 사람들과 함께 등장.

사투르니누스 너는 하늘에 해가 하나 이상 있다고 생각하느냐?

루키우스 자기가 자기를 해라 부르는 게 무슨 소용이 있소?

마르쿠스 로마 황제, 그리고 조카, 이러지들 마시오. 이번 일은 조용히 협의 되어야 합니다. 잔치가 준비되어 있습니다. 주의 깊은 티투스 형님이 평화, 사랑, 동맹 그리고 로마의 복리를 위한다는 고귀한 목적을 위해 준비하셨습니다. 그러하오니 여러분, 이쪽으로 와서 자리에 앉으시기 바랍니다.

사투르니누스 마르쿠스, 그러면 그리합시다.

나팔 소리. 티투스가 요리사 차림으로 등장. 얼굴에 베일을 쓴 라비니아와 어린 루키우스 및 다른 사람들도 등장. 티투스가 식탁 위에 요리 접시를 놓는다.

티투스 폐하, 잘 오셨습니다. 황후께서도 잘 오셨습니다. 용감한 고트족 여러분, 루키우스, 그리고 이 자리에 참석해 주신 모든 분들 다 잘 오셨소. 차린 것은 없습니다만 많이 드시기 바랍니다.

사투르니누스 안드로니쿠스, 왜 그런 복장을 하고 있나?

티투스 황제 폐하와 황후 폐하를 모시는 데 부족함이 있어서는 안 되기 때문입니다.

타모라 착하신 안드로니쿠스, 고맙소.

티투스 제 마음을 알아주신다면, 그렇게 말씀하실 겁니다. 그런데 폐하, 여쭈어 볼 말씀이 있습니다. 예전에 성급한 비르기니우스가 자신의 딸 비르지니가 폭력에 의해 정조가 더럽혀졌다는 이유를 들어 스스로 자기 오른손으로 죽인 것을 잘한 일이라 할 수 있겠습니까?

사투르니누스 그렇지, 잘한 일이지.

티투스 왜 그렇게 생각하십니까?

사투르니누스 왜냐하면 그런 치욕을 당한 딸을 살려두어서는 안 되기 때문이다. 그녀의 아비는 딸의 얼굴을 볼 때마다 슬픔을 새롭게 되새기게 될 테니까.

티투스 강력하고 설득력 있으며, 충분한 이유입니다. 비참한 저에게는 본보기이고 선례이며 생생한 보증입니다. 라비니아, 죽어라, 죽어. 네가 죽으면 너의 치욕도 죽어버린다. 너의 치욕이 죽으면 이 아비의 슬픔도 사라지겠구

연극 〈티투스 안드로니쿠스〉 헨리 워러니쿠츠 연출, 단 크레머(티투스 역)·멜리사 페레이라(라비니아 역) 출연, 유타 셰익스피어 축제 공연. 2012.

나! (라비니아를 죽인다)

사투르니누스 아니, 무자비하게 이게 무슨 짓인가?

티투스 죽였습니다. 이 딸 때문에 흘렸던 눈물로 그동안 제 눈에는 아무것도 보이지 않았습니다. 저는 비르기니우스만큼 불행하며, 또한 이런 난폭한 짓을 해야 하는 까닭을 그보다 천배도 더 많이 가지고 있었는데 이제야 끝이 났습니다.

사투르니누스 뭐, 그럼 누구에게 강간을 당했는가? 누가 그런 짓을 했다는 건가?

티투스 폐하, 드십시오. 어서 음식을 드시기 바랍니다.

타모라 왜 딸을 이렇게 죽인 거요?

티투스 제가 죽인 것이 아니라 키론과 데메트리우스가 죽인 거지요. 그놈들은 라비니아의 몸을 더럽히고, 혀와 두 손까지 잘라버렸습니다. 그놈들이 제 딸에게 이런 짓을 했습니다.

사투르니누스 가서 곧, 그들을 이곳으로 데리고 오라.

티투스 아니, 두 사람 모두 거기 있습니다. 어미가 맛있게 먹은 고기 빵이 그들이지요. 자기가 낳아서 기른 고기를 먹고 있었던 겁니다. 정말입니다. 자, 내 칼이 얼마나 날카로운지를 보라! (타모라를 찔러 죽인다)

사투르니누스 이 미친 늙다리, 너도 죽어라! (티투스를 찔러 죽인다)

루키우스 아들로서 아버지의 죽음을 그냥 넘길 수 없다! 공로의 대가는 상이지만 악행의 대가는 죽음이다! (사투르니누스를 찔러 죽인다. 큰 소동. 루키우스, 마르쿠스 및 다른 사람들은 발코니로 올라간다)

마르쿠스 여러분, 로마 시민 여러분, 이 소동으로 폭풍에 날려 흩어진 새 떼처럼 흩어진 채 수심에 가득 찬 여러분! 제가 이렇게 흩어져 버린 곡식을 다시금 예전처럼 한 다발로 만들 수 있는, 이 잘려 나간 손발을 예전처럼 한 몸으로 만들 수 있는 방법을 여러분께 가르쳐 드리겠습니다. 로마 시민들 스스로 나라가 망하기를 바라지 않고, 세계 여러 강국마저 무릎 꿇게 한 로마가 스스로 모든 것을 포기하여 부끄럽게도 멸망하려 하지 않는 한, 예전처럼 온전한 모습으로 돌아갈 수 있을 것입니다. 그러나 만일 여러분이 참된 경험을 엄숙하게 보증할 수 있는, 저의 머리에 내린 서리와 제 얼굴에 새겨진 주름으로도 부족하다고 판단이 되신다면…… (루키우스에게) 로마의 벗, 루키우스, 나의 조카인 그대가 옛적에 우리 로마의 시조 아이네이아스께서 사랑에 빠져 열심히 듣고 있던 여왕 디도에게 말한 것처럼, 교활한 그리스군이 프리아모스의 트로이를 태워버린 그 비참한 밤 이야기를 엄숙하게 말해 보게. 그리고 어느 시논*15이 우리의 귀를 매혹했으며, 누가 우리 트로이, 우리 로마에 이런 치명상을 입힌 무서운 기계를 들여왔는지 이야기하게. 내 마음은 부싯돌이나 강철로 되어 있지는 않으니, 모든 쓰라린 슬픔을 말하고 싶어도 시민들께서 듣고 동정하게 될 때에 나의 말들이 눈물의 홍수에 빠져 말을 못 하게 될 수도 있으니…… (다시 시민들에게) 여러분, 여기에 대장이 계십니다. 이분의 이야기를 들어주십시오. 이야기를 들으시면 여러분은 감동하여 울게 되실 겁니다.

루키우스 귀하신 여러분, 먼저 알려드릴 것이 있습니다. 키론과 데메트리우스는 우리 황제의 아우 바시아누스를 학살한 저주받은 하수인이었으며, 제 누이동생의 몸을 더럽힌 장본인이었습니다. 그들의 잔인한 죄과 때문에 저

---

*15 탈주병으로 꾸며서 트로이 앞에 목마(木馬)와 함께 내버려진 그리스인. 프리아모스 왕에게 그 목마를 성안에 끌어들이면 그리스를 정복할 수 있을 거라고 속임.

의 아우들은 목이 잘리고 아버지의 눈물은 멸시당한 데다, 로마를 위해 용감하게 싸워 외적을 무덤으로 보낸 충성스러운 아버지의 손을 빼앗겼습니다. 그리고 저는 억울하게 추방되어 로마 성문 밖으로 쫓겨나는 바람에 몸 붙일 곳이 없어, 로마의 적국으로 달려가 울며 도움을 요청한 결과, 지극한 정성의 눈물 덕분에 적들은 마음을 열고 저를 벗으로 열렬히 맞이해 주었습니다. 여러분, 저는 오늘 추방자 신세입니다. 그러나 한때는 조국의 행복을 저의 피로써 보전했음을, 조국의 가슴에 꽂힌 적의 칼을 뽑아 그것으로 이 몸을 꿰뚫게 한 일이 있었음을 여러분은 알아주시기 바랍니다. 아! 여러분이 아시다시피 저는 큰소리치는 사람은 아닙니다. 이 몸의 상처가 제 말이 거짓이 아님을 증명합니다. 아, 이야기가 옆길로 샜습니다. 보잘것없는 공로를 말씀드려 미안합니다. 여러분, 용서해 주십시오. 인간이란 벗이 없을 때 스스로 자신을 칭찬하려고 하지요.

마르쿠스 이제, 제가 말씀을 드리겠습니다. (아론의 어린아이를 가리키면서) 이 아이를 보십시오. 타모라가 낳은 아이입니다. 이번 참혹한 해악의 모든 것을 꾸민 반종교적인 무어족의 씨입니다. 그 나쁜 작자는 밉기는 하지만, 이것이 사실임을 증명할 수 있도록 티투스 형님 댁에 살려두었습니다. 자, 이러하니 티투스 형님의 복수는 마땅한 것이었습니다. 이놈이 저지른 악행들은 말로는 다 표현할 수 없을 만큼, 살아 있는 인간이라면 도저히 참을 수 없을 만큼 잔혹했습니다. 여러분께 사실을 말씀드렸습니다. 여러분은 이 일을 어떻게 생각하십니까? 저희가 잘못된 행동을 했다면 말씀해 주십시오. 그리하면 저희가 있는 이 발코니에서 안드로니쿠스 집안의 가엾은 유족 모두 손을 잡고 거꾸로 몸을 던져 울퉁불퉁한 길 위의 돌에 머리를 부딪혀 죽음으로써 집안을 없애버리겠습니다. 로마인 여러분, 말씀해 주십시오. 여러분이 그렇게 하라고 하면 루키우스와 저는 곧바로 손을 잡고 이곳 발코니에서 떨어지겠습니다.

아이밀리우스 로마 원로이신 마르쿠스, 그러시면 안 됩니다. 저희의 새 황제가 되실 루키우스의 손을 잡고 조용히 내려오십시오. 저희 시민들 모두 그것을 찬성하고 외칠 거라고 믿습니다.

군중 로마의 새 황제, 루키우스 만세!

마르쿠스 자, 티투스 형님의 비탄에 잠긴 집으로 가서 이교도인 무어족을 끌고 오게. 그를 끔찍한 사형에 처해 그 극악무도한 삶을 벌해야 하니. (시종들 퇴장. 루키우스 및 다른 사람들과 함께 발코니에서 내려온다)

민중 루키우스 만세! 로마의 인자하신 통치자, 만세!

루키우스 로마 시민 여러분, 감사합니다. 저는 조국 로마의 상처를 아물게 하고, 로마의 슬픔을 닦아낼 착한 군주가 되겠습니다. 그러나 여러분, 제발 저에게 잠시 생각할 틈을 주십시오. 제 분수에 넘치는 큰 임무이니까요. 여러분은 조금만 떨어져 주시고, 작은아버지께서는 가까이 오셔서 이 시신에 애도의 눈물을 흘려주십시오. 오, 아버지의 창백하고 차가운 입술에 이 따뜻한 키스를 바치고 (티투스에게 키스한다) 아버지의 피 묻은 얼굴에는 이 슬픔에 잠긴 눈물을 바칩니다. 이것이 아버지의 훌륭한 피를 이어받은 아들의 마지막 의무입니다.

마르쿠스 그 눈물에 눈물을, 그 입맞춤에 부드러운 키스를 아우 마르쿠스가 형님 입술에 드립니다. 오, 돌려드려야 할 눈물과 키스가 헤아릴 수 없이 많다 해도 모두 돌려드리고 싶습니다.

루키우스 (어린 루키우스에게) 이리 오너라. 이리 와서 나처럼 울며 조의를 표하거라. 할아버지께서는 너를 아주 사랑하셨어. 무릎에 올려놓고 둥개둥개도 해주시고, 할아버지 가슴을 베개 삼아 너에게 자장가를 불러주신 적도 많았다. 그리고 어린아이가 즐겨 들을 수 있는 온갖 재미있는 이야기를 해주셨지. 그러니 효를 다하는 아이답게, 너의 그 다정한 샘에서 조그만 물방울을 떨어뜨려 드려라. 정이 많은 사람일수록 그렇게 해주기를 바란단다. 가까운 사람은 슬픔을 나누는 법이다. 할아버지께 작별 인사를 드려 무덤으로 가시게 해드려야지. 자, 지금 말한 대로 해라.

어린 루키우스 오, 할아버지, 할아버지! 제가 죽음으로써 할아버지께서 살아나신다면 저는 기꺼이 죽겠습니다. 오, 눈물이 흘러 할아버지께 말을 할 수 없어요. 제가 입을 열면 눈물 때문에 숨을 못 쉴 것 같아요.

시종들, 아론을 데리고 다시 등장.

시민 1 슬픔에 잠기신 안드로니쿠스, 눈물을 거두십시오. 이 참혹한 사건을 일으킨 사악한 이놈에게 선고를 내려주십시오.

루키우스 그놈은 흙 속에 가슴까지 묻고, 먹을 것을 주지 말 것이며, 소리치며 먹을 것을 달라고 해도 내버려 두시오. 누구든지 그를 구해 주거나 동정하는 사람은 사형에 처할 것이라고 똑똑히 말하시오. 이것이 선고입니다. 누가 그놈을 산 채로 묻어버리는 데 참관해 주시오.

아론 오, 분노가 치밀어 오르는데도 화난 벙어리처럼 침묵할 필요는 없겠지? 나는 비열한 기도를 하며 이미 저지른 나쁜 짓을 후회하는 어린아이는 아니다. 내 마음대로 할 수 있다면 이제까지 저지른 것보다 1만 배는 더 나쁜 짓을 하고 싶다. 만일 단 한 번이라도 착한 행동을 했다면 나는 그것을 정말로 후회한다.

루키우스 황제와 가까이 지내시던 몇 분이, 황제 시신을 선황 무덤으로 옮겨 묻어주시오. 아버지와 라비니아 시신도 곧 우리 집안 묘지에 모실 겁니다. 저 극악무도한 타모라에게는 장례식이나 상복, 조종(弔鐘) 따위는 필요 없으니 그 시체를 짐승들과 새들에게 던져주도록 하시오. 평생을 야수처럼 살아왔고, 자비심이라고는 조금도 없었던 여자이니 그녀에게 자비를 베풀지 않는 것이 마땅하오. 이번 참해의 장본인인 개 같은 무어족 아론은 내가 말한 대로 처형하시오. 다시는 그런 일로 이 나라를 망치는 일이 없도록 질서를 바로잡겠소. (모두 퇴장)

Antony and Cleopatra
안토니우스와 클레오파트라

안토니우스와 클레오파트라

[등장인물]

안토니우스

옥타비우스 카이사르 } 세 집정관

레피두스

섹스투스 폼페이우스

도미티우스 아헤노바르부스

벤티디우스, 에로스

스카루스, 데크레타스 } 안토니우스의 지지자들

데메트리우스, 필론

마이케나스, 아그리파

돌라벨라, 프로쿨레이우스 } 카이사르의 지지자들

티디아스, 갈루스

메나스, 메네크라테스, 바리우스　폼페이우스의 지지자들

타우루스　카이사르의 부관

카니디우스　안토니우스의 부관

실리우스　벤티디우스군의 장교

가정교사　안토니우스의 대사

알렉사스, 마르디안(내시)

셀레우쿠스, 디오메데스 } 클레오파트라의 시종들

예언자

광대

클레오파트라　이집트 여왕

옥타비아　카이사르의 누이, 뒤에 안토니우스의 아내

카르미안

이라스 } 클레오파트라의 시녀

그 밖에 부대장들, 병사들, 전령들, 시종들, 하인들

[장소]

로마 제국

안토니우스와 클레오파트라

알렉산드리아. 클레오파트라의 궁전의 어느 방.
데메트리우스와 필론 등장.

필론　원, 아무리 빠져도 분수가 있지, 우리 장군님의 이번 사랑 행각은 너무
도가 지나치시오. 이전에는 전투에 임한 군대를 호령했던 그분의 멋진 두
눈은 갑옷으로 단장한 군신 마르스처럼 빛나더니, 이제는 본디 임무를 잊
어버린 채 까만 얼굴 하나만을 정성스레 바라보고 계시는구려. 치열한 격
전 중에 가슴의 조임쇠를 끊곤 하던 그분의 장군다운 심장도 이제는 자제
심을 잃고, 집시 여인의 정욕을 식혀주는 풀무와 부채가 되고 말았소.

나팔 소리. 안토니우스, 클레오파트라, 시녀들, 수행원들 등장. 내시들이 클레오파트
라에게 부채질을 해주고 있다.

필론　아, 저기들 오시는군. 잘 보시오, 세계의 세 기둥 가운데 하나인 장군이
이제는 창부의 어릿광대로 전락해 있소. 좀 보시오.

클레오파트라　진정 사랑하신다면 말씀해 보세요. 얼마만큼이나 사랑하시는
지요.

안토니우스　헤아릴 수 있는 사랑이란 빈약한 거요.

클레오파트라　얼마나 사랑받고 있는지 그 한계를 알고 싶어요.

안토니우스　그렇다면 먼저 새로운 하늘과 땅을 찾아내야 할 거요.

시종 등장.

시종 장군님, 로마에서 소식이 왔습니다.

안토니우스 귀찮다! 요점만 말해라.

클레오파트라 그러지 말고 들어보세요, 안토니우스. 풀비아가 화나 있을지도 몰라요. 아니면 채 수염도 덜 난 카이사르가 당신한테 엄명을 보내왔는지 누가 알아요? "이렇게 할 것, 저렇게 할 것. 그 왕국은 점령할 것, 저 왕국은 해방할 것. 이대로 이행하지 않으면 엄벌에 처함" 등등의 엄명을 말예요.

안토니우스 갑자기 그게 무슨 소리요?

클레오파트라 글쎄요! 아마 그럴 거예요. 더 이상 이곳에 머물러서는 안 돼요. 카이사르로부터 소환장이 와 있잖아요. 그러니 안토니우스, 전령을 불러요. 그리고 풀비아의 소환장은 어디 있지요? 카이사르의 소환장은? 아니 이 모든 소환장은? 전령의 말을 들으세요. 나는 이집트의 여왕이지만, 안토니우스, 당신은 얼굴을 붉히시는군요. 그건 당신 피가 카이사르에게 예속된 탓이죠. 아니면 저 시끄러운 풀비아의 꾸지람에 당신 볼이 겁을 낸 건 아닐까요? 어서 전령을 만나보세요.

안토니우스 로마는 테베레 강물에 녹고, 질서 정연한 대제국의 광대한 아치도 무너져 버려라! 이곳이 나의 우주다. 왕국은 한낱 흙덩이에 지나지 않소. 이 더러운 대지는 인간이나 짐승이나 구별 없이 먹이를 주오. 인간의 존귀함이란 이렇게 하는 것이오. (클레오파트라를 껴안는다) 한 쌍의 연인, 이 같은 남녀가 껴안을 수 있다면 그것으로 충분하오. 나는 온 세상 사람들에게 장담하겠소. 우리야말로 세상에서 가장 행복한 사람이라고.

클레오파트라 참 거짓말을 잘도 하시는군요! 그렇다면 왜 풀비아와 결혼하셨지요? 사랑하지도 않으면서? 난 바보처럼 모른 척해 두기로 하지요. 언젠가는 안토니우스도 자기 자신으로 돌아갈 테니까요.

안토니우스 클레오파트라 때문에 내 마음을 뺏기지 않는다면 말이지. 그보다는 자, 사랑의 여신과 보드라운 사랑의 시간에 두고 맹세하지만, 귀에 거슬리는 말다툼으로 시간을 낭비하지는 맙시다. 새로운 즐거움 없이 인생을 1분이라도 보낼 순 없는 일이오. 오늘 밤은 무슨 놀이를 할까?

클레오파트라 먼저 전령들을 만나보세요.

안토니우스 또 그 소리요? 고집도 어지간히 센 여왕이로군! 하지만 당신에게는 뭐나 알맞소. 야단쳐도, 웃어도, 울어도 말이오. 당신의 감정은 뭐든 아

〈안토니우스와 클레오파트라〉 연극 속의 화려한 이집트 왕국 모습   프란체스코 트레비사니. 1702.
안토니우스는 속절없이 왕궁의 매력에 빨려들어간다.

름답고 훌륭하게만 보이는구려! 만나지 않겠소, 당신의 전령이 아니면. 오늘
밤은 단둘이서 시내를 돌아다니면서 민정(民情)이나 살핍시다. 자 여왕, 어
젯밤에 당신이 그걸 원했지요. (시종에게) 아무 말도 듣기 싫다. (안토니우스와
클레오파트라, 수행원들을 거느리고 퇴장)

데메트리우스   우리 장군님이 카이사르를 저렇게 무시할 수 있을까요?

필론   예, 이따금 장군님이 본성을 잃으실 때는 저렇소이다. 장군님은 언제나

지니고 계셔야 할 위대한 본성을 가끔 잃곤 하십니다.

데메트리우스 참으로 유감입니다. 로마에 돌고 있는 풍문이 어째 사실이 될 것만 같구려. 그러나 내일은 좀 나아지셨으면 좋겠소. 그럼 안녕히 계시오! (모두 퇴장)

〔제1막 제2장〕

같은 장소. 다른 방.

하인들이 요리 접시를 건넛방으로 들고 갔다, 들고 나왔다 한다. 그 방에서 술잔치를 벌이는 소리가 난다. 이윽고 그 방에서 아헤노바르부스와 다른 세 로마인이 예언자와 이야기를 하면서 나온다. 좀 떨어져서 클레오파트라의 시녀 카르미안과 이라스, 내시 마르디안, 시종 알렉사스 등장.

카르미안 알렉사스, 상냥하신 알렉사스, 무엇이든 최고인 알렉사스, 더할 나위 없이 훌륭하신 알렉사스, 당신이 여왕님께 그렇게까지 칭찬하신 예언자는 어디 있어요? 내 남편 될 분을 알고 싶어서 그래요. 머리에 뿔나면 그 뿔을 화관으로 바꾸어야 한다는 그 사람 말이에요.

알렉사스 여보, 예언자!

예언자 예, 무슨 일이신지요?

카르미안 이분인가요? 댁이 미래를 점치는 분인가요?

예언자 자연의 한없는 비밀을 담은 책을 좀 읽을 수 있죠.

알렉사스 손을 좀 내보여 봐요. (카르미안이 손을 내보인다)

아헤노바르부스 (하인에게) 어서 술상을 가져오게. 술은 넉넉히, 클레오파트라 여왕님께 건배를 드려야 하니까. (하인이 탁자 위에 과일, 술 등을 차려놓는다)

카르미안 부탁해요, 내게 좋은 운명을 내려주세요.

예언자 내려드릴 순 없고, 난 그저 예언할 뿐입니다.

카르미안 예, 그럼 예언해 주세요.

예언자 지금보다 훨씬 더 두드러지게 되시겠습니다.

카르미안 살결 말인가요?

이라스 아냐, 나이를 먹으면 화장을 더 짙게 한다는 거야.

카르미안 주름살은 싫어요.

알렉사스 예언자를 방해하지 말고 잘 들어봐요.

카르미안 쉬!

예언자 당신은 사랑을 받는 편보다 사랑을 주는 편이겠소.

카르미안 그보다는 술을 마셔서 간(肝)이나 뜨겁게 하고 싶은걸요.

알렉사스 원, 좀 잠자코 들어봐요.

카르미안 자, 좋은 운명을 들려주세요! 아침나절에 세 왕과 결혼하게 되지만 셋 다 사별하고 과부가 되거나, 나이 오십에 유다의 헤롯 왕조차 찾아와서 신하의 예를 취할 아이를 하나 낳게 되거나, 아니면 옥타비우스 카이사르와 결혼해 우리 여왕님과 동등하게 되거나 할 운을 찾아주세요.

예언자 주인 여왕님보단 오래 살겠소.

카르미안 어머나 좋아라! 난 무화과보다도 오래 사는 걸 좋아해요.

예언자 미래보다는 지난날의 팔자가 훨씬 좋은 셈이오.

카르미안 그렇다면 애비 없는 자식을 낳게 되는 팔자게요? 사내아이나 계집아이는 몇이나 두게 되겠어요, 예?

예언자 잉태하고 싶을 적마다 잉태하고 그때마다 생산한다면 백만 명쯤 되겠소이다.

카르미안 흥, 기가 막혀서! 그래도 점쟁이라고.

알렉사스 이부자리만이 음탕한 비밀을 알 줄 아나 보오.

카르미안 그럼 이번에는 이라스의 운명을 맞춰 보세요.

알렉사스 누구나 다 자기 운명을 알고 싶어들 하지요.

아헤노바르부스 그야 오늘 밤의 내 운명이나 우리들 운명은…… 취해서 자는 거겠지. (술을 잔에 붓는다)

이라스 (손을 내보이면서) 다른 건 몰라도 이건 순결을 나타내는 손금이에요.

카르미안 나일강의 범람이 흉년을 예언하다시피 말이지.

이라스 애도, 못하는 소리가 없구나. 그 꼴에 무슨 예언을 한다고그래.

카르미안 아냐, 기름진 손이 자식이 많다는 것쯤을 몰라서야 내가 내 귀를 긁지도 못하게. 제발 저 애한텐 평범한 운명이나 점쳐주세요.

예언자 두 분 다 피장파장의 운명이구려.

이라스 하지만 어떻게 피장파장이요? 자세히 이야기 좀 해보세요.

예언자 아까 말씀드리잖았습니까?

이라스 내 운명이 저 애보다 한 치라도 더 낫지 않단 말이에요?

카르미안 그래, 네 운명이 나보다 한 치만 낫다고 치면…… 그 한 치는 어디서 생긴 걸까?

이라스 내 남편의 코가 높은 건 아니지.

카르미안 어머나 그런 나쁜 생각을 다! 알렉사스…… 자, 당신 운명을 좀 알아봅시다! 오, 이 나라의 수호신 이시스여! 제발 이분은 석녀(石女)와 결혼하게 해주세요! 그 아내는 죽고, 더 못한 아내를 얻게 해주세요! 그리고 점점 못난 아내를 얻고 마침내 가장 못난 아내가 쉰 번이나 서방질을 한 끝에 저분이 무덤으로 가는 길을 웃으면서 뒤따르게 하는 운명을 내려주소서! 착하신 이시스 여신이여, 부디 이 기도만은 들어주소서. 더 중요한 기도는 거절하시더라도. 착하신 이시스 여신이여, 간청합니다!

이라스 아멘, 사랑하는 여신님, 우리 인류의 기도를 들어주소서! 잘생긴 남자가 행실 나쁜 아내와 사는 꼴은 보기에도 가슴 아픈 일이지만, 지지리도 못난 사람이 서방질을 당하지 않는 것도 정말로 슬픈 일이니까요. 그러니 사랑하는 이시스 여신이여, 직책을 지키시고 저분에겐 신분에 알맞은 운명을 내려주소서!

카르미안 아멘.

알렉사스 어이없는 노릇이군. 날 바람난 여자의 남편으로 만들기 위해서라면, 스스로가 창부가 되는 것도 마다하지 않을 기세구먼!

아헤노바르부스 쉬! 장군님이 오시오.

카르미안 아니에요, 여왕님이세요.

클레오파트라 등장.

클레오파트라 장군님을 뵈었소?

아헤노바르부스 못 뵈었습니다, 여왕님.

클레오파트라 이곳에 안 오셨던가?

카르미안 예, 안 오셨습니다.

클레오파트라 마음이 들떠 계셨는데, 문득 로마 생각이 나셨나 보지. 여봐요, 아헤노바르부스!

아헤노바르부스 예?

클레오파트라 장군님을 찾아 이리 모셔와요. (아헤노바르부스 퇴장) 알렉사스, 어디 있니?

알렉사스 예, 여기 대령하고 있습니다. 마침 장군님이 오십니다.

클레오파트라 난 만나고 싶지 않다. 자, 모두 들어가자. (일행과 함께 퇴장)

안토니우스가 전령과 시종 몇몇을 거느리고 등장.

전령 풀비아 부인께서 먼저 전쟁을 일으키셨습니다.

안토니우스 내 동생 루키우스에게 말인가?

전령 예. 그러나 전쟁은 곧 끝이 났고 정세상 두 분은 화해한 뒤 힘을 모아 카이사르에게 맞섰습니다. 하지만 승기를 잡은 카이사르는 첫 접전에서 두 분을 이탈리아 밖으로 몰아냈습니다.

안토니우스 그래, 가장 나쁜 소식은 무엇인가?

전령 나쁜 소식은 본디 전달자가 미움을 받게 마련입니다.

안토니우스 그건 상대가 바보나 겁쟁이인 경우다. 난 그렇지 않다. 자, 말을 계속해라! 과거는 이미 지난 일 아니냐. 난 그렇게 생각한다. 내게 진실을 말하는 자, 만일 그 말 속에 죽음이 있더라도 나는 칭찬처럼 달게 받겠다.

전령 라비에누스가—난처한 소식입니다만—페르시아 군대를 거느리고 유프라테스로부터 아시아를 점령하고, 그 승리의 깃발은 시리아에서 리디아와 이오니아까지 휘날리고 있습니다. 그런데…….

안토니우스 안토니우스는—그렇게 말하고 싶은 거지?

전령 아닙니다, 각하!

안토니우스 솔직히 말해라. 세간의 풍문을 손질해서 이야기하지 말고. 로마에서는 클레오파트라를 뭐라고 부르더냐? 풀비아 말대로 욕설을 해봐라. 그리고 나의 과실을 진실과 악의가 토할 수 있는 최대 특권을 가지고 비웃어 봐라. 인간의 마음이란 활동이 멈추어 버리면 잡초가 나게 마련인데, 그럴 때엔 악담을 듣는 것이 땅을 일구어 잡초를 없애는 셈이 되지. 좀 있다가 보자.

전령 예, 그렇게 하겠습니다. (퇴장)

안토니우스 여봐라, 시키온에서 온 사람은? 이리 불러들여라!

시종 1 (문을 열고 부른다) 시키온에서 온 전령, 그런 분이 있소?

시종 2 (황급히 들어오면서) 대령하고 있습니다.

안토니우스 이리 불러들여라. 이집트의 강력한 족쇄를 이제는 끊어야겠어. 못 끊으면 난 눈먼 사랑 속에 나 자신을 망치고 말 것만 같다.

다른 전령이 편지를 들고 등장.

안토니우스 네 소식은 뭐냐?

전령 풀비아 님께서 운명하셨습니다.

안토니우스 어디서 운명하셨느냐?

전령 시키온입니다. 병환의 기간과 각하께서 알아두셔야 할 중요한 일들은 여기 다 적혀 있습니다. (편지를 바친다)

안토니우스 좀 물러가 있거라. (전령과 시종들 퇴장) 위대한 정신은 갔구나. 이렇게 되기를 나는 바라고 있었다. 하지만 우리는 비웃으며 내던진 물건을 되찾고 싶어하거든. 오늘의 쾌락도 운명이 바뀌면 정반대가 될 것 아닌가. 가고 보니 좋은 아내였다. 밀어내던 이 손이 다시 아내를 찾고 싶구나. 난 이 요부 같은 여왕과 손을 끊어야만 해. 내 게으름이 헤아릴 수 없이 수많은 죄악을 낳을 것이다. 여보게! 아헤노바르부스!

아헤노바르부스 다시 등장.

아헤노바르부스 무슨 일이십니까, 각하?

안토니우스 나는 서둘러 이곳을 떠나야겠소.

아헤노바르부스 아니, 그러시면 부인들을 모두 죽이는 셈이 됩니다. 가혹한 대우는 그녀들에게 치명적이거든요. 그냥 버려두고 떠나시면 오직 죽음이 있을 뿐입니다.

안토니우스 그래도 떠나야겠소.

아헤노바르부스 어쩔 수 없을 때에는 여자들을 죽게 버려둘 수도 있습니다.

그렇지만 별일 아닌데 내던져 버리긴 가엾잖습니까? 그야 중대한 까닭이 있다면 부인들쯤 문제가 아니긴 합니다만. 클레오파트라는 이런 소문만 들어도 바로 기절해 죽을 겁니다. 이보다 훨씬 못한 이유 때문에도 죽어 넘어질 뻔한 적을 저는 스무 번이나 보았습니다. 아마 죽는 데 무슨 소질이 있는지, 그것이 여왕님께 정답게 구는 모양입니다. 여왕님은 죽는 데 아주 능숙합니다.

안토니우스 그 여인의 사람 홀리는 재주는 우리가 상상도 못할 만큼 뛰어난 데가 있소.

아헤노바르부스 아, 그렇지 않습니다. 여왕님의 열정은 오직 순정의 극치랄까요. 그분의 한숨과 눈물을 바람이나 비라고 할 순 없습니다. 그건 달력에서도 볼 수 없는 대폭풍이니까요. 이건 그분의 사람 홀리는 재주가 아닙니다. 그것이 사람 홀리는 재주라면 그분은 우레의 신 유피테르같이 비도 내릴 수 있을 겁니다.

안토니우스 처음부터 만나지 않았으면 좋았을 것을!

아헤노바르부스 아, 그러셨다면 각하께서는 이 세상의 놀라운 걸작 하나를 보지 못하셨을 겁니다. 그런 복을 받지 못하고서야 어디 여행인들 하셨다고 할 수 있겠습니까?

안토니우스 풀비아가 죽었소.

아헤노바르부스 예?

안토니우스 풀비아가 죽었단 말이오.

아헤노바르부스 부인께서!

안토니우스 죽었소.

아헤노바르부스 아, 그럼 신들에게 감사의 제물을 올리십시오. 신들이 한 남자에게서 아내를 데려가시는 건, 말하자면 그가 이 세상에서 재봉사 역을 맡고 있음을 보여주시는 겁니다. 헌 옷이 낡으면 새 옷감은 얼마든지 있다고 위로해 주십니다. 풀비아밖에 여자가 없다면야 큰 타격이 아닐 수 없고 슬퍼할 사건이지만, 이 슬픔에는 위안이 머리에 씌어 있잖습니까. 낡은 속옷 대신에 새 속치마가 생긴 셈이거든요. 사실 이만한 슬픔에 흘릴 눈물은 양파 하나면 충분합니다.

안토니우스 아내가 본국에서 저질러 놓은 일이 있어서 그러오. 내가 돌아가지 않으면 일이 해결되지 않소.

아헤노바르부스 각하께서 이곳에서 시작하신 일 또한 각하께서 이곳에 계시지 않으면 해결이 되지 않습니다. 특히 클레오파트라와의 일은 오직 각하께서 계셔야만 합니다.

안토니우스 농담은 그만하오. 장병들에게 나의 뜻을 알리시오. 나는 출발하는 이유를 여왕에게 알리고 양해를 구해야겠소. 풀비아의 죽음이 긴급한 요건과 더불어 내게 호소할 뿐 아니라 로마에서 일을 도모하고 있는 친구들의 편지 또한 나의 귀국을 재촉하고 있소. 섹스투스 폼페이우스는 카이사르에게 맞서서 해상권을 장악하고 있소. 야속한 대중은 공로가 다 지난 일이 될 때까지는 공로 있는 사람을 사랑하지 않는 법인데, 이제야 대폼페이우스의 온갖 칭호를 그의 아들에게 던져주려 하고 있소. 그는 명성과 권력이 있고 무엇보다도 용기와 기력이 뛰어나 스스로를 세상의 명장인 양 자부하고 있소. 그가 이대로 나간다면 로마 제국을 위험에 빠뜨리게 될지도 모르오. 소동은 곳곳에서 볼 수 있으나, 물속에 담그면 뱀으로 변한다는 말총처럼 겨우 생명을 얻었을 뿐 아직 뱀의 독을 갖고 있지는 않소. 자, 그러니 오늘 나의 처지로는 이곳을 곧 떠날 수밖에 없다고 부하들에게 전해주오.

아헤노바르부스 예, 그리 전하겠습니다. (모두 퇴장)

〔제1막 제3장〕

같은 장소. 또 다른 방.
클레오파트라, 카르미안, 이라스, 알렉사스 등장.

클레오파트라 장군님은 어디 계시느냐?

카르미안 아까부터 뵙지 못했습니다.

클레오파트라 어디서 누구와 무얼 하고 계시는지 가서 좀 알아봐라. 하지만 절대로 내가 널 보낸 건 아니다. 침울해하시거든 내가 춤을 추고 있다 전하고, 명랑하시거든 내가 갑자기 병이 났다고 전해라. 어서 다녀오너라. (알렉사스 퇴장)

연극 〈안토니우스와 클레오파트라〉 톰 매니언·알리 시치롱고·조셋 부쉘밍고·사라 폴 출연. 맨체스터 런던 거래소. 2005.
안토니우스는 로마인으로서의 책무와 동방 쾌락의 갈림길에 놓여 있다. 그는 클레오파트라에게 귀를 기울이며 마음을 빼앗기고 있다.

카르미안 전하, 그분을 진정 사랑하신다면서도 그분에게서 똑같은 사랑을 얻어내는 방법은 쓰시지 않네요.

클레오파트라 그럼 어떡하란 말이냐?

카르미안 무슨 일이든 그분에게 양보하시고, 거스르지 않도록 하세요.

클레오파트라 바보 같은 소릴 다 하는구나. 그따위 짓을 하면 그분을 잃고 말아.

카르미안 너무 자극하지 마시고 부디 참으세요. 지나치게 짓궂게 대하시면 미움을 받게 마련이니까요.

안토니우스 등장.

카르미안 마침 장군님이 오십니다.

클레오파트라 아, 아파서 기분이 언짢아요.

안토니우스 실은 전할 말이 있어서 왔소.

클레오파트라 카르미안, 날 좀 안으로 데려다 다오. 쓰러질 것 같구나. 이젠 더 못 참겠어. 내 몸이 도저히 버티지 못할 것 같아.

안토니우스 자, 사랑하는 여왕······.

클레오파트라 제발 저만큼 물러가 있으세요.

안토니우스 무슨 일이오?

클레오파트라 당신의 눈을 보니 좋은 소식이 있는 것 같네요. 왜요, 당신 아내가 당신더러 오시라고 하나요? 처음부터 그녀가 당신을 이곳에 못 가게 했으면 좋았을 텐데! 내가 당신을 이곳에 잡아두고 있다고 그녀한테 오해받고 싶지는 않아요. 난 당신껜 아무 힘도 없는 여자예요. 당신은 그녀 거잖아요.

안토니우스 신에게 맹세해도 좋소······.

클레오파트라 여왕치고 이토록 심하게 기만당한 예도 있었을까! 배신당하리라는 건 처음부터 알고 있었어요.

안토니우스 이봐요, 클레오파트라.

클레오파트라 맹세를 하고 신의 옥좌를 뒤흔들더라도 당신을 나의 충실한 분이라고 생각할 순 없어요. 아내에게조차 불성실한 당신이 아닌가요? 내가 미쳤지, 맹세한 그 입으로 금방 깨뜨리는 맹세를 다 믿다니!

안토니우스 아, 상냥한 여왕······.

클레오파트라 제발 떠나는 핑계를 찾지 말고, 그냥 작별 인사나 하고 가세요. 머물겠다고 청하셨을 적엔 이야기할 시간만 있었고, 작별에 대한 말은 없었어요. 그리고 우리의 입술과 눈에는 영겁이, 활 모양의 눈썹에는 더없는 행복이 깃들어 있었어요. 우리 몸의 어느 부분도 하늘의 깨끗함을 갖추지 않은 곳이라곤 없었어요. 지금도 다르지 않아요. 다름이 있다면 이 땅의 가장 위대한 군인인 당신이 세계에서 으뜸가는 거짓말쟁이로 변했다는 사실뿐이에요.

안토니우스 왜 그런 소릴 하오, 여왕!

클레오파트라 나도 당신 키만큼만 커봤으면! 이 이집트 여왕한테도 용기가 있음을 보여드릴 수 있게 말이죠.

안토니우스 여왕, 긴박한 시국이 잠시 나의 봉사를 요청하오. 그러나 나의 모든 마음은 당신에게 맡겨두겠소. 본국 이탈리아에서는 내란의 칼이 번뜩이고, 섹스투스 폼페이우스는 로마 항구까지 접근해 왔소. 국내의 두 세력이 비슷할 때는 기회주의자가 생기고, 멸시받던 자도 세력이 강해지면 다시 사랑을 얻게 마련이오. 그래서 저 추방당한 폼페이우스는 자기 아버지의 명성을 분수 넘치게 스스로 칭하고, 현 정부의 불우한 자들 마음속을 파고들어서 무시 못할 세력이 되었소. 더구나 태평에 싫증이 나면 과격한 변화의 수술이 필요하오. 그리고 나의 개인적인 일인즉, 나의 출발을 당신이 안심해도 좋을 것은 풀비아가 죽었다는 사실이오.

클레오파트라   이 나이에도 어리석긴 하지만 어린아이 같지는 않아요. 풀비아가 죽다뇨?

안토니우스   정말 죽었소. 여왕, 자, 이것은 아내가 일으킨 소동의 경위요. 틈을 타서 읽어보시오. 맨 끝에 가장 중요한 소식이 있으니 그녀가 언제 어디서 죽었는지를 보시오.

클레오파트라   어머, 이런 거짓 사랑도 다 있을까! 슬픈 눈물을 담아야 할 신성한 눈물 단지는 어디에 두셨어요? 아, 이제 알겠어요. 풀비아의 죽음은 남의 일이 아니군요. 내가 죽었을 때 어떤 대우를 받을지 뻔하네요.

안토니우스   말다툼은 그만하고, 내 가슴속의 계획을 좀 들어보시오. 그 계획을 실행할지 안 할지는 당신의 충고 여하에 달려 있소. 나일강의 진흙을 기름진 땅으로 만드는 태양을 두고 맹세하지만, 나는 당신의 용사이자 부하로서 출전하여 당신의 의향에 따라서 화해도 하고, 전쟁도 할 것이오.

클레오파트라   이 끈 좀 풀어다오, 카르미안. 아니, 그냥 둬. 난 기분이 금방 나빠졌다 좋아졌다 하는구나. 마치 안토니우스의 마음같이 말이다.

안토니우스   나의 소중한 여왕, 그러지 말고 대장부의 사랑을 진정 믿어주시오. 그리고 진실한 사랑인지 아닌지를 시험해 보시오.

클레오파트라   풀비아의 경우가 좋은 가르침이에요. 제발 비켜서서 아내를 위하여 눈물을 쏟고, 내게 작별 인사를 하세요. 그리고 이 눈물은 이집트 여왕한테 바친 눈물이라고 하세요. 그럴싸하게 연극 좀 해보세요. 완전히 진실을 꾸민 연극 말예요.

안토니우스   자꾸 그러면 내가 화를 내게 되리다. 이젠 그만하시오.

클레오파트라   이만해도 상당한 솜씨지만 더 잘하실 수 있잖아요.

안토니우스   좋소, 나의 이 칼에 두고 맹세하리다……

클레오파트라 그리고 방패에 두고. 점점 더 잘하시는군요. 하지만 아직 절정이 남아 있어요. 얘, 좀 봐라, 카르미안. 헤라클레스의 후손인 이 로마인은 화를 내는 모양도 참 그럴싸하잖니.

안토니우스 (머리를 숙이면서) 그럼 이만 작별하겠소.

클레오파트라 정중하신 장군님, 한마디만 더요. 당신과 나는 헤어져야 합니다. 그러나 그 말을 하자는 건 아니에요. 당신과 나는 사랑해 왔습니다. 이 말을 하자는 것도 아니에요. 그건 당신이 잘 알고 계세요. 내가 무슨 말을 하려고 했더라…… 내 정신 좀 봐. 왜 이렇게 건망증이 심할까? 꼭 안토니우스를 닮았다니까. 싹 다 잊어버리고 말았어요.

안토니우스 그와 같은 농담, 신하를 부리듯이 한 것이겠지만, 그렇지만 않다면 난 여왕을 경솔하다고 볼 수밖에 없을 거요.

클레오파트라 이렇게 경솔하게 굴기에는 이 클레오파트라도 진땀이 나는걸요. 하지만 날 용서하세요. 나의 미덕도 당신 눈에 들지 않으면 나로서는 치명적이니까요. 당신의 명예가 귀국을 요청하고 있습니다. 그러니 소녀의 가엾고 어리석은 푸념에는 귀를 틀어막으시고 기분 좋게 떠나세요! 승리의 월계관이 당신 칼 위에 올라앉고 당신의 발 앞에 순조로운 성공이 뿌려지기를 빕니다.

안토니우스 그럼, 가보겠소. 우리의 이별은 머무름이자 떠남이요. 당신은 여기 머물러도 마음은 나와 함께 가고, 나는 떠나도 마음은 이곳에 당신과 함께 있으니까요. 자, 가자! (모두 퇴장)

〔제1막 제4장〕

로마. 카이사르의 집.
옥타비우스 카이사르가 편지를 읽으면서 등장. 레피두스, 시종들 등장.

카이사르 잘 아시시라 믿소만 레피두스, 아니, 앞으로도 꼭 알아두시길 바라오만 이 카이사르는 동료를 증오하는 그런 악인은 아니오. 이것이 알렉산드리아에서 들어온 보고요. 그 사람은 낚시질하고 술을 마시며 밤새도록 흥청거리느라 등잔불을 낭비하고 있다 하오. 클레오파트라만큼도 대장부답지 못하고, 오히려 프톨레마이오스 왕비 클레오파트라보다 더 여자 같다고 할까요. 그 사람은 전령도 만나주지 않을 정도요. 아니, 정권 분담자인 사실도 잊고 있는 정도요. 그래 가지고서는 인간이 저지르는 온갖 과실의 본보기라 할 수밖에 없을 것 아니겠소.

레피두스 과실이 많다 해도 그분의 장점이 모두 어둡게 되었다고 볼 수는 없지요. 그분의 결점은 컴컴한 밤하늘의 별 같은 것이어서 유난히 뚜렷이 비치는 것이 아닐까요? 스스로 즐겨 몸에 익힌 것이라기보다 유전이라서 어찌 할 도리가 없는 것입니다.

카이사르 그대는 너무 관대하시오. 그래, 왕실의 침실에 굴러드는 일을 잘못이 아니라고 칩시다. 한 번의 환락과 왕국을 바꾸고, 노예와 한 술상 앞에 앉아서 술잔을 나누고, 한낮에 큰길을 허청거리고, 땀내 나는 악당들과 싸움을 하는 것도 다 잘못이 아니라고 칩시다. 아니, 그런 것이 그에게 어울린다고 칩시다—그만한 짓에도 손상을 입지 않는 사람이 있다면, 그건 희귀한 인격자이겠지만—그러나 안토니우스는 그 오점을 변명할 길이 없소. 그 사람의 경솔함 때문에 우리가 큰 부담을 지게 되니 말이오. 한가한 시간을 주색으로 채운다 하면, 후환은 심한 소화 불량이나 골수병 정도로 그칠 것이오. 하지만 북소리가 그 사람을 환락으로부터 깨우고, 그가 책임진 우리 국가가 그의 궐기를 부르짖고 있는 이 마당에 그는 허송세월을 하고 있소…… 이건 소년을 꾸짖듯이 꾸짖어 줘야 하오. 성숙한 지식을 가지고서도 그 경험을 일시적 쾌락과 바꾸고, 스스로의 이성에 저항하는 소년을 꾸짖듯이 말이오.

전령 등장.

레피두스 보고가 또 왔습니다.

전령 각하의 명령대로 수배를 끝냈습니다. 그리고 카이사르 각하, 해외의 사정은 시시각각 보고가 들어오게 돼 있습니다. 폼페이우스의 해상 세력은 강대하며, 카이사르를 두려워만 하던 무리들도 이제 그자를 따르는 것 같습니다. 이곳저곳의 항구로 불평불만을 품은 무리들이 모여들고, 그자는 부당하게 학대당한 듯이 소문을 퍼뜨리고 있습니다.

카이사르 그만한 일은 나도 알고 있었어야 했지. 처음부터 그랬거니와 세도가는 일단 권력을 잡으면 인기를 잃고, 운명이 기운 자는 그 가치가 사라질 때까지는 누구한테도 사랑받지 못하다가도 아주 몰락해 버린 뒤에서야 애석하게 여겨지는 법이지. 대중이란 건, 개울에 떠 있는 갈대가 물결에 이리저리 밀려다니다가 마침내는 저절로 썩고 마는 것과 같거든.

전령 카이사르 각하, 이 보고를 들어보십시오. 유명한 해적 메네크라테스와 메나스는 해상을 지배하고 온갖 종류의 선박을 가지고 끝없이 날뛰며, 이탈리아를 자주 무섭게 침략하고 있습니다. 그래서 해안 주민들은 공포에 싸여 핏기를 잃고, 혈기 왕성한 청년들은 모반에 가담하고 있으며, 배는 출항하기가 무섭게 붙잡히는 형편입니다. 폼페이우스의 이름은 실력 이상으로 민심을 위협하고 있습니다.

카이사르 안토니우스여, 그 음란한 술잔치를 걷어치워 다오. 예전에 그대가 두 집정관 히루티우스와 판사의 목을 벤 일이 있었지. 그건 모데나에서 패전했을 때의 일로, 그때 길목에는 기근이 따라붙었는데, 그대는 귀한 몸으로 야만인보다 더한 인내심을 발휘하여 그 굶주림을 극복했었다. 말 오줌을 마시고 짐승들조차 토할 누런 흙탕물까지 마셨었다. 더러운 울타리에 열린 껄껄한 딸기도 맛있게 먹었었다. 아니, 눈 쌓인 목장의 수사슴같이 나무껍질까지도 먹었었다. 그리고 알프스 산중에서는 괴상한 살코기를 먹었다고 하지 않는가. 그걸 보기만 하고 죽은 사람도 있었다는 그 살코기를. 이처럼 온갖 고난을—오늘 이 말을 하는 것은 그대의 명예 손상이 되겠지만은—용사답게 잘 참아내어 얼굴조차 여위지 않았었다.

레피두스 참으로 안타까운 일입니다.

카이사르 어서 자기 잘못을 깨우치고 로마로 돌아오게 합시다. 우리 두 사람은 지금 마땅히 출전해 있어야 하오. 곧 회의를 열도록 합시다. 우리가 손 놓고 있는 틈에 폼페이우스만 유리해지오.

레피두스 그럼 카이사르, 이 시국에 대응하기 위하여 육해군 병력을 얼마나 동원할 수 있을지, 내일 정확히 보고드리겠습니다.

카이사르 그때까지 나 또한 대책을 마련하겠소. 그럼 안녕히 가시오.

레피두스 그럼 다시 뵙겠습니다. 나라 밖 정세에 대해서 그간의 정보를 손에 넣으시거든 나에게도 꼭 알려주시오.

카이사르   염려 마시오. 그건 내 의무인 줄 알고 있으니까요. (모두 퇴장)

〔제1막 제5장〕

알렉산드리아. 클레오파트라의 궁전.
클레오파트라, 카르미안, 이라스, 마르디안 등장.

클레오파트라   카르미안!

카르미안   예, 여왕 전하?

클레오파트라   (하품을 하면서) 아! 맨드레이크 좀 갖다줘! 마셔야겠다.

카르미안   아니, 왜 그러세요, 전하?

클레오파트라   나의 안토니우스가 안 계시는 이 시간의 공백을 잠으로 메꾸었으면 싶구나.

카르미안   전하께선 그분을 너무 생각하고 계세요.

클레오파트라   아, 그런 소리는 반역자의 말투다!

카르미안   전하, 그렇지 않습니다.

클레오파트라   여봐라, 내시 마르디안!

마르디안   예, 무슨 일이십니까?

클레오파트라   오늘은 네 노래를 듣지 않겠다. 내시가 하는 일 가운데 내 맘에 드는 것은 하나도 없구나. 너는 거세돼 있어서, 이집트에서 달아날 방자한 생각은 안 가졌을 테니 좋겠구나. 네게도 열정은 있니?

마르디안   예, 자비로우신 여왕 전하. 있사옵니다.

클레오파트라   사실이냐?

마르디안   물론 행동으론 못합니다. 정숙한 일 말고는 아주 무능하니까요. 하지만 맹렬한 열정은 지니고 있어서 베누스와 마르스 사이의 사건을 상상한답니다.

클레오파트라   오 카르미안, 그분은 오늘 어디 계실 것 같니? 서 계실 것 같니, 앉아 계실 것 같니, 걸어다니실 것 같니, 아니면 말을 타고 계실 것 같니? 오, 행복한 말(馬) 좀 보게, 안토니우스를 등에 싣고 있다니! 잘해라, 말아! 네가 싣고 있는 그분이 누구신 줄이나 아느냐? 세상의 반을 등에 짊어지신 영웅이요, 인류의 칼이자 투구이신 용사시란다. 지금 무슨 말씀을 하고 계실 거야. 아니면 "나의 나일강 뱀은 어디 있는가?" 이렇게 중얼대고 계실 거야. 그분은 날 그렇게 부르곤 하시니까. 지금 나는 다디단 독을 먹고 있나 보다. 그인 태양에게 너무나 귀염받아 살결이 까맣게 타고, 나이 먹어 주름살까지 깊어진 나를 생각하고 계실까? 이마가 수려한 카이사르가 살아 있을 때에는 나는 그 제왕의 식탁을 장식하는 산해의 진미였었지. 그리고 대폼페이우스는 눈을 내 얼굴에서 떼지 않은 채, 거기에 닻을 내린 듯이 눈초리를 못질하고 서서 나를 자기의 생명인 양 바라보곤 했지.

알렉사스 등장.

알렉사스　이집트 여왕 전하, 인사드리옵니다!

클레오파트라　너는 왜 그리도 마르쿠스 안토니우스와 딴판이냐! 하지만 그분한테서 왔으니, 그분의 빛으로 조금은 빛나 보이는구나. 그래, 나의 용감한 마르쿠스 안토니우스는 어떠하시냐?

알렉사스　여왕 전하, 마지막으로 그분은 키스를 하셨습니다! 마지막으로 여러 차례 키스를 하셨습니다…… 이 진주예요. 그리고 그분의 분부는 이 가슴에 못 박혀 있습니다.

클레오파트라　그것을 뽑아다 내 귀에 넣어야겠다.

알렉사스　그분은 이렇게 말씀하셨습니다. "여봐라, 가서 이렇게 전해라. 굴속에서 나온 이 보물은 진실한 로마인이 위대한 이집트 여왕님께 보내는 선물이라고. 그리고 이 하찮은 선물의 보충으로 여왕님의 부유한 옥좌에 여러 왕국을 보태드리겠노라고. 동방 모두를 앞으로 여왕님의 영토로 해드린다고." 그러고는 머리를 끄덕끄덕하신 뒤에 군마 등에 위풍당당하게 올라타시었습니다. 그런데 그 군마란 놈이 어찌나 세게 울어대던지, 제가 하고 싶은 이야기는 빌어먹을 그 말놈 때문에 침묵당하고 말았습니다.

클레오파트라　그런데 그분이 우울하시더냐 명랑하시더냐?

알렉사스　일 년 중 굉장한 더위와 추위의 중간쯤 되는 계절같이 우울하시지도 명랑하시지도 않았습니다.

클레오파트라　오, 참으로 균형이 잘 잡힌 천품이시구나! 봐라, 카르미안, 그

연극 〈안토니우스와 클레오파트라〉   허버트 비어봄 트리 연출·출연(안토니우스 역), 콘스탄스 클리어(클레오파트라 역)·앨리스 크로포드(카르미안 역) 출연. 런던 공연. 1906.

게 바로 그분이시다. 글쎄 보란 말이다. 그분이 우울하지 않으신 까닭은, 대장의 낯빛을 닮는 부하들에게 위엄을 보이자는 것이다. 그리고 명랑하지도 않으셨다는데, 그건 추억이 기쁨과 더불어 이집트에 남아 있음을 부하들에게 알리고 싶어서일 게다. 양극단의 중간이라고? 오, 세상에선 볼 수 없는 천품이시구나! 우울하든 명랑하든 어느 극단이든 그분한테는 다 어울린다. 다른 사람은 도저히 흉내 내지 못한다. 그래 내 전령들을 만났느냐?

알렉사스 예, 여왕 전하. 스무 명은 넘게 만났습니다. 도대체 왜 그렇게 잇달아서 전령들을 보내십니까?

클레오파트라 내가 그분에게 전령을 보내기를 잊는 날에 태어난 자는 거지같이 죽으리라. 잉크와 종이를 좀 가져오너라, 카르미안. 수고했다, 알렉사스. 그런데 카르미안, 나는 카이사르도 이토록은 사랑하지 않았지?

카르미안 오, 그 훌륭하신 카이사르!

클레오파트라 한 번만 더 그렇게 입을 놀려봐라. 숨구멍을 틀어막고 말 테니! 훌륭하신 안토니우스라 말하지 못하고!

카르미안 용감하신 카이사르!

클레오파트라 나의 소중한 남자 중의 남자를 한 번만 더 카이사르와 비교했단 봐라. 이 나라의 수호신 이시스에 두고 맹세하지만 네 이를 부러뜨려 놓겠다.

카르미안 용서하세요. 저는 오직 전하의 말씀을 흉내 낸 것뿐입니다.

클레오파트라 그때 그런 말을 한 것은 철부지였던 탓으로, 사물을 보는 안목도 없고 열정도 없던 시절이다. 자, 어서 잉크와 종이를 가져오너라. 날마다 몇 차례씩 전령을 보내겠다. 이 나라 백성이 하나도 남지 않을 때까지라도.
(모두 퇴장)

〔제2막 제1장〕

메시나. 폼페이우스의 집.
폼페이우스, 메네크라테스, 메나스, 무장을 하고 등장.

폼페이우스 만일 위대한 신들이 공정하시다면 가장 정당한 사람들의 행동을 도와주실 것이오.

메나스 아닙니다, 폼페이우스. 지금 당장 하늘의 도움이 없다고 해서 저버림을 당한 것은 아닙니다.

폼페이우스 하지만 기원을 드리고 있는 사이에 우리의 목적물은 썩고 맙니다.

메나스 인간은 본디 어리석기 때문에 흔히 자기에게 해가 될 일을 스스로 청하기도 하지만, 지혜로운 신들은 우리를 위해 거절하십니다. 그래서 결국 우리의 기도가 이루어지지 않는 것이 도리어 이익이 되게 마련입니다.

폼페이우스 나는 잘될 것이오. 민중은 나를 사랑하고 바다는 내 것이오. 병력은 늘고 있으며, 내 운명은 마침내 보름달처럼 될 것 같소. 마르쿠스 안토니우스는 이집트에서 흥청대는 중이고, 밖에 나와 싸우지는 않을 것이오. 카이사르는 백성을 착취하여 민심을 잃고 있소. 레피두스는 둘에게 아첨하고, 그 둘도 그자에게 아첨하고 있소. 그러나 서로 사랑하거나 존중하는 사이는 아니오.

메나스 카이사르와 레피두스가 벌써 출진하여 대군을 거느리고 있다 합니다.

폼페이우스 어디서 들었소? 그건 뜬소문이오.

메나스 실비우스한테 들었습니다.

폼페이우스 그건 몽상이오. 내가 알기로는 두 사람은 지금 로마에서 안토니우스가 돌아오기를 기대하고 있소. 하지만 음탕한 클레오파트라여, 사랑의 온갖 마력으로 그 시든 입술을 부드럽게 하고, 매력과 미모와 색정의 힘으로 그 방탕아를 술자리에 매어두어, 취기로 그자의 머리를 몽롱하게 해다오. 그리고 솜씨 좋은 요리사들이여, 먹었는지 모르게 할 양념으로 그자의 식욕을 돋구어 다오. 그러면 잠과 포식으로 염치는 물러가고 마침내는 망각의 둔한 강물 속에 빠지고 말 것 아닌가……

바리우스 등장.

폼페이우스 오, 어쩐 일이오, 바리우스!

바리우스 가장 믿을 만한 보고입니다. 지금 로마에서 이제나저제나 마르쿠스 안토니우스를 기다리고들 있는 중이랍니다. 이집트를 떠나서 벌써 도착할 날짜가 지났답니다.

폼페이우스 이렇게 심각한 보고가 아니었던들 좀더 귀가 솔깃했을 것이오. 메나스, 그 호색의 방탕자가 이런 대단찮은 전쟁에 투구를 쓸 줄은 몰랐군요. 무인으로서 그의 역량은 다른 두 사람의 곱절이나 되오. 그러나 이건 우리 쪽의 더 큰 자랑으로 생각합시다. 우리 반란으로 그만한 호색의 안토니우스도 이집트 과부의 무릎을 뿌리치고 나오니 말이오.

메나스 카이사르와 안토니우스가 사이좋게 만날 것 같지는 않습니다. 안토니우스의 죽은 아내는 카이사르에게 반역했고, 그의 아우 또한 카이사르에게 도전했습니다. 물론 안토니우스가 시킨 일은 아닌 것 같습니다만.

폼페이우스 그런데 메나스, 작은 원한은 큰 적 앞에서는 길을 양보할지도 모르오. 우리가 들고일어나지 않았던들 그들은 틀림없이 자기네끼리 맞싸웠을 것이오. 서로가 칼을 뽑을 충분한 이유를 품고 있으니까요. 그러나 우리에 대한 공포로 그들의 분열이 얼마만큼 결합될 것인지, 사소한 내분이 얼마만큼 그들을 다시 뭉치게 만들지는 알 수 없는 일이오. 그건 하느님의 뜻에 맡깁시다! 우리로선 최선을 다하는 것뿐이오. 자, 메나스. (모두 퇴장)

〔제2막 제2장〕

로마. 레피두스의 집.
아헤노바르부스와 레피두스 등장.

레피두스 아헤노바르부스, 당신 장군에게 부드럽고 점잖은 말을 하시라고 권하시오. 이건 훌륭한 행동이고 당신에게도 알맞은 일이오.

아헤노바르부스 예, 그분답게 대답하시라고 권해 보겠습니다. 만일 카이사르가 하는 말이 마음에 거슬린다면 그분은 군신같이 큰 소리로 카이사르에게 호통치실 겁니다. 유피테르 신께 맹세하지만, 제가 안토니우스 장군이라면 수염도 깎지 않고 만나러 가겠습니다.

레피두스 지금은 개인적인 감정을 따질 때가 아니오.

아헤노바르부스 감정이 일어나는데 어떻게 때를 가리겠습니까?

레피두스 작은 일은 큰일을 위해 양보해야 하오.

아헤노바르부스 하지만 작은 일이 먼저 일어나면 그렇게는 안 됩니다.

레피두스 당신 말은 홧김에나 하는 이야기요. 그러나 다 꺼진 불을 다시 일
으켜서는 안 되오. 아, 마침 안토니우스 장군이 오시는군요.

안토니우스가 벤티디우스와 이야기하면서 등장.

아헤노바르부스 아, 저기 카이사르도 옵니다.

카이사르, 마이케나스, 아그리파, 다른 쪽 문으로 등장.

안토니우스 합의가 되면 우리는 파르티아로 떠나게 되오. 여보게, 벤티디
우스.

카이사르 나는 잘 모르겠소, 마이케나스. 아그리파한테 물어보오.

레피두스 동료 두 분에게 말씀드리겠소. 우리를 결속시킨 사태는 눈앞의 중
대사인즉, 소소한 일로 우리가 분열해서는 안 되오. 서로 불평이 있다면 점
잖게 논의합시다. 우리가 사소한 의견 차이로 크게 다투고 있으면 상처를
치료하려다가 도리어 살인을 저지르게 되오. 그러니 두 분에게 내 간절히
바라오니, 언짢은 점은 부드러운 말로 논하시고 악의에 찬 말로 문제를 키
워서는 안 됩니다.

안토니우스 좋은 말씀이오. 우리가 진두에 서서 서로 싸워야 할 경우라도
나는 이렇게 할 것이오. (카이사르의 손을 쥔다)

카이사르 잘 돌아오셨소.

안토니우스 감사하오.

카이사르 앉으시오.

안토니우스 예, 앉으시오.

카이사르 그럼 앉겠소.

안토니우스 듣자니 별것 아닌 일을 가지고 당신은 나쁘게 해석하고 계신 것
같소. 아니 그렇다손치더라도 당신과 무관한 일을 비난하고 계시오.

카이사르 나는 비웃음을 받아야 옳을 것이오. 만일 사소한 일이나 나와 무관한 일에 다른 분도 아닌 당신에게 내가 화를 냈다면 말이오. 더구나 아무 이해관계도 없는 경우에 당신을 비난한다면 더욱더 비웃음을 받아야 옳을 것이오.

안토니우스 카이사르, 내가 이집트에 있는 것이 당신과 무슨 관계가 있단 말씀이오?

카이사르 내가 이곳 로마에 있는 것이 당신에게 상관없는 일인 것처럼 당신의 이집트 체류는 나에게 아무 관계 없는 일이오. 그러나 당신이 그곳에서 음모를 계획했다면, 당신의 이집트 체류가 나에게는 문제 될 수 있소.

안토니우스 음모라니, 대체 무슨 뜻이오?

카이사르 이곳에서 내게 일어난 사건으로 미루어 내 뜻을 추측할 수 있으실 것이오. 귀하의 부인과 동생이 내게 맞서서 군사를 일으켰으며, 그 궐기의 핑계는 당신이었고, 당신이 전쟁의 표어였소.

안토니우스 사태를 오해하고 계시오. 내 아우는 이 형을 전쟁의 명분으로 내세우지는 않았소. 나는 벌써 조사하여 당신 진영의 신빙성 있는 한 보고자로부터 사실을 듣고 있소. 내 아우는 당신의 위신뿐 아니라 나의 위신도 해친 것이오. 그뿐 아니라 당신과는 이해관계가 같은 이상, 그 전쟁은 내 뜻에도 반대되는 것이 아니겠소? 이에 대해서는 편지로 이미 해명되었을 거요. 당신은 그 전쟁의 진실을 밝히지 못한 채 그 동기를 꾸미려 하지만, 그건 부당한 말씀이오.

카이사르 당신은 이쪽의 무분별을 비난하며 자화자찬하고 있지만, 당신이야말로 변명을 꾸미고 있소.

안토니우스 아니오, 그렇지 않소. 당신에게 이만한 판단이 없을 리는 없소. 당신의 동료로서 당신과 동맹하여 싸운 내가, 자기 평화를 위협하는 그 전쟁을 호의적인 눈으로 볼 리는 없는 일이오. 내 아내로 말하자면, 그런 여걸을 아내로 맞아보면 알겠지만, 세상의 3분의 1은 간단한 재갈로 쉽게 제어할 수 있을지 몰라도 그런 여자는 어쩔 수가 없소이다.

아헤노바르부스 (혼잣말로) 다들 그런 아내를 가졌다면 부부가 동반해서 전쟁에 나갈 수 있을 것 아닌가!

안토니우스 카이사르, 그렇게도 다루기 힘든 여자요. 그녀의 소동은 작은 일

영화 〈안토니우스와 클레오파트라〉   코넬 카파 감독, 로렌스 올리비에(안토니우스 역)·비비안 리 (클레오파트라 역) 출연. 1951.

에도 바르르 화를 내는 본성 때문에 생긴 일이며 더욱이 심술궂은 민첩한 계략조차 없지 않아서 당신의 심려가 무척이나 컸을 것입니다. 유감스럽지 만 나로서도 도저히 어찌할 수 없는 일이었소.

카이사르 편지를 보냈더니, 당신은 알렉산드리아에서 연회를 벌이고 있던 모양으로, 그 편지를 품속에 집어넣은 채 사신을 모욕하고 만나주지도 않 았소.

안토니우스 아니오, 그때 그자는 나의 허락도 없이 함부로 들어왔소. 마침 세 사람의 왕을 대접하고 난 뒤라 좀 취해서, 아침나절의 나와는 아주 달 랐었지요. 그러나 이튿날 직접 그자에게 사정을 설명했으니, 그건 용서를 구한 거나 다름없지요. 우리 문제에 그자를 끌어들이지 맙시다. 그자는 문 제 밖으로 합시다.

카이사르 당신은 맹세한 조문을 깨뜨렸소. 그 책임을 설마 내게 떠넘기진 않 을 테죠.

레피두스 좀 진정하시오, 카이사르!

안토니우스 아니오, 레피두스. 말하게 가만 놔두시오. 나더러 신의가 없다고 하시는 모양이나, 신의란 성스러운 것이오. 어서 계속하시오, 카이사르. 내가 서약한 조문이 뭡니까?

카이사르 요청이 있을 때 무력 원조를 한다는 조문이오. 그것을 당신은 거부했소.

안토니우스 그런 게 아니라 소홀했던 탓이오. 환락에 마비되어 나 자신을 잃고 있던 때였소. 솔직히 사과하겠소. 그러나 나의 솔직함이 내 위신을 손상하지도 않을 것이며, 나의 위신 또한 그와 같은 솔직함 없이는 존재할 수 없습니다. 사실 풀비아는 나를 이집트에서 끌어낼 생각으로 이곳에서 반란을 일으킨 것입니다. 나로서는 알지 못한 일이었으나, 내가 그 원인이었으니 내 명예를 걸고 구할 수 있는 최대한의 용서를 구하겠습니다.

레피두스 그것 참 훌륭한 말씀입니다.

마이케나스 죄송한 말씀이나, 이쯤에서 그만 다툼을 그쳐주시기 바랍니다. 서로의 불평을 완전히 잊어버리시고, 지금 긴급한 일이 두 분의 화해를 요청하고 있음을 기억하시기 바랍니다.

레피두스 그것 좋은 말이오, 마이케나스.

아헤노바르부스 아니면 당분간만이라도 화해하시기로 하고, 폼페이우스에 대한 소문이 가신 뒤에 다시 시작할 수도 있으실 테니까요. 다른 하실 일들이 없어지면 싸우실 시간도 생길 것입니다.

안토니우스 그대는 한낱 무인에 지나지 않소. 참견하지 마시오.

아헤노바르부스 진실을 말해서는 안 된다는 걸 깜빡 잊고 있었습니다.

안토니우스 그대 말은 이 자리에 해로우니 아무 말도 하지 마오.

아헤노바르부스 그러면 앞으로 돌부처가 되겠습니다.

카이사르 저자의 말투는 마음에 들지 않지만, 말의 내용은 일리가 있군요. 두 사람의 성격이 이렇게 달라서야 우정을 오래 지속할 수 있겠소? 우리 두 사람을 결합할 무슨 테 같은 것이 있다면 이 세상 끝까지라도 찾아가서 그걸 구해 보겠소.

아그리파 죄송합니다만, 카이사르 각하.

카이사르 어서 말해 보오, 아그리파.

아그리파　각하께는 누님이 계십니다. 정숙하기로 유명하며 칭찬이 자자한 옥타비아 말입니다. 그런데 마르쿠스 안토니우스 각하는 지금 홀몸이십니다.

카이사르　함부로 그런 말을 하지 마오, 아그리파. 클레오파트라가 그 말을 들으면 그런 경솔함은 비난받을 거요.

안토니우스　카이사르, 나는 아내가 없소. 아그리파의 이야기를 좀더 들어봅시다.

아그리파　두 분의 영원한 친목을 도모하고, 형제가 되어 두 분의 마음을 풀리지 않을 매듭으로 묶어놓기 위해서, 안토니우스께서 옥타비아를 아내로 맞으십시오. 그녀의 미모로 말하자면, 마땅히 가장 뛰어난 대장부를 남편으로 삼을 만하며 다른 여인들로서는 감히 자랑하지 못할 만한 아름다운 덕행과 여러 미덕을 지니고 계십니다. 지금은 크게만 보이는 온갖 공포들도 이 결혼으로 모두 사라질 것입니다. 그렇게 되면 사실도 뜬소문이 되고 말 것입니다. 지금 형편으론 반(半)거짓말도 진실인 양 믿어지고 있습니다만, 두 분에 대한 그녀의 애정 덕분에 두 분 사이의 유대는 강해질 테고, 그 뒤에는 대중 또한 두 분을 사랑하게 될 것입니다. 주제넘게 의견을 말씀드려 죄송합니다만, 이건 즉흥으로 떠오른 생각이 아니라 의무감으로 신중히 곱씹어 오던 것입니다.

안토니우스　카이사르의 의견은 어떻소?

카이사르　지금의 제안에 대해서 안토니우스의 생각을 먼저 들어봅시다.

안토니우스　그럼 내가 "아그리파, 부탁하오" 한다면, 아그리파는 이 일을 그대로 주선할 수 있단 말인가요?

카이사르　카이사르의 전권을 위임하겠소. 그리고 옥타비아에 대한 카이사르의 전권도.

안토니우스　이런 훌륭한 제안에 방해가 있을 리 없습니다. 자, 손을 이리 주시오. 이 화해를 추진합시다. 이제부터는 형제애를 가지고 우리의 큰 계획을 실행합시다.

카이사르　자, 악수합시다. 어떤 형제도 그토록 사랑하지는 않았을 누님을 당신에게 드리겠소. 그녀는 우리 두 사람의 영토와 마음을 이어줄 것이니 다시는 서로 애정을 상하지 않게 합시다!

레피두스　경사스런 일입니다!

안토니우스 내가 폼페이우스에게 맞서 칼을 뺀다는 것은 뜻밖의 일이오. 그는 얼마 전에 나에게 대단한 친절을 베풀었소. 그러니 후세의 비난을 피하려면 나는 마땅히 답례를 한 뒤에 도전을 해야 할 것 같습니다.

레피두스 시기가 절박하오. 이쪽에서 당장 폼페이우스를 찾아야 합니다. 지체하면 우리가 공격당하오.

안토니우스 그자는 대체 어디에 박혀 있소?

카이사르 미세눔 산중 부근입니다.

안토니우스 그쪽의 육군 병력은 어떻소?

카이사르 막강한 데다가 증강 중이오. 해상은 그쪽에서 완전히 장악하고 있소.

안토니우스 의기충천한가 보군요. 우리가 좀더 빨리 화해를 했어야 하는 건데 그랬소! 서두릅시다. 하지만 무장을 하기 전에 아까 그 이야기를 결말 지읍시다.

카이사르 대찬성이오. 곧 안내하여 누님을 만나게 해드리겠소.

안토니우스 레피두스, 당신도 반드시 참석해 주시오.

레피두스 안토니우스, 내가 아프더라도 참석하겠습니다. (나팔 소리. 카이사르, 안토니우스와 함께 퇴장)

마이케나스 이집트에서 잘 오셨습니다.

아헤노바르부스 카이사르의 심복 마이케나스! 그리고 고결한 친우 아그리파!

아그리파 오, 아헤노바르부스! 일이 잘 처리되어 참 기쁩니다. 그런데 당신은 이집트에서 재미를 많이 보셨다죠.

아헤노바르부스 예, 낮은 잠으로 보내고, 밤은 술을 마시며 새웠지요.

마이케나스 아침상에는 멧돼지 여덟 마리를 통째로 구워 놓고 열두 분이 식사를 하셨다는데, 사실입니까?

아헤노바르부스 그 정도는 독수리 앞에 파리 한 마리 격입니다. 훨씬 더 굉장한 술자리도 있었지요. 참 장관이었습니다.

마이케나스 소문이 사실이라면 여왕은 굉장한 여자인 모양입니다.

아헤노바르부스 키드누스강에서 처음 마르쿠스 안토니우스를 만나자마자 여왕은 장군님의 마음을 자기 가슴속에 담고 말았지요.

아그리파 굉장했던 모양이죠? 내가 들은 소문이 거짓말이 아니라면.

아헤노바르부스 그 이야기를 해드리죠. 여왕이 탄 배는 닦아놓은 옥좌같이 물 위에 찬란했소. 고물에 황금이 깔리고, 돛은 자주색 비단인데 어찌나 향기로운 냄새를 풍기는지 바람들조차 이 돛에 홀딱 반할 지경이었소. 그뿐인가, 피리 소리에 맞추어 은으로 만든 노를 젓자 노에 저어지는 물결은 금방 뒤쫓아 왔죠. 젓는 노에 홀린 것처럼요. 더구나 여왕 자신은, 말로는 도저히 표현하기 어려웠소. 금실로 짠 비단 휘장 아래 기대 누워, 인간의 상상력이 자연의 조화를 압도하는 저 베누스 여신을 무색케 했소. 양옆에는 보조개를 지은 미소년들이 지켜 서서, 보시시 웃는 큐피드인 양 오색 부채를 부치고 있으니, 부채 바람으로 일단 식은 우아한 볼은 다시 달아올라 황홀하게 빛났습니다.

아그리파 오, 안토니우스께서는 얼마나 감격하셨을까!

아헤노바르부스 시녀들은 물의 요정들같이, 인어 떼같이 여왕 앞에 지켜 서서 시중을 드니, 이 또한 아름답게만 보였소. 고물에는 인어처럼 분장한 여자가 키를 잡고 있고, 비단실 밧줄들은 꽃같이 보드라운 손들이 당기는 대로 팽팽해지는데, 그것 또한 교묘한 솜씨였지요. 배에서는 눈에도 안 보이는 절묘한 향기가 풍겨 근처 언덕 위 사람의 감각을 찌르고요. 온 거리 사람들은 그리로 몰려오고, 안토니우스는 광장에 홀로 앉아서 바람을 상대로 휘파람을 불고 계셨지요. 그런데 공기가 진공이 될 우려만 없었던들, 그 휘파람조차 클레오파트라를 구경하러 갈 판이니, 그렇게 되면 자연 속에 빈틈이 생겼을 것이오.

아그리파 굉장한 이집트 여왕이군요!

아헤노바르부스 여왕이 배에서 내리자, 안토니우스 각하는 사신을 보내어 만찬에 초대하셨지요. 여왕은 도리어 자기가 초대하겠다는 답변을 보내왔소. 여왕의 청이고 보니 예절 바른 장군님은 여성에겐 거절할 줄 모르는 성품이라, 열 번이나 면도질을 하시고 연회에 나가셨는데, 단지 눈요기밖에 안 되는 향연의 대가로 장군님은 마음을 내주시고 마셨소.

아그리파 굉장한 여인이군요! 저 위대한 카이사르조차 침상에 대검을 풀어 던지고 밤 농사를 짓게 한 여자란 말이오. 그리고 그 수확까지 있었소.

아헤노바르부스 나도 한 번 봤는데, 여왕은 거리를 마흔 발쯤 뛰어가서 숨을 헐떡거리며 말을 했지요. 그런데 그것이 오히려 더 근사해 보이질 않겠소.

숨 가쁜 중에 더 싱싱한 매력을 드러내더군요.

마이케나스 하지만 이제 안토니우스 각하는 여왕을 영영 버릴 수밖에 없지요.

아헤노바르부스 천만에, 버릴 리는 없소. 나이도 여왕을 시들게 하지 못하고, 언제 봐도 싱싱하오. 끝없는 변화성을 가지고 있으니까요. 딴 여자들은 남자에게 만족을 주고 나면 물리고 말지만, 여왕은 가장 흡족해할 만한 만족을 주는 그 자리에서 도리어 굶주림을 느끼게 해주오. 아주 야비한 짓도 여왕이 하면 좋게만 보이오. 그래서 신성한 성직자들도 여왕의 난봉에는 축복을 할 지경입니다.

마이케나스 미모와 지혜와 정숙하고 단아한 덕행이 안토니우스 각하의 마음을 붙잡아 놓을 수 있다면, 그분에게는 옥타비아가 참으로 축복받을 아내죠.

아그리파 그럼 가봅시다. 아헤노바르부스, 이곳에 머무시는 동안에 나의 손님이 돼주시기 바랍니다.

아헤노바르부스 예, 감사합니다. (모두 퇴장)

〔제2막 제3장〕

로마. 카이사르의 집.
안토니우스와 카이사르 등장. 두 사람 사이에 옥타비아가 앉아 있다.

안토니우스 위급에 대처해야 할 나의 직책이 때때로 이 몸을 당신 품으로부터 떼어놓을지도 모르오.

옥타비아 그런 때는 언제나 신 앞에 무릎을 꿇고 당신을 위해 기도드리겠어요.

안토니우스 편히 주무시오, 카이사르. 그리고 옥타비아, 나의 흠을 세상의 소문대로 믿지 마시오. 이제껏 행실이 단정치 못했으나 앞으로는 모든 일에 규율을 지키겠소. 자 옥타비아, 당신도 가서 쉬어요.

옥타비아 편히 쉬십시오.

카이사르 편히 쉬시오. (옥타비아와 함께 퇴장)

예언자 등장.

안토니우스 여보게, 자넨 이집트로 돌아가고 싶은가?

예언자 제가 이곳에 오지 않았거나, 아니면 장군님께서 그곳에서 오시지 않았다면 좋았으리라 생각합니다.

안토니우스 그건 또 왜 그렇지?

예언자 전 마음속으로 알지만, 입 밖으로 표현하지는 못합니다. 하지만 어서 다시 이집트로 가보십시오.

안토니우스 어디 말해 보게. 어느 쪽 운수가 셀 것 같은가? 카이사르와 나 말이네.

예언자 카이사르의 운수입니다. 그러니 안토니우스 각하, 카이사르 곁을 피하십시오. 각하의 수호신, 각하를 수호하는 정령은 카이사르만 없으면 고귀하고 용감하여 아무도 대항할 수 없습니다. 그러나 카이사르가 곁에만 있으면 각하의 수호신은 겁을 내고 압도당해 버립니다. 그러니 그분과는 멀리 떨어져 계셔야 합니다.

안토니우스 더는 그런 소리 말게.

예언자 각하 이외의 다른 분에게는 말하지 않겠습니다. 다른 분에게는 절대로. 그분과는 어떤 승부를 하셔도 반드시 각하께서 지십니다. 타고난 운수가 좋아서 그분은 불리한 처지에서도 각하를 넘어뜨립니다. 그분이 곁에서 빛나고 있으면 각하의 빛은 흐려지고 맙니다. 각하의 정령은 그분이 곁에 있으면 온통 겁을 내어 각하를 돕지 못하기 때문에 그렇습니다. 그분만 곁에 없으면 다시 훌륭해집니다.

안토니우스 물러가게. 벤티디우스에게 내가 좀 보잔다고 전해 주게. 그를 파르티아에 보내야겠어. (예언자 퇴장) 우연인지 몰라도 예언자 말이 맞아. 주사위조차 카이사르 뜻대로 나오고 두 사람이 시합을 하면 내 솜씨가 나을 때도 그의 좋은 운 때문에 나는 맥을 못 쓰거든. 둘이서 제비를 뽑아도 그가 이기고, 닭싸움을 붙여봐도 그 사람 닭이 이기지 않는가. 전혀 비교도 안 되는 경우조차도. 그리고 메추리를 새장에 넣어서 싸움을 붙여보면 형편없는 경우도 그 사람 것이 내 걸 때려눕히거든. 나는 이집트로 가야겠어. 화목을 위해서 나는 이번 결혼을 하기로 했지만, 나의 쾌락은 동방에 있잖은가.

벤티디우스 등장.

안토니우스 오, 벤티디우스, 그대는 파르티아로 가봐야겠소. 그대 임명장은 나와 있으니, 이리 따라와서 받아주오. (모두 퇴장)

〔제2막 제4장〕

같은 장소. 어느 거리.
레피두스, 마이케나스, 아그리파 등장.

레피두스 이젠 염려들 그만하고, 어서 장군님 뒤를 쫓아가 보시오.
아그리파 예, 마르쿠스 안토니우스께서 옥타비아 님께 작별 키스만 마치시면, 저희들은 따라가게 됩니다.
레피두스 다음에 만날 때는 갑옷 입은 모습이 두 사람에게 잘 어울릴 거요. 그럼 그때 또 만납시다.
마이케나스 그런데 지세로 보아 저희들이 레피두스 님보다 먼저 그 산에 도착할 것 같습니다.
레피두스 그대들 길은 지름길이오. 나는 볼일 때문에 어쩔 수 없이 돌아서 가야 하오. 그대들은 나보다 이틀은 먼저 도착할 것이오.
마이케나스, 아그리파 그럼, 성공을 빌겠습니다!
레피두스 그럼 잘들 가시오. (모두 퇴장)

〔제2막 제5장〕

알렉산드리아. 클레오파트라의 궁전.
클레오파트라, 카르미안, 이라스, 알렉사스 등장.

클레오파트라 음악을 좀 들려다오. 음악은 연애하는 사람에게는 수심에 찬

영화 〈안토니우스와 클레오파트라〉　리차드 버튼·엘리자베스 테일러 출연. 1963.

마음의 양식이니까.

모두　음악을 울려라!

내시 마르디안 등장.

클레오파트라　음악은 그만두고 당구를 치자꾸나, 카르미안.

카르미안　전 팔이 아파요. 마르디안과 치시는 게 좋을 거예요.

클레오파트라　여자와 치는 거나 내시와 치는 거나 마찬가지일 테지. 나와 쳐
　보겠느냐!

마르디안　최선을 다해 쳐보겠습니다, 전하.

클레오파트라　정성만 있으면 부족한 점이 있더라도 어릿광대의 변명은 서는
　법이다. 하지만 당구는 그만두겠다. 낚싯대를 가져오너라. 강으로 나가봐야
　겠다. 멀리서 음악을 연주시켜 놓고 지느러미가 누런 물고기들을 꾀여 낚아
　야겠다. 구부러진 낚시바늘에 그놈들의 미끄러운 아가미가 걸릴 것 아니냐.
　그리고 나는 잡아챌 때마다 그놈들 하나하나를 안토니우스로 생각하고 이
　렇게 말하겠다. "아하! 당신은 잡혔다."

카르미안 그땐 재미있었지요. 두 분이 내기를 걸고 낚시질을 하셨을 때 말이에요. 그때 잠수부가 그분 낚시에 물고기를 걸어놓은 것을 그분은 신이 나서 끌어올리셨지요.

클레오파트라 그때…… 아, 그때! 나는 너무 웃어서 그분의 기분을 망치고 말았지만, 그날 밤에는 또 그 웃음으로 그분의 기분을 고쳐드렸어. 그리고 다음 날 아침 9시도 되기 전에 술을 먹여서 잠들게 했지. 그리고 나의 머리 장식이며 망토를 그분에게 씌워 드리고, 그분이 필리피 전장에서 휘둘렀던 명검을 내가 차봤지.

전령 등장.

클레오파트라 오, 이탈리아로부터? 그 생생한 소식을 내 귀에 부어넣어 다오. 이 귀는 오랫동안 메말라 있었으니까.

전령 여왕 전하, 여왕 전하.

클레오파트라 안토니우스께서 돌아가셨구나! 그렇다고 말만 해봐라, 이 망할 것 같으니. 넌 네 여왕을 죽이는 것이 된다. 그러나 별일 없으시고 자유의 몸이라고 말한다면 네게 황금을 주고, 이 손의 파란 정맥에 키스하도록 해 주겠다. 여러 국왕들이 입술을 갖다 대고 몸을 부르르 떨며 키스하던 이 손이다.

전령 전하, 먼저 그분은 안녕하십니다.

클레오파트라 아, 그럼 황금을 더 보태주겠다. 그렇지만 여봐라, 우린 죽은 사람보고도 안녕하다고 하는 수가 있는데, 그런 의미라면 네게 주겠다던 그 황금을 녹여 못된 말을 지껄인 네 목구멍에 부어넣겠다.

전령 전하, 제 말을 들어보십시오.

클레오파트라 그럼 말해 봐라. 들어보자. 하지만 네 낯빛이 수상하구나. 안토니우스께서 아무 탈 없이 건강하시다면…… 그렇게 좋은 소식을 그처럼 시큼한 낯짝으로 알리지는 않을 것 아니냐? 그러나 그처럼 건강하시지 않다면, 넌 뱀을 머리칼로 이고 있는 복수의 여신 꼴을 하고 와야 마땅할 것이고, 멀쩡하게 인간의 탈을 하고 오지는 않았을 텐데.

전령 황공하오나 제 말부터 들어보십시오.

클레오파트라 네 이야길 듣기 전에 널 때려주고 싶어서 마음이 들먹들먹한
다. 하지만 안토니우스께서 살아 계시고, 무사하시고, 카이사르와는 사이가
좋으시고, 그분의 포로는 아니라고 네가 말하면, 내 황금의 소낙비를 쏟아
주고 진주알의 우박을 뿌려주겠다.

전령 전하, 그분은 무사하십니다.

클레오파트라 좋은 소식이다.

전령 그리고 카이사르와 사이가 좋으십니다.

클레오파트라 넌 참 정직한 사람이구나.

전령 카이사르와는 어느 때보다도 훨씬 사이가 좋으십니다.

클레오파트라 널 톡톡히 출세 좀 시켜줘야겠구나.

전령 하오나 전하……

클레오파트라 "하오나" 그 말은 듣기 싫다. 이 말로 아까 그 좋은 소식을 망
치고 마는구나. 에잇, "하오나"가 다 뭐냐! "하오나"는 무슨 흉악한 죄인을
끌어내리려고 오는 교도관 같구나. 여봐라, 좋은 소식 나쁜 소식 통틀어서 내
귀에 부어넣어 다오. 그분은 카이사르와 사이가 좋으시고 건강하시다고 너
는 말했지. 그리고 자유의 몸이시라고 말했지.

전령 자유의 몸이시라뇨? 천만에요, 전하! 그런 보고를 드린 기억은 없습니
다. 지금 옥타비아와의 관계가 있으니까요.

클레오파트라 관계라니?

전령 이불 속에서의 근사한 관계 말입니다.

클레오파트라 카르미안, 정신이 아찔해지는 것 같구나.

전령 전하, 그분은 옥타비아와 결혼하셨습니다.

클레오파트라 에이, 무서운 전염병에나 걸릴 놈아! (전령을 때려 쓰러뜨린다)

전령 전하, 진정하십시오.

클레오파트라 뭐라고? (전령을 또 때린다) 썩 물러가라, 고얀 놈 같으니! 물러가
지 않으면 네 눈깔을 공같이 차 내던져 버리고 네 머리칼을 쥐어뜯어 놓겠
다. (전령을 쥐어박는다) 이놈을 철사로 후려갈겨 줄까 보다. 그리고 소금물에
절이고 식초에 담가서 생지옥의 고통을 맛보게 해줄 테다.

전령 전하, 저는 소식을 가져왔을 뿐 결혼을 주선한 건 아닙니다.

클레오파트라 아까 한 말을 취소하면 네게 영토를 주고, 당당한 신분으로 출

세시켜 주겠다. 그리고 네가 얻어맞은 대신 나를 화나게 한 것을 용서해 주겠다. 게다가 엉뚱한 청만 아니면 무엇이든 네 소원대로 들어주겠다.

전령 그분은 결혼하셨습니다, 전하.

클레오파트라 망할 자식 같으니. 살려두지 않겠다. (칼을 뺀다)

전령 당치 않으십니다. 전 이만 물러가겠습니다. 전하, 왜 이러십니까? 저는 잘못한 기억이 없습니다. (퇴장)

카르미안 진정하세요. 저자는 죄가 없습니다.

클레오파트라 죄 없는 사람도 더러는 벼락을 면치 못하는 법이다. 이집트는 나일강에 빠져버려라! 온순한 동물들은 모두 뱀이 돼버려라! 그녀석을 다시 불러들여라. 나는 미친다 해도 그 녀석을 물어뜯지는 않을 테니까. 어서 불러들여라!

카르미안 무서워서 오지 않을 것입니다.

클레오파트라 그 녀석을 해치지는 않겠다. (카르미안 퇴장) 이 손은 버릇도 없지. 나보다도 못한 자를 때리다니! 이건 처음부터 내가 직접 씨를 뿌려놓은 인연이 아닌가.

카르미안이 전령을 데리고 돌아온다.

클레오파트라 자, 이리 오너라. 정직하긴 하다만 나쁜 소식을 알려오는 건 좋지 못하다. 좋은 소식 같으면 수없이 혀를 동원시켜도 관계없지만, 흉한 소식은 저절로 알려지게 놔둬야 한다.

전령 저는 맡은 바 임무를 다했을 뿐입니다.

클레오파트라 그분이 결혼하셨느냐? 나는 더 이상 너를 미워할 까닭이 없다. 네가 또다시 "예" 하더라도 말이다.

전령 예, 결혼하셨습니다.

클레오파트라 이 저주받을 녀석 같으니! 네 말만 고집 피울 테냐?

전령 그럼 저한테 거짓말을 하란 말씀이십니까, 전하?

클레오파트라 오, 거짓말이라도 해줬으면 좋을 것 아니냐. 이집트의 절반이 물에 잠겨 비늘 달린 뱀이 사는 늪이 돼도 상관없으니까! 그만 물러가라. 네가 나르키소스 같은 미소년이라도 내게는 밉게만 보일 거다. 정말 그분이

영화 〈안토니우스와 클레오파트라〉 이집트 여왕 클레오파트라를 연기한 엘리자베스 테일러의 요염하고 우아한 모습. 1963.

결혼하셨느냐?

전령 전하, 용서해 주십시오.

클레오파트라 결혼하셨느냐 말이다.

전령 화내지 마시옵소서. 저는 전하의 역정을 사고자 말씀드린 건 아니니까요. 저에게 말을 하라 시켜놓으시고서 벌을 주시는 건 너무나 부당하옵니다. 그분은 옥타비아와 결혼하셨습니다.

클레오파트라 오, 그분의 잘못 때문에 전혀 무고한 너마저 악당이 되었구나! 물러가라. 네가 로마에서 가져온 그 물건은 너무도 비싸서 나는 살 수가 없구나. 두고두고 팔리지 않다가 끝내는 네 파멸거리나 돼라!

카르미안 전하, 진정하세요.

클레오파트라 나는 안토니우스를 칭찬하는 나머지 카이사르를 험담하곤 했었지.

카르미안 예, 여러 번 그런 일이 있었습니다.

클레오파트라 이젠 그 보복을 받는구나. 날 좀 부축해서 안으로 안내해라. 기절할 것만 같구나. 오, 이라스, 카르미안. 아, 이제 괜찮다. 여봐라 알렉사스, 아까 그자한테 가서 옥타비아의 생김새를 좀 알아보고 오너라. 나이와 성격도 들어보고, 머리칼 빛깔도 잊지 말고 물어봐라. 그리고 서둘러 내게 보고해라. (알렉사스 퇴장) 이젠 그분을 영영 잊어야겠어. 아니, 그럴 수는 없지…… 카르미안, 그분은 어떤 때는 괴물같이 보이다가도 어떤 때는 군신처럼 보이더구나. (마르디안에게) 너는 가서 알렉사스에게 그 여자의 키도 물어보고 오라고 해라. 내가 가엾지, 카르미안. 하지만 아무 말도 하지 마라. 날 방으로 좀 데려다 다오. (모두 퇴장)

〔제2막 제6장〕

미세눔. 바닷가.

나팔 소리. 나팔이 울리는 가운데 한쪽에서 폼페이우스와 메나스가 북 치는 사람과 함께 등장. 다른 쪽에서는 카이사르, 안토니우스, 레피두스, 아헤노바르부스, 마이케나스, 아그리파, 그리고 병사들이 등장.

폼페이우스 나는 그쪽의 볼모를 잡고 있고, 그쪽 또한 이쪽의 볼모를 잡고 있소. 그러니 우리 개전에 앞서 담판을 합시다.

카이사르 먼저 담판을 하는 것이 가장 좋을 듯하오. 그래서 우리는 앞서 우리의 생각을 적어 보냈던 거고, 그걸 잘 검토하셨다면 당신은 불만의 칼을 칼집에 넣고 수많은 용사들을 시칠리아로 이끌고 돌아갈 것으로 아오. 그렇지 않으면 그 용사들은 이곳에서 몰살당하는 수밖에 없소.

폼페이우스 세 분 각하, 신을 대신하여 이 넓은 땅을 장악하고 통치하시는 세 분께 말씀드리지만, 자식과 친구들이 있는데 내 아버지의 원한을 씻지 못해서야 되겠습니까? 필리피에서는 유령으로 나타나서 저 브루투스를 위협한 율리우스 카이사르를 위해서 당신들은 전쟁을 하시지 않았습니까! 대체 저 창백한 카시우스가 음모를 꾸민 것은 무엇 때문이었고, 어찌하여 존경받는 고결한 로마인 브루투스가 자유를 꿈꾸며 무장한 사람들과 함께 의사당을 피로 물들였는지 아십니까? 이는 오직 한 인간을 인간으로 대우받게 하기 위한 게 아니었습니까? 내가 이번 해군을 진격시킨 것도 그와 같은 이유에서입니다. 나는 이 함대를 가지고 내 고귀하신 아버지를 모욕한 로마 시민의 배신을 벌할 참이오.

카이사르 충분히 더 말씀하시오.

안토니우스 당신의 함대로 우리를 위협하지는 못하오. 바다에서도 상대해 드리죠. 그러나 당신도 알다시피 땅에서는 우리 군이 압도적이오.

폼페이우스 땅에서, 과연 당신은 내 아버지의 집을 빼앗고 나를 골탕먹였소. 그러나 뻐꾸기는 자신의 집을 짓지 않는다니, 당신도 영원히 그 집을 차지할 수는 없을 것이오.

레피두스 아니, 그 이야기보다—그 이야기는 지금 관계없는 문제니까—우리가 보낸 조건을 어떻게 생각하는지 말씀해 보시오.

카이사르 그것이 요점이오.

안토니우스 이쪽에서 굳이 간청하지는 않겠으나, 수락하면 당신에게 어떤 이득이 있는지 따져보시오.

카이사르 그리고 그 이상의 이득을 요구하면 어떤 결과가 될 것인지도 고려해 보시오.

폼페이우스 당신들은 시칠리아와 사르디니아를 제공해 왔소. 그 대신 나는 해상 해적들을 소탕하고, 또한 로마에 일정한 밀을 조공으로 바칠 의무를 갖게 되오. 이것이 합의되면 서로 칼날을 겨누거나 방패를 상할 것 없이 작별하게 된다는 것이었죠?

카이사르, 안토니우스, 레피두스 그런 조건이었소.

폼페이우스 사실 나는 이 조건을 수락할 생각으로 여기 나온 것이오. 그러나 마르쿠스 안토니우스가 그만 내 화를 돋워 놓는구려. 이런 말을 내 입으로 하긴 뭣하지만 그렇다고 말하지 아니할 수 없게 되었소. 안토니우스, 카이사르와 당신의 동생이 싸우고 있을 때 당신 어머니는 시칠리아로 피신해 와서 나의 환대를 받았소.

안토니우스 그 이야기는 나도 벌써 들었고, 당신께 진 빚은 충분히 갚을 생각이었소.

폼페이우스 그럼, 우리 악수를 합시다. 여기서 당신을 만나리라고는 생각지 못했소.

안토니우스 동방의 침상은 포근하거든요. 아무튼 감사하오. 당신 덕분에 이곳에 일찍 오게 되었으니까요.

카이사르 요전에 만났을 때와는 달라지셨군요.

폼페이우스 글쎄 가혹한 운명이 내 얼굴에 무엇을 적어놨는진 몰라도, 그것이 이 가슴속에 들어와서 마음까지 노예로 만들지는 않았습니다.

레피두스 참 잘 만났습니다.

폼페이우스 나 또한 같은 마음이오, 레피두스. 그럼 합의를 보았으니까 문서로 만들어 서명하기로 합시다.

카이사르 그렇게 합시다.

폼페이우스 그리고 헤어지기 전에 두루두루 술자리를 베풀기로 합시다. 순서는 제비뽑기로 결정합시다.

안토니우스 내가 먼저 대접하죠, 폼페이우스.

폼페이우스 아니오, 안토니우스, 제비뽑기로 정합시다. 처음이든 끝이든 당신의 유명한 이집트식 요리를 맛보게 되겠지요? 소문에 율리우스 카이사르도 그곳에서 잔치로 살이 쪘다죠.

안토니우스 많은 소문을 들으셨군요.

폼페이우스 나쁜 뜻은 아닙니다.

안토니우스 말투도 좋습니다.

폼페이우스 하긴 참으로 많은 소문을 들었지요. 또 듣자니 아폴로도로스란 자가 어떤 여왕을⋯⋯.

아헤노바르부스 그 이야긴 하지 마십시오. 사실인즉 그랬습니다.

폼페이우스 아니, 무슨 이야기 말이오?

아헤노바르부스 저, 어떤 여왕을 이불에 싸서 카이사르한테 짊어지고 간 이야기 말입니다.

폼페이우스 아, 이제 그대를 알아보겠소. 잘 있었소, 용사?

아헤노바르부스 예, 그런데 이 입 또한 호강 좀 하게 될 것 같습니다. 앞으로 네 차례나 술잔치가 벌어질 모양이니까요.

폼페이우스 자, 우리 악수를 하세. 나는 그대를 한 번도 미워한 적이 없소. 나는 그대가 싸우는 모습을 내심 부러워해 왔다오.

아헤노바르부스 예, 저는 각하를 사랑해 본 적은 없습니다만, 그래도 제가 생각한 것보다 열 배나 더 훌륭한 일을 하셨을 때에는 장군님을 칭찬하곤 했습니다.

폼페이우스 솔직해서 좋소. 그게 그대에게 잘 어울리거든요. 그럼 내 배로 모두를 초대하겠습니다. 자, 앞에 가보실까요?

카이사르, 안토니우스, 레피두스 그럼, 안내해 주시오.

폼페이우스 이리들 오시오. (메나스와 아헤노바르부스만 남고 퇴장)

메나스 (혼잣말로) 폼페이우스, 당신 아버지 같으면 그따위 조약을 체결하지는 않았을 것이오. (아헤노바르부스를 보고) 당신과 나는 만난 기억이 있는데요.

아헤노바르부스 아마 바다에서 만났지요.

메나스 예, 그런가 보오.

아헤노바르부스 당신은 바다에서 잘 싸우셨소.

메나스 당신은 뭍에서.

아헤노바르부스 누구든지 나를 칭찬해 주는 분께는 나도 칭찬해 드리지요. 하긴 내가 뭍에서 세운 공은 사실입니다.

메나스 내가 바다에서 세운 공 또한 사실입니다.

아헤노바르부스 하지만 당신의 안전을 위해서는 좀더 겸손하시는 게 좋을 것 같군요. 당신은 바다의 큰 도둑이었으니까요.

메나스　당신은 뭍의 도둑이고요.

아헤노바르부스　뭍에서 내가 그런 공을 세운 기억은 없소. 여보시오, 우리 악수합시다. 그런데 우리의 눈이 경관이라면, 도둑이 둘이서 악수하고 있는 것을 보고 당장에 체포할 게 아니겠소.

메나스　누구나 다 얼굴만은 멀쩡한 법이죠. 손목이 무슨 짓을 하든 말이오.

아헤노바르부스　그러나 미녀 얼굴치고 가짜가 아닌 것은 없소.

메나스　그만한 욕도 싸지요. 미녀 얼굴은 남자의 마음을 도둑질하니까요.

아헤노바르부스　우리가 여기 온 것은 당신들과 싸우기 위해서였는데요.

메나스　나로서도 일이 술잔치로 변하게 된 것이 유감입니다. 폼페이우스는 오늘 자신의 운명을 웃음으로 내던져 버리시려는 모양입니다.

아헤노바르부스　그렇다면 울음으로 되찾을 수도 없는 일이죠.

메나스　옳은 말씀이오. 그런데 우린 마르쿠스 안토니우스를 여기서 뵐 줄은 몰랐군요. 그분은 클레오파트라와 결혼하셨습니까?

아헤노바르부스　카이사르의 누님으로 옥타비아라는 분이 있지요.

메나스　그래요. 그분은 카이우스 마르켈루스의 부인이었지요.

아헤노바르부스　그렇지만 지금은 마르쿠스 안토니우스의 아내입니다.

메나스　그게 사실인가요?

아헤노바르부스　사실입니다.

메나스　그렇다면 카이사르와 그분은 영구히 결합된 셈이군요.

아헤노바르부스　내가 이 결합에 대해 예언해야 한다면, 그렇게 예언하진 않았을 거요.

메나스　이번 결혼은 서로의 우정보다는 정략에 목적이 있는가 보군요.

아헤노바르부스　나 또한 그렇게 생각하오. 하지만 우정을 동여매는 듯이 보이는 줄이 도리어 두 분의 화목을 졸라매 죽이는 줄이 될는지도 모르오. 그나저나 옥타비아는 정숙하고 침착하며 말수가 적은 성격이오.

메나스　그런 아내를 누가 마다하겠소!

아헤노바르부스　그런 걸 좋아하지 않는 남자는 안 그렇습니다. 마르쿠스 안토니우스가 그런 분입니다. 그분은 아마 자신의 이집트 요리로 돌아 가실 것이오. 그러면 옥타비아의 한숨이 카이사르의 불길을 일으켜 놓을 테니,

아까 말한 바와 같이 친목의 원동력이 도리어 불화의 직접적인 원인이 될 테죠. 안토니우스는 정이 가는 곳밖에 애정을 쏟지 않는 분이오. 이번 결혼은 그분으로선 사태를 해결하고자 편의상 한 것뿐이죠.

메나스 아마 그런가 보군요. 자, 배로 안 가보시겠소? 건배를 하시지요.

아헤노바르부스 받지요. 목은 이집트에서 단련시켜 놨습니다.

메나스 자, 가보십시다. (모두 퇴장)

〔제2막 제7장〕

미세눔 해안. 폼페이우스 배의 갑판.
음악. 하인 두세 명이 술상을 들고 등장.

하인 1 이제들 나오실 거네. 몇 분은 벌써 다리가 휘청거린단 말이야. 바람이 조금만 불어도 쓰러질걸.

하인 2 레피두스 장군은 홍당무가 됐군.

하인 1 다들 그 장군에게만 권했거든.

하인 2 저마다 자기네 고집대로 굴고 있는데, 그 장군은 "그만들 두시오!" 소리를 질러서 겨우 화해시켜 놓고선, 자신이 남의 잔까지 들이켰단 말씀이야.

하인 1 덕분에 그 장군 머릿속에서는 더 큰 전쟁이 일어나 있겠군.

하인 2 누가 아니래. 실력 없이 큰 분들 틈에 끼면 그러게 마련이야. 나 같으면 감당하지 못하는 창보다는 실속 없기론 마찬가지니까 갈대나 들겠어.

하인 1 거대한 천체 속에 끌려들어 가서도 그 궤도에서 빛을 내지 못한다면, 눈알이 없는 눈구멍같이 꼴불견 아니겠느냔 말이야.

나팔 소리. 카이사르, 안토니우스, 레피두스, 폼페이우스, 아그리파, 마이케나스, 아헤노바르부스, 메나스 그 밖의 부대장들 갑판 위에 등장.

안토니우스 (카이사르에게) 그쪽 사람들은 이렇게 합니다. 나일강의 물 높이를 피라미드에 표해 놓은 척도로 재지요. 그리고 높은가, 중간인가, 낮은가에 따라서 흉년이 올 것인지, 풍년이 올 것인지를 압니다. 강물이 흘러넘칠수록 풍년이 올 가능성이 많습니다. 물이 빠진 뒤에 씨 뿌리는 사람이 질퍽질퍽한 개흙 위에 씨를 뿌려놓으면, 얼마 되지 않아 수확기가 되니까요.

레피두스 그곳에는 괴상한 뱀이 있다죠?

안토니우스 예, 그렇습니다.

레피두스 이집트의 뱀은 태양의 힘을 받으며 진흙에서 자란다죠. 악어도 그렇고요.

안토니우스 그렇습니다.

폼페이우스 앉으시오. 술 좀 더 합시다. 자, 레피두스, 건배요!

레피두스 기력이 평소 같지는 않습니다만, 잔을 마다할 이 사람은 아닙니다.

아헤노바르부스 이제 곧 곤드레만드레 취할 정도이면서, 장군님은 술독에 빠질 작정이신가 봅니다.

레피두스 그렇소. 나도 들었지만 프톨레마이오스 왕실의 피라미드는 굉장한 물건이라더군요. 그 이야기엔 이 사람도 이의가 없소.

메나스 (폼페이우스에게만 들리게) 폼페이우스 각하, 한 마디만.

폼페이우스 (메나스에게만 들리게) 내 귀에 대고 말하오. 뭐요?

메나스 (폼페이우스의 귀에 대고 속삭인다) 잠깐 이 자리를 뜨셔서 제 이야기를 좀 들어보십시오.

폼페이우스 (메나스에게만 들리게) 잠깐만 기다리오. (큰 소리로) 자, 잔 받으시오, 레피두스!

레피두스 악어란 건 어떻게 생긴 것입니까?

안토니우스 그건 악어 꼴같이 생기고, 폭은 악어 폭만 하며, 키는 악어 키만하고, 그리고 제 팔다리로 움직입니다. 그리고 온갖 자양분을 먹고 살며, 일단 원소가 빠져나가면 다른 생물로 환생하지요.

레피두스 빛깔은요?

안토니우스 악어 빛을 하고 있지요.

레피두스 참 신기하군요.

안토니우스 그렇소. 그리고 그놈의 눈물은 축축합니다.

카이사르 그런 설명으로 저 사람이 만족할까요?

안토니우스 폼페이우스의 건배까지 있었는데, 그래도 만족이 안 된다면 그

오페라 〈안토니우스와 클레오파트라〉 사뮤얼 바버 연출, 저스티노 디아츠(안토니우스 역)·레온틴 프라이스(클레오파트라 역) 출연, 메트로폴리탄 오페라 뉴욕 공연. 1966.

건 욕심이 너무 많은 사람이오.

폼페이우스 (메나스의 귀띔을 듣고 작은 소리로) 제기랄! 그따위 소리가 어디 있소! 감히 내게 그런 소릴 하다니! 저리 가시오! 저리 가라니까. (큰 소리로) 내가 가져오라는 잔은 어디 있나?

메나스 (폼페이우스에게만 들리게) 지난날 공로를 보아서라도 제 이야기를 좀 들어보십시오. 자리에서 일어서 주십시오.

폼페이우스 (메나스에게만 들리게) 제정신이 아닌가 보군. 대체 무슨 이야기요? (일어서서 메나스와 함께 구석으로 걸어간다)

메나스 저는 여태껏 장군께 충성을 다해 왔습니다.

폼페이우스 그대가 충성을 다해 온 건 나도 알고 있소. 그 밖에 할 말이 뭐요? (큰 소리로) 여러분, 즐겁게 노시오.

안토니우스 레피두스, 이 술은 모래사태요. 피하지 않으면 침몰당하시겠소.

메나스 각하는 세상의 주인이 되고 싶지 않으십니까?

폼페이우스 무슨 이야기요?

메나스 온 세상의 주인이 되고 싶지 않으시냔 말입니다. 이제 두 번째 이야기했습니다.

폼페이우스 어떻게 하면 될 수 있소?

메나스 그럴 뜻만 있으시면 됩니다. 장군께서는 저를 하찮게 보시지만, 저는 온 세상을 장군께 드릴 수 있는 사람입니다.

폼페이우스 어지간히 취했나 보오.

메나스 아닙니다, 잔엔 손도 대지 않았습니다. 생각만 있으시면 장군께서는 이 땅의 유피테르 신이 되실 수 있습니다. 태양이 둘러싸고 하늘이 덮은 이 세상은 무엇이든지 다 장군님의 것이 될 수 있습니다. 가지실 의향만 있으시면 말입니다.

폼페이우스 그 방법을 말해 보오.

메나스 세계의 세 공동 소유자, 장군님의 경쟁자들은 지금 장군님의 배 안에 있습니다. 제가 닻줄을 끊어놓겠습니다. 그리고 바깥 바다로 나가서 그들의 목을 자릅시다. 그러면 모두 장군님의 차지가 됩니다.

폼페이우스 아, 그건 그대가 입 밖에 내지 말고 실행했어야 할 일이었소! 그대가 하면 충성이 됐을 테지만 나로선 비겁한 일이오. 실속을 차리는 것이 내 명예는 되지 못하니까. 명예가 있은 뒤에 실속이 아니겠소. 계획을 입 밖에 낸 것을 후회하시게. 나 몰래 했으면 나중에 칭찬을 받았을 게 아니오. 그러나 이제는 안 되니 포기하고 술이나 드시오.

메나스 (혼잣말로) 그럼 이제 나는 당신의 시들어 가는 운명을 그만 따르겠어.

탐내면서도, 주겠다는데 받지 못하는 위인이 무엇을 차지하겠느냔 말이야.

폼페이우스 자, 이 잔은 레피두스의 건강을 위해 건배요.

안토니우스 레피두스를 뭍으로 데려다주시오. 그 잔은 내가 대신 받겠소, 폼페이우스.

아헤노바르부스 이건 당신께 건배요, 메나스.

메나스 자, 얼마든지, 아헤노바르부스!

폼페이우스 잔이 철철 넘치도록 따라요.

아헤노바르부스 (레피두스를 업고 가는 시종을 손가락질하면서) 메나스, 참 굉장한 장사가 있군요.

메나스 왜요?

아헤노바르부스 세상의 3분의 1을 업고 가는 걸 좀 보시오. 안 그렇소?

메나스 그렇다면 세계의 3분의 1이 취해 있는 거군요. 나머지 3분의 2마저 취하게 되면 세상은 잘 돌아가겠습니다그려!

아헤노바르부스 자, 술 드시오. 마음껏 취하도록 말이오.

메나스 자, 잔을 주시오.

폼페이우스 이 정도로는 아직 알렉산드리아식 잔치엔 못 미치겠지요.

안토니우스 차츰 가까워 갑니다. 여봐라 술통을 더 따라! 자, 카이사르께 건배요!

카이사르 나는 더 이상 들지 않겠소. 술로 뇌를 씻고 도리어 더 더러워진다면 그건 당치 않은 수고니까요.

안토니우스 그러지 마시고 분위기를 따르시오.

카이사르 차라리 분위기가 나를 따라주었으면 좋겠소. 한꺼번에 이렇게 많이 마시느니 오히려 나흘간 마시지 않는 편이 낫겠소.

아헤노바르부스 (안토니우스에게) 자, 용감한 황제님! 우리 이젠 이집트식 춤을 추고, 이 술자리를 축하해 볼까요?

폼페이우스 그럽시다, 용사.

안토니우스 자, 손을 맞잡고, 돌기 시작한 술기운이 우리 감각을 부드럽고도 감미로운 망각의 강물에 빠뜨려 넣을 때까지 춤을 춥시다.

아헤노바르부스 다들 손을 맞잡읍시다. 그리고 요란스런 음악으로 우리 귀를 집중 포격합시다. 그동안 저는 여러분의 자리를 정해 드리고, 소년에겐 노래를 부르게 하겠습니다. 다들 옆구리가 터질 만큼 후렴을 크게 부르십시오. (음악이 연주되자 사람들 손을 맞잡아서 저마다 위치에 세운다)

소년 (노래한다)

그대는 포도의 대왕
눈깜짝이 뚱뚱보 바쿠스여, 오라!
그대의 술통 속에 세상 걱정 파묻고,
머리에 포도의 관 쓰자꾸나.

모두 (후렴을 부르면서 돛대를 돈다)

마셔라, 세계가 돌 때까지,
마셔라, 세계가 돌 때까지!

카이사르 더 하시겠소? 폼페이우스, 나는 이만 물러가겠소. (안토니우스를 보고) 안토니우스, 그만 돌아갑시다. 그렇게 경솔히 굴면 중대한 임무를 띤 우리의 체면이 서지 않습니다. 여러분, 그만 헤어집시다. 우리의 볼은 이미 달아올랐소. 호걸 아헤노바르부스도 술한텐 못 당해 내는가 보군요. 내 혀도 잘 돌지가 않는구려. 이 추태로 다들 어릿광대 꼴이 되다시피했소. 더 할 말은 없잖소? 안녕히들 주무시오. 안토니우스, 자 손을.

폼페이우스 그럼 다음에 뭍에서 상대해 봅시다.

안토니우스 그렇게 하시오. 자, 악수합시다.

폼페이우스 오 안토니우스, 당신은 내 아버지의 집을 차지하고 있소. 하지만 그게 다 뭐란 말이오? 우리는 친구가 아닙니까. 자, 보트를 타십시오. (이들이 보트에 내려 탄다)

아헤노바르부스 (그들을 바라보면서) 물에 떨어지지 않도록 조심들 하십시오. (메나스와 둘만 남는다) 메나스, 나는 뭍에 오르지 않겠소.

메나스 아 그럼, 내 선실로 갑시다. (잠잠한 악사들을 바라보며) 모두 무엇들을 하고 있는 건가? 북을 울리고 나팔과 피리로 저 호걸들과 우리의 작별을 소리 높여 바다의 왕께 알려드리잖고! 어서 음악을 울려라, 음악을! (악사들

이 나팔과 북을 울려댄다)

아헤노바르부스 (큰 소리로) 자, 내 모자다. (모자를 공중에 내던진다)

메나스 여! 훌륭한 용사, 이리 오시오. (두 사람 퇴장)

〔제3막 제1장〕

시리아 벌판.

벤티디우스가 개선한 모습으로 병사들에게 파르티아 왕자 파코루스의 시체를 메게 하고 등장. 부대장 실리우스, 다른 로마인, 장교, 병사들 등장.

벤티디우스 화살 던지기로 이름난 파르티아인들이여, 너희들은 이미 패배당했다. 이제 행운의 여신 덕택으로 나는 마르쿠스 크라수스의 죽음에 복수했다. 왕자의 시체를 군진 맨 앞에 세워라. 파르티아 왕 오로데스여, 왕자 파코루스의 죽음은 마르쿠스 크라수스의 죽음에 대한 대가이다.

실리우스 고귀한 벤티디우스, 당신의 칼이 파르티아인들의 피로 아직 뜨거울 때 달아나는 파르티아 놈들을 추격하십시오. 메디아와 메소포타미아, 달아난 자들이 도피하는 곳엔 어디고 진격하십시오. 그러면 총대장 안토니우스 장군님은 당신을 개선하는 마차에 태우고 당신 머리에 화환을 씌워주실 테니까요.

벤티디우스 오 실리우스, 실리우스, 나는 이것으로 충분하오. 아랫사람은 흔히 지나치게 공을 내세우기 쉽다는 걸 알아두시오. 상관이 없을 때에는 너무 명성이 높아지기보다 차라리 공을 세우지 않는 게 낫소. 카이사르나 안토니우스는 언제나 자기 힘보다는 부하의 힘으로 얻은 것이 더 많으니. 안토니우스의 부하 소시우스는 시리아에서 오늘 나와 같은 처지였는데, 시시각각 잇따라 쌓아올린 공으로 오히려 주인의 총애를 잃고 말았소. 전시에 자기 대장보다 더 공을 세울 수 있는 자는 그야말로 대장 중의 대장이 아니겠소. 그런데 군인의 특징인 공명심은 자기 명성을 어둡게 할 승리보다는 도리어 패배를 택하는 법이오. 나 또한 안토니우스를 위해 더 이상 공을 세우면 그분의 노여움을 사게 될 거요. 그분의 노여움을 사게 되면 내 공로는 무너지고 말 것 아니오.

실리우스 벤티디우스 부관은 지혜가 있습니다. 지혜 없는 무인은 한낱 칼과 다를 바 없습니다. 그런데 안토니우스께 보고서를 내시겠습니까?

벤티디우스 겸손하게 보고할 생각이오. 전쟁의 부적 같은 그분의 이름 아래 우리가 승리를 이룩했다는 것, 그리고 그분의 군기와 충분히 보수를 받은 군졸의 힘으로, 패배를 모르는 파르티아 기병을 마침내 무찔렀다고 보고할 생각이오.

실리우스 그분은 지금 어디 계십니까?

벤티디우스 아테네로 진군 중이시오. 우리도 무거운 짐이 있긴 하지만 서둘러 먼저 그곳에 도착해야겠소. 자, 출발합시다. 진군! (모두 퇴장)

〔제3막 제2장〕

로마. 카이사르 집의 응접실.
한쪽 문으로 아그리파, 다른 쪽 문으로 아헤노바르부스 등장.

아그리파 아니, 장군들은 벌써 헤어지셨소?

아헤노바르부스 폼페이우스와의 담판이 끝나고, 폼페이우스는 돌아갔소. 나머지 세 분은 지금 약정을 맺고 계시오. 옥타비아 님은 로마를 떠나기 싫다면서 울고 계시죠. 카이사르께서는 우울증에 걸려 계시고, 메나스 말에 따르면 레피두스께서는 폼페이우스의 술잔치 뒤로 빈혈증으로 고생하고 계시다나 보오.

아그리파 아주 고귀한 레피두스 님이지 뭐요.

아헤노바르부스 참 훌륭한 분이고말고요! 아, 그분은 카이사르 각하를 참으로 사랑하고 계시지요!

아그리파 아니오. 마르쿠스 안토니우스 각하를 깊이깊이 숭배하고 계시오.

아헤노바르부스 카이사르? 아, 그분은 이 세상의 유피테르 신이시지 뭐요.

아그리파 그럼 안토니우스는? 그러면 그분은 유피테르 신의 신이시죠.

아헤노바르부스 카이사르 말씀입니까? 아! 그분은 둘도 없는 인물이시오!

아그리파 오 안토니우스! 그분은 아라비아의 불사조이시죠.

260 셰익스피어전집 4

아헤노바르부스 카이사르를 칭찬하려거든, '카이사르'라고만 하고 더는 말하지 마오.

아그리파 사실 레피두스는 최고의 찬사를 두 분에게 잘 퍼부으신다오.

아헤노바르부스 하지만 그분은 카이사르를 가장 사랑하고 계시오. 그분은 안토니우스도 사랑하시지요. 허! 마음도, 혀도, 숫자도, 붓도, 노래도, 시도 안토니우스에 대한 사랑을 말하는데 생각거나, 말하거나, 헤아리거나, 쓰거나, 노래하거나, 시로 옮기거나 하지 못하시오······ 허! 그러나 카이사르에 대해서는 그분은 무릎을 꿇고 또 꿇고 하여 경탄해 마지않으실 뿐이오.

아그리파 그분은 두 분 다 사랑하시오.

아헤노바르부스 딱정벌레에 비한다면 두 분은 날갯죽지이고, 그분은 몸뚱아리요. (안에서 나팔 소리) 아! 말에 오르라는 신호요. 그럼 잘 계시오, 아그리파.

아그리파 행운을 빕니다. 그럼 안녕히······.

카이사르, 안토니우스, 레피두스, 옥타비아 등장.

안토니우스 그만 들어가시오.

카이사르 장군은 나의 귀중한 것을 뺏어갑니다. 나를 보아 소중히 돌보아 주시오. 누님, 내가 생각하는 바와 같은, 그리고 내가 어디까지나 보증할 수 있는 그런 아내가 되기를 바랍니다. 안토니우스, 우리의 우정을 굳게 하는 중개자로써 두 사람 사이에 놓인 이 숙녀를 우정의 성곽을 쳐부수는 망치로 삼는 일이 없도록 하시오. 만약에 우리 두 사람이 다 이를 소중히 하지 않을 바에야 차라리 이 방법을 쓰지 않는 것이 서로 우정을 나누는 데 더 나을 것이오.

안토니우스 괜한 의심으로 나를 화나게 하지 마시오.

카이사르 더 할 말은 없소.

안토니우스 몹시 염려되시는 모양이나, 그건 괜한 걱정에 지나지 않소. 그럼 신의 가호를 받으시오. 그리고 로마인들의 마음이 당신의 뜻에 봉사하게 되길 바라오. 이만 작별합시다.

카이사르 잘 가시오. 누님, 안녕히 가시오. 순풍에 즐거운 여행을 하기 바랍니다! 안녕히 가시오.

옥타비아 아, 나의 귀한 동생!

안토니우스 아내 눈에 4월의 소낙비가 깃들어 있군. 이건 사랑의 샘, 사랑을 가져오는 소낙비랄까. 여보, 기운을 내요.

옥타비아 부디 내 남편의 집 좀 잘 봐다오, 그리고…….

카이사르 뭐 말씀이지요, 누님?

옥타비아 귀를 이리 좀.

안토니우스 혀는 감정을 순순히 토로하지 못하고, 감정 또한 혀에게 말을 전달하지 못하는군…… 밀물에 떠 있는 백조의 깃털이 어느 쪽으로도 기울지 않는 것처럼.

아헤노바르부스 (아그리파에게만 들리게) 카이사르가 눈물을 쏟으실까요?

아그리파 (아헤노바르부스에게만 들리게) 글쎄, 얼굴에 구름이 잔뜩 껴 있네요.

아헤노바르부스 (아그리파에게만 들리게) 말〔馬〕이라면 더욱 흉할 텐데 인간이라서 저 정도이군요.

아그리파 (아헤노바르부스에게만 들리게) 아니 여보게, 안토니우스는 율리우스 카이사르의 시체를 봤을 때 대성통곡하시다시피 하셨고, 필리피에서 브루투스를 죽였을 때도 통곡하셨소.

아헤노바르부스 (아그리파에게만 들리게) 그해, 사실 장군님이 울음병에 걸려 있었지요. 자기 손으로 죽여놓고서 애통해하셨지요. 정말이지 나까지 함께 울었답니다.

카이사르 아니오. 누님, 늘 소식 올리리다. 누님을 한시라도 잊지 않겠습니다.

안토니우스 자, 자, 당신과 씨름이라도 하여 내 애정을 보여줄 수 있소. 자, 이렇게 안아보고, (카이사르를 포옹한다) 그리고 놔드리겠소. 그럼 당신을 신들께 맡기겠습니다.

카이사르 안녕히 가시오! 행복을 비오!

레피두스 모든 별들이 두 분의 길목을 비추어 주시기를!

카이사르 안녕히, 안녕히! (옥타비아와 키스를 한다)

안토니우스 안녕히 계시오! (나팔 소리. 모두 퇴장)

연극 〈안토니우스와 클레오파트라〉 마크 라일런스(클레오파트라 역)·폴 셸리(안토니우스 역) 출연. 런던 글로브 극장. 1999.

〔제3막 제3장〕

알렉산드리아. 클레오파트라의 궁전.
클레오파트라, 카르미안, 이라스, 알렉사스 등장.

클레오파트라 그자가 어디 있느냐?
알렉사스 두려워서 나타나지 못하는 눈치입니다.
클레오파트라 그따위 소리는 듣기 싫다.

전령 등장.

클레오파트라 이리로 오너라.
알렉사스 여왕 전하, 전하께서 기분이 좋으실 때가 아니고서는 유대의 폭군 헤롯 왕일지라도 전하를 쳐다보지 못할 것입니다.
클레오파트라 바로 그 헤롯의 모가지를 갖겠다는 거다. 그러나 안토니우스가 안 계셔서 어떻게 해야 그걸 갖는담? 그분의 힘을 빌려야 내 위력이 통하니 말이다. 여봐라, 이만큼 다가오너라.

전령 여왕 전하…….

클레오파트라 그래, 옥타비아를 보았느냐?

전령 예, 전하.

클레오파트라 어디서?

전령 로마에서 얼굴을 봤습니다. 자기 동생과 마르쿠스 안토니우스가 양옆에서 데리고 가더군요.

클레오파트라 키는 나보다 크더냐?

전령 그리 크지는 않습니다, 전하.

클레오파트라 말소리를 들어봤느냐? 목소리가 높더냐, 낮더냐?

전령 예, 말소리를 들어봤습니다. 낮은 목소리였습니다.

클레오파트라 그건 과히 나쁘지 않은 소식이구나. 그분이 그런 여인을 오래 좋아하실 리는 없지.

카르미안 좋아하시다뇨! 그럴 리가 없습니다.

클레오파트라 나도 그렇게 생각한다, 카르미안. 둔한 목소리에 난쟁이 같아서야. 걸음걸이에 위엄은 있더냐? 네가 위엄이란 것을 본 적이 있다면 알 것 아니냐.

전령 기어간다고나 할까요. 움직여도 가만히 있는 것 같았습니다. 생명 없는 물체나 숨결 없는 조각상 같았습니다.

클레오파트라 그게 정말이냐?

전령 그렇지 않다면 저는 관찰력이 없는 사람입니다.

카르미안 이만한 관찰력을 가진 자는 이집트에 세 사람도 없습니다.

클레오파트라 꽤 영리한 자로구나. 나도 알겠다. 그 부인은 별것 아닌 듯싶구나. 이자는 여간한 관찰력을 가진 사람이 아닌가 보다.

카르미안 예, 여간 똑똑한 자가 아닙니다.

클레오파트라 그래, 그 부인이 몇 살쯤 먹어 보이더냐?

전령 예, 그녀는 과부이온데…….

클레오파트라 과부라고! 카르미안, 너 들었느냐?

전령 서른 살쯤 되어 보였습니다.

클레오파트라 생김새를 기억하느냐? 갸름한 얼굴이더냐, 둥근 얼굴이더냐?

전령 흉할 정도로 둥근 얼굴입니다.

클레오파트라 주로 그런 얼굴을 한 사람들이란 미련하게 마련이지. 그럼, 머리칼은 무슨 빛깔이더냐?

전령 예, 갈색입니다. 그리고 이마는 말할 수 없이 좁았습니다.

클레오파트라 상으로 돈을 주겠다. 앞서는 내가 지나쳤으나 언짢게 생각하지 마라. 너를 또 전령으로 보내야겠다. 이 일에는 네가 가장 적당한 인물 같다. 어서 준비를 해라. 편지는 당장에라도 쓸 수 있으니까. (전령 퇴장)

카르미안 참으로 훌륭한 사람입니다.

클레오파트라 사실 그렇구나. 아까는 너무 심히 대해서 안됐어. 보고를 들어보니 그 부인은 별것 아닌 것 같다.

카르미안 그렇고말고요, 전하.

클레오파트라 아까 그자는 위엄이라는 것을 조금은 보았다니까, 알 거야.

카르미안 위엄을 본 적이 있다고요? 그야 안 보았을 리가 있겠습니까? 그토록 오랫동안 전하를 모셔왔는데요!

클레오파트라 한 가지 더 물어볼 것이 있었는데. 그러나 괜찮다. 내가 편지를 쓰는 곳으로 그자를 데리고 오너라. 모든 일이 순조롭게 될 것 같다.

카르미안 그야 물론이지요, 전하. (모두 퇴장)

〔제3막 제4장〕

아테네. 안토니우스 집의 어느 방.
안토니우스와 옥타비아 등장.

안토니우스 아니, 옥타비아, 단지 그것만이 아니오. 그 정도 같으면 변명도 있을 수 있소. 그와 비슷한 온갖 일들이 더 있지만, 그것들도 변명이 될 수 있소. 하지만 폼페이우스와 전쟁을 일으키고 유언장을 만들어 민중의 귀에 읽어주면서도, 나에 대해서는 거의 언급이 없었다는 거요. 그리고 부득이 내게 경의를 표해야 할 경우에도 마지못해 냉담하게 말하며, 사람을 무시하다시피 하고, 칭찬할 좋은 기회가 와도 일부러 피하면서 겨우 입에 발린 소리로만 칭찬했다는 거요.

옥타비아 여보, 그런 건 곧이듣지 마세요. 곧이듣더라도 일일이 화를 내진 마세요. 저보다도 불행한 여자는 없을 거예요. 만일 이 일로 불화가 생기고 만다면, 저는 중간에서 두 사람을 위해 기도를 드려야 하니 말이에요. 신들께서 저를 비웃으시지 않겠어요? 글쎄, 제가 "오, 내 낭군, 내 남편에게 복을 주옵소서!" 기도를 드려놓고서 "오, 동생에게 복을 주시옵소서!" 하고 앞서의 기도를 취소한다면 말이에요. 남편이 이기게 해주세요, 동생이 이기게 해주세요 기도하는 건 스스로 기도를 무너뜨리는 셈이지요. 이 양극단 사이에는 중간 길이란 절대로 없어요.

안토니우스 이봐요, 옥타비아, 진실로 당신의 애정을 아껴주는 사람에게 소중한 애정을 바쳐야 하오. 내가 명예를 잃는다면 나는 나 자신을 잃는 것이나 마찬가지요. 명예를 잃고 당신과 사는 것은 함께 안 사는 것만 못하오. 그러나 정 바란다면 당신이 중재자로 나서도 좋소. 그동안 나는 당신 동생을 무찌르기 위해 전쟁 준비를 하겠소. 어서 바삐 떠나요. 당신 소원대로 해보시오.

옥타비아 고마워요. 강력한 유피테르 신이시여, 이 약하디 약한 저로 하여금 두 사람의 중재자 역할을 하게 해주시옵소서! 둘 사이에 전쟁이 벌어지면 이 세상이 갈라져, 그 갈라진 틈은 전사자들로 메워지게 될 것입니다.

안토니우스 불화의 발단이 밝혀지거든 그쪽에 대고 화를 내구려. 당신이 두 사람을 똑같이 사랑할 수 있을 만큼 둘의 잘못이 같을 순 없는 일이니까. 떠날 준비를 하오. 동행은 뜻대로 택하고 비용도 얼마든지 청구하시오. (모두 퇴장)

〔제3막 제5장〕

같은 장소. 다른 방.
에로스와 아헤노바르부스가 양쪽에서 등장.

아헤노바르부스 이거, 에로스 아니오!

에로스 묘한 소문이 돌고 있소.

아헤노바르부스 아니, 뭐요?

에로스 카이사르와 레피두스가 폼페이우스와 전쟁을 시작했다는 거요.

아헤노바르부스 그건 오래된 소식이오. 그 결과가 어떻게 됐소?

에로스 카이사르는 폼페이우스와의 전쟁에서 레피두스를 이용해 먹고 나선, 바로 정권 분담자의 자격을 거부했소. 승리의 영광을 같이 나누지 않을 뿐더러 그것으로 만족하지 않고 전에 레피두스가 폼페이우스에게 보낸 편지를 트집 잡아 카이사르가 직접 레피두스를 고발해 체포했소. 이제 불쌍하게도 세상의 3분의 1인 분은 갇혀 있는 신세가 됐소. 죽어서 자유가 될 때까지는 말이오.

아헤노바르부스 그럼, 세계는 위아래 두 턱밖에 안 남게 된 셈이구려. 이 세계의 온갖 음식을 그 속에 던져넣으면 위아래 턱이 맷돌질을 할 테죠. 안토니우스는 어디 계시오?

에로스 지금 뜰을 산책 중이신데…… 발 앞의 것들을 이렇게 마구 차면서, "바보 같은 레피두스!"라고 소리를 지르시며, 폼페이우스를 죽인 자기 부하의 목을 자르시겠다고 으름장을 놓고 계시오.

아헤노바르부스 우리 대함대는 준비를 갖추었소.

에로스 이탈리아에 가서 카이사르와 싸우는 것이오. 아직 할 이야기가 더 있소만 지금 우리 장군께서 당신을 좀 만나자고 하시오. 내 이야기는 뒤로 미룹시다.

아헤노바르부스 특별한 일은 아니실 게요. 어쨌든 가보리다. 그곳으로 안내해 주시오.

에로스 자, 이리 오시오. (모두 퇴장)

〔제3막 제6장〕

로마. 카이사르의 집.
카이사르, 아그리파, 마이케나스 등장.

카이사르 그 사람은 로마를 모독하고, 알렉산드리아에서 별의별 짓들을 다 했소. 그건 이렇소. 광장 중앙에 은을 입힌 단상을 꾸며놓고 클레오파트라와 자기는 민중 앞 황금 의자에 앉아서, 그 발밑에는 내 아버지의 씨라고들 하는 카이사리온과 자기들의 음욕 사이에 태어난 불륜의 씨들을 모두 앉혀놓았소. 그리고 그 사람은 클레오파트라를 이집트 여왕으로서 확정해 주고, 또한 시리아 남쪽 지방과 키프로스와 리디아의 여왕까지 겸하게 했소.

마이케나스 그걸 민중 앞에서 했단 말입니까?

카이사르 평소 경기 등이 행해지는 공설 운동장에서의 일이오. 그리고 그곳에서 자기 아들들을 왕 중의 왕으로서 선포했소. 대(大)메디아와 파르티아와 아르메니아는 알렉산드로스에게 주고, 시리아와 킬리키아와 페니키아는 프톨레마이오스에게 주었소. 클레오파트라는 그날 이시스 여신으로 분장하고 나타났는데, 전에도 이따금 그런 분장으로 백성들을 만났다는 거요.

마이케나스 로마 시민에게 그대로 알립시다.

아그리파 그 사람 오만에는 이미 싫증이 나 있으니까, 이제 로마 시민들은 그를 좋게 보진 않을 것입니다.

카이사르 시민들은 알고 있소. 그리고 그 사람이 보내온 고발장까지 받았소.

아그리파 누구를 고발했습니까?

카이사르 이 카이사르요. 고발 내용인즉, 우리가 시칠리아의 섹스투스 폼페이우스의 영토를 점령하고도 그 섬의 자기 몫을 주지 않았다는 점, 그리고 전에 빌려준 배들을 내가 돌려주지 않는다는 점, 끝으로 삼두정치(三頭政治)에서 레피두스를 제거하고 내가 그의 수입을 몰수했다는 점 등이오.

아그리파 그것에 대해서는 해명서를 보내셔야 합니다.

카이사르 해명서는 이미 전령이 들고 떠났소. 레피두스는 요사이 너무 잔학해지고 대권을 남용함에 이르렀으니, 그만한 변화는 마땅히 받아야 한다고 해명해 보냈소. 그리고 내가 정복한 영토는 일부 분배하겠다고 했소. 단 그 사람이 정복한 아르메니아 및 그 밖의 왕국에 대해서도 같은 조건을 요구해 보냈소.

마이케나스 그 요구엔 결코 응해 오지 않을 것 같습니다.

카이사르 그렇다면 이쪽에서도 양보하지 않겠소.

옥타비아, 시종들과 함께 등장.

옥타비아　잘 있었느냐, 카이사르! 여러분도 안녕하세요. 반갑구나, 카이사르!

카이사르　버림받고 돌아온 건 아니시겠지요!

옥타비아　날 그렇게 생각하진 마라. 그런 염려는 필요없으니.

카이사르　그럼 왜 이렇게 은밀히 돌아오셨나요? 카이사르의 누님답게 오시질 않고서. 안토니우스의 아내라면 군대가 앞을 안내하고, 도착하기 훨씬 전에 벌써 말 울음소리가 소식을 알려올 것 아닙니까. 그리고 길가의 나무에는 사람들이 올라앉아 기다리다 지쳐서 졸도할 정도가 되는 것이 마땅할 게 아닙니까. 아니, 수많은 시종들이 일으키는 먼지가 하늘 꼭대기까지 오른다 해도 하나도 이상하지 않을 겁니다. 그런데 누님은 시골 처녀처럼 로마에 돌아오시고, 내게 애정의 표시도 하지 못하게 해놨어요. 애정이란 표시하지 않으면 흔히 잊히는 법입니다. 바다와 육지에 사람을 보내 맞게 하고, 곳곳마다 인원을 더하여 환영해 드렸을 텐데 말입니다.

옥타비아　고맙다 카이사르. 내가 이렇게 온 것은 강요가 아니라 내 자유 의사란다. 내 남편 마르쿠스 안토니우스는 네가 전쟁 준비를 한다는 소식을 듣고, 그 이야기를 나에게 해주셨어. 그래서 걱정이 되어 나는 남편의 승낙을 얻어 이렇게 돌아왔단다.

카이사르　그래서 떠나도록 대뜸 승낙을 했군요. 그게 자기 음욕을 채우는 지름길이니까요.

옥타비아　왜 그런 소릴 하니, 카이사르.

카이사르　나는 다 알고 있습니다. 그 사람의 행동은 바람을 타고 전해 오거든요. 대체 지금 그 사람은 어디 있습니까?

옥타비아　아테네에 있어.

카이사르　그렇지 않아요. 누님은 모욕을 당하고 계십니다. 클레오파트라가 그 사람에게 오라고 손짓했어요. 그는 자기 제국을 창녀 같은 계집에게 주어버렸다고요. 두 사람은 전쟁 준비를 하여 지금 세상의 여러 국왕들을 불러 모으고 있어요. 이미 리비아의 왕 보쿠스, 카파도키아의 왕 아르켈라우스, 파플라고니아의 왕 필라델포스, 트라키아의 왕 아달라스, 아라비아의 왕 만쿠스, 폰투스 국왕, 유대국의 헤롯 왕, 콤마게네의 왕 미트리다테스, 그리고 메디아의 왕 폴레몬과 리카오니아의 왕 아민타스 등등, 이 밖에도 수많은 국왕들이 모여 있습니다.

옥타비아 아, 슬픈 일이로다. 서로 다투는 두 사람 사이에서 내 마음은 둘로 갈라지고 말았구나.

카이사르 잘 오셨습니다. 실은 누님 편지를 보고서 분을 참고, 누님이 얼마나 모욕을 당하고 있는가, 그리고 가만히 있다가는 내가 얼마나 위험한가를 따지던 참이었습니다. 자, 기운을 내십시오. 이런 어쩔 수 없는 조치에 마음이 어지러워지는 시국을 괴로워하지 마십시오. 비탄하지 마시고 모든 것을 숙명에 맡기십시오. 로마로 잘 돌아오셨습니다. 내게는 가장 소중한 누님입니다. 누님은 생각할 수 없을 만큼 모욕을 당하고 있습니다. 그래서 하늘의 신들이 누님을 위해 누님을 사랑하는 나와 내 부하들을 시켜 정의를 실현하게 하신 것입니다. 부디 진정하십시오. 참 잘 오셨습니다.

아그리파 잘 돌아오셨습니다.

마이케나스 잘 돌아오셨습니다. 로마 사람들은 모두 부인을 사랑하고 가슴 아파합니다. 호색가요, 지독한 방탕자인 저 안토니우스만이 부인을 소홀히 하고 있습니다. 그 사람은 음탕한 계집에게 권력을 내주어, 우리와 분란을 일으키고 있는 것입니다.

옥타비아 그게 정말인가, 카이사르?

카이사르 그렇습니다, 누님. 잘 돌아오셨습니다. 부디 꾹 참아주십시오, 누님.
　(모두 퇴장)

〔제3막 제7장〕

악티움. 안토니우스의 진영.
클레오파트라와 아헤노바르부스 등장.

클레오파트라 정말, 그대를 가만히 두지 않을 테요.

아헤노바르부스 아니, 그건 또 무슨 까닭이십니까?

클레오파트라 그대는 나의 출진을 반대하고, 못마땅하게 말하니 말이오.

아헤노바르부스 아, 그렇습니까. 그런가요?

클레오파트라 내게 선전 포고된 전쟁이 아니오? 그런 전쟁이 아니라 하더라도 내가 직접 출진하면 왜 안 된단 말이오?

아헤노바르부스 (혼잣말로) 그 말에 대답이야 할 수 있지. 수말과 암말을 데리고 전장에 나가면 수말이 완전히 넋을 잃거든. 암말이 군졸과 수말을 같이 업어낼 테니 말이야.

클레오파트라 아니, 뭘 중얼대고 있는 거요?

아헤노바르부스 여왕 전하와 함께 출진하시면 안토니우스 장군님은 반드시 혼란에 빠지실 것입니다. 낭비해서는 안 될 때에 용기와 지력, 시간을 빼앗기시고 말 것입니다. 그렇잖아도 그분은 경박하다는 비난을 받는 처지입니다. 그리고 이번 전쟁은 내시 포티누스와 시녀들이 지휘한다는 소문까지 로마에 돌고 있답니다.

클레오파트라 로마는 가라앉고, 내게 그런 욕을 하는 혀는 썩어버려라! 나도 군비를 부담하고 있소. 한 나라의 주권자로서 남자 못지않게 출진하겠소. 반대하지 마오. 나는 뒤에 머물러 있지 않을 테니까.

아헤노바르부스 예, 이젠 반대하지 않겠습니다. 황제께서 오십니다.

안토니우스와 카니디우스 등장.

안토니우스 여보게 카니디우스, 참으로 이상한 일이 아니오. 타렌툼과 브룬디시움으로부터 출항한 사람이 그렇게 빨리 이오니아해(海)를 건너 토리네를 점령했다는 것은? 여왕도 그런 이야기를 들으셨소?

클레오파트라 태만한 자나 남의 신속함을 탄복해하는 법입니다.

안토니우스 태만을 조롱하는 것은 좋은 비난이오. 성인 입에서 나와도 알맞은 것이오. 여보게 카니디우스, 나는 바다 위에서 적을 맞아야겠소.

클레오파트라 바다! 그 밖에 다른 도리가 있겠어요!

카니디우스 왜 바다에서 맞으려고 하십니까?

안토니우스 바다에서 도전해 오니 말일세.

아헤노바르부스 하지만 장군께서는 단둘이서 맞싸우자고 청하지 않으셨습니까?

카니디우스 그렇습니다. 카이사르가 폼페이우스와 싸운 저 파르살리아에서 이번 전투를 하자고 요청했습니다. 그러나 저쪽에선 자기에게 불리한 제안을 거절했으니 장군님도 그렇게 하셔야 합니다.

아헤노바르부스 우리 배들은 장비가 충분하지 못합니다. 선원은 마부와 농부 등, 급히 징발된 자들입니다. 그런데 카이사르의 함대는 폼페이우스와 해전을 치른 경험이 있습니다. 적의 배는 민첩하고 우리 배는 둔합니다. 해전을 거절하셔도 치욕적인 일은 아닙니다. 장군님은 지상전을 준비하고 계시니까요.

안토니우스 해전이오, 해전.

아헤노바르부스 장군님, 그건 지상전에서 세워 놓으신 완전한 능력을 포기하시는 셈입니다. 그리고 주로 노련한 보병들로 구성된 병력을 뿔뿔이 흩어버리고, 장군님의 이름난 전략도 실천하지 않는 것이며, 약속된 승리의 방법을 내던지고, 순전히 우연과 모험에 자신을 맡겨버리시는 일입니다.

안토니우스 그래도 해전을 택하겠소.

클레오파트라 나에게는 60척의 배가 있어요. 카이사르도 이보다는 많지 않아요.

안토니우스 여분의 배는 불사릅시다. 그리고 나머지 배들만 완전히 장비를 갖추고 카이사르를 악티움곶(串)에서 물리칩시다. 만일 진다면 그때는 땅에서 싸울 수도 있소.

전령 등장.

안토니우스 무슨 일이냐?

전령 정보는 틀림없습니다. 카이사르가 나타났습니다. 그리고 토리네를 점령했습니다.

안토니우스 카이사르가 직접 나타나다니? 그럴 리가 없다. 그곳에 적군이 벌써 나타나다니 기묘한 일이다. 여보게 카니디우스, 자네는 뭍에서 9개 군단과 1만 2천 기병을 지휘해 주오. 나는 군함으로 가겠소. 그럼, 가봅시다. 바다의 여신 테티스여!

한 병사 등장.

안토니우스 아니, 무슨 일이냐?

병사 오 황제 전하, 해전을 하지 마십시오. 썩은 널판일랑 믿지 마십시오. 이 칼과 이 상처 자국을 의심하십니까? 이집트인과 페니키아인들은 오리 시늉을 해도 상관없지만, 우리는 땅에 서서 맞붙어 싸워 승리해 왔으니까요.

안토니우스 알았다, 알았어. 물러가라! (클레오파트라와 함께 급히 퇴장. 아헤노바르부스, 따라 들어간다)

병사 헤라클레스 신께 두고 맹세하지만, 제 의견이 옳은 것 같습니다.

카니디우스 여보게 병사, 사실 그러네. 그러나 장군님 작전은 조금도 병력에 근거하지 않으시고 여인네한테 지휘당하고 있어. 그러니 우리는 여인네의 부하들이지.

병사 장군님은 군단과 기병대 모두를 육지에서 지휘하신다죠?

카니디우스 마르쿠스 옥타비우스와 마르쿠스 유스테이우스, 그리고 푸블리콜라와 카일리우스 등은 바다로 가고, 우리는 모두 육지를 지키기로 돼 있다. 카이사르가 이처럼 빨리 나타날 줄은 몰랐구나.

병사 그가 로마에 있을 때 여러 분대로 나누어 보내 첩보대가 그만 속고 만 것입니다.

카니디우스 그쪽 부사령관은 누구라더냐?

병사 타우루스라는 자라 합니다.

카니디우스 그자라면 나도 알고 있지.

또 다른 전령 등장.

전령 황제께서 부르십니다.

카니디우스 시간이 새 소식을 만들어 내느라고 시시각각 진통하는구나. (모두 퇴장)

〔제3막 제8장〕

악티움 부근의 평원.
카이사르와 타우루스, 군대를 이끌고 등장.

카이사르 여보게, 타우루스!

타우루스 예, 무슨 일이신지요?

카이사르 지상전은 하지 말고, 병력을 집결시키오. 해전이 끝나기 전에는 전투를 하지 마오. 이 지령서를 어기면 안 되오. (타우루스에게 두루마리를 건넨다) 우리 운명은 이 일전에 달려 있으니까. (모두 퇴장)

〔제3막 제9장〕

같은 평원의 다른 곳.
안토니우스와 아헤노바르부스 등장.

안토니우스 저 언덕 너머에 진을 치고, 카이사르의 진영이 보이도록 하오. 그곳에서는 함대의 수효도 보일 것이니, 정세에 맞추어 나아갈 수 있소. (모두 퇴장)

〔제3막 제10장〕

같은 평원의 다른 곳.
한쪽에서 카니디우스가 군대를 이끌고 나와 무대를 가로질러 지나간다. 다른 쪽에서는 카이사르의 부관 타우루스가 마찬가지로 진군한다. 양군이 지나간 뒤에 해전의 소리가 들린다. 아헤노바르부스 등장.

아헤노바르부스 글렀어, 글렀어, 다 글렀어! 이거 차마 볼 수가 있어야지. 이 집트 함대의 기함 안토니우스호는 60척을 모조리 이끌고 키를 돌려 달아나고 있어. 그 꼴을 보고 나는 눈이 멀 지경이야.

스카루스 등장.

스카루스 신이여, 여신이여, 하늘의 모든 신들이여!

아헤노바르부스 왜 그렇게 흥분하오?

스카루스 세계의 절반 이상을 어처구니없는 바보짓으로 잃었소. 여자와 입
맞추는 사이에 여러 왕국과 여러 영토는 날아가고 말았소.

아헤노바르부스 전황은?

스카루스 우리 쪽은 악성 전염병에 걸린 꼴이오. 죽음은 확실하오. 이집트의
저 늙은 년 같으니—나병이나 걸리면 시원하겠어!—전투가 한창이고, 쌍
둥이같이 세력이 비슷할 때에, 아니 오히려 이쪽이 더 유리한데…… 글쎄 유
월 들판에서 쇠파리에 쏘인 암소처럼 돛을 올리고 달아납디다그려.

아헤노바르부스 그건 나도 봤소. 그 꼴에 이 눈이 아찔해지고, 차마 더는 볼
수 없었소.

스카루스 여왕이 바람맞이로 뱃머리를 돌려놓자, 여왕한테 반해 얼이 빠진
안토니우스는 당당하게 돛을 편 채, 암컷한테 반한 수오리처럼 전투가 한창
인데도 포기하고 여왕을 쫓아 달아나는구려. 이렇게 치욕적인 행동은 처음
봤소. 경험과 기백과 명예를 함부로 버리고 말다니.

아헤노바르부스 아이고 맙소사, 이럴 수가!

카니디우스 등장.

카니디우스 바다에서 우리 운명은 이제 숨이 끊어지고 슬프게 가라앉는구
려. 장군님만 여전하셨던들 이렇지는 않았을 텐데. 아, 장군님이 달아나 부
하들에게 확실한 본보기가 되셨소.

아헤노바르부스 아, 당신도 그리 생각하오? 그렇다면 이젠 마지막입니다.

카니디우스 다들 펠로폰네소스로 달아납니다.

스카루스 그곳으로 피하기는 쉽습니다. 나도 그곳으로 피해 사태를 지켜보겠
습니다.

카니디우스 나는 군단과 기병을 카이사르께 넘기겠소. 벌써 여섯 왕들이 항
복하는 방법을 내게 보여주었소.

아헤노바르부스 그래도 나는 몰락한 안토니우스 장군의 운명을 따르겠소.
그야 내 이성과는 반대 방향이긴 하지만. (모두 퇴장)

알렉산드리아. 클레오파트라의 궁전.
안토니우스, 시종들과 함께 등장.

안토니우스 들어라, 이제 땅도 나보고는 딛지 말라는구나. 나를 받들어 주는 것을 창피하게 생각하는구나. 여봐라, 이리들 오너라. 나는 이 세상에서 뒤처지고 영원히 길을 잃고 말았다. (시종들에게) 황금을 가득 실은 배가 한 척 있으니 그걸 나누어 갖고 달아나서 카이사르와 화해를 해라.

모두 도망을 가라고요! 그러지 않겠습니다.

안토니우스 내가 도망을 쳐서, 적에게 등을 돌리고 달아나는 모습을 겁쟁이들에게 보여주고 말았다. 다들 물러가라. 나는 이미 내 갈 길을 결심했으니 너희들은 필요치 않다. 물러가라. 항구에 있는 내 재물을 나누어 가져라. 아, 이제는 보기도 창피스러운 것의 뒤를 내가 쫓아오고 말았다. 내 머리칼들조차 서로 싸우는구나. 흰 머리칼은 갈색 머리칼더러 무모하다 비난하는가 하면, 갈색은 흰 놈보고 겁쟁이니 얼빠진 자니 하고 비난하거든. 여봐라, 물러들 가라. 편지를 써줄 테니 갖고 가봐라. 너희들을 위해 길을 열어줄 거다. 제발 슬픈 표정은 하지 말고, 마다하지도 마라. 절망이 주는 기회를 놓치지 않게 해다오. 스스로를 버리는 자를 이대로 내버려 다오. 곧장 바닷가로 가봐라. 그 배에 실려 있는 재물을 너희들에게 주겠다. 제발 좀 물러가다오. 제발 부탁이다. 사실 나는 명령할 자격을 잃고 말았으니, 이제는 애원한다. 곧 다시 보자. (의자에 앉는다)

클레오파트라가 카르미안과 이라스의 부축을 받으며 등장. 에로스가 뒤따라 등장.

에로스 여왕님, 장군님을 위로해 드리십시오.

이라스 그렇게 하세요, 전하.

카르미안 그렇게 하세요! 부디 그렇게 하세요, 네?

클레오파트라 좀 앉아야겠다. 오, 유노 여신이여!

안토니우스 아니다, 아냐, 아냐, 아냐, 아냐.

에로스　장군님, 여기 여왕님이 계시잖습니까?

안토니우스　오, 제기랄, 제기랄, 제기랄!

카르미안　여왕 전하!

이라스　아, 여왕 전하!

에로스　장군님, 장군님!

안토니우스　응, 그렇지, 응. 그 작자는 필리피에서는 춤꾼처럼 칼을 그저 차고 나 있었지. 그때 내가 저 말라깽이 카시우스를 죽였어. 저 미친 브루투스를 죽인 것도 바로 나였지. 그자는 부하들만 보냈을 뿐, 실제 전쟁에는 참가하지 않았어. 하지만 이제는 다 지난 일이지.

클레오파트라　아! 좀 부축해 다오.

에로스　여왕이십니다. 장군님, 여왕이십니다.

이라스　전하, 다가가셔서 위로해 드리세요. 장군님은 치욕에 넋을 잃으신 것 같습니다.

클레오파트라　그럼, 날 좀 부축해 다오. 오!

에로스　장군님, 일어서십시오. 여왕님이 다가오십니다. 머리를 수그린 채 당장이라도 숨이 넘어갈 듯한 모습이십니다. 장군님의 위로만이 구해 드릴 수 있습니다.

안토니우스　나는 명예를 해치고 말았어. 더할 나위 없이 창피스런 실책이지.

에로스　장군님, 여왕이십니다.

안토니우스　오, 이집트 여왕, 대체 날 어디로 끌고 왔소! 수치스럽게도 허물어져 버린 나의 지난날을 돌이켜 보면서 내 이 치욕을 당신 눈에 보이지 않으려 했건만.

클레오파트라　아, 겁을 먹고 달아난 것을 부디 용서해 주세요. 당신이 쫓아오시리라곤 생각도 못했어요.

안토니우스　이집트 여왕, 내 마음은 당신의 키에 끈으로 묶여 있어서 내가 끌려가리라는 것은 당신도 잘 알고 있소. 그리고 내 정신은 온통 당신의 지배를 받고 있으니, 당신의 부름이면 신의 명령을 거역하고라도 갈 수밖에 없다는 걸 당신은 잘 알고 있소.

클레오파트라　아, 용서하세요!

안토니우스　이제는 그 젊은이들에게 비굴하게 강화를 청하고 몰락한 사람으로서 말을 얼버무리며 속임수라도 써봐야겠소. 세상의 반을 마음대로 주무르고, 왕국들을 세우고 없애고 하던 내가 말이오. 당신은 잘 알고 있소. 당신이 얼마나 날 정복하고 있는지를, 그리고 애정 때문에 약해진 이 칼은 오직 애정에 순종할 수밖에 없다는 것을.

클레오파트라　용서하세요, 용서하세요!

안토니우스　제발 눈물을 쏟지 마오. 그 눈물 한 방울 한 방울은 내가 얻고 잃은 모두와 같으니까. 자, 키스합시다. 이것만이 내게는 보상이 되오. 가정교사를 대사로 보냈는데 돌아왔는가? 내 머릿속엔 납이 가득 차 있는 것만 같소. 안에 누가 없느냐? 술과 안주를 좀 내오너라! 운명이 가장 큰 타격을 받을 때에 우리는 도리어 운명을 가장 무시하거든. (모두 퇴장)

〔제3막 제12장〕

이집트. 카이사르의 진영.
카이사르, 돌라벨라, 티디아스 등 등장.

카이사르　안토니우스가 보낸 자를 들어오게 하오. 그대는 그 사람을 아는가?

돌라벨라　예, 그 사람은 안토니우스가 부리는 가정교사입니다…… 이렇게 하찮은 사람을 대사로 보내온 것은, 날개가 다 뽑혔다는 증거입니다. 몇 달 전만 해도 얼마든지 국왕들을 대사로 보내고도 남았었지요.

가정교사 유프로니오스 등장.

카이사르　가까이 와서 말해 보오.

가정교사　저는 안토니우스 장군의 대사입니다. 최근까지 그분을 모셨습니다만 그분이 드넓은 바다라면 저는 떨기나무 잎에 깃드는 아침 이슬처럼 보잘것없는 신분입니다.

카이사르　그건 그렇고, 그대 사명을 말해 보오.

가정교사　그분은 각하를 운명의 주인이라 존대하시고 이집트에서 살게 해

주십사 청하십니다. 이 청이 허락되지 않을 땐, 청을 더 적게 하여 아테네의 한 시민으로 하늘과 땅 사이에서 숨 쉬게 해주시길 바라십니다. 그분에 대해서는 이상과 같습니다. 그렇게 말하고 나서 클레오파트라는 각하의 위대하심을 인정하시어 그 힘 앞에 복종하시겠답니다. 그리고 이제 각하의 손 안에 놓여 있는 프톨레마이오스 왕가의 왕관을 자기 자손에게 물려주도록 허락해 주시기를 애원하십니다.

카이사르 나에게는 안토니우스의 청을 들어줄 귀가 없소. 여왕의 접견이나 희망을 거절하지는 않겠소. 도무지 명예스럽지 못한 그 친구를 이집트에서 추방하든지, 아니면 목을 베든지만 해준다면 말이오. 이 일만 수행해 주면 여왕의 청은 들어주겠소. 두 사람에게 그리 전하오.

가정교사 그럼 각하의 행운을 빌겠습니다.

카이사르 진중을 통과시켜 보내라. (가정교사 퇴장. 티디아스에게) 여보게, 이제 자네 웅변을 시험할 때가 왔네. 어서 가서 안토니우스에게서 여왕을 빼앗아 내게. 내 이름으로 여왕의 요청을 허락하게. 아니 자네 생각에 따라 더 좋은 조건을 제공해도 좋네. 여자란 행운의 절정에서도 강하진 못한 법이니, 곤경에 빠지면 순결한 처녀라도 맹세를 깨뜨리거든. 자네 계략을 시험해 보게. 수고에 대한 보수는 자네 손으로 정하게. 그대로 치러줄 테니까.

티디아스 각하, 그럼 다녀오겠습니다.

카이사르 안토니우스가 이 어려움을 어떻게 대하고 있는지, 그리고 그 사람의 모든 행동이 무엇을 뜻하는지 잘 관찰하게.

티디아스 그렇게 하겠습니다. (모두 퇴장)

〔제3막 제13장〕

알렉산드리아. 클레오파트라의 궁전.
클레오파트라, 아헤노바르부스, 카르미안, 이라스 등장.

클레오파트라 아헤노바르부스, 어떻게 해야 좋겠어요?

아헤노바르부스 번민하다 죽는 겁니다.

클레오파트라 이번 일은 안토니우스와 나, 어느 쪽 잘못인가요?

아헤노바르부스 안토니우스 각하의 잘못입니다. 그분은 이성을 욕정의 노예로 삼으셨으니까요. 양군 함대가 서로 상대를 위협하는 대해전을 하고 있을 때, 여왕님이 달아나시기로서니 그분마저 달아나시다뇨? 세상의 절반과 절반이 다투는 판국에 욕정 때문에 지휘관의 임무를 포기하시다니 말이 안 됩니다. 총책임자이시면서 자기 함대를 어처구니없게 버려두고, 도주하는 여성의 깃발을 따라가시다니요. 그건 그분께는 패전일 뿐만 아니라 치욕입니다.

클레오파트라 제발, 그만해요.

안토니우스가 가정교사와 함께 등장.

안토니우스 그것이 그 사람의 대답이오?

가정교사 예, 장군님.

안토니우스 나를 넘겨주면 여왕을 우대하겠다는 거지.

가정교사 예, 그런 요지였다고 할 수 있습니다.

안토니우스 여왕께 그렇게 알려야지. 자, 희끗희끗한 이 머리를 애송이 같은 카이사르에게 보내구려. 그렇게 하면 그 사람은 영토를 당신 욕심대로 실컷 줄 테니까.

클레오파트라 당신 머리를요?

안토니우스 다시 가서 이렇게 전하오. 그자는 지금 인생의 젊은 꽃이니, 세상은 그자한테서 무슨 비범한 공훈을 보고자 할 것이오. 그자의 화폐나 함대, 군단 등은 겁쟁이라도 쓸 수 있소. 그자가 이끄는 장군들은, 그자의 지휘가 아니라 어린애의 지휘 아래서도 승리를 거둘 수 있었을 것이오. 그러니 그 화려한 장식들은 집어치우고, 몰락한 나와 단둘이서 맞서보자고 전하오. 편지를 써주겠으니 이리 따라오시오. (가정교사를 데리고 퇴장)

아헤노바르부스 (혼잣말로) 음, 아무렴, 천군만마를 거느린 카이사르가 행복한 신분을 버리고 검투사와 맞서서 구경거리가 돼주고말고! 사람의 분별력은 저마다의 운명과 밀접한 관련이 있나 보군. 그리고 외부 조건은 내부 것마저 강요하여 다 같이 못 쓰게 되나 보지. 원, 상황을 다 알고 있는 안토니우스가, 잔뜩 가진 카이사르가 텅 빈 자기와 맞서주리라고 몽상을 하다니! 카이사르여, 당신은 그의 분별력까지 정복했구려.

시종 등장.

시종　카이사르의 전령이 왔습니다.

클레오파트라　아니, 그 이상의 예절은 갖추지 못하느냐? 저것 좀 봐라. 시녀들아, 봉오리 앞에서는 무릎을 꿇던 무리들이 피어버린 장미 앞에서는 코를 틀어막는구나. 전령을 들어오게 하라. (시종 퇴장)

아헤노바르부스　(혼잣말로) 내 명예심이 나와 싸우기 시작하는구나. 바보한테 충성을 지키면 그 충성이 바보짓처럼 보일 뿐이지. 하지만 몰락한 주인을 충실히 따르는 자는 그 주인을 정복한 사람을 정복한 셈이 되고, 역사에 이름을 남기게 되지.

티디아스 등장.

클레오파트라　카이사르의 의향은?

티디아스　단둘이 있는 자리에서 말씀드리겠습니다.

클레오파트라　심복들뿐이니 염려하지 말고 말해 보오.

티디아스　그렇다면 저들은 안토니우스에게도 심복들일 텐데요.

아헤노바르부스　그야 안토니우스께서도 카이사르만큼 심복들이 필요합니다. 아주 필요없게 되지 않는 한은. 그런데 카이사르만 좋으시다면 우리 주인은 기꺼이 항복하실 겁니다. 그리고 우리는 물론 주인이 섬기는 분의 부하가 되지요. 즉 카이사르의 부하가 되지요.

티디아스　글쎄요. 근데 고명하신 여왕 전하, 카이사르께서는 당신이 어떠한 처지에 있든 카이사르의 관대함을 잊지 마시길 바라십니다.

클레오파트라　어서 계속하오. 왕다운 말씀이오.

티디아스　카이사르께서는 잘 알고 계십니다. 여왕님이 사랑보다 두려움 때문에 안토니우스를 받아들였다는 사실을요.

클레오파트라　오!

티디아스　그러니 이번 명예 손상은 마땅히 받으실 만한 것이 아니라 강요당한 치욕이라는 점을 카이사르께서는 동정하고 계십니다.

클레오파트라 카이사르는 신과도 같으신 분, 과연 진실을 잘 알고 계시는군요. 내 명예는 내 손으로 바친 것이 아니라 순전히 폭력으로 정복당한 것이었소.

아헤노바르부스 (혼잣말로) 그게 사실인지 안토니우스에게 물어봐야지. 물이 저렇게 새어드니 그는 침몰할 수밖에 없구나. 가장 사랑하는 여인조차 곁을 떠나니 말이야. (퇴장)

티디아스 여왕님의 요구를 카이사르께 전할까요? 요구가 있으시기를 카이사르께서는 바라고 계실 정도입니다. 여왕님이 카이사르의 행운에 의지하신다면, 카이사르께서는 무척 만족하실 겁니다. 그리고 안토니우스를 버리고 세상의 주인이신 카이사르의 보호를 받으신다는 뜻을 전해 들으시면 매우 기뻐하실 겁니다.

클레오파트라 당신 이름은?

티디아스 티디아스입니다.

클레오파트라 수고스럽지만 위대하신 카이사르께 나를 대신하여 이렇게 좀 전해 주오. 이 클레오파트라는 정복자 카이사르의 손에 입을 맞춥니다. 그리고 또 이렇게 전해 주오. 왕관을 발밑에 바치고 무릎을 꿇겠습니다. 그리고 또 이렇게 전해 주오. 세상을 지배하시는 그분 입에서 이집트 여왕의 운명을 듣겠습니다.

티디아스 가장 현명한 생각이십니다. 지혜와 운명이 싸우더라도 지혜가 모든 힘을 다해 싸우면, 운명도 지혜를 이기지 못합니다. 손에 경의를 표하게 해 주십시오.

클레오파트라 카이사르의 아버님도 여러 왕국의 공략을 계획하실 무렵, 이 하찮은 손에 자주 소낙비같이 키스를 쏟곤 하셨지요. (손을 내준다)

안토니우스와 아헤노바르부스 다시 등장.

안토니우스 키스의 은총까지도 베푸는군! 대체 넌 누구냐?

티디아스 가장 원만하고 가장 훌륭하며 세상의 군림자이신 분의 명령을 집행하는 사람입니다.

아헤노바르부스 (혼잣말로) 매를 맞게 되겠군.

안토니우스 (큰 소리로) 거기 누구 없느냐! (클레오파트라에게) 창녀 같은 것! (잠시 뒤에) 아, 제기랄! 이제 내 위엄은 녹고 없구나. 얼마 전까지만 해도 내가 "여!" 하고 소리를 지르면 여러 나라 왕들이 호두를 줍는 아이들처럼 앞을 다투어 뛰어와서, "무슨 일이십니까?" 묻곤 했는데.

시종들 급히 등장.

안토니우스 귀가 먹었느냐? 나는 아직도 안토니우스다. 이 녀석을 끌고 나가서 혼을 내줘라.

아헤노바르부스 (혼잣말로) 여왕도 다 죽어가는 이 늙은 사자보다는 새끼 사자와 노는 것이 낫겠는걸.

안토니우스 고얀 놈! 저 녀석을 매질해라! 카이사르한테 조공을 바치는 스무 개 대국의 국왕이라 해도 불손하게 이 여자 손을 누가 감히 만진단 말이냐…… 이 여자 이름이 뭐지? 전에는 클레오파트라였는데, 여봐라, 이 녀석을 때려라. 아이처럼 울상을 짓고 큰 소리로 용서를 청할 때까지. 이 녀석을 끌고 나가라.

티디아스 마르쿠스 안토니우스!

안토니우스 끌어내 때려주고, 다시 끌고 들어오너라. 카이사르의 이 종놈한테 내 답장을 들고 가게 하겠다. (시종들이 티디아스를 데리고 나간다) 내가 만나기 전에 벌써 당신은 절반쯤 시든 여자였소. 허! 그래 내가 보석 같은 여인을 로마의 독수공방에다 적자(嫡子)도 낳지 못하게 버려두고, 놈팽이 따위들에게 호의를 베풀어 주는 계집에게 속다니!

클레오파트라 여보…….

안토니우스 당신은 처음부터 바람둥이 계집이었소. 하지만 인간은 차츰 악덕에 굳어지게 되면…… 아, 슬픈 일이로다! 현명하신 신들은 우리 눈을 가리고, 명철한 분별력을 우리 자신의 오물 속에 밀어넣고 자신의 과실을 숭상케 하거든. 그리고 파멸을 향해 뽐내며 가고 있는 우리를 비웃으시지.

클레오파트라 아, 그렇게까지?

안토니우스 처음 만났을 때 당신은 죽은 카이사르가 접시 위에 먹다 남긴 식은 찌꺼기였소. 아니, 그나이우스 폼페이우스가 먹다 남긴 부스러기였소. 또한 세상의 악평에 오르지는 않았어도 음란한 시간들을 치정 속에 얼마나 많이 보냈는지 헤아릴 수 없을 정도요. 사실이지 당신은 정조가 뭔지 짐작은 가겠지만, 실제 어떠한 것인지 알지를 못하오.

클레오파트라 왜 그런 말씀을?

안토니우스 상을 받고자 "당신께 신의 은총이 내리소서"라고 말한 녀석 따위에게 나의 놀이 벗긴 그 손을 함부로 내주다니. 여러 왕들로부터 심복의 맹세를 받은 그 훌륭한 손을! 오, 차라리 나는 바산 언덕에 올라가서 뿔 돋친 짐승들처럼 큰 소리를 질러나 봤으면! 미칠 것 같다. 그러니 날더러 점잖게 말하라는 건, 사형수보고 집행관에게 멋지게 교수형을 내려준 데 대해 치사를 하라는 거나 같지.

시종들이 티디아스를 데리고 다시 등장.

안토니우스 매를 때려줬느냐?

시종 1 예, 힘껏 때려줬습니다.

안토니우스 울더냐? 그리고 용서를 빌더냐?

시종 1 예, 은혜를 간청했습니다.

안토니우스 네 아비가 아직 살아 있거든, 너를 딸로 낳지 못한 것을 후회하라고 해라. 그리고 너는 개선한 카이사르를 따르게 된 걸 후회해라. 그 사람을 따른 탓으로 매를 맞은 것이니까. 이제부턴 여자의 흰 손만 보면 열병에 걸린 듯 부들부들 떨려무나. 카이사르한테 돌아가서 네가 받은 대우를 보고해라. 내가 그 사람에게 화를 내더라고 잊지 말고 전해라. 그는 예전의 나를 잘 알면서 무시해 버리고, 지금의 내 처지만을 생각하여 오만불손한 것 같구나. 그가 나를 화나게 하는구나. 하긴 그렇게 하기에는 지금이 가장 좋을 테지. 전에는 나를 지켜 이끌어 주던 행운의 별들도 궤도를 비워 두고 떠나서, 그 빛을 지옥의 심연 속에 몰아넣고 말았으니까. 만일 내 말과 행동에 불만이 있거든, 내가 풀어준 노예 히파르코스가 그쪽에 가 있으니, 그놈을 때리든지 목을 조르든지 고문을 하든지 마음대로 해서 보복을 하라고 전해라. 채찍 자국을 지닌 채 어서 돌아가라! (티디아스 퇴장)

클레오파트라 이제 다 끝나셨어요?

안토니우스 아, 내 땅 위의 달님도 이제 기울고 말았어. 이건 바로 안토니우스 멸망의 징조다.

클레오파트라 흥분이 가라앉으실 때까지 나는 참고 기다릴 수밖에 없겠군요.

안토니우스 카이사르에게 아첨하기 위해 카이사르의 속옷 끈을 매는 종놈에게 추파를 보내다니!

클레오파트라 아직도 내 마음을 모르십니까?

안토니우스 냉정한 마음 말이오?

클레오파트라 아, 만약 그렇다면 하늘이여, 그 냉정한 마음에 우박이 생기게 하여 해롭게 만들고, 첫 덩어리를 제 목덜미에 내려주시옵소서. 그리고 그것이 녹자마자 제 목숨도 녹게 해주시옵소서! 제 자식들을 늠름한 이집트 국민 전체와 함께 우박들이 녹음과 동시에 무덤도 없이 쓰러뜨려, 마침내는 나일강의 파리나 각다귀의 밥이 되어 그 배 속에 파묻히게 하시옵소서!

안토니우스 그만하면 됐소. 카이사르는 알렉산드리아에 진을 치고 있소. 나는 그곳에서 결판을 내겠소. 우리 육군은 건재하고, 패해서 흩어진 해군 또한 다시 집결하여 위세가 당당하게 바다에 떠 있소. 어디에 가 있는가, 내 용기는? 여보, 내 말 듣고 있소? 전장에서 살아 돌아와서 그 입술에 입 맞출 때는 나는 적의 피로 젖어 있을 것이오. 이 칼을 가지고 역사에 이름을 날리리다. 아직 희망은 있소.

클레오파트라 아, 훌륭한 말씀이십니다.

안토니우스 평소보다 세 배나 더한 체력과 심장과 호흡을 가지고 잔인하게 싸우겠소. 내 운명이 행복했던 시절에는 재담만 잘한 놈도 목숨을 구해 주었소. 하지만 이제는 단단히 결심하고, 나를 방해하는 놈은 모조리 암흑으로 보내겠소. 자, 한 번 더 찬란한 밤을 가집시다. 우울한 부대장들을 불러들이오. 다시 한 번 술잔을 채우고, 어둠의 종을 조롱해 줍시다.

클레오파트라 오늘이 내 생일이에요. 간소하게 지낼 생각이었으나, 당신께서 본디의 안토니우스로 되돌아오셨으니, 나도 다시 클레오파트라가 되겠습니다.

안토니우스 잘해 봅시다.

클레오파트라 (시종에게) 부대장들을 모두 불러들여 다오.

안토니우스 그렇게 해라. 그들에게 할 말이 있으니까. 오늘 밤은 그들의 상처에서 술이 새어나올 때까지 마시게 하겠다. 자, 여왕, 아직도 희망은 남아 있소. 다음에 싸울 때는 죽음의 신이 내게 반하게 만들겠소. 그자가 휘두르는 죽음의 낫과 난 맞싸워 볼 테요. (아헤노바르부스만 남고 모두 퇴장)

아헤노바르부스 저 눈초리에는 번갯불도 쩔쩔매겠군. 절망에 미치면 너무도 겁이 나서 오히려 공포를 알지 못하거든. 저런 기분이면 비둘기도 타조를 쪼겠어. 장군은 지능이 줄어들더니 그만큼 심장이 부푼 모양이군. 그런데 용기가 분별을 잡아먹기 시작하면 마침내 용기는 싸우는 연장인 칼마저 삼키고 말거든. 이젠 그를 떠날 길을 찾아봐야겠다.

〔제4막 제1장〕

알렉산드리아 부근. 카이사르의 진영.
카이사르, 아그리파, 마이케나스, 군대를 거느리고 등장. 카이사르가 편지를 읽는다.

카이사르 그 사람은 나를 애송이라 부르고, 이집트에서 나를 격퇴할 힘이라도 가진 듯이 야단치고 있구려. 게다가 내 전령을 마구 매질했소. 그리고 나와 단둘이 맞서 싸우자고 도전했소. 안토니우스가 이 카이사르와! 나는 그런 방법이 아니라도 죽는 방법이 있노라고 그 늙은 악당에게 알려줘야겠소. 그동안 우린 그 사람의 도전을 비웃어 줄 수밖에.

마이케나스 잘 생각하셔야 합니다. 그렇게 큰 인물이 화를 내기 시작하면, 쓰러질 때까지 쫓기는 법이니까요. 숨 쉴 여유조차 주지 말고 그의 발광을 이용하십시오. 성난 자는 자기 자신을 지켜내지 못합니다.

카이사르 병사들에게 알리오. 내일 마지막 승패를 결판지을 생각이라고. 우리 군졸 안에는 최근까지 마르쿠스 안토니우스에게 충성하던 자들이 많이 있소. 그 수효만 가지고도 그자를 충분히 사로잡을 수 있을 거요. 그렇게 명령을 전달하고, 전군에게 술자리를 베푸시오. 물자는 넉넉하니, 그들은 큰

대접을 받을 만하오. 불쌍한 안토니우스 같으니! (모두 퇴장)

〔제4막 제2장〕

알렉산드리아. 클레오파트라 궁전.
안토니우스, 클레오파트라, 아헤노바르부스, 카르미안, 이라스, 알렉사스, 그 밖의
사람들 등장.

안토니우스　여보게, 아헤노바르부스, 그자는 나와 맞설 생각은 없을 거요.
안 그러오?

아헤노바르부스　맞서지 않을 겁니다.

안토니우스　왜 맞서지 않을까?

아헤노바르부스　그 사람은 자기 운이 스무 배나 좋으니, 자기가 스무 배나 힘
이 강하다고 생각하는 겁니다.

안토니우스　내일은 해륙 양면 작전을 실시할 계획이오. 나는 살아남든가 아
니면 명예롭게 전사하여 피의 세례를 받고 후세에 이름을 남기겠소. 그대도
분투해 주겠소?

아헤노바르부스　마땅히 그러겠습니다. "이판사판이다. 덤벼라!" 하고 소리쳐
주겠습니다.

안토니우스　좋은 말이오. 자, 내 하인들을 불러주오. 오늘 밤은 실컷 먹게 해
줘야겠소.

하인 서너 명 등장.

안토니우스　이봐, 손을 주게. 그대는 충성을 다해 주었어. 그대도 그랬고, 그
대도, 그리고 그대와 그대도. 그대들은 모두 잘 시중들어 주었어. 그리고 여
러 국왕들이 그대들의 동료였었지.

클레오파트라　(아헤노바르부스에게만 들리게) 무슨 뜻일까요?

아헤노바르부스　(클레오파트라에게만 들리게) 저건 슬픈 마음에서 튀어나오는
하나의 괴상한 변덕입니다.

안토니우스와 클레오파트라 287

안토니우스 그리고 그대도 충실했어. 내가 그대들 수효만큼 여러 개로 나누어지고, 그대들은 하나로 뭉쳐서 이 안토니우스가 돼줬으면 좋겠어. 시중들어 준 것만큼 내가 보답할 수 있도록 말이야.

모두 당치 않은 말씀이십니다.

안토니우스 음, 여보게들, 오늘 밤 내 시중 좀 들어주게. 잔이 넘치도록 실컷 술을 따라주게. 내 제국이 그대들같이 내 명령대로 되던 때처럼 내가 내 마음대로 할 수 있게 해주게.

클레오파트라 (아헤노바르부스에게만 들리게) 어쩌자는 걸까요?

아헤노바르부스 (클레오파트라에게만 들리게) 하인들을 울려보자는 것입니다.

안토니우스 오늘 밤 내 시중 좀 들어주게. 이것이 그대들 충성의 마지막이 될 거네. 아마 앞으론 나를 만나지 못할 거야. 만나게 되더라도 만신창이 된 시체나 보게 될 거야. 아마 그대들은 내일부터는 다른 주인을 섬기게 될 거네. 나는 이걸 마지막 작별로 알고 있네. 여보게들, 성실한 그대들을 내가 쫓아내지는 않겠네. 아니, 나는 그대들의 충성과 부부의 연을 맺은 주인같이 죽는 날까지 함께 있겠네. 오늘 밤 두어 시간만 시중들어 주게. 그 이상은 바라지 않을 테니. 그 보답은 신께서 내려주시옵소서!

아헤노바르부스 장군님, 왜 이렇게 사람들을 불안 속에 몰아넣으십니까? 보십시오, 모두 울고 있습니다. 저 또한 바보처럼 눈물이 나옵니다. 창피스럽습니다. 제발 저희를 여자같이 만들지 마십시오.

안토니우스 허, 허, 허! 난 추호도 그런 생각은 없었소! 그대들 눈물이 떨어지는 곳에 신의 은총이 자라나게 하시기를! 여보게들, 그대들은 내 말을 너무 슬픈 의미로 받아들이는군. 난 그대들을 위로하고자 그런 말을 한 거네. 그리고 오늘 밤은 밤새도록 횃불을 켜주기를 바란 것뿐이네. 내일은 염려 없을 거네. 죽어서의 명예보다는 살아서 승리의 길로 가보도록 하세. 자, 만찬회를 열고, 근심과 걱정은 술 속에 처넣어 버리세. (모두 퇴장)

〔제4막 제3장〕

같은 장소. 궁전 앞.
병사들 등장.

연극 〈안토니우스와 클레오파트라〉(1972) 찰톤 헤스톤이 각색한 이 영화에서 그는 안토니우스 역할을 맡았다.

병사 1 여보게, 내일이 드디어 결전의 날이군.
병사 2 어쨌든 결판은 날 거네. 잘해 보세. 그런데 시내에서 이상한 소문을 듣지 않았나?
병사 1 전혀 못 들었는걸. 도대체 무슨 소문인데?
병사 2 괜한 뜬소문이겠지. 잘 있게나.
병사 1 아, 잘 가게.

　　　다른 병사들 등장.

병사 2 여보게, 착실히 경계를 하게.
병사 3 자네도 잘하게. 그럼 이따 보세. (무대 네 구석으로 뿔뿔이 흩어져 선다)
병사 2 난 여기 있겠네. 내일 해군만 잘되면 육군은 모두 무사할 거네.
병사 1 용감무쌍한 육군이지. 게다가 결사의 각오들이야. (무대 밑에서 기묘한

안토니우스와 클레오파트라　289

음악 소리)

병사 2　쉬! 저 소리는?

병사 1　들어보세, 들어봐!

병사 2　조용히들!

병사 1　하늘에서 들려오는군.

병사 3　아냐, 땅 밑에서네.

병사 4　좋은 징조가 아닐까?

병사 3　웬걸.

병사 1　제발 조용히! 도대체 무슨 징조일까?

병사 2　이건 우리 장군님이 사랑하시는 헤라클레스 신이 장군님한테서 떠나는 징조인가 본데.

병사 1　저리 가서 물어보세. 다른 파수병들도 같은 소리를 들었는지를.

병사 2　여, 여보게들!

모두　여! 여! 자네들에게도 저 소리가 들리나?

병사 1　참 이상하지?

병사 3　여보게들, 들리는가? 자네들에게 들리는가?

병사 1　이 망대 끝까지 저 소리를 쫓아가서, 저 소리가 어떻게 그치는지 알아보세.

모두　그렇게 하세. 참 이상도 하지. (모두 퇴장)

〔제4막 제4장〕

　클레오파트라 궁전의 한 방.
　안토니우스, 클레오파트라, 카르미안, 그 밖에 시종들 등장.

안토니우스　에로스! 내 갑옷을 가져오게, 에로스!

클레오파트라　좀 주무세요.

안토니우스　염려 마오. 여보게 에로스, 내 갑옷을 가져오라니까. 에로스!

　에로스, 갑옷을 들고 등장.

안토니우스　여보게, 그 갑옷을 좀 입혀주게. 만일 오늘 행운이 비치지 않는다면, 그건 우리가 행운에 도전하기 때문이겠지. 자!

클레토파트라　나도 같이 거들어 드리겠어요. 이건 어떻게 하는 거죠?

안토니우스　아, 그만두오, 그만두오! 당신은 내 마음에 갑옷을 입혀주면 되는 거요. 아냐, 아냐, 이쪽이야, 이쪽.

클레오파트라　아, 내가 거들어 드리죠. 이건 이렇게 하는 게 아녜요.

안토니우스　음, 음. 이번엔 우리가 승리할 거야. 여보게, 이제 알겠나? 자네도 가서 갑옷을 입고 오게.

에로스　예, 곧 입고 나오겠습니다.

클레오파트라　조임쇠는 이렇게 매는 편이 좋지 않은가요?

안토니우스　훌륭하오, 훌륭해. 쉬기 위해 내 손으로 이걸 풀기 전에 이 조임쇠에 손대는 놈은 호통을 쳐주리다. 에로스, 자넨 솜씨가 서툴구먼. 자네보다는 우리 여왕님이 훨씬 더 솜씨 있게 시중들잖아. 어서 하게. 여왕, 나의 오늘 분투를 당신께 보여주고 싶구려! 오늘이야말로 진짜 용사다운 솜씨를 당신께 알게 해주고 싶구려!

무장을 한 병사 등장.

안토니우스　아침 일찍 잘 왔다. 넌 충실한 병사 같구나. 마음 내키는 일에는 일찍 일어나서, 즐겁게 뛰어나가게 마련이니까.

병사　장군님, 아직 이른 아침이지만 천 명의 군사가 완전무장을 하고 성문에서 대기하고 있습니다. (함성과 나팔 소리)

부대장들과 병사들 등장.

부대장　좋은 날씨입니다. 안녕히 주무셨습니까, 장군님?

모두　안녕하십니까, 장군님?

안토니우스　음, 참 화창한 날씨군. 아침부터 날씨가 활기 있군. 공명을 세우려고 결심한 젊은이의 마음처럼 말이다. (에로스에게) 음, 음, 그걸 좀 다오, 이리 다오…… 아 그래야지! 여왕, 잘 있어요. 앞으로는 어찌 되든, 자, 용사의 키스요. (클레오파트라에게 키스한다) 속된 인사에 이 이상 지체하고 있으면 마땅히 비난과 창피스런 비방만 살 뿐이오. 이만 작별하겠소. 강철 같은 대장부답게. 그럼 싸울 결심을 가진 용사들은 날 바싹 따르라. 전쟁터로 나가자. 이제 출발이다. (클레오파트라와 카르미안을 남겨두고 모두 퇴장)

카르미안 전하, 안으로 들어가시는 게 어떨지요?

클레오파트라 안내해라. 용감하게 출전하시는구나. 그분과 카이사르가 단둘이 맞서서 결전을 해줬으면 오죽이나 좋을까! 그때는 안토니우스가, 하지만······ 아니다, 앞장서라. (두 사람 퇴장)

〔제4막 제5장〕

알렉산드리아. 안토니우스의 진영.
나팔 소리. 안토니우스와 에로스 등장. 병사 한 명이 등장하여 두 사람과 마주친다.

병사 신들이시여, 오늘을 안토니우스 장군님께 행운의 날이 되게 해주시옵소서!

안토니우스 그대와 그 상처 자국이 가르쳐 준 대로 땅에서 싸울 것을 그랬어!

병사 그러셨다면 반역한 여러 국왕들과 오늘 아침 달아난 그 군인도 여전히 장군님 뒤를 따르고 있었을 것입니다.

안토니우스 오늘 아침에 달아나다니, 누가?

병사 누구냐고요? 언제나 장군님 곁에 있던 사람이지 누굽니까! 아헤노바르부스를 불러보십시오. 대답이 없을 것입니다. 아니, 카이사르의 진영에서 "이제 난 당신의 부하가 아니오"라고 대답해 올 것입니다.

안토니우스 그게 정말이냐?

병사 예, 그는 카이사르에게 갔습니다.

에로스 금품과 소지품은 놔두고 갔습니다.

안토니우스 정말 가버렸단 말이냐?

병사 정말 가버렸습니다.

안토니우스 여보게 에로스, 그자의 소지품을 보내주게, 어서. 하나도 남기지 말고. 부디 모두 보내주게. 그리고 편지를 써 보내게―내 서명을 하겠어―
가서 잘 지내라고 하게. 다시는 주인을 바꾸는 일이 없기를 내가 바란다고
하게. 아, 내 비운이 정직한 사람들까지 타락시키는구나! 어서 하게! 가여워
라, 아헤노바르부스! (모두 퇴장)

〔제4막 제6장〕

알렉산드리아. 카이사르의 진영.
나팔 소리. 카이사르, 아그리파, 아헤노바르부스, 그 밖의 사람들 등장.

카이사르 아그리파, 진군하여 전투를 시작하오. 내 목표는 안토니우스를 생
포하는 것일세. 그렇게 병사들에게 주지시키오.
아그리파 각하, 잘 알겠습니다. (퇴장)
카이사르 세계 평화의 시간은 다가왔다. 오늘이 승리의 날이 된다면 온 세계
에 올리브 잎이 무성해지리라.

전령 등장.

전령 안토니우스가 이미 출진했답니다.
카이사르 가서 아그리파에게 전해라. 적의 귀순병들을 최전선에 배치하라고.
그렇게 하면 안토니우스는 스스로 자기를 치는 셈이 아니겠느냐. (아헤노바
르부스만 남고 퇴장)
아헤노바르부스 알렉사스도 배반을 했다. 안토니우스의 명령으로 유대에 가
서는 헤롯 대왕을 설득해 카이사르께 마음을 기울이게 하고 주인인 안토니
우스를 버리게 했어. 그런데 카이사르는 그 공로에 대하여 그자를 교수형에
처했겠다. 그리고 투항한 카니디우스 일당은 직책은 얻었으나, 명예스런 신
임을 얻지 못하고 있잖는가. 내가 실수를 저질렀어. 너무나 가책이 심해 이
젠 기쁜 날은 영원히 없을 것 같구나.

카이사르의 한 병사 등장.

병사 아헤노바르부스, 안토니우스께서 당신의 소지품을 몽땅 보내오셨습니다. 선물까지 함께 말입니다. 전령이 제 초소에 찾아왔습니다. 지금 당신 막사에서 나귀 짐을 내리고 있는 중입니다.

아헤노바르부스 그건 그대가 가지시오.

병사 농담 마십시오, 아헤노바르부스. 제 말은 참말입니다. 심부름 온 자를 진중 밖에까지 전송해 주는 것이 좋을 듯싶습니다. 볼일만 없다면 제가 직접 그렇게 하면 좋겠습니다만. 어쨌든 당신의 황제는 과연 훌륭한 분이십니다. (퇴장)

아헤노바르부스 나야말로 세상에서 가장 나쁜 놈이구나. 이제 그것이 뼈저리게 느껴지는구나. 오 안토니우스, 한없이 너그러우신 분, 내가 좀더 충성을 바쳤다면 어떤 보수를 받았을는지, 내 배신조차 이렇게 황금의 영광을 받는 것을! 가슴이 터질 것만 같구나. 후회로 가슴이 터지지 않는다면 더 빠른 방법으로 당장 이 가슴을 때려 부숴야지. 하지만 절망에 가슴이 터지고 말 거야. 내가 그분과 맞싸우다니! 안 될 말이지. 자, 어디 수렁이나 찾아가서 빠져 죽자. 내 인생 마지막은 가장 더러운 곳이 가장 알맞다. (퇴장)

〔제4막 제7장〕

두 진영 사이의 전쟁터.
경종 소리. 북과 나팔 소리. 아그리파가 병사들과 등장.

아그리파 후퇴! 너무 많이 밀고 나왔어. 카이사르께서도 고전 중이시다. 적의 공격이 예상 밖에 강하구나. (모두 퇴장)

경종 소리. 안토니우스와 부상당한 스카루스 등장.

스카루스 오, 용감하신 황제 전하, 참 훌륭한 전투였습니다. 처음부터 이렇게 싸웠더라면 적들은 이마에 붕대를 두른 채 줄행랑을 쳤을 텐데 말입니다.

안토니우스 출혈이 심하군.

스카루스 아까만 해도 상처는 티(T)자 같았지만 이제는 에이치(H)자가 돼버렸습니다. (후퇴 나팔 소리)

안토니우스 적이 퇴각하는구나.

스카루스 놈들을 똥통 속에 밀어넣읍시다. 제 몸은 아직도 여섯 군데쯤 상처받을 곳이 남아 있습니다.

에로스 등장.

에로스 적이 달아납니다. 이 기회를 잘 이용하면 승리는 우리 것입니다.

스카루스 자, 놈들 등을 찔러서 토끼를 잡듯이 등 뒤에서 때려잡읍시다. 뛰어 달아나는 자를 때려잡는 일은 재밌거든요.

안토니우스 자네의 격려와 용감한 공로에 대해서는 나중에 충분히 보답하겠네. 자, 가보세.

스카루스 발은 절지만 뒤따라 가겠습니다. (모두 퇴장)

〔제4막 제8장〕

알렉산드리아의 성벽 아래.
경종 소리. 안토니우스, 군대를 거느리고 등장. 뒤이어 스카루스와 그 밖의 사람들 등장.

안토니우스 드디어 적을 그들의 진영까지 밀어냈구나. 누가 먼저 달려가서 여왕께 우리의 전과를 알려라. 내일은 해가 뜨기 전에, 오늘 달아난 놈들의 피를 흘려놓겠다. 자, 모두 수고들 했소. 다 용맹했소. 모두 충성을 위해서라기보다 저마다 자신을 위해서 잘 싸워줬소. 모두 저 트로이의 용사 헥토르 같았소. 시내로 들어가서 아내와 친구들을 얼싸안고서 오늘의 공훈을 이야기해 주오. 아마 그대들 상처에 얼룩진 피를 기쁨의 눈물로 씻어줄 거요. 명예스런 상처를 입맞춤으로 낫게 해줄 거요.

클레오파트라, 시종을 거느리고 등장.

안토니우스 (스카루스에게) 여보게, 자네 손을 이리 주게. 자네 공훈을 이 요정의 여왕에게 이야기해 주겠네. (클레오파트라에게) 오, 이 세상의 빛이여, 자, 무장을 한 내 목에 매달려 봐요. 그 모습 그대로 이 갑옷을 뚫고 내 심장에 뛰어 들어와서, 고동치는 그 심장 위에 당당하게 걸터앉아 봐요!

클레오파트라 군주 중의 군주! 오, 용감하고 위대한 용사, 당신은 이 세상에서 가장 큰 덫에도 잡히지 않으시고 웃으며 돌아오셨구려?

안토니우스 나의 나이팅게일이여! 우린 적을 무덤으로 밀어냈소. 이걸 보오, 이렇게 머리가 희끗희끗해지긴 했어도, 아직은 근력을 기르고 젊은이와 다툴 만한 두뇌는 가지고 있소. 저 사람을 좀 보시오. 호의를 베풀어 당신 손에 저 사람의 입술을 갖다 대게 해주구려. 여보게 용사, 여왕 손에 입을 맞추게. 그의 오늘 분투는 마치 신이 인류를 증오하는 나머지 사람 탈을 쓰고 나와 마구 파괴하는 것만 같았소.

클레오파트라 그대에게 순금 갑옷을 내리겠어요. 그건 전에 어떤 국왕의 소유였지요.

안토니우스 저 사람은 그걸 받을 만하오. 거룩한 태양신의 수레처럼 홍옥이 박힌 물건이더라도 말이오. 여보게, 손을 이리 주게. 알렉산드리아의 거리를 즐겁게 행진하며 만신창이가 된 방패들을 그 소유자답게 메고 나가도록 하세. 궁전에 이 군대가 다 들어갈 자리만 있다면, 함께 잔치를 열고 왕들의 흥망을 판가름할 내일의 운명에 대하여 축배를 들고 싶구려. 나팔수들아, 드높은 소리로 시내 사람들의 귀들을 찢고, 요란한 북소리와 합세하여 하늘과 땅을 뒤흔들어라. 그러면 하늘과 땅도 메아리치며 우리의 개선을 찬양하리라. (모두 퇴장)

〔제4막 제9장〕

카이사르의 진영.
보초대장과 보초병들 등장.

보초대장 이 시간 안에 교대를 해주지 않아도, 보초막으로 돌아가야 해. 오늘 밤은 밝군. 새벽 2시까지는 전투 준비를 끝내야 한다네.

보초 1 어제는 우리 쪽이 혼이 났죠.

아헤노바르부스 등장.

아헤노바르부스 오, 증인이 돼다오, 밤이여…….

보초 2 저 사람은 누굴까?

보초 1 숨어서 엿들어 보자.

아헤노바르부스 성스러운 달님이여, 저의 증인이 돼주소서. 반역자는 그 가
증스런 이름을 기록에 남기게 되겠지만, 이 불쌍한 아헤노바르부스는 그대
앞에서 후회를 하더라도 증언해 주소서!

보초대장 아헤노바르부스?

보초 2 쉬! 좀더 엿들어 봅시다.

아헤노바르부스 오, 우울의 여왕, 달의 여신이여, 밤의 유독한 습기를 내리셔
서 제 본심에 반역한 이 목숨을 더 부지하지 못하게 해주소서. 이 심장을
돌같이 단단한 제 잘못에 내던져, 슬픔에 말라 있는 심장을 부수어 가루를
만들고 더러운 생각일랑 뿌리를 뽑아주소서. 오, 안토니우스, 비열한 저의
반역 행위와는 달리 고결하신 분이여, 당신만은 저를 용서해 주소서. 세상
이 저에게 배반자, 탈주자의 낙인을 찍는 건 상관없습니다. 오, 안토니우스!
오, 안토니우스! (죽는다)

보초 2 말을 걸어봅시다.

보초대장 좀더 들어보자. 카이사르와 관계 있는 말을 할지 모르니까.

보초 2 그러죠. 하지만 잠이 들었나 본데요.

보초대장 아냐, 실신했나 본데. 잠자기 전의 기도치고는 좀 이상했거든.

보초 1 옆으로 가봐요.

보초 2 일어나시오. 여보시오. 일어나시오! 어디 말 좀 해보시오.

보초 1 여보시오, 우리 말이 안 들리오?

보초대장 죽음의 손이 벌써 닿았군. (멀리서 북소리) 저봐! 엄숙한 북소리가 잠
자는 사람들을 깨우고 있잖나. 이분을 보초막으로 옮기세. 지위 있는 분이
네. 우리 근무 시간은 끝났어.

보초 2 자 그럼, 그렇게 합시다. 되살아날지도 모르니까요. (모두, 시체를 운반해

나간다)

〔제4막 제10장〕

두 진영의 중간 지점.
안토니우스와 스카루스, 군사를 거느리고 등장.

안토니우스　오늘은 적이 해전을 준비하는군. 지상전을 하면 아마 좋아하지
　않겠지.
스카루스　수륙 양전 태세로 나가십시다.
안토니우스　차라리 불 속에서나 공중에서 공격해 줬으면 좋겠군. 어디서나
　상대해 줄 테다. 그건 그렇고 정세는 이러하네. 우리 보병은 시가지에 인접
　한 저 언덕 위에 진을 치고 날 기다리기로 했어. 해군에도 명령을 내려놓았
　지. 벌써 출항을 했네. 적의 장비를 충분히 볼 수 있는 저 언덕으로 가서 적
　의 작전을 살피세. (모두 퇴장)

〔제4막 제11장〕

같은 장소의 또 다른 곳.
카이사르, 군사를 거느리고 등장.

카이사르　적이 공격할 때까지 우린 땅에서 꼼짝 말고 있어야 한다. 하지만
　아마 공격은 없을 거다. 적의 정예부대는 함선에 올라 있으니까. 계곡으로
　진군해서 가장 유리한 곳에 진을 치도록 하라. (안토니우스와 반대 방향으로 퇴
　장)

〔제4막 제12장〕

같은 장소의 또 다른 곳.
안토니우스와 스카루스 등장.

안토니우스 아직 접전해 오지 않는구나. 저기 저 소나무가 서 있는 곳에 가면 환히 보일 테지. 전황을 알리러 곧 돌아오겠다. (퇴장)

스카루스 제비들이 클레오파트라의 돛에 집을 지어놓았는데 점쟁이들도 모른다고, 알 수 없다고만 하는군. 우울한 표정을 하고는, 알면서도 감히 입밖에 내지 않고 있어. 안토니우스 장군은 용맹한 태도를 보이시다가도 허탈해서. 그리고 행운과 불운이 엇갈릴 때마다 자신감을 갖다가도 곧 두려움에 휩싸이곤 하시지. (멀리서 해전의 경종 소리)

안토니우스 다시 등장.

안토니우스 다 틀렸다! 저 빌어먹을 이집트 계집이 날 배신했어. 우리 함대는 적에게 항복했어. 그리고 모자를 높이 던지면서 오랜만에 만난 친구들처럼 함께 축배를 들고 있어. 삼중으로 굴러먹는 창녀 같으니! 그래 풋내기한테 날 팔아먹는단 말인가. 내 마음은 오직 이년하고만 싸우는군. 다들 달아나라지! 내 저 요녀한테 복수만 하면 소원은 없어. 다들 달아나라지, 다! (스카루스 퇴장) 오, 태양이여, 이제 나는 네가 뜨는 것도 영영 보지 못하겠구나. 운명아, 안토니우스는 여기서 작별하는구나. 바로 여기서 작별의 악수를 하는구나! 이 꼴이 되고 마는구나! 내 발꿈치에 아첨하던 무리들에게 나는 그들의 소원대로 해줬건만, 이제 그들은 녹기 시작하여 행운이 한창인 카이사르한테 달콤하게 녹아드는구나. 그것들 위에 높이 솟은 푸른 소나무는 껍질을 벗고 마는구나. 난 속았어. 아, 저 비열한 이집트년 같으니! 저 지독한 요녀 같으니! 그년의 눈이 전군을 내보내고 불러들이곤 했는데. 그년의 가슴은 나의 왕관이요, 나의 주요 목표였는데. 한데 그것이 이제 진짜 집시처럼 술책을 써서 날 카이사르에게로 몰아넣고 말았군. 여봐라, 에로스, 에로스!

클레오파트라 등장.

안토니우스 오, 마녀 같으니! 꺼져!
클레오파트라 아니 왜 내게 화를 내세요?

안토니우스　꺼져버려. 망설이고 있으면 그만한 처분을 내려서 카이사르의 개선 행진을 꼴보기 싫게 해놓을 테다. 카이사르보고 데려가 달라 하고, 아우성치는 평민들에게 들어올려 달래라. 여성 전체의 치욕을 대표하여 그 작자의 개선 마차를 따라가지그래. 천하에 둘도 없는 괴물인 양 한 푼이나 두 푼짜리 구경거리가 되고, 참을성 있는 옥타비아의 손톱에 낯짝이나 할퀴어라. (클레오파트라 퇴장) 살아 있고 싶으면 그렇게 물러가야지. 하지만 내 분노에 쓰러지는 편이 더 나을걸. 한 번 죽으면 두 번 죽지는 않을 테니까. 여봐라, 에로스! 독이 든 네소스*¹의 옷이 내게 입혀진 거다. 나의 조상 헤라클레스여, 당신의 분노를 좀 가르쳐 주소서. 내가 당신의 시종 리카스를 내던져서, 초승달 뿔에 걸어놓게 해주소서. 그리고 세상에서 가장 무거운 몽둥이를 쥔 당신의 그 손으로, 훌륭한 혈통을 받은 이 사람을 때려죽여 주소서…… 그 마녀 같은 년을 죽여버려야지. 그년이 날 로마의 풋내기 녀석한테 팔아먹었지. 그래서 난 그 음모 아래 쓰러지고 마는구나. 그 보복으로 그년은 죽어야 해. 여봐라, 에로스! (화를 내며 퇴장)

〔제4막 제13장〕

알렉산드리아. 클레오파트라의 궁전.
클레오파트라, 카르미안, 이라스, 마르디안 등장.

클레오파트라　여봐라, 날 좀 도와줘! 아, 저분은 방패를 탐해 미쳤다는 텔라몬보다 더 날뛰고 계셔. 테살리아의 멧돼지도 그렇게는 설쳐대지 않았을 거다.
카르미안　종묘(宗廟)로 가세요! 그리고 문을 잠근 뒤에 그분께 사람을 보내 여왕님이 죽었다는 소식을 전하세요. 위대한 분이 힘과 작별하실 때가 영혼이 육체에서 떠날 때보다 더 무서운 법이랍니다.

---

*1 그리스 신화에 나오는 반인반마(半人半馬). 네소스는 헤라클레스의 아내 데이아네이라를 겁탈하려다가 헤라클레스가 쏜 독화살에 맞았는데, 죽기 직전 그녀에게 남편의 애정이 식었을 때 자신의 피를 묻힌 옷을 입히면 사랑을 되찾을 수 있을 거라 말했다. 나중에 이 옷을 입게 된 헤라클레스는 고통스럽게 죽는다.

클레오파트라 종묘로 가자! 마르디안은 그분께 가서 내가 자결했다고 전해라. 그리고 마지막에 "안토니우스" 하고 불렀다고 말해라. 그 말을 애달프게 해라. 그럼 가봐라, 마르디안. 그분이 내 죽음을 어떻게 보는지 알아오너라. 종묘로 가자! (모두 퇴장)

〔제4막 제14장〕

같은 장소. 다른 방.
안토니우스와 에로스 등장.

안토니우스 에로스, 그대에겐 아직도 내가 나같이 보이는가?

에로스 예, 장군님.

안토니우스 어느 때는 구름이 용 모양처럼 보이고, 어느 때는 곰이나 사자, 우뚝 솟은 성, 불쑥 튀어나온 암석, 갈라진 산 또는 나무들이 푸른 곶같이 변하여, 그것이 이 땅을 내려다보며 공중에서 우리의 눈을 속인다. 그대도 그런 형상을 보았겠지. 모두 다 저녁놀이 만들어 내는 광경일세.

에로스 예, 장군님.

안토니우스 방금 말같이 보이던 것이 어느새 구름이 흩어지고 희미해지거든. 물이 물속에 사라지듯이.

에로스 예, 그렇습니다, 장군님.

안토니우스 이보게, 에로스, 지금 그대의 대장이 바로 그렇네. 오늘은 내가 안토니우스지만, 이제는 이 형태를 유지할 수가 없네. 이번 전쟁은 이집트 여왕을 위해서 했지. 그런데 여왕은—여왕의 마음은 내 것인 줄만 알았어. 내 마음은 여왕의 것이 되었으니 말이야. 이제는 잃고 없으나 내 마음이 내 것이던 시절엔 수백만 명의 마음을 모아보기도 했지—카이사르에게 좋은 패를 던져주고, 꾀를 부려서 내 명예를 적의 개선 행진에 팔아먹었어. 아냐, 울지 말게, 에로스. 우리를 끝낼 방법은 아직 우리에게 남아 있네.

마르디안 등장.

안토니우스 오, 네 비열한 여주인이 내 칼을 빼앗았다.

마르디안 아닙니다, 안토니우스 장군님. 여왕 전하는 장군님을 사랑하셨습니다. 장군님과는 일심동체이셨습니다.

안토니우스 썩 물러가라. 무례한 내시 놈, 입 닥쳐! 여왕은 나를 배반했어. 사형에 처해야 마땅해.

마르디안 사람의 목숨은 한 번뿐입니다. 그런데 여왕님은 이미 죽음을 치러버리셨습니다. 장군님께서 소망하신 대로 끝나고 말았습니다. 여왕님은 마지막에 "안토니우스! 훌륭하신 안토니우스!" 하고 말씀하셨습니다. 그런데 찢는 듯한 신음에 안토니우스의 이름은 입 밖에 채 나오지도 못하고, 가슴과 입 사이에서 끊어졌습니다. 장군님의 이름을 가슴속에 묻은 채 숨을 거두셨습니다.

안토니우스 그럼, 죽었단 말이냐?

마르디안 예, 승하하셨습니다

안토니우스 에로스, 갑옷 좀 벗겨다오. 긴 하루의 일이 끝났으니 이제 잠이나 자야겠다. (마르디안에게) 무사히 돌려보내 주는 것만으로도 과분한 수고값으로 알아라. 어서 가라. (마르디안 퇴장) 벗겨주게. 자, 어서 벗겨주게. 텔라몬의 일곱 겹 방패도 터질 듯한 이 심장을 억누르지는 못할 거다. 오, 터져라, 이 옆구리야! 심장아, 오늘만은 가슴보다도 강해져서 너의 그 약한 집을 박살내 다오! 어서 해, 에로스! (갑옷 벗기는 일이 끝난다) 이젠 용사가 아니로구나. 만신창이 방패야, 잘 있어라. 여태껏 훌륭한 역할을 해왔었지. 잠시 저리로 가 있게. (에로스 퇴장) 여왕, 먼저 가 있어주오. 클레오파트라, 나도 곧 따라가서 눈물로 용서를 빌리다. 그것밖에 달리 도리가 없지. 지금은 사는 것도 고통이니까. 횃불이 다 탔으니 누워 자자. 더 헤맬 것도 없고, 이젠 허덕인들 모두 헛수고지. 아무리 허덕여 봐도 제 힘에 올가미를 씌울 뿐이니까. 자, 도장을 찍고 모든 일을 끝맺자꾸나. 여보게 에로스!—나도 가리다, 여왕—여보게 에로스!—여왕, 날 좀 기다리오. 넋들이 꽃밭에 누워 있는 저승에서 같이 손을 맞잡고 흥겹게 놀며 유령들을 놀라게 해줍시다. 디도와 아이네이아스를 시중들던 이들 유령의 무리들을 모두 우리 종으로 삼읍시다—여보게 에로스, 에로스!

에로스 다시 등장.

에로스 무슨 일이십니까?

안토니우스 클레오파트라는 죽었는데, 내가 이런 치욕 속에 목숨을 이어가고 있다니 신들도 나의 비열함을 증오하실 걸세. 이 칼을 가지고 세계를 네 조각 내고, 푸른 넵투누스의 등에 함대를 가지고 도시를 만들던 나는 한 여인의 용기만큼도 가지지 못했단 말인가...... 죽음으로 "나는 나 자신의 정복자"라며 카이사르에게 외친 한 여인보다도 나는 비열하단 말인가. 에로스, 자네는 맹세를 했어. 사태가 위급할 때, 지금이 바로 그러하네만, 치욕과 공포에 휩싸여 스스로 아무것도 하지 못할 때 자네가 내 명을 받아 날 죽여 준다고. 그렇게 해주게. 그때가 왔네. 그건 날 찌르는 게 아니라 카이사르를 찌르는 거라네. 자, 용기를 내게.

에로스 신들이여, 막아주소서! 파르티아 놈들이 던지는 창조차 빗나가고 맞히지 못했는데 제가 어찌 감히 손을 대겠습니까?

안토니우스 에로스, 자네는 위대한 로마 거리의 창가에 서서, 자네 주인이 팔이 묶여 굴복하여 고개를 수그리고 뼈저린 치욕에 낯을 들지 못하는 꼴을 보겠단 말인가. 행운아인 카이사르의 전차 뒤를 창피의 낙인이 찍혀 끌려가는 꼴을 보겠단 말인가?

에로스 천만의 말씀입니다.

안토니우스 그럼 자, 나는 상처를 입어야만 마음이 낫는다. 그 정직한 칼을 빼라. 나라를 위하여 그렇게도 유용하게 차고 다니던 그 칼을.

에로스 아, 그것만은 용서해 주십시오!

안토니우스 내가 자네를 자유인으로 해방시켰을 때 자네는 맹세하지 않았는가. 내가 명하면 그렇게 하겠다고. 어서 해. 하지 않으면 이제까지의 자네 충성은 모두 의미 없는 헛것이지 뭔가. 어서 빼라, 자.

에로스 그럼 얼굴을 돌려주십시오. 온 세계의 존경을 모으고 계시던 그 얼굴을.

안토니우스 (얼굴을 돌린다) 이러면 됐느냐!

에로스 칼을 뺐습니다.

안토니우스 그럼 그 목적을 당장 실행하게.

에로스 주인님, 저의 장군님, 저의 황제님, 제가 무참한 짓을 하기 전에 작별 인사나 하게 해주십시오.

안토니우스 참 그렇구나. 그럼 잘 있거라.

에로스 안녕히 가십시오, 장군님. 그럼 실행할까요?

안토니우스 그래라, 에로스.

에로스 그럼 자, 이렇게……(자신을 찌른다) 이렇게 해서 안토니우스의 죽음을 보는 슬픔을 피해야지. (죽는다)

안토니우스 나보다는 몇 배나 고결한 위인이로구나! 아, 용감한 에로스! 너는 내게 가르쳐 주는구나. 내가 해야 할 일과 네가 날 대신해서 할 수 없는 일을. 여왕과 에로스는 그 용감한 교훈으로 나를 뛰어넘는 아름다운 이름을 기록에 남겨놓았구나. 이제 나도 죽음의 신랑이 되어 연인의 신방에 달려가듯이 죽음으로 달려가야지. 자, 그럼 에로스, 너의 주인은 네가 보여준 가르침을 따라 죽겠다. 자, 이건 (그의 칼 위에 쓰러지면서) 너한테 배웠지. 아니! 아직 죽지 않았단 말인가! 아직도 죽지 않았다니! 거기 호위병이 없느냐! 아, 어서 좀 나를 죽여다오!

데크레타스와 호위병들 등장.

호위병 1 무슨 소릴까?

안토니우스 여봐라, 난 서툰 짓을 해놓았다. 자, 어서 끝을 맺어다오.

호위병 2 별이 떨어지고 말았구나.

호위병 1 그리고 세상도 종말이 왔어.

모두 아, 이럴 수가!

안토니우스 날 사랑한다면 누가 좀 죽여다오.

호위병 1 난 못 해.

호위병 2 나도 못 해.

호위병 3 아무도 못 해. (모두 달아난다)

데크레타스 그런 죽음에 그런 운명이니까 부하들이 도망치는 것도 마땅하지. 이 소식과 함께 저 칼을 카이사르 장군에게 가져가면 그분은 기꺼이 날 받아들여 주겠지.

데크레타스 퇴장하려고 돌아서자, 디오메데스 등장.

디오메데스 안토니우스는 어디 계십니까?

데크레타스 (안토니우스의 칼을 자기 외투 밑에 감추면서) 저기 계시오, 저기.

디오메데스 그분은 살아 계십니까? 데크레타스, 왜 대답하지 않죠? (데크레타스 살그머니 퇴장)

안토니우스 디오메데스, 거기 있었느냐? 네 칼로 힘껏 나를 쳐서 죽게 해다오.

디오메데스 각하, 저는 클레오파트라 여왕님의 명을 받고 왔습니다.

안토니우스 명을 받고 오다니, 언제?

디오메데스 바로 지금입니다.

안토니우스 여왕은 어디 계시냐?

디오메데스 종묘 안에 문을 걸어 잠그고 계십니다. 이런 일이 있지나 않을까 하고, 여왕님은 걱정하시던 참이셨습니다. 여왕님은 카이사르와 결탁했다는 의심을 받고—사실 근거 없는 이야기입니다만—노여움을 씻어드릴 길이 막막하자 자살하셨다는 소식을 이리로 보내셨던 것입니다. 그러나 만일을 우려하신 끝에 저를 보내 이렇게 사실을 알리도록 하셨습니다. 그런데 제가 너무 늦게 왔나 봅니다.

안토니우스 너무 늦었어, 디오메데스. 내 호위병들을 좀 불러주게.

디오메데스 호위병! 호위병, 각하께서 부르신다.

안토니우스의 호위병 네댓 명 등장.

안토니우스 너희들, 클레오파트라 여왕이 있는 곳으로 날 데려가라. 이건 내가 너희들에게 내리는 마지막 명령이다.

호위병 1 아, 이럴 수가. 충성스런 부하들을 버려두고 먼저 가시다니.

모두 이렇게 슬픈 일이 또 있을까!

안토니우스 아니다, 여봐라, 그렇게 슬퍼들 하면 심술궂은 운명이 좋아할 뿐이다. 우리를 벌주려고 찾아오는 운명을 환영하고 가볍게 넘기는 것이, 도리어 우리가 운명을 벌주는 셈이 된다. 날 좀 들어올려라. 이제까지 내가 너희들을 이끌고 다녔으나, 이번엔 너희들이 나를 이끌어 그녀에게 데려가 준다면 고맙겠구나. (모두 안토니우스를 방패에 싣고 퇴장)

〔제4막 제15장〕

알렉산드리아. 클레오파트라의 종묘.
종묘는 네모의 석조 평지붕. 외곽 담 중앙에 있는 문은 엄중하게 빗장이 걸려 있다.
클레오파트라, 카르미안, 시녀들, 안에서 밖으로 통하는 계단으로 지붕 위로 등장.

클레오파트라 카르미안, 나는 이곳에서 한 발짝도 나가지 않겠다.
카르미안 기운을 내십시오, 전하.
클레오파트라 아니다, 절대로 밖에는 나가지 않겠다. 제아무리 기괴하고 무서운 일이 일어날지라도 기꺼이 환영하겠다. 그러나 위안은 필요없다. 원인이 큰 만큼 나의 슬픔도 그만큼 커야 할 것 아니겠느냐.

디오메데스가 아래에서 등장.

클레오파트라 어떻더냐? 장군님은 돌아가셨더냐?
디오메데스 위독하십니다만 아직 살아 계십니다. 종묘 저쪽을 좀 보십시오.
(손가락으로 가리킨다) 호위병들이 지금 저렇게 모셔오는 중입니다.

안토니우스, 호위병들에게 운반되어서 아래에서 등장.

클레오파트라 오, 태양아, 네가 돌고 있는 그 거대한 궤도를 태워버려라! 온세계가 어둠에 휩싸여 버려라! 오, 안토니우스, 안토니우스! 도와드려라, 카르미안, 도와드려라. 이라스, 도와드려라. 아래 있는 사람들도 함께 도와서 장군님을 이리 끌어올려라.
안토니우스 조용히 하오! 카이사르의 용맹이 이 안토니우스를 쓰러뜨린 것이 아니오. 안토니우스의 용기가 스스로를 이긴 것이오.
클레오파트라 그렇고말고요. 안토니우스를 정복할 사람은 안토니우스 자신

4막 15장, 치명상을 입은 안토니우스가 클레오파트라가 있는 종묘 위로 끌어올려지고 있는 장면

밖에는 없으니까요. 하지만 슬픈 일이에요.

안토니우스 이집트 여왕이여, 나는 곧 죽게 되오. 그러나 잠시 동안의 목숨
이 아쉽구려. 수천 번 키스를 해왔으나 이번엔 서럽게도 마지막 입맞춤을
당신 입술에 남겨놓고 싶으니 말이오.

클레오파트라 용서해 주세요. 무서워서 문을 열어드릴 수가 없어요. 붙잡힐까봐 겁이 나요. 저 행운아 카이사르의 개선 장식물이 되진 않겠어요. 칼이든 독약이든 독사이든, 매서운 칼날이나 효력이나 침을 가지고 있는 한은 말입니다. 나는 안전합니다. 얌전한 눈매와 무언의 관찰력을 가진 당신의 아내 옥타비아가 고소하게 날 바라보는 기쁨을 갖게 하지는 않겠어요. 하지만 자, 안토니우스—애들아, 좀 도와다오—이리 올려 모셔야겠다. 자 다들 도와다오. (줄을 늘어뜨리자 병사들이 안토니우스가 타고 있는 방패에 맨다)

안토니우스 아, 어서 해, 나는 죽어가고 있다. (위에서 끌어올리기 시작한다)

클레오파트라 이건 꼭 고기를 낚고 있는 것 같구나! 이이는 참 무겁기도 하네! 우리의 힘은 죄와 슬픔 속에 빠지고 없어. 그래서 이렇게 더욱 무거운 거야. 내가 유노 신의 힘만 가졌다면 날개가 힘센 저 메르쿠리우스 신을 시켜 당신을 받들어 올려 유피테르 신 옆에 모시게 하겠건만. 아무튼 좀더 가까이 오세요. 마음속으로만 바라는 자는 바보지. 아, 자, 자, 오세요. (시녀들이 안토니우스를 클레오파트라 곁으로 끌어 올린다) 참 잘 오셨어요! 당신이 살던 내 가슴속에서 운명하세요. 어서 키스해 주세요. 내 입술에 그런 힘이 있다면 이 입술이 다 닳도록 이렇게 입맞추겠어요. (안토니우스와 키스를 한다)

시녀들 아, 참혹한 광경이다.

안토니우스 여보, 이집트 여왕, 나는 이제 곧 죽소, 죽어. 술을 좀 주시오. 그리고 나 할 말이 있소.

클레오파트라 안 됩니다, 말은 내가 하지요. 저 말괄량이 같은 하찮은 운명의 여신이 내 악담에 분개하여 자기 수레바퀴를 제 손으로 부술 만큼 지독하게 욕설을 해주고 싶어요.

안토니우스 한마디만, 여왕. 카이사르한테 당신의 명예와 안전을 요청하구려…… 아!

클레오파트라 그 두 가지는 함께할 수 없어요.

안토니우스 들으시오, 여왕. 카이사르 측근들 가운데에서 믿을 수 있는 자는 프로쿨레이우스뿐이오.

클레오파트라 나는 내 결심과 두 손만을 믿겠어요. 카이사르 측근도 다 소용없어요.

안토니우스 나의 비참한 마지막 모습을 비탄하지 말아주오. 오히려 세상에서 가장 위대하고 가장 고귀한 군주였던 내 지난날의 행운을 떠올리며 기뻐해 주오. 천한 죽음은 맞지 않겠소. 비겁하게 투구를 같은 나라 사람 손에 강제로 벗지는 않겠소…… 로마인이 로마인과 용감하게 싸워 쓰러지고만 거요. 지금 내 영혼은 떠나오. 이젠 됐소.

클레오파트라 이 세상에 더없이 숭고하신 분, 이것이 마지막인가요? 나를 내버려 둘 작정이신가요? 당신이 없으면 돼지우리만도 못한 이 지루한 세상에 나 혼자 남아 있으란 말씀입니까? (안토니우스 죽는다) 아, 시녀들아…… 세상의 왕관이 녹는구나. 안토니우스! 아, 전쟁의 화환은 시들고 무인의 기둥은 쓰러지고 말았어. 이제는 어린 소년 소녀가 어른과 어울리게 되어 차이라는 것이 없어져 버렸어. 그리고 이 세상을 내려다보는 달님 아래에는 뛰어난 것이라곤 없어졌구나.

카르미안 진정하세요, 전하! (클레오파트라 실신한다)

이라스 드디어 우리 여왕님까지.

카르미안 여왕 전하!

이라스 전하!

카르미안 오 여왕 전하, 전하, 전하!

이라스 이집트 여왕 전하! 전하! (클레오파트라 다시 깨어난다)

카르미안 조용히 해, 이라스!

클레오파트라 이제 나는 한낱 여인밖에 안 된다. 비천한 감정을 가진 것으로 보아 소젖을 짜는 천덕꾸러기 계집과 다를 바 없구나. 내 홀(笏)을 저 심술쟁이 신들에게 팽개치고, 내 보석을 도둑맞기까지는 이 세계도 너희들 신의 세계와 다름없었노라고 쏘아주고 싶구나. 이제 모든 것이 덧없다. 인내는 바보짓, 조바심은 미친 개수작. 그러니 죽음이 밀어닥치기 전에 그 비밀의 집에 달려든다고 죄가 된단 말인가? 왜 그러니, 얘들아? 아, 아, 기운을 내라! 아니 왜 그래, 카르미안? 훌륭한 시녀들아! 아, 얘들아, 내 등불은 다 타고 꺼지지 않았느냐! 얘들아, 용기를 내라. 먼저 장례를 치러드려야지. 그러고 나서 용감하게, 훌륭하게 로마의 고상한 격식에 따라 죽음의 신이 자랑스럽게 나를 잡아가도록 해야지. 자, 저리들 가자. 저 거대한 영혼의 집이 이젠 차디차구나. 아, 얘들아, 얘들아! 자, 이제는 굳은 결심과 짧은 최후만이 벗이로구나. (모두 안토니우스의 시체를 운반해 나간다)

알렉산드리아. 카이사르의 진영.

카이사르, 아그리파, 돌라벨라, 마이케나스, 프로쿨레이우스, 그 밖의 사람들 등장.

카이사르 여봐라, 돌라벨라, 그 사람한테 가서 항복을 권해라. 그토록 패배당한 채 망설이는 건 가소로운 일이라고 전해라.

돌라벨라 예, 그리하겠습니다. (퇴장)

데크레타스가 안토니우스의 칼을 들고 등장.

카이사르 무슨 일이냐? 그대는 누구이기에 감히 우리 앞에 나타났느냐?

데크레타스 데크레타스라고 합니다. 마르쿠스 안토니우스를 모시던 사람입니다. 안토니우스는 충성을 받기에 아주 알맞은 분이셨습니다. 그분이 살아 계신 동안 저는 그분을 주인으로 섬기고, 이 목숨을 바쳐 그분의 적과 싸워왔습니다. 각하께서 저를 받아주신다면, 그분께 봉사했듯이 카이사르께 충성을 바치겠습니다. 만일 싫으시다면 이 목숨을 내놓겠습니다.

카이사르 그게 무슨 뜻이냐?

데크레타스 예, 각하, 안토니우스는 운명하셨습니다.

카이사르 그토록 위대한 자의 파멸에는 엄청난 진동이 들려왔어야 한다. 이 둥근 세계가 흔들려 사자 떼들은 평온한 거리에 몰려오고, 시민들은 그것들을 굴속으로 몰아넣으려 소동이 벌어졌어야 한다. 안토니우스의 죽음은 한낱 개인의 죽음이 아니다. 그의 이름에는 세계의 반이 걸려 있으니까.

데크레타스 카이사르 각하, 그분은 돌아가셨습니다. 정의라는 이름의 공적 집행에 의해서나 암살자의 칼에 걸려서가 아니라, 그 용감한 이름을 후세에 남기도록 자기 손으로 심장이 주는 용기를 가지고 바로 그 심장을 찌르셨습니다. 이것이 그분의 칼인데, 그분의 심장에서 뽑은 것입니다. 보십시오, 그분의 비할 바 없이 고귀한 피가 이렇게 묻어 있습니다.

카이사르 여보게, 그대들은 슬픈가 보군. 그럴 테지, 이 비통한 소식을 들으면 틀림없이 여러 왕들도 눈시울이 뜨거워질 거요.

아그리파 참 이상합니다. 저희들이 가장 바라던 일이 마침내 이루어졌는데 슬퍼하지 않을 수 없으니 말입니다.

마이케나스 그분은 결점과 미덕을 반반씩 지닌 사람이었습니다.

아그리파 지도자로서 예사롭지 않은 인물이었지요. 그러나 신은 우리에게 무언가 결점을 주어 우리를 인간에 그치게 하시는군요. 카이사르께서도 감동하고 계시는군요.

마이케나스 그토록 훌륭한 거울이 눈앞에 놓이면 자신을 비쳐 보지 않을 수 없는 일이죠.

카이사르 오, 안토니우스! 내 그대를 뒤쫓아서 여기까지 이르게 했구려. 그러나 인간은 병을 고치기 위해 제 몸을 도려내기도 하는 법이오. 나의 마지막을 그대에게 보이든가, 그대의 마지막을 내가 보든가 할 수밖에 없는 운명이었지. 넓은 세상이지만 함께 살 수는 없는 일이었소. 심장의 피와 같이 소중한 눈물을 흘리며 슬퍼하게 해주오. 그대 나의 형제여, 온갖 정책에서 나의 경쟁자여, 제국에서의 나의 짝이여, 전선에서는 나의 친구이자 동료여, 내 몸의 팔이여, 나의 마음에 불을 붙이는 심장이던 그대여, 화해할 수 없는 동등한 우리 두 사람의 별이 어깨를 나란히 하지 못하고 이 지경이 되고 말다니. 아, 여보게들······.

이집트인 등장.

카이사르 아냐, 내 이야긴 좀더 좋은 틈을 타서 해주겠소. 저자가 내게 무슨 볼일이 있나 보구나. 저자의 사연을 들어보기로 하자. 그래, 어디서 왔느냐?

이집트인 한낱 가여운 이집트인이지만 저의 주인이신 여왕께서는 자기 소유인 마지막 남은 종묘 안에 몸을 가두시고 각하의 뜻을 듣기만을 기다리고 계십니다. 여왕님은 어떠한 명령이라도 따를 각오십니다.

카이사르 안심하시라고 전해라. 곧 사람을 보내어 명예롭고 친절히 대우해 드리겠다고 알릴 생각이다. 이 카이사르는 난폭한 행동은 하지 못하는 사람이다.

이집트인 그럼, 신의 축복을 받으소서! (절을 하고 퇴장)

카이사르 여봐라, 프로쿨레이우스, 가서 전해라. 난 여왕께 치욕을 주지는 않는다고. 그리고 여왕의 슬픔이 요구하는 위안은 무엇이든 제공해라. 정신이 위대한 여자이니만큼 어떤 치명적인 손을 써서 이쪽 계획을 좌절시킬 우려가 있으니까. 여왕을 로마로 사로잡아 가는 것은 우리 개선에 영광이 될 테니 말이다. 어서 가서 여왕이 처한 상황을 살펴보고 그녀의 대답을 받아오너라.

프로쿨레이우스 예, 카이사르 각하. (퇴장)

카이사르 갈루스, 그대도 함께 가봐라. (갈루스 퇴장) 돌라벨라는 어디 있느냐? 프로쿨레이우스를 도와야 할 텐데.

모두 돌라벨라!

카이사르 내버려 두오. 이제 생각났소. 그 사람은 다른 일을 떠맡고 있는데, 그 일은 한참 걸릴 거요. 자, 내 막사로 들어와서 보시오. 내 얼마나 마지못해 이번 전쟁에 휘말려 들었는지, 그리고 내가 얼마나 온건한 편지로 늘 해결해 왔었는가를. 자, 같이들 와서 증거를 보시오. (모두 퇴장)

〔제5막 제2장〕

알렉산드리아. 종묘의 한 방.
클레오파트라, 카르미안, 이라스가 종묘 문살 사이로 보인다.

클레오파트라 이 비참한 처지야말로 행복의 시작이다. 황제가 되면 무엇하나. 황제는 운명의 신이 아니라 그저 운명의 종이요, 운명의 뜻을 대신하는 자리밖에 되지 못하는 것을. 위대함이란 다른 온갖 행위를 끝내는 일을 두고 말하는 것. 이래서 우연에 족쇄를 채워주고, 변화에도 빗장을 질러주지. 그 뒤는 영원한 잠, 이제는 저 추한 땅의 산물을 더 이상 맛볼 것도 없지. 거지도 황제도 다 같이 길러주는 저 산물을.

프로쿨레이우스가 등장하여 문살 사이로 클레오파트라에게 말을 한다. 갈루스와 병사들이 안에서 보이지 않게 사다리를 타고 종묘 지붕을 통해 종묘 안으로 내려간다.

프로쿨레이우스 카이사르께서 이집트 여왕께 보내신 인사 말씀을 전합니다. 그리고 정당한 요구라면 숙고하시어 요청하시라는 분부십니다.

클레오파트라 당신 이름은?

프로쿨레이우스 프로쿨레이우스입니다.

클레오파트라 안토니우스가 당신 이름을 말하시며 믿을 만한 인물이라고 하셨지요. 그러나 속는 것을 그리 대수롭게 생각지 않는 지금의 나로서는 기만당하더라도 크게 걱정하지 않아요. 당신 주인께서 한 왕국의 여왕에게 구걸하라고 하셨다면 가서 이렇게 전하시오. 여왕은 위엄을 지켜야 하므로 한 왕국이 아니면 구걸하지는 않는다더라고. 그리고 점령한 이집트를 내 아들을 위하여 하사하신다면, 나는 무릎을 꿇고 감사하며 나의 것을 다시 받겠다 하더라고.

프로쿨레이우스 안심하십시오. 여왕께선 왕다운 분의 손안에 있으시니, 아무것도 두려워하실 필요가 없습니다. 사양치 마시고 그 소망을 저의 주군께 청하십시오. 그분께서는 본디 후덕하셔서 원하는 자에게는 은혜를 내려주십니다. 기꺼이 의지하시겠다는 여왕님의 뜻을 가서 보고하겠습니다. 주군께서는 무릎을 꿇고 은혜를 구하는 자에게는 자비를 베풀게 해달라 기도하시는 그런 정복자이십니다.

클레오파트라 가서 이렇게 전하시오. 나는 행운이 깃든 그분의 신하이며, 그분에게 정복당한 대권을 바치겠습니다. 그리고 한시바삐 복종하는 방법을 배워 기꺼이 배알하러 가겠습니다.

프로쿨레이우스 그렇게 보고 올리겠습니다, 여왕님. 안심하십시오. 카이사르께서는 이와 같은 처지를 만들어 낸 당사자이시긴 하지만 여왕님을 동정하고 계시니까요.

갑자기 문이 활짝 열리고 화려하게 꾸며진 방이 드러난다. 갈루스와 병사들이 클레오파트라와 시녀들 뒤에 나타난다.

갈루스 이렇게 손쉽게 여왕을 포로로 삼을 수 있다니. 카이사르께서 오실 때까지 잘 보호하시오. (퇴장)

이라스 여왕님!

카르미안 아, 클레오파트라 전하! 포로가 되셨어요!

클레오파트라 아, 어서 이 손으로! (단도를 뺀다)

프로쿨레이우스 고정하십시오 여왕님, 자. (단도를 빼앗아 버린다) 그런 옳지 않은 수단은 쓰지 마십시오. 이번 일은 도와드리자는 것이지 배신하자는 것은 아니니까요.

클레오파트라 아, 죽지도 못하는가. 개들조차 죽어서 고통에서 벗어나는 것을!

프로쿨레이우스 자살로 제 주인님의 은혜를 욕보여선 안 되십니다. 그분의 높으신 덕이 널리 드러나도록 세상에 알리셔야 합니다. 여왕께서 죽어버리신다면 그분의 덕도 세상 사람들 눈에 드러나지 못하니까요.

클레오파트라 너 어디 있느냐, 죽음아! 이리 오너라, 어서! 어서 와서 여왕을 잡아가거라. 아기들과 거지들을 수없이 잡아가는 것과 맞먹을 가치가 있을 테니!

프로쿨레이우스 아, 진정하십시오, 여왕님!

클레오파트라 이젠 나는 먹지도 마시지도 않겠소. 그리고 한마디 더 쓸데없는 소리를 해야겠는데 잠도 결코 자지 않을 것이오. 카이사르가 어떻게 하든 간에 어차피 한 번은 죽을 이 몸을 내 손으로 부수겠소. 나는 당신 주인네 마당에 끌려가서 날개를 잘리고, 저 멍청한 옥타비아의 멸시 아래 순종하고만 있지는 않을 것이오. 그래, 나를 들어올려, 입 사납게 아우성치는 저 로마의 군중에게 구경시킬 생각인가요? 내 무덤으로는 이집트의 도랑이 차라리 훌륭하지…… 차라리 나일강 진흙에 벌거숭이로 내던져 구더기를 끓게 하여 보기 흉하게 썩게 하라지! 차라리 이 나라의 높은 피라미드를 교수대 삼아 나를 쇠사슬에 달아매라!

프로쿨레이우스 여왕님은 카이사르께서는 상상도 하지 않으시는 일들을 지나치게 두려워하고 계십니다.

돌라벨라 등장.

돌라벨라 프로쿨레이우스, 당신이 한 일은 모두 카이사르 각하께 보고되어 들으셨소. 곧 돌아오라는 분부시오. 여왕은 내가 호위하겠소.

프로쿨레이우스 그렇게 하시오, 돌라벨라. 그것이 가장 좋을 것 같소. 여왕께 친절히 하시오. (클레오파트라에게) 제게 명하시면 무엇이든 카이사르께 전하겠습니다.

클레오파트라 나는 죽고 싶소. 그리 전하시오. (프로쿨레이우스 퇴장)

돌라벨라 여왕 전하, 저에 대한 소문을 들으셨는지요?

클레오파트라 글쎄요.

돌라벨라 확실히 저를 알고 계실 것입니다.

클레오파트라 알고 있건 모르고 있건 나는 상관없소. 아이들이나 아낙들이 꿈 이야기를 하면 당신들은 비웃었지만, 그것이 당신들 수작이 아니오?

돌라벨라 무슨 뜻인지 잘 모르겠습니다.

클레오파트라 나는 안토니우스 황제라는 분이 계셨던 꿈을 꾸었소. 한 번 더 그런 잠을 청하여 그와 같은 분을 한 번만 더 만나보았으면!

돌라벨라 죄송하오나…….

클레오파트라 그분 얼굴은 마치 하늘 같았소. 해와 달도 그 궤도를 돌며, 아, 그 조그만 몸으로 세계를 비치고 계셨소.

돌라벨라 여왕님께 아뢰오…….

클레오파트라 두 다리는 바다에 걸쳐 딛고, 번쩍 든 팔은 이 세계의 장식이었소. 그 목소리는 천체의 음악 같았소. 친구들을 대하실 때는 말이오. 그러나 세계를 요란하게 뒤흔들어 놓으려 하시자, 마치 천둥이 우르릉거리는 것만 같았소. 그 은혜로 말하자면 겨울이라는 계절은 없고, 거두어들일수록 결실이 풍부해지는 가을철만 같았소. 바다에서 살면서 기쁨을 느낄 때면 언제나 물 위로 등을 드러내는 돌고래 같았소. 크고 작은 왕관을 쓴 왕후(王侯)들이 그분의 종복들로, 영토와 섬들은 그분의 주머니에서 은전이 뿌려지듯 뿌려졌소.

돌라벨라 클레오파트라 여왕…….

클레오파트라 그대는 내가 꿈에 본 그런 분이 실제로 있었다고 생각하오? 아니면 존재할 수 있다고 생각하오?

돌라벨라 저는 그렇게 생각하지 않습니다.

클레오파트라 그 거짓말이 신들의 귀에까지 들리겠죠? 그러나 만일 그런 분이 실제로 존재한다 하더라도, 또는 존재했다고 하더라도 꿈속에서마저도 상상 못할 분이오. 자연은 재료가 부족해서 기묘한 형태를 만드는 데는 상상과 견주지 못한다지만, 그래도 안토니우스 같은 분은 자연의 걸작이죠. 그분은 그림자 같은 상상의 산물 따위는 완전히 압도해 버리시오.

돌라벨라   제발 들어보십시오, 여왕 전하. 전하의 상심은 신분이 위대하신 만큼 크시고, 그 반응 또한 무거우십니다. 전하의 비탄이 제게 튀어 돌아와서 제 마음속을 찌르는 것을 느끼지 못한다면, 저는 이제까지 추구해 온 성공을 놓쳐버리는 편이 나을 것입니다.

클레오파트라   고마워요. 그래, 카이사르가 나를 어떻게 할 작정인지 당신은 아나요?

돌라벨라   알려드리고는 싶으나, 말씀드리기 거북합니다.

클레오파트라   아니, 어서 말해 봐요.

돌라벨라   카이사르께서는 명예를 존중하시는 분이긴 합니다만……

클레오파트라   날 개선 행진에 끌고 갈 생각이겠죠?

돌라벨라   그러신 것 같습니다, 분명히. (나팔 소리)

안에서 "길을 비켜라! 카이사르 각하시다" 하는 함성 소리. 카이사르, 갈루스, 프로쿨레이우스, 마이케나스, 셀레우쿠스, 그 밖의 시종들 등장.

카이사르   이집트 여왕은?

돌라벨라   황제 전하십니다. (클레오파트라 무릎을 꿇는다)

카이사르   무릎을 꿇지 말고 일어서시오. 자, 일어서시오. 이집트 여왕, 일어서시오.

클레오파트라   아닙니다. 이렇게 하는 것은 신들의 명령입니다. 저의 주인이며 군주이신 분께 복종해야 하니까요.

카이사르   과히 나쁘게 생각하지는 마오. 여왕이 내게 준 손해는 내 살 속에 새겨져 있으나, 그저 우연히 일어난 일로만 알고 있겠소.

클레오파트라   세상의 유일하신 군주님, 저는 대의명분이 설 만큼 충분한 변명을 할 수는 없지만 솔직히 말씀드리겠습니다. 우리 여성을 치욕에 몰아넣곤 하던 저 약점으로 해서 저는 과오를 저질렀나이다.

카이사르   이보시오, 클레오파트라. 나는 엄정하게 따지기보다 모든 사정을 헤아려 처리할 생각이오. 여왕이 내 계획에 따른다면, 사실 여왕에게는 가장 너그러울 수 있는 계획인데, 이번 일이 전화위복이 되리다. 만일 안토니우스 같은 행동을 취하여 내게 잔악한 자라는 누명을 씌운다면 내 호의를 스스로 잃을 뿐 아니라, 그대가 바란다면 나에게 보호받게 될 자녀들까지 파멸로 이끄는 결과가 될 것이오. 그럼 이만 실례하겠소.

클레오파트라 황공하옵니다. 온 세상은 각하의 것이며 저희들은 각하의 정복의 표시이자 방패이니 어디에 걸어놓으셔도 좋습니다. 이걸 좀 받아보십시오. (쪽지를 내민다)

카이사르 클레오파트라에 대한 일이라면 무엇이든 다 들어주겠소.

클레오파트라 이건 제가 가지고 있는 금화, 은그릇, 보석 등의 목록입니다. 정확한 가치도 적혀 있습니다. 다만 하찮은 물건들은 빼놓았습니다. 셀레우쿠스는 어디 있느냐?

셀레우쿠스 예, 여기 대령했습니다.

클레오파트라 이 사람이 저의 재무관입니다. 저 사람에게 물어보시고 거짓이 있으면 엄벌을 내리십시오. 저는 무엇 하나 지니고 있지 않습니다. 셀레우쿠스, 사실대로 말씀드려야 한다.

셀레우쿠스 여왕 전하, 저는 거짓을 말하여 엄벌을 받느니보다는 차라리 입을 다물겠습니다.

클레오파트라 아니, 내가 뭘 감춰 놓았단 말인가?

셀레우쿠스 예, 밝히신 물건들을 다 새로 살 수 있을 만큼요.

카이사르 아니오, 낯을 붉히지 마오. 클레오파트라, 그건 현명한 행위임을 내가 인정하오.

클레오파트라 보십시오, 카이사르 각하! 오, 보십시오, 권력에 아부하는 무리를! 저의 신하가 지금은 각하의 신하가 되고자 하는군요. 그러나 두 사람의 위치가 바뀌면, 각하의 신하가 저의 신하가 되기를 원하지 않겠습니까. 이 셀레우쿠스의 배신이 절 미치게 하는군요. 노예 같은 것. (셀레우쿠스를 위협하면서) 돈으로 산 창녀보다 믿지 못할 녀석 같으니! 아니 달아날 테냐? 오냐. 달아날 테지. 네 눈을 놓치지 않으리라, 날개가 돋친 눈이더라도. 노예 같은 것, 얼빠진 녀석, 개 같은 놈! 온 세상에서 가장 비열한 것 같으니! (셀레우쿠스를 때린다)

카이사르 이보시오, 여왕, 그러지 마오.

클레오파트라 오, 카이사르 각하, 이 무슨 지독한 창피인가요. 주군이신 각
하께서 초라한 저를 찾아오셔서 명예를 내려주시는 이 마당에, 저의 신하
가 저의 치욕에 그의 악의를 한 술 더 보태놓다니! 카이사르 각하, 하찮은
장난감 같은, 그저 친구들에게 줄 그런 보잘것없는 물건들을 제가 남겨놓은
것을, 그리고 리비아나 옥타비아에게 중재를 부탁하려고 좀더 고상한 물건
들을 따로 챙겨놓은 것쯤을 곁에 데리고 있던 신하가 폭로하다니요? 아! 이
건 제가 지금 당하고 있는 고난보다 더 지독합니다. (셀레우쿠스에게) 썩 물러
가라. 망설이고 있다간 타다 남은 내 영혼이 운명의 잿더미를 뚫고라도 나
타나는 꼴을 보고 말리라. 대장부라면 너는 나를 동정해야 할 것 아니냐.

카이사르 물러가라, 셀레우쿠스. (셀레우쿠스 퇴장)

클레오파트라 보십시오, 우리처럼 지휘가 높은 사람들은 남이 한 일로 오해
를 받고, 몰락할 때는 남의 죄를 짊어지니 가련한 일이 아닙니까.

카이사르 클레오파트라, 당신이 간직해 둔 물건이나 내놓은 물건들을 나는
전리품 목록에 넣지 않겠소. 그냥 가지고서 마음대로 쓰시오. 카이사르는
본디 장사치들이 판 물건들을 가지고 여왕과 흥정하지는 않소. 그러니 안
심하오. 자기 상상으로 스스로 감옥을 짓지는 마시오. 안심하오, 여왕. 나는
여왕의 소원대로 여왕을 대우할 생각이니까요. 마음껏 먹고 주무시오. 나
는 어디까지나 여왕의 친구로서 배려와 동정을 아끼지 않을 것이오. 그럼
이만 실례하겠소.

클레오파트라 나의 주군! (무릎을 꿇는다)

카이사르 (클레오파트라를 일으키면서) 아니오, 그럼 안녕히. (나팔 소리. 일행과 함
께 퇴장)

클레오파트라 카이사르는 말로 나를 기만하는구나. 애들아, 그는 내가 고상
한 행동을 하지 못하게 하려는 거다. 그러나 들어봐라, 카르미안. (카르미안의
귀에 대고 소곤댄다)

이라스 끝내세요, 여왕 전하. 밝은 날은 지나가고 밤의 어둠이 다가옵니다.

클레오파트라 어서 한 번 더 가봐라. 내 이미 말해 뒀으니 준비해 놨을 거다.
가서 재촉을 해다오.

카르미안 예, 그렇게 하겠습니다.

돌라벨라 다시 등장.

돌라벨라 여왕은 어디 계시오?

카르미안 (나가면서) 저기 계세요.

클레오파트라 돌라벨라.

돌라벨라 여왕 전하, 전하의 명령에 따라 맹세한지라, 저는 복종을 신성한 의무로 생각하고 아룁니다. 카이사르께서는 시리아를 거쳐 개선하실 계획이며, 사흘 안으로 여왕님과 자녀들을 먼저 떠나보낼 예정이십니다. 부디 최선의 방법을 취하십시오. 이제 저는 바라시는 대로 약속을 마쳤습니다.

클레오파트라 돌라벨라, 호의는 오래오래 잊지 않겠소.

돌라벨라 저는 여왕 전하의 종입니다. 안녕히 계십시오, 전하. 이제 카이사르님께 가봐야 하겠습니다.

클레오파트라 잘 가오, 고맙소. (돌라벨라 퇴장) 이라스, 넌 어떻게 생각하느냐? 너도 이집트의 꼭두각시라고, 나와 마찬가지로 로마에서 구경거리가될 거다. 기름 묻은 앞치마를 두르고 잣대나 망치를 든 직공 녀석들이 우릴들어올려 구경거리로 삼을 거란 말이다. 냄새 고약한 천한 음식을 먹는 입에서 뿜어져 나오는 독한 입김에 싸여 우린 그 독기를 들이킬 수밖에 없겠구나.

이라스 오, 절대로 그런 일이 없기를!

클레오파트라 아니, 이라스, 반드시 그렇게 된다. 교만한 로마 관리들이 창녀다루듯이 우리를 체포하고, 비렁뱅이 시인들은 우리를 조롱하여 장단도 맞지 않는 노래를 지을 테지. 그리고 재치 있는 희극배우는 우리 신세를 즉흥극으로 엮어서 알렉산드리아의 향연 장면을 보여줄 것이다. 그러면 안토니우스는 주정뱅이로 등장하게 되고, 목소리가 가는 어떤 소년 배우는 이 클레오파트라의 위엄을 창녀처럼 보이게 할 테지.

이라스 설마 그럴 리가요!

클레오파트라 아니, 반드시 그렇게 된다.

이라스 저는 절대로 그 꼴을 보지는 않겠어요! 제 손톱은 저의 눈보다 힘이세니까요.

클레오파트라 하긴 그것도 한 가지 방법이겠구나. 그들의 계획을 비웃어 주고 그들의 어리석은 뜻을 좌절시킬 수 있는.

카르미안 다시 등장.

클레오파트라 아, 카르미안! 애들아, 날 여왕답게 꾸며다오. 가서 가장 좋은
옷을 가져오너라. 저승의 키드누스강으로 돌아가서 마르쿠스 안토니우스를
만나야겠으니. 어서 해라, 이라스. 자, 카르미안, 어서 끝을 맺어야겠다. 이
일을 좀 도와라. 끝이 나면 최후의 심판날까지 쉬게 해주마. 자, 내 왕관과
대례복을 가져와라. (이라스 퇴장. 사람들 소리) 저건 웬 소리냐?

호위병 등장.

호위병 어떤 시골뜨기가 찾아와서 기어이 만나 뵙겠답니다. 무화과를 가지
고 왔다고 합니다.
클레오파트라 이리 안내해라. (호위병 퇴장) 하찮은 도구로 훌륭한 일을 할 수
있지 뭐냐! 그자는 내게 자유를 가져온 거야. 이미 결심은 굳었고, 여자처
럼 연약한 감정은 조금도 없다. 이젠 머리에서 발끝까지 대리석처럼 견고하
다. 그리고 이제는 저 줏대 없는 달이 내 운명의 별은 아니다. (황금 의자 위
에 앉는다)

호위병이 바구니를 든 시골뜨기와 등장.

호위병 이 사람입니다.
클레오파트라 그자를 여기 두고 넌 물러가거라. (호위병 퇴장) 그래, 나일강의
귀여운 뱀은 가지고 왔느냐, 사람을 물어 죽여도 고통을 주지 않는다는 그
뱀을?
시골뜨기 예, 가지고 왔습니다. 하지만 여왕님께서 그놈에게 손대시는 것을
저는 바라지 않습니다. 물리면 죽으니까요. 죽으면 좀처럼, 아니 다시는 살
아나지 못합니다.
클레오파트라 물려 죽은 사람을 알고 있느냐?

클레오파트라의 죽음   한스 마카르트

시골뜨기   예, 아주 많이 알고 있습니다. 남자들뿐만 아니라 아낙네들도요. 그
　　중 어떤 아낙네 이야길 바로 어제 들었는뎁쇼―아주 정직한 아낙넨데, 실
　　은 좀 거짓말도 많이 했지요. 아낙네란 정직한 체하며 거짓말을 하거든요.
　　글쎄 그놈한테 물려서 자기가 어떻게 죽었는가, 얼마나 아팠는가를 이야기
　　하던데요. 정말 그 뱀 이야길 근사하게 하더군요. 하지만 그 이야기들을 모
　　두 믿다간, 아니 그 반만이라도 믿다간 영영 구원받지 못하지요. 어쨌든 이
　　건 참말로 기묘한 뱀입니다.
클레오파트라   이제 그만 물러가거라.
시골뜨기   그럼 뱀과 실컷 즐기십쇼. (바구니를 의자 옆에 내려놓는다)
클레오파트라   그만 됐다.
시골뜨기   부디 조심하십시오. 뱀은 본성대로 하는 놈이니까요.
클레오파트라   알았다. 그만 물러가거라.
시골뜨기   아셨지요. 뱀은 반드시 뱀을 잘 아는 사람에게 맡기셔야 합니다.

사실 뱀이란 사람을 눈곱만큼도 따르지 않으니까요.

클레오파트라 염려 마라, 주의하겠으니.

시골뜨기 잘 알았습니다. 그런데 제발 이놈한테 아무것도 주지 마십시오. 기를 만한 가치는 없는 놈이니까요.

클레오파트라 이놈이 나를 잡아 먹을까?

시골뜨기 절 바보로 생각하시면 안 됩니다. 악마도 아낙네를 잡아 먹진 않는다잖습니까. 하긴 신들은 악마가 요리하지만 않았으면 아낙네를 잡수신다나요. 하지만 사실 저 망할 악마들은 아낙네들 일로 하느님까지 욕을 보게 합니다. 아낙네 열 가운데 다섯 명은 악마들이 망쳐놓거든요.

클레오파트라 이제 그만 물러가라, 어서.

시골뜨기 예, 그렇게 하겠습니다. 실컷 뱀을 즐기시기 바랍니다.

이라스가 여왕의 대례복과 왕관을 가지고 다시 등장.

클레오파트라 그 옷을 다오. 그리고 왕관을 씌워 다오. 어서 영원한 그곳으로 들어가고 싶구나. 이제는 이집트 포도즙에 입술을 축이지 못하겠지. 어서 해라, 어서. 이라스, 어서 해다오. 안토니우스 장군께서 부르시는 소리가 들리는 것 같다. 그분이 나의 훌륭한 행동을 칭찬하려고 일어서는 모습이 보이는구나. 카이사르의 행운을 비웃는 소리가 들리는구나. 행운이란 신들이 뒤에 벌을 내리실 변명거리지 뭐냐. 안토니우스, 당신께 갑니다. 자, 내 용기야, 날 그분의 아내답게 죽게 해다오! 이제 나는 불과 공기가 되어, 물과 흙 같은 나머지 원소는 이 천한 현세에 남겨둬야지. 음, 이젠 끝났니? 그럼 이리들 와서 내 입술의 마지막 온기를 받아 가거라. 잘 있어. 친절한 카르미안, 그리고 이라스. 너희들과는 작별이다. (시녀들에게 키스를 한다. 이라스가 쓰러져 죽는다) 내 입술에 독사의 독이 있나? 쓰러지다니! 내 생명이 이렇게 고요히 떠날 수 있다면 죽음의 벼락은 연인의 꼬집음처럼 아프긴 해도 즐겁구나. 그래, 그렇게 조용히 누워 있느냐? 네가 그렇게 사라져 버린다면 작별 인사조차도 필요 없음을 너는 세상에 가르쳐 주는 셈이구나.

카르미안 녹아라, 짙은 구름아. 비야, 쏟아져라. 그러면 신들조차 울어주신다고 내가 말할 수 있을 것 아니냐!

클레오파트라   나는 비열한 인간이 되고 말았군. 이라스가 곱슬머리의 안토니우스를 먼저 만나면, 그이는 저 애에게 나에 대한 일을 물어보고 키스를 해주실 게 아닌가. 내게는 천국 같은 그 입맞춤을. 자, 이 무서운 독사야, (독사를 가슴에 갖다대며) 네 날카로운 이빨로 이 착잡한 생명의 매듭을 단번에 잘라다오. 이 바보 같은 하찮은 독사야, 성을 내어 빨리 해치워 다오. 아, 네가 말을 할 수 있다면, 감쪽같이 속아넘어간 저 카이사르를 어리석은 바보라고 말했을 것을!

카르미안   오, 동녘 하늘의 샛별, 클레오파트라 여왕님!

클레오파트라   쉿, 조용히 해라! 이것이 안 보이느냐? 내 아기가 젖을 빨며 유모를 잠재우려 하고 있는 것이?

카르미안   아, 터져라! 이 가슴아, 터져버려라!

클레오파트라   향유처럼 달콤하고, 공기같이 보드랍고, 정답기로는—오 안토니우스!—자, 이놈도 갖다대 줘야지. (다른 독사 한 마리를 팔에 갖다 댄다) 내 무엇 때문에 지체하랴…….

카르미안   이 천한 세상에 말이죠? 아, 안녕히 가세요! 그럼 죽음의 신아, 자랑 삼으려무나, 비할 데 없이 훌륭한 여인이 네 손안에 들어갔으니. 보드라운 눈아, (클레오파트라의 눈을 감겨주면서) 창문을 닫아라. 이제는 황금의 태양도 이만큼 훌륭한 눈을 다시는 보지 못하리라! 전하의 왕관이 비뚤어져 있어요. 제가 바로 고쳐드리겠습니다. 그런 뒤에 죽겠나이다…….

호위병들이 부산하게 등장.

호위병 1   여왕은 어디 계시오?

카르미안   조용히 하세요. 여왕님을 깨우지 말아요.

호위병 1   카이사르께서 사람을 보내셨소…….

카르미안   너무 늦었어요. (독사를 자기 몸에 갖다 대며) 아, 어서 해치워 다오. 이제 느껴지는구나.

호위병 1   이리들 와! 일이 심상치 않아. 카이사르께서 속으셨어.

호위병 2   카이사르께서 보내신 돌라벨라가 와 있을 테니, 부르시오.

호위병 1   이게 대체 무슨 일인가! 카르미안, 이게 잘한 짓이라고 생각하는가!

카르미안 잘한 일이에요. 여러 대를 내려온 왕족의 피를 받은 공주로서 알맞은 일이에요. 아, 병사! (죽는다)

돌라벨라 등장.

돌라벨라 어찌 된 일이오?

호위병 2 모두 죽었습니다.

돌라벨라 카이사르여, 각하의 예측이 이렇게 들어맞았군요. 몸소 오셔서 이 무서운 결말을 기어이 보시게 되셨습니다. 막아보려고 그렇게도 애쓰시던 결말을.

"비켜라, 카이사르 각하께서 오신다!" 외치는 소리와 함께 카이사르가 시종들을 거느리고 등장.

돌라벨라 아, 각하께서는 너무나도 정확한 예언자이십니다. 염려하셨던 그대로입니다.

카이사르 훌륭한 최후로다. 내 계획을 알아차리고 여왕답게 자살의 길을 택했구나. 어떻게 죽었는가? 피는 보이지 않는데.

돌라벨라 마지막에 찾아온 사람은 누구였나?

호위병 1 어떤 미천한 시골뜨기가 무화과를 가지고 왔었습니다. 이것이 그 바구니입니다.

카이사르 그럼 음독자살이구나.

호위병 1 아, 카이사르 각하, 저기 카르미안은 조금 전만 해도 살아 있었습니다. 그리고 서서 말도 했습니다. 제가 왔을 때는 죽은 여왕의 왕관을 바로 고치고 있었습니다. 그런데 서서 바르르 떨더니 갑자기 쓰러져 버렸습니다.

카이사르 아, 고결한 여인들이로다! 음독했다면 살이 붓게 될 텐데. 하지만 여왕은 잠을 자고 있는 것만 같구나. 마치 그 미모의 덫으로 또 다른 안토니우스를 사로잡기라도 하려는 듯이.

돌라벨라 여기 여왕 가슴에 핏자국이 있습니다. 조금 부어 있습니다. 팔에도 같은 자국이 있습니다.

호위병 1 이건 독사가 기어간 자국입니다. 그리고 이 무화과 잎에는 점액이
묻어 있습니다. 독사는 나일강 동굴에도 이와 같은 자국을 냅니다.

카이사르 틀림없이 독사에게 물려 죽었나 보구나. 의사 말에 따르면 여왕은
쉽게 죽는 방법을 무수히 찾아왔다고 하니까. 여왕의 침대를 들어올려라.
그리고 시녀들을 종묘 밖으로 내가거라. 여왕은 안토니우스와 나란히 묻어
줘야겠다. 지구상의 어떠한 무덤에도 이처럼 유명한 한 쌍은 묻히지 못할
거다. 이러한 큰 사건은 그 사건을 일으킨 자를 감동시킬 수밖에. 그리고 이
들의 이야기는 이런 비극을 자초한 당사자들에게 영광일 뿐만 아니라, 세상
의 동정을 불러일으키게 마련이다. 나의 군대는 엄숙히 이 장례에 참석한
다음 로마로 개선하겠다. 그럼 돌라벨라, 그대는 이 장례식을 정중하고 질
서 있게 거행하라. (모두 퇴장. 병사들 시체를 들고 나간다)

Coriolanus

코리올라누스

[등장인물]

가이우스 마르키우스 로마 귀족. 나중에 가이우스 마르키우스 코리올라누스가 됨.

티투스 라르티우스
코미니우스 } 볼스키족을 정벌하는 장군들

메네니우스 아그리파 코리올라누스의 벗

시키니우스 벨루투스
유니우스 브루투스 } 호민관

어린 마르키우스 코리올라누스의 아들

볼룸니아 코리올라누스의 어머니

비르질리아 코리올라누스의 아내

발레리아 로마의 정숙한 여인이자 코리올라누스 집안의 벗

비르질리아의 시녀

로마 의전관

안찰관(건물·도로·시장 담당 관리)

니카노르 로마의 배신자

툴루스 아우피디우스 볼스키족 장군

아드리안 볼스키족 염탐꾼

그 밖에 로마와 볼스키족 원로들, 귀족들, 시민들, 병사들, 관리들, 부관, 전령들, 경비병들, 아우피디우스의 하인들 및 공모자들

[장소]

로마, 코리올리와 안티움

코리올라누스

〔제1막 제1장〕

로마. 어느 거리.
폭동을 일으킨 한 무리 시민들이 막대기와 곤봉, 또 다른 무기를 들고 등장.

시민 1 더 가기 전에 말해 둘 게 있다.
모두 말해라, 말해.
시민 1 모두 굶어 죽느니 싸우다 죽기로 결심이 섰겠지?
모두 그렇다, 결심했다.
시민 1 첫째로, 우리가 겨냥하는 적의 우두머리는 가이우스 마르키우스임을 알고 있지?
모두 알고 있다, 알고 있어.
시민 1 그놈을 죽이고 난 뒤 우리가 원하는 값으로 곡식을 얻는다. 이것이 우리의 결의사항이다.
모두 더 말할 것 없다. 그대로 하라. 자, 가자, 어서 가!
시민 2 시민 여러분, 잠깐 한마디만 하겠네.
시민 1 빈민 여러분이라 불러라. 시민은 귀족들뿐이니까. 우리는 권력을 가진 자들이 배불리 먹고 남는 것을 가지면 얼마든지 잘살 수 있다. 그놈들이 남는 것을 썩혀 버리기 전에 돌려만 주면 우리도 인간답게 살 수 있어. 그런데 놈들은 우리를 그럴 값어치도 없는 존재로 보고 있단 말이야. 굶주림에 신음하는 비참한 꼴을 보면서 그만큼 자기들의 풍족함을 알게 된다는 태도지. 우리가 겪는 괴로움을 덕으로 삼는 놈들이지 뭐냐. 그러니 뼈만 남은 갈퀴 신세가 되기 전에 창칼로 놈들을 찔러 버리자. 이건 어디까지나 굶주림에 허덕이다 못해 하는 말이지, 복수심 때문이 아님을 신들도 아실 거다.

시민 2 여러분은 특별히 가이우스 마르키우스를 표적으로 하는 건가?

모두 첫째는 그놈이야. 우리 평민들을 못살게 구는 개 같은 놈!

시민 2 그분은 이 나라에 큰 공을 세운 사람이잖나?

시민 1 그건 그래. 그래서 나도 그를 좋게 말하고 싶은데 어찌나 거드름을 피우고 오만하게 구는지, 그간 공적은 있으나마나라니까.

시민 2 말이 너무 지나치군.

시민 1 이봐, 그놈은 으스대려고 공을 세우는 거야. 나라를 위해서 그런 일들을 했다고 두둔하는 얼간이들도 있지만, 사실은 자기 어머니를 기쁘게 하고 자신도 으스대려고 그러는 거라고. 용감하기도 하지만 그만큼 거만한 놈이니 말야.

시민 2 그거야 그 사람 타고난 성품이 그런 건데, 당신은 그걸 잘못된 거라 탓하고 있네. 설마 그분을 욕심쟁이라 말하지는 못하겠지.

시민 1 그런 말은 못 한다 치더라도, 그놈을 비난할 여지는 얼마든지 있어. 사실 그놈의 결점을 늘어놓자면 입에서 신물이 나고도 남을 지경이라고. (안에서 외침 소리) 저건 무슨 소리지? 저쪽 시민들도 들고일어섰나 보군. 이렇게 말만 하고 있을 게 아니야. 의사당으로 가자!

모두 자, 가자.

시민 1 쉿! 누가 이리 온다.

메네니우스 아그리파 등장.

시민 2 메네니우스 아그리파다. 언제나 민중을 아껴주시는 분이지.

시민 1 저분만은 정말 곧은 사람이야. 모두가 저 사람 같다면!

메네니우스 동포 여러분, 이게 무슨 짓이오? 막대기와 곤봉을 들고 어디로 가는 겁니까? 왜 그러는지 어서 말해 봐요.

시민 1 우리의 목적은 원로들도 이미 알고 있을 겁니다. 우리가 어떤 일을 하려고 하는지, 그 낌새를 보인 지 벌써 두 주일이나 지났으니까요. 우리는 그 일을 이제부터 실행하려는 겁니다. 가난한 자들의 탄원은 입김이 세다지요? 하지만 어디 두고 보라지요, 우리는 팔뚝 힘도 만만치 않거든요.

로마 제국의 심장부 고대 로마 포럼(공공 광장)

메네니우스 여러분, 벗들이여, 정직한 이웃들이여, 그대들은 스스로 멸망하 겠다는 거요?

시민 1 스스로 멸망을 하다니, 멸망할 거나 있어야죠. 이미 밑바닥까지 굴러 떨어진 우리입니다.

메네니우스 자, 내 말을 들어봐요. 귀족들은 그대들을 크게 동정하여, 구제책 을 찾고 있소. 그대들이 가난한 것, 흉년으로 고통받게 된 것은 나라 탓이 아니오. 몽둥이를 들이댈 생각이라면 차라리 저 하늘에나 들이대란 말이 오. 이렇게 항의해 봤자 정부가 한 번 대책을 쓰면 그대들보다 더 강한 쇠사 슬 만 개라도 간단히 쳐부술 거요. 이 흉작은 신들 작품이지 귀족들의 작 품은 아니잖소. 그러니 폭력을 쓸 게 아니라 무릎을 꿇고 비는 게 덕이오. 아, 그대들은 재해로 제정신이 아닌 나머지, 더 큰 재난을 일으키려 하는군 요. 친아버지처럼 그대들을 돌봐주는 위정자들을 적으로 몰아세우다니, 이 건 순전한 비방이지 뭐요.

시민 1   우리를 돌봐준다고요? 참으로 그렇겠군요! 그래, 우리를 돌봐준 게
뭐지요? 우리를 굶어 죽게 놔두면서, 자기들 창고에는 곡식이 가득 넘치지
않나, 고리대금법을 만들어 고리대금업자를 키우지를 않나, 부자를 견제하
도록 마련된 좋은 법령을 나날이 없애버리고, 더 악랄한 조항을 만들어 빈
민들에게 굴레와 핍박을 가하질 않나. 우리는 전쟁터에 나가 죽지 않으면,
그 사람들 때문에 죽게 될 판이오. 기껏 그들의 친절이란 것도 이 정도뿐이
란 말이오.

메네니우스   그대들은 몹시 나쁜 생각을 품고 있으니 바보 소리를 들어도 마
땅하오. 내가 훌륭한 옛이야기 하나를 들려주겠소. 이미 어디서 들었을지도
모르지만, 도움이 될 테니 한 번 더 해보겠소.

시민 1   어디 들어봅시다. 그러나 옛이야기 따위로 억울한 우리를 얼렁뚱땅
속여 넘길 생각은 아예 마시오. 자, 이야기할 테면 어서 해봐요.

메네니우스   예전에 온몸 각 부분들이 몸 중심에 위치한 배에게 반기를 든 적
이 있었소. 이유인즉 이렇다오—배는 손가락 하나 까딱 않고 깊은 연못처
럼 몸 한가운데에 도사리고 앉아 맛난 음식만 집어삼키고 있다. 다른 신체
기관들은 보고 듣고 궁리하며 또 전달하고 걷고 느끼면서, 서로서로 도우
며 모두의 바람과 욕망을 채우기 위해 일하는데, 어찌 배만은 다른 기관들
처럼 일을 하지 않는 것인가? 이랬더니 배가 대답하기를…….

시민 1   뭐라고 대답했습니까?

메네니우스   자, 이제 그 이야길 하려는 거요. 배는 빙긋 웃어 보이면서—뭐
그렇다고 허파가 보내준 웃음은 아니오—아무튼 이렇게 빙긋 웃으면서 말
이오, 하긴 배가 말까지 하는 상황이니 웃기지 않을까만은 그 불평하는 자
들에게 이렇게 조롱하듯 대답해 주었소. 이 신체 부분들이 맛있는 음식을
혼자서만 먹는다고 배를 시기하며 소란을 일으키는 건, 말하자면 그대들이
자신들처럼 노동을 하지 않는다고 원로들에게 훼방을 놓는 것과 같소.

시민 1   그 배가 뭐라고 대답했는지나 어서 말해 주시오. 임금처럼 꼭대기에
앉아 있는 머리, 파수꾼인 눈, 고문관 같은 심장, 병사 같은 팔, 군마 같은
다리, 나팔수인 혀, 그리고 나머지 여러 부분과 부속기관들이 한번 반란을
일으키는 날이면…….

메네니우스   그래서 어떻다는 거요? 이 사람, 내 말을 가로막는군. 자, 그럼 어

떻다는 거요? 어떻게 된다는 말이오?

시민 1 만일 그 욕심쟁이 배한테, 그 시궁창 같은 배란 놈한테 억압을 받게 된다면…….

메네니우스 그러면 어떻게 된다는 거요?

시민 1 온몸 각 부분들이 저마다 불평을 터뜨리는 날에는, 배란 녀석은 과연 어떤 변명을 할 수 있을까요?

메네니우스 내가 그 말을 하겠다잖소. 좀 참을성 있게 가만히 듣고 있다 보면, 그 배가 늘어놓는 변명을 들을 수 있을 텐데, 그대들은 도무지 참을성이 없어서 탈이란 말이오.

시민 1 그 변명이 나오기까지 시간이 너무 걸리니까 그렇지요.

메네니우스 자, 내 말을 들어봐요. 배는 아주 침착하게, 고발자들처럼 덤비지 않고 차분하게 말했소. "동료 기관 여러분, 내가 모든 음식물을 먼저 받아들이는 것은 사실이오. 하지만 이것은 어디까지나 여러분을 살리기 위한 일이오. 그도 그럴 것이, 나는 온몸의 곳간이자 가게와 같소. 여러분도 잘 생각해 보면 알겠지만, 나는 혈관으로 한 나라의 조정(朝廷)과도 같은 심장과 머리에 음식을 보내주며, 온몸 꼬불꼬불한 통로와 여러 부분들에 걸쳐, 억센 근육과 가장 끝에 있는 말초혈관에 이르기까지 내가 공급하는 영양 덕분으로 자연적인 활력을 얻고 있는 것이오. 동료 여러분이 지금은 깨닫지 못하겠지만……." 자, 주의해서 들어봐요.

시민 1 예, 예, 그래서요?

메네니우스 "내가 여러분에게 무엇을 공급하고 있는지 바로 깨닫지는 못하겠지만, 따지고 보면 여러분이야말로 그 영양분을 송두리째 차지하고 나는 그 껍질만 차지하는 거라오" 이렇게 말했소. 자, 어떻게 생각하오?

시민 1 대답은 참 옳습니다만, 그 이야기가 우리와 무슨 관계가 있단 말씀입니까?

메네니우스 로마 원로들은 이 선량한 배와 같고, 그대들은 소란을 일으킨 온몸 각 부분과 같다는 거요. 원로들이 깊이 생각하며 걱정하는 게 무엇인가 살펴보고, 평민들이 받는 복지가 어떤 것들인지 공정하게 판단해 보란 말이오. 그러면 그대들이 받는 온갖 혜택은 그대들 스스로 얻는 것이 아니라, 모두가 원로들이 가져다준 것임을 깨닫게 될 거요. 자, 이 군중의 발가락 나리, 그대 생각은 어떠신가?

시민 1 나더러 발가락 나리라고요? 내가 왜 발가락입니까?

메네니우스 그건 그대가 이 어리숙한 폭도들 가운데에서도 가장 아래 계층에 속하고, 가장 천하고 가난한 위인이면서도 누구보다 앞장서니까 하는 말이라네. 잘 뛰지도 못하는 말라깽이 사슴 같은 사람이 떡고물이라도 떨어지려나 하는 생각에 앞장서서 목소리를 높이고 있으니 말이오. 어쨌든 몽둥이를 단단히 준비해 두시게. 이제부터 로마와 쥐새끼들 사이에 싸움이 벌어질 테니, 어느 한쪽이 혼쭐이 나도 날 거요.

가이우스 마르키우스 등장.

메네니우스 어, 안녕하시오, 마르키우스?

마르키우스 고맙소. 그런데 이 불평 덩어리들아, 왜들 이러나? 부질없이 불만을 터뜨리는 게 되레 긁어 부스럼 만든다는 사실을 모르나?

시민 1 고운 말씨는 여전하시네요.

마르키우스 너희들에게 고운 말씨로 아첨하는 놈들은 비난받을 가치도 없는 비열한 놈들이야. 바라는 게 뭐냐, 이놈들아? 평화도 싫다, 전쟁도 싫다는 놈들. 전쟁이라면 기겁을 하고, 평화가 오면 건방지게 대들거든. 너희들을 믿고 있다 보면 전령이 되기를 바랄 때 토끼가 되고, 여우가 되기를 바랄 때는 거위가 되기 일쑤지. 얼음 위 숯불이나 햇볕 아래 우박보다 더 미덥지 못한 게 너희들이라고. 너희들 장점이란 게 범법자를 두둔하며 그를 벌하는 법을 저주하는 것이니, 위대한 가치가 있는 사람을 증오하기 마련이지. 너희들의 성미는, 말하자면 환자의 식성과 같아서 병 치료에 좋지 않은 건 모두 바라지. 너희들에게 환심을 사려는 것은 납으로 된 지느러미로 헤엄을 치려는 것과 같고, 골풀로 참나무를 베려는 것과 다를 게 없어. 제기랄! 너희들을 믿으라고? 아침저녁으로 마음이 바뀌는 너희들을? 미워하던 사람에게도 바로 영광을 돌리고, 영광으로 생각했던 사람에게 바로 욕설을 퍼붓는 게 네놈들이야. 여기저기 원로들을 성토하고 다니니 도대체 어찌 된 일이지? 원로들은 신들을 대신해서 너희들의 치안을 바로잡는 분들이시다. 그분들이 없다면 너희들은 곧바로 서로 잡아먹는 추태를 부릴 게 뻔하단

1막 1장, 마르키우스·메네니우스 그리고 시민들 헨리 코트니 셀루스

말이야. 저놈들 바라는 게 도대체 뭐랍니까?

메네니우스 자기들이 원하는 값에 곡식을 달라는 것이지요. 시(市) 곳간에는
곡식이 가득 쌓여 있다고 생각한다나요……

마르키우스 제기랄! 뭐, 생각한다고? 저놈들이! 저놈들은 화로나 끼고 앉아
서 의사당에서 일어난 일을 모두 아는 체 떠들어 대는 것이오. 누가 출세할
것 같다느니, 누가 성공하고 누가 망할 것 같다느니 하면서 패거리를 만들
어 당파를 지으며, 말도 안 되는 결혼 소문들을 퍼뜨리고 다니기도 하고, 어
떤 당파에는 세력을 북돋워 주지만 마음에 들지 않는 당파는 헌 신발로 마
구 짓밟아 작살을 내버리지. 뭐, 곡식이 가득 쌓여 있다고? 아, 귀족들이 이
제 그만 자비심을 버리고 내게 칼을 뽑게 해줬으면! 그럼 이놈들을 몇천 명
이고 죽여서, 창을 던질 수 있는 만큼 높이 시체 더미를 만들어 줄 텐데!

메네니우스　아니오. 이들은 알아듣도록 거의 설득되었소. 본디 분별심이라고
는 눈 씻고 찾아봐도 없는 데다 겁도 무척 많은 인간들이라서요. 그런데 저
쪽 무리들은 뭐라고 하던가요?

마르키우스　그놈들도 다 흩어졌소. 그 빌어먹을 놈들! 배가 고프다고 떠들어
대며, 여러 말들을 늘어놓더군요. 굶주림은 돌담도 뚫는다느니, 개도 먹어
야 한다느니, 고기는 먹기 위한 것이라느니, 신이 곡식을 내려주신 것은 부
자들만 위해서가 아니라느니 떠들어 대며 너절한 말들로 불평을 터뜨리더
군요. 그러다가 그 불평을 해결해 주는 차원에서 청원 하나를 들어준다고
말했더니, 놈들은 저마다 모자를 벗어서 마치 조각달의 뾰족한 뿔에다가
걸기라도 하려는 듯이 하늘 높이 던져 올리더군요. 이 청원들이란 게 귀족
들 가슴에 못이나 박고 권위를 아연실색케 만들, 말도 안 되는 요구들이었
지요.

메네니우스　어떤 청원을 들어주었다는 거요?

마르키우스　평민들 뜻을 대변할 호민관 다섯을 뽑으라고 했소. 유니우스 브
루투스와 시키니우스 벨루투스, 그리고 또 누구더라. 제길! 생각이 나질 않
네. 어쨌든 나였다면 폭도들이 이 도시를 쑥대밭으로 만들지 않는 한, 그런
것을 받아들이지는 않았을 텐데. 이대로 가다간, 머지않아 놈들은 권력자
들을 뒤흔들어 버릴 더 큰 폭동을 일으키려 핑계를 찾아낼 거요.

메네니우스　거참, 왜들 그러는지……

마르키우스　이 쓰레기 같은 놈들, 어서 집으로 돌아가!

　　전령 한 사람 급히 등장.

전령　가이우스 마르키우스 님은 어디 계십니까?

마르키우스　여기 있다. 무슨 일이냐?

전령　볼스키족들이 반란을 일으켰다고 합니다.

마르키우스　거참 반가운 소식이네. 남아돌아서 짐이 되는 저놈들을 돌려써
야지. 아, 저기 원로들이 오신다.

　　코미니우스와 티투스 라르티우스, 그 밖의 원로들 등장. 그 뒤를 유니우스 브루투

스와 시키니우스 벨루투스가 따른다.

원로 1 마르키우스, 당신이 앞서 한 말은 사실이었소. 볼스키족들이 군사를
일으켰소.

마르키우스 그들에게는 툴루스 아우피디우스라는 장군이 있어서 상대하기
가 쉽지 않습니다. 질투를 하는 게 죄가 된다 해도, 나는 그자의 명성을 질
투하지 않을 수 없어요. 만일 다시 태어난다면 바로 그 사람이 되고 싶다니
까요.

코미니우스 전에 그자와 싸워 본 적이 있지요?

마르키우스 예. 만약 세상이 둘로 나뉘어 싸울 때 그 사람이 내 편이라면,
나는 오로지 그와 겨뤄 보기 위해 반란을 일으킬 겁니다. 그는 용맹한 전사
라 말할 수 있으니, 나는 그런 전사를 잡아 사람들에게 자랑하고 싶군요.

원로 1 마르키우스, 그럼 이번 전쟁에 코미니우스를 따라 나가주시오.

코미니우스 당신이 전에 약속하지 않았습니까!

마르키우스 그렇소. 그러니 그 약속을 지키겠소. 티투스 라르티우스, 당신에
게 툴루스 얼굴을 보기 좋게 후려갈기는 내 솜씨를 또 한 번 보여주지요.
아니, 당신은 벌써부터 팔과 다리가 얼어붙었소? 이번 싸움은 그냥 지켜보
기만 할 건가요?

라르티우스 천만에요, 가이우스 마르키우스. 이번 싸움에서 물러나 있느니
한쪽 손에 지팡이를 짚고서라도 다른 한 손으로 싸우겠소.

메네니우스 훌륭한 말씀입니다.

원로 1 우리와 함께 의사당으로 갑시다. 간부직 원로들이 기다리고 있소.

라르티우스 (코미니우스에게) 앞장서십시오. (마르키우스에게) 코미니우스 뒤를
따르십시오. 우리가 그 뒤를 따르는 것이 마땅한 순서일 것입니다.

코미니우스 마르키우스, 자, 어서.

원로 1 (시민들에게) 모두 집으로 돌아가라, 돌아가!

마르키우스 아니, 따라오게 하시오. 볼스키족들은 곡식이 풍족하니까 이 쥐
새끼들을 데려다가 적의 곳간을 갉아먹게 합시다. 폭도 여러분, 그대들의 용
기는 빛난다. 어서 따라와. (시민들, 슬슬 꽁무니를 뺀다. 시키니우스와 브루투스만
남고 모두 퇴장)

시키니우스 이제까지 저 마르키우스보다 오만한 사람이 또 있었을까요?

브루투스 그 점에 대해서는 저 사람을 당할 자가 없을 걸요.

시키니우스 아까 우리가 호민관으로 뽑혔을 때…….

브루투스 그 사람 눈초리와 입모습을 보았지요?

시키니우스 못 봤소. 하지만 그 독설이라니.

브루투스 한번 화가 나면 신들까지 비웃고 모독하니까요.

시키니우스 정숙한 달의 여신까지 비웃는 위인이라오.

브루투스 제발 이번 전쟁에서 없어져 버렸으면! 자신의 용감함을 자랑해도 어느 정도껏 해야지!

시키니우스 성질이 저런 사람은 일이 잘되면 거만해져서, 낮에 밟고 다니는 자기 그림자까지도 업신여기게 된다니까요. 과연 저 오만한 자가 코미니우스의 지휘를 받아들일지 의문이군요.

브루투스 저 사람은 명성을 얻는 게 목적이오. 저만하면 꽤 명성을 얻었다고 할 수 있으련만…… 그런데 본디 명성은 지휘자 다음가는 자리에 있을 때 가장 얻기 쉽고, 이어 나가기도 쉬운 법이지요. 왜냐하면 지휘자가 아무리 온 힘을 기울여 대처했어도 실패했을 때는 모든 책임이 그 지휘자에게 돌아가니까요. 그러면 들뜬 여론은 반드시 마르키우스를 두둔하여 "그 사람에게 일을 맡겼더라면 좋았을걸!" 하고 외치게 되겠지요.

시키니우스 게다가 일이 잘될 때도 여론은 마르키우스 편을 들어, 코미니우스의 공적을 박탈해 버릴 것이오.

브루투스 글쎄, 그러기에 코미니우스의 공로는 그 절반이 하는 일 없는 마르키우스에게 돌아가기 마련이라니까요. 또 코미니우스의 잘못은 그대로 마르키우스의 명예가 될 것이오. 실제로 마르키우스에게 공적이 아예 없다 해도 말이지요.

시키니우스 자, 우리도 가서 어떻게 파병할 계획인지 들어봅시다. 그놈의 괴팍스러운 성미는 그렇다 치고, 그놈이 어떤 모습으로 출정하는지 구경이나 합시다.

브루투스 어서 갑시다. (모두 퇴장)

코리올리. 원로원.
툴루스 아우피디우스가 코리올리의 원로 둘과 함께 등장.

원로 1 아우피디우스, 그럼 당신의 의견은 로마 사람들이 우리 계획을 알아
내어, 우리가 어떻게 진군하는지 이미 꿰뚫고 있다는 건가요?

아우피디우스 그렇게 생각하지 않으십니까? 이 나라에서 계획한 일치고 실
행되기 전에 로마 사람들에게 드러나지 않은 적은 한 번도 없었지요. 바로
나흘 전에 저쪽에서 온 소식을 들었는데, 그 내용은 이렇습니다. 저한테 그
편지가 있었는데……, 아 여기 있군요. (편지를 읽는다)

로마에서 군사를 징발함. 그러나 동쪽으로 갈지 서쪽으로 갈지 목적지는
분명치 않음. 이곳은 큰 기근이 들어 민중이 폭동을 일으키고 있음. 소문에
따르면 코미니우스 그리고 귀하의 숙적 마르키우스—이자는 그대가 증오
하는 것 이상으로 로마 사람들이 증오하고 있음—와 용감무쌍한 티투스
라르티우스 등 셋에서 이 군대를 이끌고 있음. 목표는 아무래도 그대인 것
으로 보이니 신중하게 대처하기 바람.

원로 1 우리 군사는 이미 출동했소. 로마군이 도전에 응해 오리라는 것은 예
전부터 의심치 않았소.

아우피디우스 이번 큰 계획만은 끝까지 숨겨두었다가 갑작스럽게 일을 터뜨
렸다 해도, 그게 더 어리석었다고는 생각지 않을 것입니다. 하지만 이 계획
을 준비하기도 전에 로마 사람들에게 알려진 것 같습니다. 이 비밀이 밖으
로 새어 나가면서 우리는 목적을 이룰 수 없게 되었지요. 처음에 우리는 로
마 사람들이 우리의 진격을 미처 깨닫기 전에 여러 지역을 차지해 버리자
는 것이었는데…….

원로 2 아우피디우스 장군, 코리올리 방비는 우리에게 맡겨두고, 어서 사령
장을 받고 당신 장병들 있는 곳으로 서둘러 가시오. 적이 우리를 침공해 오
면 그땐 군대를 돌려서 적의 포위를 흩뜨려 주시오. 그러나 가보면 알겠지

만, 적은 아마 우리에 대한 방비가 되어 있지 않을 것입니다.

아우피디우스 아니오, 그건 의심하면 안 됩니다. 저에게 확실한 증거가 있습니다. 더욱이 적군 한 무리가 이미 길을 떠나서 지금 이쪽으로 오고 있습니다. 저는 이제 떠나겠습니다. 만일 중도에서 가이우스 마르키우스의 군대와 맞닥뜨려 싸우게 되면, 맹세코 어느 한쪽이 다시는 일어날 수 없게 될 때까지 싸우기로 결심했습니다.

모두 신의 가호가 있길 바랍니다!

아우피디우스 원로님들도 안녕히 계십시오!

원로 1 잘 가시오.

원로 2 잘 가시오.

모두 잘 가시오. (모두 퇴장)

〔제1막 제3장〕

로마. 마르키우스 집의 어느 방.
볼룸니아와 비르질리아 등장. 저마다 등받이 없는 의자에 앉아 바느질을 하고 있다.

볼룸니아 애야, 노래를 부르든 어떻게 하든 표정 좀 밝게 해보렴. 만일 내 아들이 내 남편이었다면, 난 그 아이가 침대에서 나를 껴안고 부부의 사랑을 마음껏 표시해 줄 때보다는, 이처럼 용맹하게 명성을 쌓기 위해 전쟁터에 나가고 없을 때 더 기뻐하겠다. 그 아이가 아직 풋내기로 나에게는 하나밖에 없는 아들이었을 때에도, 아름다운 젊은이가 되어 모든 이의 눈길을 끌게 되었을 때에도, 예컨대 왕들이 하루만 이 아이와 함께 있게 해달라고 요청한다 해도 단 한 시간도 곁에서 떠나게 하고 싶지 않을 만큼 어미의 정이 강했을 때에도 난 기꺼이 그 아이를 이름을 드높일 수 있는 곳으로 보내어, 위험을 무릅쓰게 했단다. 그만한 인물에게는 명예가 딱 어울리지. 그만한 인물이 명성을 떨치며 앞장서서 나아가는 모습을 보여주지 않는 한, 벽에 거는 초상화보다 나을 게 없다고 생각했기 때문이야. 그러기에 그 아이를 잔인한 싸움터로 보냈지. 그랬더니 이마 위에 떡갈나무 잎으로 만든 영

1막 3장, 볼룸니아·비르질리아 H.C. 셀루스

광의 관을 쓰고 돌아왔더라. 애야, 정말이지 내가 그 아이를 처음 낳아 아들이라는 말을 들었을 때 못지않게, 그 아이가 진정한 사나이임을 실제로 보여주었을 때 정말로 기뻤단다.

비르질리아 그렇지만 어머님, 만일 그이가 싸움터에서 유명을 달리했더라면 어떠셨겠어요?

볼룸니아 그랬더라면 그 아이가 얻은 명예로운 죽음을 기쁘게 받아들였겠지. 그 명예로운 평판 속에서 내 아들을 다시 찾아냈을 거란 말이다. 진정으로 일러둔다면, 만일 내게 아들이 열둘 있다고 치고, 그들이 모두 네 남편이자 내 아들인 마르키우스만큼 사랑스럽다 하더라도, 그들 가운데 한 아들이 술과 여자에 빠져 빈둥거리며 살아가는 것보다, 나머지 아들 열하나가 나라를 위해 고귀하게 목숨 바치는 것을 나는 더 기쁘게 여기련다.

시녀 등장.

시녀 마님, 발레리아 부인이 찾아오셨습니다.

비르질리아 저는 이만 제 방으로 돌아가 보겠습니다.

볼룸니아 아니다, 가지 말고 있어라. 나에겐 지금 네 남편의 북소리가 울려오는 것만 같다. 아우피디우스의 머리채를 휘어잡고 내동댕이치는 게 보이는 듯하구나. 어린아이들이 곰을 보고 달아나듯 볼스키 사람들이 네 남편을 보고 내빼는 꼴이 훤히 보이는 듯하다. 그 아이가 이렇게 발을 구르면서 "나를 따르라, 이 겁쟁이들아. 너희들은 로마 태생이라도 겁쟁이 배 속에서 나온 놈들이다!" 이렇게 외치는 것만 같구나. 그리고 피투성이가 된 이마를 쇠장갑 낀 손으로 문지르며, 마치 나락을 다 베어내지 못하면 품삯을 받지 못하는 농부처럼 앞으로 치고 나아가는 거다.

비르질리아 피투성이가 된 이마라니요? 오, 맙소사!

볼룸니아 바보 같은 소리! 그런 사내에겐 진정 어울리는 모습이야. 기념비에 황금을 씌우는 것보다 더 어울리는 거란다. 헥토르에게 젖을 물리고 있는 헤카베 왕비의 앞가슴도, 그리스군의 칼을 맞아 피를 내뿜는 헥토르의 그 의젓한 이마보다는 더 아름답지 않았을 거다. 발레리아 부인께 어서 들어오시라고 말씀드려라. (시녀 퇴장)

비르질리아 신이시여, 제 남편을 사나운 아우피디우스한테서 보호해 주시옵소서!

볼룸니아 그 애는 아우피디우스의 대가리를 쳐서 무릎 밑에 파묻게 하고, 그 모가지를 짓밟아 버릴 거다.

발레리아 부인이 안내자, 시녀와 함께 등장.

발레리아 두 분 다 안녕하신지요?

볼룸니아 잘 오셨어요.

비르질리아 이렇게 와주셔서 반갑습니다.

발레리아 어떻게들 지내십니까? 참 훌륭한 부인들이시군요. 무엇을 꿰매고 계시지요? 무늬가 아주 곱네요. 아이는 잘 자랍니까?

비르질리아 감사합니다. 잘 크고 있습니다.

볼룸니아 그 아이는 선생님 얼굴을 보는 것보다, 칼싸움을 보거나 북소리 듣기를 더 좋아한답니다.

발레리아 그 아버지에 그 아들이지 뭐예요. 참으로 귀여운 아이더군요. 지난 수요일만 해도, 반 시간 동안이나 그 아이에게 눈이 팔려 바라보았답니다. 얼굴 윤곽이 아주 또렷한 게 무척 사랑스러웠어요. 아, 글쎄, 노란 나비를 쫓아가면서 그걸 잡았다간 놓아주고, 또다시 쫓고는 하더군요. 쫓아가서 잡았다 놓아줬다 하기를 여러 차례 하다가 잘못해서 넘어지는 바람에 화가 났던지, 이를 악물고 그 나비를 찢어 죽여 버리더라고요. 그것도 아주 갈기갈기 찢어서……

볼룸니아 화가 치밀면, 그 아이 아버지가 바로 그렇게 한답니다.

발레리아 사실 의젓한 아인데요.

비르질리아 장난꾸러기지요.

발레리아 자, 그 바느질감은 치워요. 오늘 오후만은 게으른 주부가 되어 나와 함께 나갑시다.

비르질리아 아니에요. 전 밖에 나가지 않겠어요.

발레리아 밖에 나가지 않겠다고요?

볼룸니아 아니, 나갑니다, 나가요.

비르질리아 아니에요. 저는 남편이 전쟁에서 돌아올 때까진 문밖으로 나가지 않겠어요.

발레리아 아이참, 굳이 자신의 행동을 제약할 필요가 있나요? 자, 함께 나가서 앓아누워 있는 그 부인이나 찾아뵙시다.

비르질리아 그분이 하루빨리 낫기를 바라며 기도드리겠습니다. 그렇지만 찾아갈 순 없습니다.

볼룸니아 그렇게까지 해야 할 까닭이 뭐지?

비르질리아 그렇다고 귀찮거나 우정이 모자라서 그러는 게 아닙니다.

발레리아 당신은 또 다른 페넬로페 왕비가 되자는 거겠지요. 그러나 오디세우스가 전쟁터에 나가 있는 동안 그 왕비가 계속 짰던 삼베는 다만 이타카국을 좀벌레로 들끓게 했을 뿐 아무런 쓸모도 없었다지 않습니까. 자, 난 당신의 그 옷감이 당신 손가락처럼 감각이 있는 거라면 좋겠어요! 그럼 그 베가 가여워 당신도 바늘로 찌르는 것을 그만둘 테니까요. 자, 어서 함께 나갑시다.

비르질리아 용서해 주세요. 저는 나가지 않겠어요.

발레리아 꼭 함께 나갑시다. 남편분에 대한 좋은 소식을 들려줄게요.

비르질리아 괜한 말씀이시지요. 뭐, 벌써 무슨 소식이 있었으려고요.

발레리아 이건 정말 농담이 아녜요. 어젯밤 그분한테서 소식이 왔대요.

비르질리아 정말이오?

발레라아 그럼 정말이고말고요. 어떤 원로님이 말하는 걸 들었는데, 내용은 이래요. 볼스키족이 한 군대를 출동시켰기에, 코미니우스 사령관은 그 적을 맞으러 갔답니다. 한편 남편분과 티투스 라르티우스는 적의 수도 코리올리의 성문 앞까지 진격했는데, 그들은 반드시 이기겠다는 신념에 차서 전쟁을 아주 간단히 끝내게 되리라는 거지요. 이건 정말 틀림없는 소식이에요. 그러니 어서 함께 나갑시다.

비르질리아 절 용서해 주세요. 다음부턴 뭐든지 하라는 대로 할 테니까요.

볼룸니아 그 아이는 내버려 둬요. 이러다간 우리 기분마저 망치겠어요.

발레리아 그래야겠네요. 그럼, 잘 있어요. 자, 어서 갑시다. 비르질리아, 제발 그 심각한 생각은 문밖으로 내쫓아 버리고 우리 함께 나갑시다.

비르질리아 절대로 가지 않겠어요. 정말 나가고 싶지 않아요. 두 분, 즐거운 시간 보내세요.

발레리아 그럼, 잘 있어요. (모두 퇴장)

〔제1막 제4장〕

코리올리 성문 앞.
마르키우스와 라르티우스가 고수(鼓手)와 기수(旗手)들을 앞세우고 병사들과 함께
등장. 전령 한 사람이 그들에게 다가온다.

마르키우스 저 사람이 소식을 가져오는구려. 우리 내기할까요? 틀림없이 싸
움이 벌어졌을 거요.

라르티우스 아닐걸요. 우리 말(馬)을 내기로 겁시다.

마르키우스 그럽시다.

라르티우스 좋아요.

마르키우스 여봐라, 장군께선 적군과 맞붙어 싸우셨느냐?

전령 적군은 보이는 데 있습니다. 그러나 싸움은 여태껏 없었습니다.

라르티우스 그럼, 당신의 말은 내 것이오.

마르키우스 그 말을 내가 도로 사겠소.

라르티우스 안 됩니다. 나는 그 말을 팔거나 주지 않을 생각이오. 그 대신 앞
으로 반(半)백 년 동안 빌려드리겠소. 어서 시민들이나 불러 모읍시다.

마르키우스 적들은 이곳에서 얼마나 떨어진 데 있는가?

전령 1마일 반쯤 됩니다.

마르키우스 그럼 우리와 적 사이의 거리는 서로 돌격 신호 소리를 들을 수
있을 만큼 가까워졌구나. 오, 전쟁의 신 마르스여, 부디 이 싸움을 빨리 마
무리 짓게 해주소서. 그러면 피 묻은 칼을 휘두르며 저쪽에 포진한 우리 군
대를 도우러 진격하리라! 자, 나팔을 불어라.

담판을 제의하는 나팔 소리. 코리올리 성벽 위로 원로 둘이 다른 사람들과 함께
등장.

마르키우스　툴루스 아우피디우스는 성안에 있느냐?

원로 1　없다. 그리고 이 안에 있는 사람은 아우피디우스가 너를 무서워하지 않는 것처럼 아무도 널 무서워하지 않는다. 너 같은 건 무서워할 가치도 없다. 자, 저 북소리를 들어봐라. (멀리서 북소리) 우리 젊은이들이 출동하는 신호 소리다. 우리 속 가축처럼 몰려 갇혀 있지 않고 성벽을 뚫고 나아갈 것이다. 우리 성문이 지금은 닫혀 있는 것처럼 보이지만, 골풀로 붙들어 맨 거나 다름없이 저절로 열리게 될 거다. (멀리서 돌격 신호.) 자, 들어봐라, 멀리서 들려오는 저 소리를! 저건 아우피디우스다. 그가 두 패로 갈린 너희들을 어떻게 쳐부수는지 똑똑히 보아라.

마르키우스　으음! 싸움이 시작된 게로구나.

라르티우스　저 소리를 듣고 모두들 기운을 내라. 이봐, 사다리 좀 가져오게!

볼스키족들, 돌격해 나온다.

마르키우스　놈들이 겁도 없이 성 밖으로 나오고 있다. 병사들이여, 가슴에 방패를 차라. 그리고 방패보다 더 굳센 마음으로 무장하여 싸우라. 용감한 티투스 장군, 나아가시오! 놈들은 웬일로 우리를 무시하고 있소. 이거 화가 나서 땀이 날 지경이요. 자, 모두 내 뒤를 따르라! 너희들 가운데 물러서는 놈은 볼스키족으로 간주해서 내 칼날 맛을 보여주겠다. (돌격을 알리는 나팔 소리. 로마군, 패하여 참호로 물러난다)

마르키우스가 욕설을 퍼부으며 다시 등장.

마르키우스　이놈들아, 네놈들 모두 열풍에 실려 온 온갖 전염병에 걸려 뻗어버려라! 이 로마의 창피거리들아! 이 짐승 떼 같은 것들…… 너희들 온몸에 부스럼이 퍼져서, 보이지 않는 먼 거리에서도 놀라 달아날 더러운 물건이 되어, 1마일 거리에서도 맞바람을 맞아 서로 전염이나 돼라! 인간의 탈을 쓴 이 거위 새끼들아, 원숭이들도 물리칠 그 종놈들한테 깨져서 달아나다니 무슨 꼴이야! 에잇, 모두 등에 상처를 입었구나! 등은 빨간데 얼굴은 겁을 먹어 새파랗게 질려버렸구나! 자, 대열을 정비하여 다시 돌격해라. 그렇

1막 4장, 마르키우스·병사 1, 2 H.C. 셀루스

게 하지 않으면 벼락을 걸고 맹세한다. 적은 그만두고 네놈들부터 먼저 없
애버리겠다! 정신 차려라. 자, 가자! 너희들만 버티고 싸우면 그놈들은 자기
들 계집한테로 내빼고 말 거다. 우리가 참호로 도망친 것처럼 말이다. (돌격
나팔 소리. 달아나는 볼스키족들을 쫓아 성문 앞까지 달려간다) 자, 이제 성문이 열
렸다. 내가 앞장설 테니 내 뒤를 도와라. 성문이 열린 것은 도망쳐 들어가
는 놈들을 위한 게 아니라 추격군을 위한 것이다. 나를 보고 그대로 하라.

병사 1　너무 저돌적이야. 난 못 가겠어.

병사 2　나도. (마르키우스가 성문 안으로 뛰어들자 문이 닫혀버린다)

병사 1　이런! 저들이 마르키우스를 가둬 버렸네. (돌격 신호 계속)

모두　틀림없이 죽었을 거야.

티투스 라르티우스 다시 등장.

라르티우스　마르키우스는 어떻게 되었나?

모두　전사하셨나 봅니다.

병사 1　달아나는 적을 쫓아서 저 안으로 들어가셨는데, 갑자기 성문이 닫혀 버렸습니다. 그분 혼자 성안에 있는 모든 적들과 맞서야 합니다.

라르티우스　훌륭한 사내로다! 그는 감각이 있는 사람이면서 무감각한 칼보다 굳세니, 칼은 꺾여도 그는 꺾일 줄을 모르는구나. 아, 마르키우스, 그대는 이제 살 가망이 없다. 진홍빛 수정이 그대 몸만큼 크다 한들, 어찌 그대 고귀함을 따를 수 있을까. 참으로 그대는 카토가 말하는 이상적인 군인이었다. 칼을 내두르는 데 무섭고 사나워서만은 아니었다. 그 험한 표정과 천둥처럼 울리는 호령 소리는 참으로 온 세상이 학질에 걸린 것처럼 적들을 벌벌 떨게 만들었지.

마르키우스, 피투성이가 된 채 적의 공격을 받으며 다시 등장.

병사 2　저것 보십시오.

라르티우스　앗, 마르키우스다! 가서 구하자. 아니면 우리도 함께 싸우다 죽으리라. (적과 싸우며 모두 성안으로 뛰어들어간다)

〔제1막 제5장〕

코리올리. 어느 거리.
로마인 몇몇이 약탈품을 들고 등장.

로마인 1　이걸 로마로 가져가야지.

로마인 2　난 이걸 가져가겠다.

로마인 3　제기랄! 은(銀)인 줄 알았더니 아니잖아. (모두 퇴장)

멀리서 돌격 신호. 마르키우스와 티투스 라르티우스가 나팔수를 거느리고 등장.

마르키우스 저놈들 좀 보구려. 틈만 생기면 몇 푼 안 되는 물건을 그러모으
느라 정신없소. 방석이며, 납 숟갈이며 동전 부스러기, 사형집행인이 죄수와
함께 묻어버릴 속옷까지, 이 거지 같은 놈들은 전쟁이 끝나기도 전에 짐 꾸
리는 데 정신이 팔려 있으니 말이오. 망할 자식들! 아, 저 소리! 저건 우리
장군 진영에서 울려오는 소리요. 자, 장군을 도우러 갑시다. 같은 하늘을 이
고 살 수 없는 적 아우피디우스가, 마침내 우리 로마군을 돌파하려는 것 같
소. 그러니 용감한 티투스, 그대는 필요한 병력을 거느리고 이 도시를 지켜
주시오. 나는 용기 있는 자들을 데리고, 코미니우스를 도우러 가겠소.

라르티우스 당신 상처에서 피가 흐르고 있소. 이미 격렬한 전투를 치렀으니
다시 출전한다는 것은 무리요.

마르키우스 아니, 나를 칭찬할 것까진 없소. 이 정도 싸움으로는 아직 성이
차지 않는구려. 그럼 잘 있으시오! 내가 흘리는 피가 약은 될망정 독이 되
지는 않을 것이오. 이 모습 그대로 아우피디우스를 만나 싸우겠소.

라르티우스 아름다운 행운의 여신이 당신을 깊이 사모하여, 그녀의 위대한
마력으로 당신에게 맞서는 자의 칼끝을 부디 어지럽히기를! 대담무쌍한 용
사여, 부디 승전을 당신의 종처럼 거느리고 개선하기를 빕니다!

마르키우스 행운의 여신이 그대에게도 다시없는 벗이 되기를! 그럼, 안녕히.

라르티우스 마르키우스 만세! (마르키우스 퇴장) 광장에 나아가 나팔을 울리
고, 모든 관리를 집합시켜라. 그들에게 우리의 뜻을 밝혀두어야겠다. 어서
가라! (모두 퇴장)

〔제1막 제6장〕

코미니우스 진영 근처.
코미니우스와 병사들, 후퇴하며 등장.

코미니우스 다들 잠시 쉬어라. 잘 싸웠다. 그리고 우리는 로마 사람답게 물러
섰다. 무모한 저항은 하지 않았고, 비겁하게 후퇴하지도 않았다. 적들은 되
짚어 다시 공격해 올 거다. 아까 싸움이 한창이었을 때 저쪽 아군의 돌격
소리가 때로 바람을 타고 들려왔다. 오, 로마 신들이여, 우리와 그들에게 똑

같은 승리를 내려주옵소서! 우리 두 부대가 웃는 얼굴로 서로 만나, 당신들에게 감사 제물을 바칠 수 있게 하옵소서!

전령 등장.

코미니우스 무슨 소식인가?

전령 코리올리 시민들이 성에서 뛰어나와 라르티우스와 마르키우스께 도전했습니다. 아군이 참호로 몰려간 것을 보고 저는 달려왔습니다.

코미니우스 너는 사실을 보고하는 것이겠지만, 네 말에 오롯이 수긍이 가지는 않는다. 그게 언제 일이냐?

전령 한 시간 남짓 됩니다.

코미니우스 여기에서 1마일도 안 되는 곳에서, 바로 아까 아군의 돌격 북소리가 들렸다. 1마일 거리를 한 시간이나 걸려서, 묵은 소식을 가져오다니 어찌 된 일이냐?

전령 볼스키 척후병들이 추격해 온 탓에 3~4마일을 돌아왔습니다. 그렇지 않았다면 반 시간 전에 벌써 보고를 올렸을 겁니다.

마르키우스 등장.

코미니우스 저기 오는 게 누구지? 온몸 껍질이 홀랑 벗겨진 사람 같구나. 앗! 마르키우스 같다. 이전에도 그가 저런 모습을 한 것을 본 적이 있다.

마르키우스 내가 너무 늦게 왔습니까?

코미니우스 목동은 천둥과 작은북 소리를 잘 구별할 수 있다지만, 나는 그 이상으로 마르키우스의 목소리와 그보다 못난 것들의 목소리를 쉽게 구별할 수 있소.

마르키우스 내가 너무 늦게 왔습니까?

코미니우스 만일 그대 온몸에 뒤집어쓴 피가 적의 것이 아니라 그대 자신의 것이라면 그렇소.

마르키우스 나는 구혼할 때처럼 힘찬 팔로 장군을 안아주겠소! 결혼식날이 저물어, 신방에 촛불이 타오르고 있을 때처럼 기쁨에 넘쳐서 말입니다!

코미니우스 용사 중의 용사여, 티투스 라르티우스는 어떻게 되었소?

마르키우스 바삐 포고령을 내리고 있습니다. 사형선고와 추방령을 내리기도 하고, 어떤 자에게는 상금을 주거나 동정을 베풀고, 또 어떤 자에게는 위협을 가하며, 그가 이렇게 로마를 대표하여 코리올리를 다스리고 있어서 지금 코리올리는 마치 아양 떠는 사냥개처럼 그의 가죽끈에 매달려 당겨졌다 늦춰졌다 자유자재로 움직이고 있습니다.

코미니우스 아까 그놈은 어디 있나? 아군이 적에게 몰려 참호로 도망쳤다고 보고한 그놈 말야! 그놈을 이리로 불러내라.

마르키우스 그놈을 내버려 두시오. 그 보고는 사실이었으니까요. 그 평민 졸병들만 아니었더라도! 염병할 새끼들! 그런 놈들을 위해 호민관을 두다니! 놈들이 자기들보다 더 보잘것없는 적에게 몰려 내빼는 꼴은 고양이 앞에 쥐만도 못했소.

코미니우스 그럼, 어떻게 전세를 되돌렸소?

마르키우스 그런 이야기를 하고 있을 때가 아닌 것 같습니다. 적은 어디 있지요? 아군이 이겼나요? 그렇지 않다면 승리할 때까지 싸워야 하지 않습니까?

코미니우스 마르키우스, 우리는 상황이 불리하여 먼저 물러났다가 다시 기회를 노리고 있는 거요.

마르키우스 적은 어떻게 포진하고 있나요? 그들의 정예부대가 어느 쪽에 배치되어 있는지 아십니까?

코미니우스 짐작하건대 적의 선두는 안티움 사람들로 이루어진 정예부대로, 이 부대를 이끄는 자가 그들이 신뢰하는 아우피디우스요.

마르키우스 그렇다면 제발 우리가 이제까지 싸운 모든 전쟁, 함께 흘린 선명한 피, 영원한 벗으로 언약한 맹세 등을 걸어 간곡히 요청합니다. 내가 지금 바로 아우피디우스와 그가 이끄는 안티움 부대를 공격할 수 있게 해주시오. 그리고 장군도 곧바로 나아가서 휘두르는 칼과 투창으로 하늘을 가르며, 곧바로 승패를 결정하길 바랍니다.

코미니우스 사실은 그대를 온탕에 들게 하고 약을 발라주고 싶었소만, 내 어찌 그대의 청을 거절할 수 있겠소. 가장 도움이 될 사람들을 골라 데려가도록 하시오.

마르키우스 (병사들에게) 용감하게 출전하겠다는 사람이면 누구든 좋다. 만일 이 진중에 피투성이 된 내 모습을 사랑하는 자가 있거든—없다고 생각하는 것이 오히려 죄가 되겠지만—자기에게 닥쳐올지 모를 위험보다 불명예를 더 두려워하며, 용감한 죽음을 비열한 삶보다 더 가치 있게 생각하고, 자기 한몸보다 나라를 더 사랑하는 자는, 그게 오직 한 명이건 그보다 많건 간에 이렇게 칼을 내흔들어 그 뜻을 표시하며 나를 따르라. (병사들, 일제히 칼을 내두르고 마르키우스를 안아올리며, 투구를 벗어 공중에 던진다) 오, 나 하나만을? 나 하나를 너희들의 칼로 삼겠는가? 만일 이 열정이 한낱 겉치레가 아니라면, 너희들 가운데 그 누가 볼스키족 졸병 너덧 놈과 맞서지 못하겠는가? 아우피디우스와 맞선다고 해도 당해 낼 수 있다. 너희들에게 감사한다. 그러나 모두 데려갈 수는 없으니 몇 명만 고르겠다. 나머지 사람들은 저마다 필요에 따라 다른 전투에 나아가라. 자, 네 사람이 나와서 내 명령대로 출전할 가장 용감한 병사들을 선발해 다오.

코미니우스 그럼, 출발이다. 이 용감한 시위를 헛되게 하지 말라. 그러면 모든 전리품은 너희들에게 다 같이 공평하게 나누어 주겠다. (모두 퇴장)

〔제1막 제7장〕

코리올리 성문.
티투스 라르티우스가 수비병들 한 무리에게 코리올리를 지키게 한 다음, 고수와 나팔수를 데리고 코미니우스와 가이우스 마르키우스의 진지로 떠나기 위해 등장. 부관 한 사람, 병사들, 정찰병 한 사람이 그 뒤를 따른다.

라르티우스 모든 성문을 잘 지키고, 내 명령대로 저마다 임무를 수행하라. 내가 사람을 보내거든 100인 부대를 지원군으로 보내라. 남은 병력으로 이곳을 잠시 동안은 지킬 수 있을 거다. 야간전투에 패한다면 어차피 이 도시도 지킬 수 없게 된다.

부관 이곳 걱정은 마십시오.

라르티우스 자, 가자. 우리가 나간 다음 성문을 굳게 닫아라. 자, 길잡이, 어서 우리를 로마군 진영으로 안내하라. (모두 퇴장)

두 진영 사이에 있는 싸움터.
돌격 나팔 소리. 서로 반대편에서 마르키우스와 아우피디우스 등장.

마르키우스 내가 싸우고 싶은 것은 너뿐이다. 너는 배신하는 놈보다 더 밉살
스럽기 때문이야.

아우피디우스 우리는 서로 똑같이 증오하는구나. 아프리카의 어떤 독사보다
도 너의 그 잘난 명성이 싫다. 꼼짝 말고 서라.

마르키우스 먼저 달아나는 놈은 평생 노예가 되어, 두고두고 신들의 저주를
받게 될 거다.

아우피디우스 만일 내가 도망친다면 산토끼처럼 내몰아 놀려대도 좋다.

마르키우스 바로 세 시간 전에, 나는 코리올리성에 혼자 쳐들어가 기분 내키
는 대로 싸우다 왔다. 이 얼굴을 덮은 것은 내 피가 아니다. 그걸 복수하기
위해서라도 기를 쓰고 덤벼봐라.

아우피디우스 네놈이 너희들의 장한 조상으로 받들어 모시는 헥토르 같은
용사라 할지라도, 이 자리에선 내 칼을 피해 나가지 못할 거다.

둘이 싸운다. 볼스키족 몇몇이 달려 나와 아우피디우스를 도와준다. 마르키우스가
있는 힘을 다하여 싸우자 이들은 허겁지겁 달아난다. 마르키우스는 그 뒤를 쫓아
들어가고 아우피디우스만 남는다.

아우피디우스 에잇, 저 바보 같은 놈들, 괜히 덤벼들어 돕다가 나만 부끄럽게
만들었잖아. (모두 퇴장)

로마군 진영.
나팔 소리. 돌격 신호. 이어서 다시 후퇴 신호. 코미니우스가 로마군을 이끌고 한쪽
에서 등장. 맞은편에서 마르키우스가 한 손을 헝겊으로 감싸고 등장.

코미니우스 오늘 그대가 한 일은, 내가 말을 되풀이한다 해도 그대 자신이 믿지 못할 것이오. 나는 이 사실을 나라에 보고하겠소. 그러면 원로들은 눈물과 웃음이 엇갈릴 것이오. 귀족들은 그 이야기를 들으면서 두려움으로 움츠리다가도 마침내 감탄하게 될 거요. 부인들은 놀라고 전율하면서도 기뻐하며 더욱 귀를 기울일 거요. 구질구질한 평민들과 함께 그대의 명성을 질투의 눈길로 바라보는 그 따분한 호민관들까지도 "로마에 그런 용사가 있음을 신들에게 감사한다"라고 마지못해 말할 것이오. 하지만 그대에겐 늘 있어 온 일이니, 배불리 먹은 뒤에 고기 한 점 더 먹는 거겠지요.

티투스 라르티우스, 부하 병사들과 함께 추격을 끝내고 등장.

라르티우스 오, 장군, (마르키우스를 가리키며) 그는 뛰어난 말(馬)이라 할 것이니, 우리는 그 말의 장식품일 따름입니다. 장군이 온 힘을 다해 싸우는 저 사람의 모습을 보았더라면…….

마르키우스 이젠 그만하오. 아들을 칭찬할 특권이 있는 어머니가 치켜세우는 것도 나로서는 서글펐소. 나나 여러분이 한 일은 서로 다를 게 없소. 있는 힘을 다하여 싸운 것뿐, 나라를 위하는 마음으로 꼭 같은 동기에서 한 일이니 누구나 나만큼은 이룬 셈이오.

코미니우스 자신의 공적을 그대로 덮어버리려 하나, 그건 안 될 말이오. 그대의 업적은 곧 로마의 업적이기에 로마가 마땅히 알아야 하오. 그걸 덮겠다는 건 로마의 영광을 훔치는, 아니 로마에게 오명을 씌우는 결과가 될 거요. 최고의 찬사도 오히려 모자랄 그런 큰 공로를 그대로 덮으려 하다니. 자, 이건 그대의 업적에 보답하기 위해서가 아니라 사실을 그대로 인정한다는 표시이니, 이제 모든 장병 앞에 서서 내가 하는 말을 들어주오.

마르키우스 나는 몇 군데 다쳤는데, 그 전투를 떠올리면 상처들이 다시 아려옵니다.

코미니우스 그 전투를 기억해 주지 않는다면, 그 상처들은 오히려 우리가 은혜를 입었음을 분히 여기고는 덧나서 생명을 위협할 것이오. 우리가 빼앗은 수많은 군마들의 십분의 일과 전쟁터와 성안에서 뺏은 온갖 전리품 가운데 십분의 일을 그대에게 드리겠소. 그러니 전체 분배에 앞서, 그대가 먼저 좋

1막 9장, "가이우스 마르키우스 코리올라누스!" H.C. 셀루스

은 것을 골라 가지시오.

마르키우스 장군, 감사합니다. 그러나 이 칼의 대가로 뇌물을 받는 것은 내 마음이 받아들이지 않으니 분명히 거절합니다. 나는 어디까지나 평등하게, 싸움을 구경하던 사람들과 똑같이 분배받겠습니다. (긴 나팔 소리. 병사들이 한목소리로 "마르키우스! 마르키우스!" 외치며 투구와 창을 높이 던져 올린다. 코미니우스와 라르티우스도 모자를 벗어 경의를 나타낸다)

마르키우스 그대들이 욕되게 한 저 나팔들이 영원히 벙어리나 돼버려라! 전쟁터의 북과 나팔까지 아첨꾼이 된대서야, 궁궐과 시청이 온통 위선자들의 입발림으로 번질번질하겠구나! 쇳덩어리까지 아첨꾼 비단처럼 나불거리는 날엔, 그따위는 모조리 전쟁의 공물로 바쳐버려라! 이젠 그만해라! 전쟁 중에 내가 코피 나는 것을 닦지 않았다든가, 또는 어떤 보잘것없는 놈을 물리쳤다 해서―그것쯤이야 여기 있는 사람들이 남몰래 얼마든지 한 일인데―나를 지나치게 떠받들고 있으니, 보잘것없는 공로에 대해 거짓 양념을 친 칭찬을 내가 좋아할 사람인가?

코미니우스 그건 너무 겸손한 말씀이오. 그대를 참되게 평가하는 우리 마음을 받아들이지는 못할망정, 자신의 명예를 짓밟는 건 너무하오. 그렇게 격분해서 굳이 스스로를 못살게 군다면, 실례지만 자해하려는 사람을 다루듯 그대에게 수갑을 채운 다음 마음 놓고 이치를 따지기로 하겠소. 자, 이제 여기 있는 모든 사람과 온 세상에 알리노라. 이번 전쟁의 월계관은 가이우스 마르키우스의 몫이다. 그 표시로 우리 진중에 잘 알려진 내 군마를, 거기 따른 멋진 장신구들과 함께 마르키우스에게 증정하기로 한다. 그리고 그가 코리올리에서 세운 공을 생각하여, 오늘 이 순간부터 모든 장병이 박수와 환호를 보내며, 그를 '가이우스 마르키우스 코리올라누스'라고 부르자! 이 고귀한 칭호가 그대에게 언제까지나 따를 것이오! (화려한 군악. 나팔 소리와 북소리)

모두 가이우스 마르키우스 코리올라누스!

코리올라누스 나는 가서 얼굴이나 씻겠소. 내 얼굴이 깨끗해지면, 내 얼굴이 붉어졌는지 어떤지 알게 될 거요. 어쨌든 고맙습니다. 장군의 말은 잘 타겠으며, 나에게 준 그 멋진 칭호는, 내 힘껏 언제까지나 이마 위에 지니도록 하겠습니다.

코미니우스 그럼 막사로 가서, 잠들기 전에 로마에 보낼 승전보를 씁시다. 티투스 라르티우스, 그대는 코리올리로 돌아가 시민 가운데 가장 알맞은 대표를 로마에 보내주시오. 그들과 우리가 다 함께 좋아할 만한 조약을 맺을 적당한 인물이어야 하오.

라르티우스 분부대로 하겠습니다.

코리올라누스 나는 벌써부터 신들의 조롱을 받기 시작한 것 같습니다. 방금 가장 값진 선물을 거절한 내가, 장군에게 청할 게 생겼으니 말입니다.

코미니우스 뭐든 청한 것은 그대의 것이니 가지시구려. 그게 무엇이오?

코리올라누스 지난날 코리올리의 어느 가난한 사람 집에 머무른 적이 있었는데 그 집안사람이 나를 극진히 대해 주었습니다. 그 사람이 지금 포로가 되어 있습니다. 나를 보고 소리치는 걸, 때마침 나타난 아우피디우스 때문에 화가 치밀어 미처 그자에게 인정을 베풀지 못했지요. 그 가난한 사람에게 자유를 베풀어 주십시오.

코미니우스 참 갸륵한 요청이오. 설령 그가 내 아들을 죽였다 하더라도, 그를 바람처럼 자유롭게 해주겠소. 티투스, 그 남자를 풀어주시오.

라르티우스 마르키우스, 그 사람 이름은?

코리올라누스 아차, 이름을 잊었군요. 몸이 피곤하니 기억력마저 흐려집니다. 술 좀 없소?

코미니우스 우리 군막으로 갑시다. 그대의 얼굴에 피가 말라서 굳어가고 있소. 지금 치료해야 하오. (모두 퇴장)

〔제1막 제10장〕

볼스키군 진영.
우렁찬 군악. 코넷 소리. 피투성이가 된 툴루스 아우피디우스가 병사 두세 명과 함께 등장.

아우피디우스 성이 함락돼 버렸다!

병사 1 좋은 조건을 내걸면 다시 찾을 수 있습니다.

아우피디우스 뭐, 조건을 내걸어? 아, 나도 로마 사람이기나 했으면! 볼스키족 사람이기에 난 이제 나일 수가 없구나. 조건이라니! 적의 손아귀에 들어간 우리가 무슨 뾰족한 조건을 가지고 조약을 맺을 수 있다는 거냐? 으음, 마르키우스, 너와 싸운 것이 모두 다섯 번, 난 그때마다 네놈에게 졌다. 앞으로 밥 먹듯이 자주 싸운대도 또한 그렇겠지. 어디 두고 보자, 다음에 또다시 놈과 맞붙어 싸우게만 되면, 그놈이 죽건 내가 죽건 끝장을 내고 말 테다. 지난날 같은 도의심은 이제 나에게서 사라져 버렸어. 그때는 정정당당하게 일대일로 싸워서 놈을 박살내리라 생각했지만 이제부턴 어떤 방법도 상관없다. 홧김에 그대로 쳐버리든 꾀로 잡든 말이다.

병사 1 그놈은 악마입니다.

아우피디우스 대담함은 악마보다 더하지만 지혜는 그다지 없는 놈이다. 그놈에게 입은 오욕 때문에, 내 마음마저 비겁해졌구나. 앞으로 그놈을 잡는데 정정당당한 방법은 쓰지 않겠다. 내 집에 잠들어 있을 때나 성역(聖域)이라 해도, 벌거벗고 있을 때나 앓아누워 있을 때에도, 신전이나 의사당에서도, 신관들이 기도드리고 있을 때나 제물을 바치고 있을 때에도 그 어느 때라도 좋다. 폭력을 금지하는 온갖 낡아빠진 규율이나 관례도 마르키우스에 대한 내 증오는 막지 못하리라. 다음에 만나기만 해봐라. 그것이 내 집이건, 내 동생의 보호 아래 있건, 손님 대접에 어긋나건 말건 바로 그 자리에서 이 억센 손을 그놈 심장에서 나온 피로 씻고야 말 테다. 너희들은 성에가서 적의 수비 상태를 보고 오너라. 그리고 로마에 끌려간 볼모가 누구누군지 알아 오너라.

병사 1 장군은 가시지 않습니까?

아우피디우스 나는 삼나무 숲속에서 기다리는 사람들이 있으니 그리로 가보겠다. 시(市) 제분소 남쪽에 있는 그 숲 말이다. 너는 내게 세상이 어찌 돌아가는지 그리로 와서 보고해라. 상황에 따라 앞으로 나의 거취를 결정하기로 할 테니.

병사 1 그렇게 하겠습니다. (모두 퇴장)

로마. 광장.
메네니우스, 호민관인 시키니우스와 브루투스 둘과 함께 등장.

메네니우스 점쟁이가 그러는데, 오늘 밤에는 어떤 소식이 있을 거라 하오.

브루투스 좋은 소식입니까? 나쁜 소식입니까?

메네니우스 마르키우스를 싫어하는 평민에겐 기쁜 소식이 아닐 거요.

시키니우스 자연의 섭리에 따라서, 짐승도 자기편을 사랑하는 법입니다.

메네니우스 그럼, 말해 보시오. 늑대가 무엇을 좋아하오?

시키니우스 새끼 양을 좋아하죠.

메네니우스 그래, 잡아먹자고 좋아하는 거요. 굶주린 평민들이 위대한 마르키우스를 잡아먹자는 듯이 말이오.

브루투스 정말 그는 양 같은 사람입니다. 하지만 으르렁대게 되면 곰 같아집니다.

메네니우스 정말 곰 같은 사람인데, 평소엔 양처럼 온순하오. 두 사람은 나이가 지긋하니 한마디 물어보겠소.

시키니우스, 브루투스 무엇입니까?

메네니우스 마르키우스에겐 쥐꼬리만큼밖에 없고, 두 사람에겐 얼마든지 있는 결점이 무엇인지 아오?

브루투스 그에게 쥐꼬리만큼밖에 없는 결점이 대체 무엇입니까? 결점이란 결점은 얼마든지 지니고 있는 사람인걸요.

시키니우스 특히 그 오만함이란.

브루투스 큰소리치는 것은 그를 당할 자가 없을 지경입니다.

메네니우스 참, 알고도 모를 말이군요. 도대체 두 사람이 로마에서 얼마나 비난을 받고 있는지 아시오? 우리 귀족들에게 말이오.

브루투스 어떻게 비난합니까?

메네니우스 지금 오만하다고 했으니 말인데, 화는 내지 않겠지요?

시키니우스, 브루투스 아, 글쎄 말씀이나 해보시지요.

메네니우스 뭐, 그리 대단한 일은 아니오. 단지 조그마한 일로도 자제심은 무너지기 쉬우니 다짐해 둔 것뿐이죠. 제발 마음을 편히 갖고, 화가 나거든 화를 내시구려. 화내는 게 편하거든 말이오. 그래, 마르키우스가 자만심이 강하다는 거지요?

브루투스 그렇게 생각하는 건 우리만이 아닙니다.

메네니우스 하긴 당신들은 혼자 할 수 있는 일이 거의 없으니까 언제나 많은 후원자가 뒤에 딸려 있죠. 그렇지 않으면 당신들의 행동은 놀랄 만큼 단순하오. 혼자서 대견스러운 일을 하기엔 너무 젖비린내가 나는 게 당신들이오. 그가 거만하다고요? 아, 당신들이 목덜미에 눈을 갖다 대고, 자신의 마음속을 한 번만이라도 제대로 살펴볼 수 있다면 좋으련만! 아, 제발 당신들에게 그런 능력이 있었으면!

시키니우스, 브루투스 그러면 어떻다는 겁니까?

메네니우스 그러면 당신들의 마음속에는 무능하면서 거만하고, 난폭하면서 성미 급한 판사나리, 한마디로 바보 천치, 로마에서 첫째가는 바보 천치 한 쌍을 발견하게 된다는 거요.

시키니우스 메네니우스, 당신도 소문난 분입니다.

메네니우스 아무렴, 소문이 나 있겠죠. "익살맞은 귀족이다. 테베레 강물을 한 방울도 섞지 않은 독주를 즐기는 사람이다. 먼저 소송을 제기한 자를 무턱대고 편들기 좋아하는 괴짜다. 성미가 급하여 작은 일에도 노발대발하는 사람이다. 아침의 이마보다 밤의 뒤꽁무니와 교제하길 좋아하는 사람이다"라며 떠들어 대겠죠. 난 말이오, 생각하는 걸 그대로 툭툭 털어놓고, 마음속에 있던 악의를 쏟아내는 성미요. 그래서 당신들 같은 정객—탁월한 정치가인 리쿠르고스처럼 우러러 받들기에는 좀 부족한 그런 정객들을 만났을 때, 당신들이 내놓은 술이 비위에 거슬리게 되면 난 얼굴을 찌푸리게 된다오. 당신들이 내뱉은 발언이 대부분 바보스러운 내용인데, 설마 내가 '각하들 말씀이 지당하옵니다' 이렇게 말할 사람은 아니오. 당신들을 가리켜 고리타분한 새침데기 노인들이라고 말하는 것은 그냥 참고 듣겠지만, 당신들의 얼굴이 잘생겼다는 놈이 있다면 그건 새빨간 거짓말이오. 그래, 이런 성미가 나라는 소우주의 지도인 얼굴에 드러난다고 해서, 내가 소문난 사람이라고? 그래 내가 소문난 사람이기로, 당신들의 눈뜬 장님 같은 눈에 내 성격의 어떤 흠이 보인다는 거죠?

브루투스 이거 참, 우린 당신을 너무나 잘 알고 있습니다.

메네니우스 당신들이 나를 알아요? 자기 자신도 모르고 아무것도 모르면서? 가엾은 평민들이 모자를 벗고 굽실거리는 거나 바라는 당신들은 감귤 파는 여인과 수도꼭지 장수 사이에 일어난 소송 사건에 귀중한 한나절을 다 보내고는, 그 서푼어치밖에 안 되는 사건을 다음 날까지 붙잡고 늘어졌었소. 원고와 피고 사이의 변론을 듣고 있다가, 화가 나면 무언극 패거리들처럼 낯빛이 바뀌어서는, 인내심은 온데간데없이 핏대를 곤두세우질 않나, 재판한답시고 사건만 더욱 복잡하게 만들고, 소송인들을 나쁜 놈들이라고 고래고래 소리치면서 퇴장시키질 않나, 아, 그래, 판결 내린다는 게 겨우 소송인들에게 욕설을 퍼붓는 거란 말이오? 당신들은 참 이상야릇하게 생겨 먹었소.

브루투스 이런! 당신이야말로 의사당엔 필요없는 사람이지요. 차라리 식탁 안내원이 되어, 조롱이나 하라면 잘할 사람이라는 걸 세상이 다 알고 있습니다.

메네니우스 당신들 같은 어리석은 자들을 보면 근엄한 신관들까지도 빈정거릴 거요. 당신들이 아무리 이치에 닿는 이야기를 한대도, 결국 당신들 턱수염을 꼬리치게 할 만큼의 가치도 못될 말들뿐이오. 게다가 당신들 수염은 서푼 직공의 방석 속에 집어넣거나, 당나귀 등받이 속에 파묻어 버리면 매우 영광스럽다고 할 만한 물건이죠. 그래도 아직 마르키우스가 거만하다고 말할 테지만, 아무리 줄잡아도 그는 대홍수 뒤로 당신들 조상을 모두 합친 것만큼 가치가 있는 사람이오. 하긴 당신들의 조상이란, 가장 잘난 사람이라고 해봐야 대대로 내려오는 교수형 집행인 정도겠지만 말이오. 그럼 각하들, 안녕히 계십시오. 짐승 같은 평민들의 목자인 당신들과 더 이야기했다간 내 머리가 돌 것 같소. 난 이만 실례하오.

브루투스와 시키니우스 한쪽으로 물러서자 볼룸니아, 비르질리아 및 발레리아 등장.

메네니우스 귀하고 아름다우신 부인들이여, 안녕하십니까? 달님이 이 땅에 내려온들 이토록 고귀하게 보일라고요. 그런데 그토록 다급한 얼굴로 어디를 가시나요?

볼룸니아 메네니우스 님, 내 아들 마르키우스가 돌아오고 있어요. 미안하지만 우린 가봐야겠어요.

메네니우스 네? 마르키우스가 돌아온다고요?

볼룸니아 네, 그렇습니다. 게다가 굉장한 영예를 얻고 돌아오는걸요.

메네니우스 (모자를 벗어 하늘에 던지며) 유피테르 신이여, 이것을 받으소서. 감사합니다. 우아! 정말 마르키우스가 돌아오는 겁니까?

비르질리아, 발레리아 네, 정말이에요.

볼룸니아 자, 보세요. 이게 그 아이 편지입니다. 정부에도 한 장, 며느리에게도 한 장이 왔어요. 아마 댁에도 한 장 와 있을 겁니다.

메네니우스 오늘 밤은 내 집이 빙빙 돌 때까지 축배를 기울이겠소. 내게도 편지가 와 있다고요?

비르질리아 네, 분명히 와 있습니다. 제가 직접 봤습니다.

메네니우스 내게 편지가 와 있다! 앞으로 7년은 더 살 기운이 나는구나. 그동안은 의사 신세를 지지 않아도 되겠다. 이젠 천하의 명의사 갈레노스의 첫째가는 이름난 처방도 돌팔이 의사의 치료법밖에 안 될 테니, 이 묘약에 비하면 기껏해야 말(馬)의 약이로다. 어디 부상은 없답니까? 부상 입고 개선하는 것이 그 사람 버릇이니까요.

비르질리아 아니에요. 부상은 없습니다.

볼룸니아 네, 부상을 입었지요. 정말 신들에게 감사할 일이죠.

메네니우스 중상만 아니라면 내 마음도 그렇습니다. 주머니 속에 승리를 넣고 오겠지요? 그렇다면 부상이 썩 잘 어울릴 겁니다.

볼룸니아 이마에 부상을 입었대요. 메네니우스 님, 그 아이는 이번에 세 번째로 떡갈나무 관을 쓰고 개선하는 거랍니다.

메네니우스 아우피디우스의 버릇을 단단히 가르쳐 줬겠지요?

볼룸니아 티투스 라르티우스 님 편지에 따르면, 두 사람이 맞붙어 싸우다 아우피디우스가 도망쳤답니다.

메네니우스 허, 그건 그놈에게 썩 다행한 일이었겠지요. 단언컨대 만일 그대로 버티고 싸웠다면, 코리올리의 모든 돈궤와 그 속에 든 금을 모조리 준대도, 나 또한 아우피디우스 신세가 되기 싫은 일이 벌어졌을 테니까요. 원로들도 이 일을 알고 있습니까?

볼룸니아 (부인들을 보고) 어서 가봅시다. 네, 네, 알고 있어요. 코미니우스 장군이 원로원에다 보고를 했거든요. 장군은 이번 공로가 모두 내 아들이 이룬 거라 생각한답니다. 아들은 이번에 지금까지 이룬 모든 공적의 곱절이 넘는 일을 했다는 거예요.

발레리아 사실은 그분이 큰 영광을 얻게 될 거란 소문이 자자해요.

메네니우스 큰 영광? 아무렴, 그렇게 되어야지요. 그만한 공적을 쌓았으니까요.

비르질리아 제발 그렇게 되길!

볼룸니아 아무렴, 그렇게 되고말고! 걱정도 팔자구나.

메네니우스 그렇게 된다고요? 물론 그렇게 될 겁니다. 그래, 어디를 다쳤다고 합니까? (호민관들을 보고) 어, 안녕하십니까? 마르키우스가 돌아와요. 더 거만을 떨 이유를 갖고 온단 말이오. 그래, 어디를 다쳤나요?

볼룸니아 어깨와 왼쪽 팔이에요. 그가 관직에 입후보하게 되면, 민중에게 큼직큼직한 상처들을 보여줄 수 있을 겁니다. 타르퀴니우스를 물리쳤을 때에도 몸에 일곱 군데나 부상을 입었었지요.

메네니우스 그리고 목에 한 군데, 허벅지에 두 군데, 내가 알기에도 벌써 아홉 군데나 됩니다.

볼룸니아 이번에 출전하기 전까지 부상 입은 곳이 모두 스물다섯 군데였어요.

메네니우스 이젠 스물일곱 군데가 되었습니다. 그 상처 하나하나가 적을 매장한 무덤이지요. (환호성과 우렁찬 군악대 소리) 아, 저 나팔 소리!

볼룸니아 마르키우스가 오는 걸 알리는 소리예요. 그의 앞길에는 소란스런 환성이 일고, 그가 지나간 뒤에는 패전한 적들의 눈물이 흐릅니다. 그의 억센 팔에는 죽음의 전령이 누워 있어서, 한번 들었다 내려칠 때마다 적들이 죽어 넘어지는 거지요.

개선을 알리는 군악. 나팔 소리. 코미니우스 장군과 티투스 라르티우스, 그리고 그 둘 사이에 코리올라누스가 떡갈나무 잎 관을 쓰고 등장. 여러 장군들과 병사들, 의전관 한 사람 뒤따른다.

의전관 로마 시민에게 알린다. 마르키우스 님은 혼자 코리올리 성안에 쳐들어가 승리의 용명을 떨쳤기에, '가이우스 마르키우스'라는 이름에 '코리올라누스'라는 명예로운 칭호가 붙었다. 영광스러운 코리올라누스, 로마 개선 만세! (우렁찬 나팔 소리)

모두 영광스러운 코리올라누스, 만세!

코리올라누스 기분이 언짢으니 이젠 그만해 두시오. 제발 그만해요.

코미니우스 저기 어머님이 계시오!

코리올라누스 오, (볼룸니아 앞으로 달려가 무릎을 꿇으며) 틀림없이 어머니가 신들에게 저의 무운을 빌어주셨으리라 믿습니다!

볼룸니아 자, 일어서라, 훌륭한 용사야. 내 착한 마르키우스, 가문에 손색없는 가이우스, 그래, 이번 공적으로 얻은 새 칭호가 뭐랬더라? 아, 코리올라누스라고 널 불러야겠지? 참, 저기에 네 아내가 와 있다!

코리올라누스 오, 내 사랑스런 새침데기, 만세! 아니, 내가 관에 누워서 돌아왔으면 웃을 뻔했소? 개선한 것을 보고 울다니? 여보, 그런 눈은 코리올리의 과부들과 아들 잃은 어머니들이나 하는 거요.

메네니우스 축하하오!

코리올라누스 아, 여전하시군요. (발레리아를 보고) 오, 부인께서도 나오셨군요.

볼룸니아 난 어느 쪽으로 먼저 돌아서야 할지 모르겠구나. 애야, 잘 돌아왔다. 장군님, 어서 오세요. 모두 잘 돌아왔어요, 축하합니다.

메네니우스 천번 만번 축하하오! 울고도 싶고 웃고도 싶은 심정이구려. 마음이 들떴다 가라앉았다 합니다. 축하하오! 그대가 돌아온 걸 보고 기뻐하지 않는 자는, 심장 밑바닥부터 저주를 받으리라! 당신들이야말로 로마가 흠뻑 사랑에 빠질 세 용사들이오. 그런데 정말이지 이 나라엔 어쩌다 늙은 돌능금나무 같은 놈들이 있어서, 아무리 접목을 해도 당신들 입맛에 맞게 할 수 없단 말이오. 어쨌든 축하하오! 쐐기풀은 어디까지나 쐐기풀로, 바보들의 소행은 어디까지나 바보짓으로 돌릴 수밖에.

코미니우스 언제 들어도 옳으신 말씀이오.

코리올라누스 메네니우스의 입은 여전하시군요.

의전관 길을 비켜라! 자, 어서 가십시오.

코리올라누스 (볼룸니아와 비르질리아에게) 어머니, 손을 이리 주십시오. 그리고 당신의 손도. 집에 가서 쉬기 전에 귀족들을 찾아보아야겠습니다. 여러 환영 인사뿐만 아니라 새로운 명예들을 저에게 베풀어 준 분들이니까요.

볼룸니아 오래 살다 보니, 내가 바라던 대로 꿈이 이루어졌구나. 아직 한 가지 부족한 게 있으나, 그것도 로마가 너에게 반드시 주게 될 거다.

코리올라누스 어머니, 저는 다른 사람의 뜻을 받드는 통치자가 되느니, 차라리 제가 하고픈 대로 봉사하며 살아가는 사람이 되고 싶습니다.

코미니우스 자, 어서 의사당으로 갑시다! (우렁찬 군악 소리. 코넷 소리. 브루투스와 시키니우스만 남고 모두 퇴장)

브루투스 모두가 저 사람 이야기뿐이오. 눈 흐린 사람까지 안경을 쓰고 그를 보고 있소. 수다스런 유모들은 어린것이 우는 걸 듣는 체 만 체 그의 이야기로 꽃을 피우고, 하녀들까지 그 더러운 목에 화려한 비단을 두르고 담 위로 기어올라가 그를 구경하고 있소. 상점도, 진열대도, 창문도 가득 메우고, 심지어 지붕 꼭대기에까지 걸터앉아 온 얼굴들이 한결같이 그에게만 눈이 팔려 있군요. 평소엔 잘 나타나지 않던 신관들도 평민들 틈에 끼어들어 잘 보이는 자리를 잡으려 기를 쓰고, 베일을 두른 귀부인들은 뜨거운 태양의 입맞춤을 받으며 곱게 단장한 볼이 불긋불긋, 연지가 마구 뭉개지는 것도 아무렇지 않은지, 마치 저 사람의 몸속에 어떤 수호신이 들어가 그를 멋진 모습으로 바꾸어 놓기나 한 것처럼 야단법석들이오.

시키니우스 곧 집정관이 될 게 틀림없소.

브루투스 그렇게 되면 그의 집정 기간 중에 우리의 직분은 코나 골며 잠자게 되는 거지요.

시키니우스 하지만 그놈은 그 직책을 처음부터 끝까지 무난히 수행할 인물이 못 되오. 이미 누리고 있던 명성까지 잃게 될 거요.

브루투스 그렇다면 위로가 되겠는데요.

시키니우스 염려할 것 없소. 우리가 대표하고 있는 평민들은 그놈에게 묵은 원한이 있으니까, 작은 꼬투리만 생기면 이번에 이룬 그의 공적 따윈 깡그리 잊고 말 거요. 그런 꼬투리를 그놈은 틀림없이 제공하게 될 거요. 거만한 놈이라서 그런 짓을 즐겨 하니까요.

브루투스 나는 그놈이 이렇게 단언하는 걸 들었소. 자기는 집정관 후보로 나서더라도, 절대로 장터에 나타나지도 않으며, 겸손을 표시하는 넝마옷도 입지 않겠다나요. 또 관례에 따라 민중에게 상처를 보이면서 그들의 구린내 나는 입으로 찬성해 줄 것을 간청하지도 않겠다고 말하더군요.

시키니우스 거참 좋은 말이오.

브루투스 분명히 그렇게 말했소. 상류층의 간청이나 귀족들의 바람만으로 집정관이 될 바엔, 차라리 안 되는 것만 못할 텐데.

시키니우스 그놈이 제발 그 결심을 버리지 않고 실행에 옮겨줬으면!

브루투스 아마도 그렇게 할걸요.

시키니우스 그렇게만 되면 그놈은 우리가 바라는 대로 파멸하는 거요.

브루투스 그러니 그놈이 망하든 우리 직권이 망하든, 둘 중 하나요. 요컨대 그놈이 민중을 얼마나 미워하는가를 사람들에게 귀띔해 줘야 해요. 그놈은 온 힘을 다하여 민중을 바보 취급하면서, 그들 대변자들의 입을 막고, 그들의 자유를 빼앗으려 했음을 말이오. 민중은 인간적인 행위와 능력 부분에서 그 기백과 적응성이 진중의 낙타만큼도 없으니, 따라서 짐을 운반하도록 여물을 주되 짐이 무거워 비틀거리게 되면 호되게 매질을 하는 게 마땅하다고 그놈이 생각한다는 거지요.

시키니우스 당신 말처럼 이 사실을 언제고 민중이 그놈의 교만함에 불끈 달아올랐을 때 슬쩍 귀띔해 주게 되면—그놈은 조금만 건드려도 양에게 개를 풀어놓은 듯 대들 테니까 반드시 그런 날이 올 것인데—민중은 마른 그루터기가 뜨거운 불길에 닿듯 훨훨 타오를 것이고, 그 불꽃은 놈을 영원히 어둠 속에 묻어버릴 거란 말이지요.

전령 등장.

브루투스 무슨 일이냐?

전령 의사당으로 와주십사는 겁니다. 마르키우스께서 집정관이 되시리라 예상됩니다. 벙어리들은 그분을 보기 위해, 장님들은 그분의 말을 듣기 위해 몰려들고 있습니다. 그분이 지나갈 때 노부인들은 장갑을, 젊은 부인과 아가씨들은 목도리와 손수건을 던지곤 합니다. 귀족들은 유피테르 신상 앞에서 하듯 허리를 구부리고, 평민들은 빗발치듯 모자를 던지며 우레 같은 환호성을 지릅니다. 태어나 처음 보는 광경입니다.

2막 1장, 브루투스와 시키니우스   H.C. 셸루스

브루투스   자, 의사당으로 갑시다. 먼저 모든 것을 빈틈없이 듣고 보아야겠소.
　그러다 무슨 일이 생기면 그때는 용기를 냅시다.
시키니우스   갑시다. (모두 퇴장)

〔제2막 제2장〕

로마. 의사당.
관리 둘 등장하여 방석을 놓는다.

관리 1　자, 어서 하자. 이제 곧 올 거야. 집정관 후보는 몇 사람이 나섰지?
관리 2　셋이라는군. 그렇지만 다들 코리올라누스가 그 자리를 차지하리라 생각하고 있어.

관리 1 훌륭한 사람이긴 해. 하지만 너무 거만하고 평민들을 좋아하지 않아.

관리 2 사실은 이제까지 평민들에게 아첨을 떤 호걸들이 많았지만, 속으로 는 모두 평민들을 싫어했어. 그런 줄도 모르고 평민들은 그 많은 호걸들을 무턱대고 좋아라 했단 말이지. 좋아하는 데 별 이유가 없다고 하면, 싫어하 는 데도 별 이유가 있는 건 아니지. 그러니까 코리올라누스가 평민들이 자 기를 좋아하건 싫어하건 상관하지 않는 것은, 그가 평민들의 성향을 제대 로 파악했다는 뜻이야. 그의 초연한 무관심 때문에 평민들은 도리어 켕기 기 마련이거든.

관리 1 만일 그 사람이 평민의 호감을 사건 말건 관심이 없는 정도라면 그 들에게 아무 이해관계가 없는, 말하자면 그저 그런 사람으로 통하겠지. 하 지만 그 이상으로 평민들한테 미움받을 일을 애써 하고, 그들이 반대할 짓 만 가려서 한단 말야. 그러고 보면 평민들의 적의와 불쾌감을 그토록 사는 것도 그가 질색으로 여기는 일, 다시 말해 평민들의 호감을 사려 아첨하는 거와 마찬가지로 나쁘지 뭔가.

관리 2 그는 나라를 위해 훌륭한 공을 세운 사람이야. 똑같은 출세라도 모 자를 벗어 민중에게 머리를 조아린 것 말고는 존경과 명성을 얻을 만한 공 적이 전혀 없는 자들과는 차원이 다르지. 그의 명예와 공로는 민중의 눈과 마음속에 그대로 새겨져 있어. 그러니 그들이 입을 다물고 그만한 찬사를 보내지 않는다면, 그건 곧 배은망덕한 상해죄를 짓는 거야. 하물며 사실과 반대되는 말을 퍼뜨리고 다니는 건 악의야. 듣는 사람은 누구나 그걸 새빨 간 거짓말이라고 비난할걸.

관리 1 그 사람 뒷공론일랑 그만두세. 훌륭한 사람이야. 자, 저리 비켜. 그들 이 오네.

화려한 행진곡. 귀족들과 호민관들 등장. 집정관인 코미니우스, 그리고 메네니우스, 코리올라누스, 시키니우스와 브루투스 차례로 등장. 호민관들은 한곳에 따로 자리 를 잡고, 코리올라누스는 일어선 채로 있다.

메네니우스 볼스키족 문제와 티투스 라르티우스의 소환 문제는 결정을 보았

2막 2장, 의사당 H.C. 셀루스

으니, 이제 이 회의의 주요 안건으로 남은 문제는 이 나라를 위해서 위대한 공을 세운 그분에게 감사하는 일입니다. 원로 여러분, 우리가 이 자리에 가이우스 마르키우스 코리올라누스를 모신 것은, 그에게 감사를 드리며 그 공로에 알맞은 명예를 바쳐서 기념하기 위함입니다. 그러니 이제부터 그의 뛰어난 공로에 대해 현 집정관이며 지난번 성공을 거둔 정벌군의 총지휘관이었던 분에게, 그 일부나마 설명해 주실 것을 부탁드리기로 합시다.

원로 1 코미니우스, 말해 주시오. 이야기가 길어져도 좋습니다. 빼놓지 말고 모두 말하여, 그의 공로에 보답하고 싶은 우리들 마음을 다하기엔 오히려 국가의 힘이 모자란다고 생각할 만큼 우리를 감동시켜 주시오. (호민관들에게) 민중의 지도자들도 부디 호의를 가지고 귀를 기울여 들었다가, 여기서 통과된 사항을 민중에게 친절히 전달해 주기 바랍니다.

시키니우스 우리가 오늘 이 평의회에 참석할 수 있음을 매우 기쁘게 생각합니다. 이 회의의 주제가 되는 그분을 영광되게 하고 마땅한 지위를 드리는 데 대해 호감을 갖고…….

브루투스 그분을 기꺼이 천거할 것입니다. 만일 그분이 좀더 친절하게 민중의 가치를 이해해 주시기만 한다면요.

메네니우스 그런 말은 집어치우시오. 군소리일 뿐이오. 당신들은 차라리 입 다물고 가만히 있어주면 좋겠소. 자, 코미니우스가 말하는 거나 듣는 게 어떻소?

브루투스 듣다뿐이겠습니까? 하지만 내가 여기에 단서를 붙인 것은, 당신의 잔소리보다 더 적절한 발언입니다.

메네니우스 저분은 평민을 사랑하지만 그들과 동료가 될 분은 아니지요. 자, 코미니우스, 이야기를 해주시오. (코리올라누스, 일어나서 나가려 한다) 안 되오. 그대로 앉아 계시오.

원로 1 코리올라누스, 앉으시오. 자신의 뛰어난 공적을 부끄럽게 생각할 건 없소.

코리올라누스 송구스런 말씀이나, 내가 부상한 경위를 듣고 있으니 차라리 또 한 번 상처를 입고 치료받는 고역을 겪는 게 더 낫겠습니다.

브루투스 내 말 때문에 일어서시는 건 아니시겠지요.

코리올라누스 그런 건 아니오. 하지만 칼침 앞에서는 그대로 버티었던 나도,

사람들이 하는 말을 듣고는 도망친 적이 이따금 있었소. 당신 말은 아첨이 아니니까 불쾌해진 않소. 나는 당신들의 평민을 저울대 무게만큼은 사랑하니까요.

메네니우스 자, 어서 앉으시오.

코리올라누스 나의 보잘것없는 공을 지나치게 부풀려서 말하는 걸 멀거니 앉아 듣느니, 차라리 돌격 나팔 소리를 들으며 햇볕 속에서 머리를 한바탕 긁히는 게 낫겠소. (퇴장)

메네니우스 민중의 지도자들, 당신들도 지금 보다시피 저이는 자기 공로에 대한 이야기에 한쪽 귀를 기울일 바엔, 차라리 팔다리를 다 바쳐 또 한 번 명예를 위해 싸우고 싶다지 않소. 그래, 생선 알 까듯 깨어 나와 1천 마리 가운데 쓸 만한 건 한 마리 있을까 말까 한 당신들 평민에게, 그런 분이 아첨할 것 같소? 자, 코미니우스, 이야기를 시작하시오.

코미니우스 내 목소리로는 모자랄 형편이지요. 코리올라누스의 공로는 가냘픈 사람 목소리로는 도저히 설명하지 못할 것입니다. 무릇 용기는 가장 큰 미덕이라 하며, 그걸 지닌 자는 가장 위엄이 있다고 보는 거지요. 그럴진대 내가 말하려는 그분은, 이 세상에서는 찾아볼 수 없는 사람일 겁니다. 그가 열여섯이 되던 해, 타르퀴니우스가 로마에 쳐들어왔을 때에도 그는 다른 사람들이 따라가지 못할 만큼 열심히 싸웠지요. 내가 온갖 찬사를 보내 마지 않는 그즈음의 집정관께서 그가 분투하는 모습을 직접 눈으로 보셨습니다. 그는 여장부처럼 미끈한 턱에 뾰로통한 입술로 달려가더니, 마침 적에게 밀리던 한 로마 사람을 가로막고 집정관이 보는 앞에서 몰려든 세 명의 적을 베어버렸지요. 그러고는 타르퀴니우스 왕과 맞서 싸워 마침내 그를 무릎 꿇게 했습니다. 무대 위였다면 여자 역할이나 할 어린 나이인데, 진중에서는 그날 가장 뛰어난 용사가 되어, 떡갈나무 잎 관을 받았지요. 학생이라면 알맞을 나이에 이미 이처럼 어른 된 그는, 밀물처럼 높이 떠올라서, 그 뒤 열일곱 번의 전쟁을 겪으며 그때마다 모든 사람을 제쳐 놓고 영광을 차지해 왔던 것입니다. 이번 싸움에서 그가 코리올리성 앞에서나 그 안에서 한 일은 말로는 다할 수 없습니다. 그는 도망치는 우리 편을 막고 앞장서서, 겁쟁이들에게 두려움을 마치 신나는 일처럼 생각하게 만들었습니다. 적들은 돛을 올리고 달려 나가는 배 앞에 펼쳐진 갈대처럼 그 앞에 고개 숙이며,

그 뱃머리 아래 깔려 넘어졌습니다. 그의 칼은 죽음의 표지와 같아서, 찍기만 하면 죽어 넘어지는 것이었습니다. 그는 얼굴에서 발끝까지 온몸이 피투성이가 되었으며, 움직일 때마다 죽어 넘어지는 비명 소리가 장단을 맞추었습니다. 그는 홀로 적의 무시무시한 성안으로 뛰어들어, 쓰러져 가는 적들의 피로 그 성문을 물들여 놓고, 마침 급히 달려온 지원군들과 함께 별똥별이 내려앉듯 순식간에 코리올리를 쳐부쉈습니다. 그리고 모든 걸 차지해 버렸습니다. 그러자 때마침 돌격 소리가 그의 민감한 귀를 건드렸습니다. 다시금 용기를 내어 그는 지친 몸에 활기를 불어넣고, 그대로 야전 진지로 달려나와서는 대살육을 감행하는 사람처럼 적의 시체에 피보라를 일으키며 뛰어다닌 끝에, 성 안팎이 모두 우리 것이 되고 나서야 비로소 멈춰 서서 숨을 돌렸던 것이지요.

메네니우스 오, 훌륭한 사나이로다!

원로 1 그에겐 우리가 바칠 수 있는 그 어떤 영예도 어울리리라.

코미니우스 그런데도 우리가 바치는 전리품을 바로 거절해 버리고는, 귀중품을 마치 흔한 거름 보듯 무시하면서, 지독히 인색한 사람이라도 선뜻 내밀어 줄 양보다도 더 적은 몫을 가졌을 뿐입니다. 이처럼 그는 오직 공을 세운 그 자체를 보상으로서, 좋은 소일거리였다며 흡족해했습니다.

메네니우스 정말 고결한 사람이오. 다시 불러오게 합시다.

원로 1 코리올라누스를 나오시라고 해라.

관리 저기 나오십니다.

코리올라누스 다시 등장.

메네니우스 코리올라누스, 원로원은 당신을 집정관에 임명하려 하오.

코리올라누스 온 마음과 온 힘을 다해 그 뜻을 받들겠습니다.

메네니우스 그럼, 이젠 당신이 직접 민중에게 말하는 절차만이 남았소.

코리올라누스 제발 그 관례만은 생략해 주십시오. 다 떨어진 옷을 입고 맨살을 드러낸 채 서서는, 평민들에게 제발 내 상처를 보아 찬성해 달라고 간청하는 것은, 나로선 할 수 없습니다. 이 절차는 없애주기 바랍니다.

시키니우스 민중의 발언권이 행사되어야 합니다. 의식의 일부를 조금이라도 생략하는 건 용납될 수 없습니다.

메네니우스 그들을 자극하지 마시오. 자, 부디 관례를 따르도록 해요. 선임자들이 한 것처럼 격식을 갖추어 이 자리를 얻는 것이 좋습니다.

코리올라누스 그건 나로선 하기 창피스러운 일이며, 민중에게서 빼앗아 버려야 좋을 절차라 생각하오.

브루투스 (시키니우스에게만 들리게) 저 소리 들었지요?

코리올라누스 흥! 그들에게 나는 이러이러한 공을 세웠노라 자기 자랑을 늘어놓으며 마땅히 숨겨야 할, 아프지도 않은 낡은 상처를 까 보이다니요! 그들의 찬성을 얻기 위해서 내가 부상당한 것처럼 말입니다.

메네니우스 너무 고집부리지 마오. 호민관들, 부디 우리 뜻을 민중에게 전해 주시오. 자, 우리의 새 집정관 각하께 모두 축하와 경의를 표합시다.

원로 모두 코리올라누스에게 온갖 기쁨 있으라! 온갖 영광 있으라! (우렁찬 군악. 코넷 소리. 모두 퇴장하고 시키니우스와 브루투스만 남는다)

브루투스 저자가 앞으로 어떻게 민중을 대할 속셈인지, 알겠죠?

시키니우스 아, 제발 민중이 저자의 속마음을 알았으면! 이러다간 민중의 찬성을 청할 때 가서도, 저자는 그들의 추천을 받아야 하는 게 못마땅하다는 태도를 드러내 보이고야 말걸요.

브루투스 자, 여기에서 일어난 일을 알려줍시다. 모두들 장터에 모여 기다리고 있을 겁니다. (모두 퇴장)

〔제2막 제3장〕

로마. 광장.
시민 예닐곱 등장.

시민 1 먼저 그 사람이 찬성해 달라고 청해 오면 거절할 순 없어.

시민 2 꼭 그런 건 아니야.

시민 3 반대할 권한은 있지만, 실제로 그 권한을 행사할 힘이 우리에게는 없는 거야. 왜 그런고 하니, 그 사람이 상처를 꺼내 보이며 자기 공로를 말하게 되면 우리는 저마다 그 상처에 혀를 박고 그 상처의 대변 역할을 해야 할 테니까. 다시 말해서 그가 사심 없이 공로를 말하게 되면 우리도 그것을 사심 없이 받아들여야 할 거란 말이야. 은혜를 잊는 것은 인간이 아닌 괴물이 하는 짓이니까. 그러니 수많은 민중이 모두 그를 저버리는 날에는, 곧바로 수없이 많은 괴물이 생기게 되는 거지. 우리 자신도 그 민중의 일부분인 만큼 괴물 측에 끼어드는 꼴이 되지 뭔가.

시민 1　우린 벌써 그 같은 괴물로 여겨지는 거야. 참고로 한마디 하면, 지난번 우리가 곡식 문제로 들고일어났을 때 그 사람이 우리를 대가리 없는 집단이라고 거리낌 없이 불러댔거든.

시민 3　우릴 그렇게 부르는 것은 그 사람 말고도 얼마든지 있어. 그건 우리 머리카락이 어떤 것은 밤색이고, 어떤 것은 검고, 어떤 것은 적갈색이고, 또 어떤 것은 대머리여서가 아니야. 우리 머리 돌아가는 모습이 가지각색이라는 뜻이지. 사실 우리의 모든 지혜들이 만일 한 대갈통에서 우러나온다고 치면, 그것들은 동서남북으로 마구 튀어나갈 거야. 오로지 일직선으로 나간다는 점이 일치할 뿐, 그 가는 방향은 나침반 눈을 모두 덮어버릴 만큼 엇갈린다고 생각되거든.

시민 2　뭐, 생각된다고? 그럼 내 지혜는 어느 쪽으로 날아가리라 생각하나?

시민 3　흥, 자네 지혜는 다른 사람들처럼 빨리 튀어나가지 않을걸. 워낙 돌대가리 속에 단단히 박혀 있으니 말이야. 그러다가 만일 풀려나오게 되면 틀림없이 남쪽으로 날아갈 거야.

시민 2　그건 왜?

시민 3　남쪽엔 안개가 많거든. 그 안개 속에서 길을 잃고, 축축한 이슬에 녹이 슬어 사분의 삼쯤은 녹아 없어지고, 나머지 사분의 일이 체면을 세우기 위해 돌아오겠지. 아내 구하는 데 도움이 되도록 말이야.

시민 2　자네는 걸핏하면 험담이군. 어디, 할 테면 실컷 해봐.

시민 3　자, 그러니 모두 그분을 찬성하기로 결정했겠지? 하긴 어떻든 괜찮아. 어차피 다수결로 결정이 날 테니까. 하여간 말이야, 그가 우리 편을 들어주게 된다면, 그야말로 일찍이 없었던 훌륭한 분으로 떠받들어야겠지.

코리올라누스, 겸손을 뜻하는 허름한 망토를 걸치고서 메네니우스와 함께 등장.

시민 3 그가 온다. 허름한 망토를 걸쳤어. 어떤 태도로 나오는지 잘 보게. 이렇게 한군데에만 모여 있지 말고, 그가 서 있는 곳으로 한두 명씩, 세 명씩 다가가는 거야. 그가 한 사람 한 사람에게 따로 부탁을 하게 될 테니까. 그러면 우리는 저마다 입을 벌려 말할 수 있는 영광을 갖게 되는 거지. 자, 내 뒤를 따라와. 어떤 식으로 다가가는 건지 가르쳐 줄게.

시민 모두 좋다, 그렇게 하자. (퇴장)

메네니우스 그건 그대의 생각이 잘못된 거요. 여태까지 아무리 훌륭한 사람이라 해도 이 일을 치르지 않았소?

코리올라누스 그럼, 뭐라 말해야 되겠소? "제발 좀 부탁드립니다" 이렇게요? 제기랄! 누가 그따위 간지러운 혀를 놀릴 수 있죠? "이 상처를 좀 보십시오. 이건 나라를 위해 싸우다가 입은 것입니다. 그때 여러분의 동지 모모는 우리 편 나팔 소리에 놀라 아이코! 도망쳤답니다"라고 말할까요?

메네니우스 천만에! 그런 말을 해선 안 되오. 그들에게 아주 간곡하게 부탁하며 그대를 생각해 달라 말하시오.

코리올라누스 나를 생각해 달라고! 어림도 없지! 그놈들이 설교가의 교훈을 깡그리 까먹듯이, 제발 나를 잊어줬으면 좋겠군요.

메네니우스 이러다간 모든 일을 망쳐버리겠소. 이제 난 갈 테니 잘 부탁하오. 제발 그들에게 잘 좀 대하시오. (퇴장)

코리올라누스 그놈들에게, 세수하고 이나 깨끗이 닦고 나서 오라 전하시오.

앞에 나왔던 시민 둘 등장.

코리올라누스 한 쌍이 오는구나. 당신들은 왜 내가 여기 섰는지 알겠지?

시민 1 네, 알고 있습니다. 그런데 어떻게 이 자리에 나서게 되셨는지 말씀해 주십시오.

코리올라누스 내가 세운 공로로 나온 거야.

시민 2 공로라고요?

코리올라누스 응, 그래. 나 스스로 바란 건 아니야.

시민 1 자신은 바라지 않는다고요?

코리올라누스 응, 난 빈민들을 귀찮게 졸라서 구걸할 생각은 아예 해본 적이 없으니까.

시민 1 그러나 주는 것이 있으면 바라는 것도 있음을 아셔야 합니다.

코리올라누스 홍! 그럼, 집정관 자리 값으로 무엇을 바란다는 거지?

시민 1 좀더 상냥하게 청하시라는 겁니다.

코리올라누스 상냥하게 청하라고? 응, 좋아. 자, 제발 나를 찬성해 주시오. 난 보여줄 상처가 얼마든지 있으니, 나중에 따로 보여드리지요. 어때, 찬성해 주겠어?

시민 2 네, 찬성해 올리겠습니다.

코리올라누스 그럼, 약속한 거야. 먼저 두 명의 찬성은 구걸해 얻은 셈이군. 적선해 주어 고맙네. 자, 안녕!

시민 1 거참, 알다가도 모를 일이군그래.

시민 2 아까 것은 취소하고 다시 했으면. 뭐, 될 대로 되라지. (시민들 퇴장)

다른 시민 둘 등장.

코리올라누스 자, 부탁이야. 나를 집정관으로 추천하는 데 찬성해 줘. 이처럼 격식대로 허름한 망토를 걸치고 있지 않은가.

시민 3 당신은 나라를 위해 무척 훌륭한 공을 세웠지만 그렇게 훌륭한 분은 못 됩니다.

코리올라누스 그 수수께끼의 뜻은 뭔가?

시민 3 당신은 이 나라의 적을 쳐부수는 채찍이었으면서, 한편 이 나라의 벗들을 멍들게 한 곤봉이었습니다. 당신은 평민을 진심으로 사랑한 적이 없었어요.

코리올라누스 내가 무조건 누구나 다 좋다는 식이 아닌 것은, 그만큼 내 미덕으로 봐줘야 할 점이야. 하지만 이제부턴 아첨해 보이겠어. 상냥한 친구만 여러분에게서 좋은 평을 들으니까. 그러면 모두 나를 신사답다고 여길 테지. 그들의 소견에는 진심보다도 모자가 더 고맙게 생각될 테니, 나도 애써 머리를 조아려 위선을 떨어가며 모자를 벗어 보일 테야. 다시 말해, 요즘 인기 있는 처세술을 본떠 이를 원하는 자들에게 실컷 보여주겠다는 거지. 그러니 자, 나를 집정관이 되게 해주게.

시민 4 그럼, 우리 편이 되어주길 바라며 기꺼이 찬성해 드리겠습니다.

시민 3 참, 이 나라를 위해 부상 입은 곳이 많으시다지요?

코리올라누스 응, 그렇지만 그 상처를 까 보임으로써 당신들이 이미 아는 사실을 다시 확인시키지는 않겠어. 어쨌든 찬성해 주어서 흐뭇하네. 그럼, 어서 가보도록.

두 시민 부디 소원 성취하시기를 빕니다! (퇴장)

코리올라누스 찬성해 주어 정말 고맙네! 아, 마땅히 받아야 할 것을 이렇게 애걸하여 얻다니, 차라리 죽는 게 낫겠다. 굶어 죽는 게 더 낫겠어! 왜 늑대 가죽 같은 이 넝마를 뒤집어쓰고 이 사람 저 사람 못난이들한테 불필요한 추천을 구걸하면서 이 자리에 서 있어야 한다는 거야? 뭐, 관례 때문에 그래야 한다고? 관례상 해야 한다고 아무거나 하기로 들자면 지난날 먼지는 털어낼 길이 없을 테고, 쌓이고 쌓인 잘못이 산더미를 이루면 진실은 감히 그 틈새를 뚫고 나오지 못하게 될 거야. 이 바보짓을 하고 있느니, 차라리 그런 것을 즐겨 하는 놈에게나 고귀한 자리를 주어버릴까 보다. 하지만 이미 절반은 겪은 셈이지. 이제까지 견뎌온 만큼 어디, 끝까지 버텨보기로 할까?

다른 시민 셋 등장.

코리올라누스 추천자 나리들이 또 몰려오는군. 어이, 여러분, 찬성을 부탁해! 당신들이 찬성해 줄 걸 바라고 난 싸웠던 거야. 불침번을 선 것도 이 때문이었지. 당신들의 찬성을 얻기 위해 난 스물다섯 군데나 부상을 입었어. 삼륙은 십팔, 열여덟 번이나 전쟁을 보고 전쟁담을 들었다니까. 사실 당신들의 찬성을 얻기 위해 난 한 일이 아주 많아. 작은 일 큰일 할 것 없이 말이야. 자, 그러니 찬성해 주게. 난 정말 집정관이 되고 싶네.

시민 5 훌륭한 공로가 있는 사람이다. 공정한 사람은 누구나 찬성할 수밖에.

시민 6 그러니 저 사람을 집정관이 되게 해주자. 신들이여, 제발 저 사람의 뜻을 이루어 주소서! 저 사람을 우리 평민의 벗이 되게 하소서!

모두 아멘, 아멘. 집정관 각하, 부디 거룩한 신의 축복을 받으시길!

코리올라누스 찬성해 주어 고맙네.

메네니우스, 브루투스, 시키니우스 등장.

메네니우스 추천 시간이 다 됐소. 이제는 호민관들이 민중의 추천을 공식적으로 그대에게 바칠 것이오. 그러면 직권의 표지를 달고서 곧 원로들을 만나기만 하면 됩니다.

코리올라누스 그럼, 이걸로 끝나는 거요?

시키니우스 필요한 관례적 절차는 모두 마치셨습니다. 민중은 당신을 찬성했습니다. 이제 곧 민중을 소집하여 당신의 추천을 승인하게 되는 겁니다.

코리올라누스 어디에서? 원로원에서요?

시키니우스 네, 그렇습니다.

코리올라누스 이 옷을 갈아입어도 좋소?

시키니우스 네, 좋습니다.

코리올라누스 그럼 바로 갈아입겠소. 그리고 본디 나다운 옷차림으로 원로원에 가도록 하지요.

메네니우스 나도 함께 가겠소. 당신들은?

브루투스 우리는 여기서 민중을 기다리겠습니다.

시키니우스 안녕히 가십시오. (코리올라누스와 메네니우스 퇴장) 뜻대로 되어 마냥 흐뭇한 모양이오.

브루투스 옷차림은 겸손하나, 마음은 끝까지 거만하군요. 민중을 해산시키기로 할까요?

앞서 나왔던 시민들 다시 등장.

시키니우스 자, 어때? 그대들은 그분을 찬성하기로 했나?

시민 1 모두 찬성했습니다.

브루투스 신들이여, 제발 그분이 이 사람들의 우의에 보답하게 하소서!

시민 2 아멘입니다. 그런데 내가 잘못 보았는지는 모르지만, 그분은 우리의 찬성을 구할 때 왠지 우리를 비웃는 태도였습니다.

시민 3 정말 우리를 노골적으로 모욕했어요.

시민 1 아니야, 본디 그분 말투가 그런 거야. 우릴 조롱한 건 아니었어.

2막 2장, 코리올라누스·메네니우스와 시키니우스·브루투스 H.C. 셀루스

시민 2 자네 말고는 모두들 그 사람이 우릴 멸시하듯 대했다고 말하더군. 그
  는 마땅히 자기 공로의 증거인 상처를 보여줬어야 했어.

시키니우스 허, 물론 보여줬겠지.

모두 아니, 아무도 본 사람이 없었습니다.

시민 3 그는 상처는 있다더군요. 하지만 사적인 자리가 아니면 보여줄 수 없
  다지 뭐예요. 그리고 깔보듯 이렇게 모자를 흔들면서 "나는 집정관이 되고
  싶은데 낡은 관례 때문에 당신들 찬성 없이는 될 수가 없단 말이야. 그러니
  찬성해 주게" 이렇게 말했습니다. 우리가 찬성한다고 대답했더니 그 사람,
  한다는 말 좀 들어보세요. "찬성해 주어 고맙네, 고마워. 찬성을 얻었으니
  당신들과는 볼일이 다 끝난 거야." 이게 조롱이 아니고 무엇이겠어요?

시키니우스 그대들은 그걸 미처 깨닫지 못할 만큼 무식했거나, 아니면 알면

서도 애송이 같은 우정으로 찬성한 거지 뭐야?

브루투스 왜 그 사람에게 바른 대로 말하지 못한 거지? 이미 깨우쳐 준 바가 있지 않은가? 그자는 권력이 없는 말단 관리일 적에 벌써 그대들에게 적의를 품고, 국가의 한 구성원인 그대들의 자유와 특권에 언제나 반대한 사람이라 말하지 않았는가? 이제 권력을 쥐고 국정을 좌우하는 자리에 앉아, 지난날처럼 평민에게 깊은 앙심을 품어보라지. 그대들이 그를 찬성한 건 곧 그대들 자신에게 저주를 내린 것과 같아. 그대들은 마땅히 이렇게 말했어야 했어. "당신의 공로로 봐서, 당신은 입후보한 그 자리를 얻을 만합니다. 그러니 찬성을 해주는 대신 앞으로 우리를 보살펴 주고, 전에 품고 있던 악의를 우의로 돌려 우리의 다정한 어른이 되어주십시오"라고 말이야.

시키니우스 전에 충고한 것처럼, 만일 그대들이 그렇게 이야기했더라면 그의 본심을 찔러, 그 성향을 시험할 수도 있었을 거야. 예컨대 그 사람에게서 어떤 우호의 약속을 강제로 받아내, 무슨 일이 있을 때에는 궐기를 해서라도 그걸 이행하게끔 만들어 두었거나, 아니면 그 사람은 본디 자기를 속박하려는 조항을 어떤 것이고 참지 못하는 퉁명스러운 성미라 그런 말을 듣고 나면 몹시 달아오를 테니, 그때는 그가 화낸 것을 빌미로 찬성을 거절할 수 있었을 거야.

브루투스 그 사람이 그대들의 지지를 간청할 때에도 거리낌 없이 모욕적인 태도로 나오는 것을 눈치챘으면서, 아니 그래, 그 사람이 압도적인 권력을 쥐게 되면 얼마나 그대들을 멸시하며 짓밟으려 할지 몰랐단 말인가? 도대체 그대들에게는 생각이 없단 말인가? 아니면 그대들의 혀가, 판단력이 지시하는 명령에 반기를 들어 혼자 나불거렸다는 건가?

시키니우스 머리를 조아려 간청하는 사람마저도 그대들은 보기 좋게 거절한 적이 있지 않나. 그런데 이제 와선 간청은커녕 조롱만 하는 그 사람에게, 모두가 탐내는 그대들의 추천을 바쳐 올리겠다는 건가?

시민 3 아직 승인 절차가 남아 있으니, 이제라도 거절 못할 건 없습니다.

시민 2 그럼, 거절하기로 합시다. 난 5백 명쯤은 동의를 얻어 올 테니까요.

시민 1 난 그 두 배가 되는 인원에다, 그 친구들의 손까지 빌려 동의를 얻겠습니다.

브루투스 지금 바로 친구들에게 가서 말하게. 그들이 집정관으로 추천한 사람은 그들의 자유를 빼앗을 것이며, 도둑 지키라고 묶어둔 개가 함부로 짖는다고 그때마다 때리듯이, 언젠가는 아무 소리도 하지 못하게 민중의 입을 틀어막을 것이라고.

시키니우스 모두 모이게 하여 이 어리석은 추천을 다시 생각하고, 철회하게 하란 말이야. 그자의 교만함과 오랫동안 그대들에게 품어온 적대감에 대해 설명하게. 더욱이 잊지 말 것은, 그가 겸손의 표시인 천민복을 입고도 얼마나 모멸심에 차 있었던가, 간청할 때도 얼마나 그대들을 얕잡아 대했던가 하는 점일세. 그런데 그대들은 그의 공로를 사랑하는 나머지 그의 태도, 즉 그가 그대들에게 품은 뿌리 깊은 증오심을 그대로 드러내어 조롱하듯 함부로 굴던 그의 교만한 태도를 그 순간엔 깨닫지 못했었다고 말하게.

브루투스 그 잘못을 그대들의 대표인 우리에게 뒤집어씌우란 말이야. 우리들이 이런 일을 미리 막지 않고, 억지로 당신들로 하여금 그 사람을 선출하게 만든 것이라고……

시키니우스 그대들이 그 사람을 뽑은 것은 그에게 정말 호감이 가서가 아니라, 우리 명령이 있었기 때문이라고 하게. 그래서 마땅히 해야 한다는 의무감보다도, 그렇게 하라는 강요에 이끌려 본의 아니게 그를 집정관으로 추천했다고, 우리에게 뒤집어씌우란 말일세.

브루투스 아무렴, 우리 사정을 봐줄 필요는 없는 거야. 우리가 여러모로 타일렀었다고 말하게. 그 사람은 아주 어려서부터 지금까지 줄곧 나라에 이바지해 왔다느니, 그 훌륭한 마르키우스 집안 후예라느니, 누마 왕의 외손자이자 호스틸리우스 대왕을 계승하여 이 나라 왕을 지낸 바 있는 안쿠스 마르키우스도 이 집안 출신이었다느니 이렇게 말하란 말야. 이 밖에도 이 집안에는 로마에 수로를 파서 가장 좋은 물을 끌어들인 푸블리우스와 퀸투스 같은 명사들도 있었다느니, 두 차례나 민중에게 감찰사로 선출되어 켄소리누스라는 칭호가 붙은 사람도 그의 조상이었다느니, 이렇게 두루 타일렀다고 말이지.

시키니우스 이런 혈통을 가진 데다가 그 자신이 바로 높은 지위를 얻을 만큼 많은 공을 세웠다고 주장하며 우리가 추천했었다고 말하게. 하지만 그의 지난날 공적과 현재 태도를 저울질해 보니, 결국 그가 숙적이라는 걸 깨닫고 그 성급한 추천을 취소하게 되었다고 말이야.

브루투스　그대들의 뜻이 아니라, 어디까지나 우리가 부추겨서 그렇게 한 것이라며 얼버무리게. 자, 그럼 곧바로 인원을 갖추어 의사당으로 오게나.

시민 모두　그렇게 하겠습니다. 사람들은 그를 추천했던 것을 후회하고 있습니다. (퇴장)

브루투스　일은 벌어졌군요. 어차피 할 거면 지금 반란을 일으키는 게 좋소. 그대로 두었다간, 더 큰 일이 일어나고 말 테니까 말이오. 그들이 찬성을 거절하면 그놈은 타고난 성질대로 화를 낼 거요. 그가 화를 내는 즉시 기회를 잡읍시다.

시키니우스　자, 민중이 몰려오기 전에 우리가 먼저 의사당으로 갑시다. 그러면 어느 정도는, 우리가 부추겨서 일어난 이 일 모두가 그들 자신이 스스로 한 것처럼 보일 것이오. (모두 퇴장)

〔제3막 제1장〕

로마. 어느 거리.

나팔 소리. 코리올라누스와 메네니우스, 귀족들과 나란히 등장. 이어서 코미니우스와 티투스 라르티우스 그리고 그 밖에 원로들 등장.

코리올라누스　그래, 툴루스 아우피디우스가 새로 군사를 일으켰다는 거요?

라르티우스　네, 그렇습니다. 급히 협정을 체결했던 것은 바로 그 때문이었습니다.

코리올라누스　그러니 볼스키족들은 지난날 상태를 회복하여, 이젠 눈을 부릅뜨고 우리를 칠 기회만 엿보고 있겠군요.

코미니우스　집정관님, 그들은 이미 기진맥진해졌소. 우리가 생전에는 그들이 깃발을 올리는 것을 두 번 다시 보지 못할 겁니다.

코리올라누스　아우피디우스를 만나보았소?

라르티우스　신변을 보호받고 나한테 왔습니다. 허겁지겁 성을 비워준 볼스키족들에게 그는 마구 악담을 늘어놓더군요. 지금은 안티움에 은거하고 있습니다.

코리올라누스 내 이야기를 합디까?

라르티우스 네, 했습니다.

코리올라누스 어떻게, 뭐라고 하던가요?

라르티우스 여러 차례 각하와 칼을 마주 대고 싸운 적이 있다면서, 이 세상에 그 어떤 것보다 각하를 더 미워한다고 말했습니다. 또 모든 것을 잃게 되더라도 한번 각하를 패배시키고 싶다고 했습니다.

코리올라누스 안티움에서 살고 있다고요?

라르티우스 네, 안티움에 있습니다.

코리올라누스 아, 무슨 핑계만 선다면 거기를 찾아가 그놈의 증오심에 실컷 대항해 보련만! 어쨌든 돌아온 것을 환영하오.

시키니우스와 브루투스 등장.

코리올라누스 저기에 평민 대변자, 호민관들이 오고 있소. 나는 저자들을 멸시하오. 권위를 무시하고 거드름이나 피우는 저 꼬락서니는, 차마 눈뜨고는 볼 수가 없구려.

시키니우스 더 가지 마십시오.

코리올라누스 허, 왜 이러시오?

브루투스 더 가시면 위험합니다. 가지 말고 멈추십시오.

코리올라누스 갑자기 왜 이러는 거요?

메네니우스 무슨 일이오?

코미니우스 귀족과 평민이 모두 찬성한 분이 아니오?

브루투스 그렇지 않습니다.

코리올라누스 그렇다면 아까 추천한 것은 뭐요? 어린아이 장난 같은 거였소?

원로 1 호민관들, 길을 비키시오. 그분을 광장으로 모셔야 하오.

브루투스 민중이 그에게 격분해 있습니다.

시키니우스 멈추시오. 그렇지 않으면 모두들 큰 소동을 벌일 것이오.

코리올라누스 그놈들은 당신네 족속들이지? 바로 찬성을 했다가 바로 취소를 해버리는 이런 것들에게 추천권을 줄 필요가 뭐 있지? 당신들의 직무는 무언가? 그놈들의 입 구실을 한다면서, 그놈들이 물고 덤비는 것을 못 막겠단 말이냐? 당신들이 부추긴 거지?

메네니우스 진정하시오. 진정해요.

코리올라누스 이건 미리 짜고 한 일이오. 귀족들의 의사를 꺾자고 음모를 꾸민 거요. 이대로 두었다가는 다스릴 줄도 모르고, 다스림을 받지도 않겠다는 그런 놈들을 데리고 살게 됩니다.

브루투스 음모라고 말하지 마십시오. 민중은 당신이 자신들을 조롱했다고 외치고 있습니다. 그리고 지난번 일만 해도, 그들에게 곡식을 무료 배급해 주었을 때 당신이 투덜댔다는 것이며, 그들을 위해서 청원한 사람들한테까지 욕을 퍼부어 아첨꾼이니, 귀족의 적이니 했다고 합니다.

코리올라누스 그건 벌써 알려진 사실이 아닌가?

브루투스 아닙니다. 모두가 다 아는 것은 아니었습니다.

코리올라누스 그런 걸 그 뒤에 당신이 귀띔해 줬겠지?

브루투스 세상에, 내가 귀띔해 줬다고요?

코미니우스 당신은 그럴 만한 사람이오.

브루투스 어느 모로 보나 당신보다는 나은 일을 할 만한 사람이지요.

코리올라누스 아니, 그럼 내가 집정관이 될 게 뭐 있어? 저 구름에 맹세코 나는 당신들처럼 못난 사람일 테니, 호민관 자리에나 끼워 달라 해야겠군.

시키니우스 그런 식으로 말하니까 민중이 흥분하는 겁니다. 당신이 목표로 하는 데까지 가려 한다면, 길이 막혔을 때는 좀더 공손한 태도로 길을 물어서 가야 할 것입니다. 그렇지 않으면 집정관이라는 높은 자리는 말할 것도 없고, 호민관 자리에도 낄 수 없게 될 것입니다.

메네니우스 자, 진정합시다.

코미니우스 민중이 속아서 부추김을 당한 거요. 그런 이중적인 대답은 로마 사람답지 않소. 또 코리올라누스가 공로를 세워서 가게 된 이 탄탄대로를 이유 없이 막아서며 그에게 이런 훼방을 놓다니, 도대체 될 말이오?

코리올라누스 곡식에 대해 내가 어쨌다고? 흥! 하긴 내가 말한 적이 있었지. 그걸 이 자리에서 다시 말해 보겠다.

메네니우스 오늘은 말하지 마시오.

원로 1 지금은 서로 흥분한 상태이니 그만하시오.

코리올라누스　기필코 지금 말해야겠소. 여러 동지들에게는 용서를 비오. 저 줏대 없고 냄새 나는 어중이떠중이들에게, 아첨할 줄 모르는 내 모습을 똑똑히 보여주고, 나를 거울삼아 자신들을 비춰 보게 하겠소. 다시 한 번 말하겠소. 저놈들의 앙탈을 받아준다는 것은, 곧 반란과 불손과 폭동 같은 잡초를 더욱 키워서 끝내는 원로원을 해치게 될 것이오. 고귀한 우리 사회에 놈들을 끼워 줌으로써, 우리 스스로 그 잡초의 씨앗들을 갈고 심고 뿌린 것이지요. 놈들에게 나눠 주지 않았다면 우리에겐 아직도 미덕이 살아있고, 또 권력도 남아 있었을 것 아니오.

메네니우스　이젠 그만.

원로 2　이젠 제발 그만하시오.

코리올라누스　그만하라고요? 천만에! 나는 이 나라를 위해 어떤 적도 두려워하지 않고 피를 흘렸소. 이 허파가 문드러질 때까지 저 문둥이들을 매도하겠소. 문둥병에 전염될까 꺼림칙해도, 어차피 놈들을 몰아낼 방법을 찾아야 할 것이오.

브루투스　말씀하는 걸 듣자니, 당신은 민중처럼 약점을 지닌 인간이라기보다는, 마치 천벌을 내려주는 신과도 같습니다그려.

시키니우스　민중에게 알려주면 보기 좋겠습니다.

메네니우스　뭐, 뭘 말하는 거요? 그가 화낸 것을 말하겠단 뜻이오?

코리올라누스　화를 냈다고? 천만에! 내 마음이 깊은 밤에 잠든 듯 고요한 상태였다 해도, 유피테르 신에게 맹세코 이게 내 변함없는 마음이오.

시키니우스　아무리 본마음이라도 당신 신분이 지금 같다면, 그 해독도 지금 정도겠지요. 그 이상은 분명 없게 만들 테니까.

코리올라누스　뭐, 만들 테니까? 저것 좀 들어봐요. 저 송사리 떼 대장이 하는 소리를! 건방지게 '만들 테니까'라 말하는 꼴을!

코미니우스　그 발언은 규칙 위반이오.

코리올라누스　만들 테니까? 오, 선량하지만 지혜롭지 못했던 귀족들이여, 여러분이 저 히드라 같은 놈들에게 대표자 선출권을 준 덕택으로 이런 놈이 생겨났소. 이놈은 그 괴물들의 소란스러운 나팔대 구실밖에 못하는 주제에, '만들 테니까'라고 건방진 입을 놀린단 말이오. 이대로 가다가는 여러분의 맑은 물을 더러운 도랑으로 몰아넣고, 여러분의 수로를 자기 것이라 우겨댈

날이 오고야 말 것이오. 과연 저놈에게 권력이 있다면 여러분은 무능한 존재일 테니 머리를 숙이시오. 그렇지 않거든 여러분의 위험천만한 관대함을 버리고 이제 그만 잠에서 깨어나시오. 여러분이 현명하다면 멍청한 바보 행세를 하지 마시오. 지혜롭지 못하거든 놈들을 불러 옆자리에 앉히시오. 여러분이 평민이고, 저놈들이 원로가 되는 겁니다. 사실 저놈들이 원로가 아니고 뭐겠소? 양쪽의 엇갈린 주장을 비벼 만든 잡탕 같은 권력이, 대부분 평민들의 입맛대로 지배된대서야! 행정관도 저놈들이 뽑게 될 거요. 그러면 일찍이 그리스에도 없었던 이 엄숙한 원로들을 향해 '만들 테니까'라는, 이 본때 있는 '만들 테니까'라는 말을 예사로 하는 놈이 행정관으로 뽑히겠지요. 아, 유피테르 신에게 맹세코 이젠 집정관의 위신도 땅에 떨어지고야 말았소. 어느 쪽도 절대적이지 못한 두 권력체가 대립되면 혼란이 일어나 어느 한쪽이 망하고 마는 법이오. 생각할수록 가슴이 미어지는군요.

코미니우스 자, 어서 광장으로 갑시다.

코리올라누스 창고의 곡식을 무료 배급해 주던 선례가 그리스에서 이따금 있었다 해서, 우리도 그렇게 하자고 주장한 사람이 누구였든지 간에…….

메네니우스 자, 이제 그 이야기는 그만.

코리올라누스 사실 그리스의 민중은 훨씬 더 권리가 많았으니까 그럴 만도 하지만, 마침내 불순종의 근성을 조장하고야 말았소. 나라의 멸망을 재촉한 셈이지요.

브루투스 쳇, 저렇게 말하는 사람을 민중이 추천할 이유가 뭡니까?

코리올라누스 내가 그 이유를 말해 주지. 평민의 말보다 가치 있는 그 이유를 말이야! 여러분, 저놈들은 곡식을 받는다고 해도 그것을 어떤 봉사의 대가라고는 생각지 않을 게 뻔하오. 한 번도 나라를 위해서 봉사한 적이 없단 사실을 그들 자신이 너무도 잘 알 테니까 말이오. 전쟁에 나가라면 심지어 국가의 위기가 코앞에 닥쳐왔을망정 성문을 기어 나가려고는 하지 않는, 그런 놈들이었지. 겨우 이 정도 봉사로는, 곡식을 무료 배급받을 자격도 없는 것이오. 또 전쟁에 나간다 치더라도, 저놈들은 저항하고 반란을 일으키는 데만 용기를 보여왔으니 이것도 놈들을 변호할 명분이 못 되는 것이오. 게다가 놈들은 걸핏하면 원로들을 비난하는데, 모두가 허무맹랑한 소리뿐이니 그런 비난 때문에 구태여 우리 쪽이 꺾여서 곡식을 줄 필요는 없지요. 자, 그렇다면 어떻게 될까요? 원로들이 혜택을 베풀어 준다고 할 때, 그 걸 저 오합지졸들이 어떻게 받아들이겠냔 말이오? 저놈들이 하는 짓으로 미루어, 어떻게 말할 것인지는 뻔하오. "우리 요구가 관철되었다. 우리는 다 수다. 때문에 원로들은 겁을 먹고 우리 요구를 받아들인 거다" 말할 것이오. 그러니 결과적으로 우리가 본디 가지고 있던 권위만 땅에 떨어지며, 우리 가 베푼 모처럼의 친절은 그 어중이떠중이들에게 겁먹고 한 짓이라고 얕잡 힐 뿐이오. 이런 일이 쌓이게 되면 머지않아 그 까마귀 떼들이 원로원의 대 문을 부수고 밀어닥쳐, 그 안의 독수리들을 물어뜯어 죽일 날이 오고야 말 것이오.

메네니우스　자, 그만하면 충분하오.

브루투스　충분하고도 넘쳤지요.

코리올라누스　아니, 더 들어보시오. 이 세상에 존재하는 모든 맹세의 대상들 이여, 이제 내가 하려는 마지막 말에 보증의 도장을 찍어주시오! 여기에 이 중의 권력체가 있어서, 한편은 그럴 까닭이 있어 상대편을 무시하고, 또 한 편은 아무 이유 없이 상대편에 대들고 있으니, 현명한 귀족들과 고관들이 무식한 일반 대중의 가타부타가 없이는 아무것도 독자적으로 결정을 내리 지 못하게 되어 있소. 적절한 시기에 필요한 일을 제대로 못하고, 사소한 일 로 쓸데없는 곳에 너무 많은 시간을 보내기 일쑤요. 계획이 이처럼 방해를 받을 때마다 어떤 일도 이룰 수 없게 되오. 그러니 여러분! 분별심보다 용기 가 앞서고, 변화를 두려워하지 않고 국가의 확립을 중히 여기며, 긴 생애보 다 고귀한 생애를 택하여, 여차할 경우 살아 나갈 희망이 없을 때는 극약을 먹고서라도 목숨 버리기를 서슴지 않을 여러분, 오합지졸들의 저 혓바닥을 바로 뽑아버립시다. 저놈들에게는 독이 될 뿐 아무 가치가 없는 이 자리의 단맛을, 이제는 그만 핥게 만듭시다. 여러분에게 불명예스러운 이들의 존재 는 옳은 판단을 마비시키고, 나아가서는 이 나라가 본디 지니고 있는 통일 성마저 사라지게 할 거요. 저런 악질적인 것들에 의해 나라가 지배되면, 나 라에 이로운 일을 아무리 하고 싶어도 할 수 없게 되오.

브루투스　이젠 더 들을 필요가 없소.

시키니우스　마치 반역자의 말투요. 그러니 반역자로서 응분의 처벌을 받아 마땅할 것이오.

코리올라누스 만인의 천대를 받을 이 못난 놈들! 저 멀건이 호민관들이 민중에게 무슨 소용이 된다는 거죠? 저런 놈들을 믿고, 평민들은 감히 원로들에게 대든단 말이오. 저들은 폭동이 일어났을 때 너무 다급해서, 옳고 그르고를 따질 겨를 없이 마구 뽑은 것들이오. 이젠 사태가 안정됐으니, 그 타당성 여부를 따져서 저들의 권한을 땅바닥에 뭉개버려야 하오.

브루투스 이건 틀림없는 반역이오.

시키니우스 저 사람에게 집정관을 시켜요? 어림도 없소!

브루투스 여봐라, 안찰관! 저 사람을 체포하라!

시키니우스 가서 민중들을 불러오시오. (브루투스 퇴장) 민중을 대신하여 나는 그대를 국헌을 부정하는 반역자로, 또 공공의 안전을 해치는 적으로 체포한다. 명령이다. 순순히 따라와서 벌을 받아라.

코리올라누스 놓지 못해, 이 늙다리야!

원로 모두 우리가 보증을 서겠소.

코미니우스 제발, 어르신, 그 손을 놓으시오.

코리올라누스 놓지 못해, 이 썩어빠진 것아! 안 놓으면 네 옷에서 그 뼈다귀만 앙상한 몸뚱이를 쏟아버릴 테다.

시키니우스 시민들아, 날 살려라!

한 무리 시민들과 안찰관들을 이끌고 브루투스 다시 등장.

메네니우스 두 분 모두 처신을 좀 바르게 하시오.

시키니우스 저 사람이 그대들의 권리를 모두 뺏어버리겠다고 한다.

브루투스 안찰관들, 저 사람을 체포하라!

시민 모두 저걸 잡아라! 저걸 잡아!

원로들 무기를 들라! 무기를, 무기를! (모두 큰 소리로 외쳐대며 코리올라누스 주위를 뛰어다닌다) 여보시오, 호민관들! 어, 귀족들! 시민들! 허어, 이게 무슨 짓들이오! 시키니우스, 브루투스! 코리올라누스! 시민들! 모두 진정하라, 진정하라! 잠깐 참고 진정하라!

메네니우스 야단났구나. 아이, 숨 막혀라. 큰 소동이 벌어지겠다. 기가 막혀 말도 안 나오는군. 여보시오, 호민관들, 시민들을 막으시오! 코리올라누스,

3막 1장, 시민을 선동하는 시키니우스와 브루투스 H.C. 셀루스

참으시오! 시키니우스 선생, 말을 좀 하시오.

시키니우스 진정하고 내 말을 들으라!

시민 모두 우리 호민관의 말씀이다. 쉿! 자, 어서 말하시오, 말하시오!

시키니우스 그대들은 지금 자유를 빼앗길 찰나에 있다. 마르키우스가, 그대들이 조금 전에 집정관으로 지명한 그 마르키우스가 그대들한테서 모든 권리를 앗아버리겠다고 한다.

메네니우스 에잇! 그걸 말이라고 하오? 불난 집에 부채질하는 격이지.

원로 2 그건 나라를 무너뜨리자는 수작이오.

시키니우스 민중이 도외시된 국가가 있을 수 있소?

시민 모두 옳소, 민중은 바로 국가다.

브루투스 우리는 모든 이들의 동의를 얻어 민중의 대표자가 된 사람이오.

시민 모두 지금도 우리의 대표자들이시다.

메네니우스 보아하니 그런 것 같소.

코미니우스 그건 마치 이 국가를 무너뜨리며, 뚜렷한 질서가 서 있는 모든 것을 쑥대밭 속에 파묻어 버리자는 수작이오.

시키니우스 사형을 시켜 마땅한 짓이오.

브루투스 우리는 권력이 있는 한, 끝까지 그걸 이행하겠소. 민중의 대표자로 뽑힌 이상 그들을 대신해서 선고를 내리겠소. 마르키니우스는 즉시 사형에 처해 마땅하오.

시키니우스 자, 저자를 체포하라. 그리고 타르페이아의 절벽 위로 끌고가 떨어뜨려라.

브루투스 안찰관들, 어서 저자를 붙들어라.

시민 모두 마르키우스, 순순히 굴복해라! 굴복해!

메네니우스 잠깐 한마디만. 호민관들, 내가 꼭 한마디만 하겠소.

안찰관들 조용히, 조용히들 해!

메네니우스 (브루투스에게) 그런 과격한 짓을 하지 말고 호민관답게, 이 나라의 진실한 벗답게 온당한 방법을 취하시오.

브루투스 아니오. 병이 심할 때에는 조심조심 부드러운 치료법을 쓰는 것이 매우 해롭습니다. 저자를 붙들고 절벽으로 끌고 가라.

코리올라누스 아니, 난 여기서 죽을 테다. (칼을 뽑아 든다) 너희들 중에는 일찍이 내가 싸우는 것을 본 자가 있을 거다. 자, 눈으로 본 것을 이제 몸으로 당해 봐라!

메네니우스 그 칼은 버리시오! 호민관들, 잠깐 물러서시오.

브루투스 저자를 붙들어라.

메네니우스 마르키우스를 구하시오! 마르키우스를! 귀족들이여, 젊은이나 늙은 사람 할 것 없이 모두 나와 그를 구해 내시오!

시민 모두 저놈을 잡아 죽여라! 저놈을 잡아 죽여! (난동이 벌어진다. 호민관들과 안찰관들은 민중과 함께 밀려나며 퇴장)

메네니우스 자, 집으로 가시오. 서둘러요! 그렇지 않으면 모든 것이 헛일이 되고 맙니다.

원로 2 어서 피하시오.

코미니우스 피할 필요는 없소. 우리 편 숫자도 적에게 못지않으니까요.

메네니우스 일을 폭력으로 해결하자는 거요?

원로 1 그건 단연코 안될 말씀이오! 제발 집으로 피하시오. 이 화근을 치료하는 것은 우리에게 맡기시오.

메네니우스 이 부스럼의 뿌리는 우리에게 있소. 그러니 당신의 몸을 내맡긴다고 해서 치료가 되진 않을 것이오. 제발 피하시오.

코미니우스 자, 그럼 함께 가십시다.

코리올라누스 아, 저놈들이 외적이기나 했으면! 로마에서 생겨났을 뿐, 사실 외적 같은 놈들이지. 아, 저놈들이 로마 사람만 아니었대도! 사실 로마 사람이 아니지. 유피테르 신전 문간에서 새끼 치고 생겼을 뿐.

메네니우스 빨리 피하시오! 노엽게도 되었지만 먼저 그 노여움을 입에 담지 마시오. 뒷날이 또 있지 않소.

코리올라누스 장소만 잘 잡고 싸운다면야, 놈들 마흔 명쯤은 거뜬히 해치울 수 있소.

메네니우스 나도 가장 잘난 놈으로 두 명쯤은 맡을 수 있어요. 저 호민관들 정도는 말이오.

코미니우스 하지만 지금은 놈들의 수가 단연코 압도적이오. 큰 건물이 무너지는 것을 받치고 서 있는 자는, 용사가 아니고 바보라 하지 않소. 폭도들이 오기 전에 어서 이 자리를 피하시오. 놈들은 막혔던 급류가 터져 흐르듯

사납게, 이제까지 떠 있던 모든 것을 뒤집어 삼켜버릴 것이오.

메네니우스   제발 피해요. 어디 나의 이 늙은 이치가, 이치에 안 닿는 저놈들에게 소용이 닿을지 어떨지 한번 시험해 봅시다. 빛깔은 어떻든 아무 헝겊으로나 이 터진 곳을 꿰매 두어야겠소.

코미니우스   자, 갑시다. (코리올라누스 및 다른 사람들과 함께 퇴장)

귀족 1   저 사람은 자기의 행운을 망쳐버렸소.

메네니우스   이 세상을 살아가기에는 너무나 고귀한 성품을 지닌 사람이오. 바다의 신 넵투누스가 삼지창을 준대도, 하늘의 신 유피테르가 번개 쓰는 비법을 가르쳐 준대도 그는 결코 아첨하지 않을 사람이오. 그는 진심이 그대로 입 밖으로 튀어나오며, 가슴속에 빚어진 것은 무엇이나 혓바닥으로 내뱉고 마는 터라, 먼저 화가 치밀게 되면 죽음이 다가오는 것도 깡그리 잊고 말지요. (안쪽에서 시끄러운 소리) 자, 한바탕 치를 일거리가 생긴 것 같소.

귀족 2   놈들은 잠이나 자고 있으면 좋으련만!

메네니우스   죄다 테베레 강물에 빠져버리기나 했으면! 제기랄, 이렇게까지 몰려올 건 뭐람! 원, 그 사람도, 좀 고운 말씨로 이야기할 것이지.

브루투스와 시키니우스, 폭도들과 함께 다시 등장.

시키니우스   그 독사 같은 놈은 어디 갔소? 이 도시를 무인지경(無人之境)으로 만들고, 모든 사람을 제멋대로 휘두르려는 그 독사는?

메네니우스   여보시오, 호민관들…….

시키니우스   그자를 타르페이아 절벽에서 내던져 버려야겠소. 국법을 어긴 놈인 만큼, 굳이 법을 살려서 재판할 필요도 없소. 민중의 힘이 얼마나 무서운지 보여주겠소. 그놈이 그토록 업신여긴 그 민중이 말이오.

시민 1   그러면 호민관들은 우리의 입이고, 우리는 그들의 손이라는 것을 그놈도 알게 될 거야.

시민 모두   암, 그렇고말고.

메네니우스   여보시오, 여보시오…….

시키니우스   (시민들에게) 조용히들 해!

메네니우스   난폭한 호령을 내리지 마시오. 더 온당한 제재를 가할 수도 있을

게 아니오?

시키니우스　당신이 왜 중간에 나서서 그를 구하려는 거요?

메네니우스　내 말을 들어보시오. 나는 그 집정관의 장점을 알고, 또한 단점도 아는 사람이오.

시키니우스　집정관이라니 누구 말이오?

메네니우스　코리올라누스 집정관 말이오.

브루투스　뭐, 그놈이 집정관이라고요?

시민 모두　아니다, 아니다, 아니다!

메네니우스　호민관들과 선량한 시민 여러분, 여러분만 좋다고 하면 한두 마디 하고 싶은 말이 있소. 내 말을 듣는다고 해봤자, 그만큼 시간이 들 뿐이지, 여러분에게 조금도 해는 없을 것이오.

시키니우스　그럼, 아주 짧게 말하시오. 우리는 독사 같은 반역자를 해치우기로 단단히 결심이 섰으니까요. 그놈을 이곳에서 추방하자니 후환이 두렵고, 이곳에 살려두자니 우리가 파멸하게 되오. 그러니 오늘 밤 안에 죽여버리기로 판결 내렸소.

메네니우스　오, 하느님 맙소사! 명예로운 로마가, 그 공로자를 유피테르 신의 장부에 적어두고 감사해 오던 이 로마가, 이젠 몰인정한 어미 짐승인 양 제 새끼를 잡아먹으려 하다니!

시키니우스　그놈은 나쁜 병의 뿌리이니 잘라버려야 하오.

메네니우스　오, 그 사람은 로마의 팔과 다리 같은 분이며, 오직 그 일부가 병들었을 뿐이오. 잘라버리면 치명적이고, 고치자면 쉽게 고칠 수 있는 병이오. 그 사람이 사형당할 만한 어떤 일을 이 나라에 했다는 거요? 적을 무찌르며 흘렸던 그의 피는, 사실 얼마나 될지 이루 헤아릴 수 없을 만큼 모두 이 나라를 위해 흘렸던 것이오. 그런데 그의 남은 피를 이 나라가 빼앗는다니, 만일 그런 일을 한다거나 그대로 용납한다면, 우리는 모두 영겁에 이르도록 치욕의 낙인을 받을 것이오.

시키니우스　그건 얼토당토않소.

브루투스　전혀 방향이 빗나간 말씀이오. 그놈이 나라를 사랑했을 때는 그만한 영예를 받지 않았소.

메네니우스　쓸모 있던 발도 썩어 문드러지는 병에 걸리게 되면 지난날 공로는 다 없어지고 귀찮게 여겨진다지만…….

브루투스   더는 듣지 않겠소. (시민들에게) 그놈 집에 쫓아가 그놈을 바로 끌어 내라. 집 안에 두었다간 그놈의 전염병이 퍼질까 두렵다.

메네니우스   한마디만 더 하겠소, 한마디만 더. 성난 호랑이처럼 분노에 달아 서 성급하게 굴다가는, 뒤에 가서는 뒤꿈치에 납의 추를 달아맨대도 돌이 킬 수 없는 일이 벌어지고 마오. 절차를 밟아서 일을 하시오. 그렇지 않으면 그를 아끼는 사람이 많은지라 당파 싸움이 벌어지게 되고, 위대한 로마는 로마 사람들끼리 치고 부수는 꼴이 될 것이오.

브루투스   만일 그렇게 된다면…….

시키니우스   더 말해서 뭘 하겠소? 아까 하는 꼴을 봐도 그가 순순히 나오기 는 다 틀렸소. 안찰관들을 때렸고 우리에게 달려들었잖소. 자, 갑시다.

메네니우스   생각해 보시오. 그 사람은 칼을 뽑게 되었을 때부터 이제까지 전 쟁 속에서 살아왔소. 그러니 예의 바른 말들은 아예 모르고 자랐지요. 알맹 이와 껍질을 아무렇게나 던져 팽개치는 성미란 말이오. 자, 나에게 맡겨주시 오. 그러면 내가 가서 어떻게든 그 사람을 설득해서 평화적으로 합법적인 재판을 받을 수 있도록 데리고 나가겠소. 그에게 어떤 위험이 닥치더라도 말이오.

원로 1   호민관들, 그렇게 하는 게 인간적이오. 그 밖의 방법으로는 많은 피 를 흘리게 될 것이고, 어떤 결말을 가져올지 모를 일이오.

시키니우스   그럼, 메네니우스께서 민중의 임원 역할을 해주십시오. 자, 시민 들도 무기를 버리도록.

브루투스   집으로 돌아가진 말고…….

시키니우스   광장으로 모여라. 잠시 뒤에 우리도 갈 테니까. (메네니우스에게) 만일 마르키우스를 연행하지 않으시면, 우리는 예정대로 일을 추진하겠습 니다.

메네니우스   꼭 데리고 가겠소. 여러 원로들도 나와 함께 가주시길 바랍니다. 그 사람을 데려와야겠습니다. 그렇지 않으면 험악한 일이 벌어질 테니까요.

원로 1   자, 가봅시다. (모두 퇴장)

로마. 코리올라누스 집의 한 방.
코리올라누스, 귀족들과 함께 등장.

코리올라누스 내 머리 위에 천지를 내려 덮으라고 해라. 차바퀴에 깔아 죽이든, 말 뒤꿈치에 매달아 죽이든 마음대로 하라고 해. 타르페이아 절벽에 산을 열 개나 더 쌓아 올리고, 그 위에서 눈이 아물아물할 만큼 깊은 계곡으로 나를 떠밀 테면 떠밀라고 전해라. 하지만 그들에 대한 나의 태도엔 변함이 없다.

귀족 1 너무나 훌륭하십니다.

코리올라누스 그런데 어찌 된 일일까? 어머니가 나를 더는 두둔해 주지 않으시니. 여느 때엔 놈들을 가리켜 담요 부스러기를 걸친 종놈들이며, 동전 몇푼에 팔고 살 물건들이라고 하셨지. 집회가 있을 때마다 벌거숭이 대갈통으로 나타나, 나 같은 사람이 전쟁이냐 평화냐 논할 때 어리둥절해하며 벙어리 노릇이나 하려고 생겨난 것들이라고 비난하신 그 어머니가 말이야.

볼룸니아 등장.

코리올라누스 지금 어머니 이야기를 하고 있던 참입니다. 어머니는 왜 저에게 더 온순해지라고 하십니까? 제 본성을 거스르는 사람이 되라는 말씀입니까? 차라리 저답게, 사내답게 살라고 말해 주십시오.

볼룸니아 애야, 난 네가 권력을 너의 두 어깨에 멋지게 걸쳐주길 바랐던 거다. 그런데 그걸 함부로 찢어 팽개칠 게 뭐냐.

코리올라누스 그 말씀은 그만하십시오.

볼룸니아 너는 충분히 너의 사내다움을 보여줄 수도 있었을 거다. 네가 너무 기를 쓰고 덤비지만 않았던들, 너에게 반대할 권리가 아직 그들에게 있을 때 미리부터 네 본심을 내보이지 않았던들 네 성미를 꺾으려는 세력이 좀 더 미약했을 거란 말이다.

코리올라누스 그 목을 매달아 죽일 놈들!

볼룸니아 암, 게다가 불에 태워 죽일 놈들이지.

메네니우스, 원로들과 함께 등장.

메네니우스 글쎄, 아무래도 오늘은 좀 심했소. 이제 돌아가 화해를 하시오.

원로 1 달리 수습책이 없소. 그대로 놔두면 이 나라는 한가운데가 두 동강 나서 스스로 멸망하게 될 것이오.

볼룸니아 제발 이분들의 말을 들어라. 나도 너에 못지않게 단호한 성격이지만, 분노심 때문에 큰일을 그르치지 않을 만한 분별심은 가지고 있단다.

메네니우스 부인께서 훌륭한 말씀을 하셨습니다. 이 순간 극심한 경련을 일으키고 있는 이 나라 전체를 구제하기 위해서가 아니라면, 아드님의 머리를 그 돼지 떼들한테 수그리게 하기 전에, 자신은 없지만 나부터 갑옷을 입고 싸워 보겠소.

코리올라누스 그럼 나더러 어찌하라는 거요?

메네니우스 호민관들한테로 가시오.

코리올라누스 그리고 그다음은? 그다음은 어떻게 합니까?

메네니우스 앞서 말한 것이 잘못됐다고 하시오.

코리올라누스 그놈들에게? 그런 짓은 신들을 향해서도 할 수 없소. 그런 걸 그놈들에게 해야 한다는 거요?

볼룸니아 애, 넌 너무 고집불통이구나. 하긴 이런 절박할 때만 아니라면 얼마든지 훌륭한 태도라 할 수 있겠지. 네가 이따금 말한 적이 있잖니, 전시에는 명예와 책략이 막역한 친구처럼 한마음 한뜻이 되어 자라나는 법이라고. 그렇다면 평화로운 시기라고 하여, 이 두 가지가 화합함으로써 서로 손해 볼 게 뭐 있는지 말해 보렴.

코리올라누스 나 참! 어머니도.

메네니우스 정말 요긴한 데를 찌른 질문입니다.

볼룸니아 예컨대 전쟁 때 최선의 목적을 이루기 위해 적을 책략으로 속여 넘기는 것이 불명예가 되지 않는다면, 평화로운 때라고 해서 어찌 책략이 명예와 손잡지 못할 것이며, 또 손잡아서 뭐가 나쁘겠느냐? 어차피 책략이 필요하긴 두 경우가 똑같지 않겠느냐?

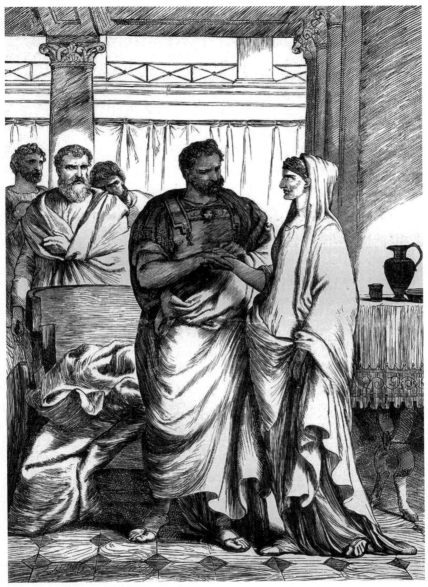

3막 2장, 코리올라누스와 볼룸니아   H.C. 셀루스

코리올라누스 왜 저에게 그걸 강조하시는 겁니까?

볼룸니아 그건 지금 네가 민중에게 무슨 말인가를 해야 될 처지에 있기 때문이다. 너 자신의 생각에도 없고, 마음으로 바라지도 않으며, 마치 사생아처럼 네 진심에 용납될 수 없는 어떤 거짓말을 말하기 위해, 잘 외워 두었다가 그저 혀끝만 놀려 말해야 될 처지에 네가 처해 있기 때문이야. 네가 이런 말을 한대도 전혀 불명예스러울 게 없는 것은, 적의 성을 무너뜨리기 위해 행운과 위험에 몸을 맡긴 채 많은 피를 흘리는 대신에 사탕발림을 하는 거와 전혀 다름이 없어. 나라면 자신이나 동지들이 모두 파멸할 위기에 놓여 있을 땐, 그것이 불명예가 되지 않는다면 마음에 없는 말이라도 하겠구나. 이것은 내가 너의 아내와 네 아들을 대신해서, 그리고 이 자리에 계신 원로들과 귀족들을 대신해서 말하는 거다. 너는 저 얼뜨기들한테 험상궂은 얼굴만 보여주는구나. 조금만 비위를 맞추어 주면 그놈들의 호의를 얻어, 파멸할 위기에 처한 모든 것을 지킬 수가 있을 텐데 말이다.

메네니우스 참 훌륭한 말씀입니다. 자, 우리와 함께 가서 잘 말해 보시오. 그렇게만 하면 현재의 위험은 물론, 지난날 손실까지도 메울 수 있을 것이오.

볼룸니아 애야, 어서 가보려무나. 이 모자를 들고! 그리고 이 정도 높이로 손을 쳐들어 그들의 환심을 얻어내는 거다. 무릎을 마당 돌에 닿을 만큼 굽혀보여라. 이런 일엔 몸짓이 웅변을 대신하는 법이야. 무식꾼들은 으레 눈이 귀보다 발달되어 있으니 머리를 몇 번이고 조아려라. 그러면 거기에 따라 너의 완강한 마음도 어느덧 누그러져서, 무르익은 오디처럼 손만 대도 부스러질 만큼 말랑말랑해질 거다. 그리고 만일 말을 하겠으면 이렇게 하렴. "나는 여러분의 병사요. 언제나 전쟁 속에서 자라 왔는지라, 본디 태도가 부드럽질 않소. 그렇지만 여러분의 호감을 얻기 위해 나는 여러분이 요구하는 것처럼 내 태도를 부드럽게 하는 게 마땅하다고 인정하므로, 이제부터는 여러분을 위해 온 힘과 온 마음을 다해 태도를 고치겠습니다" 하고 말이다.

메네니우스 부인께서 말씀하시는 대로만 한다면야, 그놈들의 마음은 곧 당신 것이오. 이쪽에서 빌고 나가면 그놈들은 무턱대고 아무 말이나 지껄여대듯 바로 "괜찮습니다" 할 테니까 말이오.

볼룸니아 자, 제발 가서 그대로 하렴. 너는 나무 그늘 밑에서 적에게 아양을 떠느니보다, 차라리 회오리치는 불길 속에 뛰어들어 적을 무찔러 버리고 싶겠지만 말이다.

코미니우스 등장.

볼룸니아 코미니우스 님이 오셨다.

코미니우스 지금 막 광장에 있다가 오는 길이오. 모두 화가 나서 야단들이니, 우리 편을 모아 용감하게 싸우든가, 아니면 회유책이나 피신책을 써서 몸을 돌보는 수밖에 없을 것이오.

메네니우스 간곡히 말해 보는 게 나을 겁니다.

코미니우스 그렇게 하면 효과가 있을 것 같소. 코리올라누스가 그럴 마음만 가져준다면요.

볼룸니아 꼭 그래야만 하고, 또 그렇게 할 겁니다. 자, 제발 그렇게 하겠다고 말하고 곧 실행해 주려무나.

코리올라누스 그럼, 내가 그놈들에게 모자를 꼭 벗어 보여야 한다는 겁니까? 비굴하게 거짓말을 하여, 이 깨끗한 마음에 무거운 부담을 주어야 합니까? 좋습니다, 그렇게 하겠습니다. 아, 그러나 만일 파멸당할 것이, 한 줌 흙 같은 이 마르키우스의 몸 하나라면, 차라리 그놈들 맷돌에 갈리어서 흙가루가 되어 바람에 흩날려 버리는 게 낫겠어요! 자, 광장으로 갑시다. 여러분은 나에게 도무지 제대로 해낼 수 없는 역할을 맡겨주었소.

코미니우스 자, 자, 막히는 데가 있으면 우리가 뒤에서 읽어주겠소.

볼룸니아 그럼, 아들아, 잘 부탁한다. 네가 군인이 된 것은 내 칭찬 때문이었다고 말한 적이 있잖니. 이번에도 내 칭찬을 받도록 네가 처음 해보는 이 역할을 훌륭하게 끝내다오.

코리올라누스 좋습니다. 그렇게 할 수밖에요. 자, 이제 내 본성 같은 건 사라져 버리고, 그 대신 비굴한 매춘부의 혼이나 너를 홀려라! 전쟁의 북소리에 잘도 어울리던 대장부의 목소리는, 내시의 가는 목소리나 자장가 부르는 처녀 목소리로 바뀌어 버려라! 내 뺨에는 종놈들의 아양 떠는 미소가 떠돌고, 내 눈은 훌쩍거리는 어린아이 눈물로 범벅이 되어라! 내 입술에는 거지 혓바닥이 날름거리고, 철갑 두른 내 무릎은 일찍이 말[馬] 등에 오를 때밖에 굽힌 일이 없으나, 이제는 적선받은 거지처럼 구부려라! 아, 더는 못 하겠다. 그런 짓을 했다간, 내 진심을 무시하고 내 마음에 씻지 못할 비굴함을 몸소 가르쳐 주는 거야.

볼룸니아 그럼 마음대로 해라. 너더러 굳이 그렇게 하라고 하소연하는 건, 네가 평민들에게 애걸하는 이상으로 나로선 창피스럽다. 어서 모든 것을 망쳐버리려무나! 자, 너의 그 교만함을 이 어미에게 톡톡히 맛 보여라. 너의 위험한 고집이 차라리 두렵구나. 나도 너처럼 죽음쯤은 아무렇지 않으니까. 너 하고 싶은 대로 해라. 네 용맹성은 나의 것, 나한테서 빨아 마신 거다. 그러나 네 교만함은 오로지 네 것인 줄 알아라.

코리올라누스 제발 그렇게 화내지 마십시오! 어머니, 저는 광장에 가겠습니다. 저를 더 꾸짖지 마십시오. 그놈들을 속여서 호감을 사고, 로마의 뭇 시정배들이 총애하는 몸으로 돌아올 테니까요. 자, 보세요, 저는 갑니다. 아내에게 말씀 잘 부탁드립니다. 집정관이 되어서 돌아오겠어요. 그렇지 않거든, 저의 혀가 아첨에는 쓸모없는 것인 줄 아십시오.

볼룸니아 네 뜻대로 해라. (퇴장)

코미니우스 자, 갑시다. 호민관들이 기다리고 있소. '부드럽게' 대해야 한다고, 마음의 무장을 단단히 하시오. 듣건대 그놈들은 그대가 일찍이 당해 보지 못한 심한 탄핵을 준비 중이라 하오.

코리올라누스 '부드럽게'를 구호로 삼고, 자, 갑시다. 그놈들, 얼마든지 날 탄핵해 보라죠. 난 명예롭게 대응해 줄 테니까요.

메네니우스 아무렴. 그러나 부드럽게!

코리올라누스 좋소. 부드럽게 하겠소. 부드럽게! (모두 퇴장)

〔제3막 제3장〕

로마. 광장.
시키니우스와 브루투스 등장.

브루투스 그가 전제적인 권력을 행사하려 한 점을 들어 철저히 공박하시오. 만일 그놈이 그 점을 적당히 얼버무려 빠져나가거든, 그가 민중에게 품은 증오심과, 또한 안티움 사람들로부터 뺏은 전리품을 분배하지 않았다는 점을 들어 그를 몰아세우도록 하시오.

안찰관 한 사람 등장.

브루투스 어때, 그자가 온다던가?

안찰관 지금 오고 있습니다.

브루투스 누구와 함께 오는가?

안찰관 메네니우스 어른하고, 평소 그 사람을 좋아하던 원로들이 함께 옵니다.

시키니우스 지난번 선거에서 서명한 그 명부를 가지고 있는가?

안찰관 네, 가지고 있습니다.

시키니우스 종족별로 구분되어 있겠지?

안찰관 네.

시키니우스 지금 곧 민중을 집합시키도록, 그리고 내가 "평민의 권리와 권력에 따라서 여차여차하게 선고한다" 말하거든, 그것이 사형이건 벌금이건 추방이건 간에, 무엇이든지 찬성하라고 일러두게. 내가 벌금이라고 하면 "벌금!", 사형이라고 하면 "사형!"이라고 외치면서, 어디까지나 그들의 전통 깊은 합법적인 정당한 권리를 주장하도록 일러두란 말야.

안찰관 그렇게 일러두겠습니다.

브루투스 그리고 먼저 소리치기 시작하거든, 멈추지 말고 선고 내린 바를 바로 집행하라고 맹렬히 떠들게 하란 말이다.

안찰관 잘 알겠습니다.

시키니우스 강경하게 나오도록 이르고, 또한 우리가 암시를 주거든 그걸 놓치지 않도록 당부하거나.

브루투스 지금 곧 가서 그렇게 하게. (안찰관 퇴장) 그놈이 곧바로 화를 내게 만들어야 해요. 언제나 승리를 해왔고, 남과 다투어서 늘 자기 뜻을 관철해 온 놈이니, 먼저 화를 돋우면 자제심을 아예 되찾지 못하니까 말이오. 그렇게 되면 자기 속마음을 다 털어놓고 이야기하게 마련이니, 그런 기회를 잘 타서 그놈의 목을 꺾어버리는 거요.

코리올라누스가 메네니우스, 코미니우스, 원로들, 귀족들과 함께 등장.

시키니우스 음, 그놈이 오는군요.

메네니우스 제발 조용조용 잘해요.

코리올라누스 마부처럼 해주죠. 푼돈만 받아도, 산더미 같은 욕을 예사로 참고 듣는 그 마부같이 말이오. 아, 우리의 영광된 신들이시여, 제발 로마를 보호하시어 재판소 의자에 명판사들이 들어앉게 해주옵소서! 무릇 우리들 사이에 사랑을 심어주옵소서! 우리의 대신전에선 저마다 태평제를 올리게 해주시며, 로마 거리가 전란에 휩쓸리지 않게 해주소서!

원로 1 아멘! 아멘!

메네니우스 참 훌륭한 기도입니다.

안찰관, 시민들과 함께 다시 등장.

시키니우스 시민들은 모두 이리로 가까이 오라.

안찰관 여러분, 호민관이 말씀하시는 걸 잘 듣도록 하시오. 자, 조용히들 해요, 조용히!

코리올라누스 먼저 내 말을 들어주시오.

두 호민관 좋습니다, 말하시오. 모두 조용히 하라!

코리올라누스 내 문제는 모두 이 자리에서 해결하게 되오? 모든 것이 여기에서 결판이 나는 거요?

시키니우스 나는 당신이 민중의 권리를 존중하고, 그들을 대표하는 임원들을 승인하여, 이제부터 심리하게 될 당신의 과오에 대한 합법적인 탄핵에 응하시기를 요구합니다.

코리올라누스 응하겠소.

메네니우스 자, 시민들, 저분이 응하시겠다 하오. 저분이 전쟁에서 세운 공훈을 고려하시오. 저분의 온몸에 성스러운 무덤들처럼 여기저기 상처가 나 있다는 걸 생각하시오.

코리올라누스 가시덤불에 긁힌 자국이오. 웃음거리가 되기 알맞을 작은 상처들이오.

3막 3장, 성 밖으로 추방당하는 코리올라누스 H.C. 셸루스

메네니우스 그리고 저분 말씨가 보통 사람 같지 않을 때에는, 군인이기 때문
이라 생각하시오. 말씨가 거칠다 해서 그걸 악의로 받아들여서는 안 되오.
그건 여러분에게 앙심이 있어서가 아니라, 방금 말했듯이 군인 말투라서
그런 거니까.

코미니우스 자, 그 정도만 해두시오.

코리올라누스 도대체 어떻게 된 셈이오? 다들 한목소리로 집정관이 되게 통
과시켜 놓고는, 바로 다시 그걸 취소하여 내게 이토록 창피를 주다니.

시키니우스 먼저 우리 심문에 답변하시오.

코리올라누스 그럼 말하시오. 나는 답변할 의무가 있으니.

시키니우스 당신은 로마 시민들로부터 전통적인 권한을 빼앗고 자기 혼자 전
권을 장악하려고 시도했으니, 민중에 대한 반역자로 고발하겠소.

코리올라누스 뭐? 반역자?

메네니우스 제발 온순하게! 약속한 바가 있지 않소.

코리올라누스 민중 따위는 모두 불지옥 밑바닥에나 빠져버려라! 뭐, 나더러 반역자라고? 이 악랄한 호민관아! 네놈 눈알 속에 2만 개 죽음이 도사려 있고, 네놈 손바닥엔 200만 개 죽음이, 또 네놈 거짓 혓바닥에 이 숫자를 다 합친 만큼 무수한 죽음이 걸려 있다 해도, 난 네놈을 새빨간 거짓말쟁이라 부르겠다. 신들에게 기도를 올릴 때처럼 거침없이 소리쳐 부르겠다.

시키니우스 시민들이여, 저 말을 들어봐라.

시민 모두 절벽으로 끌고 가라! 절벽으로 끌고 가라!

시키니우스 다들 조용히 들어라. 이젠 새로운 죄목을 덧붙일 필요도 없다. 여러분이 직접 저 사람이 하는 짓을 보았고, 말하는 것도 들었다. 저 사람은 여러분의 관리를 때렸고, 여러분에게 욕설을 퍼부었으며, 폭력으로 국법에 대항했는가 하면, 심지어 이 자리에서 규탄권을 가진 우리에게까지 대들고 있다. 이 일 자체가 바로 중대한 범죄이므로, 극형을 받아 마땅할 것이다.

브루투스 하지만 이제까지 로마를 위해 그가 쌓은 공적으로 봐서…….

코리올라누스 흥! 뭣 때문에 네가 공로 이야기를 꺼내는 거야?

브루투스 그건 나도 아는 사실이니까요.

코리올라누스 뭐, 네가?

메네니우스 어머니께 약속한 게 겨우 이런 거요?

코미니우스 제발 그 점을 명심해 주오.

코리올라누스 이젠 명심할 것이 아무것도 없다. 나를 타르페이아 절벽에서 떨어뜨려 버리든, 갈 곳 없는 추방의 길로 내몰든, 가죽을 벗겨 죽이든, 가두어 굶겨 죽이든 마음대로 하라. 단 한마디라도 아첨을 떨어 놈들의 동정을 구하는 일은 하지 않을 테다. "안녕하십니까" 이 한마디만 하면 타협을 해주겠다고 해도, 난 지금의 이 태도를 바꾸지 않을 테다.

시키니우스 저 사람은 이제까지 기회가 있을 때마다 자신이 품은 온갖 적의를 드러내면서, 민중의 권리를 박탈하려 했다. 오늘도 이 엄숙한 재판장에서 재판관들에게까지 저렇듯 적의에 찬 반항을 하고 있다. 그러므로 우리는 민중의 이름으로, 호민관의 권리에 따라서 그를 즉각적인 추방에 처하겠다. 앞으로 로마 시내에 발을 내딛는 경우에는 무조건 타르페이아 절벽에서 떨어뜨릴 것을 선고한다. 이상을 민중의 이름으로 집행한다.

시민 모두　옳소, 옳소. 저놈을 몰아내라! 저놈은 추방이다, 추방이다!

코미니우스　여러분! 여러분! 잠깐 한마디만 하겠소.

시키니우스　이미 선고가 내려졌소. 더는 아무것도 들을 필요가 없습니다.

코미니우스　한마디만 합시다. 나는 지금까지 집정관을 지낸 사람이고, 로마의 적과 싸우다가 입은 상처를 여러분에게 보여줄 수 있는 사람이오. 나는 나라의 이익을 내 생명보다도, 내 사랑하는 아내보다도, 아내의 배에서 태어난 내 자식들보다도 더 깊이 사랑하고 있소. 그러므로 내가 말하고 싶은 것은…….

시키니우스　거의 짐작이 갑니다. 어떤 말이신지…….

브루투스　어떤 말이고 더 이상 할 것 없습니다. 민중과 국가의 적으로서 코리올라누스에게 추방령이 내려졌으니 그대로 집행할 뿐이오.

시민 모두　그대로 집행하라.

코리올라누스　이 천한 개새끼들아! 썩은 연못의 악취처럼 고약한 입김을 풍기는 천한 놈들아! 네놈들에게 사랑을 받는 것은, 주위의 공기까지 더럽히는 땅바닥의 시체에게 붙잡힌 거나 다름없으니, 나부터 네놈들을 멀리하겠다! 언제까지나 여기에서 갈팡질팡 살아가라! 하찮은 유언비어에도 가슴을 졸여라! 적의 투구에 달린 깃이 까딱거리기만 하면, 그 바람이 너희들을 오싹 얼어붙게 해라! 너희들의 방패가 되어준 이를 추방하는 그 허울 좋은 권력을 끝까지 누리고 있거라! 그러면 마침내 너희들의 무식한 소행이 적을 돕고, 너희들 자신을 파멸에 몰아넣었음을 뒤늦게 깨닫게 될 거다. 하지만 그때는 이미 늦었다. 너희들은 단 한 번 싸워 보지도 못하고, 어느 적국의 천한 포로로 붙들려 가는 꼴이 되고 말 거다. 이제 나는 네놈들이 사는 이 도시를 멸시하면서, 이처럼 등을 돌리고 간다. 여기 말고도 내가 살아갈 세상은 있다. (코미니우스, 메네니우스, 원로들, 귀족들과 함께 퇴장)

안찰관　민중의 적은 사라졌다. 사라져 버렸다!

시민 모두　우리의 적은 쫓겨났다! 사라져 버렸다! 우아! 우아! (한꺼번에 환호성을 지르며 모자를 공중에 벗어 던진다)

시키니우스　저자가 성문을 나갈 때까지 그 뒤를 따라가, 그놈이 여러분에게 했듯이 마구 비웃어 줘라. 그놈이 당해도 마땅할 만큼 실컷 괴롭혀 줘라.

그리고 우리가 시내를 지나갈 때 호위병을 배치하라.

시민 모두 자, 가자, 그놈이 성문을 나가는 것을 구경하자. 신들이여, 우리의 호민관들을 보호하소서! 자, 가자. (모두 퇴장)

〔제4막 제1장〕

로마. 성문 앞.
코리올라누스, 볼룸니아, 비르질리아, 메네니우스, 코미니우스가 로마의 젊은 귀족들과 함께 등장.

코리올라누스 자, 눈물을 거두시고 안녕히 계십시오. 대가리가 많은 그 짐승에게 저는 박치기를 당하여 떠납니다. 어머니, 지난날 그 용기는 다 어디에 두셨지요? 고난은 담력의 시금석이라고 언제나 말씀하시지 않았나요? 평범한 재앙은 평범한 인간도 견뎌낸다, 바다가 잔잔할 때에는 아무 배들이나 모두 능숙하게 떠돌아다니지만, 운명의 타격에 치명상을 입고도 태연자약하자면, 그야말로 고매한 인내심이 필요하다고 말씀하시지 않았나요? 어머니는 늘 이런 가르침을 제게 불어넣어 주시며 외우게 하여, 제 마음을 강철같이 굳세게 만들려 하시지 않았습니까?

비르질리아 오, 하느님! 오, 하느님!

코리올라누스 여보, 그만해 둬, 제발……

볼룸니아 이젠 로마의 모든 시정아치들이 붉은 염병을 얻어 죽고, 그들의 장사가 깡그리 망해 버리라고 해라!

코리올라누스 아니, 왜 이러세요, 왜 이러십니까? 떠나고 없으면 다들 저를 사랑하게 될 겁니다. 자, 어머니, 용기를 되찾으십시오. 제게 때때로 뭐라 말씀하셨지요? 만일 어머니가 헤라클레스의 아내였다면, 그가 치른 열두 가지 고난 가운데 절반은 어머니가 도맡아, 그만큼 남편의 고역을 덜어주었을 거라 말씀하셨지요. 그리고 코미니우스, 너무 상심하지 마시오. 그럼, 안녕히 계시오. 나의 아내여, 잘 있으시오. 어머니, 몸 조심하십시오. 제가 완전히 망해 버린 건 아닙니다. 충실한 할아버지 같은 메네니우스, 당신의 눈물은 젊은이들보다 더 짜니까 눈에 좋지 않아요. 한때 나의 사령관이었던 코미니우스 장군, 당신은 무척 매몰찬 표정으로 가슴 졸이는 무서운 장면을 예사로 보아왔던 분이시오. 그러니 이 울먹이는 여자들을 잘 타일러 주시오. 피할 수 없는 재앙을 당하여 울고불고하는 것은, 그걸 비웃는 거나 똑같이 어리석은 일이라고요. 어머니, 언제나 어머니는 저에게 닥친 위험을 위안거리로 삼는다 하지 않으셨나요? 그 신념을 허물지 마십시오. 저는 홀몸으로 외딴곳에 떨어진 용을 물리치러 가는 것과 같습니다. 사람들은 그 용이 산다는 늪지를 보지도 않고 두려워하며 소문을 퍼뜨리고 있지만, 이제 두고 보세요. 꾐에 빠져서 넘어지지 않는 한, 어머니의 이 아들은 더없이 비범한 일을 해내고야 말 테니까요.

볼룸니아 나의 맏아들아, 이제부터 어디로 가야 한다는 거냐? 한동안은 코미니우스 님과 함께 가 있도록 하려무나. 네 앞길에 가로놓인 위험에, 그때마다 함부로 몸을 내맡기지 말고 적절한 대책을 세우도록 해라.

코리올라누스 오, 신들이시여!

코미니우스 앞으로 한 달 동안은 내가 따라가서, 당신의 거처를 의논하여 정하기로 하겠소. 우리가 서로 연락할 수 있는 그런 장소가 좋을 것이오. 그래서 당신을 부를 일이 생기면, 한 사람을 찾느라 많은 전령들을 보내 온 세상을 더듬고 다니다가, 더할 수 없이 좋은 기회를 놓치고 마는 일이 없게 해야겠소. 기회란 필요로 하는 사람이 없으면 어느덧 사라져 버리는 거라오.

코리올라누스 아니, 여기서 헤어집시다. 당신은 나이가 많소. 다친 데가 없는 싱싱한 젊은 것을 따라서 방랑을 하기엔, 당신은 전쟁의 아가리에 긁힌 자국이 너무나 많은 분이오. 성문 밖까지만 데려다주시오. 자, 자, 나의 아내도, 어머니도, 그리고 언제나 진실했던 여러 친구들도 나를 보내며 잘 가라 말하고 웃어주시오. 자, 어서요! 내가 이 세상에 살아 있는 동안은 언제까지나 소식을 전하리다. 가장 코리올라누스다운 소식 말고는 절대 들려주지 않을 테니, 다들 마음 놓으시오.

메네니우스 암, 그래야 누가 듣더라도 훌륭하죠. 자, 울지 맙시다. 이 늙은 팔다리에서 나이를 칠 년만 덜어낼 수 있다면, 그대 가는 곳마다 내가 따라갈 수 있으련만!

코리올라누스 자, 악수합시다. 자, 어서. (따로따로 모두 퇴장)

〔제4막 제2장〕

로마. 성문 근처의 거리.
시키니우스와 브루투스, 안찰관과 함께 등장.

시키니우스 모두 집으로 돌려보내라. 그놈이 떠났으니 더 가볼 것 없다. 그놈
을 편들던 귀족들이 다들 안절부절못하고 있다.

브루투스 이만하면 우리의 권력을 충분히 보여주었소. 일이 다 끝났으니 앞
으로는 더 겸손하게 보여야 하오.

시키니우스 모두 집으로 돌아가라고 일러라. 큰 적이 없어졌으니, 이젠 옛날
그대로 권력을 되찾았노라고 가서 말해라.

브루투스 모두 흩어져 돌아가게 하라. (안찰관 퇴장) 저기, 그자의 어머니가 오
고 있소.

볼룸니아, 비르질리아 그리고 메네니우스 등장.

시키니우스 저 여자를 만나지 않도록 합시다.

브루투스 왜요?

시키니우스 사람들 말이, 저 여자가 미쳤다고 합니다.

브루투스 벌써 우리를 보고 말았소. 그대로 계속 걸어가시오.

볼룸니아 응, 너희들 잘 만났다. 신들이 수두룩하게 쌓아둔 염병이 내려, 너
희들 친절에 보답하게 해라!

메네니우스 자, 진정하십시오. 그렇게 큰 소리를 내지 마세요.

볼룸니아 눈물이 북받쳐 말이 안 나온다. 그렇지 않다면 너희들에게 실컷,
아니 그래도 할 말은 하고야 말겠다. (브루투스에게) 흥, 도망칠 작정이야?

비르질리아 (시키니우스에게) 당신도 못 가요. 이 말을 남편에게도 할 힘이 있
었으면 얼마나 좋았을까!

시키니우스 아니, 이런 여장부 봤나?

4막 2장, 브루투스·시키니우스를 만나는 볼룸니아·비르질리아와 메네니우스   H.C. 셀루스

볼룸니아 그래, 난 여장부다. 이 바보야, 그게 무슨 창핏거리란 말이냐? 이 바보 좀 보게. 내 아버지가 어엿한 남자였던 걸 몰라? 이 여우 같은 놈아, 그래 네가 혓바닥을 놀린 것보다도 더 많이, 로마를 위해서 적을 격퇴한 내 아들을 쫓아내야 시원하겠느냐?

시키니우스 어허, 이것, 참!

볼룸니아 네가 이치에 닿는 말을 한 것보다 더 많이 훌륭한 전공을 세운 사람이다. 모두 로마를 위해서 말이야. 왜 그랬는지 그 이유를 말하마. 또 가려고 해? 아니, 못 간다. 아, 내 아들이 아라비아 사막에서 잘 드는 칼을 들고 서 있고, 그 앞에 너희들 족속이 있어 줬으면!

시키니우스 그럼, 어떻게 된다는 겁니까?

비르질리아 뭐, 어떻게 되냐고? 그렇게 되면 당신들의 씨를 없애버리겠지.

볼룸니아 사생아 같은 너희 놈들을 모조리 없애버릴거야! 아, 글쎄, 로마를 위해 그렇듯 상처를 입은 그 훌륭한 사내를 어쩌자고……

메네니우스 자, 그만 진정하십시오.

시키니우스 저 또한 그분이 끝까지 나라에 이바지해 주길 바랐습니다. 그 명예로운 기회를 자신의 손으로 망쳐버리지만 않았더라도…….

브루투스 저 또한 같은 마음입니다.

볼룸니아 뭐라고! 같은 마음이라? 그 어중이떠중이들을 부추긴 건 바로 너희들 아니냐? 우리가 오묘한 하늘의 이치를 깨닫지 못하는 만큼이나, 내 아들의 가치를 전혀 몰라보는 그 고양이 떼를 부추긴 게 누군데?

브루투스 이젠 그만 가봐야겠습니다.

볼룸니아 자, 제발 어서어서 없어져 버려. 너희들은 썩 훌륭한 일을 했어. 아니다, 가기 전에 또 한마디 들어 두어라. 유피테르 신전이 로마의 가장 초라한 건물보다 뛰어난 만큼, 너희들이 추방한 내 아들이, 여기 있는 이 부인의 남편이 너희들 모두를 합친 것보다 훨씬 더 훌륭하다는 것을 알아둬.

브루투스 예, 예, 잘 알겠습니다. 안녕히 계십시오.

시키니우스 미친개의 상대가 될 건 없지. (브루투스와 함께 퇴장)

볼룸니아 내 저주를 짊어지고 가라! 아, 신들께서 오로지 내 저주를 실현시키는 데만 전념하셨으면! 저놈들을 하루 한 차례씩 만나볼 수만 있다면 이 마음에 걸린 울분을 조금씩은 덜 수 있겠는데.

메네니우스 그만하면 실컷 혼을 내줬습니다. 사실 그러실만도 하지요. 자, 오
늘 밤은 저녁이나 함께하실까요?

볼룸니아 저는 치미는 울화나 씹어 삼키겠습니다. 혼자서 울분을 씹고 있다
가, 먹은 것 없이 죽고 말 거예요. 자, 갑시다. (비르질리아에게) 그만 훌쩍거려
라. 울 테면 나처럼 유노 여신인 양 울부짖거나 하려무나. 자, 어서 가자. (비
르질리아와 함께 퇴장)

메네니우스 쯧, 쯧, 저걸 어쩌나! (퇴장)

〔제4막 제3장〕

로마와 안티움 사이의 큰길.
로마 사람과 볼스키족 사람이 한 명씩 양쪽에서 등장하여 만난다.

로마 사람 나는 당신을 알고, 당신도 나를 알아보겠지요. 당신 이름은 아드
리안이 아닙니까?

볼스키족 그렇습니다. 사실 나는 당신이 누구인지 몰라보겠는데.

로마 사람 난 로마 사람이지만, 내 임무는 당신과 마찬가지로 로마 사람들을
해치우자는 거지요. 그래도 모르겠습니까?

볼스키족 니카노르? 그렇지 않습니까?

로마 사람 바로 그렇습니다.

볼스키족 지난번 보았을 때보다 수염이 많아지셨군. 그렇지만 그 목소리로
미루어 얼굴을 알아볼 수 있었소. 로마는 요즈음 어떻습니까? 사실은 정부
의 지령을 받고 당신을 찾아가는 참인데, 뜻밖에도 이렇게 만나게 되어 하
루나 되는 걸음을 덜었습니다그려.

로마 사람 얼마 전에 로마에선 이상스런 반란이 벌어졌었습니다. 평민들이
원로와 귀족과 상류층들에게 덤벼들었어요.

볼스키족 얼마 전이라고요? 그럼 그 일이 다 가라앉았다는 말인가요? 우리
정부는 지금이 한창이라고 생각하여 군비를 서두르고, 로마가 내란으로 분
열된 틈에 쳐들어갈 예정으로 있습니다.

로마 사람 핵심적인 불길은 이미 사그라졌지요. 그러나 조금만 후비면 다시

불길이 솟을 겁니다. 왜냐하면 귀족들이 용장 코리올라누스가 추방된 것에 몹시 분개하여, 민중한테서 모든 권리를 빼앗고 그들의 호민관을 영원히 없 애버리려 벼르고 있으니까요. 이런 음모가 차츰 확대해서 이제는 거의 폭발 직전에 이르고 있답니다.

볼스키족 뭐, 코리올라누스가 추방되었다고요?

로마 사람 그렇습니다.

볼스키족 니카노르, 당신의 이 정보는 우리 쪽에서 큰 환영을 받을 거요.

로마 사람 이젠 그 사람들도 혹독하게 벌받을 날이 왔지요. 왜 그런 말이 있 지 않습니까, 유부녀를 꾀어내려면 남편과 의가 상했을 때가 가장 좋다고 요! 코리올라누스 같은 무서운 상대자가 로마에서 내몰려 나가고 없으니, 이번 전쟁에선 당신들의 용장 아우피디우스가 한몫 단단히 보게 되었습 니다.

볼스키족 물론 그렇겠지요. 이처럼 우연히 당신을 만나서 정말 다행이지 뭡 니까. 이젠 내 볼일은 끝났으니 가뿐한 마음으로 당신과 함께 우리나라로 돌아갈까 합니다.

로마 사람 이제부터 저녁 식사 때까지, 로마에서 일어난 여러 이상한 사건들 을 말해 드리다. 모두가 다 로마의 적대국에게 유리한 이야기뿐이오. 그 래, 군비를 갖추었다고요?

볼스키족 더없이 충실한 군비가 갖추어져 있습니다. 100인 부대와 그 부하들 이 저마다 군비 할당을 받고 있어서, 한 시간 전에만 명령이 내리면 언제든 지 출전할 태세가 갖춰져 있답니다.

로마 사람 그렇게 준비가 됐다니 반가운 일입니다. 그럼, 내 보고를 받는 곧 바로 활동을 시작하게 되겠군요. 정말 이렇게 만나 함께 가게 되어서 기쁘 기 그지없습니다.

볼스키족 그건 오히려 내가 할 말이오. 함께 가게 되어 더없이 기쁩니다.

로마 사람 자, 어서 갑시다. (모두 퇴장)

〔제4막 제4장〕

안티움. 아우피디우스의 집 앞.

코리올라누스, 초라한 옷차림으로 변장하여 두건을 쓰고 등장.

코리올라누스 이곳 안티움은 좋은 도시로구나. 안티움이여, 너에게 많은 과부를 만들어 준 사람이 바로 나다. 이 말쑥한 건물들의 주인이었던 놈들이, 전쟁이 나자 무수히 내 앞에서 신음하며 쓰러져 갔었다. 그러니 나를 알아보지 마라. 과부와 아이들이 나를 원수로 몰아, 부젓가락과 돌로 공격해 죽이면 큰일이니까.

시민 등장.

코리올라누스 안녕하십니까?

시민 안녕하시오.

코리올라누스 아우피디우스 장군이 어디에 살고 계신지 알려줄 수 있습니까? 요즘도 안티움에 계신지요?

시민 예, 그렇소. 오늘 밤 장군 댁에서 고관들의 연회가 있을 예정이오.

코리올라누스 그곳이 어디입니까?

시민 저 집이오, 당신 앞에 있는 바로 저 집.

코리올라누스 감사합니다. 안녕히 가십시오. (시민 퇴장) 오, 변화무쌍한 세상이여! 맹세에 맹세를 거듭한 두 친구가 한마음 한뜻이 되어 잠자리도 식사도 운동도 함께하며 떼려야 뗄 수 없는 쌍둥이처럼 지내다가도, 한번 사소한 일에 의가 상하면 바로 천추의 원수가 되어버리는구나. 이처럼 외나무다리에서 만난 원수들끼리 서로를 잡아먹으려 뜬눈으로 밤을 새우며 으르렁거리다가도, 우연한 계기에 정말 달걀 하나 값밖에 안 되는 선심을 씀으로써 막역한 친구가 되며 서로 사돈이 되기도 한다. 내 경우가 바로 그렇다. 내 나라는 내 증오의 대상이 되고, 이 적의 도시에 내 애정이 담기게 될 줄이야. 자, 들어가 보자. 그놈이 나를 죽인다면 달게 받고, 내게 길을 열어준다면 그놈의 나라에 봉사를 해주리라. (퇴장)

안티움. 아우피디우스의 집 넓은 홀.
음악 소리. 하인 한 사람 등장.

하인 1　자, 술 내와라, 술! 이놈들 일하는 꼴이라니. 모두 나자빠져 자는 모양 이군. (퇴장)

하인 2 등장.

하인 2　코투스는 어디 갔나? 주인어른이 찾으신다. 코투스! (퇴장)

코리올라누스 등장.

코리올라누스　거참 좋은 집인걸! 맛있는 냄새가 난다. 하지만 이런 옷차림으로야 손님 행세를 할 수 있겠나.

하인 1 다시 등장.

하인 1　여보쇼, 당신은 뭣 때문에 왔소? 어디에서 온 사람이죠? 여기는 당신이 올 데가 아니니 어서 나가주오. (퇴장)
코리올라누스　이런 대우를 받아 마땅하지. 난 코리올라누스라는 칭호가 붙은 사람이니까.

하인 2 다시 등장.

하인 2　당신은 어디에서 왔소? 저런 사람을 들여보내다니, 문지기란 놈은 도대체 대갈통에 눈알이 박힌 거야, 뭐야? 자, 썩 나가주시오.
코리올라누스　저리 비켜라!
하인 2　뭐! 저리 비켜라? 너야말로 저리 비켜라.

코리올라누스 에잇, 귀찮다.

하인 2 이런! 용기가 대단하신데! 어디 좀 있다가 따져보자꾸나.

하인 3 등장. 하인 1과 중간에서 마주친다.

하인 3 저 사람은 누구지?

하인 1 난생처음 보는 이상한 놈이야. 나가라고 해도 안 나가고 있어. 주인어른을 오시라고 해.

하인 3 여보게, 자네 대체 여기서 무슨 일인가? 어서 이 집에서 나가게.

코리올라누스 여기에 서 있게만 해다오. 너희들을 다치게 하지는 않겠다.

하인 3 도대체 자네는 뭐야?

코리올라누스 신사다.

하인 3 신사치고는 더럽게 가난한 신사군그래.

코리올라누스 사실 그렇다.

하인 3 가난한 신사분, 어서 다른 곳으로 가보시지. 여긴 당신이 있을 곳이 못 돼. 자, 물러가, 어서.

코리올라누스 네 할 일이나 하고, 가서 식어 빠진 찌꺼기나 긁어 먹어라. (하인 3을 밀어버린다)

하인 3 아니, 정말 안 나갈 거야? 여보게, 주인어른한테 가서 이상한 손님이 와 있다고 말해.

하인 2 응, 그렇게 하지. (퇴장)

하인 3 자네, 어디에 사나?

코리올라누스 하늘 아래에 산다.

하인 3 하늘 아래?

코리올라누스 그렇다.

하인 3 거기가 어디야?

코리올라누스 솔개와 까마귀가 사는 도시다.

하인 3 솔개와 까마귀가 사는 도시? 그런 바보 같은 소리가 어딨어? 그럼 자네는 바보 까마귀하고도 함께 살겠군그래.

코리올라누스 응, 그렇지만 네 주인과 같은 건 모시지 않는다.

하인 3 뭐, 뭐라고? 우리 주인까지 들쑤시는 거냐?

코리올라누스 그렇다. 그렇게 하는 게 네 여편네를 건드리는 것보다는 차라리 낫겠지. 아가리만 살아서 지껄이는 이놈아, 쟁반을 들고 가 어서 일을 못할까! 저리 가! (하인 3을 때려서 쫓아버린다)

아우피디우스, 하인 2와 함께 등장.

아우피디우스 그자가 어디 있느냐?

하인 2 저기에 있습니다. 그놈을 개 패듯 실컷 때려줄까 했습니다만, 안에 계신 손님들에게 실례가 될까봐 그대로 두었습니다. (하인들 퇴장)

아우피디우스 너는 어디서 왔느냐? 바라는 게 뭐지? 너의 이름은? 왜 대답이 없느냐? 말해라, 네 이름이 뭐냐?

코리올라누스 여봐라, 툴루스, 그대가 나를 몰라본다면, (두건을 벗는다) 내 얼굴을 보고도 누구인지 생각나지 않는다면 내 이름을 스스로 말하지.

아우피디우스 그대의 이름은 무엇이냐?

코리올라누스 미리 이마를 찌푸리고 있거라. 아직도 나를 모르겠는가?

아우피디우스 모르겠다. 누구냐?

코리올라누스 내 이름은 가이우스 마르키우스다. 나는 특별히 너에게, 그리고 볼스키족 전체에게 큰 상처와 손해를 준 사람이다. 그 증거로 나는 일명 코리올라누스라는 이름이 붙어 있다. 나라를 위해서 고된 노고를 하고, 극단적인 위험을 무릅쓰며 피 흘린 대가로 내가 받은 보상은 겨우 이 이름뿐이니, 이건 그대가 나를 원망하고 증오할 좋은 기념이자 증거가 되는 것이다. 이제 내게 남은 것이라곤 오직 이 이름뿐이다. 우리의 쓸개 빠진 귀족들이 강 건너 불 구경하듯이 날 저버리는 바람에, 잔인하고 가증스런 평민들이 이 이름 말고는 모든 것을 나에게서 앗아갔다. 게다가 그 종놈들은 나를 로마에서 몰아내 버렸다. 그래서 궁여지책으로 찾아온 것이 그대의 지붕 밑이다. 그러나 오해는 마라. 내 한 목숨을 살리자고 온 것은 아니다. 죽음이 두려웠다면 이 세상 누구보다도 난 그대를 피했을 테니까. 내가 찾아온 것은 나를 추방한 놈들에게 앙갚음을 하기 위해서다. 그러니 만일 그대에게 복수심이 있어 그대 자신의 원한을 갚는 것은 물론 지금도 그 흔적이

4막 5장, 아우피디우스를 찾아온 코리올라누스 H.C. 셀루스

생생한 그대 나라의 치욕을 씻고 싶거든, 자, 어서 나의 몰락한 이 처지를 이용해라. 나의 복수가 그대의 이익이 되게 하란 말이다. 나는 저 벌레가 파먹은 로마를 상대로, 지옥의 악마처럼 싸워줄 테다. 하지만 만일 그대가 이렇게 하기를 꺼려, 이미 지친 나머지 다시 모험을 해볼 용기가 없다고 하면, 나도 더는 지루하게 살고 싶지 않다. 이 목을 앙심 깊은 그대에게 내맡길 테니, 베어라. 내 목을 베지 않으면 바보가 되는 것은 그대밖에 없다. 왜냐하면 나는 여태껏 증오심에 차서 그대 뒤를 쫓아다니며 그대 나라의 심장부에서 피를 몇 통이고 뽑아낸 사람인 만큼, 살아서 그대의 도움이 되지 못하면 끝끝내 그대를 망신시키는 존재가 될 수밖에 없기 때문이다.

아우피디우스 오, 마르키우스, 마르키우스! 그대의 한마디 한마디는 내 가슴에 사무친 원한을 뿌리째 뽑아버렸소. 예컨대 유피테르 신이 저 구름 너머에서 신성한 목소리로 "그것이 진실이다" 말했다 해도, 나는 그것을 그대 말보다 더 믿지 않았을 거요. 다시없는 영웅인 마르키우스여! 자, 내 두 팔로 그대를 얼싸안게 해주오. 내 창을 무수히 부러뜨리며 그대를 공격했지만, 부질없게도 창의 파편으로 저 높은 달을 해치려는 짓이었소. 대장간의 모루처럼 단단하게 내 칼을 막아낸 그대 몸을 부여잡고 이 자리에서 내가 선언하노니, 한때 나의 팔팔한 공명심이 그대의 용맹심에 도전했을 적 못지않게, 이제부터 열렬하고 정정당당히 그대와 우정을 겨루겠소. 그리고 한 가지 알려주겠소. 나는 사랑하는 여자에게 장가든 사람이며, 나만큼 진실된 한숨을 몰아쉰 남자도 없을 것이오. 하지만 오늘 천하의 영웅인 그대를 맞으니, 내 가슴은 일찍이 신부가 처음으로 내 집 문턱을 넘어섰을 때보다 더 기쁘게 뛰노는구려. 군신 마르스 같은 호걸이여, 사실 우리는 때마침 출병하려던 참이었소. 나는 그대 팔의 방패를 베어버리느냐, 아니면 내 팔을 잘리느냐 또 한 번 겨루어 볼 생각이었던 거요. 그대는 나를 열두 차례나 패배시켰소. 그 뒤로 나는 밤마다 그대와 대결하는 꿈을 꾸었소. 그대와 내가 한꺼번에 말에서 떨어져서, 서로의 투구를 잡아채고 주먹질을 하다가 거의 죽을 지경이 되어서야 꼭 깨어나곤 했지. 한낱 꿈이었기에 허무한 일이었소. 마르키우스, 우리나라가 로마에 다른 앙심이 없다고 하면, 오로지 그대를 추방한 그 이유 하나만으로도 우리는 12세부터 17세까지 모든 남자를 동원해, 그 배은망덕한 로마의 복부에 세찬 파도와 같은 대군을 불어넣어 주리다. 자, 안으로 들어가 원로 동지들과 악수하시오. 때마침 모두 내 집에 모여, 로마는 아니지만 그 속령을 치기 위해 지금 출진을 앞두고 작별 인사를 나누고 있었소.

코리올라누스 오, 신들이여, 나를 도우소서!

아우피디우스 그러니 뛰어난 영웅이여, 만일 그대가 자신의 복수군을 인솔하고 싶거든, 내 부하의 절반을 넘겨줄 테니 능숙한 경험을 살려 작전을 세우시오. 로마의 강점과 약점을 잘 아는 그대인 만큼, 로마를 정면에서 쳐들어가든지, 로마를 궤멸시키기 전에 먼저 그 변두리 지역을 강타하든지 요령껏 하오. 어쨌든 들어갑시다. 원로들에게 소개해 드리겠소. 그들은 그대가 바라는 대로 기꺼이 응할 것이오. 잘 오셨소, 잘 오셨소! 적이었던 이상으로 우리 정다운 친구가 됩시다. 하긴 마르키우스, 우리의 적대심은 한때 대

단했었죠. 자, 그대의 손을! 이렇게 와주어 정말 반갑소! (코리올라누스와 함께 퇴장)

하인 두 사람 등장.

하인 1 이거 사태가 백팔십도로 바뀌었는데!

하인 2 이 손으로 하마터면 그분에게 곤봉 세례를 할 뻔했지 뭔가. 왠지 옷차림과는 다른 사람같이 생각되더라니.

하인 1 아, 그 억센 팔! 딱 두 손가락만으로 나를 빙빙 돌리는데, 마치 팽이를 돌리듯 하지 뭐야.

하인 2 그 사람 얼굴이 어쩐지 달라 보이더라니까. 그 사람은 얼굴이, 글쎄 뭐라고 할까?

하인 1 정말 그래, 그 생김새가, 말하자면, 내 모가지를 걸고 말하는데, 어쩐지 말 못할 그 무엇이 있다고 생각되더라고.

하인 2 내 생각도 꼭 그랬어. 세상에 보기 드문 인물이야.

하인 1 암, 그렇지, 하지만 저 사람보다 더 뛰어난 인물이 한 명 있지.

하인 2 그건 누구지? 우리 주인 말이야?

하인 1 물론 그렇지.

하인 2 저 사람 같은 건 여섯 명도 갖다 댈 분이야.

하인 1 그 정도는 아니겠지만. 하여간 우리 주인이 더 뛰어난 군인일 거야.

하인 2 사실이지. 글쎄 어떻게 말할까? 방어로 말하자면 우리 대장이 그만이지.

하인 1 아무렴, 공격은 또 어떻고.

하인 3 등장.

하인 3 야, 이것들아, 소식이 있다, 소식이 있어! 이 새끼들아, 소식이 있단 말야.

하인 1 뭐, 뭐? 소식이라고? 어디 좀 들어보자.

하인 3 난 말이야, 로마 사람이 될 바에는, 차라리 교수형 선고를 받은 죄수가 되겠다.

하인 1, 2 왜? 대체 왜? 왜 그래?

하인 3 거 있잖아, 언제나 우리 대장을 때려누이던 가이우스 마르키우스 말이야, 그 사람이 왔어.

하인 1 "우리 대장을 때려누였다"고? 아니 무슨 소리야?

하인 3 내 말은 진짜 "우리 대장을 때려누였다"는 것이 아니고, 우리 대장에게 걸맞는 적수라는 거야.

하인 2 자, 우린 서로 동료 사이니까 말이지, 사실 그 사람에겐 우리 대장도 절절맸다는 거야. 대장 자신이 그렇게 말하는 것을 들었는걸.

하인 3 직접 대놓고 싸우면 우리 대장이 절절매지. 정말이야. 코리올리성 앞에서만도, 그자가 우리 대장을 구이용 고기 저미듯 했다지 않아.

하인 2 그자가 식인종이나 됐다면, 아마 우리 대장을 구워서 먹어버렸을지도 몰라.

하인 1 아까 말하던 거나 계속해 봐.

하인 3 글쎄, 그 사람이 지금 저 안쪽에서 굉장한 대접을 받고 있단 말이야. 군신 마르스의 계승자라도 되는 듯 식탁 높은 자리에 앉아 있거든. 원로들은 질문 하나 없이, 그 사람 말을 경청하면서, 모두 모자를 벗고 그 앞에 서 있던걸. 그리고 우리 대장까지도 정을 통한 계집을 대하듯 그의 손을 붙잡고 좋아라 하며, 그 사람 말에 흰자위를 치켜들어 눈알을 굴리고 있어. 요컨대 내 말의 알짜는, 우리 대장 세력이 두 동강으로 잘려 지난날의 절반으로 줄어들었다는 거야. 나머지 절반은, 모두의 간청과 승인으로 그 사람이 차지하게 되었어. 그 사람은 곧 출진한대. 그가 로마의 성문지기 귀때기를 잡아 끌어내고, 닥치는 대로 모든 것을 베며, 앞에 놓인 장애물들을 깨끗이 쓸어버리겠다지 뭐야.

하인 2 그 사람이야 그럴 만하지.

하인 3 뭐, 그럴 만하다고? 그 사람은 꼭 그렇게 하고야 말걸. 그 사람에겐 적도 많지만 친구들도 많으니까. 그 친구들이라는 게, 말하자면 그 사람이, 뭐라고 할까? 망조가 들었다고나 할까? 그럴 때는 감히 얼굴도 내밀지 않던 위인들이지만 말야.

하인 1 뭐, 망조라고? 무슨 망조 말이야?

하인 3 그러다가도 그 사람이 한번 머리를 쳐들어 기운을 되찾게 되면, 그놈들은 모두 비갠 뒤의 토끼처럼, 여기저기 구멍에서 뛰어나와 그 사람과 함께 난장판을 벌이게 될 거란 말야.

하인 1 그럼, 출진은 언제래?

하인 3 내일이야. 아니 벌써 오늘인 셈이지, 지금 곧이야. 오후만 되면 북소리가 둥둥 울려올 테니 어디 두고 봐. 이 계획은 말하자면 이 연회의 일부분이니까, 다들 입언저리를 닦기도 전에 재빨리 결행될 거야.

하인 2 그럼, 또 세상이 시끄러워지겠군. 평화란 아무 쓸모가 없는 거야. 칼은 녹슬고, 양복쟁이가 부쩍 늘어나고, 유행가 작곡자들만 살찔 뿐이지.

하인 1 전쟁은 신나. 평화가 밤이라면 전쟁은 낮이야. 활기가 넘치고, 눈이 번쩍 뜨이고, 귀가 쩡쩡 울리고, 일거리가 많아서 좋단 말이야. 평화란 중풍 환자지 뭐냐. 나른하니 얼이 빠져서 잘 들리지도 않고 졸립고 무감각 상태에 빠지게 되거든. 전쟁 때 없어지는 사람 수보다 더 많은 사생아들이 평화로울 때 생겨나게 마련이지.

하인 2 그 말이 옳아. 전쟁을 어떤 의미에서 '거대한 겁탈자'라 말할 수 있다면, 평화가 바람둥이 아내를 가진 '오쟁이 진 남편들'을 대량 생산한다는 사실도 부정할 순 없지.

하인 1 그렇지. 그러니까 남자들은 서로 미워하게 된단 말야.

하인 3 그도 그럴 것이, 평화로운 시절에는 서로 도움이 필요 없지 뭐야. 하여간 난 전쟁이 가장 좋아. 머지않아 로마 사람들도 볼스키 사람들만큼 값싼 신세가 될 거라 이 말씀이야. 자, 손님들이 나가신다, 손님들이 나가셔.
(모두 퇴장)

〔제4막 제6장〕

로마. 광장.
시키니우스와 브루투스 등장.

시키니우스 그놈은 온데간데없으니, 두려워할 필요가 없소. 그놈을 구제하려는 계책들도 모두 시들해져 버렸소. 지난날 미쳐 날뛰던 민중들도 이젠 다

소곳해져서 천하가 태평하니, 그놈의 당파들은 오히려 얼굴이 따끔할 지경이겠죠. 그놈들로 말하면 그때 그 일로 크게 놀란 바가 있었건만, 장사꾼들이 의좋게 노래 불러 가며 저마다 생업에 종사하니, 차라리 폭동을 일으켜 거리를 누비고 다니는 걸 더 보고 싶어할 거요.

메네니우스 등장.

브루투스　마침 좋은 기회에 잘 해치웠소. 저기 오는 건 메네니우스지요?

시키니우스　바로 그 사람이오. 흥, 요즈음 태도가 아주 친절해졌소. 영감님, 안녕하십니까?

메네니우스　두 분 다 안녕하시오?

시키니우스　영감님의 코리올라누스는 없어졌지만, 몇몇 가까운 친구들을 떼놓고는, 그다지 불편을 느끼지 않는가 보지요. 지금 로마는 이처럼 건재하니, 이대로 간다면 그 사람이 분풀이를 해온들 끄떡없을 겁니다.

메네니우스　별일 없으니 다행이오. 하지만 그가 주위 사람들과 좀더 타협했더라면 더 다행이었을 것이오.

시키니우스　지금 어디 있는지, 소식을 아십니까?

메네니우스　전혀 모르오. 그 어머니와 부인에게도 아무 소식이 없다 하오.

시민 서넛 등장.

시민 모두　두 호민관님, 안녕하십니까?

시키니우스　어, 잘들 지내는가?

브루투스　모두들 잘 있었나? 잘 있었어?

시민 1　두 분의 건승을 우리 모두 무릎 꿇어 빌고 있습니다. 집에 있는 아내와 어린것들도 다 함께요.

시키니우스　그대들도 오래도록 잘 살게!

브루투스　그럼, 잘들 가게. 코리올라누스도 우리처럼 그대들을 아껴주었으면 좋았을 텐데.

시민 모두　안녕히 계십시오.

4막 6장, 볼스키족이 쳐들어온다는 소문을 듣는 브루투스와 시키니우스 H.C. 셀루스

두 호민관 잘 가게, 잘 가. (시민들 퇴장)

시키니우스 저 사람들이 소동을 피우고 거리를 쏘다니던 때에 비하면 이젠 아주 태평세월이 되었습니다그려.

브루투스 가이우스 마르키우스는 전쟁 땐 유능한 군인이었지만, 지나치게 거만을 떨며 상상도 못할 만큼 야심이 강하고 이기적이어서 말이오…….

시키니우스 동료를 제쳐놓고, 자기 홀로 전권을 장악하려 한 게 탈입니다.

메네니우스 난 그렇게 생각지 않소.

시키니우스 만일 그 사람이 집정관이 되었다면, 지금쯤 우리 꼴은 서글프기 짝이 없었을 겁니다.

브루투스 그렇게 안 된 것은 오로지 신들의 보살핌 덕분이었죠. 그 사람이 없어서 로마는 이처럼 평화로우니까요.

안찰관 등장.

안찰관 호민관님, 방금 노예 한 놈을 붙들어 가두었습니다만, 그놈이 떠들어
대는 바에 따르면, 지금 볼스키족이 두 패로 나뉘어 로마 영토를 침범하여,
그야말로 전쟁의 극악성을 다해 닥치는 대로 쳐부수고 있다 합니다.
메네니우스 그건 아우피디우스일 거다. 그놈이 마르키우스가 추방된 소식을
듣고는, 다시 머리를 쳐든 거다. 마르키우스가 로마를 지키고 있을 때엔 집
구석에 처박혀 얼굴도 못 내밀던 그놈이.
시키니우스 아니, 마르키우스 이야기는 뭐하러 끄집어냅니까?
브루투스 그런 소문을 퍼뜨리는 놈은 태형에 처하라. 볼스키족들이 우리를
공격하다니, 감히 있을 수 없는 일이다.
메네니우스 있을 수 없다고? 능히 그럴 수 있다는 선례가 얼마든지 있소. 내
가 아는 것만도 세 번이나 되오. 그러니 그 노예를 벌할 게 아니라, 어디서
그 소문을 들었는지 먼저 잘 알아보시오. 그렇지 않으면 위험을 사전에 알
려준 정보 제공자를 매질하는 결과가 될 테니까.
시키니우스 내게 그런 말 하지 마시오. 절대 그럴 수 없소.
브루투스 물론, 있을 수 없고말고요.

전령 등장.

전령 1 귀족들이 모두 근심스러운 표정으로 원로원에 가고 있습니다. 크게
놀랄 소식이 들려온 까닭입니다.
시키니우스 그 노예 때문이다. 바로 가서 그놈을 민중 앞에 끌어내 태형을
가하라. 그놈이 이 소동을 일으킨 거다.
전령 1 네, 그렇습니다. 그런데 그 노예가 한 말은 모두 사실이었습니다. 게다
가 더 무서운 소식이 전달되어 왔습니다.
시키니우스 뭐, 더 무서운 소식이라니?
전령 1 뭇사람들이 한결같이 지껄이는 이야기인즉, 그 신빙성은 어느 정도인

지 잘 모르겠으나, 지금 마르키우스가 아우피디우스와 합세하여 로마에 쳐들어오고 있으며, 노인 어린아이 할 것 없이 모든 로마 사람에게 크게 복수를 하겠다고 벼르고 있다 합니다.

시키니우스 흥, 참으로 그럴듯한 이야기군!

브루투스 이런 소문을 퍼뜨려서, 겁쟁이들이 마르키우스가 돌아오기를 바라게끔 만들자는 수작이오.

시키니우스 그래, 바로 그런 속셈으로 꾸며낸 일일 거요.

다른 전령 등장.

전령 2 원로원에서 메네니우스 님을 모셔오라고 합니다. 가이우스 마르키우스가 이끄는 대군이, 아우피디우스와 함께 우리 영토 외곽에 난입하여 진격을 계속하며 닥치는 대로 불을 지르고 약탈한답니다.

코미니우스 등장.

코미니우스 흥, 당신들 일 한번 잘했소!

메네니우스 무슨 소식이 있소? 무슨 소식입니까?

코미니우스 당신들은 자기 딸들의 겁탈을 도운 셈이오. 로마의 양철 지붕이 모조리 당신들 머리통 위로 녹아 무너지게 만든 거라고. 당신들 마누라가 바로 코밑에서 능욕을 당하게끔 만들었단 말이오.

메네니우스 무슨 일이 생겼소? 무슨 일이?

코미니우스 당신들의 신전이 죄다 불길 속에서 타버리고, 당신들이 그처럼 내세웠던 그 자유권이, 조그만 송곳 구멍 속에 갇혀 버리게 만든 거라고.

메네니우스 무슨 일이오? 당장 말해 주시오. 유감스럽지만 당신들이 큰일을 저질렀구먼. —무슨 일인지 말해 주시오. 만일 마르키우스가 볼스키 사람들과 합세하게 되는 날엔……

코미니우스 그는 이미 놈들의 신이 되어 있소. 자연의 조화보다 더 솜씨 있는 어떤 신이 만들어 낸 사람인 듯 놈들을 거느리고 있는 거요. 그리고 놈들은 그의 지휘 아래서 아이들이 잠자리 다루듯, 백정이 파리 잡듯, 우리

편을 어린애 취급하며 덤벼들고 있소.

메네니우스 흥, 당신들과 앞치마를 두른 장인따라지들이 함께 한 일이 잘됐군그래. 그 고약스런 마늘 냄새를 풍기며, 장인의 발언권이다 뭐다 하고, 그처럼 우겨대더니만, 꼴 좋게 되었소!

코미니우스 그 사람은 온 로마를 잡아 흔들어, 당신들 머리 위로 내려앉게 할 거요.

메네니우스 헤라클레스가 익은 과일을 흔들어 떨어뜨렸던 것처럼. 당신들 한 일이 꼴 좋게 되었소!

브루투스 그렇지만 설마 그게 사실일까요?

코미니우스 이제 두고 보오. 설마 하고 있다가, 당신들 얼굴이 새파랗게 질려 버리고 말 테니까. 각 지방들마다 얼씨구나 좋다고 우리에게 반기를 들 테고, 간혹 저항하는 자가 있다면, 그 무모한 용기를 조롱당하고 바보 취급받으며 죽어가겠지. 누가 감히 그 사람을 비난하겠소? 그의 가치는 오히려 적이 잘 아는 터란 말이오.

메네니우스 우리는 이제 끝났소. 그 사람이 자비를 베풀지 않는 한 말이오.

코미니우스 그러나 누가 그의 자비를 빌러 가겠소? 설마 저 호민관들이야 가지 못하겠죠. 창피해서라도 말이오. 민중들이 그의 자비를 바란다는 건, 늑대가 양치기들의 자비를 구하는 거나 똑같이 어림없는 일입니다. 또 그와 가장 가까운 친구라 해도 그에게 "로마를 건져 달라"고 한다면, 그가 증오하는 사람들을 편드는 일이 되어 그에게 적대당할 게 뻔하오.

메네니우스 사실 그렇소. 예컨대 그 사람이 불덩이를 던져 내 집을 태워 버린다 해도, 나는 "제발 그렇게 하지 말라" 부탁할 면목이 없소. 당신들과 직공따라지들이 참 훌륭한 일을 했군요! 참 훌륭한 일을 해냈단 말이오!

코미니우스 당신들 덕분에 로마는 이제 벌벌 떠는 불치병에 걸려 버렸소.

두 호민관 그건 우리 탓이 아닙니다.

메네니우스 뭐라고! 그럼 우리 탓이란 말이오? 우리는 그 사람을 아꼈소. 그런데 그 짐승 같은 겁쟁이 귀족들 때문에 당신들의 그 오합지졸이 기세를 펴게 되고, 끝내는 야유하는 고함 소리를 퍼부으며 그를 로마에서 몰아냈던 거요.

코미니우스 흥, 그런데 이번에는 비명을 지르면서 그 사람을 맞아들이게 됐군그래. 세상에서 둘째가는 맹장 아우피디우스가 마치 부관이기나 한 듯, 그의 명령을 받고 있소. 그 두 사람을 적으로 둔 이상 절망뿐이오. 책략이나 힘이나 방어 같은 건 모두 헛일이오.

한 무리 시민들 등장.

메네니우스 어중이 떼들이 몰려오는구나. 아니, 그럼 아우피디우스도 그와 함께 있답니까? 네 이놈들, 너희들은 코리올라누스를 추방하면서 야유를 퍼붓고, 기름내 나는 더러운 모자를 하늘로 던져 공기까지 더럽혔던 놈들이지. 이제 그 사람이 돌아오는 거다. 두고 봐, 그의 병사들 머리털 하나하나가 채찍 같을 테니. 그 사람은 그때 높이 던져 올렸던 모자 수만큼 너희들의 대가리를 굴러 떨어뜨려 단단히 보복을 할 거란 말야. 우리 모두가 불타는 석탄 덩어리 신세가 된다 해도 별수가 없다. 이쪽 잘못이니까.

시민 모두 정말, 무시무시한 소문입니다.

시민 1 나는 그때 추방하라고 하면서도 딱하게 여긴다고 말했어요.

시민 2 나도 그랬어요.

시민 3 나도 그랬죠. 사실은, 그렇게 말한 사람이 아주 많았단 말입니다. 좋게 하자고 한 일이 그렇게 된 거지 뭡니까? 추방을 찬성하긴 했지만, 본심에서 한 건 아니었어요.

코미니우스 너희들은 썩 기묘한 물건들이야. 그 아가리 놀리는 것부터!

메네니우스 고래고래 고함을 치고 야단을 떨더니, 너희들 한 짓이 꼴 좋게 되었다! 자, 의사당에나 가봅시다.

코미니우스 아, 거기나 가볼밖에 딴 도리가 없죠! (메네니우스와 함께 퇴장)

시키니우스 자, 여러분은 서둘러 집으로 돌아가게. 낙심할 것 없어. 아까 그 사람들은 이 소문이 두려우면서도, 속으로는 그것이 사실이기를 바라는 자들이야. 다들 집으로 돌아가. 그리고 태연한 체하란 말야.

시민 1 신들이시여, 우리를 보살펴 주소서! 자, 여러분, 집으로 돌아갑시다. 그 사람을 추방할 때 내가 이것은 잘못된 것이라고 말했잖소!

시민 2 누구나 다 그렇게 말했소. 자, 어쨌든 집으로 갑시다. (시민들 퇴장)

브루투스 참 언짢은 소문이군요.

시키니우스 그러게 말이오.

브루투스 의사당으로 갑시다. 내 재산의 반을 바쳐도 좋으니, 이 소문만은 거짓이면 좋겠소!

시키니우스 자, 가봅시다. (모두 퇴장)

〔제4막 제7장〕

로마 근처에 자리 잡은 진영.
아우피디우스가 부관을 거느리고 등장.

아우피디우스 그럼, 지금도 계속 로마군이 코리올라누스한테 투항해 오고 있나?

부관 그에게 무슨 마력이 있는지는 모르겠습니다만, 각하의 부하들도 그를 식사 전 기도처럼 여기고, 식사 중 화젯거리로 삼으며, 식사가 끝난 뒤의 감사 기도처럼 받들고 있습니다. 그러므로 이번 싸움에선, 각하의 빛이 각하의 부하들에게까지 흐려 보일 지경입니다.

아우피디우스 지금은 그대로 두고 보는 수밖에 없다. 서투른 수작을 부리다간 계획에 차질이 생길 테니까. 그자는 나에게까지, 처음 그와 화해의 포옹을 했을 때 내가 예상했던 것보다 더 거만하게 군단 말이야. 하지만 그게 그자의 본성이며 바람둥이가 아니라는 증거가 되는 거야. 고칠 수 없는 것은 이해해 줄 수밖에 없다.

부관 그렇지만 각하를 위해서 말씀드리자면, 그 사람과 합세하지 않고 각하 단독으로 전군을 이끄시거나, 아니면 그에게 지휘권을 맡겨 버리시는 게 좋았으리라고 생각됩니다.

아우피디우스 그대 말은 잘 알겠다. 걱정할 것 없어. 모든 것을 마무리 짓게 될 때에는 그놈을 단단히 족칠 판이니까. 지금 겉으론 그놈 자신의 생각에나 일반 사람들 눈에 비치기를, 그놈이 자못 충실하게 볼스키족을 위해 모든 일을 잘 처리하고 있으며, 용처럼 분투하여 칼만 뽑으면 승전을 하고 있는 듯이 보이겠지. 하지만 모든 일을 끝낼 시기가 되면, 그놈은 큰 실수를 했음을 깨닫게 될걸. 그때는 그놈 모가지를 부러뜨려 버리든지, 내 것이 떨어져 나가든지 결판을 내고야 말겠다.

부관 그가 로마를 함락시킬까요?,

아우피디우스 어느 곳이나 그 사람이 쳐들어가기도 전에 모두 항복해 버린
다. 게다가 로마로 말하자면 상류층은 본디 그 사람 편이야. 원로들과 귀족
들도 그를 사랑하고 있다. 호민관은 군인이 아니야. 그리고 민중들은 그를
경망스럽게 추방했듯이, 또한 경망스럽게 그를 불러들이려 할 테지. 말하자
면 그가 로마를 끌어당기는 것은, 물수리가 고기 떼를 끌어당기는 거와 같
은 거야. 이상하게도 매혹하는 힘을 타고났거든. 이렇듯 처음에 그는 로마
의 큰 공로자였지만, 그 공명을 끝까지 지속하지 못하고 말았어. 행운이 계
속 이어지자 행복을 망치는 자만심이 생겼던 탓인지, 또는 자기 손안에 들
어온 행운을 능숙하게 처리할 분별심이 없었던 탓인지, 본디 융통성 없는
외골수인지라 투구를 쓰고 있다가 방석 위로 옮겨 앉는 것이 서툴러서 평
화로운 때에도 전시처럼 준엄하게 민중을 다스리려 했던 탓인지, 어느 쪽인
가는 잘 모르겠다. 어쨌든 이 세 가지가 다는 아니고 얼마간 뒤섞인 채로
그 하나가 주된 원인이 되어, 그는 무서운 사람으로 보이다가 드디어는 미
움을 사서 추방당하게 된 거지. 그 정도의 비난쯤은 막을 만한 장점이 그에
게 있었는데도 말이야. 그러니 우리의 장점도 시대에 따라 다르게 받아들
여지는 거야. 권력이란 그 자체로는 더없이 좋은 거지만, 사람이 자신의 업
적을 과찬하며 자만심을 부리다간, 그 권력의 자리는 곧 그를 매장하는 무
덤이 되는 법이지. 불은 불에 의해 꺼지고 물은 물에 의해 밀려나듯, 권리는
권리에 의해 무너지고, 무력은 무력으로써 패하지. 자, 가보자. 가이우스 마
르키우스, 네가 로마를 차지하는 날은 너에게 가장 비참한 날인 줄 알아라.
그날로 곧 너는 내 손안에 들어오고 말 거다. (모두 퇴장)

〔제5막 제1장〕

로마. 광장.
메네니우스, 코미니우스, 시키니우스, 브루투스, 그 밖의 사람들 등장.

메네니우스 어허, 나는 못 가겠소. 한때 그의 지휘관이었고, 개인적으로 그와 가장 친분이 두터웠던 저분이 지금 말한 것을 당신들도 들었겠죠. 그 사람이 나를 아버지라고 불렀던 건 사실이오. 하지만 그게 지금 무슨 소용이란 말이오? 그를 추방한 당신들이나 가보오. 갈 테면 그의 진영에서 1마일 떨어진 곳에서부터 무릎을 꿇고, 엉금엉금 기어가는 게 좋을 거요. 나는 못 가겠소. 코미니우스의 말도 듣기 꺼렸다는 사람인데 말이오. 나는 집에나 가봐야겠소.

코미니우스 나를 전혀 모르는 사람처럼 대했소.

메네니우스 이 말 들리죠?

코미니우스 그런데 꼭 한 번 내 이름을 부릅디다. 그래서 난 지난날 우정을 역설하고, 함께 피 흘리며 싸웠던 것을 내세웠지요. "코리올라누스"라고 부르니 전혀 대답이 없었소. 다른 이름들도 부르지 못하게 하더군요. 자기는 무(無)와 다름없는 존재니, 이름이 없다지 뭡니까? 그러더니 드디어는 용광로에서 쥐어 짜낸 듯 비장한 목소리로, 로마를 없애버릴 불길이 자기 이름이라고 했소.

메네니우스 그야 물론 그렇겠죠. 당신들 한 짓이 꼴 좋게 되었소! 두 호민관이 진력해 준 덕분으로, 로마가 불바다로 변할 테니 술값은 내리겠구먼! 참 기념할 만한 업적이오!

코미니우스 그 사람에게 이 점을 강조했어요. 용서를 바라기 어려운 경우에 관용을 베풀어 주는 게 얼마나 큰 미덕인가 하고 말이오. 그랬더니 그는 국가가 죄인에게 간청을 하다니, 말이 되느냐고 대답하더군요.

메네니우스 아무렴, 그렇게 말하고도 남죠.

코미니우스 나는 친구들에 대한 그의 호감에도 호소해 봤지요. 거기에 대해 그는 "곰팡내 나는 성가신 쭉정이 더미 속에 친구가 한두 알 섞여 있기로, 그걸 낱낱이 가리고 있을 시간이 있겠는가? 보잘것없는 한두 알 때문에 쭉정이 더미를 불살라 버리지 않고 그 퀴퀴한 냄새를 그대로 맡고 있으란 말인가?"라고 대답했소.

메네니우스 보잘것없는 한두 알? 그렇소. 내가 그 가운데 하나요. 그의 어머니와 아내와 아이, 이 용감한 코미니우스가 그 축에 끼는 셈이요. 그리고 당신들은 그 곰팡내 나는 쭉정이 더미요. 당신들의 고약한 냄새는 달 위에까지 치솟고 있단 말이오. 그러니 당신들 덕분에 우리까지 타 죽게 되었소.

시키니우스 제발 너무 화내지 마십시오. 이제까지 없었던 이 곤경에 처해서 도와주시지는 못할망정, 마음이 어지러운 우리를 너무 비난만 하지는 말아 주십시오. 그러나 만일 영감님께서 이 나라를 위해 간청해 주시기만 한다면 그 훌륭한 웅변은, 우리가 바로 소집할 수 있는 병력보다도 훨씬 더 효과적으로 그를 막아낼 수 있으리라 확신합니다.

메네니우스 아니, 나는 참견 않겠소.

시키니우스 제발 그 사람한테 가주시기를 바랍니다.

메네니우스 어찌하라는 거요?

브루투스 마르키우스와의 두터운 친분을 내세워, 로마를 위해 힘껏 노력해 주시기만 하면 됩니다.

메네니우스 그건 좋소. 그러나 만일 마르키우스가 코미니우스를 쫓아 보낸 것처럼 나를 쫓아버리면 어떻게 하오? 그 친구의 불친절이 가슴에 맺혀 나만 혼자 서글퍼지지 않겠소?

시키니우스 그렇지만 영감님의 호의에 대해서는, 애써 주신 만큼 로마 사람들이 감사를 드리게 될 겁니다.

메네니우스 그럼, 어디 해보기로 할까요? 어쩌면 들어줄지도 모르오. 그러나 코미니우스를 보고 입술을 깨물며 콧방귀를 뀌었다는 소리를 들으니 기운이 빠지는군요. 방문한 시기가 좋지 않았는지도 모르죠. 식사 전이었는지도 모르오. 혈관이 비어 있으면 피가 식으니 이른 아침에는 불평만 늘어놓게 되고, 서로 용서를 주고받을 기분도 나지 않기 마련이죠. 그러다가도 여러 기관과 피가 지나가는 통로에 술이며 음식물이 들어가게 되면, 수도승들처럼 단식하고 있을 때보다 마음이 유순해지는 거요. 그 사람이 식사를 마치고 이쪽 요구를 들어줄 만하게 된 때를 잘 살펴보고 있다가 알맞은 때에 이야기를 꺼내보기로 하겠소.

브루투스 그의 친절한 마음에 다가가는 방법을 그렇게 잘 아시니, 길을 잃고 헤매지는 않으실 것입니다.

메네니우스 어쨌든 모든 노력을 다해 보겠소. 결과는 곧 알게 될 거요. (퇴장)

코미니우스 말이 전혀 통하지 않을 것이오.

시키니우스 안 된다고요?

코미니우스 그 사람은 지금 황금의 자리에 올라앉았소. 그 눈은 로마를 태워 버릴 만큼 붉게 타오르고 있고, 그의 자비심은 자신이 모욕당한 원한 때문에 갇혀버렸소. 난 그의 앞에 무릎까지 꿇었지만, 그는 그저 나지막한 목소리로 일어서라고 한 다음, 말없이 손짓으로 나를 물러나게 했소. 자기가 기필코 해야 할 일이 무엇이며, 절대 용납치 않을 일이 무엇인지 그 뒤에 내게 편지로 알려 왔는데, 그는 이 조건에 우리를 굴복시키고 말겠다는 것이오. 그러니 모든 것이 헛수고요. 만일 그의 늙은 어머니와 부인의 힘을 빌린다면 또 모르지요. 듣자니, 그 부인들이 나라를 위해 탄원을 해볼 생각이 있다던데, 어떻소? 그분들에게 거듭 간청을 해서, 어서 가달라고 합시다. (모두 퇴장)

〔제5막 제2장〕

로마 전방에 있는 볼스키군 진영.
두 경비병이 망을 보고 있다. 메네니우스 등장.

경비병 1 정지! 어디서 왔나?

경비병 2 그 자리에 서! 곧장 되돌아가시오.

메네니우스 오, 그 씩씩한 경비 자세가 아주 좋구려. 그런데 잠깐 실례하겠네. 나는 나라의 임무를 받들어, 코리올라누스와 이야기하러 온 사람일세.

경비병 1 어디에서 왔소?

메네니우스 로마에서.

경비병 1 그렇다면 통과시킬 수 없소. 돌아가 주시오. 장군께선 더는 로마의 전령을 만나지 않으시겠답니다.

경비병 2 당신이 장군님께 말하기도 전에 로마는 어차피 불길에 휩싸여 버릴 것이오.

메네니우스 이봐, 만일 장군께서 로마와 로마의 친구에 대해 이야기하는 걸 자네들이 들었다면, 그 속에 틀림없이 내 이름이 끼어 있었을 거네. 내 이름은 메네니우스일세.

경비병 1 그거야 어떻든 돌아가시오. 당신의 이름은 여기선 통하지 않소.

메네니우스 여보게, 자네 장군은 내 친구야. 난 그가 이룬 공로의 기록부 구실을 한 사람이야. 사람들은 그 기록부를 통해, 그의 비길 데 없는 공적을 꽤 과장된 형태로 읽곤 했던 거지. 난 본디 친구들이라면 다 그렇지만, 내가 가장 좋아하는 그 친구에 대해선 늘 담뿍 칭찬을 늘어놓는 버릇이 있거든. 물론 거짓으로 진실을 망가뜨리는 정도는 아니었지만, 때로는 매끄러운 바닥에 공이 굴러가듯, 얼떨결에 너무 먼 데까지 굴러 나가 거의 허위에 속할 만한 칭찬도 한 적이 있지. 자, 그러니 꼭 좀 들어가게 해주게나.

경비병 1 아무리 당신이 그 장군 때문에 스스로 꾸며내어 여러 차례 거짓말을 했다 하더라도, 이곳을 통과시킬 수 없소. 예컨대 거짓말하는 것이, 순결을 지키는 것처럼 좋은 일이라 하더라도 그건 안 돼요. 어서 돌아가 주시오.

메네니우스 여보게, 내 이름이 메네니우스라는 걸 알아줘. 난 언제나 자네 장군 편을 들어온 사람이란 말이야.

경비병 2 당신은 지금 자신이 말한 것처럼 장군을 위해 거짓말을 한 사람이겠지만, 장군의 명에 따라 진실을 말하는 게 내 임무입니다. 그러니 통과시킬 수 없소. 어서 돌아가시오.

메네니우스 그분이 식사를 하셨는가? 저녁 식사가 끝나기 전엔 만나고 싶지가 않으니까.

경비병 1 당신은 로마 사람이지요?

메네니우스 응, 로마 사람이야. 그대들의 장군과 마찬가지로.

경비병 1 그럼 당신도 장군님과 똑같이 로마를 증오해야죠. 나라를 지켜준 수호자를 성문 밖으로 몰아낸 사람들이 아니오? 어리석은 시민들이 반란을 일으켜 자기들의 방패를 적에게 넘겨주고는, 이제 와서 장군님의 복수심을 달래겠다고요? 늙은 부인들의 값싼 신음 소리나, 젊은 여자들의 매끄러운 손바닥이나, 당신 같은 늙은이의 맥 빠진 중재 따위로 해결될 것 같소? 아, 그래 그따위 무기력한 입김으로, 때마침 불붙은 로마 전체의 불길이 꺼질 것 같소? 어림없는 수작이오. 그러니 어서 로마로 돌아가 참수당할 준비나 해두시오. 당신들에겐 이미 사형선고가 내린 거요. 장군님은 절대 집행유예나 면죄를 내리지 않기로 맹세하고 계시니까 말이오.

메네니우스 이봐, 그대들의 대장은 내가 여기 와 있는 줄 알면 정중한 대접을 할 거야.

경비병 2 원, 우리 대장님이 당신 같은 사람을 알 게 뭐요?

메네니우스 내 뜻은 그대들의 장군 말이야.

경비병 1 그 장군께서 당신 같은 사람을 알 턱이 없어. 자, 돌아가! 그렇지 않으면 당신의 한 홉 남짓밖에 안 되는 피를 죄다 뽑아줄 테니까. 어서 돌아가! 이젠 더 말 않겠어, 자……

메네니우스 어허, 이런. 이봐, 그러지 말고……

마르키우스와 아우피디우스 등장.

코리올라누스 왜들 이러나?

메네니우스 야, 이 경비병아, 네놈이 한 짓을 고해바칠 테다. 두고 봐, 내가 어떻게 정중한 대접을 받나. 너따위 경비병 망할 새끼가 말린다고, 내 아들 코리올라누스를 못 만난대서야 되겠느냐 말이야. 내가 환대받는 걸 보면서 네놈이 교수형을 당하게 될지, 아니면 두고두고 구경거리가 되다가 마침내 더 참혹한 사형을 당하게 될지, 미리 기도나 올리고 있으란 말이야. 자, 똑똑히 봐. 그리고 네놈에게 닥쳐올 일을 생각하고 기절해 나자빠져라. (코리올라누스에게) 영광스러운 신들께서 그대 앞날을 위해 날이면 날마다 회의를 소집하면서, 그대의 늙은 아비 메네니우스 못지않게 그대를 사랑하시기를! 오, 내 아들아! 아들아, 그대가 우리에게 불을 지르려 하고 있으니, 여기에 내가 그 불을 끌 물을 가져왔소. 처음에는 전혀 마음이 없었지만, 나 말고는 그대를 움직일 사람이 없다 하니, 마침내 온 시민의 깊은 한숨에 날려오다시피 성문을 나오게 되었소. 그래서 간절히 부탁하는데, 로마를 살려다오. 매달려 애원하는 그대의 동포들을 살려다오. 선량하신 신들께서 제발 그대의 노여움을 가라앉히고, 그 찌꺼기일랑 저기 저 종놈에게나 돌려보내게 하시기를! 저놈이 무례하게 내 앞을 가로막고 그대에게 접근을 못 하게 했소.

코리올라누스 썩 물러가라!

메네니우스 뭐? 물러가라?

코리올라누스 나는 아내도, 어머니도, 자식도 모른다. 나는 지금 다른 사람들을 위해 봉사하고 있다. 나 자신의 복수도 복수려니와, 내 자비심은 이제

5막 2장, 코리올라누스를 만나 설득하는 메네니우스 H.C. 셀루스

볼스키 사람들의 마음에 달려 있다. 우리가 한때 친분이 있었다고는 하지만, 나는 그 정을 자비심으로 기억하지 않고 내가 느낀 배신감을 잊음으로써 독살시켜 버리겠다. 그러니 돌아가라. 그대들의 성문은 내 군대를 막지 못하며, 내 귀는 그대의 간청을 막아내리라. 그러나 그대는 나의 친구, 자, 이것을 받아 가라. 그대를 위해서 미리 써 놓고 (한 통의 편지를 메네니우스에게 건넨다) 보내주려고 했었다. 메네니우스, 다시 말하지만 나에게 어떤 말을 해도 소용없다. 자, 아우피디우스, 이 사람은 로마에서 내가 너무나 아꼈던 친구였소. 그러나 이제는 보시는 바와 같소.

아우피디우스 당신의 변함없는 성격은 알고도 남음이 있소. (코리올라누스와 함께 퇴장)

경비병 1 여보쇼, 당신 이름이 메네니우스랬지?

경비병 2 당신 이름은 굉장한 마력이 있군그래. 돌아가는 길은 알겠지?

경비병 1 당신 같은 거물을 가로막다가 보시다시피 나는 이렇게 묵사발이 되고 말았는걸.

경비병 2 우리보고 기절해 나자빠지라더니, 참, 그럴듯한 이야기로군.

메네니우스 이젠 이 세상도, 너희들의 장군도 내 알 바 아니다. 하물며 너희 같은 보잘것없는 것들이야 있으나마나지. 자기 손으로 죽을 각오가 되어 있는 사람은, 남한테 죽임을 당할까 두려워하지 않는다. 네놈들 대장이 무슨 짓을 하든 어디 할 테면 하라고 해라! 그리고 너희들은 언제까지나 그 꼴로 살다가 늙어가면서 고생바가지나 흠뻑 뒤집어써라! 아까 너희들이 했던 말을 이번에는 내가 너희들에게 해주겠다. 썩 물러가! (퇴장)

경비병 1 틀림없이 훌륭한 사람이다.

경비병 2 훌륭한 사람은 우리 장군님뿐이시다. 바위와도 같은 분이야. 바람에도 끄떡하지 않는 떡갈나무 같은 분이란 말이야. (모두 퇴장)

〔제5막 제3장〕

코리올라누스의 막사.
코리올라누스와 아우피디우스, 그 밖의 사람들 등장.

코리올라누스 내일은 로마 성벽 앞에 포진합시다. 동료 장군, 당신은 내 행동이 공명정대했음을 볼스키 여러 원로들에게 보고해야 하오.

아우피디우스 당신은 원로들의 목적만을 받들 뿐 로마 온 시민들의 탄원에 모두 귀를 틀어막고는, 단 한마디 사적인 말도 허용하지 않으며 당신을 설득시킬 것을 확신하고 찾아온 친구들까지도 물리쳐 버렸소.

코리올라누스 얼마 전에 그야말로 가슴이 무너져 내리는 것을 참으며 로마로 돌려보낸 그 노인은, 친아버지 이상으로 나를 사랑해 주었소. 아니, 나를 신격화하는 사람이었소. 그들은 마지막 수단으로 그 사람을 보낸 것이오. 호되게 꾸짖어 돌려보내기는 했지만, 나에 대한 그 사람의 오랜 우정에 보답하는 셈으로, 나는 또 한 번 맨 처음 그 조건을 제시해 보았소. 그들이 이미 거절한 바 있고 지금도 받아들이려 하지 않는 그 조건 말이오. 이렇게 내가 지극히 작은 양보를 함으로써 다른 사람보다는 효과를 거두었다는 생각을 그 노인에게 갖게 해줄 것이오. 앞으로는 정부 사절이나, 친구의 애원에 절대로 귀를 기울이지 않겠소. (고함 소리) 아! 저 소리는? 방금 맹세한 것을 저버리도록 나를 유혹할 셈인가? 으음, 절대로 안 돼.

비르질리아, 볼룸니아, 어린 마르키우스, 발레리아가 수행원들과 함께 등장.

코리올라누스 앞장서 오는 것은 아내다. 그 뒤에 이 몸을 박아낸 거룩한 틀인 어머니께서, 그 피를 받은 손자를 거느리고 오시는구나. 하지만 인정아, 물러가라! 부부간의 애정도, 혈육의 특권도 모조리 없애버리자! 강직만이 미덕이다. 그들이 무릎을 꿇은들, 그게 어떻다는 거냐? 저 비둘기 같은 눈동자들은 신들까지 맹세를 저버리게 한다지만, 그게 어떻다는 거냐? 이런 것에 녹는다면, 내가 다른 사람들보다 더 강직한 인간일 수 있겠는가? 오, 나의 어머니가, 마치 올림포스산이 구릉을 굽어보며 탄원하듯 머리를 숙이신다. 그리고 내 아들의 저 얼굴은 대자연도 "거절하지 말라"고 외치는 듯한 중재자의 표정이다. 그렇지만 볼스키 사람들이여, 로마를 파헤쳐 버려라! 모조리 깔아뭉개 버려라! 나는 본능 같은 것에 호락호락 넘어갈 바보가 아니다. 나는 나 홀로 생겨난 사람처럼 모든 혈육 관계를 돌보지 않을 테다.

비르질리아 오, 여보! 여보!

코리올라누스 내 눈은 로마에 있었을 때의 그 눈이 아니오.

비르질리아 그건 슬픔에 싸인 우리 모습이 보인 탓이겠지요.

코리올라누스 나는 멍청한 배우처럼 대사를 잊은 채 망신을 톡톡히 당하고 말 것 같구나.—내 몸에 가장 가까운 그대여! 내 횡포를 용서하오. 하지만 "로마를 용서하라"고는 말하지 마오. 아, 이 키스! 추방처럼 길고 복수처럼 감미로운 이 키스! 진정, 질투심 많은 저 하늘의 왕비에게 걸고 맹세하지만, 그대와 그때 마지막 키스를 한 뒤로 나는 이제까지 순결을 지켜왔소. 허, 이런! 쓸데없이 지껄이다가 더없이 소중한 어머니께 인사를 잊었구나. 자, 무릎아, 어서 아래로, (무릎을 꿇는다) 다른 평범한 아들들보다 더 깊은 존경을 땅속에 새겨라.

볼룸니아 애야, 어서 일어나 내 인사를 받아라. 이 바닥돌을 방석 삼아 내가 무릎을 꿇겠다. 보통 격식과는 어긋나는 짓이로되, 이 같은 상황에선 보통 때 하던 어머니와 아들 사이의 예법이 도리어 맞지 않는 것 같구나. (무릎을 꿇는다)

코리올라누스 어머니, 왜 이러십니까? 어머니가 저에게 무릎을 꿇으시다니요, 어머니 속만 태우는 이 아들에게요? 아, 세상이 뒤집힌다! 바닷가 자갈들아, 하늘로 뛰어올라 별들의 따귀를 갈겨라! 거만한 삼나무야, 미친 바람을 타고 올라가 불타는 태양을 후려쳐라! 그리고 제아무리 불가능한 일도 그 뿌리가 뽑혀서 한낱 사소한 일로 바뀌어 버려라!

볼룸니아 아, 너는 내 용사다. 너를 낳느라 나는 힘깨나 썼었지. 넌 이 부인을 알고 있느냐?

코리올라누스 푸블리콜라의 누이동생이시며, 로마의 달님이시며, 서리가 새하얀 눈으로 빚어 달의 신 전당에 걸어둔 고드름처럼 더없이 정결하신 발레리아 부인!

볼룸니아 그리고 이 어린것은 아직 보잘것없는 너의 아들이다. 그러나 시간이 무르익으면, 언젠가는 이 아이도 너에 못지않은 사내가 되리라.

코리올라누스 오, 군신 마르스여, 위대하신 유피테르 신의 허락을 얻으시어, 이 아이의 마음을 고귀하게 만들어 주옵소서! 불사신 같은 강적도 면목이 없게 할 훌륭한 용사가 되게 하시고, 전쟁터에 나가서는 거대한 등대처럼 꿋꿋이 온갖 태풍을 이겨내며, 그를 지켜보는 모든 사람을 위험에서 건져내

5막 3장, 로마를 공격하지 말도록 애원하는 가족들   H.C. 셀루스

게 해주소서.

볼룸니아 아가야, 어서 무릎을 꿇어야지.

코리올라누스 아, 참 착한 아이로다.

볼룸니아 네 아들과 아내와 이 부인과 내가 부탁이 있어 이렇게 왔다.

코리올라누스 제발, 그만! 굳이 부탁을 하시겠으면, 이 점을 미리 알아두십시오. 제가 먼저 하지 않겠다고 맹세한 것은 거절할 수밖에 없으니, 섭섭히 생각 마시라는 겁니다. 병사를 해산하라거나 로마의 직공들과 타협을 하라거나, 그런 말씀은 하지 마십시오. 저를 몰인정하다 꾸짖지 마십시오. 복수심에 타오르는 제 분노의 불길을, 얼음처럼 차가운 당신의 이성으로 끄려 하지 마십시오.

볼룸니아 오, 그만둬라, 그만둬! 그 말은 곧 우리의 부탁을 아무것도 들어주지 않겠다는 거로구나. 왜냐하면 우리가 부탁할 것은 네가 이미 하지 않겠다고 거절한 것들뿐이니까. 그러나 한 번 더 부탁해 보마. 우리의 간청이 거절되는 경우라도 그것이 네 고집 탓이지, 우리 잘못은 아니라는 걸 너에게 다짐하고 싶다. 그러니 우리 말을 들어봐라.

코리올라누스 아우피디우스와 다른 볼스키 사람들도 함께 들으시오. 난 로마에서 온 사람을 절대 사사로이 만나지 않을 테니까. 자, 그럼 말씀해 보십시오.

볼룸니아 네가 추방된 뒤 우리가 어떤 생활을 해왔는지, 우리 입으로 말하지 않더라도 우리의 옷차림과 몸가짐으로 미루어 짐작이 갈 거다. 이 자리에 와 있는 우리보다 더 불행한 여자가 세상에 또 있겠는가 생각해 보아라. 기쁨의 눈물을 흘리며 즐겁게 춤추면서 마주 보아야 할 너의 얼굴이, 이렇듯 우리를, 두려움으로 몸을 떨며 슬픔의 눈물을 흘리게 하고 있다니! 아들이고 남편이며 아버지인 네가, 때마침 조국의 창자를 갈가리 파헤치려 하는 것을, 그 어머니요, 아내요, 아들인 우리가 보아야 한다니 말이다! 이 초라한 우리에게 너의 증오심은 참으로 괴롭게만 느껴지는구나. 다른 사람 같으면 신들에게 기도를 올려서나마 위안을 찾는다지만, 우리는 그것도 못하겠다. 한편으로는 나라에, 또 한편으로는 너에게 매여 있는 우리이니, 어떻게 어느 한쪽이 이기게 해달라고 기도할 수 있겠느냐? 아, 슬프다. 우리는 우리를 길러준 나라를 잃든지, 그렇지 않으면 우리의 위안인 너를 잃게 되겠구나. 어느 쪽이 이기든, 우리가 겪을 아픔은 같다. 마침내 네가 나라를 배반한 변절자로 쇠고랑에 채워져 온 시내를 끌려다니든지, 아니면 네가 잿더미로 바뀐 네 나라를 짓밟고, 네 처자의 피를 흘리게 한 것을 자랑하며 행진하는 것을 보게 될 테니 말이다. 다시 말해 두겠다마는, 나는 전쟁이 끝날 때까지 결코 운명만을 기다리고 있지는 않겠다. 너에게 어느 한쪽의 멸망을 촉구하느니 차라리 양쪽에 다 함께 의로운 자애심을 보여주게 하려는 우리의 설득이 이제 실패로 돌아간다면, 너는 우리나라를 쳐들어오자마자—그렇다, 쳐들어오자마자—이 세상에 너를 낳아준 어미의 배를 짓밟게 되는 줄 알아라.

비르질리아 그렇습니다. 그리고 저의 배도 짓밟게 될 것입니다. 당신의 이름을 영원토록 이어 나갈 이 아들을 낳은 저의 배를!

아들 그러나 난 짓밟지 못할 거야. 난 도망갈 걸 뭐. 그랬다가 더 크면 싸워 줄 테야.

코리올라누스 곰살궂은 여인의 마음같이 되지 않기 위해서는, 아들이나 여자의 얼굴을 보지 말아야 한다. 난 너무 오래 앉아 있었어. (일어선다)

볼룸니아 아니다. 이대로 가지 마라. 만일 우리의 부탁이 로마를 살리고 네가 봉사하는 볼스키족들을 멸망시키려는 것이라면, 그건 네 체면을 상하게 할 것인즉 우리를 비난해도 좋다. 그러나 우리의 부탁은 그게 아니다. 네가 양측의 화해자로 나서 달라는 거다. 볼스키족들이 자비를 베풀고 로마 사람들이 자비를 받게 하여, 양쪽 모두 너에게 영광을 돌리며 '평화의 은인'으로 감사하게 해달라는 것이다. 너도 잘 알듯이, 전쟁의 결과는 불확실하다. 그러나 한 가지만은 확실해. 만일 네가 로마를 정복하게 된다면, 그로 인해 네가 얻는 소득이란 오로지 모든 이의 저주와 악명뿐이다. 이로써 너의 전기엔 '본디 훌륭했던 사람이나, 마지막 행적에 의해 조국을 멸망시키고 모든 공을 물거품으로 만들어 버렸으니, 그 이름은 영원히 후손의 증오를 받으리라' 이렇게 쓰일 거다. 자, 말해 봐라. 너는 언제나 의로운 성품을 동경하며 신들의 자비로움을 우러러 온 터라, 그 소리는 우레처럼 하늘을 울리게 해도 그 번개는 겨우 떡갈나무 가지를 꺾는 정도에서 그치곤 했었지. 자, 어찌 말이 없느냐? 앙심을 되씹고 있는 게 의로운 사내가 할 일이라고 너는 생각하느냐?—애, 애 어미야, 너도 좀 말을 해봐라. 아무리 울부짖어도,

저 사람은 거들떠보질 않는구나. 애, 손자야, 네가 이야기해 보렴. 어쩌면 철없는 너의 말이 우리 어른들의 이성보다 더 감동을 일으킬지 모르니까. 아, 이 세상의 어머니치고 나만큼 자식한테 해준 사람도 없으련마는, 내가 고랑에 채워진 죄수처럼 애걸복걸해도 그저 듣는 체 만 체로구나.―이 어미는 지금까지 너한테서 한 번도 이렇다 할 효도를 받아본 적이 없다. 이 초라한 어미 닭은, 너밖에 다른 귀여운 병아리가 없었지만, 그동안 내내 너를 전쟁터에 서둘러 보내고는, 공을 세워 당당하게 돌아오는 것만 이제까지 보고 살아왔던 거다. 그래, 내 부탁이 도리에 어긋났느냐? 어긋난 것이라면 나를 걷어차 버려도 좋다. 그러나 그렇지 않다면 네가 도리에 어긋나는 거다. 어미가 마땅히 받아야 할 효도를 거절한 죄로, 너는 신들의 벌을 받게 되리라.―저 봐, 얼굴을 돌려버린다. 자, 모두 엎드려라. 무릎을 꿇어서 저 사람의 마음을 녹이자. (부인들과 어린 마르키우스가 무릎을 꿇는다) 아직도 우리의 애원을 가엾게 여기는 마음보다는 코리올라누스라는 이름을 자부하는 마음이 더 강한가 보구나. 한 번 더 엎드려라. 이것이 마지막이다. 이래도 듣지 않는다면 별수 없다. 로마로 돌아가서 다른 사람들과 함께 죽는 것뿐이다.―자, 얼굴을 돌리지 말고 우리를 쳐다보아라! 아무것도 모르면서 이렇게 우리 틈에 끼여 무릎을 꿇고 손을 쳐드는 이 아이의 애원을 차마 거절 못하겠지.―아, 이젠 돌아가자. (세 부인과 어린 마르키우스가 일어선다) 저자는 어머니가 볼스키 사람이고 그 아내가 볼스키 사람일 거다. 이 아이가 저 사람과 닮은 건 우연한 일치겠지.―그럼, 우리는 물러가겠다. 이제는 로마가 불타기 전까지 나는 아무 말도 하지 않으리라. 그러다가 로마가 불타게 될 때 외마디 비명을 지르게 될 거다. (코리올라누스가 어머니 손을 말없이 붙잡는다)

코리올라누스　아, 어머니! 어머니, 어머니는 큰일을 하셨습니다. 자, 보십시오. 하늘 문이 열리고 신들이 굽어보며 이 부자연스러운 정경을 비웃고 있습니다. 아, 어머니, 어머니! 어머니께서는 로마를 위해 행복한 승리를 거두셨습니다. 그러나 아, 어머니의 이 승리가, 저에겐 치명적이라고까지는 말하지 못하더라도 매우 위험천만한 일임을 아셔야 합니다. 그러나 좋습니다. 아우피디우스, 나는 이제 약속한 전쟁을 못 하게 되었으니, 유리한 협정이나 맺도록 하겠소. 자, 아우피디우스, 만일 당신이 내 처지에 있었다고 하면, 어머니의 말씀을 그만큼도 안 듣겠소? 어떻소, 아우피디우스?

아우피디우스 나도 감동된 터였소.

코리올라누스 물론 그랬을 것이오. (눈물을 닦으면서) 이 사람 눈에서 이렇게 동정의 눈물을 짜내게 하는 것은, 결코 보통 일이 아니니까. 자, 그럼 어떤 조건을 내걸어야 할지 의견을 말해 주시오. 나 자신은 로마에 가지 않고, 그대와 함께 돌아가겠소. 그러니 제발 이번 일만은 나를 밀어주오. 아, 어머니! 내 아내여! (한쪽으로 걸어가 어머니와 아내에게 이야기한다)

아우피디우스 (혼잣말로) 옳지, 네 마음속에 자비심과 명예심이 충동질하기 시작했구나. 나는 이 점을 이용해서 지난날의 내 행운을 되찾을 테다.

코리올라누스 네, 곧 그렇게 해드리지요. 그러나 먼저 함께 술을 나눕시다. 그다음 말보다 더 확실한 증거물을 만들어 드릴 테니 가지고 가십시오. 아까 말씀하신 것과 비슷한 협정에 우리가 서명해 드리겠습니다. 자, 안으로 들어갑시다. 부인들께선 기념의 전당을 세워 달라고 할 만한 공을 세우신 것입니다. 사실 이탈리아의 모든 칼과 그 동맹국 무기 전체를 들이댄다 해도, 이런 협정을 성립시킬 수는 없었을 것입니다. (모두 퇴장)

〔제5막 제4장〕

로마. 광장.
메네니우스와 시키니우스 등장.

메네니우스 저기 저 의사당의 주춧돌이 보이오?

시키니우스 그건 왜 물으십니까?

메네니우스 만일 그대가 새끼손가락으로 저 돌을 들어낼 수 있다면, 전령으로 보낸 그 부인들도 그 사람을 설득할 수 있을 거요. 그러나 도저히 가망이 없을 것이오. 우리는 사형 선고를 받고 처형만 기다리는 거요.

시키니우스 하지만 얼마 안 되는 그 사이에, 사람 마음이 그렇게 변할라고요?

메네니우스 애벌레가 변해서 나비가 되지 않소. 당신이 지금은 나비지만 지난날엔 애벌레였듯이 말이오. 마르키우스는 본디 사람이었지만 지금은 용이라오. 날개가 돋쳤소. 이젠 땅바닥을 기어다닐 사람이 아니란 말이오.

시키니우스 어머니를 그렇게 사랑하는 분인데요.

메네니우스 나도 사랑했었소. 그러나 이제는 여덟 살배기 말처럼 자기 어머니도 못 알아볼 거요. 그는 무르익은 포도도 시게 만들 만큼 얼굴을 잔뜩 찌푸린 채, 마치 전차가 지나간 듯 땅바닥을 곰보딱지로 만들면서 걸어다니고 있소. 그 눈초리는 갑옷의 가슴 덮개를 꿰뚫을 만하고, 그 말소리는 조종(弔鐘)을 울리는 것 같고, 그 기침은 대포 소리란 말이오. 알렉산더 대왕의 동상처럼 우뚝하니 높은 자리에 앉아서, 무엇이든지 그가 하라면 명령이 떨어지기가 무섭게 즉시 실행이오. 그가 신과 다른 점이 있다면, 오직 영원한 존재자가 아니며 하늘에 있지 않다는 것뿐이오.

시키니우스 그리고 자비심이 없다는 점이 다르겠죠. 영감님의 말씀이 사실이라면.

메네니우스 내가 말한 것은 사실 그대로요. 그의 어머니가 그에게서 어떤 자비심을 얻어 오는지 두고 보란 말이오. 그 사람에게 자비심이 없는 것은 수호랑이에게 젖이 없는 것과 같소. 머지않아 시민들이 다 알게 될 사실이오. 모두가 당신들 탓이오.

시키니우스 신들이여, 우리를 보살피소서!

메네니우스 원, 천만에. 신들이 우리를 보살필 게 뭐요? 그 사람을 추방했을 때 우리는 신들의 뜻을 거역한 셈인데, 이제 그 사람이 우리 목을 자르러 온다고 해서, 신들이 우리를 거들떠볼 턱이 있소?

전령 1 등장.

전령 1 호민관님, 목숨을 건지시려거든 어서 집으로 피신하십시오. 지금 평민들이 동료분을 붙들어서 이리저리 끌고 다닙니다. 부인들께서 좋은 소식을 들고 오지 않을 때는 모두 그 사람을 도막도막 잘라서 죽이겠다고 아우성치고 있습니다.

전령 2 등장.

5막 4장, 기쁜 소식이 전해지자 축제 분위기의 로마 시민들 H.C. 셀루스

시키니우스 무슨 소식인가?

전령 2 기쁜 소식입니다. 기쁜 소식입니다! 부인들께서 이기셨습니다. 볼스키 사람들이 물러났습니다. 그리고 마르키우스도 돌아갔습니다. 로마에 이처럼 기쁜 날은 이제껏 없었습니다. 타르퀴니우스 왕족을 물리쳤을 때도, 이보다 더 기쁘지는 못했을 겁니다.

시키니우스 여보게, 그게 정말인가? 정말 틀림이 없는가?

전령 2 틀림없습니다. 태양이 불이라는 사실이 확실한 것처럼요. 이제까지 어디에 파묻혀 계셨기에 이 사실을 아직도 모르십니까? 바람에 휘몰린 급물살이 눈 깜짝할 사이에 수문을 빠져나와 흐르듯, 이제 막 숨 돌린 시민들이 성문 쪽으로 몰려가고 있습니다. 아, 저 소리를 들어보십시오. (나팔과 오보에와 북소리 한데 섞여 들린다) 작은나팔, 큰나팔, 현악기, 피리, 작은북, 심벌

즈, 그리고 온 시민들의 환성 속에 두둥실 해님까지 춤을 춥니다. 저 소리를 들어보십시오. (안에서 환호성)

메네니우스 그것참 고마운 소식이다. 부인들을 마중하러 가야지. 볼룸니아 부인은 집정관들과 원로들, 귀족들, 그리고 평민들을 모두 합친 것보다 더 큰 공을 세운 거다. 당신들 같은 호민관은, 바다처럼 육지처럼 많대도 감히 얻지 못할 공을 세운 거란 말이오. 오늘은 기도를 썩 잘한 모양이군요. 오늘 아침만 해도 당신들 모가지는 만 개라도 모자랐을 텐데 말이오. 저 소리 좀 들어보시게. 얼마나 기뻐 야단들인지! (환호성과 음악 소리 계속)

시키니우스 먼저 이런 기쁜 소식을 전해 준 그대에게 신들의 축복이 내리기를! 그리고 나의 깊은 감사의 마음을 받아주게나.

메네니우스 너나 할 것 없이 다같이 감사할 일이오.

시키니우스 그분들이 지금쯤은 성 근처에 오셨겠지?

전령 2 거의 성문 가까이 오고 계실 겁니다.

시키니우스 우리도 가서 환영을 거들기로 합시다. (모두 퇴장)

〔제5막 제5장〕

로마. 성문 근처 거리.
두 원로가 볼룸니아, 비르질리아, 발레리아와 함께 등장, 무대를 지난다. 귀족들과 그 밖의 사람들이 따른다.

원로 1 로마의 생명을 건진 이 은인들을 보라! 저마다 자기 종족 사람들을 집합시켜, 신들을 찬미하고 개선의 봉화를 올려라! 이분들의 길 앞에 꽃을 흩뿌려라! 마르키우스를 추방했을 때 질렀던 소리가 지워지도록, 그 어머님에 대한 환영의 목소리를 높여 그대들의 죄값을 치르라! 다 같이 외치자. "만세! 부인들 만세!"

모두 만세! 부인들 만세! (북과 나팔 소리. 모두 퇴장)

안티움. 광장.
툴루스 아우피디우스가 시종들과 함께 등장.

아우피디우스　원로들한테 가서 내가 돌아왔다고 말하고 이 편지를 전해라. 그것을 읽어보고 곧장 광장으로 나오면, 그 자리에서 내가 직접 원로들과 평민들에게 이 편지 내용을 증언하겠노라 말해라. 내가 고발하려는 그자가 지금쯤 성문을 들어섰을 거다. 아마도 민중 앞에 나서서 그럴듯한 말로 자기 잘못을 씻어버리려 할 것이다. 급히 서둘러라. (시종들 퇴장)

아우피디우스파의 공모자들 서넛 등장.

아우피디우스　어, 마침 잘 왔다.
공모자 1　각하, 모든 일이 잘되어 가고 있습니까?
아우피디우스　글쎄, 적선을 했다가 망신을 사고, 자비심을 베풀었다가 다 죽게 된 팔자라고나 할까.
공모자 2　각하께서 앞서 도움을 청하셨을 때와 생각이 변함없으시다면, 저희들이 각하를 그 위험에서 건져 드리겠습니다.
아우피디우스　나는 모르겠다. 민중의 뜻에 따를 수밖에.
공모자 3　민중의 뜻은 두 분의 승부가 나지 않는 한 불확실합니다. 그러나 먼저 어느 한쪽이 넘어지기만 하면, 살아남는 쪽이 모든 것을 차지하게 될 겁니다.
아우피디우스　그건 그렇다. 때문에 그놈을 때려누일 좋은 핑계를 찾고 있다. 그놈을 일으켜 세운 것은 나야. 나는 그놈의 성실성을 믿고 내 명예를 저당 잡혔었다. 이렇게 해서 올라선 그놈은 아침의 이슬을 담뿍 뿌려 새 화초를 가꾸며 나의 친구들을 빼돌려 갔으니, 이런 목적을 위해서 그놈은 세상이 다 아는 그 거칠고 굽힐 줄 모르며 제멋대로 하는 본성까지 수그리고 있다.
공모자 3　그자는 고집통입니다. 그러기에 조금 허리를 꾸부리면 될 뻔한 집정관 자리를 놓치고…….

아우피디우스 응, 그래. 그래서 추방을 당한 다음, 내 지붕 아래 찾아와 자기 모가지를 내 칼 앞에 내밀게 되었던 거야. 그때 난 그놈을 받아들여 동료로 만들어 주었지. 모든 것을 자기 뜻대로 하도록 허락해 주며, 그의 계획을 이루게끔 내 정예병들을 뽑아 그에게 넘겨주고, 나 자신까지 자기 지휘를 받으며 명성을 떨치도록 도왔지. 그런데 그놈은 이것을 모두 자기 혼자의 공적으로 돌리고는 오늘과 같은 푸대접을 내게 예사로 하더니, 마침내는 내가 자기 동료가 아니라 부하이기나 한 것처럼 고용병을 다루듯 표정 하나로 마구 쥐어흔들게 된 거야.

공모자 1 사실 그랬지요. 그래서 군대가 모두 놀라고 있었습니다. 그러던 중 드디어 로마까지 진격하여, 마침내 큰 승리가 눈앞에 다가왔을 때……

아우피디우스 문제는 바로 그 점이야. 그것을 핑계로 그놈을 내 팔로 때려잡자는 거야. 그놈은 거짓말처럼 가치 없는 여자들의 눈물 몇 방울을 보고는, 이제까지 전쟁에서 흘린 피와 땀을 송두리째 팔아버렸어. 그러니 그놈을 죽여야 해. 그놈이 넘어지면 나는 지난날 내 자리를 되찾는 거야. 아니, 저건 무슨 소리지? (북과 나팔이 시민의 환호 소리와 함께 울린다)

공모자 1 각하께서 돌아오셨을 때는 마치 전령이 돌아오는 것처럼 아무 환영도 없었는데, 저 사람이 돌아오니 저렇게 하늘을 찌를 듯 외쳐대고 있습니다.

공모자 2 저 바보들은 참 인내심도 좋지! 아니, 자기 아들들이 그놈에게 살해당했는데도 저렇게 목청이 터지도록 저놈의 만세를 불러야 하나.

공모자 3 이렇게 된 이상 그놈이 입을 벌려 민중을 호리기 전에, 기회가 생기는 대로 즉시 그놈에게 칼침을 먹이십시오. 저희도 한몫 거들 테니까요. 먼저 그놈이 넘어지면, 제아무리 정당한 말들을 그놈이 늘어놓아도, 각하의 한마디로 매장해 버릴 수 있을 겁니다. 그놈의 시체와 한데 묶어서요.

아우피디우스 쉿, 이제 그만. 저기에 귀족들이 온다.

귀족들 등장.

귀족 모두 귀국을 환영하오.

아우피디우스 감사합니다. 그런데 제가 보낸 편지는 다 읽어보셨습니까?

귀족 모두 읽어보았소.

귀족 1 참으로 유감스러운 일이오. 그 사람의 실책 가운데 마지막 것만 제외한다면, 그 나머지는 모두 벌금 정도로 그칠 일이겠지. 하지만 마지막 큰일을 시작할 찰나에—적의 항복이 눈앞에 보이는 때—그걸 중단하고 큰 이익을 포기해 버린 채, 겨우 우리에게 경비(經費)만 보상해 주는 정도로 조약을 체결하다니, 이는 용납될 수 없는 일이오.

아우피디우스 그자가 옵니다. 그의 변명을 들어보십시오.

코리올라누스, 고수와 기수를 데리고 등장. 그 뒤를 평민들이 따르고 있다.

코리올라누스 귀족 여러분, 안녕하십니까? 나는 여러분의 변함없는 군인으로 돌아왔습니다. 이곳을 떠날 때와 다름없이, 고국에 대한 애정에 흔들리지 않고, 계속 여러분의 명령을 수행해 왔습니다. 전투 성과를 보고하자면 우리는 성공적으로 혈전을 거듭하여, 끝내 로마 성문까지 진격해 갔던 것입니다. 그동안 손에 넣은 전리품만도, 이번 지출된 군비 가운데 삼분의 일을 충당할 만한 것입니다. 그리고 우리는 로마에게 치욕적이며 우리에겐 더없이 명예로운 조약을 체결했습니다. 여기 이것이 로마의 집정관과 귀족들 및 원로들이 서명한 협정서입니다.

아우피디우스 여러분, 그것을 읽지 마십시오. 여러분의 군대를 크게 남용한 저 역적을 문책하셔야 합니다.

코리올라누스 뭐, 역적이라고? 뭐가 어째?

아우피디우스 네놈은 역적이다, 마르키우스!

코리올라누스 뭐라고, 마르키우스?

아우피디우스 그렇다. 마르키우스, 가이우스 마르키우스! 내가 너를 부를 때 코리올라누스를 붙일 줄 알았더냐? 코리올리를 날강도질해서 얻은 그 이름을? 이 나라의 귀족 여러분, 저놈은 불충스럽게도 여러분의 계획을 뒤집어엎고, 우리 것이 다 된 로마를 소금물 몇 방울 때문에 저놈의 어머니와 아내에게 팽개쳐 버렸습니다. 우리 것이 다 된 로마를 말입니다. 맹세도 결심도 한 올의 썩은 실오라기처럼 끊어버리고는 군사회의도 거치지 않은 채, 저놈은 젖어미가 흘리는 눈물을 보고 훌쩍거리며 코앞에 다가온 우리의 큰 승리를 고함 소리 속에 날려버렸습니다. 옆에서 지켜보던 사람들까지 얼굴을 붉히고 용사들도 어리둥절해하며 서로들 바라보고만 있었습니다.

코리올라누스 오, 군신이여, 저 소리를 들으시옵소서!

아우피디우스 신은 왜 꺼내는 거냐? 이 훌쩍이 꼬마야.

코리올라누스 뭐라고?

아우피디우스 더 말할 것 없다.

코리올라누스 이 얼토당토않은 거짓말쟁이야, 네놈 때문에 내 가슴이 뼈개질 듯하다. 뭐, 꼬마라고? 이 망할 새끼! 여러분, 나를 용서하시오. 내가 이런 욕을 해보기는 평생 처음이오. 귀족 여러분, 현명하신 여러분은 이 개새끼가 거짓말쟁이라는 걸 짐작할 것이오. 내가 저놈을 죽도록 패주어 회초리 자국이 저놈 몸에 박히게 되면, 놈도 거짓말한 것을 실토할 것입니다.

귀족 1 두 사람 다 진정하고 내 말을 들으시오.

코리올라누스 볼스키족들아, 자, 나를 도막도막 잘라 죽여라. 어른도 아이들도 덤벼들어, 내 몸에서 칼날을 적셔라. 뭐, 나더러 꼬마라고! 저 거짓말쟁이 개 같은 놈! 자, 이 나라에 정확한 기록문이 있거든 그걸 들춰 봐라. 그 속에는 독수리가 비둘기집을 습격했을 때처럼, 내가 이 코리올리에 쳐들어와서 너희 볼스키족들을 허겁지겁 도망치게 만들었다는 사실이 기록되어 있을 것이다. 그게 모두 나 혼자서 한 거란 말야. 그런데 뭐, 꼬마라고?

아우피디우스 귀족 여러분, 이 야비한 허풍쟁이가 한때 우연한 행운으로 명성을 떨치어 여러들로 하여금 부끄러움을 느끼게 했던 그 일을 감히 여러분 앞에서 지껄여 대는데, 어찌 이대로 들어 넘기겠습니까?

공모자들 그놈을 죽여라.

시민 모두 저놈을 갈가리 찢어버려라!―지금 바로 해치워라!―저놈이 내 아들을 죽였다!―내 딸도 죽였다!―내 사촌 마르쿠스를 죽인 놈이다!―내 아버지를 죽인 놈이다!

귀족 2 진정하라, 진정해! 그 사람을 때리지 마라. 그는 훌륭한 인물이다. 그의 명성은 이 땅을 뒤덮고 있다. 이 나라에 대한 그의 마지막 죄과는 공정한 재판을 받게 될 것이다. 아우피디우스, 덤비지 마오. 평화를 어지럽히면 안 되오.

코리올라누스 아, 저놈을, 저놈 같은 것 예닐곱 명을, 아니, 저놈 일족을 모조

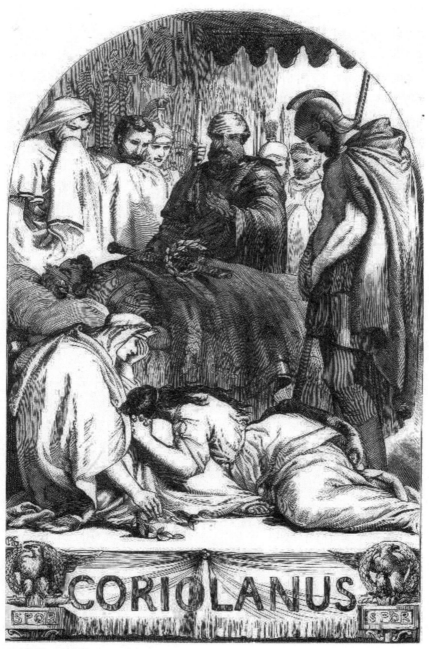

코리올라누스의 죽음 H.C. 셀루스

리 이 칼로 베어버렸으면!

아우피디우스 이 건방진 놈이!

공모자들 모두 죽여라, 죽여! 저놈을 죽여라! (공모자들, 칼을 뽑아 마르키우스를 찔러 넘어뜨린다. 아우피디우스가 그 위에 올라선다)

귀족 모두 멈춰라, 멈춰! 멈추라니까!

아우피디우스 귀족 여러분, 제 말을 들어보십시오.

귀족 1 오, 툴루스!

귀족 1 그대는 용맹이 두고두고 눈물 흘릴 짓을 저질렀소.

귀족 3 그 사람을 밟지 마라. 모두 진정하시오. 그리고 칼을 집어넣으시오.

아우피디우스 귀족 여러분, 이놈이 살아 있었다면 여러분께 큰 위험을 끼칠 뻔했습니다. 이놈이 일으킨 이 소란 때문에, 지금은 말씀드리지 못하겠습니다만, 뒤에 제 설명을 듣고 그 내막을 알게 되시면 이놈이 이렇게 잘려버린 것을 기뻐하실 겁니다. 저를 원로원에 불러주십시오. 그러면 제가 여러분의 충복인 것을 입증하겠습니다. 그렇지 못하면 저는 어떤 엄벌도 달게 받을 것입니다.

귀족 1 이 시체를 옮겨 가고, 모두 애도의 뜻을 표하라. 의전관에게 일러 일찍이 없던 가장 고귀한 분으로 그의 시신을 모시게 하라.

귀족 2 그 사람이 너무 과격했으니, 아우피디우스만 탓할 수도 없는 일이오. 그 점을 고려해서 최대한 선처를 합시다.

아우피디우스 이젠 분노가 사라지고 슬프기만 하다. 시체를 들어올려라. 자, 가장 으뜸가는 용사 세 사람이 함께 나르도록 하자. 내가 그 가운데 한 사람으로 끼겠다. 자, 너는 북소리를 구슬프게 울려라. 그리고 모두 창을 잡아라. 이 사람 때문에 이 도시의 수많은 여인들이 과부가 되고, 자식을 잃고서, 그 비탄스러운 상처가 이 순간까지 아물지 않고 있지마는, 그 장례식만은 훌륭히 치러주어야겠다. (장송곡이 울리는 가운데, 코리올라누스의 시체를 들고 모두 퇴장)

Timon of Athens
아테네의 티몬

[등장인물]

티몬 아테네 귀족

루키우스 ⎫

루쿨루스 ⎬ 티몬의 벗이자 아부하는 귀족들

셈프로니우스 ⎭

아페만투스 막된 철학자

알키비아데스 아테네의 장군

벤티디우스 티몬의 벗

플라비우스 티몬의 집사

시인, 화가, 보석상, 상인

늙은 아테네 사람(노인) 루킬리우스가 사랑하는 여인의 아버지

플라미니우스 ⎫

루킬리우스 ⎬ 티몬의 하인들

세르빌리우스 ⎭

카피스 ⎫

필로투스 ⎬ 티몬의 채권자의 하인들

티투스 ⎬

호르텐시우스 ⎭

어릿광대

세 낯선 사람

티몬·이시도르·루쿨루스·루키우스·바로의 하인들

벤티디우스의 하인

프리니아 ⎫

티만드라 ⎬ 알키비아데스의 정부(情婦)

가면을 쓴 큐피드와 여인들

그 밖에 귀족들, 원로원 의원들, 병사들, 산적들, 시동, 전령

[장소]

아테네 및 그 부근 숲

아테네의 티몬

〔제1막 제1장〕

아테네. 티몬 저택의 홀.

시인, 화가, 보석상, 상인, 그 밖의 사람들이 문 여러 개를 지나 등장.

시인 안녕하십니까!

화가 건강하신 모습을 뵈니 반갑군요.

시인 오랫동안 뵙지 못해서…… 그래, 세상 돌아가는 형편은 어떻습니까?

화가 세상이 갈수록 닳고 닳아서요.[*1]

시인 그거야 세상이 다 아는 사실이고, 뭐 특별한 일은 없나요? 기이한 소식 말입니다. 보세요! 저 은혜의 마력을! 저렇게 어중이떠중이들이 모여들게 되는 것도 모두 은혜의 힘 덕분이지요. 저 상인은 제가 알고 있죠.

화가 저는 두 사람을 다 알고 있습니다. 나머지 한 사람은 보석상이죠.

상인 오, 참, 훌륭한 어른이십니다.

보석상 그야, 말할 나위가 있나요.

상인 세상에 둘도 없는 분이죠. 말하자면 지칠 줄도 모르고 끊임없이 좋은 일만 하려고 이 세상에 태어난 분 같다니까요. 그저 그만이죠.

보석상 실은, 오늘 보석을 한 개 가져왔습니다만…….

상인 오, 잠깐 보여주시오. 티몬 공께 보여드릴 건가요?

보석상 값만 제대로 쳐주신다면야. 그러나 그게…….

시인 (혼자서 시구를 암송한다)

보상을 위해 더러운 것을 찬미한다면,

[*1] 자기 잇속만 챙기는 사람들이 설치는 세상이 되어간다는 뜻.

교묘한 시구의 영광을 더럽힐지라.
시란 어여쁜 것을 노래하게 마련이니.

상인 (보석을 들고) 생김새가 훌륭한데요.

보석상 질도 좋죠. 이 광채를 보세요.

화가 (시인에게) 작품에 정신이 팔려 계시는군요. 각하께 바치려는 것입니까?

시인 뭘요, 즉흥적으로 굴러나온 것이죠. 시는 고무와 같아서, 제풀에 자라서 제풀에 흘러나오죠. 부싯돌의 불은 쳐야 나지만 시의 우아한 불꽃은 스스로 일어나거든요. 마치 강기슭에 부딪히는 급류처럼 튀어나오죠. 들고 계신 건 뭐죠?

화가 초상화입니다. 당신의 책은 언제 세상에 나오나요?

시인 헌정(獻呈)이 끝나면 곧 나오죠. 그 작품을 좀 보여주실까요?

화가 제 딴엔 제법 잘된 작품이라 생각되지만.

시인 (보면서) 참, 그렇군요, 참 잘됐습니다. 걸작입니다.

화가 평범한 작품이죠.

시인 훌륭합니다. 이 우아한 자태는 본인을 그대로 가져다 놓았군요! 힘 있는 턱이라든지, 이 총명한 눈! 이 입술에 나부끼는 커다란 이상! 그림은 말이 없지만, 보는 사람은 해설할 수가 있지요.

화가 제 딴엔 실물을 있는 그대로 그렸습니다만…… 여기가 고심한 부분이죠. 그런대로 괜찮겠습니까?

시인 저는 그걸 '자연의 스승'이라 평하겠습니다. 기교 면에서 노력하신 흔적이 이 필치 속에 살아 있군요. 실물보다 더 생기가 있습니다.

원로원 의원들 등장, 무대를 지나간다.

화가 어떻습니까? 저들이 모두 이 댁 각하를 따르는 사람들이라니!

시인 아테네 원로원 의원들이군요. 참으로 행복한 사람들이죠!

화가 보세요, 또 옵니다.

시인 큰 물결이 밀려 들어오듯 찾아오는 이 방문객들을 보세요. 이것을 저는 이 보잘것없는 작품 속에 그려보았습니다. 한 인물을 구체화해서요. 이

고대 아테네의 중심 아크로폴리스 언덕

하늘 아래 모든 사람들이 호의를 다해서 포옹하며 환영하는 인물입니다. 제 뜻은, 어느 한 사람을 비판하려는 것이 아니라, 넓고 넓은 바다와 같이 자유스럽게 붓을 놀려보자는 것이죠. 그래서 악의에 찬 구절은 작품 전체를 통해 한 구절도 찾아볼 수가 없습니다. 독수리가 쏜살같이 날아가듯, 대담하게 곧장, 흔적 하나 뒤에 남기지 않고 말입니다.

화가 말씀하신 것이 아직 잘 이해가 안 되는데요.

시인 설명해 드리죠. 보시는 바와 같이 저마다 생김새나 성질이 여러 가지로 다른 모든 사람들—입이 가볍고 조심성이 없는 사람들, 정중하고 엄격한 사람들—이 티몬 공을 앞다투어 받들려 하고 있습니다. 그분은 어마어마한 재산으로 선심을 쓰고 자선을 베푸시니, 저마다 생김새와 성격이 다른

아테네의 티몬 457

인물들이 복종도 하고 심복이 되려고 할 수밖에요. 얼굴이 거울 같은[*2] 아첨꾼으로부터, 무엇보다도 자기 자신을 증오하는 것을 가장 좋아한다는 아페만투스까지 티몬 공 앞에 무릎을 꿇어 티몬 공이 고개 한 번만 끄덕이면 모두 부자가 되어 편안히 돌아가죠.

화가 저도 각하께서 그 사람과 이야기 나누는 것을 보았습니다.

시인 저는 어떤 아름다운 높은 산 위에서, 운명의 여신이 옥좌에 앉아 있는 것을 상상해 보았습니다. 바로 그 산기슭에는, 인간 세계 바닥에서 자기 삶의 여건을 향상시키려고 노력하는 모든 계급, 모든 부류의 군상이 열을 지어 늘어서 있습니다. 이 사람들 가운데서 이 지엄한 여신을 뚫어지게 바라보고 있는 한 사람! 이 사람을 티몬 공의 모습으로 인격화한 것이죠. 여신은 상아 같은 손으로 이 사람을 손짓해 부릅니다. 이 여신이 이 사람에게 보내는 총애 때문에 경쟁자들도 모두 이 사람의 노예가 되고, 종복이 된다는 이야기죠.

화가 참, 그 착상이 적절합니다. 그 옥좌, 그 여신, 그 산 위에 한 사람만을 불러 올려, 그 아래 남은 사람들이 행복의 절정으로 기어올라가는 험준한 산만 바라보며 머리 숙여 절하고 있는 광경을 생각해 보니, 이거야말로 우리 전문 기술에서 비로소 잘 표현해 낼 수 있겠군요.

시인 아니죠. 좀더 제 말을 들어보세요. 얼마 전까지 그분의 동료였던 모든 사람들, 아니, 그분보다도 더 높은 위치에 있던 사람들까지도 이제 와서는, 큰 걸음으로 뽐내고 걷는 그분 뒤를 졸졸 따라다니면서 응접실이 가득 차게 몰려와서는, 그분 귀에다 대고 속삭이듯 아첨하는 말을 퍼부어 넣지요. 그분의 등자까지 신성하게 여기면서 자유로이 공기를 호흡하는 것까지도 그분 덕택이라고 말이죠.

화가 아, 그래요? 그래서요?

시인 그런데 변덕이 심한 운명의 여신이 마음이 변해 여태까지 총애하던 그 사람을 발길로 차버리자, 그를 따라 산꼭대기로 애써 기어올라가던 추종자들, 심지어 그의 앞에서 무릎 꿇고 손을 모으고 있던 자들까지 모두 그가 굴러떨어지게 내버려 두고 한 사람도 산기슭까지 따라 내려가지 않더란 말

[*2] 상대의 기분이나 감정이 마치 자신의 기분이나 감정인 듯 자신의 얼굴에 그대로 드러나는 것을 뜻한다.

1막 1장, 벤티디우스의 탄원을 듣는 티몬　헨리 코트니 셀루스. 1830.

입니다.

화가 그야 이 세상에서는 흔한 일이죠. 그런 우화 따위는 얼마든지 그려 드리겠습니다. 이런 운명의 급작스런 타격 같은 것은, 시보다도 그림이 더 알맞게 나타낼 수가 있으니까요. 그러나 비천한 눈으로도 발과 머리가 뒤바뀌는 사례는 얼마든지 보아왔다고, 티몬 공께 한 말씀 하시는 게 좋겠습니다.

나팔 소리 울리며 티몬이 방문객 한 사람 한 사람에게 정중히 인사를 하면서 등장. 벤티디우스의 하인이 티몬과 이야기를 하고, 루킬리우스와 다른 하인들이 뒤따른다.

티몬 아니, 감옥에 들어갔다고?

벤티디우스의 하인 네, 그렇습니다. 부채는 5달란트인데, 그분 형편은 가장 궁핍하지만 채권자들은 누구보다 냉혹하지요. 주인이 바라는 것은 각하께 편지를 얻어서 자기를 잡아넣은 채권자들한테 주라는 것입니다. 이것이 잘못되면, 주인에게는 절망밖에는 남는 게 없습니다.

티몬 그 고결한 벤티디우스가! 좋아. 나는, 친구가 나에게 구원을 바라는데 그것을 뿌리칠 하찮은 인간은 아니야. 난 그 친구를 잘 알고 있네. 마땅히 구원받을 만한 훌륭한 신사야. 그 빚은 내가 대신 갚아서 자유로운 몸이 되게 해주겠어.

하인 각하의 앞날에 행복만 가득하기를 바랍니다!

티몬 주인한테 잘 말해 주게. 석방에 필요한 돈은 곧 보내줄 테니, 풀려 나오거든 나한테 오라고 하게. 약한 자를 구해 주는 것만으로는 안 되고 그 뒤를 봐줘야지. 그럼 잘 가게나.

하인 안녕히 계십시오, 각하. (퇴장)

늙은 아테네 사람 등장.

노인 티몬 각하께 아뢸 말씀이 있습니다.

티몬 주저하지 말고 말씀하시오, 노인.

노인 댁에 루킬리우스란 하인이 있습죠?

티몬 있소. 그 사람이 무얼 어쨌나요?

노인 고귀하신 티몬 각하, 그 사람을 이리로 불러주십시오.

티몬 여기 어디 있을까? 루킬리우스!

루킬리우스 (나서면서) 네, 여기 있습니다.

노인 티몬 각하, 바로 이 사람, 이 댁 하인이, 밤이면 제 집에 곧잘 들릅니다. 저란 사람은 처음부터 알뜰하게 돈을 모은 사람이라서요, 남의 하인보다는 좀더 성공한 사람을 저의 재산 상속자로 맞이하고 싶습니다.

티몬 음, 그래서?

노인 저에겐 외동딸이 있을 뿐 가까운 친척도 없습니다. 그래서 제가 번 돈을 고스란히 그 애에게 주어야 합니다. 그 애는 얼굴도 예쁘고 혼기에 다다라 한창 피어오를 때인데, 이제까지 돈을 많이 들여 가장 훌륭한 아내가 되도록 길러왔습니다. 고귀하신 각하! 제발 저 사람이 우리 딸한테 오지 못하게 분명히 말씀해 주십시오. 제가 아무리 말을 해도 소용없으니까요.

티몬 그는 정직한 사람이오.

노인 그러니, 그 정직하다는 명예는 저 사람에게 주시고, 제 딸을 건드려서는 안 된다고 말씀을 해주십시오.

티몬 딸이 저 사람을 좋아하오?

노인 한창 젊은 때라 꾐에 넘어가기 쉽죠. 저희들의 지나간 불장난을 생각한다면 청춘의 경박한 행동을 보고, 어찌 그대로 내버려 둘 수가 있겠습니까?

티몬 (루킬리우스에게) 자네는 그 처녀를 사랑하나?

루킬리우스 네, 사랑합니다. 그리고 그 처녀도 승낙을 했습니다.

노인 그 애가 결혼을 하려면, 내 승낙이 없어서는 안 되지. 나는 신들을 증인으로 차라리 이렇게 맹세를 하겠네. 사위는 비렁뱅이 가운데서 고르고, 딸에게는 한 푼도 물려주지 않겠다고.

티몬 그럼, 딸한테 물려줄 재산은 얼마나 되죠? 같은 재산을 가진 사위를 보게 된다면 말이오.

노인 현재는 3달란트가 있습니다만, 언젠가는 모두 물려줄 작정이죠.

티몬 저 사람은 오랫동안 내 집에서 일을 해왔으니, 나도 조금 노력해서 저 사람의 앞날을 밀어주고 싶소. 이렇게 하는 것이 인간의 도리기도 하니까. 저 사람에게 딸을 주시오. 노인이 딸에게 물려주는 만큼 나도 그에게 균형을 맞추어 두 사람을 동등하게 해주리다.

노인 고귀하신 각하! 좋습니다. 이 몸을 담보로 하겠습니다. 딸아이는 저 사람 것입니다.

티몬 자, 악수를 합시다. 나는 내 명예를 이 약속에 걸겠소.

루킬리우스 각하, 황송하고도 감사합니다. 앞으로 어떤 행운과 재산이 저한테 굴러 들어와도, 이 모두가 각하 덕분이라고 생각하겠습니다. (노인과 함께 퇴장)

시인 서투르고 보잘것없는 작품이지만 받아주시기 바랍니다. 그리고 만수무강하시기를…….

티몬 고맙소. 곧 답례를 할 테니, 가지 말고 기다려 주오. 아, 친구는 무얼 가져오셨소?

화가 그림 한 폭이오니 받아주시기 바랍니다.

티몬 그림이라면 환영하지요. 그림 속에 그려진 사람이 오히려 본질적인 모습에 가깝지요. 살아 있는 사람은 정직하지가 못하고 장삿속으로 가득하며 겉으로 보이는 모습뿐이지만, 그림 속에 그려진 사람은 보이는 그대로 에누리가 없으니까요. 난 당신의 그림을 좋아하니, 이 작품도 내 마음에 들겠죠. 답례를 할 때까지 좀 기다려 주오.

화가 축복을 받으시기 바랍니다.

티몬 (상인과 보석상에게) 잘 왔소, 악수합시다. (두 사람과 악수한다) 꼭 나와 식사를 해야 하오. 당신 보석은 칭찬이 자자해서 내가 곤란했소.

보석상 네? 각하! 곤란하셨다니, 평판이 나빴나요?

티몬 칭찬이 너무도 대단했다니까. 칭찬을 받은 만큼 그 값을 치르자면, 아마도 내가 벌거벗어야 할 거요.

보석상 각하! 값은 파는 사람이 정하지만 아시다시피 같은 값의 물건도 누가 가지고 있느냐에 따라 가치가 달라지죠. 각하께서 사용하시면, 틀림없이 그 보석이 한결 다르게 보일 테니까요.

티몬 잘도 놀리오.

상인 아닙니다, 각하! 이제 그 말은 세상 사람들이 입버릇처럼 쓰는 말이 되

아페만투스의 등장 H.C. 셀루스. 1830.

었습니다.

티몬 저 사람이 오네. 입이 험해서 욕설깨나 들을걸세.

보석상 참아야죠, 각하를 모시고 있으니까요.

상인 저 사람은 상대가 누군지 가리지를 않으니까요.

아페만투스 등장.

티몬 안녕하신가? 친절한 아페만투스.

아페만투스 내가 친절해질 때까지 안녕이란 인사는 개나 줘버리게. 그대가
    티몬의 개가 되고, (보석상과 상인을 가리켜) 저기 저 악질들이 정직해질 때까
    지 말일세.

티몬 왜 저 사람들을 악질이라 부르지? 그들을 잘 알지도 못하면서…….

아페만투스 저들은 아테네 사람들이지?

티몬 그야 그렇지.

아페만투스 그럼, 다시 말할 필요도 없지.

보석상 아페만투스 씨, 날 아시나요?

아페만투스 그야 자신이 더 잘 알지. 나는 그대를 그대 이름으로 불렀네.

티몬 너무 건방진데, 아페만투스.

아페만투스 이쯤이야 별것 아니네. 나는 티몬과는 다르니까.

티몬 그래, 어디로 가는 길인가?

아페만투스 어리석게 정직한 어떤 아테네 사람의 머리를 두드려 부수려고 가는 길이네.

티몬 그런 짓을 하면 사형감이야.

아페만투스 그렇지, 죄 없이 사형하는 것이 법률이라면.

티몬 아페만투스, 이 그림은 어때? 좋지 않아?

아페만투스 순진하기로는 최고지.

티몬 화풍이 걸작이 아닌가?

아페만투스 그 화가를 만들어 놓은 조물주가 더 걸작이지. 정말이지 더러운 작품이야.

화가 에잇! 개 같으니!

아페만투스 당신 어머니도 나와 같은 출신인데, 내가 개면 당신 어미는 뭐가 되지?

티몬 아페만투스, 우리 식사나 함께하세.

아페만투스 싫어. 각하들은 먹지 않겠네.

티몬 각하들을 먹다니, 그 부인들이 화를 내겠군.

아페만투스 그 부인들이라는 것이 각하들을 뜯어먹어서 배가 그렇게 절구통처럼 되어버리는 거야.

티몬 그렇게 말하면 음탕하게 들리는데.

아페만투스 그대가 음탕하게 받아들이는 거지, 수고스럽게도.

티몬 이 보석은 어때, 아페만투스?

아페만투스 솔직한 거래로는 안 되겠구먼. 그렇게 하면 동전 한 푼 값도 안

될 테니.

티몬 이 보석 값은 얼마나 되겠나?

아페만투스 생각해 볼 만한 값어치도 없네. 어떠시오, 시인?

시인 어떠시오? 철학자.

아페만투스 당신은 거짓말쟁일세.

시인 아니, 그럼 철학자가 아니란 말이오?

아페만투스 철학자네.

시인 그럼 거짓말이 아니지 않소?

아페만투스 당신은 시인이 아닌가?

시인 그렇소.

아페만투스 그러니 당신은 거짓말쟁이란 말이지. 요전의 당신 작품을 보게. 그 인물을 굉장한 사람처럼 조작해 놓질 않았나?

시인 조작해 놓은 것이 아니라, 사실이 그러하니까요.

아페만투스 그렇지. 그는 당신의 작품을 가치 있게 여기고 그 수고에 따른 대가를 치르니까! 아첨해 주는 것을 좋아하는 자는 아첨하는 자와 다를 게 없다네. 신들이시여! 내가 각하나 되었더라면!

티몬 아페만투스, 만약에 그렇다면 어찌할 텐가?

아페만투스 지금과 다를 게 없겠지만 각하라는 것을 진심으로 미워하겠지.

티몬 그럼, 자기가 자기를 미워한단 말인가?

아페만투스 그렇다네.

티몬 왜?

아페만투스 각하라는 것이 되면, 분개할 지혜조차 없어질 테니까. 그대는 상인인가?

상인 그렇소만.

아페만투스 그대는 장사로 망하겠군. 만약에 신(神)들이 그대를 망하게 하지 않는다면.

상인 만약에 장사로 망한다면, 그거야 신들이 망하게 한 거겠죠.

아페만투스 장사가 그대의 신이니, 그대의 신이 망하게 하는 거야!

나팔 소리와 함께 하인 등장.

티몬 저 나팔 소리는 무엇인가?

하인 알키비아데스 님을 비롯해서, 스무 명쯤 되는 분들이 말을 타고 오십니다. 모두 일행이십니다.

티몬 그분들을 이리로 모셔라. (하인 몇 사람 퇴장) (화가에게) 나와 식사를 함께해야 해요. 내가 답례할 때까지 가서는 안 되오. 잔치가 끝난 뒤에 그 그림을 충분히 감상하도록 합시다. 여러분들이 와주어서 매우 기쁩니다.

알키비아데스 일행 등장.

티몬 어서들 오십시오. 잘들 오셨습니다. (일행, 정중하게 허리를 굽힌다)

아페만투스 그래, 그래, 그렇지! 진심으로 저렇게 굽실거릴 리가 있나. 저 모든 예절들을 보라고! 원숭이나 성성이의 기질이라도 타고났단 말인가.

알키비아데스 영광스럽게도 얼굴을 뵙게 되니, 바람이 이루어져 굶주린 자가 먹을 것을 얻은 듯합니다.

티몬 참으로 잘 오셨습니다! 이곳을 떠나시기까지는 아직 시간이 넉넉하여 뭔가 특별하게 대접할 수 있을 겁니다. 바라건대 안으로 들어가시죠. (아페만투스만 남고 모두 퇴장)

귀족 둘 등장.

귀족 1 아페만투스, 지금 시각이 어떻게 되오?

아페만투스 정직해져야 할 시각이오.

귀족 1 그야, 언제든지 정직해야지.

아페만투스 그러나 저주받을 그대들은 언제든지 정직은 빼먹으니까.

귀족 2 당신도 티몬 공 잔치에 가오?

아페만투스 가지요. 배부른 악당이며, 술 취한 얼간이들 구경하러.

귀족 2 잘 가오, 잘 가오!

아페만투스 두 번이나 잘 가라고 하니, 그대는 얼간이네.

귀족 2 어째서, 아페만투스?

아페만투스 한 번은 자네 몫으로 간직해 두게. 나는 인사를 통 하지 않을 테니.

귀족 1 목이나 매 죽어라, 이놈아!

아페만투스 자네 명령엔 꼼짝도 하지 않을 테니, 자네 친구한테나 말해 보게.

귀족 2 꺼져라! 이 시끄러운 개야! 그렇지 않으면 발길로 차버리겠다.

아페만투스 당나귀한테 차이기 전에 개같이 달아나야지. (급히 퇴장)

귀족 1 저자는 인류의 적이오. 안으로 들어가 티몬 공이 은혜를 베푸는 걸 감상합시다. 공이야말로 더없이 선한 분이죠.

귀족 2 그야 물 뿌리듯이 돈을 마구 뿌려 대니까요. 황금의 신 플루토스도 그의 집사일 뿐이죠. 어떤 보수든지 실제보다 일곱 배 넘게 주고, 선물을 하나 받으면, 받은 것보다 더 많은 이익을 붙여서 돌려보낼 정도로 하나하나 답례를 하죠.

귀족 1 그렇게 마음씨가 고결한 사람은 여태껏 본 적이 없다니까요.

귀족 2 공이 오래오래 번영하시기를! 안으로 들어갑시다.

귀족 1 동행해 모시죠. (모두 퇴장)

〔제1막 제2장〕

티몬 저택의 응접실.

오보에 소리가 크게 들려온다. 큰 잔치 자리가 벌어지고, 플라비우스와 다른 하인 들이 시중을 들고 있다. 티몬, 알키비아데스, 원로원 의원들, 귀족들, 벤티디우스 등 등장. 가장 뒤늦게 아페만투스 등장.

벤티디우스 티몬 각하, 조물주께서 새삼스럽게 아버지의 나이를 생각하셨음 인지 영원한 평화 속으로 불러 가셨습니다. 아버지께선 매우 기쁘게 세상 을 떠나시고, 저에겐 풍족한 재산을 남겨주셨습니다. 그러하니 각하의 온 정에 감사해야 할 몸인지라, 지난번에 구원을 받아 자유의 몸이 됨을 감사 와 봉사로 돌려드리고, 빌려주신 돈도 갚고자 합니다.

티몬 오, 정직한 벤티디우스, 절대로 그래서는 안 되오. 나의 호의를 무(無) 로 돌리는 게 되니까요. 그것은 내가 그냥 드린 거라오. 그것을 도로 받으면 준 것이 헛일이 되지 않소. 우리보다 나은 사람들도 그런 돈놀이를 하고 있을지 모르지만, 그건 우리가 배울 것이 못 됩니다. 부유한 사람의 잘못은 비천하게 보이질 않는다고 하지만, 배울 것은 못 되지요.

벤티디우스 아, 고귀한 정신! (모두 예를 갖추어 일어선다)

티몬 아닙니다, 여러분. 예의란 처음부터 흐리멍덩한 행실의 겉치레로서 궁리해 낸 것뿐이죠. 알맹이 없는 환대이며, 표시되기도 전에 뉘우쳐 취소하는 선의랍니다. 진실한 우정이 있는 곳에는 예의고 뭐고 아무것도 필요 없어요. 자, 모두들 앉으시죠. 다행히도 내게 재물이 있어 여러분을 환대하게 된 것을, 내가 재물을 환대하는 이상으로 기쁘게 여깁니다. (모두 앉는다)

귀족 1 각하, 우리는 늘 그것을 고백해 왔습니다.

아페만투스 허, 허! 고백을 했겠지! 고백해서 교수형이나 받지 않았는지?

티몬 오, 아페만투스, 참, 잘 왔네.

아페만투스 잘 온 것 같지는 않군. 문밖으로 떠밀려 내쫓길 거라 각오를 하고 왔으니.

티몬 저런 퉁명스런 사람 봤나! 그래서는 신사가 못 되지. 창피한 노릇이야. 여러분, '노여움은 짧은 광기(狂氣)'라고들 하지만, 저 사람은 언제나 노여워하고 있다오. (하인에게) 이것 봐, 저 사람에게는 옆에 따로 탁자를 마련해 주게나. 저 사람은 다른 사람과 자리를 함께하는 것을 좋아하지도 않고, 어울리지도 않으니까.

아페만투스 티몬, 여기 이렇게 앉아서 그대의 위험을 지켜보고 있겠네. 관찰하러 왔는데, 이것만 경고해 두지.

티몬 상관하지 않을 테니 마음대로 해. 그대가 아테네 사람이기 때문에 환영할 뿐이고, 달리 어떻게 해볼 도리가 없는 사람이니. 고기나 입에 넣고, 잠자코 있게.

아페만투스 그대의 고기는 달갑지 않은데. 목에 걸릴 거야. 나는 아첨을 못하니까. 신이여! 저렇게 많은 사람들이 티몬을 뜯어먹고 있는데도, 티몬 자신은 그 사실을 모르고 있습니다! 저렇게도 많은 사람들이 한 사람 핏속에다 먹을 것을 담가 찍어 먹고 있는 것을 이 눈으로 보아야 하다니요! 모든 것이 미친 짓이야. 더구나 자기 스스로 그것을 격려하고 있으니. 어떻게 사람과 사람이, 저렇게도 감히 마음을 줄 수가 있단 말인가? 앞으로는 칼 없이 저 사람들을 초대해야 돼. 고기한테도 자선이 될 테고, 그들 생명에도 안전이 될 것이니. 그런 본보기가, 지금 이 자리에 얼마든지 있지. 지금 티몬 옆에 앉아서 빵을 나누어 먹고 그의 생명을 담보로 술을 나누고 있는 자가, 티몬을 가장 먼저 죽일 놈이지. 증거가 벌써 나타나고 있으니 말이야. 내가 만약에 위대한 인물이 된다면, 잔치 자리에서 술 마시는 것을 피하도록 하지. 왜냐면 '꼬르륵' 술 넘어가는 소리로 목줄띠 소재를 알리는 것은 위험천만한 일이니까. 위대한 인물들은 목줄띠에다 목가리개라도 두르고 술을 마셔야 하지.

티몬 자, 성의껏 건강을 축하하기 위해서, 술잔을 한 바퀴 삥 돌리시죠.

귀족 2 이쪽에서부터 술잔이 돌게 하시죠.

아페만투스 이쪽에서부터 돌게! 용감한 녀석이야! 미세기의 간물때와 찬물때를 잘 아는 놈이네. 티몬, 그런 식의 건강을 위한 축배는 그대와 그대의 신변을 병들게 하는 걸세. 여기 있는 이 찬물은 정직한 것이라 너무도 묽어서 죄인을 만들 수는 없으니, 결코 사람을 궁지로 몰아넣지는 않지. 이 물과 이 자양분은 (풀뿌리를 씹으면서) 동격으로 우열이 없으니, 너무도 자랑스런 성찬이라고 신께 감사를 드리지 않아도 좋거든. (감사의 기도를 드린다)

영원불멸의 신이여, 나는 재물을 탐내지 않으며,
나는 다만 나를 위해 기도하지,
다른 사람을 위해 하지 않을 것이며,
빈말이라도 나로 하여금
다른 사람의 맹세나 약속을 믿으려 하는,
그런 어리석은 짓을 행여나 허락하지 마소서.
또는 운다고 해서, 매춘부를,
또는 잠든 것 같다 해서, 개를 믿지 말 것이며,
또는 나의 자유를 교도관에게 맡기지 말고,
또는 벗이 필요하다 해서 벗을 믿게 되지는 않도록 해주소서.
아멘!
부유한 자들은 죄악을 먹을 것이니,
나는 차라리 이 풀뿌리를 씹겠다. (풀뿌리를 먹고 물을 마신다)

아페만투스여! 이것이 네 비위에는 그저 그만일 거야!

티몬　알키비아데스 장군, 당신 마음은 지금도 전쟁터에 있을 겁니다.

알키비아데스　제 마음은 언제든지 각하께 봉사하는 것만 기다리고 있지요.

티몬　그러나 친구와 잔치를 하는 것보다도, 오히려 적군을 만나 싸우는 것을 더 좋아하시겠죠.

알키비아데스　그렇다면 선명한 피가 뚝뚝 떨어지는 적의 고기처럼 좋은 것은 없습니다. 그런 성대한 잔치에 가장 좋아하는 친구를, 될 수만 있다면 초대하고 싶습니다.

아페만투스　거기 있는 모든 아첨꾼들이 그대의 적이라면 좋겠소. 그렇게 되면, 그대는 저자들을 죽이게 되고, 나는 그것을 먹을 테니까.

귀족 1　각하, 저희들을 부려 주시도록 분부만 기다리고 있습니다. 이렇게 하여 저희들이 열성을 조금이라도 표시할 수 있다면, 다시없는 행복으로 생각합니다.

티몬　오, 나의 친구 여러분! 그럴 때가 오겠지요. 여러분의 많은 협조가 필요할 때가 올 것입니다. 서로 돕는 것이 신의 뜻이 아니라면, 어떻게 서로 친구가 되겠습니까? 허물없이 아주 가까운 사이가 아니라면, 왜 수많은 사람 가운데서도 서로 벗이라 부르겠습니까? 나는 여러분이 하는 겸손한 말씀 이상으로 여러분을 위해서, 여러분의 말을 대변하고 있습니다. 그만큼 나는 여러분을 믿고 있습니다. 오, 신들이여! 만약에 서로가 필요치 않다면, 무엇 때문에 친구를 가질 필요가 있을까요? 서로가 쓸모가 없다면, 벗은 아무 소용이 없지요. 그거야말로 포장이 뜯어지지 않은 채로 그 묘한 음악을 들려준 일이 없는 악기와 같은 것입니다. 나는 때때로 가난한 사람이 되기를 바랐습니다. 좀더 여러분과 친근해지기 위해서요. 우리는 서로서로 돕기 위해 이 세상에 태어났습니다. 친구의 재물처럼 내 것이나 다름없다고 부를 만한 것이 또 어디 있겠습니까? 많은 사람들이 서로 형제처럼 서로의 재산을 마음대로 쓸 수 있다면 그 얼마나 귀중하고 기쁜 일이겠어요! 오, 기쁨이여! 그대는 나오기가 무섭게 사라지는가! (감격의 눈물을 흘린다) 내 눈이 물방울을 물리치지 못하는군요. 이 실수를 잊기 위해서, 나는 여러분을 위해 축배를 들렵니다. (마신다)

아페만투스 티몬, 그대는 저자들에게 술을 먹이려고 우는가!

귀족 2 저희의 눈들도 기쁨으로 만삭이 되어, 기쁜 눈물이 갓난애처럼 바로 튀어나오려 합니다.

아페만투스 허, 허! 그 갓난애는 틀림없이 사생아일 테니, 웃음거리밖에는 안 되지.

귀족 3 정말이지, 각하! 저는 아주 감격했습니다. (눈물을 닦는다)

아페만투스 아주! 정말이렷다? (안에서 나팔 소리)

티몬 저 나팔 소리는?

하인 등장.

티몬 무슨 소린가?

하인 말씀드리겠습니다. 어떤 부인네들이 만나주실 것을 애타게 바라고 있습니다.

티몬 부인네들이! 무슨 일로?

하인 그녀들의 취지를 말씀드릴 임무를 띤 선행자 한 사람이 함께 와 있습니다.

티몬 들어오도록 해주게.

큐피드 등장.

큐피드 티몬 각하께, 그리고 각하의 은혜를 받고 있는 모든 여러분께 삼가 축복의 말씀을 올립니다! 가장 훌륭한 다섯 개 감각을 가진 자여, 각하의 은혜를 알라. 기꺼이 뛰어와 넘쳐흐르는 각하의 온정을 축하하라! 청각, 촉각, 미각, 후각은 이미 잔치 자리에서 충분히 흡족하게 되었으니, 이제는 다만 눈을 즐겁게 하기 위해 저희들의 차례가 왔습니다.

티몬 아, 고마워라, 환영하지. 음악을 울려라, 저들을 반갑게 맞이하라! (큐피드 퇴장)

귀족 1 보세요, 각하의 인망이 얼마나 높으신지.

음악과 함께 큐피드 다시 등장. 가면을 쓴 여자들이 아마존 여장부로 분장하고, 류트를 연주하면서, 춤추며 등장.

아페만투스 원, 이런! 시시껄렁한 것들이 휘몰아치듯이 몰려오는구나! 춤을 추면서! 미친 것들이야, 이승의 영화란 본디 미친 짓과 같지만 말이야. 조금의 기름과 풀뿌리만 있으면 그만인 것을, 저토록 허영에 날뛰니. 뜯어먹을 수 있는 동안은 너나없이 어릿광대 짓을 해서 장난을 치고 아첨해서 술을 마시고 어울리지만, 상대가 일단 노쇠해 기울어지면 밉다고 멸시하고, 독살스럽게 침 뱉는 것이 이 세상이다. 타락하지 않고, 타락하게 하지 않고 살아 있는 자가 누구란 말이냐? 친구의 은혜를 발길로 차지 않고, 무덤으로 가 죽는 자가 누구란 말이냐? 이제 내 앞에서 춤을 추는 자들이 언젠가는 나를 짓밟을 테니, 이것은 얼마든지 보아온 바이다. 지는 해를 보고 문을 닫는 것이 세상의 인정이니까. (귀족들이 탁자에서 일어나 티몬에게 인사하고, 저마다 여장부들 가운데 한 사람씩 골라 짝을 지어 춤을 춘다. 오보에 소리에 맞추어 높은 곡이 한두 곡 연주되고 춤이 끝난다)

티몬 어여쁘신 숙녀분들! 그대들은 우리의 여흥을 아름답게 해주고 우리의 잔치를 아주 멋지게 꾸며주었소. 그대들이 빛나게 해주지 않았다면 이 잔치는 화려함이라든지, 모든 면에서 그 절반의 값어치도 안 되었을 것이오. 내 바람대로 잘 놀아주어서 감사드리오.

여인 1 저희들의 가장 좋은 점만 생각해 주시는군요.

아페만투스 가장 나쁜 점만 생각했다가는, 정말이지 더러워서 어찌 되라고.

티몬 부인들, 차린 것 없는 잔칫상이나마 여러분을 대접하려 하니, 남김없이 드시기 바랍니다.

모든 여인 감사합니다, 각하. (큐피드와 여인들 퇴장)

티몬 플라비우스!

플라비우스 각하!

티몬 그 조그만 상자를 이리로 가지고 오게.

플라비우스 알겠습니다. (혼잣말로) 아직도 보석이 더 필요하단 말인가! 기분을 거슬려서는 안 되니까 그렇지, 그렇지만 않다면 말씀을 드려야 할 텐데. 정말이지 있는 것을 다 써버리면, 그때는 조그만 것이라도 되돌아오길 바

1막 2장, 큐피드와 아마존의 춤 H.C. 셀루스. 1830.

라는 법이라고 말씀을 해드려야 할 텐데. 은혜 뒤에 눈이 없는 것이 원통한 노릇이지, 눈이 있다면 선심 때문에 망하게 하지는 않을 텐데 말야. (퇴장)

귀족 1 우리 하인들은 어디 있는가?

하인 여기 있습니다.

귀족 2 말을 준비하라!

    플라비우스, 조그만 상자를 들고 다시 등장.

티몬 오, 친구들이여! 여러분께 한 말씀드립니다. 보세요, 당신께 이 보석을 올리니, 나의 명예와 다름없이 생각하고 받으시어 몸에 지니고 계십시오.

귀족 1 아닙니다. 이미 많은 선물을 받았기에…….

다른 모든 이들 저희들도 모두 그렇습니다.

    하인 한 사람 등장.

하인 각하, 지금 막 도착하신 원로원 의원님들이 방문하러 오십니다.

티몬 음, 훌륭하게 모셔야지.

플라비우스 각하, 제발 제 말을 한마디 들어주세요. 집안일이오니…….

티몬 집안일이라! 그럼 나중에 듣도록 하지. 새로 오신 손님이나 잘 모시도록 준비를 해주게.

플라비우스 (혼잣말로) 어떻게 하란 말씀인지 모르겠군.

    하인이 또 한 사람 등장.

하인 2 각하께 말씀드립니다. 루키우스 경이 인정과 도리의 표시로 은장식을 한 우윳빛 하얀 말 네 필을 선물로 보내오셨습니다.

티몬 기꺼이 받아들여야지. 그 말을 잘 보살펴 주도록 해라.

    또 다른 하인 등장.

티몬　왜? 무슨 일이냐?

하인 3　말씀드립니다. 루쿨루스 경이 내일 사냥을 함께 가자고 각하 일행을 초청하시면서 잿빛 사냥개 한 쌍을 보내왔습니다.

티몬　음, 함께 사냥을 가도록 하지. 그 선물을 잘 받아두어라. 훌륭한 답례를 해야 할 테니.

플라비우스　(혼잣말로) 어떻게 하려고 저러시나? 준비를 하라느니, 훌륭한 답례를 하라느니 명령만 하시네. 돈궤는 텅 비어 있는데…… 각하는 돈주머니 속을 알려고도 안 하시고, 알려드리는 것도 바라지 않으시니. 실속은 쥐뿔도 없는데, 하고 싶은 대로 하실 능력이 안 된다는 사실을 아셔야 할 텐데…… 자기 재산으로는 감당할 수 없는 약속을 함부로 하시니 말씀하신 것이 모두 큰 빚이고, 말씀마다 너무도 선심을 쓰시니 이제는 그 이자만 해도 큰 짐이구나. 토지도 채권자들 장부에 올라 있지 않은가. 아, 내쫓기기 전에, 지금이라도 조용히 이 직책에서 벗어나야 할 텐데! 이런 원수보다 더한 것들을 먹여 살리느니, 차라리 벗이 하나도 없는 게 더 행복하지. 각하 생각을 하면, 피를 토하고 죽을 것만 같구나. (퇴장)

티몬　그건 자기를 모욕하는 것이자, 자기의 가치를 너무나 형편없이 평가하는 일입니다. 자, 이건 나의 변변치 않은 우정의 표시입니다.

귀족 2　그럼, 보통 이상의 감사로 그것을 달게 받겠습니다.

귀족 3　오, 저분이야말로 너그러움의 본보기이지요.

티몬　아, 이제 생각이 납니다. 당신은 요전에 내가 타고 있는 밤색 준마를 칭찬해 주셨죠. 당신이 좋아하시니 그 말을 드리겠습니다.

귀족 3　오, 제발 그것만은, 그것만은 제발……

티몬　정말 드려야겠습니다. 좋아하지 않으면 정당하게 평가할 수가 없습니다. 내 마음으로 내 친구 마음을 미루어 저울질하는 겁니다. 진심으로 말씀드리는 거지요. 나도 당신께 뭔가를 요청할 때가 있겠지요.

모든 귀족　오, 모두 그렇게 될 때를 바라고 있습니다.

티몬　나는 여러분이 저마다 한 분 한 분 마음껏 친절을 다해서 이렇게 찾아와 주신 것을 소중하게 생각합니다. 그래서 답례가 충분치 못한 것이 괴롭습니다. 내 친구에겐 왕국을 나눠 줘도 만족스럽지 않을 것 같군요. 알키비아데스, 당신은 군인이니 자선가가 기부라도 하지 않는 한 부유한 사람이 되기는 힘들 겁니다. 모든 생활을 시신 사이에서 꾸려 나가고, 당신의 모든 영토는 전쟁터이니까요.

알키비아데스 그렇습니다. 피로 더럽혀진 들판이죠.

귀족 1 저희는 도의상 각하에 대한 의무가…….

티몬 그건 나도 마찬가지죠.

귀족 2 가없는 혜택을 입어서요…….

티몬 모두 여러분 덕택으로…… 여봐라! 불을 밝혀라, 좀더 불을 밝혀!

귀족 1 다시없는 행복이, 명예가, 행운이 각하께 깃들기를!

티몬 여러분들을 언제든지 기다리고 있겠습니다. (아페만투스와 둘만 남고, 모두 퇴장)

아페만투스 여기서 뭘 하자는 건지! 고개를 끄떡거리고, 꽁무니를 내미는 아첨이로구나! 그런 정강이들에게 그런 값을 주고 사주다니. 우정이란 지게미일 뿐이야. 마음이 썩은 자의 정강이가 건전할 리 없지. 정직한 바보가 자신의 재산을 이런 아첨꾼들에게 다 써버리니 어처구니없는 노릇이지.

티몬 이봐, 아페만투스, 심술만 피우지 않으면 그대에게도 한몫 단단히 챙겨 줄 수 있네.

아페만투스 천만에, 쓸데없어. 나까지 매수되면 욕설을 할 사람이 없을 거고, 그만큼 빨리 타락하게 되겠지. 티몬, 그렇게 계속 남에게 주기만 하면, 얼마 안 가서 신문에 이름이 오르내릴 거야. 이런 사치스럽고 허영에 찬 잔치를 열어야 할 까닭이 없네.

티몬 모임에 대해 씹기 시작한다면, 더는 상대하지 않겠어. 잘 가게. 좀더 좋은 소리가 나올 때 오게나. (퇴장)

아페만투스 그렇지, 이젠 내 소리도 안 들으려 하겠다. 듣기 싫으면 듣지 말라지. 천국의 문을 닫아줄 테니. 아, 인간의 귀는 충고에는 막혀버리고, 아첨에만 번쩍 뜨이는구나. (퇴장)

〔제2막 제1장〕

아테네. 어느 원로원 의원 저택의 한 방.

원로원 의원 한 사람, 손에 서류를 들고 등장.

원로원 의원 그리고 최근에 5000달란트 빚을 졌구먼. 그는 내가 예전에 빌려주었던 2500달란트 말고도 바로와 이시도르에게 9000달란트 빚을 지고 있어. 그러면서도 여전히 돈을 미친 듯이 함부로 뿌리다니! 유지될 리가 없지. 만약에 돈이 필요해지면 비렁뱅이 개라도 훔쳐다 티몬에게 바치란 말야. 그러면 그 개가 댓바람에 돈이 될 테니. 만약에 말 한 필을 팔아서 그보다 좋은 말을 스무 필쯤 만들려면, 그 말 한 필을 티몬에게 바치란 말이다. 암말도 그에게 바치면 그 말이 곧장 스무 필의 새끼를 쳐준다니까, 그것도 훌륭한 말을. 티몬의 문지기란 녀석은 다시없는 애굣덩어리로, 지나가는 온갖 사람을 언제든지 불러들이니, 그래 가지곤 지탱될 수가 없지. 이성이 있는 사람이라면 모두 그가 파산하리라 내다보고 있을 거라고. 어이! 카피스! 카피스! 이봐!

카피스 등장.

카피스 예, 어르신. 무슨 일로 부르셨는지요?

원로원 의원 외투를 입고 티몬한테 빨리 가서 돈을 달라고 재촉하거라. 단박에 거절한다고 그만두지 말고, 또는 "주인께 잘 말씀해 주시오" 하면서 모자를 오른손으로 이렇게 주무른다고 해서 잠자코 있지만 말고 말을 하라고. 나도 빚을 갚아야 할 절박한 형편에 놓여 있다 말하고, 기한이 지났는데 그 날짜를 믿었던 나로서는 신용이 형편없이 떨어졌다고 말하라고. 나는 그 사람을 존경하고 사랑하지만, 그의 손가락을 치료하기 위해서 내 등뼈를 부러뜨릴 수는 없는 노릇이니까. 쓸 일이 너무 다급하게 되어, 말만으로는 해결은커녕 죽도 밥도 안 되니 바로 지급해 달라고 하란 말이야. 거기 가면 아주 늘어붙어서 진드기 같은 표정을 지어라. 지금은 티몬이 공작같이 황홀하지만, 깃털이 하나하나 제대로 제 날개에 돌아가 꽂히면 벌거벗은 갈매기 꼴이 될 테니까. 빨리 가봐.

카피스 네, 가보겠습니다.

원로원 의원 이 증서를 가지고 가서, 날짜대로 계산을 해 받아 와.

카피스 네, 알겠습니다.

원로원 의원 어서 가거라. (모두 퇴장)

〔제2막 제2장〕

같은 곳. 티몬 저택의 홀.
플라비우스, 계산서 뭉치를 들고 등장.

플라비우스 아무 걱정도 없이 쉬지 않고 흥청망청 돈을 쓰시다니! 유지해 나갈 수 있는 방법을 알아보시지도 않고, 흥청망청 노는 것도 끊으실 생각이 없네. 물건이 어떻게 없어지는지 계산이나 해보실까? 아예 관심이 없으시니. 그처럼 어리석게 여기저기 선심을 쓰시는 분은 다시없을 거야. 어떻게 하면 좋지? 몸소 느끼시기 전에는 아무리 말씀드려 봤자 소용없으니. 사냥에서 돌아오시거든 솔직하게 말해야지. 딱한 일이야! 딱해, 딱하다! 딱해.

카피스 등장. 뒤이어 이시도르의 하인과 바로의 하인 등장.

카피스 안녕하시오, 바로 씨? 이런, 돈 때문에 왔소?

바로의 하인 댁도 같은 볼일 때문에 오지 않았소?

카피스 그렇소만, 이시도르 씨, 당신도?

이시도르의 하인 그렇소만.

카피스 우리 모두 돈을 잘 받았으면 좋겠는데…….

바로의 하인 어려울 텐데요.

카피스 아, 주인어른이 오시네.

티몬, 알키비아데스, 귀족들 등장.

티몬 알키비아데스 씨, 식사가 끝나는 대로 곧 다시 나가도록 합시다. (카피스에게) 나한테? 무슨 일이지?

카피스 각하께서 지급하셔야 할 차용증서입니다.

티몬 지급해야 할! 어디서 온 누구냐?

카피스 네, 이곳 아테네 사람입니다.

티몬 내 집사한테 가서 말하게.

카피스 실례입니다만, 그는 날마다 내일 내일 하면서 이달까지 미루어 왔습니다. 급하게 돈 쓸 일이 생겨서, 저희 주인이 돈을 돌려달라고 말씀하십니다. 삼가 바라오니 고결한 마음씨를 발휘하셔서 저희 주인의 요구를 들어주십시오.

티몬 미안하지만 내일 아침에 다시 와주게.

카피스 아닙니다, 각하.

티몬 그렇게 하라니까.

바로의 하인 각하, 바로 댁 하인입니다.

이시도르의 하인 이시도르 댁에서 왔습니다. 주인이 돈을 빨리 돌려달라고 말씀하셔서…….

카피스 저희 주인이 얼마나 곤란하신지 각하께서 아신다면…….

바로의 하인 각하, 기한이 벌써 한 달 반이나 지나서…….

이시도르의 하인 댁의 집사는 연기만 하니, 각하께 직접 말씀을 드리라고 저를 보내셨습니다.

티몬 잠깐, 가만있게. 여러분은 먼저 들어가시죠. 나도 곧 뒤쫓아 들어가겠소. (알키비아데스와 귀족들 퇴장) (플라비우스에게) 이것 봐, 이리 좀 오게. 대체 어떻게 된 일인가? 기한 넘은 차용증서니, 묵은 부채를 연기만 하느니 하고 시끄럽게 떠들어 대어 내 체면이 말이 아니게 만들어야만 하는가?

플라비우스 보세요, 여러분, 지금은 그런 말을 하실 때가 아닙니다. 식사가 끝날 때까지는 재촉을 삼가세요. 여러분한테 지급하지 못한 까닭을 내가 말씀드리고 나리께서 알아들으시게 할 테니까요.

티몬 그렇게 해주오. 저 사람들을 잘 대접해 주게. (퇴장)

플라비우스 자, 이리로들 오시지요. (퇴장)

아페만투스와 어릿광대 등장.

카피스 저기 아페만투스와 어릿광대가 와요. 우리가 좀 놀려줍시다.

바로의 하인 목매달 놈이 저주를 쏟아내겠죠.

이시도르의 하인 염병에나 걸려라, 개 같은 놈!

바로의 하인 어떻소, 바보 씨?

아페만투스 그대는 그대 그림자와 이야기를 하고 있나?

바로의 하인 당신한테 말을 건네는 것이 아니오.

아페만투스 물론이지, 그대 자신한테 말을 하고 있으니까. (어릿광대에게) 자, 가자.

바로의 하인 당신 등에 이미 바보가 업혀 있네요.

아페만투스 (돌아다보더니) 아직 혼자 서 있으니, 네가 그자 등에 업혀 있을 리 없지.

카피스 그럼 그 바보는 지금 어디 있소?

아페만투스 지금 말한 네가 바로 그 바보야. (혼잣말처럼) 불쌍한 녀석들. 고리대금의 종들! 빈곤과 돈의 뚜쟁이들!

모든 하인들 아페만투스, 우리가 뭐라고?

아페만투스 당나귀야.

모든 하인들 어째서?

아페만투스 자기가 무엇인지도 모르고 나한테 물으니 당나귀지. 어릿광대, 저자들에게 뭐든 말하게.

어릿광대 안녕들 하신가요, 여러분?

모든 하인들 고맙소. 어릿광대 당신의 안주인은 어떻소?

어릿광대 목욕물을 끓이고 있지. 자네들 같은 병아리를 튀기려고. 코린트에서 만납시다.

아페만투스 됐어! 정말 고마워.

시동 등장.

어릿광대 보세요, 저기 안주인의 심부름꾼이 오네요.

시동 (어릿광대에게) 아니, 뭔 일이요? 형님! 이 똑똑한 사람들과 무얼 하고 있는 거요? 아페만투스, 무슨 일인가요?

아페만투스 내 입속에 회초리가 있다면 따끔한 대답을 해주겠다만.

시동 아페만투스, 이 편지 겉봉에 쓴 것을 읽어줘요. 뭐가 뭔지 도무지 모르겠네요.

아페만투스 너는 읽을 줄 모르니?

시동 네.

아페만투스 그럼 네놈은 교수형으로 죽어도 학문이 아깝지는 않겠다. 이건 티몬한테, 이건 알키비아데스한테 가는 거야. 어서 가라! 날 때는 사생아요, 죽을 때는 매춘굴이라는 것이 바로 너로구나.

시동 날 때는 강아지, 죽을 때는 개죽음이 바로 당신이죠. 대답은 필요없어요. 달아나야지. (급히 퇴장)

아페만투스 요놈! 그렇게 뺑소니를 치면, 신의 은총도 뺑소니친다. 어릿광대, 티몬한테나 함께 가자.

어릿광대 함께 가서 나를 거기다 떨어뜨려 놓으려고?

아페만투스 그래, 티몬이 집에 있으면. 봐라, 너희 세 사람은 고리대금업자들이 부리고 있지?

모든 하인들 그렇소. 우리가 그들을 부렸으면 좋으련만.

아페만투스 그랬으면 나도 좋겠다. 도둑이 교수형 집행자를 부리는 꼴이 되니 묘하구나.

어릿광대 자네들은 고리대금업자들이 부리는 사람인가?

모든 하인들 그래, 바보야.

어릿광대 대금업자들 가운데 어릿광대 한 사람쯤 고용하지 않은 사람이 없는 모양이야. 내 안주인도 대금업자지만, 난 그 여자의 어릿광대니까. 이것봐, 자네 주인한테 돈을 빌리러 오는 사람들은 올 땐 우울한 얼굴이지만, 갈 때는 명랑한 얼굴로 바뀌지. 하지만 사람들이 내 안주인 댁에 올 때는 명랑한 얼굴이다가도 나갈 때는 우울한 얼굴이거든. 그 까닭을 알겠나?

바로의 하인 맞혀볼까?

어릿광대 그래 보든지. 맞히면 뚜쟁이 겸 악당이라 불러주지. 그렇다 해서 자네 위신이 깎일 것도 없겠지만.

바로의 하인 뚜쟁이가 뭔데?

어릿광대 자네처럼 좋은 옷을 입은 어릿광대지. 이거야말로 도깨비지. 어떤 때는 귀족처럼 꾸미고 나타나는가 하면, 어떤 때는 변호사처럼, 어떤 때는 철학자처럼 차리고 나타나거든. 그 잘난 보배 하나 말고도, 두 공기 쪽을 가지고 때로는 기사(騎士)같이 차리고서, 대부분 위로는 여든 살부터 아래로는 열세 살짜리에 이르기까지 서로 다른 이런저런 옷을 입고는 이 도깨비들이 기어들거든.

바로의 하인　자네는 아주 완전한 바보는 아니네.

어릿광대　자네도 아주 완전한 똑똑이는 못되네. 내가 바보인 만큼, 그만큼 자네는 똑똑하지가 못하니까.

아페만투스　그건 아페만투스에게 딱 어울리는 답이네.

하인들　옆으로 비켜서세. 옆으로 비켜서자고! 티몬 각하가 오시네.

티몬과 플라비우스 다시 등장.

아페만투스　자, 어릿광대, 이리 와서 함께 가자.

어릿광대　애인이나 형님, 여자 뒤꽁무니만 따라다니던 내가, 때로는 철학자 뒤꽁무니를 따를 때가 있네. (아페만투스와 함께 퇴장)

플라비우스　좀더 이쪽으로 와주십시오. 곧 말씀을 드릴 테니까요. (하인들 퇴장)

티몬　넌 정말 사람을 놀라게 하는구나. 좀더 일찍 내 재정 상태를 나에게 충분히 알려주었더라면 수입이 허락하는 한도 안에서 내 지출을 조절했을 텐데.

플라비우스　한가한 틈을 타서 몇 번이나 말씀을 드리려 해도 언제 한번이고 제 말을 들으려 하셨어야죠.

티몬　뭐야! 아마 자네는 내가 기분이 나빠서 듣기 싫어할 때를 골라 그런 말을 꺼낸 게지. 그리고 자기 잘못을 그렇게 변명하는 것은 돼먹지 않은 짓이야.

플라비우스　오, 각하, 제가 몇 번이나 계산서를 갖다 보여드렸다고요. 그러면 언제든지 그것을 물리치시고는 "잘 알지 잘 알아. 그대가 정직한 것을 믿으니까" 이렇게 말씀하셨지요. 하찮은 물건에도 많은 답례를 하라고 저한테 명령하셨을 때도 저는 고개를 흔들고 울면서, 실례를 무릅쓰고, 좀더 주머니 끈을 졸라매시라고 애원을 하지 않았던가요. 재산은 썰물처럼 빠져나가고, 빚은 밀물처럼 들이닥치는 데서 각하를 모시고 나가려니, 꾸중도 한두 번이 아니요, 심한 꾸지람을 들어야 했습니다. 각하, 이제야 제 말을 들어주시니—때는 너무 늦었습니다만—오늘이 그때입니다. 남아 있는 가장 큰 재산으로도 지금 진 빚의 절반도 갚지 못할 겁니다. (운다)

티몬 땅을 모두 팔도록 하게.

플라비우스 모두 저당잡혀 있습니다. 그 가운데 몇 건은 기한이 넘어서 남의 손에 넘어갔고요. 남은 것으로는 현재 독촉이 심한 채권자의 입을 틀어막기에도 모자랍니다. 앞으로도 정신없이 달려들 겁니다. 그동안 어떻게 막아야 할지요? 마침내 계산이 어떻게 나올까요?

티몬 내 영지는 라케다이몬까지 뻗어 있잖은가?

플라비우스 오, 각하, 온 세계라고 해도 말 한마디면 그만입니다. 온 세계가 각하의 땅이라 할지라도, 단지 말 한마디로 주어버리면 단번에 없어지죠!

티몬 자네 말이 옳아.

플라비우스 만약에 저의 살림살이를 의심하신다든가, 잘못이 있다고 생각하신다면, 엄격한 검사관 앞으로 저를 불러내어 심문해 주십시오. 하늘이 알아주실 겁니다. 찬방이고 부엌방이고 술 취한 사람들로 엉망이 되었을 때, 술 창고는 술에 취한 이들이 엎지른 포도주로 피눈물을 흘리고 있을 때, 방마다 불빛이 휘황하며 풍악 소리가 울려 나오고 있을 때 저는 쓸쓸한 짚자리 침대로 물러가서 울기만 했습니다. (또 운다)

티몬 그만하게나.

플라비우스 오, 신이시여, 귀를 기울여 주옵소서! 이 각하의 선심에! 노예와 농부들이 오늘 밤에 먹은 것만 해도 얼마나 큰 금액이겠습니까! 티몬 공의 사람 아닌 사람이 누가 있으며 마음도, 머리도, 칼도, 힘도, 재산도 티몬 공의 것이 아닌 것이 어디 있겠습니까? 위대한 티몬 공, 고결하고 훌륭하며 고귀한 티몬 공! 이렇게 칭찬하지 않는 사람이 누가 있겠습니까? 아, 이 칭찬하는 소리! 이것을 산 것은 돈이고, 이 돈이 없어지니 칭찬 소리도 스러지고 맙니다. 잔치로 얻은 것은 단식으로 없어지지요. 겨울바람이 한바탕 불면, 파리들이 사라집니다.

티몬 자, 이제 설교는 그만하게나. 난 나쁜 생각으로 선심을 써본 적은 없어.

지혜롭진 못했어도, 비열한 목적으로 선심을 쓰지는 않았어. 왜 그렇게 우나? 못나게. 나에겐 벗이 없을 줄 아나? 안심하게. 벗들한테 사람을 보내어 그들의 진심을 시험도 할 겸 돈을 빌리도록 해보겠네. 그러면 사람도, 사람의 재산도 내 마음대로 사용할 수가 있게 될 걸세. 마치 자네한테 마음대로 명령할 수가 있듯이 말이야.

플라비우스   제발, 생각하신 대로 틀림없이 이루어지기를 바랍니다.

티몬   나의 이 궁핍이 어떤 면에서는 명예가 될 수도 있으니, 나는 그 덕분에 행복하다고 생각하겠네. 왜냐하면 이를 통해 벗들을 시험해 볼 수 있으니까. 자네는 내 재산을 몰라. 나의 벗이 있는 한 나는 부유한 사람이야. 안에 누가 없느냐! 플라미니우스! 세르빌리우스!

플라미니우스와 세르빌리우스, 몇몇 하인들 등장.

하인들   각하! 각하!

티몬   자네들을 따로따로 심부름을 보내겠네. (세르빌리우스에게) 자네는 루키우스 공한테로, (플라미니우스에게) 자네는 루쿨루스 공한테. 그분과는 오늘 사냥을 함께했지. (다른 하인에게) 자네는 셈프로니우스한테. 내가 그분들의 호의를 고맙게 생각하고 있다고 전하되, 이제 돈 쓸 기회를 얻어 자랑스럽게 여긴다고 말하고 50달란트만 빌려 오도록 하게.

플라미니우스   분부대로 하겠습니다. (세르빌리우스와 다른 하인과 함께 퇴장)

플라비우스   (혼잣말로) 루키우스 공과 루쿨루스 공한테? 웃기는구먼!

티몬   (또 다른 하인에게) 너는 원로원 의원들한테로 가라. 국가 보건을 위해서 최선을 다한 나이니, 내 요구는 마땅히 들어줘야 할 거다. 1천 달란트만 나한테 보내달라고 말해라. (하인 퇴장)

플라비우스   실례지만—그분들에게는 각하의 도장이나 성함을 제가 사용해도 괜찮은 것이 관례여서—사실 제가 벌써 찾아가 봤습니다만, 거절을 당해서 어쩔 수 없이 빈손으로 돌아왔습니다.

티몬   뭐? 그게 사실이야? 그럴 수가 있나?

플라비우스   그분들이 모두 하나같이 입을 모아, 지금은 때가 좋지 않아서, 돈이 없어서, 돈을 돌려줄 수가 없어서, 미안해…… 존경할 만하지…… 그러나 될 수만 있는 일이라면…… 알 수가 없어…… 무슨 잘못이 있었겠지……
아무리 고결한 분이라도 실수할 수는 있지…… 다 잘 해결됐으면 좋겠는
데…… 정말 안됐어 등등. 이렇게 무슨 다른 중대 사건이라도 생각하며 말
하는 것처럼, 멋쩍은 얼굴로 쌀쌀맞고 짧은 인사치레 말로 얼버무리고 나
서는, 모자를 반쯤 벗어 사람을 깔보듯이 고갯짓을 하는 바람에, 저는 그
만 입이 얼어붙어서 말문이 막혀버렸습니다.

티몬 오, 신이시여, 그들에게 상을 주소서. 이봐, 그렇게 실망할 것 없어. 그
런 늙은이들은 노망이 나서 은혜를 저버리는 짓을 하는 거야. 피가 굳어지
고 얼어붙어서 통해야 말이지. 따뜻한 맛이 없으니 호의가 있을 수 없지.
땅속으로 돌아갈 날이 조금씩 가까이 다가오니 몸과 마음이 둔해지고 무
거워지는 거지. (다른 하인에게) 벤티디우스한테 가봐라. (또 다른 하인에게) 이
봐, 그렇게 슬퍼할 것 없어. 그대는 진실하고 정직하며, 아무 죄도 없어. (플
라비우스에게) 벤티디우스는 얼마 전 아버지가 돌아가셔서 엄청난 재산을
물려받았어. 그가 곤궁한 처지가 되어 감옥에 들어갔을 때 벗이 별로 없어
서, 내가 5달란트로 그를 자유의 몸으로 만들어 주었거든. 그러니 그 사람
한테 가서 내가 보내서 왔다고 인사를 하고, 친구가 쪼들리는 상황을 헤아
려서 5달란트를 생각해 달라고 말하라고. (하인 퇴장) (플라비우스에게) 그 돈
이 들어오거든 급한 불부터 먼저 끄세. 벗이 있는 한 티몬의 재산이 줄어
들 리가 없으니, 그런 것은 생각도 말고, 말도 하지 말게. (퇴장)

플라비우스 그런 것을 생각도 안 하게 된다면 얼마나 좋을까. 그런 생각이
선심의 적이라니까. 자기가 아낌없이 주니까 다른 사람도 그러리라 생각을
하다니. (퇴장)

〔제3막 제1장〕

아테네. 루쿨루스 저택의 한 방.
플라미니우스가 루쿨루스를 기다리고 있다. 하인 한 사람 등장.

하인 주인어른께 말씀드렸어요. 곧 내려오실 겁니다.

플라미니우스 고맙습니다.

> 루쿨루스 등장.

하인 여기 나오셨습니다.

루쿨루스 (혼잣말로) 티몬 공이 사람을 보내왔다고? 그럼 분명히 선물을 가지
고 온 게야. 그래, 맞았어. 내가 어젯밤 꿈에 은으로 만든 대야와 항아리를
봤거든. (플라미니우스에게) 어이, 플라미니우스, 정직한 플라미니우스, 참 잘
왔네, 정말 잘 왔어. 너는 술상을 봐서 내오거라. (하인 퇴장) 주인어른께서
는, 아테네에서 가장 존경할 만하고 완전무결하며 관대하신 주인어른께서
는 별 탈 없이 잘 계시는가?

플라미니우스 몸과 마음이 모두 편안하십니다.

루쿨루스 몸과 마음이 모두 편안하시다니 아주 반갑네. 그래, 그 외투 밑에
들고 있는 건 뭐지, 귀여운 플라미니우스?

플라미니우스 참, 빈 상자입니다. 이 속에다 저희 주인을 위해서 기부를 해
주십사 하고 왔습니다. 50달란트를 써야 할 중대하고 절박한 사정이 생겼
습니다. 이 댁 주인어른께 부탁드리면 틀림없이 도와주실 거라고 말씀하시
면서 저를 보내셨습니다.

루쿨루스 야, 야, 야, 야! '틀림없이'라고 말씀하던가? 참, 좋으신 분이야! 그렇
게 헤프게 생활만 하지 않는다면 참 고결하신 분인데 말이야. 나는 몇 번
이나 가끔 식사를 함께하면서 그런 말을 그분께 했다네. 좀더 절약을 하시
라고, 일부러 저녁 식사를 하러 가기도 했지만, 그러면 뭐하나? 씨알이 먹
혀야 말이지. 내가 아무리 가도 경계를 안 하신단 말이야. 누구나 잘못은
하게 마련이야. 그분의 잘못은 너무도 거짓이 없는 거라고 말씀드렸지만, 씨
알도 먹히지 않더라고.

> 하인이 술상을 들고 다시 등장.

하인 각하, 술상을 봐 왔습니다.

루쿨루스 플라미니우스, 자네는 정말 똑똑한 사람이라고 난 벌써부터 점찍

어 놓았네. 자, 이건 자네한테 주는 것이니.

플라미니우스 말씀 황송합니다.

루쿨루스 나는 자네를 민첩하고 유망한 사람이라고, 눈여겨보아 왔다니까
—자, 이건 자네한테 주는 것이니—나는 자네를 잘 부리기만 하면 쓸모가
있는, 소질이 좋은 사람으로 점찍어 놓았다니까. (하인에게) 자네는 저리 가
있게. (하인 퇴장) 좀더 이리로 가까이 오게, 플라미니우스. 자네 주인은 어
질지만, 자네는 현명하지. 그러니 자네가 심부름을 오긴 왔지만 지금은 돈
을 빌려줄 때가 아니라는 사실을 자네가 더 잘 알고 있을 거야. 더구나 담
보도 없이 속 빈 강정 같은 우정 하나만으로는 더더욱 그렇지—이건 얼마
안 되지만 자네한테 주는 것이니—자네는 착한 사람이니, 눈 딱 감고 날
만나지 못했다고 말해 주게나. 그럼 잘 가게.

플라미니우스 세상이 이토록 바뀔 수가 있나. 우리는 아직 살아 있는데? 에
잇, 더러워서! 이따위는 당신을 존경하는 놈한테나 주시오! (돈을 내던진다)

루쿨루스 하! 그러고 보니, 너도 주인 닮아서 바보로구나! (퇴장)

플라미니우스 그 돈을 보태서, 지옥에서 너를 기름 가마에 끓일 때 드는 비
용에나 써라! 불에 녹은 동전으로 천벌을 받아라! 너는 벗이 아니라, 독버
섯이야! 아, 우정이란 이렇게도 뿌연 우유같이 이틀 밤도 못 가서 변질되는
것일까? 오, 신이시여! 우리 주인이 격분하시는 모습이 눈앞에 뚜렷이 보이
는 듯합니다! 에잇, 노예 같은 놈! 우리 주인 것을 실컷 먹고서 독물(毒物)
로 변했으니, 그 먹은 것이 제대로 삭아서 살이 될 줄 아느냐? 오, 염병에
나 걸려라! 죽을병에 걸리거든, 우리 주인집에서 먹어 살 오른 체력이 그 병
을 쫓는 힘이 되지 말고, 길게 길게 병을 질질 끄는 힘이나 되어라! (퇴장)

〔제3막 제2장〕

같은 곳. 광장.
루키우스와 낯선 사람 셋 등장.

루키우스 누구요? 티몬 공 말인가요? 그분은 나의 절친한 벗이고, 훌륭한
분이시지요.

낯선 사람 1　우리도 그렇게 알고 있습니다. 아직 만나 뵌 적은 없습니다만, 제가 말할 수 있는 것은 티몬 공이 잘 나가던 때도 이제 끝났고, 그분의 재산도 거덜이 났다는 뜬소문을 들었다는 거지요.

루키우스　저런, 아닙니다. 그건 믿을 게 못됩니다. 그가 돈이 모자랄 리가 있나요.

낯선 사람 2　그러나 이것만은 사실입니다. 얼마 전에 그 댁에서 일하는 사람 한 명이 루쿨루스 공한테 꽤 많은 돈을 빌리러 가서는 그 절박함을 말하고, 힘주어 설명까지 했으나 거절당했답니다.

루키우스　뭐라고요?

낯선 사람 2　거절당했다니까요.

루키우스　그것참 알다가도 모를 일이오! 이거야 원, 내 낯이 다 화끈해질 일이로군요. 그런 훌륭한 분의 부탁을 거절하다니! 그야말로 은혜를 모르는 짓입니다. 나도—스스로 인정해야 할 것이—나도 사실은, 그분한테 조그마한 혜택을 받아왔으니까요. 돈이라든가 접시, 보석 같은 그런 물건을 받긴 받았지만, 루쿨루스가 받은 것에 비하면 아무것도 아닌 시시한 것이죠. 그러나 티몬 공이 사람을 잘못 본 것을 깨닫고 나한테 하인을 보냈다면 나로서는 그만한 요구쯤은 결코 거절할 리가 없었을 텐데요.

세르빌리우스 등장.

세르빌리우스　옳지, 잘됐어! 저기 그분이 계시구나. 저분을 만나려고 진땀을 뺐는데 말야. (루키우스에게) 각하!

루키우스　세르빌리우스! 참 잘 만났군. 잘 있게, 난 가봐야겠으니. 덕망 높으신 자네 주인어른께, 허물없이 친한 나의 벗인 그분께 안부나 전해 주게.

세르빌리우스　죄송합니다만, 각하, 주인어른께서 보내셨거든요…….

루키우스　(일부러) 응! 뭘 보내셨나? 그분한테는 너무 많이 받기만 했으니. 늘 주시기만 하시니, 어떻게 감사를 해야 할지? 자넨 어찌 생각하지? 무얼 또 보내셨단 말인가?

세르빌리우스　급한 볼일이 있어 주인께서 저를 보내셨지요. 급하게 쓸 데가 있으니 되도록 많은 돈을 빌려달라고 부탁하셨습니다.

루키우스 괜히 재미로 그러시는 거겠지. 설마 5백, 5천 달란트도 없으시 겠나?

세르빌리우스 그러나 지금은 더 적은 돈에도 곤란해하십니다. 그분의 절박 하고 딱한 사정이 착한 마음 때문이 아니라면, 저도 이렇게까지 충실하게 말씀드리지는 않을 겁니다.

루키우스 세르빌리우스, 진심으로 말하는 건가?

세르빌리우스 정말이지, 진심입니다.

루키우스 나야말로 이 무슨 고약한 짐승 같은 짓을 했단 말인가! 명예를 얻 을 좋은 기회에, 돈을 다 써버려 사람값을 못 하다니! 이 얼마나 불행한 일 인지. 바로 어저께 시답잖은 물건을 사서 이런 큰 영광을 놓쳐버리다니! 세 르빌리우스, 정말이지 지금으로서는 어떻게 해볼 수가 없네그려—정말 나 는 사람이 아닌 짐승일세. 사실은—내가 지금 막, 티몬 공한테 돈을 빌리 고자 사람을 보내려던 참이었네. 여기 계시는 이분들이 증인이 될 걸세. 그 러나 지금 생각하니 내가 그렇게 안 한 것이 아테네의 전 재산과 바꾼 것 보다도 더 잘한 것만 같네. 티몬 각하께 말씀이라도 아낌없이 잘 해주게나. 내가 친절을 베풀 힘이 없다고 해서, 공께서 나를 나쁘게 생각하지는 않으 시리라 믿네. 내가 각하를 기쁘게 해드리지 못한 게 나로서는 가장 큰 괴 로움의 하나라고 말해 주게. 착한 세르빌리우스, 자네와 나는 친구라고도 할 사이니 각하께 내가 말한 대로 잘 전해 주게. 그렇게 해주겠나?

세르빌리우스 그렇게 하겠습니다.

루키우스 내가 자네한테 충분히 보답하게 될 날이 있을 거야, 세르빌리우스. (세르빌리우스 퇴장)

루키우스 정말, 당신들 말씀대로군요. 티몬은 정말로 거덜 나고 말았군요. 한번 꺾이면 다시 성공하기는 어렵소. (퇴장)

낯선 사람 1 호스틸리우스 씨, 보셨지요?

낯선 사람 2 네, 너무도 똑똑히.

낯선 사람 1 그래요, 이것이 세상인심이죠. 아부하는 자들의 인심이란 다 그 런 거죠. 한 접시 음식을 함께 먹었다 해서 그를 친구라 부를 수 있겠습니 까? 왜냐고요? 내가 잘 알고 있지만 티몬은 지금 그 귀족에게 아버지나 다 름없이 자기 돈으로 그의 신용을 지켜주고, 그의 땅도 유지하게 해주고, 그가 부리는 하인의 봉급까지 지급해 주었지요. 그 사람은 티몬의 은잔이 있어야만 술을 입에 대는 사람입니다. 그런데 오, 그 인간의 추악한 모습을 보시오! 은혜를 저버리는 그 추악한 모습을! 그의 재산으로 볼 때 자선가가 거지한테라도 줄 수 있는 그 금액을 거절하다니요!

낯선 사람 3 종교가가 울고 가겠습니다.

낯선 사람 1 나는 생전에 티몬한테 초대받은 일도 없고, 그의 은혜를 입은 일도 없으니 그의 벗이라고 할 수는 없겠지만, 똑똑히 말합니다. 그의 고결한 마음과 본보기가 될 선행, 존경할 만한 행동을 위해서라면, 그분이 필요하다면 나의 재산을 모두 기부할 것이오. 그 대부분을 그분한테 바칠 만큼, 그만큼 나는 그분의 마음씨를 사랑합니다. 그러나 요새 사람들이 배워야 할 것은 자선 폐지라는 것도 알게 되었습니다. 왜냐하면 양심보다도 정책적인 지혜가 앞서니까요. (모두 퇴장)

〔제3막 제3장〕

같은 곳. 셈프로니우스 저택의 어느 방.
셈프로니우스와 티몬의 하인 등장.

셈프로니우스 나한테까지 폐를 끼치지 않으면 안 된다니. 흥! 다른 사람은 다 제쳐놓고? 루키우스나 루쿨루스에게 말해 보는 것이 좋았을 텐데. 그리고 벤티디우스도 지금은 부자야. 그 사람을 감옥에서 꺼내준 게 바로 그분 아닌가. 모두 그분 덕택으로 재산을 모은 사람들이야.

하인 그분들도 찾아가 보았습니다만, 모두 참된 친구가 아니었습니다. 세 분이 다 거절했습니다.

셈프로니우스 아니! 거절하다니? 벤티디우스도, 루쿨루스도 거절을 해? 그래서 그분이 나한테 사람을 보냈단 말인가? 세 사람이? 홈…… 그것으로 그분이 나를 생각도 안 해주고, 사랑하지도 않는다는 것을 알겠군. 그래, 내가 그분의 마지막 피난처가 돼야 한다는 건가? 그분의 벗들이 마치 의사처럼 돈이 많은데도 그분을 버리는데, 그 치료를 내가 떠맡아야 하나? 그건 나를 대놓고 모욕하는 거야. 난 그분에게 화가 나. 내 처지를 너무도 몰라줘. 맨 처음 나한테 와서 급한 사정을 호소하지 않았다는 게 이치에 맞지 않아. 왜냐하면 나로서는 내가 가장 먼저 그분의 은혜를 받은 사람이라고 자처하고 있는데, 이제 와서는 나를 맨 꼴찌로 밀어서 마지막에 보답을 하게, 그렇게밖엔 생각을 안 해주시다니. 안 되지. 그런 짓을 하면 다른 사람들은 나를 비웃을 거고, 귀족들은 나를 바보로 생각하겠지. 만약 가장 먼저 나한테 사람을 보냈다면 나는 오히려 그 액수의 세 배만큼은 기뻐했을 거야. 내 호의로서는 그만 것쯤은 그분께 할 만한 용의도 있고 용기도 있건만. 하지만 일이 이렇게 된 바에야, 돌아가서 그들 세 사람의 답답한 대답에다 덧붙여 말해 주게. 내 체면을 업신여긴 사람에겐 나의 참된 가치를 알릴 수가 없다고 말이야. (퇴장)

하인 비범해! 참 훌륭한 악당이야. 악마가 사람을 교활하게 만든다지마는, 악마도 그가 그럴 줄은 몰랐을 거야. 그자는 자기가 자기를 속이니. 나중에는 인간의 악마 같은 성격이 악마도 물리쳐 버리리라고 생각하지 않을 수가 없구나. 지금 이 사람이야말로 얼마나 그럴듯하게 악마의 본성을 나타내려고 발버둥을 치는가! 자신을 악랄하게 만들기 위해서 미덕의 말들을 되풀이해 늘어놓다니! 마치 피가 뜨거운 열혈 청년이 전 국토를 불살라 버릴듯이 말이야. 이것이 그의 정략적인 우정의 실체라는 거지. 아, 주인 나리의 마지막 희망도 사라지는구나. 이제는 모든 희망도 다 달아나고 말았어. 남은 것은 신들뿐이야. 이젠 벗들도 다 가버렸어. 돈을 물 쓰듯 쓰던 여러 해 동안, 문 지키는 사람이라고는 모르던 모든 문들도 이제는 닫고, 주인이나 지킬 임무를 하게 되었구나. 함부로 돈을 뿌린 결과로 지킬 재산이 없으니 빈집이라도 지키는 것이 고작이지. (퇴장)

〔제3막 제4장〕

같은 곳. 티몬 저택의 홀.
바로의 하인 두 사람과 루키우스의 하인이 등장해, 티투스, 호르텐시우스, 그리고 티몬의 채권자들의 하인들과 만난다. 모두 티몬을 기다리고 있다.

바로의 하인 1 잘 만났소, 티투스 씨, 호르텐시우스 씨, 안녕들 하시오.

티투스 안녕하시오, 바로 씨.

호르텐시우스 루키우스 씨! 이거, 여기서 만나다니!

루키우스의 하인 그래요, 아마 같은 볼일 때문에 우리가 이렇게…… 내 볼일은 돈이죠!

티투스 그야 우리나 저 사람들 모두 다 똑같죠.

필로투스 등장.

루키우스의 하인 아니, 필로투스 씨도!

필로투스 안녕하시오.

루키우스의 하인 잘 오셨소, 동지. 몇 시나 됐을까요?

필로투스 아홉 시가 되려 하죠.

루키우스의 하인 벌써, 그렇게 되나요?

필로투스 이 댁 어른은 아직 안 보이시나요?

루키우스의 하인 아직 안 보이시는데요.

필로투스 이상하네요, 일곱 시만 되면 어김없이 얼굴을 비치셨는데요.

루키우스의 하인 그렇지만, 해도 그분만큼 짧아진 게죠. 낭비하는 생활도 해와 같다는 것을 알아야 합니다. 그러나 다른 점은 해는 회복기가 있지만 티몬 공의 돈주머니는 추운 한겨울이니, 밑바닥까지 살살이 뒤져본들 땡전 한 푼 나올 것 같지가 않군요.

필로투스 나도 그렇게 생각해요.

티투스 일이 묘하게 된 것을 하나 알려드리죠. 당신은 오늘 돈을 받으러 주인이 보내서 왔죠?

호르텐시우스 그렇죠.

티투스 주인은 지금 티몬 공이 선물한 보석을 몸에 두르고 있고, 나는 그 값을 받으려고 이렇게 와 있는 거라오.

호르텐시우스 그 일은 나로서도 마음에 거리껴 거북합니다.

루키우스의 하인 그거참 묘하게 되었군요. 이렇게 되면 티몬 공은 짊어진 빚보다 더 많은 돈을 갚아야 하고, 당신 주인은 훌륭한 보석을 몸에 두르고서 그 돈을 받아오라고 사람을 보낸 것이니 말이오.

호르텐시우스 나는 이 심부름엔 넌덜머리가 납니다. 하늘이 증명하지만, 나 또한 주인이 티몬의 재산을 소비해 온 것은 잘 알고 있거든요. 그런데 이제 와서 은혜를 저버리다니, 도둑보다도 더 나쁘죠.

바로의 하인 1 그렇죠. 우리는 3천 크라운인데 그쪽은?

루키우스의 하인 5천 크라운이죠.

바로의 하인 1 한층 더 깊이 빠졌군요. 그러니 금액으로 보면 그쪽 주인의 신용이 내 주인보다는 위였군요. 그것만 아니면 분명히 비슷비슷할 텐데요.

플라미니우스 등장.

티투스 티몬 공의 사람이로군요.

루키우스의 하인 플라미니우스! 잠깐 한마디. 이 댁 주인께선 곧 나오시 나요?

플라미니우스 아닙니다. 지금은 정말 나오지 못하실 겁니다.

티투스 우리들 모두 각하를 기다리고 있다고 전해 주시오.

플라미니우스 말씀드릴 필요가 있나요? 여러분이 이렇게 너무도 부지런하다 는 것을 잘 알고 계시는데요. (퇴장)

플라비우스, 외투로 얼굴을 가리고 등장.

루키우스의 하인 저기 얼굴 가린 게 이 댁 집사가 아닌가요? 구름 속으로 꺼 지려는 거겠죠. 불러요, 불러!

티투스 이봐요, 이봐요! 내 소리가 안 들려요?

바로의 하인과 루키우스의 하인 실례합니다만······.

플라비우스 왜 그러시는지요? 여러분들······.

티투스 우리는 받아야 할 확실한 돈을 기다리고 있습니다.

플라비우스 그래요? 돈이 당신들의 기다림처럼 확실하다면야 틀림없겠죠. 그렇다면 왜 당신네 아첨꾼 주인들이 내 주인 것을 뜯어먹고 있을 적에는 그런 금액의 청구서를 내놓지 않았던가요? 그즈음에는 싱글벙글거리면서 돈 빌리는 데까지 아양을 떨어 그 이자까지 집어삼키더니 말이오. 날 홍분

시켜 봐야 당신들한테 좋을 게 없으니, 그냥 조용히 날 보내주오. 정말이지, 주인과 나는 끝장났소. 내가 계산해 낼 돈도 없고, 주인이 쓸 돈도 없으니까.

루키우스의 하인　하지만 우리한테 그렇게 대답해도 소용없소.

플라비우스　소용은 없을지라도 악마의 앞잡이로 이용되는 네놈들같이 비열하진 않아! (퇴장)

바로의 하인 1　아니, 회계 담당자가 뭐라고 중얼대는 거요?

바로의 하인 2　뭐라고 말한들 상관있소? 그자는 가난뱅인걸. 그것으로 복수는 충분하오. 머리 하나 들이밀 집 한 칸 없는 자는 누구보다도 큰소리를 칠 수 있으니까. 그런 자야말로 아무리 큰 건물에 대해서도 비난을 할 수가 있지.

세르빌리우스 등장.

티투스　오, 세르빌리우스가 나오는군. 이제는 어떤 대답이든 들을 수 있소.

세르빌리우스　여러분, 할 수만 있다면 나중에 다시 와주시기를 간곡히 부탁드리고 싶습니다. 왜냐하면 내 생각으로는, 주인께서는 불쾌해서 마음과 몸의 안정을 잃으시고는 방 안에만 틀어박혀 계시니까요.

루키우스의 하인　방 안에 파묻혀 있어도, 환자가 아닌 분이 얼마든지 있죠. 그러나 만약에 그분의 건강이 형편없이 나쁘다면, 하루라도 더 빨리 빚을 깨끗하게 갚고서 천국 갈 길을 환하게 닦아놓아야 하리라고 생각하는데요.

세르빌리우스　오, 신이여!

티투스　그걸 어디 대답이라 할 수 있나요.

플라미니우스　(안에서) 여보게, 세르빌리우스, 사람 살리게! 각하, 각하!

격분한 티몬 등장. 뒤따라 플라미니우스 등장.

티몬　아니, 내 집 문들을 내가 지나다니지 못하게 잠가놓다니? 난 자유인으로 살아왔어. 무엇 때문에 내 집을 감옥으로 만들어 날 구속해야 한다는

3막 4장, 지급증서를 거부하는 티몬   H.C. 셀루스. 1830.

거냐? 그래, 내가 잔치를 베풀던 이곳마저도 모든 인간과 마찬가지로 무자비하게 철의 심장으로 변했단 말이냐?

루키우스의 하인 티투스, 지금 내놓으시오.

티투스 각하, 이것이 저의 증서입니다.

호르텐시우스 이것은 제 거고요.

바로의 하인 1, 2 저희 것은 이겁니다.

필로투스 모두 저희의 증서입니다.

티몬 (미친 듯이) 그 증서로 날 때려눕혀라! 날 갈라 쪼개어라! 허리까지.

루키우스의 하인 각하…….

티몬 내 심장을 썰어내! 그 금액만큼.

티투스 제 것은 50달란트입니다.

티몬 내 피로 계산해!

루키우스의 하인 5천 크라운입니다, 각하.

티몬 5천 방울이면 되겠지. 네 것은 얼마냐? 네 것은?

바로의 하인 1 각하…….

바로의 하인 2 각하…….

티몬 나를 갈가리 찢어서 가져라! 천벌을 받을 놈들아! (퇴장)

호르텐시우스 우리 주인들, 돈 받을 생각은 아예 포기해야겠소. 돈 받기는 틀렸는걸. 빚진 사람이 미쳐버렸으니 말이오. (모두 퇴장)

티몬 다시 등장. 뒤따라 플라비우스 등장.

티몬 놈들이 내 숨통을 막게 했어. 악착같은 놈들! 채권자라고? 악마들 같으니!

플라비우스 각하…….

티몬 (생각에 잠겨) 그렇게 한다면…… 어떻게 되지?

플라비우스 각하…….

티몬 그래, 그렇지, 그렇게 하기로 하지! 집사!

플라비우스 네, 여기 있습니다.

티몬 마침 거기 있었나? 가서 내 친구들을 모두 다시 한 번 불러주게. 루키

우스, 루쿨루스, 셈프로니우스 모두 불러와. 또 한 번 그 악당들한테 잔치
를 베풀겠다.

플라비우스 오, 나리, 제정신으로 하시는 말씀인지요. 소박한 상을 차릴 만
한 돈도 남아 있질 않은걸요.

티몬 그건 자네가 걱정할 게 아니니, 어서 가게. 내가 명령한 대로 그들을
다 초청해. 그 악당들이 다시 한 번 밀려들도록 해. 준비는 요리사와 내가
다 할 테니. (모두 퇴장)

〔제3막 제5장〕

같은 곳. 의사당.
원로원 의원들이 앉아 있다.

원로원 의원 1 나는 그 안에 찬성합니다. 그 범죄는 잔인합니다. 사형이 마땅
합니다. 자비처럼 죄악을 뱃심 좋게 만드는 것은 없으니까요.

원로원 의원 2 지당한 말씀. 법으로 엄벌에 처해야 합니다.

알키비아데스, 하인을 거느리고 등장.

알키비아데스 원로원 의원 여러분께 명예와 건강과 동정심이 함께하시기를!

원로원 의원 1 자, 귀하는 무슨 볼일이신지?

알키비아데스 여러분 덕망에 삼가 호소합니다. 본디 자비란 법의 덕망이니까
요. 폭군만이 법을 잔인하게 사용합니다. 나의 친구 한 사람이 끓는 혈기로
법을 어기는 큰일을 저질렀습니다만, 그것은 때와 운명의 장난이라는 것이
옳을 겁니다. 법이란 함부로 뛰어드는 자에게는 함정 이상이니까요. 그 사
람은 이번 잘못만 아니면 점잖고 말과 행동이 올바른 사람이죠. 그리고 그
의 범죄가 비겁한 오점이 없었다는 것에서, 그의 죄가 보상을 받을 만하다
고 생각됩니다. 아니, 자기 명예가 매장될 것 같이 보였기 때문에, 그의 고
결하고 솔직한 마음이 격분해서 그의 적과 맞서게 되었습니다. 격분한 나
머지 저지른 행동이라고는 하지만, 격정에 사로잡히지도 않고 아주 침착하

게 어떤 논제를 논증하는 것 같았습니다.

원로원 의원 1 역설이 너무 지나치시군요. 추한 행동을 애써 아름답게 보이게 하기 위해서 말이오. 마치 사람을 죽이는 것을 정당화하고, 싸우는 것을 가장 용감한 일이라고 변론하는 것처럼 애써 수고를 합니다만, 그런 거야말로 잘못된 만용 같은 것으로, 당파가 새로 만들어질 때나 나오는 것이죠. 그가 정말로 용기가 있다면 상대가 제아무리 욕설을 하든 모욕을 하든 현명하게 견뎌냈을 것이오. 옷이라도 벗어 팽개치듯 무관심하게 귓등으로 흘려버렸지, 그것으로 마음을 상하게 해서 위험을 불러들이는 짓은 안 했을 거란 말이오. 사람이란 모욕당하면 할 수 없이 사람을 죽이기도 하지만, 내 생명을 위태롭게 하는 것은 어리석은 짓이오!

알키비아데스 의원님!

원로원 의원 1 어떤 변론을 하더라도, 큰 죄가 무죄가 되도록은 못할 겁니다. 참된 용기는 복수하는 것이 아니라 참는 것이죠.

알키비아데스 의원 여러분, 그럼 여러분의 관대한 용서를 바라며 한 사람의 군인으로서 변론을 하겠습니다. 인간이 위험을 무릅쓰고 몸소 전쟁을 하는 이유가 무엇인지요? 잠이나 자면서 적이 조용히 자기 목을 자르도록 내버려 두지 않는 이유가 무엇입니까? 참는 것이 참된 용기라면 전쟁은 왜 합니까? 아니, 참는 것이 최선이라면 집에 머물러 있는 부녀자들이 전쟁하는 사람들보다도 더 용기가 있다는 말이 되겠군요. 그러면 당나귀가 사자보다도 더 용감한 군인이며, 쇠사슬을 짊어진 죄수가 재판관보다 더 현명하겠군요? 만약에 참는 것만이 현명한 일이라면 말입니다. 오, 의원 여러분, 위대한 법관이 되시도록 선량한 자비심을 베푸십시오! 냉혹하고 무모한 짓을 나쁘다고 하지 않을 사람은 없습니다. 물론 사람을 죽인다는 것은 극악한 죄입니다. 그런데 실례지만, 방어가 목적이라면 아주 정당한 것이죠. 격분한다는 것은 경건하지 못하기 때문이에요. 그러나 격분하지 않는 사람이 누가 있겠습니까? 이번 범죄에서 이 부분을 신중하게 생각해 주시기 바랍니다.

원로원 의원 2 아무리 말씀해 봐야 헛일입니다.

알키비아데스 헛일이라고요? 라케다이몬과 비잔티움에서 그 사람이 세운 공만으로도 그의 생명쯤은 구하고도 남을 것입니다.

원로원 의원 2　그 공이라는 게 무엇이죠?

알키비아데스　그럼 말씀드리죠. 의원 여러분, 그는 훌륭한 군공을 세운 사람입니다. 싸움터에서 당신들의 적을 많이 무찌른 사람입니다. 요전번 전쟁에서도 얼마나 용감하게 싸웠던지, 아주 많이 다쳤습니다!

원로원 의원 2　그는 이런 일이 한두 번이 아니라 스스로 난폭한 자로 자처하고는, 때로 고주망태가 되어 용기를 함부로 휘두른 전과가 있는 사람이죠. 맹수같이 흥분하여 폭력을 행사하고 파당을 짓는 것을 즐기는 그를 제압할 수 있는 상대가 없기 때문에 그가 일상생활 속에서 법을 어기고, 술을 마시면 위험하다는 결론을 내린 것이오.

원로원 의원 1　그는 마땅히 사형에 처해야 하오.

알키비아데스　아, 가혹한 운명이여! 그 사람은 싸움터에서나 죽었더라면 좋았을 것을! 의원 여러분! 만약에 어떤 공적도 그 사람을 구할 수 없다 말씀하신다면, 실은 그 사람의 오른팔 하나만으로도 다른 사람에게 빚을 지지 않고 자기의 주어진 명(命)대로 살 수가 있으련만. 그러면 좀더 여러분의 동정을 얻기 위해서 나의 공로도 그 사람 공로에 보태겠습니다. 나이 많은 여러분께선 아테네의 안전을 원하시므로 그의 구원을 위해 나의 모든 승리와 명예를 여러분에게 저당 잡히겠습니다. 만약 이 범죄로 빚진 한 목숨이 법의 덕택으로 살아난다면, 전쟁터에서 용감하게 피로써 보답하겠습니다. 왜냐하면 법이 엄중한 것처럼 전쟁 또한 엄중하니까요.

원로원 의원 1　우리는 법을 위해서 그를 사형에 처합니다. 기분만 아주 불쾌해질 뿐이니 더는 주장하지 마시오. 친구건 형제건 남의 피를 흘리면 자신의 피는 몰수되는 법이오.

알키비아데스　꼭 그렇게 해야만 합니까? 아니, 그럴 리가 없죠. 의원 여러분, 나라는 사람을 알아주시기 바랍니다.

원로원 의원 2　어떻게 말이오?

알키비아데스　여러분의 기억을 다시 떠올려 주시기 바랍니다.

원로원 의원 3　무엇을 말이오?

알키비아데스　아마도 나이 드셔서 잊어버리셨나 보군요. 간곡히 청하는 이런 평범한 은전을 거절당할 만큼 내가 형편없는 사람이 되었을 거라고는 생각하지 않으니까요. 당신들을 보니 나의 옛 상처가 아파옵니다.

원로원 의원 1 우리가 당신 때문에 정말로 분통을 터뜨려야 하오? 말은 몇 마디 안 되지만, 효과는 크죠. 우리는 그대를 영원히 추방하겠소!

알시바이어데스 날 추방한다고! 그보다도 당신들의 망령이나 추방하시오! 원로원을 더럽히는 고리대금이나 추방하시라고요!

원로원 의원 1 만약에 이틀 뒤에도 그대가 아직 아테네에 머물러 있다면, 이보다도 더 무거운 형벌을 내리겠소. 더 이상 우리가 흥분해서는 안되겠소. 사형을 바로 집행하도록 합시다. (원로원 의원들 모두 퇴장)

알키비아데스 늙을 대로 늙어서 오랫동안 살아라! 뼈만 앙상하니 남아서 누구 하나 돌아보지 않도록. 아, 미치는 것만으로는 안 될 것 같구나! 저 작자들이 돈놀이를 하며 고리대금으로 돈을 굴리고 있을 때 나는 그 작자들의 적을 물리쳤건만 얻은 거라고는 큰 상처뿐. 그 대가가 겨우 이것뿐이란 말인가? 이게 고리대금업을 하는 의원들이 군인의 상처에다 퍼부어 넣는 고약이라고? 나를 추방하겠다고! 나쁠 거야 없지. 추방되는 게 싫지는 않아. 아테네를 습격하는 게 내 원한과 분을 풀기에도 꼭 알맞으니까. 불평으로 가득 찬 나의 군대를 기쁘게 해주고, 마음도 한껏 부풀게 해줘야지. 반란을 명예로 아는 것이 일반 국민이니까. 군인은 모욕을 참지 못하지, 신이 못 참듯이 말야. (퇴장)

〔제3막 제6장〕

같은 곳. 티몬 저택의 홀.
음악 소리. 식탁이 준비되어 있고, 하인들이 시중들고 있다. 귀족들, 원로원 의원들이 몇 개 문을 통해 등장.

귀족 1 여, 안녕하세요?

귀족 2 안녕하세요? 이 댁 주인은 저번에 우리를 시험해 보려고 그렇게 했을 것으로 생각합니다.

귀족 1 우리가 만났을 때 나도 그 일에 대해서는 많이 생각해 봤습니다. 그분이 친구들에게 시험해 본 것처럼 형편이 그다지 쪼들리는 것은 아닌 듯 싶습니다.

귀족 2 이렇게 성대한 잔치를 새로 연 것을 보니 그렇겠군요.

귀족 1 나도 그렇게 생각합니다. 사람을 보내어 간곡히 초청을 하는 바람에, 여러 가지 급한 사정이 있어 거절하려고도 했지만 어쩔 수 없이 왔습니다.

귀족 2 나도 마찬가지로 피치 못할 볼일이 쌓여 있어서 갈 형편이 안 된다고 해도 들어주질 않더라고요. 미안한 점은 돈을 빌리러 사람을 보내왔을 때, 그때 마침 저축해 둔 것이 없었다는 거지요.

귀족 1 나도 그것을 마음 아프게 생각합니다. 모든 것을 이렇게 다 알고 나니까요.

귀족 2 이곳에 온 사람들 저마다가 다 그럴 것입니다. 댁에게는 얼마나 빌려 달라고 하셨던가요?

귀족 1 1천 달란트입니다.

귀족 2 1천 달란트!

귀족 1 댁은요?

귀족 2 내게는…… 아, 저기 오시는군요.

티몬과 하인들 등장.

티몬 두 분 모두 진심으로 환영합니다. 그래, 어떻게 지내십니까?

귀족 1 가장 행복하게 지내고 있습니다, 각하께서 안녕하시다는 소식을 듣고 있어서요.

귀족 2 제비가 여름을 그리워하며 따르는 것도 저희가 각하를 따르는 것만은 못할 겁니다.

티몬 (혼잣말로) 겨울이 되면 달아나는 것도 같겠지. 인간이란 그런 여름 철 새야. 여러분, 이렇게 오래 기다리신 보람과는 다르게 변변찮은 요리입니다만, 이 트럼펫 소리처럼 거친 음악이라도 괜찮으시다면 잠시 동안 음악으로 귀를 즐겁게 하시지요. 곧 잔치를 시작하겠습니다.

귀족 1 저번에 심부름 보내신 사람을 빈손으로 돌려보냈는데, 그것을 섭섭하게 생각하지 말아주시길 바랍니다.

티몬 오, 천만에요. 걱정하실 것 없습니다.

귀족 2 각하…….

티몬   아, 요새는 재미가 어떻습니까?

귀족 2   존경하는 각하, 저는 너무도 부끄러워서 마음이 아픕니다. 지난번에 사람을 보내셨을 때는 불행히도 형편이 거지와 다름없었습니다.

티몬   그 일에 대해서는 더 생각하지 마세요.

귀족 2   단지 두 시간 전에만 사람을 보내셨더라도…….

티몬   그런 생각하지 마시라니까요. 괜히 좋은 기억을 망치니까요. 자, 한꺼번에 모두 내오도록 해라.

하인들이 잔칫상을 들고 등장

귀족 2   요리 접시마다 모두 덮어서 가렸군요!

귀족 1   틀림없이 귀족다운 취미죠.

귀족 3   아마도 돈과 계절이 허용하는 한 힘껏 차린 요리겠죠.

귀족 1   어떠십니까? 무슨 재미있는 소식이라도 있나요?

귀족 3   알키비아데스가 추방된 것을 아시나요?

귀족 1, 2   알키비아데스가 추방되다니!

귀족 3   그렇습니다, 정말입니다.

귀족 1   아니, 왜요?

귀족 2   아니, 무슨 일로요?

티몬   여러분, 이쪽으로 다가와 주시죠.

귀족 3   나중에 더 말씀드리죠. 잔치가 시작되는군요.

귀족 2   주인 노릇 하는 것은 여전하군요.

귀족 3   그것이 계속될까요? 지탱이 될까요?

귀족 2   되겠죠. 그러나 문제는 시간인데…… 그다지 썩…….

귀족 3   알겠습니다.

티몬   자, 어서, 저마다 자기 자리에 앉으시지요. 애인 입술에 뛰어들 듯, 어서 앉으시지요. 드실 음식은 어느 것이나 다 같습니다. 도회지 사람들이 하는 잔치처럼, 윗자리를 정한답시고 음식을 식힐 필요는 없지요. 자, 앉으세요, 앉아요. 신께서 우리가 감사를 드릴 것을 요구합니다. (기도하듯) 위대하신 신들이시여! 우리들 모두에게 감사의 물을 뿌려 마음을 씻어주시기 바

3막 6장, 귀족들에게 잔칫상 집기들을 마구 집어던지는 티몬 H.C. 셀루스. 1830.

라옵니다. 그 많은 은혜를 우리가 찬미하게 해주시옵소서. 그러나 은혜를 베풀어 주시는 것은 늘 나중으로 미루어 주십시오. 그렇지 않으면 당신의 성스러움이 멸시를 당할 테니까요. 인간 저마다에게 무엇이든 주시되, 다른 사람에게 나눠 줄 필요가 없을 만큼만 주십시오. 왜냐하면 신께서 인간에게 무엇을 빌려달라고 하시면, 그 인간은 신들을 버릴 테니까요. 음식을 주는 자보다도 그 음식을 더 소중히 여기도록 해주십시오. 남자 열두 사람이 모이는 곳엔 반드시 악당 열두 놈이 모이게 해주십시오. 여자 열두 사람이 한 식탁에 앉게 되거든, 그 가운데 열둘은 바로 그 논다니들이 앉도록 해주십시오. 나머지 원수들은 오, 신이여! 아테네 원로원이나 걸레 같은 시민과 함께 모자라는 점을 고치셔서 파멸로 몰아넣어 주십시오. 이곳에 있는 나의 친구란 작자들은 내게는 아무것도 아니오니, 아무런 축복도 필요 없습니다. 환영을 받을 만한 아무것도 없습니다. 개 같은 것들, 덮어놓은 것을 벗기고, 핥아라! (사람들이 덮은 것을 벗기니 뜨뜻한 맹물만 가득 차 있다)

어떤 사람 이게 도대체 무엇을 뜻하는 것일까요?

다른 사람 난 도무지 모르겠는데요.

티몬 이보다도 더 훌륭하고 성대한 만찬은 두 번 다시는 못 볼 거다. 말뿐인 벗들! 서려 있는 김과 뜨뜻미지근한 맹물이 너희들의 본질적인 모습이며 그 극치다. 이것이 티몬의 마지막 만찬이다. 너희들의 아첨으로 번쩍번쩍 칠이 되어 속아 넘어간 티몬이, 그 칠을 씻어버리려는 거다. 너희 악당들 얼굴에서 김이 무럭무럭 나도록 물을 뿌려주려는 거야! (사람들 얼굴에 더운물을 뒤집어씌운다) 그 징그러운 꼴로 오래오래 살아라! 생글생글 웃으며 아양을 떠는, 이 징그러운 기생충들아. 등치고 간 빼먹은 놈들, 꼬리를 치고 호리는 늑대 같은 놈들, 능청맞은 곰 같은 놈들! 네놈들은 재물의 어릿광대야. 먹는 것만 아는 놈, 제철의 파리, 굽실대기만 하는 모자와 무릎의 노예, 수증기 같은 하루살이들! 인간과 짐승이 걸릴 수 있는 모든 병이 네놈들을 완전히 둘러싸라! 아니, 가냐? 가만들 있어! 먼저 약을 가지고 가라! 너도, 너도! (접시를 집어 그들에게 함부로 내던진다) 가만있어! 너희들한테 돈 꾸어달라는 말은 하지 않을 테니. 빌려주는 거나 하지. (사람들에게 접시를 내던져 내쫓아 버린다) 그래, 모두 다 가는 거냐? 앞으로 있을 잔치에는 악당들만 환영하겠다. 집도 다 타버려라! 아테네도 침몰해라! 티몬은 앞으로는 인간을,

모든 인류를 미워하겠다! (퇴장)

귀족들과 원로원 의원들 다시 등장.

귀족 1 아니 이게, 어찌 된 겁니까, 여러분?

귀족 2 티몬 공이 왜 저렇게도 격분했는지 아시나요?

귀족 1 이런! 내 모자 못 보셨나요?

귀족 4 나는 외투를 잃었습니다.

귀족 1 그분은 정신줄을 놓고 감정에 사로잡혀 있을 뿐이죠. 저번엔 그분이
보석을 주더니, 이번에는 내 모자를 쳐서 떨어뜨려 버렸군요. 내 보석을 못
봤나요?

귀족 3 내 모자를 못 봤나요?

귀족 2 여기 있군요.

귀족 4 내 외투는 여기 떨어져 있군요.

귀족 1 빨리 갑시다.

귀족 2 그 사람, 정신줄을 놓았어요.

귀족 3 나는 뼈마디가 다 쑤시네요.

귀족 4 저번엔 다이아몬드를 주더니, 오늘은 돌을 던지는군요. (모두 퇴장)

〔제4막 제1장〕

아테네 성벽 밖.
티몬 등장.

티몬 다시 한 번 돌아다보자. 오, 그대 성벽이여, 이리 떼를 둘러싸고 있는
성벽이여, 땅속으로나 꺼져 없어져라. 아테네 같은 것을 지키지는 말고! 가
정주부들은 모두 논다니나 되어라! 아이들은 문제아가 되어라! 노예와 어
릿광대들아, 점잔을 빼고 앉아 있는 주름진 원로원 의원들을 자리에서 끌
어내고 그대들이 대신 그 일을 맡아하라! 새파란 처녀들은 매춘부가 되어

서 어버이 눈앞에 보여주어라! 파산자들이여, 마음을 단단히 먹고 빚을 갚지 마라. 칼을 빼들고 채권자 놈들의 목을 따라! 사슬에 매인 노예들이여, 도둑질을 하라! 너희들의 점잔 빼는 주인들이야말로 손 큰 도둑놈들이고, 법도 없는 날강도들이다. 하녀들은 주인어른의 잠자리로 기어들어가라. 그대들의 마님이란 논다니들이니! 아들 녀석은 열여섯 살만 되거든, 늙어서 절뚝거리는 아비한테서 그 지팡이를 빼앗아 늙은 아비의 골통을 두드려 부숴라! 신앙심도, 공포도, 종교도, 평화도, 정의도, 진실도, 가정의 위엄도, 밤의 안식도, 이웃 간 정의도, 교육도, 예의도, 직업도, 장사도, 계급도, 복종도, 법률도—모두 뒤죽박죽 정반대가 되어서 깽판을 놓아라! 인간에게 따르는 모든 고약한 병마여, 무섭게 전염시키는 힘을 가진 그대의 열병을 아테네 하늘까지 쌓아올려 끔찍한 타격을 주어라! 진저리 나는 좌골신경통이여, 원로원 의원들을 앉은뱅이로 만들어 그들의 두 팔과 두 다리를 그들의 행실처럼 불구자로 만들어라! 음탕함과 방종이 젊은 것들의 뼛속에 파고들어 미덕의 개울을 역류하라. 그래서 방탕 속에 빠져 허덕이다 죽어라! 옴 오른 고름 주머니를 모든 아테네 사람 가슴속에 뿌려 문둥이가 되는 수확을 거두게 하라! 말을 주고받을 때마다 독을 전염시켜 우정도, 교제도, 다만 독을 주고받는 것이 되도록 하라! 나는 벌거벗은 알몸뿐, 너한테서는 아무것도 가지고 가지 않겠다. 믿기 만한 아테네여! (옷을 벗어 내팽개치면서) 자, 이것도 벗어주지, 쌓이고 쌓인 저주와 함께! 티몬은 이제 숲으로 가련다. 잔인한 맹수라도 인간보다는 친절하리라. 오, 모든 선량한 신들이여! 이 성곽 안팎에 있는 모든 아테네 족속들을 절멸시켜 주십시오! 그리고 이 티몬이 인간 전체 종족을 아래위 할 것 없이 모두 미워하도록, 날이 갈수록 더욱더 미워하도록 해주시옵소서! 아멘! (퇴장)

〔제4막 제2장〕

아테네. 티몬 저택의 어느 방.
플라비우스와 두세 사람의 하인이 함께 등장.

하인 1　여보시오, 집사, 주인어른은 어디로 가셨나요? 우리는 이제 끝인가요? 이대로 쫓겨나는 건가요? 남은 것이라고는 아무것도 없나요?

플라비우스 아, 여러분에게 뭐라고 말해야 좋을지? 정당한 신께나 알고 계셔 달라고 해야겠네. 나도 여러분들도 몽땅 가난뱅이가 되었네.

하인 1 이런 굉장한 댁이 망하다니! 그렇게도 고결하신 주인께서 몰락하시다니! 모두 달아나 버리고! 그래, 재산을 들고 와 구원해 주려는 친구가 하나도 없다니 말이야!

하인 2 마치 우리가 죽은 친구한테 등을 돌리듯, 그분과 친했던 사람들도 그분의 죽은 재산에 등을 돌리고는, 슬금슬금 달아나고 말았어. 소매치기한 빈 지갑만 버리듯, 거짓 맹세만 남겨놓고는 말이야. 그러니 가엾은 주인님은 집 밖에 나앉은 거지 신세로, 사람들이 싫어하는 빈곤이란 병을 짊어지고는, 모욕을 받은 것처럼 혼자서 터덜터덜 길을 걷고 계시겠지. 다른 동료가 또 오는구나.

다른 하인들 등장.

플라비우스 모두 망해 버린 이 댁 폐물들뿐이야.

하인 3 그래도 우리의 마음만은 티몬 님께서 입혀주신 옷을 아직 입고 있군요. 서로의 얼굴 표정으로 그것을 알 수 있소. 다 함께 슬픔을 털어놓고 있으니, 우리는 아직도 같은 동지요. 그러나 타고 있는 배가 물속으로 가라앉으니 갑판 위에 서서, 소리치는 거센 파도에 떨고 있는 선원들이 우리라오. 우리는 모두 이 허공이란 바다에서 서로 헤어져야겠네요.

플라비우스 여러분, 나의 마지막 재물 하나까지 여러분에게 나눠주겠네. 우리가 앞으로 어디서 만나든지, 티몬 님을 위해서 더욱더 좋은 동료들이 되도록 하세. 서로 고개를 저으며 우리 주인님 재산의 조종(弔鐘) 소리를 듣듯이, "옛날이 정말 좋았는데" 말하세. 자, 저마다 얼마씩 가져가게. (돈을 나눠준다) 자, 손들을 내밀어. 아무 소리도 말고. 가진 것 없이 헤어지지만, 슬픔만은 풍족하게 가져야지. (하인들 서로 얼싸안는다. 그리고는 저마다 다른 쪽으로 헤어져 퇴장) 오, 화려한 영화 끝에 오는 지독한 불행이여! 부귀 때문에 비참해지고 경멸을 받으니, 그 누가 부귀영화를 바라겠는가? 누가 그런 영예 때문에 조롱을 받으며, 우정이라는 꿈속에서 살고자 하겠는가? 그분의 화려함도, 모든 위엄도 다만 그럴듯하게 색칠이 된 것일 뿐, 떠나버린 벗들과 같은 것이었어. 가엾은 주인어른, 인정이 많아 몰락하시고 사람이 좋아 몸을 망치셨지! 참, 팔자도 괴상망측하시기도 하지. 그래, 좋은 일을 너무도 많이 한 것이 가장 나쁜 죄악이 되다니! 그렇다면 누가 그 절반의 자선이나마 베풀려고 하겠는가? 은혜는 신께서 받으셔야지, 사람에게는 파괴가 될 뿐이니까. 주인어른, 당신께선 가장 많이 축복받은 분이면서도 가장 많이 저주를 받으시고, 가장 부유한 분이면서도 가장 비참하게 되신 분입니다. 주인어른의 많은 재산이 주인님을 재난 속으로 몰아넣는 원인이 되었지요. 아, 착하신 주인어른! 그분은 너무도 화가 나셔서 은혜를 모르는 친구들이 있는 곳에서 뛰쳐나가시고 말았지. 생활비도 용돈도 없이. 그분의 뒤를 쫓아 찾아나서야겠다. 힘껏 그분의 마음을 받들어 드려야겠어. 나한테 돈만 있으면 언제까지나 그분을 보살펴 드려야지. (퇴장)

〔제4막 제3장〕

숲속 동굴 앞.
티몬 등장.

티몬   오, 생명을 키워주는 고마운 햇님이여! 대지에서 썩은 습기를 빨아올려 이 지구 밑까지 공기를 병들게 하라! 한배 쌍둥이도, 생식도, 거주도, 탄생도, 거의 비슷한 쌍둥이 형제도, 저마다의 운명이 작용해서 좀더 있는 자는 그보다 없는 자를 경멸하라. 인간을 공격하는 모든 병과 괴로움 가운데 큰 재산처럼 견딜 수 없는 병은 또다시 없으니 혈육까지 경멸하게 된단 말이지. 거지를 출세시키고, 귀족을 몰락시켜 보라. 그 원로원 의원은 부모한테서 물려받은 듯한 멸시를 받을 것이며, 그 거지는 타고난 귀인 같은 존경을 받을 거다. 소 같은 가축의 배를 부르게 하는 것은 목초라, 그것이 모자라면 마르게 돼. 누가 감히, 누가 감히 인간의 순결성을 정면으로 내세워 남에게 "이 사람은 아부하는 자이다"라고 말할 수 있겠는가? 한 사람도 없다면 모두가 다 아부하는 자들이지. 행운의 모든 계단이란 계단을 한 층 한 층 내려갈수록 고분고분해지다 보니 먹물이 든 대가리도 돈 있는 얼간이한테 굽실대노라. 모두가 쓸개가 빠졌어. 저주받을 이 인간 세계에는 똑바른 것이라고는 하나도 없이 모두가 다 악한 것뿐이야. 그러니 증오해야 할 것은 모든 잔치, 교제, 인간의 모임이란 말이지! 자기와 비슷한 것도, 아니 자기 자신도 이 티몬은 멸시하고 미워하겠다. 오, 파멸이여, 모든 인류를 갈기갈기 물어뜯어 죽여버려라! (땅을 파면서) 대지여! 나에게 어떤 뿌리든 주시오! 그 이상의 것을 찾아내길 바라는 자가 있거든, 그놈 혓바닥에 가장 무서운 독을 발라주시오! 아니, 이게 뭐야? 황금인가? 노랗게 번쩍이는 귀한 황금이 아닌가? 아닙니다, 신이시여! 저는 아무렇게나 기도를 올리고 있는 것이 아닙니다. 뿌리를 주십시오. 깨끗한 신이시여! (황금을 보면서) 하지만 황금이 이토록 많이 있다면 검은 것도 흰 것으로, 추한 것도 아름다운 것으로, 부정한 것도 정당한 것으로, 천한 것도 고귀한 것으로, 늙은 것도 젊은 것으로, 비겁한 것도 용감한 것으로 만들 수 있을 거다. 아니, 신들이시여! 세상에 이런? 아니, 이것이? 신이시여! 이것이 이렇게 있으면, 신들의 사제와 시종들도 다른 곳으로 빼돌리겠습니다. 거만한 자의 머리 밑에서, 베고 있는 베개라도 빼내겠습니다. 이 노랑이는 신앙심을 꿰매 맞출 수도, 뜯어 부술 수도 있습니다. 저주받을 자에게 축복을 내리게 할 수도 있고, 썩어 빠진 문둥이도 존경받게 할 수 있습니다. 도둑에게 작위도 줄 수 있고, 무릎을 꿇게도 할 수 있으며, 명예 또한 의자에 앉은 원로원 의원이나 다름없이 줄 수 있지요. 이것은 바로 늙은 과부도 재혼시킬 수 있는 것이니 병원에서 더러운 병을 앓고 있어 구토 증세가 있는 여자라도, 이 황금의 향료를 바르면 사월 봄바람같이 또다시 향기롭게 바뀔 수 있습니다. 자, 이 고약한 땅덩이여, 여러 나라 폭도들에게 투쟁의 씨를 뿌리는 그대, 인류의 매춘부여! 그대가 정당한 본연의 자태로 돌아가게 하겠다. (진군 소리) 흥! 북소리! (황금을 도로 묻으면서) 넌 살아 있어. 그러나 이렇게 너를 묻어둬야 해. 자, 들어가라, 날강도야. 몰락한 너의 주인이 어찌할 수 없을 때에…… 아니, 가만있어, 넌 보증금으로 꺼내두자. (금화 얼마쯤을 집어넣어 둔다)

알키비아데스, 북소리, 피리 소리와 함께 무장을 하고 등장. 뒤따라 정부(情婦)인 프리니아와 티만드라 등장.

알키비아데스 거기 있는 자는 누구냐? 말을 해라.

티몬 그대와 같은 들짐승이다. 인간의 눈을 또다시 나에게 보여주었으니 벌레가 너의 심장을 파먹을 거다. (얼굴을 돌린다)

알키비아데스 그대 이름은 무엇이오? 인간이 그렇게도 보기 싫소? 자기도 인간이면서 말이오.

티몬 나는 세상이 싫은 사람이야. 인간을 미워한다고. 그대가 오히려 개나 되었더라면, 내가 조금 귀여워할 수 있었을 텐데.

알키비아데스 난 그대를 잘 알고 있소. 하지만 어째서 그토록 나락으로 떨어졌는지 도무지 모르겠소.

티몬 나도 그대를 알고 있어. 하지만 그 이상은 알고 싶지도 않다. 북소리나 따라서 쫓아가라. 인간의 피로 땅을 시뻘겋게, 시뻘겋게 물들여라. 종교법도 국법도 잔인한데 전쟁이야 더 말할 나위가 있겠느냐. (두 여인을 가리키면서) 저 잔인한 논다니들은 얼굴은 천사지만, 그 파괴력은 그대의 칼보다 더 무서워.

프리니아 고놈의 입술 썩어 문드러 떨어져라!

티몬 너와 키스는 안 했으니, 썩는 병은 네 입술에 그대로 남아 있을 게다.

알키비아데스 고귀한 티몬 공이 어쩌다 이렇게 바뀌었단 말이오?

티몬 달의 모습이 바뀌는 것과 마찬가지로 비춰 줄 빛을 잃었기 때문이지. 달은 되살아나지만, 나는 달처럼은 안 되지. 빛을 빌려줄 해도 없으니.

알키비아데스 티몬 공, 우정을 생각해서 내가 할 수 있는 일을 해주고 싶소. 뭐든 말해 보시오.

티몬 아무것도 없네. 있다면 내 의견을 지지해 주는 것뿐.

알키비아데스 그게 뭡니까?

티몬 먼저 우정을 약속하는 것. 하지만 그대는 인간이기 때문에 그것을 실행할 필요는 없어. 그러나 그것을 실행한다면 그대는 인간이기 때문에 파멸해야 돼!

알키비아데스 그대가 비참한 꼴이 되었다는 소식은 조금 들었소.

티몬 그야 물론 내가 가장 잘 나가던 때 그 비참한 꼴을 보기도 했겠지.

알키비아데스 아니, 지금 처음 보오. 그때는 행복한 시절이었으니까요.

티몬 마치 지금의 그대처럼 논다니들한테 둘러싸여서.

티만드라 아니, 그래, 이것이 온 세계에 이름을 날리던 아테네의 행운아야?

티몬 그대가 티만드라?

티만드라 그래요.

티몬 언제까지나 논다니로 있으라. 그대를 이용하는 자들은 그대를 사랑하는 게 아니다. 그대한테 음탕한 것이나 남겨놓는 자들에게 매독이나 옮겨주어라. 그대의 성욕이 왕성한 때를 이용해서 그놈들이 목욕 가마 속에서 비상을 피우게 하라. 양볼이 장밋빛 같은 젊은 아이들에게 다른 식이요법을 하게 하라.

티만드라 저런, 목을 졸라 죽일 놈의 괴물 같으니!

알키비아데스 그를 용서해 주오, 티만드라. 그 사람은 불행에 너무 시달린 나머지 정신줄을 놓아버렸소. 티몬 공, 나도 최근에는 돈이 떨어진 터라 부하들이 곤궁해져서 날마다 반란을 일으키고 있소. 그 저주받을 아테네 시민들과, 당신의 칼과 재산이 없었더라면 이웃나라에게 짓밟혔을 그 작자들이 당신의 가치도, 위대한 공적도 언제 봤느냐는 듯이 잊고 있다는 소식은 나도 전해 듣고 슬퍼했소.

티몬 제발이지, 어서 북을 울리고 빨리 가주게.

알키비아데스 나는 당신의 벗이오. 그래서 동정하는 거요, 티몬.

티몬 귀찮게 굴면서 뭔 동정을 한다는 말인가? 나는 혼자 있고 싶다.

알키비아데스 그럼, 가겠소. 잘 있소. 얼마 안 되는 돈이지만 받아주오.

티몬 그만두게. 그걸 먹을 수는 없으니.

알키비아데스 내가 거만한 아테네를 잿더미로 만들어 버릴 때는…….

티몬 아테네로 쳐들어갈 생각인가?

알키비아데스 그렇소, 티몬. 그만한 이유가 있으니.

티몬 아, 신이시여, 저자가 이겨서 놈들의 씨를 말려주십시오. 그리고 마침내는 저자까지도 파멸시켜 주시기를!

알키비아데스 어째서 나한테까지 저주를 하오, 티몬?

티몬 악당들을 죽이고, 조국을 정복하도록 태어났기 때문이다. 그 돈을 도로 집어넣어라. 여기 돈이 있다. (알키비아데스에게 금화를 건넨다) 그자들을 때려부숴라. 때려부수라고! 유피테르 신이 큰 죄악을 진 어떤 도시를 벌주기 위해서 병독으로 세상을 병들게 하듯이 이 땅 위의 돌림병 노릇을 하라.

그대의 칼로 한 사람도 빠져나가지 못하게 하라. 고리대금업자는 머리가 하얗게 센 노인이라 해도 동정하지 마라. 몸가짐이 바르지 못한 가정부인을 때려 죽여다오. 정숙한 것은 옷뿐이며 사람 자체는 논다니니. 얼굴이 처녀 같다 해서 예리한 칼날을 무디게 하지 마라. 앞가슴 창틀에서 남자 눈을 호리는 젖꼭지들은 모두 무서운 배신자들이지. 동정하라고 기록되어 있질 않아. 갓난아이라도 구제할 건 없다. 갓난아이의 볼우물 웃음에는 아무리 바보라도 동정을 금치 못할 것이나, '자라서 네 목을 자를 것'이라는 괴상한 신탁이 내린 사생아라 생각하고, 후회 말고 난도질하라. 모든 것을 저주하라. 귀와 눈에 철갑을 두르고 어미가 외치건, 처녀가 외치건, 갓난아이가 울어대건, 사제의 옷에서 피가 흐르건, 조금도 주저 말고 돌진하라. 여기 돈이 있으니 병사들에게 주라. 닥치는 대로 쳐부숴라! 그리고 그대의 화가 풀리거든 그대도 망하라! 아무 말 말고, 어서 가라!

알키비아데스 아직도 금화를 가지고 있었소? 돈은 받겠지만, 당신의 지시를 모두 받아들이지는 못하겠소.

티몬 받건 말건 천벌이 내려라!

프리니아와 티만드라 티몬 씨, 우리한테도 돈 좀 줘요. 아직도 가지고 있어요?

티몬 있다, 매춘부에게 그 장사를 그만두겠다고 맹세시킬 만한 돈은 있어. 논다니에게 논다니 짓을 안 하겠다고 맹세시킬 만한 돈은 있지. 그대, 논다니들아, 앞치마를 추켜올려라. 맹세할 건 없어. 그대들의 맹세란, 맹세를 해도 무섭게 해서 그 소리를 듣는 신들이 기절초풍을 하겠지만. 맹세는 그만둬. 나는 그대들의 현재 상태를 오히려 믿는다. 그대로 논다니로 있는 게 좋아. 경건한 말로 그대들의 마음을 바꾸고자 하는 자가 있거든, 심한 논다니 짓으로 그를 유혹해서 불살라 버려라. 연기가 나거든 그대의 비밀의 불로 눌러버려라. 후퇴 말고 한결같이. 그러나 그 뒤 여섯 달 동안은 그와는 정반대 고통을 겪어야 할 거다. 털이 빠져 볼썽사나운 꼴이 된 머리 위에 죽은 사람 머리털을 빌려다 가발로 만들어 씌워야겠으니. 교수형으로 죽은 사람 머리털도 있겠지만, 그거야 상관있나. 그 머리털을 쓰고서 사람을 속여먹으라고. 그대는 논다니 짓을 계속해. 말굽이 빠질 정도로! 얼굴에 분을 처바르고. 주름살쯤은 아무것도 아니니!

4막 3장, 티몬을 방문한 알키비아데스 H.C. 셀루스. 1830.

프리니아와 티만드라 좋아요, 돈만 더 준다면. 그럼 어쩔 테냐고요? 돈만 준
다면 분명히 우리는 무슨 짓이라도 할게요.

티몬 인간의 움푹 파진 뼈 속에다 폐병의 씨앗을 뿌려라. 마른 정강이를 꺾
어서 일어서지도 못하게 해. 변호사 목청을 쉬게 해서 더는 부정한 권리를
변호하지 못하게 하고, 발뺌을 하느라 목청을 돋워 소리치지 못하게 하여
라. 육체의 성질에 대해서 설교를 하면서도, 자기는 그것을 믿지 않는 사제
를 썩어 문드러지게 하라. 그놈의 코를 부숴 놓아라. 판판하게 코를 없애버
려. 다른 사람들이야 어찌 되건 상관하지 않고 자기 이익에만 코를 킁킁대
는 자의 콧날을 아주 없애버려라. 악당의 고수머리를 민머리로 만들어라.
상처받은 적도 없는 엉터리 군인을 그대 손으로 혼을 떼어버려라. 모두 다
혼을 빼버려. 너희들의 활동으로, 일어설 수 있는 모든 근원을 뿌리째 뽑아
버려라. 자, 돈을 더 줄 테니 너희들은 놈들을 지옥으로, 이 돈으로는 너희
들을 지옥으로 떨어뜨리게 하여라. 누구 할 것 없이 모두 시궁창에 파묻혀
죽어라!

프리니아와 티만드라 좀더 지시해 줘요! 돈을 조금 더 주고. 선심 잘 쓰는 티
몬 씨.

티몬 매춘부 노릇을 좀더 잘해서, 나쁜 짓을 좀더 많이 해. 착수금으로 준
것이니.

알키비아데스 북을 울려, 아테네로 진군하라! 잘 있소, 티몬. 성공하면 또 찾
아오겠소.

티몬 내가 바란 대로 일이 잘 풀리면 다시는 만나지 않겠어.

알키비아데스 나는 그대에게 해롭게 한 일이 없소.

티몬 있지. 날 칭찬한 적이 있어.

알키비아데스 그것이 왜 해롭다고 생각하오?

티몬 누구든지 날마다 당하는 해독이지. 자, 당신의 강아지들을 데리고 어
서 가라.

알키비아데스 더 있어봤자 화만 돋울 뿐이니. 북을 쳐라! (북소리 울리며 프리
니아, 티만드라, 나머지 사람들과 함께 퇴장)

티몬 인간의 무정함을 탄식해 봐도, 살아 있는 인간이라 배가 고프구나! 그
대, 모두의 어머니, 대지여! (땅을 파면서) 그대의 헤아릴 수 없는 자궁으로부

4막 3장, 프리니아와 티만드라(알키비아데스의 정부)에게 금화를 주는 티몬   H.C. 셀루스. 1830.

터 모든 것이 태어나고, 그대의 무한한 젖가슴으로 모든 것을 길러내는구나! 그대의 똑같은 한 가지 기질에서 거만한 아이도, 건방진 사람도 튀어나오고, 검은 두꺼비도, 파란 독사도, 금색 찬란한 도마뱀도, 눈 없는 독벌레도 태어나지. 히페리온*³이 생명과 빛을 주어 만든 햇님 아래, 마른 하늘 밑에서 살고 있는 모든 것이 탄생하도다. 나는 그대가 낳은 모든 것 가운데서 인간이란 자식을 싫어하지만, 바라건대 그대의 풍요한 젖가슴으로부터 보잘것없는 풀뿌리 하나만 나에게 주오. 더는 은혜를 저버리는 인종을 낳지 않게 끊임없이 애를 배는 그대의 자궁을 말려버리오! 호랑이라든가, 용, 늘대, 곰 따위나 잉태하라고. 어떤 새로운 괴물을 하나 순산하오. 그대, 치켜든 그 얼굴에서 거창한 푸른 하늘 아래 여태껏 보여준 적 없는 그런 괴물을! 오, 뿌리로구나! (뿌리를 캐어 들고) 고맙다고 하여라, 고맙다고! 목장이나 포도밭, 경작지 따위는 말라 비틀어지게 하오. 그런 것이 있으니 은혜를 저버리는 인간들이 술을 마시고 기름기를 먹고는 깨끗한 마음을 더럽히기 때문에 모든 이해도 동정도 달아나고 마는 거야!

아페만투스 등장.

티몬 또 인간이야? 염병할!

아페만투스 여기 있다는 소리를 듣고 왔네. 요즘은 내 흉내를 내고 다닌다면서?

티몬 그렇다면 너보다 너의 개를 흉내 내는 것이 나을 텐데, 불행히도 너는 개를 기르고 있지를 않아서. 폐병이나 걸려라!

아페만투스 그건 병든 본성에서 나오는 소리야. 몰락한 사나이답지 못한 가련한 우울증이지. 아니, 그 괭이는 왜? 이런 장소에서? 그런 노예 차림과 그런 걱정스런 얼굴로? 그대에게 아첨하던 자들은 아직도 비단옷을 입고 술에 취해 푹신한 이부자리에서 분내 나는 병든 여성을 그러안고 누워, 티몬이라는 사람이 언제 존재했었는지 기억조차 못하나 보군. 세상을 비웃

---

*3 그리스어로 '높은 곳을 달리는 자' 또는 '높은 곳에 있는 자'라는 뜻. 하늘의 신 우라노스와 땅의 여신 가이아 사이에서 태어난 12명의 티탄 가운데 하나이며, 누이동생 티아와의 사이에서 태양신 헬리오스와 새벽의 여신 에오스. 달의 여신 셀레네를 낳았다.

는 사람의 재치를 흉내 내다니 이 수풀이 부끄럽지도 않은가! 이제는 그대가 아첨하는 자가 되어, 그것으로 그대를 망가뜨린 자들에게 아첨을 해서 잘되도록 해보라고. 무릎을 꿇고, 그 콧김으로 자기 모자가 날아 달아나는 것을 눈앞에서 보란 말야. 아무리 틀리고 잘못된 거라도 칭찬을 해서 "지당하옵니다, 훌륭하옵니다" 하고 알랑방귀를 뀌라니까. 그대가 그런 칭찬을 들어왔잖나. 그대는 술집 종업원이 술손님이라면 모두 환영하듯, 악당이든 뭐든 어느 누구 말이건 다 들어주었지. 그대가 바로 악당이 되는 게 가장 좋은 방법이야. 또다시 부자가 되면 악당들이 또 뺏어 먹을 테니까. 내 흉내는 제발 내지 말게.

티몬 너 같은 놈 흉내를 내느니, 차라리 내 몸을 내팽개쳐 버리겠다.

아페만투스 정신줄 놓은 사람답게 이미 내팽개쳐 버리지 않았는가. 여태껏 정신줄을 놓고 있었으니, 지금은 바보란 말인가. 그래, 살을 에는 듯한 찬바람이 그대 시종처럼 따뜻한 겉옷이라도 입혀줄 줄로 알았나? 독수리보다도 여러 해 묵은 이끼 낀 고목들이 그대 하인처럼 명령만 내리면 뛰어갈 것으로 생각하는가? 얼음장이 된 시냇물이 밤새껏 마신 술의 숙취를 풀어줄 아침 해장의 좋은 술이라도 될 줄 아는가? 하늘의 벌을 받아 태어날 때부터 벌거벗고 사는 동물들, 집도 절도 없이 알몸으로 겨우 목숨줄을 이어나가는 고생스런 생물들을 모두 불러 그대에게 아첨을 하라고 명령을 하게. 오, 그러면 알 게 될 테지.

티몬 이 머저리야, 빨리 꺼져.

아페만투스 난 지금의 그대가 어느 때보다도 더 좋아.

티몬 난 네가 점점 더 미워지는데.

아페만투스 왜?

티몬 꼬라지 비참하게 된 나한테 아첨을 하니.

아페만투스 아첨이 아니라, 비열하다고 했을 뿐이야.

티몬 왜 날 찾아왔는가?

아페만투스 고통을 주려고.

티몬 악당 아니면 바보나 할 짓이다. 그것이 그렇게 재미나는가?

아페만투스 그래.

티몬 뭐? 파렴치한 짓이라도?

아페만투스 그렇게 참혹한 모습이 자기의 자존심을 매질하기 위한 거라면 그것은 훌륭해. 그러나 그대는 어쩔 수 없이 그렇게 된 거야. 거지가 아니었다면, 또다시 귀하신 몸으로 돌아갔겠지. 제가 좋아서 하는 고생이라면 뜬구름 같은 영화보다 생명이 길고, 보다 앞서 영광이 되지. 한쪽은 늘 채워져 있어도 결코 완전하지가 못하지만, 다른 한쪽은 만족하지. 최선의 상태 또한 그렇지. 그러나 불만이 생기면 마음이 덧나 가장 비참해지고, 최악의 경우보다 더 나쁘지만 그것에 만족해야지. 그대가 죽기를 바란다면 비참해질 뿐이네.

티몬 나보다도 더 비참한 녀석이 죽으란다고 죽을 수 있나. 너는 노예야. 행운의 여신이 부드러운 팔로 안아 애무해 본 적도 없이 개처럼 길러낸 노예라고. 너도 우리처럼 처음 기저귀를 찰 때부터 운이 좋아, 이 짧은 인생이 누릴 수 있는 쾌락의 최고 단계에까지 올라가 마음대로 명령을 하고 사람을 부릴 수 있는 형편이 되었다면, 술에 빠져 흥청망청하면서 지냈을 거고, 탐색한답시고 잠자리를 옮기고 또 옮겨서 결국에는 몸을 망쳤을 거야. 얼음장처럼 차가운 반성의 교훈을 배우기는커녕, 눈앞의 달콤한 장난만을 쫓았을걸. 그러나 나 자신으로 말하면, 이 세상을 나 스스로 꾸려 나가는 과자점 같다고 생각했어. 사람들의 입과 혀와 눈과 마음이, 내가 다 부릴 수 없을 만큼 참나무 잎사귀처럼 나한테 매달려 있었단 말이다. 물론 그것이 한겨울 찬바람에 빗자루로 쓸 듯 나뭇가지에서 다 떨어져 달아나, 나 혼자 허공에 떠서 불어닥치는 폭풍 속에 알몸으로 남게 되어 좋은 환경밖엔 모르던 내가 이것을 견디려니 몹시 힘이 드는 건 사실이야. 하지만 너는 나면서부터 고생 속에서 출발했으니 고생으로 굳어졌어. 네가 사람을 미워할 까닭이 뭐지? 사람들이 너한테 아첨한 적도, 누구에게 뭔가를 준 적도 없잖아? 네가 저주를 해야 한다면 네 아비뿐이야. 너를 내깔긴 그 걸레 같은 녀석이 어떤 거지 같은 여자한테, 무슨 더러운 물건을 집어넣어서 너처럼 가련한 자식을 만들어 놓았으니 말이야. 이곳에서 없어져! 만약에 가장 열등한 인간으로 태어나지 않았다면 너는 아첨하는 악당이 되었을 거라고.

아페만투스 아직도 자랑스러운가?

티몬 그래, 나는 네가 아니라는 것이 자랑스럽다.

아페만투스 나는 함부로 돈을 뿌리는 자가 아니었음을 자랑하지.

티몬 나는 내가 아직 그럴 수 있는 사람이라는 게 자랑스러워. 내가 만일 가지고 있는 모든 재물을 네 몸속에 처넣을 수만 있다면, 어서 가서 맘대로 쓰라고 할 거다. 어서 가! 없어져! (풀뿌리를 씹으면서) 이 속에 아테네의 모든 생명이 있다면 좋으련만! 이렇게 씹어 먹게.

아페만투스 (풀뿌리 하나를 건네주며) 자, 이것으로 지금 먹고 있는 것을 바꿔주지.

티몬 먼저 내 옆에 있는 사람부터 바꿔주지. 썩 꺼져.

아페만투스 그대가 없다면 내 옆 사람이 바뀌게 되지.

티몬 이거 잘 안 바뀌는데, 되다 말았어. 어서 바뀌어야 저자가 사라질 텐데.

아페만투스 (가려고 하면서) 아테네에 전할 말은 없는가?

티몬 회오리바람에나 쓸려가라. 말을 하고 싶거든 내가 돈을 가지고 있다고 놈들에게 말을 해. (금화를 보이면서) 자, 봐라, 이렇게 가지고 있으니.

아페만투스 이런 곳에서 돈은 필요 없어.

티몬 여기가 돈을 두기에는 가장 좋고 믿을 만한 곳이지. 돈이 여기서 잠을 자고 있으면, 장소를 빌린 것에 대한 임대료를 내는 손해를 볼 일도 없을 테니.

아페만투스 밤에는 어디서 자는가?

티몬 내 위에 있는 그 밑에서. 아페만투스, 날마다 어디서 밥을 먹나?

아페만투스 내 밥통이 먹을 것을 발견한 곳에서. 아니, 오히려 먹는 곳에서 먹지.

티몬 독(毒)이 내 마음대로 내 말을 듣고, 내 마음을 알아준다면 좋으련만!

아페만투스 어디다가 그 독을 내뿜으려고?

티몬 네 요리에 양념으로 발라주려고.

아페만투스 그대는 인간 생활의 양 끝인 극단만 알지 중용이란 걸 몰라. 그대가 금빛 찬란하게 누릴 때는 사람들은 너무도 진기한 호사를 두고서 비웃었지만, 누더기를 두르고 나서는 거꾸로 덮어놓고 깔보는 것만 알고 있으니 웃음거리가 될 밖에. 자, 여기 모과가 있으니 먹게.

티몬 내가 미워하는 것을 먹을 수 있나.

아페만투스 모과 열매를 미워하나?

티몬 그래, 네가 모과같이 생겼으니까.

아페만투스 좀더 일찌감치 모과 맛처럼 발라 맞추는 자나 미워했더라면, 그것이 이제 보면 자기를 아끼는 게 되었을 텐데…… 이것 봐, 재력이 없어진 뒤에도 존대를 받은 낭비자가 이 세상에 있었나?

티몬 재력이 처음부터 없는 자가 존대를 받은 일이 이 세상에 있었나?

아페만투스 있어, 나야.

티몬 알겠어. 개 한 마리 기를 재력은 있었겠다.

아페만투스 그대한테 아첨하던 자와 비교해서 이 세상에서 가장 가까운 게 뭐지?

티몬 여자가 가장 가깝지. 남자는…… 남자는 그 물건 자체지. 아페만투스, 만약에 이 세상을 자기 마음대로 할 수 있다면 무엇을 할 텐가?

아페만투스 이 세상을 동물한테 내주어 인간을 내쫓아 버리지.

티몬 그래서 인간 세계를 뒤죽박죽으로 만들어 가지고, 자기는 짐승이 되어 다른 짐승들과 함께 살자는 건가?

아페만투스 그래, 티몬.

티몬 짐승다운 야망이다. 신이여, 저자의 소망을 들어주소서! 네가 사자가 되면 여우가 널 속일 거고, 네가 어린 양이 되면 여우가 잡아먹을 거다. 네가 여우가 되면 아마도 당나귀가 고소를 할 테니, 사자가 널 의심할 거야. 네가 당나귀가 되면 타고난 우둔함으로 고통을 받으며 늑대의 아침밥 신세를 면치 못할 거고, 늑대가 되면 먹는 욕심에 못 견뎌 저녁거리를 얻으려다 때때로 제 목숨을 잃어야 할 거다. 들소가 되면 거만과 격분으로 몸을 망쳐서 제 분노에 스스로 무너질 거고, 곰이 되면 말한테 죽고, 말이 되면 표범한테 잡히고, 표범이 되면 사자와 같은 형제니 그 얼룩점으로 친척이란 판결을 받고 생명을 뺏길 거다. 가장 안전하려면 그 옆을 떠나야 하고, 방어하려면 그 옆에 나타나질 않아야 해. 어떤 짐승으로 되든지 다른 짐승한테 눌리지 않는 짐승이 될 수 있는가? 짐승이 된다는 것이 타락을 뜻한다는 것을 모르는 너야말로, 정말 짐승 같은 인간이 벌써 다 되었구나!

아페만투스 만약에 그 말이 유쾌하게도 내 생각을 말해 준 거라면 정통으로 찔러서 잘 말해 주었어. 아테네는 짐승들이 살고 있는 숲이니까.

티몬 그럼, 네 당나귀는 어떻게 성벽을 뚫고 시외로 뛰쳐나온 거지?

아페만투스   저기 시인과 화가가 오네. 찾아오는 사람으로 염병이나 걸리라지! 옮으면 안 되니 난 가겠네. 심심하면 또 찾아오지.

티몬   너 말고는 살아 있는 자가 아무도 없게 되면 환영해 주지. 아페만투스보다는 오히려 비렁뱅이의 개가 되는 게 낫겠다.

아페만투스   그대는 지금 살아 있는 모든 바보들의 두목이야.

티몬   침이라도 뱉어줄 만큼이나 네가 깨끗했더라면!

아페만투스   염병할! 그대는 너무도 고약하니 저주도 안 돼.

티몬   너와 맞세워 놓고 보면 어떤 악한 놈이라도 깨끗하지.

아페만투스   문둥병도 그대 말보다는 낫겠다.

티몬   네 이름을 입에 담으면 때리려 해도 손이 더러워져서 그만둔다.

아페만투스   내 혀로 그 손을 썩게 만들어서 떨어뜨리고 싶다.

티몬   꺼져라! 빌어먹을 멍멍이 새끼! 네가 살아 있다고 생각만 해도 울화통이 터져 죽겠다. 널 보기만 해도 기절하겠어.

아페만투스   산산조각 나서 죽어라!

티몬   어서 가! 무얼 꾸물대는 거냐! 이 악당아! 네놈한테는 던지는 돌도 아깝다. (돌을 집어 던진다)

아페만투스   짐승!

티몬   노예!

아페만투스   두꺼비!

티몬   악당, 악당, 악당! 난 이 거짓된 세상에 넌덜머리가 난 사람이야. 꼭 필요한 것 말고는 그 어떤 것도 다 싫어. 그럼 티몬, 곧 그대 무덤을 준비해라. 바다의 잔잔한 파도가 그대의 무덤 돌을 날마다 씻어줄 장소에 드러누워라. 죽어서 다른 인생을 비웃을 비문을 만들어라. (금화를 꺼내 보면서) 오, 그대, 왕도 죽이는 아름다운 자여! 친자식과 어버이를 떼어놓을 수도 있는 사랑스런 자여! 처녀성을 모독하는 황홀한 자여, 그대는 용감한 군신(軍神)이야! 그대는 언제든지 젊고, 싱싱하며, 사랑스럽고, 섬세한 구혼자야. 그대가 낯을 붉히면, 디아나 여신의 무릎 위에 내린 깨끗한 흰 눈도 녹이지! 그대는 눈으로 볼 수 있는 신이야. 아무리 결합될 수 없는 것도 키스를 시키지! 무슨 말이라도 해서 어떤 목적이라도 이루지! 오, 그대, 마음의 시금석이여! 생각해 보라, 그대의 노예인 인간이란 배신자를. 그대의 힘으로 이 세상을 짐승의 왕국으로 만들어 파멸시켜 산산조각이 나게 하라!

아페만투스 (앞으로 나오면서) 그렇게 되었으면 좋겠다. 그러나 내가 죽을 때까지는 그래서는 안 되지. 그대가 돈을 가지고 있다는 것을 내가 말해 주면 사람들이 곧 몰려올 거야.

티몬 사람들이 몰려와!

아페만투스 그래.

티몬 네 등에나 몰려들어라.

아페만투스 살아서 그대의 비참한 꼴을 즐겨라.

티몬 그 꼴로 오래오래 살다 뒈져라! (아페만투스 퇴장)

티몬 이제야 물리쳤구나. 또 사람 같은 것들이? 먹어라, 티몬. 그리고 그자들을 미워해라.

산적들 등장.

산적 1 그자가 어디서 돈이 생겼을까? 몇 푼 안 되는 쓰다 남은 자잘한 푼돈이겠지. 땡전 한 푼 없이 돈이 다 떨어지고, 벗마저 떨어져 나가 정신줄을 놓게 되었으니.

산적 2 꽤나 많이 가지고 있다고 하던데.

산적 3 시험해 보지. 대수롭지 않게 여긴다면 쉽게 내놓겠지만, 욕심이 나서 감춘다면 빼앗을 방법이 없어.

산적 1 몸에는 사실상 지니고 있지 않을 테고, 어딘가 감추어 두었겠지.

산적 1 저게 그 사람 아냐?

산적들 어디?

산적 2 그 사람 꼬락서니가 저렇다던데.

산적 3 맞아. 난 그 사람을 알고 있어.

산적들 티몬 씨, 안녕하십니까!

티몬 음, 도둑 나리들?

산적들 도둑 나리가 아니라 병사요.

티몬 양쪽 모두겠지. 제 어미 아들이고.

산적들 도둑은 아니지만, 너무나 곤궁해서 무엇이든 필요한 사람들이라오.

티몬 곤궁하다는 것은 먹을 것이 너무나 필요하다는 뜻이겠지. 왜 그런 곤궁함을 느끼는가? 보라, 땅에는 뿌리가 있다. 이곳에서 1마일 안쪽으로는 샘물이 백 개나 쏟아져 나오고 있어. 떡갈나무와 참나무에는 도토리처럼 생긴 열매가, 들장미에는 새빨간 딸기처럼 생긴 열매가 달려 있어. 자연이란 손이 큰 주부는, 어떤 덤불 속이고 먹을 것을 잔뜩 준비해서 너희들을 대접하지. 곤궁하다고! 왜 곤궁한데?

산적 1 사람이 짐승이나 새나 물고기가 아닌데 어떻게 풀이나 열매, 물만으로 살 수가 있소?

티몬 그렇지, 너네들은 짐승이나 새, 물고기가 아니라, 사람을 뜯어먹어야 살 수 있지. 그러나 그쯤은 고마운 편이야. 너희들은 전문 도둑이라 신성한 차림새로 도둑질을 하지 않으니까. 정해진 직업을 가진 사람들이 끊임없이 도둑질을 해대거든. 자, 도둑들아, 여기 돈이 있다. 어서 가서 피가 끓고 열이 심해서 게거품을 흘릴 때까지 그 신묘한 포도의 피를 빨아라. 그러나 목 졸려 죽는 것만은 피해라! 의사는 믿지 마라. 그의 해독제가 바로 독이니, 그자는 너희들 도둑 이상으로 사람 백정이야. 재물을 가지고 가서 너희들끼리 함께 살면서 나쁜 짓을 해라. 너희들은 도둑질은 하지 않는다고 주장하고 나선 일꾼들이니 나쁜 짓을 하란 말이다. 도둑의 실례를 들어 가르쳐 주마. 먼저, 해가 도둑이야. 그 위대한 인력으로 넓고 넓은 바다를 약탈하지. 달도 이름 높은 도둑이야. 그 창백한 빛은 해에게서 날치기한 거야. 바다도 도둑이야. 그 물결치는 파도는 달에게서 짜디짠 눈물을 짜낸 결과지. 땅도 도둑이야. 일반 배설물에서 도둑질한 비료로 모든 것을 먹여 살려 기르지. 모든 것이 도둑이야. 폭력으로 사람을 구속해서 벌을 주는 법률 자체가 끊임없이 도둑질을 해왔지. 자기를 아끼지 마라. 어서 가서 서로 도둑질이나 해. 자, 돈을 더 주마. 목을 따버려. 만나는 놈은 모두 도둑이야. 아테네로 가라. 가게를 부수고 쳐들어가라고. 도둑질한 것이 아무것도 없으면, 그만큼 도둑으로서는 손실이니까. 내가 돈을 주었다 해서 도둑질을 적게 해서는 안 돼. 그리고 어찌 되었든 간에 그 돈으로 너희들도 파멸되거라! 아멘.

산적 3 도둑질을 하라고 권고를 받고 보니, 내 직업에 매력이 없어졌어.

산적 1 그렇게 우리한테 권하는 것은, 그가 인간을 너무도 미워하기 때문이지, 우리 직업이 잘되라고 그런 것은 아니야.

산적 3 나는 그자를 적으로 생각하고, 이 짓을 그만둬야겠다.

산적 1 먼저 아테네에 평화가 찾아들 수 있도록 하자. 사람이 착하게 될 수 없는 이런 비참한 시대는 또 없을 것이니. (산적들 퇴장)

플라비우스 등장.

플라비우스 오, 신이시여! 저기 있는 저 버림받고 몰락한 사람이 저의 주인이신가요? 쇠약해서 형편없는 꼴이 된 저분이? 오, 농락당한 선행의 놀라운 기념비여! 극도의 궁핍으로 저토록 변해 몰락하다니! 가장 고결한 사람을 가장 천한 종말로 몰아넣는, 벗이라는 것보다 더 나쁜 것이 이 세상에 또 있을까? '적을 사랑하라'는 말이 요즘 세상처럼 절실하게 들어맞는 시대도 드물 거야! 신이시여, 저를 이렇게 인도해 주소서! 저를 해치는 사람보다도 저를 해롭게 하려는 사람을 더 좋아하게 되고, 오히려 더 가까이 할 수 있도록. 오, 나를 보셨구나. 내가 정말 슬프게 여기고 있다는 것을 말씀드려야지. 그리고 목숨을 다해서 주인으로 받들어 모셔야지. 주인어른!

티몬 저리 가라! 뭐냐, 너는?

플라비우스 저를 잊으셨나요?

티몬 그런 것은 왜 물어? 나는 인간이란 것을 모두 버렸어. 그러니 그대도 인간의 하나라면 나는 잊어버렸지.

플라비우스 주인어른의 정직한 하인입니다.

티몬 그렇다면 난 더더욱 몰라. 내 주변에 정직한 사람이라고는 있어본 적이 없으니. 내가 데리고 있던 녀석들은 모두 악당들에게 먹을 것을 시중들던 녀석들뿐인걸.

플라비우스 신께서 보증을 서주십시오. 이 불쌍한 집사는 주인어른께서 몰락한 것을 진심으로 슬퍼하고 있습니다. 이 눈물보다 더 슬픈 증거가 또 뭐가 있겠습니까?

티몬 아니, 우는가? 좀더 가까이 오게. 그렇다면 그대를 귀여워해 주지. 그대가 여자이기 때문이야. 부싯돌 같은 남자가 아니란 것을 공표했기 때문이야. 남성이란 음탕할 때와 웃을 때만 눈물을 흘리거든. 지금 세상에선 연민

4막 3장, 산적들에게 금화를 주는 티몬   H.C. 셀루스.

이란 것이 잠을 자고 있으니까. 웃어야 할 때는 울고 정작 울어야 할 때는
울지를 않으니 참 묘한 시대야.

플라비우스   주인님, 저를 알아봐 주십시오. 제가 슬퍼하는 것을 알아차려
주시고, 저의 변변찮은 재물이 남아 있는 한은 언제까지나 저를 집사로 써
주십시오.

티몬   나한테 그렇게도 진실하고 정직하며 친절한 집사가 있었던가? 그 소
리를 들으니 난폭한 내 심정이 누그러지는 것 같구나. 얼굴을 보여주게. 틀
림없이 여자가 낳은 남성이야. 언제든지 침착한 신들이시여, 예외 없이 누
구에게나 다 경솔하게 욕설한 것을 용서해 주십시오! 정직한 사람이 한 사
람 있군요. 오해해서는 안 됩니다. 단지 한 사람뿐이니까요. 그뿐이죠……
그것이 바로 집사입니다. 난 인간 전체가 미워서 죽을 뻔했어! 그대는 그대

자신을 되찾았어. 그러나 그대만 빼고 모든 인간들은 저주로 죽여버릴 테야. 그대는 정직하나 지혜롭지는 않은 듯싶다. 왜냐하면 날 짓밟고 배신하면 곧 다른 일자리를 얻었을 텐데, 거의가 첫 번 주인의 목을 발판 삼아 다음 주인한테 가는 것이 보통이니까. 그러나 사실을 말하면, 나는 언제나 의심할 수밖에 없어. 결코 그런 일은 없겠지만, 그대의 친절이 교활한 탐욕이 아닐까? 가진 자들이 선물을 다루듯, 하나를 주고 소득을 스무 배 바라는, 그런 고리채의 친절은 아닌가?

플라비우스 천만에요. 고귀하신 주인어른, 좀더 일찌감치 그렇게 의심하고 의혹을 품으셨다면 얼마나 좋았겠습니까. 잔치를 여셨을 때 사람의 거짓을 두려워하셔야 했는데요. 의심은 언제나 재산이 가장 줄어들었을 때 생겨납니다. 제가 말씀드리는 것은 하늘이 아십니다. 다시없이 고결하신 주인께 충성을 다하려는 것뿐입니다. 드실 것과 머무르실 곳을 걱정해서 성의를 다하려는 것뿐입니다. 주인어른, 저는 지금이나 앞으로나 저한테 돌아올 모든 이익과 바꾸더라도 저의 소망 하나가 이루어지길 바랍니다. 그 소망은 나리께서 다시 부자가 되시어 저에게 보상해 줄 수 있도록, 권세와 재산을 다시 잡으시란 겁니다.

티몬 보아라, 네 바람대로, 이것을! (금화를 보이면서) 단지 한 놈의 정직한 자여. 자, 이것을 가져가거라. 비록 내가 몰락했어도 신께서 너에게만은 재화를 주시는구나. 자, 가서 행복하게 잘살아라. 그러나 조건이 하나 있다. 사람을 피해 너 홀로 살아라. 누구나 다 미워하고 저주해라. 누구한테도 자선을 베풀지 마라. 거지를 구해 주지 말고, 말라비틀어져 뼈만 남아 굶어 죽게 내버려 둬. 개한테는 무엇을 주더라도 사람한테는 주지 마라. 감옥이 차도록 사람을 집어넣어 빚이 아무것도 남아 있지 않게 말려버려라. 말라비틀어진 나무같이 만들어 버려. 나쁜 병이 그들의 거짓 피를 핥아 먹게 해! 그럼, 잘가게. 잘살아.

플라비우스 오, 주인님, 저를 여기다 두시고, 시중을 들게 해주십시오.

티몬 저주를 받고 싶거든 여기 있어라. 좋은 말로 좋게 말할 때 어서 달아나. 결코 인간을 만나지 마라. 나도 예외가 아니야. (따로따로 퇴장)

숲. 티몬의 동굴 앞.
시인과 화가 등장. 티몬은 동굴 속에서 그들을 지켜보고 있다.

화가　저는 장소를 주의해 두었죠. 그 사람이 사는 곳은 여기서 멀지 않을 겁니다.

시인　그를 어떻게 생각해야 할까요? 그 사람이 굉장히 많은 돈을 가지고 있다는 소문을 믿어야 할까요?

화가　확실합니다. 알키비아데스의 보고니까요. 프리니아와 티만드라 또한 그 사람한테서 돈을 받았답니다. 그리고 시시한 낙오병들한테도 많은 돈을 주어 부자로 만들고, 그의 집사한테도 꽤 많은 돈을 주었다고 하더군요.

시인　그렇다면 그의 몰락은 다만 친구들을 시험해 보기 위한 것이었군요.

화가　틀림없이 그렇죠. 이제 또다시 그 사람은 아테네에서 가장 높은 종려나무로 번성한 것입니다. 그러니 그 사람이 궁핍한 체하고 있을 때 친절을 베풀어 두는 것이 좋은 수죠. 그러면 우리가 그에게 충실하게 보일 테니, 그런 노력에 대해서 충분한 보수를 얻게 될 것입니다. 그 사람이 돈을 가지고 있다는 게 틀림없이 정확한 정보라면요.

시인　그 사람한테 무슨 선물을 가지고 가나요?

화가　지금은 방문하는 것 말고는 빈손입니다만 결작을 하나 증정하겠다고 약속할 겁니다.

시인　저도 그래야겠군요. 이런저런 작품을 증정할 생각이라고 말해야겠군요.

화가　그것이 가장 좋습니다. 약속이란 것이 요즘 유행이니까요. 기대로 눈을 크게 뜨고 기다리게 하죠. 실행은, 실행하기까지가 묘미라서 평범하고 무지한 계급의 사람 말고는 약속대로 실행한다는 게 통하지 않게 됐어요. 약속한다는 것이 가장 품위 있다 하여 크게 유행하고 있죠. 실행은 유언장 같은 거라서, 그것을 실행하는 사람의 머리가 정상이 아님을 증명하는 것이에요.

티몬, 동굴에서 나온다.

티몬 (혼잣말로) 훌륭한 그림쟁이야! 네가 아무리 사람을 잘 그려도, 너 같은 악당은 못 그릴 거다.

시인 난 이런 작품을 써서 주겠다고 약속하려 합니다. 그 사람을 등장인물로 다룬 것으로, 부귀와 영화의 약점을 풍자하는 한편, 젊은 부자에겐 반드시 따르게 마련인 무한한 아첨을 표현하자는 것이지요.

티몬 (혼잣말로) 그럼, 네 작품 속에서 네가 악랄한 놈으로 등장한단 말인가? 다른 인물을 빌려 네 죄를 네가 벌주자는 것인가? 내가 돈을 줄 테니 그렇게 해라.

시인 그럴 게 아니라, 그 사람부터 먼저 찾자고요. 이익을 보고 빨리 달려들어야만 돈벌이에 손해가 되지 않으니까요.

화가 참말입니다. 해님이 빛을 주는 동안, 밤이 되어 구석구석 어두워지기 전에 목적하는 바를 찾아내도록 합시다.

티몬 (혼잣말로) 저 모퉁이에서 만나줘야지. 돈은 신이야! 돼지 먹이만도 못한 천한 몸뚱이를 가진 자라도, 돈만 있으면 숭배를 하게 되니! 배에 돛을 달게 하고, 드넓은 바다의 파도를 헤치면서 나가게 하는 것도 그대, 돈이요, 노예에게 확고하고도 경탄할 만한 존경심을 붙여 놓는 것도 그대, 돈이지. 그대야말로 신앙이야! 영원히 그대를 모시는 성자들에게, 그대만을 복종하는 놈들에게, 최고의 염병이나 씌워주어라! 만나주어도 좋을 때다. (앞으로 나온다)

시인 존경하는 티몬 공 만세!

화가 참, 오래간만에 뵙겠습니다!

티몬 아니, 이게 꿈인가 생시인가? 이곳에서 정직한 두 사람을 만나다니!

시인 각하, 저희들은 그전에 자주 관대한 혜택을 입어왔습니다. 그러나 은퇴하신 뒤 벗들이 모두 등을 돌렸다는 소식을 듣고, 은혜를 저버린 그 작자들, 얄미운 작자들! 그자들에게는 아무리 큰 천벌이라도 모자랍니다. 아니, 그래, 각하께 배신을 때리다니. 별빛같이 빛나는 각하의 높은 덕으로, 그 혜택 덕분에 근근이 살아오던 작자들…… 기가 막힙니다. 어떤 말을 하더라도 그들의 괴상망측한 배은망덕을 모두 덮어 가릴 수가 없습니다.

티몬 덮어 가릴 필요도 없고, 있는 그대로 다 드러내야 사람들이 더 잘 보지. 정직한 그대들은 정직하기 때문에 그것을 가장 잘 볼 수도 있고 잘 알 수도 있지.

화가 저 사람과 저는 즐거운 비명을 낼 정도로 너무도 많은 혜택을 받아왔기 때문에 늘 감사하게 생각했습니다.

티몬 그래? 그대들은 참 충실한 사람들이야.

화가 저희는 이곳까지 봉사를 하려고 온 겁니다.

티몬 참, 정말 충실한 사람들이야! 그럼, 어떻게 내가 보답을 해야 하지? 그대들은 풀뿌리를 먹을 수 있나? 찬물은 어때?

시인과 화가 저희가 할 수 있는 일은, 그것이 각하께 도움이 된다면 무엇이든 하죠.

티몬 그대들은 정직한 사람들이야. 내가 돈을 가지고 있다는 소문을 들었지? 틀림없이 그렇지? 사실대로 말해 봐. 정직한 사람들이니.

화가 네, 각하, 그렇게 들었습니다만 그 때문에 저희 두 사람이 온 것은 아닙니다.

티몬 착하고도 정직한 사람들이야. 그대는 아테네를 통틀어 실물을 있는 그대로 가장 잘 묘사해서 그리는 사람이야. 정말이지 최고야. 살아 있는 것과 똑같이 묘사를 하니까.

화가 그렇습니다. 각하.

티몬 그래, 정말 그래. 그리고 그대의 시로 말하면, 그래 그 시가 아주 슬슬 녹을 듯한 무언가로 가득 차 있어서, 그대가 살아 있듯이 그대 예술도 아주 자연 그대로란 거지. 그러나 그럼에도 정직한 두 친구에게는 흠이 조금 있다고 말해야 할 것이, 아니, 그리 대단한 것은 아니니 고치려고 애쓸 것도 없어.

시인과 화가 그것이 무엇인지, 가르쳐 주시기 바랍니다.

티몬 기분 나쁘게 생각하려고?

시인과 화가 천만에요, 가장 감사하게 생각하겠습니다.

티몬 정말?

시인과 화가 정말입니다, 각하.

티몬 그대들은 모두 자기를 무섭게 속이는 악당을 신임하고 있단 말이야.

시인과 화가 저희가요, 각하?

티몬 그래. 그대들은 자기한테 속임수를 놓고, 사기하는 것을 보기도 하고 듣기도 하고 해서, 그 엉뚱한 협잡을 잘 알면서도 그자를 사랑하고 음식도 먹이고 해서 마음을 터놓는 벗으로 모시고 있단 말야. 그러나 그자는 정말이지 악당이야.

화가 저는 그런 자를 모르겠습니다.

시인 저도 마찬가집니다.

티몬 이봐, 나는 그대들을 꽤 좋아해. 돈을 주지. 그러니 그런 악랄한 놈을 벗으로 삼지 말고, 내치란 말이야. 목을 졸라 죽이든지, 칼로 찔러 죽이든지, 똥통에다 밀어 넣어 익사시키든지, 어떤 방법을 써서라도 죽여 없애고 나서 나한테 오라고. 그러면 돈을 줄 테니.

시인과 화가 그 사람이 누군지 가르쳐 주세요. 이름을 대주십시오.

티몬 그대는 저쪽으로, 자네는 이쪽으로. (두 사람을 저마다 한쪽으로 떼어 놓으면서) 그래도 혼자가 아니라, 둘이 함께 있군. 저마다 떨어져서 둘은 혼자이지만, 사실은 혼자가 아니라 악한이 붙어 있어. (화가에게) 네가 있는 곳에 두 악한이 함께 있지 않으려면 저자 옆에는 가지 마라. (시인에게) 악한이 한 사람만 있는 곳에 네가 있으려면 저자를 포기해라. 어서 보따리를 싸! 가란 말이다. 자, 돈이다. 너희들은 돈을 얻으려고 왔지, 이 노예들아! (화가에게) 작품을 바치러 왔다고 했지. 그 값이다. (돌을 던진다) 자! (시인에게) 연금술을 하는 자야, 이것으로 돈을 만들어라! (돌을 던진다) 가라! 이 개 같은 악당들아! (시인과 화가를 때려서 쫓아버리고 나서, 동굴로 들어간다)

플라비우스와 원로원 의원 두 사람 등장.

플라비우스 티몬 님께 말씀을 해봐도 헛수고입니다. 자기 자신에게만 집착하고 계시니까요. 자기 말고는 벗이 될 사람이 없다고 생각하시니까요.

원로원 의원 1 어쨌든 동굴까지는 안내해 주오. 티몬 씨를 만나 이야기하는 것은 우리가 아테네 시민들과 약속한 협정이니까.

원로원 의원 2 시간은 언제나 같으나, 사람은 언제나 같지는 않소. 그 사람을 그렇게 만든 것도, 재난이란 시간이 그렇게 한 것이오. 시간이 공정한 손으

로 전날 그의 행운을 돌려줄 것 같으면 전날 그 사람으로 다시 돌아갈 것
이오. 되든 안 되든 운명에 맡길 것이니 우리를 안내해 주오.

플라비우스 여기가 그 동굴입니다. 이곳에 평화와 만족이 깃들기를! 티몬 나
리! 티몬 나리! 내다보세요. 벗들에게 말씀을 해주세요. 아테네 시민들이,
자기들이 존경하는 원로원 의원 두 분을 보내, 문안을 드리러 왔습니다. 그
분들을 만나보세요.

티몬, 동굴에서 나온다.

티몬 그대 해님이여, 위안을 주지 말고 태워 죽여라! 말하는 자는 목을 졸
라 죽여라! 참말을 할 때마다 그 입에 물집이 잡히도록 하라! 거짓을 말할
때마다 혓바닥 뿌리에 불이 붙어 말을 하다 혀가 떨어져 나가게 하라!

원로원 의원 1 존경하는 티몬 공.

티몬 당신만한 상대도 없지. 좋은 적수야.

원로원 의원 1 아테네 원로원을 대표해서 문안을 드리러 왔습니다.

티몬 고마워라. 그 답례로 염병이나 주지. 그것이 내 손안에 있다면.

원로원 의원 1 오, 잊어버려 주십시오. 그 일에 대해선 저희도 아주 민망하
게 생각하고 있습니다. 원로원은 만장일치로 귀하께서 아테네로 돌아오셔
서 현재 빈자리인 특정직 몇 개를 맡으셔서 취임해 주시기를 간곡히 요청
합니다.

원로원 의원 2 원로원이 총체적으로 귀하를 잊어버리고 있었음을 스스로 인
정하고 있습니다. 현재 공공기관으로서 잘못을 인정한다는 것이 아주 드
문 일이나, 저희는 잘못을 인정합니다. 이 마당에 귀하의 도움을 받지 못하
게 된 것이, 과거 귀하께 도움을 못 드린 저희의 잘못임을 다 함께 느껴서
후회의 뜻을 나타내는 동시에 되도록 유리하게 보상을 해드리고자 이렇게
왔습니다. 그렇습니다. 존경과 사랑의 뜻을 다하고 재물을 쌓아 올려 귀하
께 바치면서, 지난 잘못을 모두 잊어주시고 저희 충정을 알아주셔서 저희
들을 아랫사람으로 써주시도록 간곡히 요청드립니다.

티몬 그렇게 말하면 나도 넘어가겠는걸. 존경하는 원로원 의원 나리들, 바보
의 마음과 여자의 눈을 빌려주면 기쁨에 넘치는 눈물을 흘리겠소.

원로원 의원 1 사정이 그러하오니 저희의 조국이자 각하의 조국이기도 한 아테네로 저희들과 함께 기꺼이 돌아가셔서 장군직에 취임해 주십시오. 그래서 저희들로부터 최고의 감사를 받으시고 전권을 받으실 것을 승인하셔서 권력과 명예를 함께 살리십시오. 그러면 저희는 난폭하게 쳐들어오는 알키비아데스를 곧 물리칠 수가 있을 겁니다. 그는 산돼지같이 너무도 잔인하게, 자기 조국의 평화를 뿌리째 뽑으려 들고 있습니다.

원로원 의원 2 아테네성을 위협하는 그의 습격을 물리쳐 주십시오.

원로원 의원 1 일이 이렇게 되었사오니, 티몬 공…….

티몬 음, 좋아, 그렇게 하지. 일이 그쯤 되었으니 이렇게 하지. 만약에 알키비아데스가 나의 동포를 죽인다면, 그에게 "나 티몬은 꺼릴 게 없다"고 알려라. 그러나 그가 만약에 아름다운 아테네를 약탈하고 우리 훌륭한 노인들 수염을 움켜쥐고, 모욕적이고 야만적이며 지랄맞은 전쟁으로 신성한 처녀들을 능욕한다면, 그때는 그에게 티몬이 "나는 우리 노인이나 젊은이들을 동정하기에 이렇게 말할 수밖에 없다. 나는 조금도 꺼릴 게 없으니 최대한 악랄하게 약탈을 하라. 왜냐하면 너희들에게 잘릴 모가지가 있는 한, 그들의 칼이 꺼릴 것은 조금도 없으니까" 말하더라고 그에게 알려라. 나는 폭도들의 식칼이 아테네 원로원 의원의 모가지보다 더 값어치가 있다고 평가한다. 그러니 나는 도둑을 교도관한테 맡기듯이 그대들을 한동안 신의 가호에 맡기겠소.

플라비우스 아무리 해도 헛일이니까 가세요.

티몬 그래, 나는 나의 비문(碑文)을 쓰고 있었어. 내일이면 그것을 알게 되지. 오랫동안 병들었던 나의 인생이 이제야 겨우 건강을 되찾기 시작했어. 아무것도 없다 보니 모든 것을 가지게 되더군. 어서 가서, 언제까지나 살아. 알키비아데스는 그대들의 저주를 받고, 그대들은 그자의 저주를 받고서 오래오래 살라고!

원로원 의원 1 저희가 아무리 말해도 헛일이군요.

티몬 그러나 아직도 나는 내 조국을 사랑해. 나라는 사람은 흔히 들리는 소문처럼 인간의 멸망을 기뻐하는 사람은 아니야.

원로원 의원 1 그 말씀 참 잘하셨습니다.

티몬 나의 사랑하는 동포들에게 내 말을 전해 주게.

5막 1장, 금화 대신 돌을 던지며 시인과 화가를 내쫓는 티몬 H.C. 셀루스. 1830.

원로원 의원 1 이제야 귀하다운 말씀이 나오십니다.

원로원 의원 2 그 말씀은 시민이 환호하는 위대한 개선장군이 성문으로 들어선 듯, 귀가 번쩍 뜨입니다.

티몬 시민들에게 가서 전하게. 그들의 슬픔을 덜어주고, 적이 습격하는 공포를 덜어주며, 그들의 고통을, 손실을, 사랑의 고민을, 그 밖에 인간이란 허약한 배가 모든 게 확실하지 않은 인생행로에서 받는 모든 돌발적인 단말마의 고통을 덜어주기 위해 내가 얼마간 친절을 베풀어서, 난폭한 알키비아데스의 격분을 방지하는 방법을 가르쳐 주겠노라 말하더라고.

원로원 의원 2 (동료에게) 잘될 것 같소. 다시 우리에게로 돌아올 것 같소.

티몬 내가 머무는 곳 근처에서 자라는 나무가 한 그루 있네. 그러나 그것을 잘라야 할 필요가 생겨서 곧장 잘라내야 하지. 나의 벗들에게, 아테네의 시민들에게, 계급의 높낮이를 떠나 고민을 없애기를 바라는 자는, 내가 도끼로 그 나무를 찍기 전에 이곳으로 와서, 그 나무에다 목을 매달아 죽으라고, 이렇게 인삿말을 전해 주게.

플라비우스 그분을 더는 괴롭히지 마세요. 이것만으로 그에 대해 아시게 될 겁니다.

티몬 다시는 오지 마라. 그러나 아테네 사람들에게 이렇게 말하거라. 티몬은 바닷물이 밀려드는 바닷가에 튼튼하고 큰 주택을 지었다. 그리고 그 저택은 하루에 한 번씩, 도드라진 물거품으로 휘몰아치는 파도가 감싸준다. 그곳에 와서 내 무덤 돌을 너희들의 신탁으로 삼으라. 입술이여, 이제는 쓰디쓴 말을 그만하라. 말은 끝났다. 악한 것은 염병 같은 전염병을 고치게 하라! 무덤만이 인간의 유일한 작품이며, 죽음만이 유일한 소득이다! 해님이여, 그대 빛줄기를 감추어라! 티몬의 세상은 끝났다. (퇴장)

원로원 의원 1 그의 불만은 움직일 수 없는 것이 되고 말았소.

원로원 의원 2 그분한테 바라던 우리의 희망은 절망이 되었소. 돌아가서 무슨 다른 방법을 찾아내는 것만이 위기에 놓인 우리에게 남아 있는 방안이오.

원로원 의원 1 어서 가야겠소. (모두 퇴장)

〔제5막 제2장〕

아테네의 성벽 앞.
원로원 의원 두 사람과 전령 한 사람 등장.

원로원 의원 1 그건 참 뼈아픈 소식인데. 그래, 적의 군대가 자네 보고처럼 그렇게 많단 말인가?

전령 저는 최소한으로 말씀드린 것입니다. 게다가 빠르게 행군하고 있으니, 곧장 이리로 들이닥칠 겁니다.

원로원 의원 1 사람들이 티몬을 데리고 오지 않으면, 우리는 무척 위험하게 될 거요.

전령 저는 옛 친구로 적의 특별 사절이 된 사람을 만났습니다. 그 사람은 공적으로는 서로 맞서고 있는 적이지만, 옛정이 특별한 것이다 보니 친구처럼 터놓고 말해 주었습니다. 그는 알키비아데스의 심부름으로 티몬의 동굴까지 편지를 가지고 말을 달려가고 있었습니다. 그 편지 내용은, 이 성을 무찌르기 위해서 티몬의 도움을 간곡히 요청하는 것으로, 성내에서도 벌써 일부가 호응하고 있다는 것입니다.

원로원 의원 1 우리 동료들이 오는군.

티몬을 만나러 갔던 원로원 의원들 등장.

원로원 의원 3 티몬 이야기는 꺼내지도 마시오. 그 사람한테는 아무런 기대도 하지 마시오. 적의 북소리가 들리고, 사람들이 미친 듯이 날뛰는 바람에 먼지가 하늘을 가득 채운 것 같아 숨이 막히오. 어서 준비를 하시오. 우리의 적은 함정이고, 그 함정에 떨어지는 것이 아마 우리들인 모양이오. (모두 퇴장)

〔제5막 제3장〕

숲. 티몬의 동굴.
투박한 무덤 돌이 보인다. 병사 한 사람 등장, 수풀 속에서 티몬을 찾는다.

병사 이야기대로라면, 여기가 분명히 그곳인데. (동굴을 향해) 누가 계신가요? 여보세요, 예! 대답이 없네! (무덤 돌을 보고) 이게 뭐야? 티몬 님은 돌아가셨군. 손바닥 만한 생애를 다 마치시고 죽은 게 틀림없어. 이것이 그분의 무덤이지. 돌에 뭐라고 쓰여 있는데 나는 읽을 줄 모르니, 그 글자를 밀랍으로 본을 떠야겠다. 우리 대장은 무슨 글이든지 읽어낼 수 있으니까. 아직 나이는 젊지만 읽는 데는 노련하니. 지금쯤은 거만한 아테네성 앞에 진을 치고 있을 거야. 그것을 무너뜨리는 것이, 그분의 큰 바람이니. (퇴장)

아테네성 앞.
나팔 소리. 알키비아데스, 병사들을 거느리고 등장.

알키비아데스 이 비겁하고 음탕한 시민들에게 우리의 무서운 병력이 다가왔음을 나팔 소리로 알려라!

나팔 소리. 원로원 의원들, 성 위에 나타난다.

알키비아데스 오늘까지 그대들은 제멋대로 정치를 농락해 온 것밖에 한 일이 없어. 자기 마음대로 정의를 조작해 왔어. 오늘날까지 나 자신이나 그대들 권력의 그늘 속에서 잠을 자고 있던 자들은, 팔짱을 끼고 헛되이 괴로움만 탄식하면서 떠돌아다녔다. 이제 때는 번갯불처럼 찾아왔다. 눌리고 움츠러들었던 힘이 강해지니, "더는 못 참겠다"고 외치는 것이다. 이제야 안락의 자에 도사리고 앉아 있던 부정한 놈들은 숨이 막히고 기가 차 있을 거다. 주름살 진 거만한 자들은 무서움과 공포 때문에 달아나다가 숨이 차서 헐떡일 거다.
원로원 의원 1 고귀한 젊은 장군이여, 우리는 장군의 통탄스러운 불만이 아직 꿈틀대고만 있을 때, 그러니까 아직도 장군이 병력을 갖추고 있지 않아 우리에게 아직은 공포의 대상이 아니었을 때 장군의 노여움을 풀기 위해서 사람을 보냈습니다. 그래서 우리가 은혜를 저버린 잘못을, 그것의 몇 배 이상되는 호의로 씻어보려 했던 것입니다.
원로원 의원 2 변모하신 티몬 공께도 우리 아테네를 사랑해 달라고 같은 애원을 했던 것입니다. 겸손하게 사람을 보내어 보상해 드릴 것을 약속했던 거지요. 우리 모두가 인정머리가 없었던 것은 아니니 우리 모두가 다 전쟁의 화를 입는 것은 온당치 않습니다.
원로원 의원 1 우리의 성은 장군께 해를 끼친 사람들이 쌓은 것은 아닙니다. 그 때문에 위대한 탑이라든가 기념비라든가, 학교 같은 것은 파괴되면 안 됩니다.

5막 4장, 티몬의 무덤을 발견한 병사 H.C. 셀루스. 1830.

원로원 의원 2 그리고 장군을 처음 이 나라에서 떠나게 한 원인이 된 사람들은 살아 있지 않습니다. 그들은 자신들이 주책없이 한 짓을 너무나도 부끄럽게 생각한 나머지 심장이 터져 죽었습니다. 장군, 군기를 펼쳐 들고 입성의 진군을 하십시오. 그리고 만약에 사람이 천성적으로 싫어하는 음식까지도 드실 정도로 복수심에 굶주려 있다면, 데키마티오에 따라 십분의 일만 사형에 처하십시오. 그러니까 운명의 열 번째를 택하십시오. 주사위를 굴려 열 번째 점수가 나오면, 그 점수의 해당자가 죽게 말입니다.

원로원 의원 1 모두가 다 죄를 지은 것은 아닙니다. 이미 죽은 사람에 대한 복수를 살아 있는 사람한테 한다는 것은 공정하지 않습니다. 죄악이란 땅과 같이 물려주고 물려받는 게 아닙니다. 그러니 친애하는 동포여, 병력은 성안에 넣되, 분노는 성 밖에 남겨놓아 주십시오. 당신의 요람인 아테네와 동포들을 구해 주시오. 그들이 죄진 사람과 함께 분노의 폭풍에 휩쓸려 죽어서는 안 됩니다. 목동처럼 양의 우리로 가만히 다가와서, 병든 것만 골라내십시오. 무차별하게 죽여서는 안 됩니다.

원로원 의원 2 무엇이든 마음대로 하되, 칼로 잘라내지 말고 오히려 미소로 강행해 주시기 바랍니다.

원로원 의원 1 성문마다 수비벽을 둘러놨습니다만 그리로 발걸음을 옮기시겠다면 곧 열겠습니다. 그러니 먼저 온화한 마음으로 호의를 가지고 입성하겠다고 말씀해 주십시오.

원로원 의원 2 장갑을 던져주십시오. 아니면 장군의 명예를 표시할 만한 어떤 거라도 좋습니다. 장군께서 병력을 사용하신 것은 배상 때문이지 동포를 멸망시키고자 한 것이 아니라는 표시로요. 그러면 장군의 모든 요구를 우리가 보증해서 확증될 때까지, 장군의 모든 병력이 성안에 머물 수 있도록 하겠습니다.

알키비아데스 그럼, 자, 내 장갑을 던지겠으니 내려와서 성문을 모두 여시오. 티몬의 적과 내 적은 그대들에게 증거를 보인 뒤에 처형하겠으나 그 이상은 죽이지 않겠소. 그리고 그대들의 공포를 누그러뜨리고, 보다 더 고결한 나의 뜻을 알려두자는 뜻에서 병사는 한 사람도 자기 숙소 밖으로는 나가지 못하게 할 것이며, 우리 시가 준수하는 일반 법규를 거스르지 못하게 할 것이오. 그러나 거스르는 자가 있다면 우리 시의 공법에 따라 엄중하게 처벌하겠소.

원로원 의원 1과 2 (동시에) 참, 훌륭하신 말씀입니다.

알키비아데스 내려와서 말한 대로 이행하시오.

원로원 의원들이 내려와서 성문을 연다. 병사 한 사람 등장.

병사 장군님, 티몬께서 돌아가셨습니다. 바닷가에 무덤이 세워져 있었고, 그 묘비에는 이런 글자가 새겨져 있었습니다. 그래서 그것을 밀랍으로 본을 떠서 가지고 왔습니다. 이 밀랍에 찍힌 부드러운 글자가 무식한 저를 대변할 수 있게요.

알키비아데스 (묘비명을 읽는다)

이곳에 가련한 유해가 드러누워 있노라. 가련하게도 그 넋은 떨어져 나갔다. 나의 이름을 찾지 말라. 페스트여, 사악하고 비열한 것들을 멸망케 하라! 이곳에 나, 티몬이 드러누워 있노라. 나는 살아 있을 때, 살아 있는 모든 인간을 미워했다. 옆을 지나쳐도 그대에게 저주를 퍼부었노라. 그러니 이곳에 발걸음을 멈추지 말고 지나쳐라.

이 구절에는 최근에 그대가 품고 있던 마음이 잘 드러나 있소, 티몬. 그대는 우리 인간의 슬픔을 증오하고, 우리 초췌한 인간들이 흘리는 눈물방울을 경멸하였소. 그러나 풍요로운 상상으로 그대는 넓고 넓은 바다의 신 넵투누스가 그대를 위해, 바닷가 그대 무덤 위에 눈물을 흘리게 했소. 그래서 모든 잘못을 용서받았소. 이 세상에는 없는 고귀한 티몬, 그를 위해서 나중에 좀더…… 자, 성안으로 안내하라. 나는 올리브와 칼을 함께 써서 전쟁으로 평화를 키우고 평화로 전쟁을 억누름으로써 서로가 서로를 치료하는, 서로에게 의사가 되도록 처방을 낸다. 자, 북을 울려라. (모두 퇴장)

셰익스피어의 비극 세계

《로미오와 줄리엣》

이 작품은 셰익스피어의 초기 비극으로서, 후기 4대 비극과는 달리 타고난 환경과 운명의 장난으로 주인공들이 비극에 빠지는 운명적 비극이라 할 수 있다. 셰익스피어는 《로미오와 줄리엣》에서 현실적인 무대 위에 시적인 통찰과 상상을 건설하는 극시인(劇詩人)으로서의 천재성을 또렷이 보여주며, 연애에 대한 비극시로서 이를 뛰어넘을 만한 작품이 없을 만큼 아름다운 대사와 극적인 효과를 훌륭하게 살려냈다.

《로미오와 줄리엣》은 1597년 제1사절판으로 출판되었는데, 빠진 부분이 있는 데다 틀린 곳도 많았다. 1599년에 나온 제2사절판은 오늘날 사용되는 권위 있는 원전(原典)이지만 인쇄 상태가 좋지 않아서 제1사절판의 정확한 부분이 오히려 제2사절판에서는 빠져 있기도 하다. 제3사절판은 1609년에 나왔으며, 제대로 된 부분이 있음에도 원전으로서의 권위는 인정받지 못한다. 《로미오와 줄리엣》이 쓰인 것은 1595년쯤이고, 같은 무렵 처음 상연된 것으로 추정된다. 그렇다면 셰익스피어가 갓 서른을 넘겼을 때로, 처음 몇 해 동안 습작기를 거쳐 성장기에 들어설 무렵의 작품이다.

이 극의 소재는 이탈리아 옛이야기에서 얻었으며, 두 원수 집안 사이에서 일어난 숙명적인 슬픈 사랑과 결혼을 피하기 위해 수면제를 먹는 것은 본디 서로 다른 이야기였다. 그것이 이탈리아 소설가 마테오 반델로(Matteo Bandello 1485~1561)에 의해 하나로 합쳐져, 그 무렵 궁정 및 귀족 사회의 모습을 자세히 그린 《단편소설집 Novelle》(4권, 1554~73)에 실렸다. 이 이야기는 사람들의 흥미를 끌었던지 여러 번안물이 나왔다. 영국 시인 아서 브룩(Arthur Brooke ?~1563)은 《로메우스와 줄리엣의 비극적인 역사 *The Tragical History of Romeus and Juliet*》(1562)라는 제목으로 영어 운문체(韻文體)로 고쳐 옮겼다. 셰익스피어는 아서 브룩의 작품과 함께 영국 작가 윌리엄 페인터(William Painter

1540?~1595)가 쓴《환락의 궁전 *Palace of Pleasure*》에 실린 산문체 번역본을 참고했으리라 짐작된다.

이 극의 원작에서 사건은 9개월 사이에 벌어지지만 셰익스피어는 이를 단 5일로 압축한다. 셰익스피어 작품의 극적 시간은 그의 역사극에서와 마찬가지로 몇 년이 단 며칠로 줄어든다. 더구나 대사 안에 다음 수요일이나 목요일 등 특정한 날짜를 지정하여 현실감을 주면서 극적인 시각을 설정하여 극의 진행을 재촉하고, 두 주인공이 처음 만났을 때의 경탄으로부터 행복의 절정으로, 불행한 사건의 발생으

베로나, 줄리엣의 2층 발코니

로부터 해결에 대한 어렴풋한 희망으로, 그리고 불운한 우연의 연속으로부터 대단원으로 빠르게 나아가는 숨막히는 긴장감은 인물 성격 창조의 부족한 점을 충분히 메우고도 남는다.

《로미오와 줄리엣》은 서로 원수인 집안에서 태어난 젊은 남녀의 불행한 결혼과 파멸을 그린 연애비극이다. 베로나의 명문 몬터규 집안과 카풀렛 집안 사이에는 오랜 갈등이 이어져 왔는데, 몬터규가의 아들 로미오와 카풀렛가의 딸 줄리엣은 첫눈에 서로 사랑하게 된다. 이들은 로렌스 수사의 주례로 비밀리에 결혼식을 올린다. 그러나 식을 마치고 돌아오는 길에 로미오는 줄리엣의 사촌인 티볼트가 싸움을 걸어오자 그를 찔러 죽이고 만다. 로미오는 추방 선고를 받고 하룻밤을 줄리엣의 방에서 지새운 뒤에 만토바로 떠난다. 한편 줄리엣은 아버지의 명령으로 파리스 백작과 결혼해야 하는 처지에 몰리자, 위기에서 벗어나고자 로렌스 수사의 지시에 따라 죽음을 가장하는 약을 먹고 다

〈로미오와 줄리엣〉 프란체스코 하예즈. 1823.

음 날 시체가 되어 가족 묘지에 안치된다. 그사이 로렌스 수사는 로미오에게 진실을 알리려고 애쓰나 실패하고, 카풀렛 집안 묘소로 달려온 로미오는 줄리엣이 죽은 것으로 여기고는 독약을 마시고 자살한다. 그가 죽은 뒤 곧 거짓 죽음 상태에서 깨어난 줄리엣도 그의 뒤를 따라 스스로 목숨을 끊는다. 이 이중의 비극은 오랜 원수였던 두 집안을 화해시키며 막을 내린다.

제2막에 나오는 발코니 장면의 아름다운 대사는 오늘날까지 많은 사람들에게 깊은 감동을 준다. 줄리엣은 2층 발코니에 나와 칠흑같이 어두운 밤을 향하여 마음속 비밀을 털어놓는다. 그런데 그 주변을 서성이던 로미오가 줄리엣의 고백을 듣게 되어, 두 남녀는 사랑의 맹세를 하게 된다.

이 작품에서 두 주인공은 셰익스피어 4대 비극의 주인공들처럼 내적 갈등을 겪는다고는 할 수 없다. 그들에게서 "성격이 운명(Character is Destiny)"이라는 셰익스피어 비극 주인공들의 특징을 찾기는 힘들다. 그들에게는 이미 그들이 선택할 수 없는 운명, 즉 조상 때부터 내려오는 두 집안의 숙적 관계가 가로놓여 있다. 그러나 이 숙적이라는 운명은 그리스 비극에서 말하는 운명과는 성질이 다르다. 《로미오와 줄리엣》에서 두 집안이 숙적 관계에 놓여 있다는 것은 그리스적인 초자연적 운명은 아니기 때문이다. 젊은 주인공들은 이러한 인위적인 외적 갈등 속에서 온갖 우발적인 사건을 일으키는 가운데 비극적인 죽음에 이르게 된다. 그러나 그들의 죽음은 두 집안을 화해시킴으로써 아름답게 채색된다. 그들은 죽음으로써 평화로운 질서를 이루었으며, 영광의 희생자가 되었다. 극의 구성으로 보아 주제라고 할 '두 집안의 갈등'은 '두 사람의 슬픈 사랑'으로 바뀌어 버렸고 주인공들 성격의 보잘것없는 결함마저 그 동기가 흐릿

〈카풀렛가 무덤에서 로미오와 줄리엣〉 외젠 들라크루아. 18세기

하기 때문에, 이른바 셰익스피어 비극의 이념 또는 본질에 비추어 볼 때 4대 비극의 주인공들과는 견줄 수 없다. 따라서 본격적인 비극이라고도 할 수 없다. 그럼에도 젊은 연인의 아름다운 사랑은 셰익스피어의 뛰어난 극시(劇詩)로써 승화되었으며, 오랜 시간 동안 이 작품이 책으로 읽히고 무대에 오르는 까닭도 그러한 풍부한 시적 정취에서 비롯한다.

흔히 비극의 주인공과 관련하여 "성격이냐 운명이냐?" 하는 논의를 한다. 셰익스피어의 경우에 《로미오와 줄리엣》과 《햄릿》을 비교해 볼 때, 초기 작품과 비극 시대 작품 사이에 상대적으로 앞엣것은 피동성이 강하며 뒤엣것은 훨씬 더 성격에 좌우된다고 할 수 있다. 그러나 사랑에 빠진 남녀가 아무리 운명을 한탄하고 자신들이 타고난 별을 저주한다 하더라도 사랑이라는 정열—이것이야말로 이 비극의 원동력이다—이 자기 선택이 아닌 다른 강요로

〈카풀렛가의 무덤, 죽은 로미오와 패리스, 깨어난 줄리엣과 로렌스 신부〉 제임스 노스코트 그림의 동판화. 1789.

써 받아들여졌다고는 말할 수 없다. 오히려 이 작품은 '첫눈에 반한' 두 남녀의 순수한 정열을 그린 직선적 성격 때문에 인물들이 단순해질 수밖에 없다. 로미오의 경우에 "운명이 곧 성격"이라고 표현할 수 있다면, 햄릿은 "성격이 곧 운명"이라고 해도 틀린 말이 아니리라.

이 극은 단순 소박한 운명비극이다. 서로 원수인 집안에서 태어난 두 남녀의 비극은 누군가의 악의에 의해서가 아니라 오롯이 우연으로써 일어난다. 우정이 두터운 로미오, 정숙한 줄리엣, 딸을 사랑하는 카풀렛, 줄리엣의 행복만을 바라는 유모, 그리고 두 집안의 화해를 꾀하는 로렌스 수사 등의 등장인물은 주어진 환경에서 모두 선량한 사람들이다. 이러한 선인들에 의해 빚어지는 비극이니만큼 비극의 순수성은 더욱 독특하다. 이 점은 인간의 악(惡)을 주제로 한 셰익스피어의 다른 비극들과 견주어 보면 더욱 뚜렷해진다.

이처럼 순수함이 짙은 이 비극은 싱싱하고 달콤한 서정적인 시(詩) 안에서 뜨거운 사랑의 불꽃, 횃불, 별, 화약 등, 밝은 빛의 이미지로 가득 차 있다. 셰익스피어 4대 비극에서 볼 수 있는 인물 성격의 창조가 부족한 점이 큰 흠이지만, 유모와 머큐시오 같은 인물을 통해 드러나는 생명력은 아직 비극에 서툰 작가의 솜씨를 고려할 때 참으로 놀랍기만 하다. 성격이 살아 움직이는 이 두 단역은 앞으로 나올 걸작들에서의 생생하며 극적인 인물 성격 창조에 대한 약속이라 하리라. 그리고 중세 시대 젊은 여성으로서 부모의 명령에 아랑곳없이 자기 사랑을 이루기 위해 용감하게 뛰어든, 또 로미오에게 "나를 사랑한다고 맹세만이라도 해주세요"라고 솔직하게 말한 줄리엣은 (셰익스피어가 살았던 르네상스 시대의) 자아 각성의 새로운 인간상으로 그려진다. 이 극은 비극 자체로서의 심각한 결함을 지니면서도 순수하고 아름다운, 그러면서도 슬프고 아픈 사랑 이야기로 우리 마음을 여전히 울린다.

《티투스 안드로니쿠스》

셰익스피어가 쓴 첫 번째 비극 《티투스 안드로니쿠스》는 그의 다른 작품들에서는 절대 찾아볼 수 없는 아주 잔혹한 유혈비극이다. 셰익스피어는 이 작품에 앞서 애국심을 북돋우는 역사극을 써서 성공을 거두었고, 이로 말미암아 선배 작가의 시샘 섞인 미움을 사기도 했다. 더욱이 희극에서도 좋은 평가를 받게 되자 이번에는 토머스 키드(Thomas Kyd 1558~1594)의 《스페인 비극》이후 크게 유행하던 피비린내 나는 복수극에 손을 대어 1592~1593년 《티투스 안드로니쿠스》를 완성했다. 이 작품은 키드와 경쟁이라도 하듯 살인과 강간 등의 잔학한 행동을 많이 담았으며, 제정 로마시대의 무너져 가던 어지러운 궁중 생활을 그려냈다. 이 비극에 대한 평가가 좋았다는 사실은 이 작품이 1594년에 이미 사절판으로 나오고, 1611년까지 세 번째 판이 출간된 것을 보더라도 알 수 있다. 첫 상연 연도 또한 1593~94년으로 추정된다. 그러나 셰익스피어는 습작기 동안 이 한 편 말고는 다시 비극을 쓰지 않았다.

셰익스피어 비극 시대의 대작들을 살펴보면 모두 인간의 내면 갈등이 중심 문제였으며, 작가가 비극에서 느꼈던 흥미 또한 처음부터 그 점에 있었던 듯하다. 따라서 그는 《티투스 안드로니쿠스》와 같은 외면적인 비극 작품으로는 만족하지 못했고, 그때 자신이 지녔던 통찰력이나 문학적인 기교에서 역량의 한계를 느꼈을지도 모른다. 이 작품을 외면적인 비극이라고 말한 까닭은, 내적 갈등이 핵심인 작가의 후기 비극들과 비교해 보면 본질적으로 성격이 다른 극이기 때문이다. 차라리 이 작품은 광대비극이라 해도 지나친 말이 아니

〈아들 이틸로스의 머리를 대면한 테레우스〉 피터 폴 루벤스. 1637.

리라.

　로마의 이름난 장군 티투스 안드로니쿠스는 고트족을 정벌하고 그 여왕 타모라와 그녀의 세 아들을 포로로 잡아 돌아온다. 티투스는 민중에 의해 황제로 받들어졌으나 이를 물리치고 전(前) 로마 황제의 큰아들 사투르니누스에게 양보한다. 사투르니누스는 티투스의 딸 라비니아를 황후로 맞기로 약속한다. 그런데 새 황제의 동생 바시아누스는 그녀를 자기 약혼녀 주장하며 데려가 버린다. 티투스의 아들들이 이를 지지하자 분노한 티투스는 아들 무티우스를 죽인다. 황제는 이를 핑계로 타모라를 황후로 맞이한다.

　　오, 대지여, 봄에 쏟아지는 소낙비보다도 더 많은 눈물의 비를 나의 눈에서 흐르게 해주마. 가뭄이 든 여름에도 내리게 하고, 겨울에는 따뜻한 눈물로 대지의 눈을 녹여 언제나 봄철처럼 만들어 주겠다. 그러니 사랑하는 내 아들들의 피만을 제발 마시지 말아 다오. (제3막 제1장 티투스의 대사)

이처럼 티투스는 전쟁에서 숨진 아들들을 위한 위령제의 제물로 타모라의 큰아들 알라르부스를 바쳤다. 이 일로 말미암아 타모라는 티투스에 대한 복수를 꾀하여, 자신의 정부 무어인 아론을 시켜 숲속에서 바시아누스를 죽이게 하고, 두 아들 데메트리우스와 키론으로 하여금 라비니아를 능욕케 한 다음 그것이 탄로 나지 않도록 라비니아의 혀와 두 팔을 무참히 잘라버린다. 또한 아론은 티투스의 두 아들을 바시아누스의 시체가 있는 깊은 구덩이 속에 빠지게 계략을 꾸며서, 두 사람에게 살인죄를 뒤집어 씌워 처형당하게 한다. 뒤늦게 이 모든 사실을 알게 된 티투스는 미쳐 날뛰며 잔인한 복수를 계획한다. 티투스의 아들 루키우스가

2막 3장, 〈바시아누스의 시체 발견〉 헨리 퓨젤리. 1804.

고트족 힘을 빌려 로마로 쳐들어오자 황제는 티투스에게 중재를 요청한다. 이에 티투스는 양쪽을 모두 집으로 초대하는데, 이때 타모라의 두 아들을 죽여서 그들의 살로 만든 고기 빵을 타모라에게 먹게 한다. 그러고는 딸 라비니아를 자기 손으로 죽이고 타모라도 죽인다. 그는 황제의 손에 살해된다. 마지막에 티투스의 아들 루키우스가 황제를 죽이고 새 황제가 된다.

이루 말할 수 없이 잔인하고 비참한 줄거리에서 알 수 있듯이 《티투스 안드로니쿠스》는 자극적인 장면들을 늘어놓음으로써 사람들의 호기심을 사는 데는 성공했을지 모르나, 등장인물의 성격 묘사에는 일관성이 없다. 더욱이 자연스럽지 못한 부분이 많다. 라비니아가 타모라의 아들들에게 강간당하고 혀를 잘리고 두 손목까지 잘리고서도 죽지 않을 뿐만 아니라 기절조차 하지 않

4막 2장, 〈키론과 데메트리우스로부터 자신의 아들을 지키는 아론〉 토머스 커크. 1793.

고, 숲속에서 작은아버지 마르쿠스를 만났을 때 자신의 처지가 부끄러워 달아나려고 한 것은 도저히 이해할 수 없는 일이다.

더욱이 황후 타모라가 자신은 복수의 신으로, 두 아들은 옆에서 시중드는 강간의 신과 살인의 신으로 변장하게 하여 슬픔 속에 잠긴 티투스를 찾아가서 속이려고 한 것은, 비록 티투스의 정신 상태에 문제가 있고, 변장이 그즈음 극에서는 곧잘 쓰이는 방법이었다고 하더라도 어린아이 장난처럼 느껴진다.

여러 점에서 《티투스 안드로니쿠스》는 셰익스피어 작품 가운데 그리 뛰어나다고는 할 수 없다. 그러나 인물들과 그 세계가 폭넓게 다루어지고, 아름다운 대사들도 눈에 띈다.

오늘 나의 심정은 거친 바다에 둘러싸인 바위 위에서 차츰 높아지는 파도를 바라보며, 머잖아 악의에 찬 그 파도가 찝찔한 바닷물 속으로 자기를 삼켜버릴 것을 생각하며 서 있는 사람과 같다. 저쪽으로는 내 가엾은 아들들이 사형을 받기 위해 끌려갔다. 여기에는 다른 아들 하나가 추방자 몸으로 서 있다. 그리고 이곳에는 아우가 내 불행을 바라보며 울고 있다. 그러나 나의 마음에 가장 큰 고통을 주는 것은 내 영혼보다도 소중한 라비니아이다. 그런 모습을 하고 있는 너의 그림만 보아도 나는 미쳐버렸을 텐데, 그 꼴을 하고서 살아 있는 네 몸을 보게 되니 나는 어찌하면 좋으냐? (…) 내가 오빠들 말을 했더니 또다시 눈물이 맺히는구나. 시들어 버린 백합 위에 맺힌 이슬처럼. (제3막 제1장 티투스의 대사)

이 작품에서 비교적 인간적으로 그려진 인물은 주인공 티투스와 그의 아우인 호민관 마르쿠스 정도이며, 특히 티투스는 강렬한 남성성을 바탕으로 거침 없는 모습을 보여준다.

《안토니우스와 클레오파트라》

"클레오파트라의 코가 조금만 낮았더라도 인류의 역사는 달라졌을 것이다."

이는 프랑스 철학자이자 수학자인 파스칼(Blaise Pascal 1623~1662)이 《팡세 Pensées》에서 한 말이다. 이 격언과 함께 클레오파트라는 주로 남성을 사로잡는 무시무시한 매력을 지닌 여성의 대표적 이름으로 전해져 왔다. 그런 이미지 속에 로마제국이 시작되기 직전 로마에 맞서 싸움을 벌인 이집트의 마지막 파라오라는 그녀의 정치적 입지는 묻혔던 것이 사실이다.

《안토니우스와 클레오파트라》는 1607~08년에 쓰였으며, 처음 출판된 것은 1623년 제1이절판(퍼스트 폴리오) 전집에서였다. 셰익스피어의 나이 서른셋이나 서른넷쯤, 4대 비극을 차례로 다 쓰고 난 바로 다음이자 《코리올라누스》를 쓰기 직전이라고 할 수 있다. 언제 처음으로 상연되었는지는 확실하지 않으며, 작품 소재를 얻은 것은 노스(Thomas North 1535~1603)가 옮긴 《플루타르코스 영웅전》이다. 어떤 의미에서는 이 극을 《율리우스 카이사르》의 속편으로 볼 수도 있지만 이는 정치극인 데 비해 《안토니우스와 클레오파트라》는 사랑을 주제로 한 비극이다.

이 작품의 주인공은 제목에 드러나듯이, 역사 속 실제 인물인 로마의 용감한 장군이자 유능한 정치가 마르쿠스 안토니우스(B.C.82~B.C.30)와, 이집트의 뛰어난 지성과 수완 및 정열을 지닌 여왕 클레오파트라(B.C.69~B.C.30)이다. 안토니우스는 고대 로마의 제2차 삼두정치(三頭政治) 때 세 집정관 가운데 한 사람으로, 동방 국가 원정에 나서 군사적 경제적으로 막강한 세력을 쌓았다. 그는 악티움 해전에서 클레오파트라와의 연합군으로 옥타비우스 카이사르(옥타비아누스 B.C.63~A.D.14)와 겨루었으나 패배한 뒤 스스로 목숨을 끊었다. 클레오파트라는 기원전 305년부터 기원전 30년까지 이집트를 지배한 프톨레마이오스 왕조의 여왕이다. 로마의 두 영웅, (율리우스) 카이사르와 안토니우스를 차례로 사랑했던 그녀는 악티움 해전에서 지고 안토니우스까지 죽자 독사에게 가슴을 물게 하여 죽음을 맞이했다.

셰익스피어가 《안토니우스와 클레오파트라》보다 앞서 10여 년 전에 쓴 《로미오와 줄리엣》은 나이 어린 남녀의 순진무구한 사랑이 온전히 운명의 지배를 받는 비극인 만큼, 누구나 그 내용을 이해하는 데 그다지 어려움이 없었다. 그러나 이 작품의 주인공 안토니우스는 로마제국 3분의 1을 거머쥔, 나이가 쉰에 가까운 영웅호걸이며, 클레오파트라는 한 나라의 여왕이자 30대의 요염한 여성인 만큼 이들 사이에는 여러 복잡한 정치적 이해관계와 중년의 짙은 애욕과 거기에 따르는 지능적인 기교가 서로 얽혀 있으므로 보는 이에 따라서 그 내용을 이해하는 관점이 달라진다.

한 비평가는 이 작품을 순전히 정치적 역사극으로 보고, 작품의 주제는 '사랑'이 아니라 '정치적 성패(成敗)'라고 주장한다. 안토니우스가 막중한 책임을 떠안은 몸으로 클레오파트라의 아름다운 얼굴과 매력적인 말솜씨에 푹 빠져 있다가 끝내 파멸에 이르고 카이사르가 승리하기 때문이다. 물론 이렇게 볼 수도 있으며, 또 그런 사실이 작품 속에 드러나기도 한다. 하지만 그것은 이 작품의 한 부분만을 강조하고 다른 면을 대수롭지 않게 보아 넘긴 주관적인 해석이다.

다른 몇몇 비평가는 안토니우스가 갖춘 무장으로서의 뛰어난 실력과 인간으로서의 숭고한 성품을 인정하면서도 그를 우유부단한 방탕아로 정의 내리고, 클레오파트라에 대해서는 말과 행동의 모순과 변덕, 거짓과 기교를 지적하면서 그녀를 욕정에 휘둘리는 한낱 요사스러운 여자로 단정한다. 사실 셰익스피어가 그린 클레오파트라는 팜 파탈(femme fatale)의 전형적인 모습을 보여준다. 우리는 극 속에서 모든 이들이 칭송해 마지않던 고귀한 영웅 안토니우스가 클레오파트라의 품속에서 차츰 비도덕적이고 비이성적이며 나약하고 퇴폐적인 모습으로 변모해 가는 과정을 지켜보게 된다. 수많은 싸움을 치른 노련한 장군 안토니우스는 클레오파트라 때문에 악티움 해전에서 어이없이 패배하게 되고, 그녀가 자결했다는 거짓말에 속아 스스로 비참하게 삶을 마감한다. 여기서 셰익스피어는 클레오파트라를 족쇄처럼 남자를 옭아매어 아무

〈안토니우스와 클레오파트라〉　A.M. 포크너. 1906.

리 애를 써도 빠져나갈 수 없는 강한 매력과 흡입력을 지닌 전형적인 팜 파탈로서 그려낸다. 극에서 이런 점만을 드러내 강조한다면 그렇게 해석할 만한 가능성도 있을 것이다. 그러나 이 또한 단편적인 이해에 지나지 않으며 주관적인 해석에 머문다.

셰익스피어는 단순히 현실 세계의 인간 모습을 숨김없이 작품으로 담아내는 데에만 그치지 않았다. 그의 목적은 그러한 현실 세계 재현을 넘어서, 한결 더 높은 '사랑의 영원한 세계'를 향한다. 안토니우스와 클레오파트라의 숭고한 영혼을 그리려 한 것이 그의 뜻이었고, 또 성공한 것이다. 그렇다 하더라도 방탕하고 우유부단한 안토니우스와 색정적이고 음탕한 클레오파트라의 관계를 어찌 사랑으로 볼 수 있을까? 이는 두 사람이 처한 현실과 관계된 제약에서 오는 시선이지만, 작품 전체에 드러난 안토니우스의 자유롭고 거리낌 없는 성격이라는 관점에서 본다면 이른바 방탕과 우유부단의 의미가 달라질 것이다.

그리고 클레오파트라의 성격 본질을 "권력 추구에 열중한, 여성적인 매력과 남성적인 두뇌의 결합"이라고 본 관점과, 그녀의 모든 말과 행동을 "미모가 아닌 비상한 생명력"을 통해서 해석한 관점에서 바라본다면, 클레오파트라에게 퍼부어진 모든 부정적 평가가 옅어질 뿐 아니라 수수께끼 같은 그 성격도 해명될 것이다.

4막 15장, 〈죽어가고 있는 안토니우스를 안고 있는 클레오파트라〉 알렉상드르 비다. 19세기 후반

안토니우스 장군께서 부르시는 소리가 들리는 것 같다. 그분이 나의 훌륭한 행동을 칭찬하려고 일어서는 모습이 보이는구나. 카이사르의 행운을 비웃는 소리가 들리는구나. 행운이란 신들이 뒤에 벌을 내리실 변명거리지 뭐냐. 안토니우스, 당신께 갑니다. 자, 내 용기야, 날 그분의 아내답게 죽게 해다오! (제5막 제2장 클레오파트라의 대사)

진실한 사랑이 아니고서는 결코 내뱉지 못할 두 사람의 대사는 작품 곳곳에서 얼마든지 찾을 수 있다. 무엇보다도 안토니우스가 정치적으로 무너진 뒤 세상을 등지자, 클레오파트라는 "당신이 없으면 돼지우리만도 못한 이 지루한 세상에 나 혼자 남아 있으란 말씀입니까?"(제4막 제15장) 말한다. 그리고 나서 한 나라의 여왕다운 모습으로 화려하게 차려입은 다음 스스로 목숨을 끊음으로써 안토니우스와 함께 영원한 세계로 떠난다. 여기에서 영원한 세계란 이념에 바탕한 세계, 절대적 위치를 차지하는 세계이다. 그렇기 때문에 이 작

품을 읽고 나면, 4대 비극에서 느꼈던 공포와 연민의 정과는 다른 따뜻한 위안과 아름다움을 느끼게 된다.

사실 셰익스피어는 4대 비극에서처럼《안토니우스와 클레오파트라》의 주제를 충실하게 좇아서 극적 구성을 치밀하게 만들지는 못했다. 그렇지만 이 작품의 시(詩)는 장식적인 성격을 완전히 떠나서 한마디도 더하거나 뺄 수 없을 만큼 내용과 완전히 맞아떨어지기에, 또한 그 말이 일상에서 흔히 쓰이는 평

《클레오파트라의 죽음》 루카 조르다노. 1700년경

범한 입말이기에, 아울러 깔끔하고 꾸밈이 없으며 담담한 맛을 주면서도 아름다움을 찾고자 했으므로 차원이 다른 깊은 감동을 준다.《안토니우스와 클레오파트라》는 기존 틀에 얽매이지 않고 자유롭게 지은 작품으로, 완벽함 그 자체라는 데 의의가 있다.

《코리올라누스》

로마 역사를 소재로 한《율리우스 카이사르》,《안토니우스와 클레오파트라》두 작품과 더불어 3부작을 이루는《코리올라누스》는 1623년 제1이절판 전집을 통해 처음 소개되었다. 이 작품의 집필 연도에 대한 확실한 증거는 없지만 1608~09년으로 추정한다. 문체를 분석하면 운율과 각 행 끝의 특징으로 미루어 1609년《심벨린》보다 앞서고, 1607년《안토니우스와 클레오파트라》보다는 나중에 쓰인 것으로 보인다. 여기에는 다른 주장들도 있지만《코리올라누스》가 셰익스피어의 마지막 비극 작품이라는 데에는 모든 학자들의 의견이

〈코리올라누스를 설득하는 어머니 볼룸니아와 아내〉 18세기 판화

같다. 첫 상연 기록도 확실히 알려진 바가 없다.

셰익스피어는 이 이야기를 《플루타르코스 영웅전》에서 얻었는데, 출전이 똑같은 《율리우스 카이사르》나 《안토니우스와 클레오파트라》에 비해 더 면밀히 따르면서 이 작품을 꾸몄다. 그렇다고 해서 그 무렵 셰익스피어의 창작 능력이 떨어진 것은 물론 아니다. 노스의 산문을 극시로 바꾸어 조화와 운율을 이루어 내는 솜씨는 참으로 놀랍다. 그리고 이 각본의 7개 장면은 《영웅전》 속에서는 그 근거를 찾을 수 없다. 코리올라누스의 아내 비르질리아는 원정에서 암시를 얻었을 뿐, 순전히 셰익스피어가 새롭게 빚어낸 인물이다. 남편에게 "내 사랑스런 새침데기"라고 놀림을 받을 만큼 말수가 적으면서도, 그녀는 나타날 때마다 《영웅전》에서는 느낄 수 없는 동정심을 불러일으키는 살아 있는 인물로 발전한다. 《영웅전》에는 코리올라누스가 본디부터 심술궂고 거칠며 예

〈코리올라누스 역의 켐블〉 토머스 로렌 경. 1798.

절 없는 인간으로 그려졌는데, 셰익스피어는 그와 달리 코리올라누스의 사람 됨이 어릴 적부터의 세심한 교육과 훈련 결과임을 드러낸다. 셰익스피어는 어디까지나 자기 작품의 목적에 알맞은 틀 안에서 《영웅전》 내용을 따랐음을 알 수 있다.

주인공은 기원전 5세기 무렵 로마 귀족 가이우스 마르키우스로, 그는 여러 전쟁에서 큰 공을 세우며 용맹을 떨치는 장군이었지만 오만하고 외골수인 성격 때문에 민중에게는 인기가 없었다. 그러나 로마와 이웃한 안티움(오늘날의 이탈리아 안치오)과 전쟁이 벌어지자 다시 지휘관으로 임명되어 적국 수도 코리올리를 무너뜨림으로써 '코리올라누스(코리올리의 정복자)'라는 명예로운 이름을 얻게 된다. 로마 시민은 그의 개선을 축하하고 그는 민중의 지지로 집정관 자리에 오른다. 하지만 그의 애국심에는 명예에 대한 욕망이 숨어 있었으며, 또한 그는 나랏일을 처리할 때 여전히 민중을 무시하는 성향이 있었다. 이에 민중의 반감이 커지는 것을 눈치챈 두 호민관 시키니우스와 브루투스는 그들을 부추겨 들고일어나게 하여, 마침내 코리올라누스는 로마에서 쫓겨난다. 그는 안티움을 찾아가 예전의 적과 동맹을 맺고, 군대를 이끌고 파죽지세로 진격하여 로마 외곽에 진을 치고 이제 로마를 잿더미로 만들어 놓는 일만 남겨둔다. 로마인들의 강화 요청을 모두 거부하던 코리올라누스였으나 마지막으로 그를 찾아와 무릎 꿇고 간청하는 어머니와 아내 등의 설득에 못 이겨, 로마 공격을 포기하고 군대를 돌려 안티움으로 돌아간다. 그러나 코리올라누스는 그를 두려워하던 안티움 사람들의 칼에 쓰러지고 만다.

《코리올라누스》는 특히 로마시대 군주제와 공화제를 둘러싼 정치적 문제가 가장 많이 논의되는 작품이다. 셰익스피어는 군주제에서 공화제로 넘어가는 과도기 귀족과 민중의 갈등을 깊이 있게 펼쳐 보여준다. 그런데 그가 귀족과 평민의 정치적 논쟁을 중립적인 관점에서 두루뭉술하게 다룬 까닭에, 이 극이 던지는 정치적 내용에 대한 논란은 끊이지 않는다.

코리올라누스는 조국을 지키기 위한 싸움터에서는 신(神)과 맞먹을 만큼 용맹하며 뛰어난 군인이었다. 그의 몸에는 상처만도 스물일곱 군데나 된다. 그가 개선하는 길 앞에서는 언제나 시민들의 환성이 일고, 그 뒤로는 적들의 눈물이 흐른다. 그런데 그는 자기 주변 상황의 옳고 그름을 분별할 수 있는 능력과 상상력이 없다. 이는 우연한 사실이 아니었다. 왜냐하면 그 자신이 칼을 뽑을 수 있는 나이였을 때부터 줄곧 싸움터에서 자랐기 때문이다. 그는 늘 싸웠고 언제나 이겼다.

이번 싸움에서 그가 코리올리성 앞에서나 그 안에서 한 일은 말로는 다할 수 없습니다. 그는 도망치는 우리 편을 막고 앞장서서, 겁쟁이들에게 두려움을 마치 신나는 일처럼 생각하게 만들었습니다. 적들은 돛을 올리고 달려 나가는 배 앞에 펼쳐진 갈대처럼 그 앞에 고개 숙이며, 그 뱃머리 아래 깔려 넘어졌습니다. 그의 칼은 죽음의 표지와 같아서, 찍기만 하면 죽어 넘어지는 것이었습니다. (제2막 제2장 코미니우스의 대사)

그는 꺾일 줄 몰랐고, 따라서 타협은 있을 수 없었다. 대쪽 같은 성격은 애국심과 명예심밖에 몰랐다. 그가 거만하며 여느 때 평민들을 멸시하는 것도 이 때문이다. 그는 평민들을 비겁하고 나라를 사랑할 줄 모르는 염치없는 족

영화 〈코리올라누스〉 포스터   랄프 파인즈 감독·주연. 2011.

속이라고 여긴다. 그리하여 자신의 말이 실수였다고 한마디 사과만 하면 될 일을, 끝내 고개 숙이기를 거절하고 나라 밖으로 내쫓긴다. 그렇게 해서 터져 나온 분노는 명예감을 증오감으로, 애국심을 복수심으로 변질시킨다. 조국 로마를 치기 위해 적군과 손을 맞잡으면서도 어떤 심리적 갈등도 느끼지 않고 고민하지도 않는다고 해서, 코리올라누스의 성격을 단순하기 짝이 없는 괴물 같다고 지적하는 비평도 많다. 하지만 대쪽은 휘지 않고 부러지는 것이니, 그의 친구 메네니우스의 말처럼 그는 "이 세상을 살아가기에는 너무나 고귀한 성품을 지닌 사람"(제3막 제1장)이었을지 모른다.

그러나 그는 과격했다. 그의 성격을 지배하는 것은 귀족 출신에서 비롯된 오만함이었다. 거만함과 자부심이 상상력과 자제력으로 뒷받침되어 있지 않을 때, 인간은 자기중심적 사고에서 파괴를 일삼는 법이다. 밖으로 향하는 파괴력은 끝내 자신을 죽음으로 내모는 힘이 되고 만다. 이런 점에서 코리올라누스는 죽음을 피할 수 없다. 수많은 전투를 치러 온 무장이 마지막으로 들은 말은 다음과 같은 시민의 아우성이었다.

저놈을 갈가리 찢어버려라!―지금 바로 해치워라!―저놈이 내 아들을 죽였다!―내 딸도 죽었다!―내 사촌 마르쿠스를 죽인 놈이다!―내 아버지를 죽인 놈이다! (제5막 제6장)

이는 말할 것도 없이 코리올라누스의 비극이다. 그렇지만 이 비극은 한 영웅의 몰락 과정을 그린 것에 그치지 않고, 더 깊은 뜻을 담고 있다. 셰익스피어는 이미 많은 비극을 통해 한 인간의 성격을 분석하고 그 삶을 작품화했다. 그리고 이 극본에서는 더욱 시야를 넓혀 한 나라의 성격을 진단한다. 국가를 사람의 몸 같은 유기체로 파악한다. 거기에는 엄연한 서열이 있으며 구성원들의 상호 협조가 절대적으로 요구된다. 만일 이 전제(前提)가 무너지고, 구성원들이 분열하면 그에 뒤따르는 것은 혼돈뿐이다. 제1막 제1장에서 시민들이 원로들에게 불만을 품고 폭동을 일으키려 하자, 메네니우스가 "온몸 각 부분들이 몸 중심에 위치한 배에게 반기를 든" 우화를 끄집어내서 그들을 타이르는 장면은 이 작품 전체에 깊은 의미를 던진다. 로마에는 원로, 귀족, 평민이 있지만 로마는 하나이며 한 몸과 같다. 원로들이 배라면, 평민들은 귀와 눈, 입과 코, 손과 발 같은 신체의 각 기관이다. 배가 온전치 못할 때는 다른 기관들도 아무런 영양을 공급받을 수 없고, 여러 기관들이 없을 때는 배 또한 존재할 수 없다. 그러므로 평민들이 원로들에게 대든 것은 온몸의 기관들이 배에게 맞서는 것과 같은 일이다. 마찬가지 의미에서 코리올라누스가 평민들을 업신여긴 것 또한 이에 못지않게 어리석은 짓이었다.

귀족과 평민 사이에 일어나는 불신(不信)의 평행선, 그리고 거기에 따르는 갈등과 혼란 상태가 주인공 코리올라누스를 둘러싸고 하나의 파노라마를 펼친다. 이 모습은 오늘날 우리에게도 결코 낯설지 않다. 고대 로마 세계를 그려낸 이 작품 속에서 우리는 삶의 본디 가치와 의미를 찾게 되고 절실히 느끼게 된다. 코리올라누스라는 한 인간에게서 "용기는 가장 큰 미덕"(제2막 제2장)이므로 겉치레하거나 아양을 떨 수 없으며, 자존심을 버리기보다는 죽는 게 차라리 낫다는 하나의 본보기를 배우게 된다. 또한 지도자와 민중의 대립이 한 나라를 어떤 궁지로 몰아넣는지도 깨달을 수 있다.

《아테네의 티몬》

4대 비극이 완성된 뒤 1607~08년에 《아테네의 티몬》이 쓰였으리라 추정된다. 이 작품은 셰익스피어가 살아 있을 때 책으로 펴낸 적도 무대 위에 올린 적도 없으며, 1623년 제1이절판 전집에 실리면서 처음 세상에 나왔다. 그 뒤로는 모두 제1이절판에 따라 펴냈으며, 작품을 고쳐 만들거나 손을 봐서 무대 위에 올리기도 했으나 그리 성공하지는 못했다. 그 까닭은 아마도 이 극이 분수에 맞지 않는 관용, 무분별한 낭비, 방탕한 사치 등에 비판적 시각을 뚜렷이 드러냈기 때문이리라. 제임스 1세 시대 많은 귀족들의 생활 방식이 그러했으며, 제임스 1세 자신도 그 가운데 하나였다. 이렇듯 상류층의 무절제한 행동에 대한 비판을 담고 있었으므로 이 극을 후원하는 사람이 없었고, 끝내 상연되지 못했으리라 여겨진다.

《아테네의 티몬》은 주인공의 성격 창조 및 극의 구조와 진행 등이 같은 시기 다른 극들에 비하면 그 수준이 무척 떨어지기 때문에 이런저런 주장이 나왔는데, 다음 두 가지로 정리할 수 있다. 첫째, 다른 사람 작품을 셰익스피어가 고쳐 쓴 것이다. 둘째, 셰익스피어의 미완성 원고를 다른 사람이 손대어 덧붙여 쓴 것이다.

이 작품의 소재는 페인터의 《환락의 궁전》 가운데 〈티몬 이야기〉, 《플루타르코스 영

티몬 조각상 1853년 런던 시에서 제작 의뢰하여 만든 조각상. 프레데릭 트럽

웅전》에 나오는 〈마르쿠스 안토니우스 전기〉, 그리스 풍자작가 루키아노스(Lucianos 120?~180?)의 《죽은 자의 대화 *Dialogues of the Dead*》 속 〈티몬—염세주의자〉로 알려진다. 앞의 두 작품에 따르면, 아테네 귀족인 티몬은 민주정치 전성기를 가져온 정치가 페리클레스(Perikles B.C.495?~B.C.429) 시대에 호화스런 생활을 누렸으나 친구들의 불의와 경박함에 분개하여 나중에는 세상일에 싫증을 느끼게 되어, 셰익스피어 극에 나오는 티몬처럼 생활하면서 알키비아데스(장군)와 아

4막 1장 〈아테네를 떠나는 티몬〉 판화. 1803.

페만투스(독설가) 두 사람만 사귀며 삶을 마친 것으로 되어 있다. 아첨꾼들의 위선적이고 교활한 행동으로 미루어 볼 때 루키아노스 작품—티몬은 아테네를 떠나 털가죽 한 장을 몸에 두른 날품팔이꾼이 되어 밭을 갈던 중에 신의 도움으로 많은 황금을 캐낸다. 이 소문을 들은 옛 친구들이 또다시 모여들어 그에게 아첨을 떤다. 그러나 티몬은 손에 든 삽으로 그들을 때려서 쫓아버린다. 마지막에 나라의 중요한 자리를 맡아 달라며 원로원에서 보낸 심부름꾼도 때려서 쫓아버린다—의 이야기와 더 가깝다.

이 작품은 제대로 된 희곡 구성 틀을 갖추고 있다.

제1막(발단) : 아테네 귀족 티몬은 마음씨 좋은 큰 부자로, 모여드는 벗들에게 호화스런 잔치로 대접하고 돈과 보석을 넘치도록 선물한다. 그는 순박하고 올곧아서 그들이 자신의 참된 벗이라고 굳게 믿는다. 하지만 집안 살림은 바닥을 드러낸 지 오래이며 빛도 갈수록 쌓여 갔다. 이를 걱정한 집사 플라비우스가 티몬에게 충고한다.

제2막(상승) : 빚쟁이들의 독촉이 심해지자 비로소 티몬은 자기가 파산 상태에 놓여 있음을 알고 깜짝 놀란다. 그러나 이제껏 자신이 은혜를 베푼 벗들이 많으므로 마땅히 손쉽게 돈을 빌릴 수 있으리라 믿는다. 그래서 하인들을 보내 벗들에게 도움을 요청한다.

〈아테네의 티몬〉 찰스 로버트 레슬리. 1812. 원로원 의원들이 그에게 구원을 청한다.

오, 신이시여, 귀를 기울여 주옵소서! 이 각하의 선심에! 노예와 농부들이 오늘 밤에 먹은 것만 해도 얼마나 큰 금액이겠습니까! 티몬 공의 사람 아닌 사람이 누가 있으며 마음도, 머리도, 칼도, 힘도, 재산도 티몬 공의 것이 아닌 것이 어디 있겠습니까? 위대한 티몬 공, 고결하고 훌륭하며 고귀한 티몬 공! 이렇게 칭찬하지 않는 사람이 누가 있겠습니까? 아, 이 칭찬하는 소리! 이것을 산 것은 돈이고, 이 돈이 없어지니 칭찬 소리도 스러지고 맙니다. 잔치로 얻은 것은 단식으로 없어지지요. 겨울바람이 한바탕 불면, 파리들이 사라집니다. (제2막 제2장 플라비우스의 대사)

제3막(절정) : 재물을 보고 모여든 벗들이 티몬의 부탁을 들어줄 리가 없다. 이 핑계 저 핑계를 대면서 모두 거절한다. 배은망덕에 격분한 티몬은 마지막으로 잔치를 열어 벗들을 초대한다. 잔치에 모인 의롭지 못한 벗들 앞에는 따뜻한 맹물이 한 그릇씩 나온다. 어리둥절해하는 그들에게 티몬이 더운물을 끼얹으면서 저주를 퍼붓는다.

제4막(하강):티몬은 인간을 증오하고 저주하며 아테네를 떠나 나무가 우거진 숲속 동굴 안에 머물면서 풀뿌리를 캐 먹는다. 티몬의 운명이 내리막길을 걷는 것이다. 티몬은 풀뿌리를 캐다가 황금을 발견하게 되지만 숲을 떠나지는 않는다. 대신 아테네를 잿더미로 만들려고 계획하는 알키비아데스에게 금을 건넨다.

제5막(결말) : 알키비아데스가 아테네로 쳐들어오자 원로원 의원들이 티몬을 찾아와 구원을 청하고, 아테네의 주권자가 되어 달라고 부탁한다. 그러나 티몬은 이를 단호히 거절하고, 홀로 조용히 숨을 거둔다.

이곳에 가련한 유해가 드러누워 있노라. 가련하게도 그 넋은 떨어져 나갔다. 나의 이름을 찾지 말라. 페스트여, 사악하고 비열한 것들을 멸망케 하라! 이곳에 나, 티몬이 드러누워 있노라. 나는 살아 있을 때, 살아 있는 모든 인간을 미워했다. 옆을 지나쳐도 그대에게 저주를 퍼부었노라. 그러니 이곳에 발걸음을 멈추지 말고 지나쳐라. (제5막 제4장 알키비아데스가 읽은 '티몬의 묘비명')

이처럼 《아테네의 티몬》은 비극으로서 기본 틀을 모두 갖추었으나, 주동 인물 티몬에 맞서는 반동 세력이 뿔뿔이 흩어져 있다 보니 주인공의 비극성이 약화될 뿐만 아니라 발단—상승—절정의 과정이 지나치게 단조롭고, 더구나 절정—하강—결말 부분은 매우 어색하다.

극 전체에 흐르는 날카로운 냉소주의와 주인공의 좌절감 및 인류에 대한 사나운 혐오감 등은 이 작품의 주제이기도 한 배은망덕에서 비롯하는데, 이러한 면을 흥미롭게 본 어느 학자는 《아테네의 티몬》을 《리어 왕》 사산(死産)의 쌍둥이"라고 평가하기도 했다.

셰익스피어 연보

1557년   아버지 존 셰익스피어, 메리 아든과 결혼하여 영국 중부 워릭셔 주(州)의 스트랫퍼드어폰에이번에서 살다.

1558   존의 맏딸 조앤 태어나다(9월 15일에 세례를 받았으나 어렸을 때 죽음). 존, 마을 보안관에 선출되다(다음 해에도 선출).

1561   존, 마을 재무관에 임명되다(2기 동안 근무).

1562   존의 둘째 딸 마거릿 태어나다(12월 20일 세례를 받고 다음 해에 죽음).

1564   존의 맏아들 윌리엄 셰익스피어 태어나다(4월 26일 세례).

1565(1세)   존, 마을 참사회 의원에 선출되다.

1566(2세)   존의 둘째 아들 길버트 태어나다(10월 13일 세례).

1568(4세)   존, 촌장에 선출되다.

1569(5세)   존의 셋째 딸 조앤 태어나다(4월 5일 세례).

1571(7세)   존, 참사회 의장 및 촌장 대리에 선출되다. 존의 넷째딸 앤 태어나다(9월 28일 세례를 받았으나 1579년 죽음).

1574(10세)   존의 셋째 아들 리처드 태어나다(3월 11일 세례).

1576(12세)   존, 문장(文章) 사용의 허가원을 내다.

1578(14세)   존, 집을 담보로 40파운드를 빚내다.

1579(15세)   존, 아내의 소유지를 팔다.

1580(16세)   존의 넷째 아들 에드먼드 태어나다(5월 3일 세례).

1582(18세)   윌리엄 셰익스피어, 여덟 살 위인 앤 해서웨이와 결혼하다(11월 27일 결혼 허가증 발행).

1583(19세)   맏딸 수잔나 태어나다(5월 26일 세례).

1585(21세)   쌍둥이 햄넷(남)과 주디스(여) 태어나다(2월 2일 세례).

1594(30세)   궁내장관 극단의 단원이 되다.

1596(32세)	맏아들 햄넷 죽다(8월 11일 장례). 10월 20일 존에게 문장 사용이 허락되다.
1597(33세)	스트랫퍼드에서 가장 좋은 집을 60파운드에 사들이다.
1598(34세)	벤 존슨의 희곡 무대에 출연하다.
1599(35세)	글로브 극장 개관되다. 글로브 극장 공동 경영자의 한 사람이 되다.
1601(37세)	2월 7일 글로브 극장에서 《리처드 2세》를 상연하다. 아버지 존, 죽다(9월 8일 장례).
1602(38세)	스트랫퍼드 가까운 곳 107에이커를 320파운드에 사들이다.
1603(39세)	5월 19일 궁내장관 극장을 국왕 극장이라 고쳐 부르다. 《햄릿》 첫 공연되다.
1605(41세)	스트랫퍼드 및 그 부근 토지의 권리를 440파운드에 사다.
1607(43세)	6월 5일 맏딸 수잔나를 의사인 존 홀과 결혼시키다. 동생 에드먼드, 런던에서 죽다.
1608(44세)	수잔나의 첫딸 엘리자베스 태어나다(2월 3일 세례). 어머니 메리 죽다(9월 5일 장례).
1609(45세)	셰익스피어 극단 블랙플라이어즈 극장을 흡수, 글로브 극장과 함께 두 개 극장을 소유하게 되다.
1610(46세)	은퇴하여 고향으로 돌아가다.
1613(49세)	3월 런던에 140파운드를 주고 집을 사다. 6월 29일 《헨리 8세》 공연 도중 글로브 극장이 불에 타버리다. 동생 리처드 죽다.
1616(52세)	2월 10일 둘째 딸 주디스가 토머스 퀴니와 결혼하다. 3월 15일 유서를 작성하다. 4월 23일 셰익스피어 세상을 떠나다. 4월 25일에 묻히다.
1623(59세)	8월 6일 아내 앤 헤서웨이 죽다.

셰익스피어 작품 연대 일람표*

1590~91	《헨리 6세 제2부》
	《헨리 6세 제3부》
1591~92	《헨리 6세 제1부》
1592	《베누스와 아도니스》
1592~93	《리처드 3세》
	《실수 연발》
1593~94	《티투스 안드로니쿠스》
	《말괄량이 길들이기》
	《루크레티아의 능욕(凌辱)》
1593~96	《소네트》
1594~95	《베로나의 두 신사》
	《사랑의 헛수고》
	《로미오와 줄리엣》
	《에드워드 3세》
1595~96	《리처드 2세》
	《한여름 밤의 꿈》
1596~97	《존 왕》
	《베니스의 상인》
1597~98	《헨리 4세 제1부》
	《헨리 4세 제2부》
1598~99	《헛소동》
	《헨리 5세》

---

* E.K. 체임버스의 추정임.

신상웅(辛相雄)

일본 교토에서 태어나 경북 의성에서 성장했으며, 중앙대 영문학과를 졸업 대학원에서 문학박사 학위를 받았다. 1968년 〈세대〉지 신인문학상에 중편 「히포크라테스 흉상」이 당선되어 작품활동을 시작한 뒤, 진중한 역사의식과 날카로운 현실인식이 돋보이는 중량감 있는 작품들을 발표하여 한국현대문학을 대표하는 작가의 한 사람으로 자리잡았다. 시대의 모순과 개인적 갈등을 밀도 있게 조명한 그의 소설들은 시대를 뛰어넘어 강한 흡인력을 행사하고 있다. 장편 「심야의 정담(鼎談)」으로 제6회 한국일보문학상을 수상하였다. 중앙대 교수와 예술대학원장 역임, 현재 명예교수이다. 주요 작품 「히포크라테스 흉상」, 「분노의 일기」, 「쓰지 않은 이야기」, 「돌아온 우리의 친구」, 장편 「배회」, 「일어서는 빛」, 「바람난 도시」, 「심야의 정담」 등이 있다. 셰익스피어30년 연구와 열정을 바친 신상웅 옮김 「셰익스피어전집(총8권)」으로 '춘원문학상'을 수상했다.

World Book 285
셰익스피어전집4 [비극Ⅱ]
William Shakespeare
ROMEO AND JULIET/TITUS ANDRONICUS/ANTONY AND CLEOPATRA
CORIOLANUS/TIMON OF ATHENS

로미오와 줄리엣/티투스 안드로니쿠스
안토니우스와 클레오파트라/코리올라누스/아테네의 티몬

셰익스피어/신상웅 옮김

1판 1쇄 발행/2019. 11. 1
발행인 고정일
발행처 동서문화사
창업 1956. 12. 12. 등록 16-3799
서울 중구 다산로 12길6(신당동 4층)
☎ 02-546-0331~6 Fax. 545-0331
www.dongsuhbook.com

사업자등록번호 211-87-75330
ISBN 978-89-497-1729-6 04080
ISBN 978-89-497-0382-4 (세트)